제2판

단일대상연구

제2판

단일대상연구

Alan E. Kazdin 지음

임경원, 이병혁, 서선진, 박경옥, 김호연, 김은경 옮김

Σ 시그마프레스

단일대상연구, 제2판

발행일 | 2016년 2월 29일 1쇄 발행

저자 | Alan E. Kazdin
역자 | 임경원, 이병혁, 서선진, 박경옥, 김호연, 김은경
발행인 | 강학경
발행처 | (주)시그마프레스
디자인 | 강영주
편집 | 문수진

등록번호 | 제10−2642호
주소 | 서울시 영등포구 양평로 22길 21 선유도코오롱디지털타워 A401~403호
전자우편 | sigma@spress.co.kr
홈페이지 | http://www.sigmapress.co.kr
전화 | (02)323−4845, (02)2062−5184~8
팩스 | (02)323−4197

ISBN | 978−89−6866−422−9

Single-Case Research Designs, 2nd Edition

* 책값은 책 뒤표지에 있습니다.

| 저자 서문 |

단일대상연구는 통제되지 않은 사례 연구를 정당화하기 위한 노력인가 아니면 모순인가? 한 사람을 연구함으로써 우리가 배울 수 있는 것은 무엇인가? 무엇인가 배울 수 있게 된다면 그것을 한 개인에 관한 정보로만 제한적으로 받아들여야 하는 것인가? 좀 더 일반화해서, 누구나 단일대상을 통해서 실제 과학과 같은 실험을 실시할 수 있다고 볼 것인가? 나는 여러분이 이 책을 통해서 이와 관련된 의문 혹은 또 다른 질문들에 대하여 충분한 답변을 얻어가길 바란다. 또한 단일대상연구와 집단간 연구를 약간은 다른 관점에서 살펴볼 수 있는 시야를 갖기를 희망한다. 단일대상연구와 집단간 연구 모두 목적이나 목적을 성취하기 위한 방법론이 있고 강점과 제한점도 있다. 두 연구 방법은 지식을 창출해내는 데 있어 서로 보완적인 관계이며, 연구의 목적은 같지만 강조하는 방법이나 강점, 제한점 등은 서로 다르다. 이 책의 집필 목적은 단일대상연구 방법의 과학적 기여뿐만 아니라 단일대상연구 방법에 대한 간략한 설명을 제공하는 데 있다.

단일대상연구는 인간의 기능 중 일부 측면을 변화시키고자 고안된 여러 중재를 개발하거나 평가하는 데 중요한 역할을 해 왔다. 여러 분야와 직업에서 이러한 중재들을 제공하고 있다. 가장 두드러진 분야는 교육, 의료, 심리학, 상담, 사회복지, 작업치료 및 물리치료, 간호학 등이다. 정책, 법률 제정, 광고, 공공 홍보 등을 관장하는 공공 및 사설 기관들 역시 언제나 건강, 안전, 복지를 위해 중재를 제공한다. 그러나 대부분의 중재와 프로그램에 대하여 체계적인 평가가 이루어지지 않고 있다. 평가를 할 경우 주로 사용하는 방법은 집단간 연구 설계이다. 집단간 연구 설계에서는 서로 다른 조건에 집단을 위치시키고(예 : 처치, 플라세보, 비처치), 주의 깊게 표준화된 중재를 사용하며(예 : 지속시간이나 용량), 영가설 검정이나 통계적 유의성을 통해 중재의 효과가 추론을 도출할 만한 기준을 충족시키는지를 알아보는 등 매우 친숙한 설계 특성을 활용한다. 이 설계에서는 무선할당 비교군 연구, 즉 임의로 참여자를 서로 다른 연구 조건에 할당하는 방법을 '금본위 제도'만큼 이상적인 것으로 여긴다. 집단간 연구는 기초적이고 응용적인 일련의 의문들을 해결하는 데 막대한 기여를 해 왔고 앞으로도 그럴 것이다. 여느 방법론적 접근들과 마찬가지로, 집단간 연구도 제한점과 논쟁의 빌미를 가지고 있다. 이 책에서는 특히 다음 두 가지에 관하여 다루고자 한다.

첫째, 집단간 실험과 같은 통제된 실험을 실시하기 어려운 응용 환경 혹은 일상적인 상황에서 평가를 해야 한다는 점이다. 실제로 모든 학교, 지역사회, 병원, 교도소, 대학, 대규모 사업체 등이 사람들을 돕거나 인간 기능의 특정 측면을 변화시키기 위해 고안된 하나 혹은 그 이상의 중재 방법을 지니고 있다. 이러한 중재들은 효과적인가? 혹은 비용이나 노력에 대비해 가치가 있는가? 기대한 만큼 영향을 미치고 있는가? 무선통제 실험을 하려면 무선할당을 통해서 비교 집단을 형성하고 중재를 보류해야 한다. 그리고 (실제로 차이가 있다면) 집단간 차이를 발견하는 데 충분할 만큼의 표본크기를 확보해야 한다. 그러나 이러한 조건들을 모두 충족시키기는 매우 어렵기 때문에, 대부분의 환경에서 이 방법으로 중재의 효과를 검증하기 어렵게 된다. 개별적 심리치료나 상담 같은 일부 중재의 경우에는 한 명 혹은 몇 명에 불과한 개인을 상대로 처치를 투입하거나 상담을 실시하기 때문에, 통제된 실험의 대상이 되기는 원칙적으로 불가능하다. 이러한 상황이나 기타 무수한 이유들 때문에 프로그램들이 절대적인 것처럼 여겨지는 무선 실험을 적용하여 평가하기 어려워진다. 그러나 그렇다고 해서 이것이 금본위 제도 같은 기준을 벗어나서 전혀 평가를 하지 않거나 형식적 평가만을 해도 된다는 것을 의미하지는 않는다. 단일대상설계를 사용하면 교실, 병원, 치료실, 회사, 지역사회와 같은 실제적 맥락에서 진행되는 프로그램에 대해 적절한 방식으로 중재에 대한 평가를 실시할 수 있다. 무선할당 비교군 연구처럼 단일대상 설계도 진실험이다. 이는 단일대상설계를 적용하면 중재의 효과에 관한 인과적 지식을 도출해낼 수 있다는 의미이다.

둘째, 단일대상설계의 독특한 측면은 한 명 혹은 몇 명만으로 중재를 평가할 수 있는 기능이 있다는 점이다. 우리는 무선 실험을 통해서 중재의 효과에 관한 혹은 다양한 중재 관련 효과에 관한 정보를 획득했다고 결론을 내리고 싶어 한다. 무선 실험에서는 집단 자료에서 얻은 발견이 기초가 된다. 그런데, 우리는 과학자이자 평범한 한 사람의 시민으로서 중재의 효과가 각 개인에게 어떠한 효과를 나타냈는지에 대하여 무척 주의 깊게 살펴보게 된다. 그러나 집단간 연구의 결과는 일반적으로 개인들에 대한 정보를 제공해주지는 못한다. 우리는 개인들에게 변화가 나타났는지, 혹은 어느 정도 나타났는지에 대해서 궁금해한다. 단일대상설계는 개인에게 적용된 중재의 효과를 평가하는 데 매우 탁월한 설계 방법이다. 또한 중재가 작동하지 않거나 아주 잘 작동된 경우에 관한 정보를 제공해줌으로써 중재 효과를 개선하는 데 활용할 수 있다.

단일대상설계는 집단간 설계의 실행 여부에 대해서 연구자에게 일련의 옵션을 제공해준다. 이 설계에서는 특히 중재의 효과와 관련된 결정적인 의문에 답할 수 있는 고유한 연구 도구를 제공한다. 우리는 훈련을 통해 집단간 연구가 아니기 때문에 나타날 수 있는 두 가지 내적 결함에 대해 배웠다. 이 두 가지 결함은 잘못된 믿음이라고 불리기도 하는데 요점만 간단히 설명하자면 다음과 같다―(1) 하나의 사례만으로는 진실험이라 할 수 없다. (2) 진실험이 가능하다 하더라도 이 개인에게서 발견된 결과를 다른 사람들에게 일반화할 수 없다. 이 두 가지 잘못된 믿음과 기타 비슷한 생각들이 집단간 연구와 단일대상연구 양쪽 모두에서 중요한 문제로 언급되고 있다. 이 책에서는 연구 전략 간의 대립을 이야기하고자 하는 것이 아니다. 다양한 연구 방법이 필요한 이유는 각각의 연구 방법이 고유한 강점과 약점을 지니고 있으면서도 지식 창출을 위해 상호 보완적으로 기능하기 때문이다.

개별 대상에 관한 연구를 넘어서, 단일대상설계는 연구 수행을 위한 방법론적 선택권을 크게 확장시키고 있다. 이 설계 방법은 집단간 연구에도 매우 적합한 방법론적 접근을 제공한다. 실제로 어떤 '단일대상'설계에서는 수백 수천의 대상들에게 중재를 적용하기도 하였다. 그래서 개별 대상에 대한 연구임에도 사례에 대한 관심보다는 설계가 더 주목받았고, 단일대상설계 자체가 하나의 유용한 연구방법으로서 점차 확대되고 있다.

단일대상설계가 점차 광범위하게 사용되고 있지만, 학부나 대학원, 혹은 박사 후 양성 과정에서 이 방법론을 배울 기회는 매우 드물다. 게다가 방법론을 상세하게 설명하고 있는 관련 교재도 많지 않다. 결국, 설계를 사용하면 도움이 될 수 있는 상황이 많음에도 불구하고 설계법이 널리 쓰이지 못하고 있다. 이 책에서는 단일대상연구 방법론에 대하여 상세하게 설명하고, 학교나 치료실 같은 교육 분야, 그리고 상담심리, 의료, 말과 언어, 재활 등 기타 여러 영역에서 단일대상연구가 사용될 수 있음을 보여주고자 한다.

과학적 연구의 주요 목표는 타당한 추론을 도출하는 것이다. 결과에 대한 해석을 불분명하게 만드는 다른 설명들을 최소화하거나 배제하는 것, 혹은 그러한 설명들이 타당하지 않게 만듦으로써 얻어진 결과, 즉 결론을 도출하는 것이 목표이다. 단일대상연구 방법은 집단간 연구 방법에 비하여 사정, 실험 설계, 자료 평가의 세 가지 광범위한 주제를 포괄하고 있다. 이 세 가지는 연구 방법론적 구성요소면서 타당한 추론을 도출해내는 데 조화롭게 작용한다. 이 책의 주요 목적은 단일대상설계의 논리를 전달하는 것이며, 그러한 목적을 성취할 수 있도록 방법론에 대해서 정밀하게 설명하는 데 있다. 사정 방법, 다양한 실험 설계 옵션, 자료 평가 방법에 대하여 상세하게 담아내고자 노력하였다. 모든 옵션과 설계 전략을 전부 상세하게 설명하지는 못했지만, 주요 설계에 대해서는 확실히 설명하고자 노력하였다. 각각의 설계에서 논리적 근거, 과학적 연구 목적과 관련된 논리, 강점, 제한점을 기술하였다.

집단간 설계에서는 첫 번째 참여자가 연구에 참여하기 전에 사전계획을 세우곤 한다. 이에 해당되는 사전계획의 특징으로는 참여 표본의 특성, 대상자의 수, 중재의 지속시간 등이 있다. 사전계획의 장점은 타당한 추론을 도출하는 데 위협이 되는 많은 요인들(예 : 지나치게 이질적인 표본, 낮은 통계적 검정력)을 미리 예측하거나 그에 대처할 수 있다는 점이다. 단일대상설계의 양상 역시 사전계획을 하긴 하지만(예 : 어떤 설계인지, 어디에 초점을 둔 중재인지 등), 중재에 대한 단일대상설계의 핵심적인 결정이나 그 영향에 대한 것은 연구가 진행되는 동안에, 혹은 중재와 설계와의 관계를 통해서 결정하게 된다. 단일대상설계에서는 연구가 진행되는 과정에서 언제, 얼마나 변화가 나타나는지를 이해하는 것이 중요하며, 연구를 수행하는 목적에 대한 깊은 이해가 필요하다. 이 책에서 전달하게 될 다양한 사례를 통해서 살펴보겠지만, 그러한 변화가 중재를 통해 도출된 추론의 질을 크게 강화시키는 역할을 하게 된다.

이 책의 초판은 거의 30년 전에 출판되었다. 두 말할 나위 없이, 그동안 수많은 변화가 있었다. 첫째, 단일대상설계는 활용되는 학문 분야, 연구하는 문제 영역, 개인의 기능을 사정하는 데 사용되는 측정도구의 범위 등 여러 가지 차원에서 광범위하게 활용되고 있다. 이번 개정판은 사례의 범위뿐만 아니라 방법론(예 : 사정)에 대한 기술도 확장하여 반영하고자 하였다.

둘째, 단일대상설계와 관련된 기초 및 응용행동연구가 급증하고 있다. 알려진 바와 같이 심리학의 응용행동분석 분야에서 다양한 응용 환경에서의 중재에 초점을 두고 있다. 이 분야는 단일대상설계의 사용이 매우 확고하게 자리를 잡고 있다. 이 분야에서는 여전히 사례에 대한 연구가 단일대상설계를 사용해서 지속적으로 이루어지고 있다. 그러나 방법론은 초기의 강조점과 활용법을 넘어서서 여러 가지 연구 영역에서 매우 활발히 응용되고 있다. 설계마다 충족시켜야 할 조건의 범위가 구체화된다. 이러한 조건에 특별한 개념적 접근이나 절차 혹은 특정한 학문 분야를 반드시 의무적으로 결합시킬 필요는 없다. 예를 들어 초판에서 단일대상설계에 대하여 고찰했던 기본적이거나 주요한 대부분의 실제들(예 : 표출행동에 대한 사정)은 설계의 강점이나 도출할 수 있는 추론의 질을 훼손시키지 않은 채 확장되고 있다. 일부에서 그러한 변화를 모순이 있다고 볼 수 있을지는 모르나, 이론의 여지없이, 이러한 확장을 통해 엄청난 과학적 진보가 있었고, 중재를 받는 개인을 위한 보호의 질이 높아졌다. 이 책에서는 설계의 핵심적 특성 및 관련 특징들을 명확하게 하고, 사정 및 평가와 관련된 확장된 옵션들을 자세히 설명함으로써 단일대상설계가 어떻게 확장되어 활용되고 있는지를 전달하기 위해 노력하였다.

셋째, 이 책은 최근에 개발된 몇 가지 단일대상 실험연구의 결과를 반영하였다. 실험 설계 영역에서 새로운 설계 옵션과 설계의 조합을 제시하였는데, 이는 교대중재에 관한 일련의 의문들을 확장하는 역할을 하였다. 자료 평가의 영역에서는 시각적 분석에 대한 논리적 근거와 중재 효과에 대한 평가방법을 자세하게 설명하였다. 더불어 단일대상 자료에 대한 통계적 검증의 사용법과 이러한 검증으로 인해 발생한 논쟁적 이슈, 그리고 대안적 통계 등을 초판에서와 같이 제시하였다. 이러한 각각의 영역들은 눈에 띄게 발전하였다. 단일대상에 대한 시각적 분석과 통계적 평가에 대한 연구가 매우 확장되었다. 단일대상에 대한 자료평가가 핵심적인 장이기는 하지만, 책 말미에 제시한 부록에 설계에서의 자료 평가에 관한 도전, 진보, 딜레마 등에 관하여 더 확장된 논의를 전개하였다.

최근의 발달과 더불어 현재 출판된 교재에서 널리 논의되고 있지 않은 몇 가지 주제를 다루었다. 이에 해당되는 주제는 중재 효과의 실제적 중요성이나 유의성을 평가하기 위한 사회적 타당도의 기법, 과학적 추론을 도출하기 위한 단일대상 준실험 설계 기법, 변화의 일반화와 유지 연구를 위한 실험 설계 등이다. 이들 대부분은 행동주의 연구에서 시작된 것이지만, 교육, 임상심리, 재활 등 보다 광범위한 분야에서 폭넓게 활용되고 적용되어 온 주제들이다. 더불어 단일대상설계의 한계점과 특별한 문제점들을 설명하였다. 이 책은 단지 단일대상설계에 대한 설명만을 추구한 것이 아니라 더 커다란 맥락에서 전체적인 방법론들을 위치시키고자 하였다. 그래서 단일대상과 집단간 설계의 관계에 대해서도 논의하였다.

지금은 단일대상설계라는 주제를 다루기에 매우 적절한 시기다. 초판이 나온 이후, 증거 기반 중재가 급속히 확산되고 있다. 증거 기반 중재는 통제된 연구수행과 증거 효과의 명확한 복제를 강조한다. 대다수 학문 분야에서 증거 기반 중재가 윤곽을 그려 나가고 있다(예 : 교육, 의료 및 관련 분야, 심리학, 사회복지, 간호학, 치의학, 행정 및 경제학).

증거 기반 중재가 단일대상설계와 어떻게 관련될 수 있는가? 첫째, 증거 기반 중재 분야에서의 이슈 중 하나는 집단간 연구에서 불가피하게 잘 통제된 환경에서만 수행했던 연구를 이제는 개별화되고 실제적인 환경(예 : 교실)에서의 중재연구로 확장시키자는 것이다. 중재가 다양한 맥락에서도 잘 작동하는가? 단일대상설계는 집단간 연구가 추구했던 것을 뛰어넘는 보다 확장된 연구를 위하여 여러 번의 기회를 제공한다.

둘째, 두 가지 주요 사례로 교육과 심리치료를 들 수 있는데, 이를 포함하는 많은 중재 분야에서 책무성에 대한 요구가 증가하고 있다는 점이다. 책무성에 대한 염려(예 : 보험회사, 제3자회사, 지방 및 연방정부)는 비용이 통제되지 않거나 비용 대비 보여줄 수 있는 결과가 빈약했을 때 나타난다. 단일대상설계의 강점은 지속적인 중재의 개선에 관한 정보를 활용함으로써 개인과 집단에 대한 사정과 평가를 할 수 있다는 점이다. 이 설계 방법들은 참신한 방식으로 우리가 중재를 통해 무엇을 얻고 있는지를 파악할 수 있게 해주며, 중재의 부족한 부분이나 중재가 가져온 변화에 대한 정보를 제공해줄 수 있다.

마지막으로, 단일대상설계는 중재가 증거 기반 실제인지 여부를 명확하게 해준다. 중재의 효과성을 평가할 때(예 : 교육, 상담, 아동보호, 육아 실제), 집단간 연구는 보통 '계산'이라는 배타적인 방법을 주로 사용한다. 단일대상 실험은 집단간 연구 설계만큼이나 엄격하지만 발견이라는 커다란 몸체에 좀처럼 통합되지 못한다. 개인에 대한 보호나 개인에 대한 과학에 있어서 특정한 방법론적 접근으로부터 도출된 자료를 배제하는 것은 그다지 도움이 되지 않는다. 이것이 단일대상연구가 자주 생략된 이유이며, 이를 바로잡기 위한 옵션들을 이 책에서 언급하였다.

단일대상설계는 중재 평가를 위한 실현 가능한 방법과 일상 환경에서 사람들을 도울 수 있는 여러 가지 옵션을 제공한다. 차이를 만들어내는 데 사용되는 설계에 대하여 주의 깊은 사정을 한다는 것은 단지 증거 기반 중재를 확대시키는 것뿐만 아니라 보호와 서비스의 질을 개선하기 위한 노력이라 할 수 있다. 단일대상설계는 클라이언트를 보호하는 것(예 : 교육적 혹은 임상적 서비스)과 체계적인 평가를 실행하는 데 초점을 둔 매우 매력적인 조합이다. 연구 방법론이 섬세한 보호를 가능하게 해주는 것은 아니지만 어떤 면에서는 그러한 보호를 촉진하는 유일한 방법일 수도 있다. 이러한 주제를 이번 개정판에서 다루고자 한다.

연구방법론에 대한 책을 준비하면서 가장 중요한 것은 포함시키지 못한 것이 무엇인가에 주목하는 일이었다. 과학적 연구의 몇 가지 중요한 주제들을 포괄하지 못했다. 클라이언트 보호를 위한 윤리적 이슈(예 : 치료나 수술 전 동의절차, 사생활 보호), 과학적 도덕성에 관한 중요한 이슈(예 : 이해관계자와의 갈등, 부정행위), 출판과 커뮤니케이션(예 : 자료를 유용하게 만들기, 지식의 본체를 축적하는 데 보탬이 될 수 있는 연구물로 저술하기) 등이 이에 해당된다. 이러한 주제들은 집단간 연구 방법의 전통과 공유된다. 이 주제들을 모두 포함시키지 않은 것은 그 중요성을 부정해서가 아니라, 집단간 연구의 전통으로 과학적인 훈련을 받은 독자들이 이미 이러한 주제와 책무들에 오래도록 영향을 받아 왔을 가능성이 크기 때문이었다.

Alan E. Kazdin

| 차례 |

1

| CHAPTER |

서론 :
맥락이 있는 개별 사례에 대한 연구

단일대상설계는 심리학, 의학, 교육학, 재활학, 사회복지학, 상담을 비롯한 많은 연구 분야에서 사용되어 왔다. 이 연구 설계는 여러 다른 명칭에서 유래했는데, 예를 들어 '대상자간 복제 설계(intrasubject-replication design)', '1 대상자 연구(N=1 research)', '집중설계(intensive design)' 등이다.[1] 이 연구 설계는 단일대상, 즉 1명의 대상자와 실험적 탐구를 실시할 수 있는 독특한 특성을 가진다. 물론 이 연구 설계는 대집단을 대상으로 하는 중재의 효과를

---

1) 연구 설계를 설명하기 위해 여러 용어가 제안되었다 하더라도 이들은 부분적으로 오해의 소지가 있다. 예를 들어 '단일대상', '1 대상자'설계는 연구에 오직 하나의 대상만 있음을 암시한다. 간혹 이러한 경우가 있기도 하지만, 다수의 대상이 포함되는 것이 더 일반적이다. 또한 '단일 사례'연구는 종종 매우 큰 수(예 : 수천)의 대상자 집단이 되기도 한다. '대상자간'이란 용어도 유용한데 왜냐하면 방법론적으로 동일한 사람의 수행을 시간이 지남에 따라 어떻게 나타나는지에 초점을 맞추기 때문이다. 부분적으로 이 용어는 일부 설계가 대상자간 중재의 효과를 살펴보기 위해 사용되기 때문에 오해의 여지가 있다. '집중설계'는 단일대상연구의 전통에서부터 출발한 것이 아니어서 자주 사용되지 않는다. 또한 '집중'이란 용어는 사실 그러하겠지만 연구자가 대상을 연구하기 위해 열심히 작업을 한다는 다소 당혹스러운 의미를 내포하고 있다. 많은 연구 과제에 부합할 목적으로 이 책에서는 '단일대상설계'를 사용하는데, 설계의 독특한 특성, 즉 개별 대상자를 탐구하는 역량에 초점을 맞추기 때문이다. 또한 널리 사용되고 있다는 점도 그 이유 중 하나이다.

평가할 수 있고 집단간에 생길 수 있는 다양한 문제를 다룰 수도 있다. 하지만 단일대상설계는 하나의 또는 소수의 사례를 상대로 중재의 효과성을 엄격하게 평가할 수 있는 접근방법과 여러 유형의 설계 디자인을 포함하고 있다는 점에서 다른 연구 설계 방법과 구분된다.

단일대상연구 방법은 사회과학이나 생명과학 분야의 학생이나 연구자에게는 잘 알려지지 않았다. 어떻게 연구가 실행되어야 하는지에 대한 주요 관점에서 본다면 단일대상연구에 대한 오해가 여전하다. 예를 들어 단일대상연구는 '진짜 실험'이 될 수 없다고 하거나 자연과학에서 사용되는 용어로 변인 간 '인과관계'를 밝힐 수 없다는 것이다. 집단 비교 연구 설계에서 인과관계가 드러난다고 믿는 사람들에게는 단일대상연구에서 만들어지는 결론은 연구에 참여한 한두 사람의 사례를 넘어 확장될 수 없으며, 일반화의 가능성도 불분명하고, 집단 설계에 비해서 보편성을 수립하기에도 열세라고 보는 것이 일반적이다. 여기서 독자에게 당부하고 싶은 점은 단일대상연구보다 집단간 비교 방법이 더 낫다고 보는 관점이 정말 더 나은지의 판단을 이 책을 읽는 마지막 페이지까지 미뤄두었으면 한다는 것이다. 만약 이 책의 마지막까지 볼 수 없다면—사실 저자인 나 스스로도 내 글을 읽는 데 어려움이 있으므로—완전한 거짓과 다소 불확실한 무언가의 사이에 이러한 우려가 남아 있을 수 있을 것이다.

세 가지 연구 방법론, 예를 들어 양적인 집단 비교연구 방법, 단일대상연구, 질적 연구를 생각해보자. 이 연구 방법론 각각은 책, 잡지 및 역사책과 같은 다소 큰 규모의 영역이다. 각 유형의 연구 방법에서 얻은 결과는 과학적인 결과물이고 복제가 가능하다. 만약 여러분이 사회과학이나 생물과학 학도이고 단일대상연구와 질적 연구를 영가설로 검증하고, 무작위 배정, 집단 설계, 통계평가를 하는 집단 연구 전통을 의미하는 '진짜' 과학의 그저 그런 대체방법으로 생각하지 않는다면, 이번 기회에 예외가 있다는 것을 알게 될 것이다. 추상적 측면에서 보면 한 가지 연구 방법이 다른 방법에 비해 더 나은 것은 없다. 연구 방법은 우리가 타당하고 유효한 추론을 이끌어내는 데 사용하는 지식과 역량을 획득하고자 하는 우리의 목표를 성취하는 데 있어 이것이 어떻게 기여할 수 있는지의 맥락에서 바라봐야 한다. 단일대상설계는 연구 방법론의 측면에서 다수의 개별 또는 집단 대상의 연구문제를 평가하는 데 사용할 수 있는 중요한 도구가 된다. 좀 더 보편적으로 사용되는 실험 방법과의 유사점과 이 방법만의 독특한 특성을 충분히 탐구하지 않은 채 단일대상설계를 다 이해했다고 하는 것은 실수다. 이 설계 방법이 보다 보편적으로 사용되는 연구 설계 전략에 비해 흠이 없는 대안이 될 수 있다고 하는 것은 아니다. 다른 연구 방법처럼 단일대상설계도 그 자체로 제한점이 있으며, 이를 아는 것도 중요하다.

여기서 더 나아가기 전에 용어를 좀 더 분명히 하고 넘어가야 한다. 단일대상설계는 응용 분야 연구에서 주로 사용되고 있으며 예시를 강조한다. 응용분야라고 하면 학교, 가정, 사무실(예 : 치과, 병원, 치료실), 기관, 상점, 공장 등에서 기능을 향상시키는 행동을 증가시키거나 손상과 관련된 행동을 감소시키는 데 있어 보호, 지원, 치료가 필요한 사람들을 위한 것을 말한다. 이는 원리를 이해, 실험하고 이론을 정교화하기 위해 실험실에서 이루어지는 기초연구와는 다른 것이다. 응용연구와 기초연구는 서로 연관되어 있고 기본적인 실험실 연구(예 : Kazdin, 2007 참조)에서 보여줄 수 있는, 예를 들어 심리치료 상황에서 최상의 임상적 지원을 보여주기 쉽다. 여기서 임상 환경을 강조하는 것은 단일대상설계가 일반적인 집단 설계가 가능하지 않은 환경에서 프로그램을 평가하는데 적용 가능성이 크기 때문이다.

또한 '집단간 연구'는 영가설 검증, 무작위 배치, 통계적 유의성 검증의 전통에 기반을 둔 양적 연구를 말한다. 이 용어는 단일대상연구와의 차이점을 잘 보여주고 있다. 이 두 연구 방법은 대상자 집단에 초점을 맞추고(통계분석으로) 결과를 양적으로 평가한다. 그러나 주요한 차이점은 시간이 지남에 따라 동일 대상 또는 집단 내 중재를 평가하기보다는 집단을 비교한다는 것이다. 뉘앙스에 있어 불확실성, 연구 설계의 혼합, 기회를 놓칠 가능성이 있다.

이 책의 목적은 단일 사례 실험의 연구 방법을 정교화하고 자료 평가의 주요한 설계 방안과 방법을 자세히 다루며 그 문제와 제한점을 파악하는 데 있다. 단일대상설계는 단일대상설계 및 집단간 설계를 포함한 다양한 연구 방법이 독특하지만 때론 중첩된 그리고 현대적 관점에서 기여할 수 있는 응용연구라는 더 넓은 맥락에서 탐구될 수 있다. 이 책에서는 단일대상연구는 연구 방법 그 자체로 다루어지며 다른 접근법의 대체물이 될 필요는 없다. 또한 여기서 단일대상설계의 강점과 제한점, 그리고 집단간 설계와의 관계를 살펴본다.

이 장에서는 네 가지 맥락에서 단일 설계에 대해 다룬다 ─ (1) 엄격하지 않은 방식으로 개인에 대한 연구(예 : 전통적인 방식으로 통제되지 않은 사례 연구), (2) 단일대상을 활용한 연구의 역사적 개관, (3) 단일대상연구의 현대적 발전, (4) 보다 유용하고 관련성이 높은 설계가 되기 위한 중재연구의 최근 이슈.

통제되지 않은 사례 연구

통제되지 않은 사례 연구는 단일 사례 대상의 실험 방법과 일반적으로 알려진 과학적 연구에 대한 중요한 대안이 된다. 역사적으로 '사례 연구'라는 용어는 다양한 영역에서 폭넓게 사용되어 왔고 단일한 정의는 없다(Bolgar, 1965, Dukes, 1965, Robinson & Foster, 1979, Sechrest, Stewart, Stickle, & Sidani, 1966). 사례 연구는 개별성에 초점을 맞추는 일반적인 용어다. 분야에 따라 다르지만 사례 연구는 개인, 단일 집단, 조직, 기관, 문화 또는 사회가 될 수 있다. 깊이 있게 연구해야 하거나 예시가 될 수 있는 무언가가 존재하는 특정 일례도 사례가 될 수 있다. 사례 연구가 무엇인지를 알려주는 일반적인 속성과 특징은 표 1.1에 정리되어 있다. 앞서 언급한 대로 사례 연구는 개별 사례에 대한 집중적인 탐구를 말한다. 심리학, 특히 임상심리 및 상담심리에서는 대개 개별 클라이언트에 대해 이 방법을 활용하고 있다. 사례 연구는 자세한 내용에 초점을 맞추고 세부사항을 묘사하고 설명을 제시하며 연결성을 맺고자 하는 데 노력을 기울인다(예 : 초기 경험, 현행 기능 수준).

사례 연구는 개별 사례에 초점을 맞추는 것뿐만 아니라 방법론적 접근법을 아우를 수 있다. 이 접근방법은 일화나 서사, 문해 표현을 통해 사례를 기술하고(예 : 누가, 어디서, 언제, 무엇을 했나) 추론과 연계성(예 : 왜 이 사람이 이런 방식으로 했는가, 어떤 경험이 어떻게 현 상황을 이끌었는가)을 찾아 사례를 묘사하는 일화기술적 사례 연구(anecdotal case study) 의 개념을 반영한다. 체계적인 측정(예 : 질문지법, 직접 관찰, 문서 기록)은 사례에 대한 동일한 결론을 이끌기 위한 방식으로 사용되지 않는다.

방법론으로서 사례 연구는 부분적으로 통제가 일어나지 않기 때문에 추론 및 체계적인 평가와 발생한 일(예 : 무엇이 일어났나, 무엇이 성과를 이끌었는가)에 대한 확증 과정의 토대가 되기에는 다소 미약하다고 본다. 사례에서 발생하는 사건 간의 관계나 연결성은 사례의 실제 특성뿐 아니라 사례를 묘사하는 사람, 즉 보는 자의 마음(생각)이 될 수 있다. 일반적으로 사례 연구의 묘사가 주관적이고 비체계적이어서 사례 연구를 유효한 추론을 이끌어낼 수 있는 방법으로 받아들이기 어렵게 만든다. 연구 방법론 학자들은 특정 학문에 갓 입문하고 통제된 연

▌ **표 1.1** ▌ **사례 연구의 주요 특징**

주요 특징
• 개별적인 것에 대한 집중적인 연구이다. 이는 개인, 가족, 집단, 기관, 주, 나라 또는 하나의 단위로 생각될 수 있는 다른 수준의 것일 수 있다.
• 정보는 보통 종속변인에 대한 점수라기보다는 서술적인 형식으로 제시되며, 매우 풍부하고 자세하다.
• 특정 사례에만 적용될 수 있는 특별하거나 독특한 특성 및 사례의 복잡성과 미묘한 차이를 전달하는 데 집중한다. (예 맥락, 다른 사람의 영향력).
• 정보는 대개 회고적이다. 과거의 영향력이 현재의 상황을 설명하는 데 사용되지만 탐구는 현재 상황에서부터 출발한다.

주 ✳ 위 특성에 대한 예외가 있다는 점 때문에 여러 과학 분야에서 사례 연구는 다른 형태로도 사용될 수 있다. 사례 연구에 대한 광범위하고 포괄적인 관점은 Sechrest et al.(1996)을 참조하라.

구를 추앙하는 사람들이 무작위로 배치한 통제연구의 자료를 접하면서 전술한 비판을 조금은 신랄한 방식으로 깨닫게 된다. 그러나 연구 방법론 학자들이 실제 현장에 가면 일화기술적 사례 연구를 통해 결론을 이끌어내는 것도 경험하게 된다.

사례 연구의 강점과 가치

전통적인 연구 도구로서 사례 연구는 조건 통제의 부족과 객관적인 측정 도구를 사용하지 못하는 것이 그 제약이 된다. 그러나 자연적인, 즉 통제가 없는 특성으로 인해 이론, 연구, 실제에 기여할 수 있는 독특한 정보원이 되는 사례를 만들게 된다. 공식적인 연구 형식을 맞추지 않는 경우에도 사례 연구는 의미 있는 기여를 한다. 첫째, 사례 연구는 인간의 수행과 발달에 대한 아이디어와 가설 수립의 원천이 된다. 예를 들어 심리분석과 행동치료와 같은 서로 다른 개념적 관점에서 사례 연구[예 : 프로이트(Freud, 1933)의 한스의 사례, 왓슨과 레이너(Watson and Rayner, 1920)의 알버트의 사례]는 어떻게 두려움이 생겨나는지를 제안하고 이러한 관점을 지지하는 인간행동이론을 발전시키는 데 상당한 영향을 미쳤다.

둘째, 사례 연구는 치료 기법을 발달시키는 자료원이 될 수 있다. 여기서도 심리분석 및 행동치료의 영향력 있는 사례를 살펴볼 수 있다. 1880년대에 여러 가지 히스테리 증상을 보이는 젊은 여성(애나)의 처치(Breuer & Freud, 1957)에서는 심리치료에 '대화형 치료' 및 카타르시스 방법을 포함시킨 것이 주목할 만하다. 행동치료에서 두려움에 휩싸인 소년 피터의 치료 개발과 아동의 두려움을 없애려는 다양한 처치방법을 평가한 연구(Jones, 1924a, 1924b)는 임상에서 활용하고 있는 여러 중재방법을 제안하는 데 있어 큰 영향을 미쳤다.

셋째, 사례 연구는 드물게 발생하는 현상을 연구하는 것을 가능하게 한다. 집단연구에서는 관심이 있거나 처치 과정에서 나타나는 다수의 문제점을 평가하는 것이 불가능한 경우가 종종 있다. 독특한 문제나 상황에 직면한 개별 클라이언트는 문제의 개발 및 효과적인 처치를 찾기 위해 자료를 집약적으로 탐구할 수 있다. 예를 들어 한 개인이 둘 이상의 다른 인격, 감정, 사고와 행동을 나타내는 다중인격에 대한 연구는 사례 연구를 통해 정교화되고 있다. 역사적으로 볼 때 다중인격에 대한 조장기 서술은 '세 얼굴의 이브'(Thigpen & Cleckley, 1954, 1957)라는 영화를 통해 잘 알려졌다. 이브에 대한 집중적인 연구를 통해 매우 다른 인격, 매너, 외모, 심리검사 수행, 그리고 기타 일반적인 행동 특성이 잘 드러난다. 사례 수준에서의 분석은 대규모 집단 연구에서 접근하기 어려운 독특한 정보를 제공한다. 이는 일화 기록이 아니다. 연구자는 사례에 대해 새로운 관점으로 묘사를 하고, 객관적인 측정 도구를 통해 정보를 제공하고, 녹화의 범위를 수립하는 데 있어 체계적이다.

넷째, 사례는 보편적으로 적용될 수 있다고 보는 생각에 대하여 **반일례**를 제공할 수 있어 가치가 있다. 예를 들어 심리분석의 전통적인 처치 형태에서 보면 외현적 증상에 대한 처치는 동기가 역기능의 기초가 된다고 생각하고 내적 심리 과정을 무시하면서 잘 이루어지지 않을 수 있다. 증상의 원인에 대한 처치 없이는 다른 증상이 나타날 수 있다. 이를 **대체증상**이라고 한다. 그러나 수십 년 전 대체증상도 없이 증상이 명확했던 질병이 효과적으로 처치된 사례가 반복적으로 드러나면 기존에 제기되었던 경고가 맞는 것인지 의심을 갖게 된다(Kazdin, 1982 참조). 일반적인 전제에 의하면 어떤 사례는 의심이 되기도 하는데 그 자체로는 매우 일반적인 성격을 가진 확실한 주장이 될 수 없다. 반대되는 일례를 보여줌으로써 사례 연구는 진술의 일반성에 대한 자격요건을 갖출 수 있다. 유사한 패턴을 가진 반복되는 사례를 제시함으로써 원래의 일반적인 전제를 적용할 수 있는 가능성은 점차 도전을 받게 된다.

마지막으로, 사례 연구는 설득적이고 동기적 측면에서 가치를 갖는다. 방법론적 관점에서 통제되지 않은 사례 연구는 보통 추론을 이끌어내는 데 있어 그 기반이 취약하다. 그러나 이때가 보통 학문적 속성을 갖게 되는 시점이다. 사례가 방법론적으로 강력한 인과적 지식을 제공하지 않는다 하더라도 사례 연구는 종종 극적이면서 설득적으로 무언가를 제시하고 추상적인 원칙이 될 무언가를 구체화하기도 한다. "내 나이의 저 사람은 노스 비치 단델리온 다이어트로 본인이 감량하기를 원하는 30파운드(13.6kg)를 뺄 수 있었는가? 물론 나는 회의적이었지만 TV에 나온 사진이 잘못될 순 없었고, 외모, 매력, 머리색이 아니라 하더라도 그는 나와 달랐다." 인지심리학과 신경과학 연구에서 지각과 기억이 유효한 추론을 이끌고, 때론 이 세상에서 일어나는 사건 간의 연결성을 정확히 인지하는 방식에 제한을 둔다 하더라도, 사진이 없어도 백문이 불여일견이다(예 : Gilovich, Griffin, & Kahneman, 2002, Pohl, 2004; Roediger & McDermott, 2000). 더욱 간단히 설명하면, 사건이 일어나지 않을 때에도 우리는 많은 것을 보게 된다.

종종 사례가 매우 극적으로 보이는 다른 이유는 특정한 어떤 시점을 보여주기 위해 체계적으로 선정된다는 점 때문이다. 아마도 사용 가능한 사례들 중에서 무작위로 선정된 사례라면 작가 또는 광고주의 선택에 의해 제공되는 어떤 특정 사례에서 나타나는 극적인 변화의 모습을 보긴 어렵다. 증거 없이 사용된 중재에서 증거가 없는 성과로 이어질 수 없다. 단델리온 다이어트를 한 사람이 다이어트에 동의한 500명 중 1명일 수도 있고, 변화를 보여준 유일한 사람일 수 있다. 정확하게 제시된 사례라 하더라도 대부분의 사람들이 프로그램에 대해 보여준 반응을 나타낼 수 없는 사례일 수도 있다. 또한 원인체 ─ 나와 문자 메시지를 주고받은 단델리온 직원 ─ 에 대해 결론을 내릴 수도 없었다. 그 직원은 2년간 계속 구토를 했고, 과거보다 6

인치가 줄었다. 다이어트는 우리가 기대한 대로 작용하는 것은 아니다. 극단적인 사례의 선정 이유, 논리, 그리고 방법론은 선정은 단순히 한 시점의 묘사가 아니라 이유와 자료가 반박하는 인과관계를 믿도록 한다.

체중 감량의 예시는 사례 연구가 지향하는 네 가지 기능, 즉 정보 알리기, 흥미 유발하기, 영감 주기, 감정 불러일으키기의 기능을 잘 나타내고 있다(Sechrest et al., 1996). 이러한 맥락에서 보면, 핵심을 전달하고 생각을 할 수 있게 하고 다른 사람들을 동기화하여 행동으로 옮기도록 하는 사례와 같은 것은 없다. 위의 네 가지 중 하나를 성취할 사례보다 샘플이 크고 통제가 잘 된 연구로부터 도출된 멋진 결과보다 훨씬 더 나은 경우가 많다. 표본 크기가 큰 연구에서는 세심하게 잘 선정된 사례 연구에서 이끌어낼 수 있는 바를 얻어내기 어렵다. 사실상, 일반 과학에서 실패하는 이유는 결과를 도출하고 그 결과를 건강, 기후 등의 분야와 같이 영향력을 더 크게 보일 수 있는 방식으로 해석하고자 하기 때문이다. 예를 들어 기후 변화의 측면에서 지구 온난화가 투표 선거구 연구에 설득력 있는 사안이 되도록 하기 위해서는 대중에게 사례(예 : 해변 도시의 거주민, 인간 이외의 동물 및 내륙과의 관계)를 구체적인 방식으로 제시하고 전달하려는 노력이 문제로 이어지게 된다(예 : Gore, 2006 참조). 일반적으로 사례 연구 또는 주어진 어떤 상황에서 일어나거나 일어날 수 있는 일에 대해 이야기하는 것은 '진정한' 연구 결과를 전달하는 데 있어 대중에게 유익한 방식으로 결과를 더욱 체계적으로 분석하려는 노력이 될 수 있다.

개략적인 묘사

사례 연구는 상당히 유용하다. 사실 연구를 위해서 가설을 수립하는 한 가지만으로도 사례 연구를 매우 가치 있게 만들 수 있다. 임상심리에는 정신건강 분야에서 이미 고전이 된 일화기술적 사례 연구가 몇 가지 있다(프로이트의 주요 사례). 그 사례들은 놀라울 정도로 논리적이고 내부적으로 일관된 응집력이 있다. 그러나 심층적으로 분석해보면 여러 경우에서 사례를 제시하는 근간을 반박하거나 그 근간을 위태롭게 한다.

예를 들어 1880년대 미엔나의 의사이자 프로이트(1856~1939)의 동료였던 요제프 브로이어(Joseph Breuer, 1842~1925)가 다루었던 애나(Anna O.)의 사례를 되돌아보자(Breuer & Freud, 1957). 그 당시 애나는 21세였고, 몇 가지 증상―다리의 무감각과 마비, 의식의 일탈, 시각과 언어의 뒤틀림, 두통, 그리고 지속적으로 신경질적인 기침―을 보이고 있었다. 이런 증상은 의학적인 또는 육체적인 문제라기보다는 불안에 기인한 것으로 보였다. 브로이어는 애나와의 대화와 최면을 통하여 그녀에게 있었던 과거 사건을 회상하고, 각 증상과 관련된 상황에 대해 토론하였다. 과거를 회상하면서 그녀의 증상은 사라져 버렸다. 이 사례는 대단한 영향력을 발휘했으며, '대화치료(talking cure)'와 심리학의 카타르시스 방법의 효시로 기록되고 있다.

실제적으로, 이 사례는 여러 가지 축복이 혼재된 사례의 전형적인 예시가 되었다. 첫째, 그 사례에서 무슨 일이 있었는지, 증상이 언제 어떻게 변했는지에 관한 체계적인 정보가 없다. 둘째, 그 사례에 대하여 결론을 취약하게 하거나 결론과 반대되는 필수적인 세부사항에 거의 주목하지 않는다. 예를 들어 대화치료는 몇 개의 사례에서 보듯이 대화가 좀처럼 제 역할을 하지 않을 때(Dawes, 1994 참조), 과량의 약물치료(chloral hydrate, 수면 유도제)보다는 최면과 결합되어 사용된다. 따라서 단순한 대화로만은 치료가 되지 않으며 실제로 대화가 어떤 영향을 주었는지조차도 식별할 수 없다. 또한 애나 사례에서 보면 그녀의 심각한 증상과 대화치료 이후에 애나가 입원을 했으므로 대화-최면-약물의 혼합치료 효과에 대하여 의구심이 생긴다. 이러한 사례가 아무리 강력하고 흥미롭고 설득력이 있다 하더라도, 실제로 무슨 일이 일어났는지, 왜 일어났는지에 대한 추론을 허용하지 않는다는 것이다. 단순히 대화는 중재가 아니며, 치료의 영향은 단기적으로나 장기적으로 모두 분명하지 않다.

앞에서 언급한 사례보다도 더 나은 관찰과 보고를 할 수 있는 매력적인 예시는 사실 더 많다. 잘 알려진 피니어스 게이지(Phineas Gage)의 사례는 통제되지 않은 사례 연구가 무엇을 보여줄 수 있는지에 대한 좋은 본보기가 된다(Macmillan, 2009). 게이지는 미국 버몬트 주에 있는 철길에서 일하는 25세의 노동자였고, 바위를 폭파하기 위하여 폭약을 사용할 예정이었다. 하지만 큰 금속 막대(길이 1.09미터의 충전 금속)가 폭발하여 그의 뇌를 관통하였고, 파편이 20미터까지 날아가는 사고가 발생하였다(자세한 사진과 소식은 홈페이지 www.hbs.deakin.edu.au/gagepage 참조). 사고 발생 90분 내에 게이지를 치료한 의사의 기록에 따르면, 그는 이성적으로 대화를 했으며 무슨 일이 일어났는지를 표현하였다. 그러나 이후의 추적검사에 따르면 그의 성격은 변하였다. 사고 발생 전, 그는 능력 있고 균형을 잘 잡는 일 잘하는 현장 감독이었다. 하지만 사고 후에 그는 참을성이 없고, 고집스럽고, 상당히 세속적이며 타인에 대한 존중을 거의 보이지 않았다. 또한 그는 미래를 계획할 능력을 상실한 것처럼 보였다. 그의 친구들에 따르면, 게이지는 더 이상 그들이 예전에 알던 사람이 아니었다.

이는 신경정신과에서는 고전적인 사례가 된 매우 비극적인 실험이었다. 이 사례는 인지와 인성 기능에 대한 비극적인 중재의 영향을 반영하고 있다. 이 사례는 사고의 영역이나 단절로 인해 인과 요소가 너무 분명하게 나타났기 때문에 매력적이다. 또한 사고에 의하여 영속적인 변화가 유도되어 다른 영향은 거의 없는 것처럼 보였다. 우리는 차후에 사례 연구나 치료 작업에서 원인을 추론하는 방법으로 중재의 수행과 변화 사이에 숨겨진 잠재적 요소의 역할에 대해 논의할 것이다. 게이지의 상황은 공식적인 조사 없이도 분명한 추론을 이끌어낼 수 있는 사례가 된다.

사례 연구는 뇌와 행동 사이의 관계를 밝혀내는 데 중요한 역할을 한다. 왜냐하면 실험으로는 수행될 수 없는 다양한 특수 상해, 질병, 중재가 발생하기 때문이다. 이런 것을 정성스럽게 문서로 기록하면, 시간의 흐름에 따른 감정, 인식, 행동의 거동과 그에 따른 결과를 조사할 수 있다. 예를 들어 간질 치료를 위하여 뇌의 반쪽(반구의 한쪽)을 제거한 소년의 사례를 보자. 그의 유년 시절 발달 과정을 추적하여 잃어버린 뇌의 반쪽에도 특정 기능이 여전히 발달하고 있다는 사실을 밝혀냈다. 소년은 학업, 언어 학습과 같은 일부 분야에서는 기능을 잘했다. 모든 것이 합리적인 방식으로 문서화되었고(Battro, 2001), 이에 따르면 뇌가 가진 보상 능력과 소년에 대한 훈련이 어떻게 상당한 수준의 손실이 극복될 수 있는지를 보여준다.

사례에 대한 신중한 평가는 결과를 상당히 설득력 있게 만들 수 있다. 예를 들어 발작 증상이 있는 25세 남자의 보고에 따르면, 뇌도와 피곡과 같은 뇌의 특정 영역이 손상되면 혐오의 감정이 생겨날 수 있음이 밝혀졌다(Calder, Keane, Manes, Antoun, & Young, 2000). 손상은 기능성 자기공명영상(functional magnetic resonance imaging, fMRI)을 통해 자세히 관찰될 수 있고, 피니어스 게이지의 과거 사례와 비교해보면 공격 부위의 진보를 볼 수 있다. 그의 손상은 이 영역에 위치할 수 있다. 그는 체계적인 테스트를 통하여 다양한 감정(행복, 두려움, 분노, 슬픔, 놀람)을 겪는 사람들의 사진을 관찰하였다. 그는 감정을 확인하는 데 어려움이 없었다. 그러나 그는 혐오의 사진을 인식할 수 없었다. 혐오스러운 생각 또는 사진을 그에게 보여주었으나 그는 이것이 혐오스럽다고 인식하는 데 어려움이 있었다[일주일에 한 번 속옷을 갈아입는 친구 또는 대변 모양의 초콜릿(기억하라, 여기에서 나는 단순히 이야기를 전달하는 사람일 뿐이며 이야기를 꾸미는 것은 절대 아니다)]. 이는 매우 흥미로운 사례인데, 왜냐하면 여기에서는 체계적인 평가만큼이나 추론의 힘이 상당히 커지기 때문이다. 또한 연구자는 이 사례를 뇌 손상이 없는 남성과 여성의 사례와 비교하여 과제의 토대를 제공하였다. 이는 사례 연구와 집단간(사례 통제) 설계 사이의 어딘가쯤에 해당하며 매우 흥미롭다 .

방법론적 한계

우리는 통제되지 않은 사례 연구에 많은 한계가 있다는 것을 알고 있다. 임상 현장에서는 사례에 표현되는 일상적인 방식으로 한계가 많이 나타난다. 첫 번째, 사례 보고는 일화적인 정보에 크게 의존하게 되고, 그 안에서 임상적인 판단과 해석이 중요한 역할을 하게 된다. 상당수의 추론은 클라이언트의 보고를 바탕으로 하고, 이 보고를 기반으로 해석이 이루어진다. 클라이언트의 과거에 대한 재구성, 과거로부터 재생된 사건, 특히 감정이 결부된 사건은 왜곡될 가능성이 있고, 매우 선택적이 된다. 여기에 치료사의 해석과 판단이 더해지고, (평범한 사람이 가진) 무의식적인 편견이 클라이언트가 가진 어려움과 더불어 현재 상황으로 이끈 사건이 달라지는 것에 대해 전반적이고 일관되게 이해할 수 있게 해준다.

두 번째, 일반적으로 임상가가 제시하는 것보다 개인의 현재 상황을 설명할 수 있는 많은 대안적인 설명이 존재한다는 것이다. 다음 장은 사례 연구가 심각하게 도전받을 수 있는 대안적인 설명과 이유를 체계적으로 정리한다. 사건이 발생한 후에 기록하고, 회상에 의존한 설명은 초기 사건을 재구성하고 이것이 어떻게 변함없이 현재의 기능에 작용하는지 보여준다. 종종 이런 설명이 설득력이 있게 들리긴 하지만, 만약 실제적으로, 과학적으로 논박한다면 방어가 불가능하다.

세 번째, 사례 연구에서 이끌어낸 정보에 대한 우려 중 우리가 관심을 기울일 만한 것은 다른 개인 또는 상황으로의 일반화이다. 과학적인 연구는 개인의 정체성과 무관하게 보편적으로 적용되는 행동에 대한 일반 법칙을 세우려고 노력한다. 사례 연구가 그럴 수 있을까? 아마도 일화기술적인 사례 연구는 가능하지 않다. 하지만 이 주제에 대해서는 차후에 더 다루기로 한다. 현재로서는 사례 연구의 결과는 일반화할 수 없기 때문에 일화기술적인 사례가 결점이 있다는 것은 (전혀) 아니다. 애나의 사례와 '대화치료'와 관련하여 논의한 것처럼, 오히려 연구 결과가 사례 자체에 전혀 적용되지 않거나 또는 매우 잘 적용될 수 있다. 그것은 일화적인 표현이 잘못되었다기보다는 결론을 바꿀 수 있는 중요한 세부적인 사항이 빠질 수 있기 때문이다. 과학에서는 결론을 얻기 전까지 결과의 일반성을 논하지 않는다.

앞에서 설명했듯이 사례를 광의의 추상적인 개념으로 받아들이길 바란다. 우리는 연구 결과에 대한 대안적인 설명을 배제하기 위하여 연구를 한다. 예를 들어 감기에 걸려서 목욕할 때 비누를 사용하기 시작했는데 일주일 만에 나았다고 하자. 그러나 여기서 암시적인 인과관계는 다양한 대안적인 설명이 가능하기 때문에 문제가 될 수 있다. 그렇다. 아마도 비누를 사용하는 충격과 신기함이 나의 신체 시스템을 놀라게 했을 수도 있다. 그러나 비누 없이도 시간이 지남에 따라(신체 내부의 치료 과정)이 감기를 낫게 할 수도 있었다. 사실 이런 사례는 너무 결점이 많아서 실제로 비누가 회복을 돕기보다는 회복을 더디게 했는지도 판별할 수 없다. 여기에서의 요점은 '방법론에서는 세부사항의 설계가 아니라 유효한 결론을 이끌어내는 것이 매우 중요하다'는 것이다. 비누 사례의 소규모 연구는 전혀 유효한 결론을 이끌지 못한다. 하지만 과학적으로 유효하거나 또는 유효한 추론을 이끌 수 있는 사례가 있다(예 : 앞에서 언급한 25세 남성 게이지). 또한 유효한 추론을 이끌어낼 수 있도록 사례에서 많은 노력을 기울일 수 있다(Sechrest, 1996). 단일대상설계가 그중 하나이며, 설계의 추정과 사례에 대한 주의 깊은 관찰을 통하여 유효한 결론을 이끌어낼 수 있다.

총평

단일대상설계를 통제되지 않은 사례 연구의 맥락에서 살펴보는 것은 중요하다. 첫 번째, 통제되지 않은 사례 연구, 특히 일화기술적인 사례 연구는 단일 사례 실험 설계와는 공통점이 거의 없으므로 시작 단계에서 혼동을 일으키는 요소를 제거하는 것이 중요하다. 두 번째, 일화기술적인 사례에서조차도 개인에 대한 개별 조사를 통해 연구에 기여할 수 있다. 과학에서 가설의 수립은 사소하지 않으며, 한 개인에 대한 세심한 관찰을 통해 새로운 아이디어를 더욱 엄격하게 점검할 수 있다. 세 번째, 연구는 과학적으로 유효한 추론, 즉 변수 간의 관계에 대하여 복제 가능한 결론을 끌어내는 것이다. 사례 연구가 통제되지 않은 경우 종종 인과관계를 제시할 수 있고, 결과물에 대하여 그럴듯한 대안적 설명이 가능하다. 이 책의 후반부에서는 단일 사례의 실험적인 설계가 사용될 수 없는 경우에 추론을 체계적으로 이끌어내는 방법에 대하여 논의할 것이다.

연구 설계를 교육할 때 종종 설계 자체와 설계를 하는 과정으로 구분하여 시작한다(예 : 한 집단에 임의적으로 과제를 부여하고 일정하게 유지하며 관찰자가 해당 과제에 너무 익숙하지 않게 한다). 첫 번째 단계에서는 왜 연구를 해야 하는지부터 시작하고, 모든 의식을 거쳐 가면서 가공물, 편견과 혼동을 불러일으키는 특정한 자료원을 피해 가는 노력을 해야 한다. 우리는 방법론적인 실제, 예를 들어 통제된 조건(단일 사례) 또는 통제 집단(집단간 연구)에 관여하고, 주요 변수가 관찰을 통해 얻어진 결과물을 설명할 수 없음을 우리 자신뿐만 아니라 타인에게 설득해야 한다. 우리는 추론을 이끌고 반대가 되는 해석을 배제하려고 노력한다. 다음 장에서 논의할 것처럼 일단 결론에 다다르면 연구와 결론을 이끄는 데 많은 옵션을 갖게 된다. 단순히 사례 또는 하나의 집단과 몇 개의 집단이 있다는 사실만으로는 유효한 추론을 유도할 수 있는지 여부를 알지 못한다. 이런 극단적인 상황은 쉽게 볼 수 있는데, 즉 철저하게 기록되고 평기된 사례로는 십난간의 인과관계를 가장 강력하게 보여줄 수 있지만 간혹 인과관계를 증명하는 근거가 매우 약하거나 적절치 못한 과학적인 실연이 있다. 이 책을 통하여 나는 단일 사례 방법론의 설계뿐만 아니라, 과학적으로 유효한 추론을 어떻게 이끌어낼 수 있는지를 강조하고자 한다.

단일대상연구의 역사적 개관

단일대상연구는 심리학 연구의 전통에서는 극단적인 것으로 간주된다. 전통적인 관점은 집단 간 연구를 생물학 및 사회과학에 깊이 각인된 접근으로 본다. 흥미롭게도, 심리학 연구의 역사를 그리 멀리 거슬러 올라가지 않아도 대부분의 전통적인 연구가 집단간 비교보다는 개인에 대한 깊이 있는 탐구에 기반을 둔다는 것을 알 수 있다.

실험심리학

1880년대 후반과 1900년대 초반에, 실험심리학에서 행해진 대부분의 탐구는 추론을 이끌어 내는 근간으로 하나 또는 소수의 대상을 이용했다. 이러한 접근은 핵심 연구 분야의 훌륭한 심리학자 몇 명의 업적에 묘사되어 있다. 현대 심리학의 아버지 분트(Wundt, 1832~1920)는 1800년대 후반에 감각과 지각의 과정을 연구하였다. 다른 이들과 마찬가지로, 분트는 하나 또는 소수의 대상에 대한 심층적인 조사가 감각과 지각을 이해하는 방법이라고 믿었다. 하나 또는 2개의 대상에서 (분트 본인조차도) 자극 조건의 변화에 기초하여 그들의 반응과 (자기성찰을 통한) 지각에 대하여 보고하였다. 유사하게, 에빙하우스(Ebbinghaus, 1850~1909)가 발표한 자기 자신을 주체로 한 인간의 기억에 대한 업적은 매우 잘 알려져 있다. 그는 의미가 없는 음절에 대한 학습과 회상을 연구하였는데, 여러 교육 환경의 조건을 변화시켰다(예 : 음절의 형태, 학습해야 하는 목록의 길이, 학습과 회상 사이의 간격). 세심하게 기록된 연구 결과는 기억의 본성에 대한 근본적인 지식을 제공하였다.

심리학에 위대한 기여를 한 심리학자인 파블로프(Pavlov, 1849~1936)는 일반 동물 연구에서 학습(반응 조건화)과 관련하여 획기적인 발전을 이루었다. 파블로프의 실험은 주로 하나 또는 소수의 대상을 한 번에 연구하는 것에 기초하였고 그의 연구의 품격을 떨어뜨리지도 않았으며 그가 노벨상 위원회를 설득하여 상을 못 받게 하지도 않았다(in Physiology, 1904). 파블로프, 업적 중에서 예외적인 특성은 독립변인(예 : 다양한 자극 변수의 수와 같은 교육의 조건)과 종속변인(침 흘림, drops of saliva)을 정교하게 특성화했다는 것이다.

손다이크(Thorndike, 1874~1949)는 다른 패러다임을 사용하여 학습(도구의 조건)을 탐구하였는데 한 번에 2~3개 대상에 있어 주목할 만한 성과를 이루어냈다. 손다이크는 다양한 동물을 상대로 실험을 수행하였다. 가장 잘 알려진 업적으로는 퍼즐 상자로부터 고양이가 탈출하는 것에 관한 연구였다. 고양이들은 반복적인 시도를 통해 시간이 지남에 따라 실수는 적게 하고 빠르게 탈출하는 방법을 학습하였고 그 과정을 '시행착오(trial and error)'로 명명하였다.

앞서 설명한 예시는 한 번에 단일 또는 소수를 대상으로 한 연구를 통하여 초기 실험심리학 연구에 크게 기여한 수많은 탁월한 연구자들 중 극히 일부만을 나열한 것이다. 심리학의 다른 중요한 인물들도 언급될 수 있다(예 : Bechterev, Fechner, Köhler, Yerkes). 여기에 언급된 사람들의 숫자가 적다고 해서 단일 또는 소수를 대상으로 한 연구가 일부 연구자들에게만 한정된다는 의미는 아니다. 과거 단일 또는 소수 대상을 통한 연구는 매우 흔한 연구 실행의 방법이었다. 심리학 학회지의 출판물을 분석해보면, 1900년대 초반에서 1920년대와 1930년대의 연구에 이르기까지 소규모 표본(대상의 수가 1~5)으로 연구하는 것은 예외(Robinson & Foster)로 보기보다는 규칙에 가까웠다. 그 당시 연구는 현재 실험연구에서 필수라고 보는 특성, 예를 들어 큰 표본 크기, 통제 집단, 통계 평가자료 등이 배제되었다.

연구 방법론에 대한 관심은 단일 또는 소수의 대상 중심에서 대규모 표본으로 변하였다. 그 자체로 긴 역사를 가지고 있긴 하지만, 이러한 변화를 이끌었던 분명한 사건은 통계방법의 발전이었다. 통계분석의 발전을 통해 집단간 접근에서 평가가 동반되었다. 연구는 원 상태의 집단과 변인 간 관계를 자연스럽게 발생시키는 방식으로 이루어졌다. 따라서 실험적인 조작 없이 변인 간 상호관계를 얻을 수 있었다.

통계분석은 실험법의 대안으로 집단간 비교 및 개인 간 차이를 연구하는 방법론으로 각광받아 왔다. 표본의 크기가 작은 연구에 대한 불만과 연구에서 통제의 부재(Chaddock, 1925, Dittmer, 1926), 그리고 통계 중심의 검사의 발전[1908년 고셋(Goset)이 발전시킨 스튜던트 t 검증]이 집단방법론의 변화에 큰 역할을 하였다. 분명히 피셔(R. A. Fisher)는 표본의 크기를 증가시키는 데 큰 역할을 하였다. 그는 통계방법론(R. A. Fisher, 1925) 책을 통하여 대상의 집단간 비교의 중요성을 실증하고 현재 우리가 매우 익숙하게 생각하는 변인 간 분석의 기초를 제공하였다. 1930년대는 통계적인 평가가 없는 작은 표본연구로부터 통계분석을 사용하는 거대한 표본연구로의 전환이 나타나기 시작하였다(Boring, 1957, Robinson & Foster, 1979). 단일 대상연구가 보고되긴 했지만, 분명히 소수에 불과했고 퇴색일로를 걷고 있었다(Dukes, 1965).

표본크기가 큰 연구가 나타나 통계적인 시험으로 평가받으면서 연구의 법칙은 분명해졌다. 기본 통제 집단 설계가 심리학 연구의 패러다임이 되었다ー실험 조건을 받은 하나의 집단이 그렇지 않은 다른 (통제) 집단과 비교되었다. 또한 동일성의 가능성을 높이기 위해서 집단을 구성하였고, 시스템 측면에서 편견이 없도록, 즉 실험 조건이 수행되기 전에 대상을 집단에 무작위로 배치하였다. 대부분의 연구는 이런 기본 설계를 변화시켜 디자인하였다. 실험 조건이 신뢰성 있는 결과를 만들 수 있는지는 연구가 발전되면서 알게 된 확신의 수준(확률 수준)에 기초한 통계적인 유의도로 결정된다. 따라서 표본크기가 크면 방법론적으로 그 가치를 높게 인정하게 되었다. 표본크기가 클수록 실험은 더욱 강력해진다. 즉 실험의 영향력을 더욱 잘 확인할 수 있게 되는 것이다. 따라서 표본크기가 크다는 것은 은연중에 관계의 일반화에 도움이 되는 확실한 증거를 제공하는 것으로 생각하게 되었다. 만약 많은 수의 표본과 집단간 실험에서 독립변인과 종속변인 간의 관계가 나타나면, 이것은 그 결과가 특별하지 않다는 것을 의미한다(표본 수가 크거나 집단간 실험에서 나온 결과물이 표본 수가 적거나 N=1인 연구에서 나온 결과물에 비해 상당히 일반화된 결과를 얻을 수 있다는 생각이 착각 또는 환상에 불과하다는 것을 이 책의 후반부에서 다시 다룰 것이다). 연구 설계의 선택과 자료를 분석하는 통계기술의 관점에서 보면 시간이 지남에 따라 연구 방법론이 매우 세련되어지긴 했지만, 집단간 연구의 기본 법칙은 전혀 변하지 않았다.

임상연구

실험심리학에서 방법론의 실질적인 발전은 임상심리학의 발전에도 영향을 미쳤다. 통제되지 않은 사례에서 이미 논의한 대로, 임상심리학에서 일화기술적 사례 연구는 사례를 가장 훌륭하게 사용한 경우가 된다. 통제되지 않은 사례를 잠시 제쳐주면, 개인의 역할은 지식을 습득하는 것으로 인식된다. 개별 사례의 연구는 다른 심리학 분야보다 임상심리학에서 더욱 중요하다. 한때 임상심리학은 분명히 개인의 연구(예 : Korchin, 1976; Watson, 1951)가 포함되는 것으로 정의되었다. 집단 연구에서 얻은 정보가 중요하긴 하지만 개인의 개별성 측면에서 중요한 정보는 배제된다. 따라서 집단의 정보와 개인의 정보가 각기 독특한 방식으로, 중요한 정보원으로 기여한다. 이 점은 두 가지 연구 접근을 구별할 때 강조된다―집단 연구를 보강하는 (보편적 법칙의 접근) 차원에서 개인에 대한 집중 연구(개별적인 접근)이다(Allport, 1961). 여기서의 근거는 개인을 집중적으로 조사하여 개인의 고유성(uniqueness)을 발견하는 것이다. 논란의 여지가 있지만 고유성은 양날의 칼이다. 인간 개개인은 서로 다르지만, 과학에서는 일반 법칙을 찾고 한 집단과 그 하위 집단이 어떻게 변화하는지를 알고 싶어 한다. 고유성의 가치는 주요 심리학 연구의 한 영역으로 들어오지는 못했다. 연구 접근법의 특이성으로 인해 단일대상연구의 발달이 지연되었는데, 이는 단일대상연구가 하고 있고 할 수 있는 것이 불분명하고 일반 법칙에 대해서는 관심이 없기 때문이다.

임상연구에서 개인을 탐구하는 것은 일부 이론가와 임상심리학의 역사를 훨씬 뛰어넘을 정도로 매우 오래된 일이다. 정신병리학의 원인 관계론, 인성과 행동의 발전, 치료 기술과 관련한 이론이 사례에 자주 인용되었지만, 애나의 사례에서와 같이 일화적인 사례에만 한정되었다. 개인을 대상으로 통제가 더 잘 이루어지고 더 체계적으로 평가된 연구가 역사적으로 임상연구에서 중요한 역할을 했다. 유년 시절의 공포 발달에 대한 사례 연구도 역시 치료에 있어 중요한 의미를 내포하고 있다. 1920년에 왓슨과 레이너는 알버트라는 이름의 11개월 된 유아의 공포 발달에 대하여 보고하였다. 알버트는 처음에는 하얀 쥐까지 비롯하여 그에게 주어진 자극을 두려워하지 않았다. 알버트의 두려움을 발달시키기 위하여, 쥐를 큰 소음과 함께 보여주었다. 상대적으로 적은 횟수의 연결 후에, 알버트는 쥐만을 보여주었을 때에도 부정적인 반응을 보였다. 그 부정적인 반응은 다른 자극에서도 나타났다(예 : 털 코트, 면-울, 산타클로스 마스크). 이 사례는 두려움이 학습될 수 있고 두려움이 조절되는 원래 자극을 넘어서 일반화된 반응으로 해석되었다.[2] 앞서 언급된 사례는 개별 사례에 대한 집중적인 연구가 치료에 상당한 영향을 미침을 알 수 있는 극적인 예가 된다. 언급한 것처럼 개별 사례의 보고는 예를 들어 다중인격(Prince, 1905; Thigpen & Cleckley, 1954, 1957)과 같이 상대적으로 간헐적인 치료 불안을 살펴보고 실행 가능한 치료 방법을 제시하는 데 영향을 미친다.

사례 연구는 종종 몇 개의 사례가 축적될 때 놀랄 정도의 영향력을 미치게 된다. 아무리 개별 사례를 연구한다 해도 정보가 축적되어야 일반 관계 법칙을 확인할 수 있다. 예를 들어 현대 정신과 치료 또는 치료 분야별로 어떤 개인을 분류하는 것은 개별 사례의 분석으로부터 시작한다. 독일 정신과 의사인 크레펠린(Kraepelin, 1855~1926)은 입원한 정신병 환자 수천 명의 사례를 체계적으로 정리하여 심리학적인 불안 또는 특정한 '질병'의 정체를 확인하였다. 그는 개별 환자의 의료력, 불안의 시작, 그에 따른 결과를 기록하였다. 이런 다양한 치료 자료로부터 그는 '정신 질병'의 다양한 형태를 정성스럽게 정리하였으며 정신병 치료의 현대적 접근을 위한 일반 모델을 제공하였다(Zilboorg & Henry, 1941).

간결하게 설명하였으나 기초 및 응용 대상에 대한 연구와 엄격한 조사를 포함하여 하나 또는 소수의 대상과 관련된 실험적인 노력은 상당히 오랜 역사를 이어오고 있다. 인식, 기억, 학습, 정신 불안과 관련한 주요 현상에 대한 과학적인 통찰이 그 예가 된다. 개인에 대한 연구는 일상생활에 기반을 둔 통제되지 않은 사례 연구가 되지 않고, 어떤 종류의 추론을 이끌 만큼 분명한 역량을 가지고 있지 않다는 것을 아는 것이 중요하다.

---

2) 흥미롭게도 단 한 번을 제외하고 이러한 시도를 복제하기 위한 시도는 계속적으로 실패하였다. 연구 중에 이루어진 일관되지 않은 노력은 두려움과 습득을 해석하는 시도의 거대한 영향력에 제한을 주지는 않았다(Kazdin, 1978 참조).

단일대상연구의 현대적 발전

현재 단일대상설계는 심리학의 특정 연구 분야에서 발생하였다. 설계와 접근은 앞서 언급한 역사적 선례의 일부에서 볼 수 있다. 그러나 방법론과 접근은 좀 더 분명하고 뚜렷하게 나타났다.

행동의 실험적 분석

지금의 단일대상연구로 발전된 것은 학습과 행동 변화를 이해하기 위하여 프로그램 형태의 일반 동물 실험 연구를 발전시킨 스키너(Skinner, 1904~1990)의 성과에서 유래할 수 있다. 스키너는 개별 유기체의 행동에 대한 연구와 행동에 영향을 미치는 선행사건과 후속 결과를 결정하는 데 관심이 많았다. 스키너의 성과에서 행동에 대한 이론적 설명의 내용 또는 물질(조작적 조건화로 설명되는 학습의 형태)과 실험 및 데이터 평가에 대한 방법론적 접근(행동의 실험적 분석으로 언급)을 구별하는 것은 매우 중요하다. 실제 이론과 방법론적 접근은 계속 얽혀 있다. 그래서 이를 구별하는 데 약간의 시간을 할애하는 것이 유용하다.

스키너의 연구 목적은 개별 유기체의 합법적인 행동 과정을 발견하는 것이었다(Skinner, 1956). 그는 주로 동물의 행동과 행동 이후에 따르는 결과와 그에 따른 성과에 영향을 미치는 일련의 결과에 집중하였다. 그는 조작적 조건화를 연구의 이론적인 지위와 영역으로 만들었고, 행동 과정을 표현하는 일련의 관계 또는 원칙(예 : 강화, 처벌, 차별, 반응 차별화)으로 구체화했다(예 : Skinner, 1938, 1953a).

이미 행동의 실험적 분석으로 언급된 바 있는 것처럼, 스키너의 연구에 대한 접근은 몇 가지 분명한 특징이 나타나고 그 특징은 단일 사례 실험의 기초가 된다(Skinner, 1953b). 첫 번째, 스키너는 성과의 빈도수를 연구하는 데 관심이 많았다. 빈도수는 지속적인 행동을 연속적으로 측정하고, 정리된 데이터를 제공하며 환경 조건의 변화에 따른 즉각적인 변화를 반영하고, 자동으로 기록될 수 있다는 이유로 관심을 받았다. 두 번째, 소수를 대상으로 실험을 실시하였다. 실험 조작의 효과는 개별 유기체의 행동에서 분명하게 나타날 수 있다. 집단 연구에서 흔하게 발생하는 것으로 일부 대상이 보여주는 성과를 평균하는 과정에서 흔하게 숨겨질 수 있는 법적인 행동 과정을 개별 대상의 연구를 통해 관찰할 수 있다. 세 번째, 시간의 흐름에 따라 나타나는 지속적인 빈도수를 측정함으로써 행동의 법칙과 자료의 명확성으로 생기는 성과의 다양한 과정을 직접 볼 수 있다. 여기서 통계분석은 필요하지 않다. 오히려 대상에 주어진 조건의 변화와 시간의 흐름에 따른 성과의 체계적 변화를 관찰하여 성과의 변화를 측정할 수 있다.

행동의 실험적 분석 연구는 일반적으로 쥐, 비둘기, 또는 다른 일반 동물과 같은 대상을 사용한다. 대상 간 복제 설계(Sidman, 1960)는 시간이 흐름에 따라 하나 또는 소수의 대상에게 주어진 변인의 결과를 평가한다. 독립변인이 주어지기 전, 주어지는 동안, 주어진 후의 성과 변화가 비교된다. 시간에 따른 다른 실험 조건의 연결은 같은 대상에 대하여 반복된다.

1950년대와 1960년대, 행동과 대상 간 실험적 분석 또는 단일대상설계는 조작적 조건화 연구로 확인되었다. 부분적으로 여러 출판물과 전문가 조직 사이의 분명한 관계 때문에, 행동의 이론으로서 조작적 조건화와 방법론으로서 단일대상연구 사이의 관계는 고정되었다. 조작적 조건화에 대한 연구를 수행한 사람은 일반적으로 단일대상설계를 사용하고, 단일대상설계를 사용한 사람은 조작적 조건화에 관심을 갖고 교육을 받게 된다. 특이한 이론적 접근과 연구 방법론 사이의 관계는 뒤에서 논의하겠지만, 이것이 반드시 필요한 것은 아니다. 오히려, 단일 사례 방법론의 발전과 현재 상태를 이해하려면 관계의 인식이 매우 중요하다.

응용행동분석

조작적 조건화를 실험실에 적용하는 데 있어 실제적이고 방법론적인 발전이 이루어짐에 따라 이 접근법은 인간 행동으로 확장되었다(Kazdin, 1978 참조). 체계적인 확장의 초창기에는 인간의 수행을 연구하는 데 조건화의 접근을 사용할 수 있도록 하고, 일반 동물실험 연구의 결과를 인간에게도 확장할 수 있는지를 결정하기 위하여 설계하였다. 정신병적 질환을 가진 어른과 정상적인 사회 활동을 하는 어른을 포함하고, 주로 지적장애와 자폐를 가진 아동을 대상으로 실험적인 연구의 확장이 시작되었다(예 : Bijou, 1955, 1957; Ferster, 1961; Lindsley, 1956, 1960). 일반 동물 연구에서 사용된 체계적인 행동 과정은 인간에게 복제되었다. 사실, 개인뿐만 아니라 여러 종류의 법적 관계가 일반화되었다. 예를 들어 특정한 실험 작업에 관한 강화 요인의 조작(예 : 기구를 누름)은 쥐, 비둘기, 원숭이를 통틀어 비슷한 곡선이 나타났다.

인간을 대상으로 한 적용에서 임상적으로 흥미로운 것들이 발견되었는데, 예를 들어 정신병 진단을 받은 환자들의 임상 과정에서 일어나는 증상 감소와 같은 것(예 : Lindsley, 1960)과 발달장애를 가진 개인들에게서 반응 손상이 나타나는 것(예 : Barrett & Lindsley, 1962) 등이다. 방법론적인 확장과 달리, 초기 연구에서는 조작적 조건화를 통해 치료 적용이 가능하다는 것을 알게 되었다.

그간 아무리 조작적 조건화의 실험과 단일대상연구가 계속되었다 하더라도, 1950년대 후반과 190년대 초반에 이르러서야 응용연구 분야가 본격적으로 태동하기 시작했다. 임상과 응용에서 말더듬, 독서, 작문, 연산뿐 아니라 심각한 정신적 질환으로 입원한 환자들의 거동에 직접적으로 초점이 맞추어졌다(예 : Ayllon, 1963; Ayllon & Micheal, 1959, Goldiamond, 1962, Staats, Staats, Schultz & Wolf, 1962). 1960년대 중반에 일부 연구 프로그램은 응용을 목적으로 이루어졌다. 응용 분야는 일반교육과 특수교육, 정신병원, 외래환자 치료와 기타 환경 등으로 분명하게 나타났다(Ullmann & Krasner, 1965). 1960년대 후반 응용분야에서 실험적인 행동분석의 확장은 공식적으로 **응용행동분석**(applied behavior analysis)으로 인식되었다(Baer, Wolf & Risley, 1968, 1987). 응용행동분석은 정신질환, 교육, 지체, 아이 양육, 범죄뿐 아니라 더 일반적으로는 사회 기능과 같은 문제와 관련하여 사회적이면서 임상적으로 중요한 행동에 초점을 맞춘 연구 분야로 정의되었다. 실험분석에 관한 실체적이고 방법론적인 접근은 응용 질문에서부터 실제적인 모든 환경(예 : 유치원, 대학, 군 기지, 사업과 산업, 기관 및 병원)과 인구(예 : 유아, 성인, 육체적인 질병 또는 정신질환으로 진단을 받은 개인들)에 이르기까지 폭넓게 확장되었다(Kazdin, 1977c).

응용행동분석은 조작적 조건화의 확장과 함께 다양한 응용 환경과 아동, 청소년과 성인 인구의 실험적 행동 분석에서 나타났다(Cooper, Heron, & Heward, 2007; Kazdin, 2001). 응용행동분석에서 행동을 변화시키는 중재기술은 조작적 조건화에 상당히 의존한다. 이런 기술을 평가하는 방법론은 단일대상설계를 활용한다. 따라서 조작적 조건화와 평가방법론은 지속적으로 연결되어야 한다. 그러나 단일대상설계는 어떤 실질적인 집중, 이론적인 관점 또는 훈육을 훨씬 뛰어넘는 중요한 방법론적 접근이 된다. 이 책은 단일대상설계를 자세하게 다루고 다양하게 사용 및 응용할 수 있게 하였다. 설계는 조작적 조건화의 개념적인 틀에서 빠지고 다양한 맥락과 환경(예 : 학교, 병원, 외래환자 치료, 사업과 산업, 경쟁 스포츠, 재활센터)에서의 중재를 평가할 수 있는 방법론으로 여러 가지 중재로 확대되었다. 설계의 확장은 단순히 새로운 영역일 뿐만 아니라, 단일대상연구 사용법에 대한 중요한 특성(예 : 평가, 데이터 평가 방법)의 변화를 반영한다.

중재연구의 최근 이슈

처치와 중재는 단일대상설계의 중요하면서 비교적 새로운 맥락을 제공하는 이슈가 되고 있다. 여기서의 맥락은 응용 환경에서 프로그램을 제공하는 데 있어 책무성과 프로그램, 처치, 중재를 평가하는 데 관심이 더욱 커지고 있다는 점이다.

증거 기반 중재

강력한 실증적인 증거에 기초한 처치나 중재를 판별하는 데 관심이 증대되고 있다. '처치'의 맥락에서(예 : 의학 및 관련 분야, 치과학, 간호학, 임상심리학, 말–언어훈련, 작업치료 및 놀이치료, 재활) 증거 기반 처치(evidence-based treatments, EBTs)는 위에서 언급한 중재를 말한다. 그러나 '치료 또는 처치'에 많이 적용되지 않는다. 교육 및 학교심리학에서는 증거를 갖춘 절차를 개발하고 설명하는 데 상당한 노력을 기울여 왔다(예 : Kratochwill, 2006). 최근 사회정책, 법, 경제학, 윤리학을 포함한 처치를 쓰지 않는 영역에서도 증거에 기반을 두고 있다(이는 웹에서도 쉽게 찾아볼 수 있다).

'증거 기반 중재(evidence-based interventions, EBIs)'는 좀 더 일반적인 용어로, 증거 기반을 신뢰하는 분야, 예를 들어 사회복지, 말–언어, 재활 등의 다양한 분야에서 폭넓게 사용되고 있다. EBTs와 EBIs 모두 효율성을 확인하는 연구의 성과를 가진 특정한 중재를 말한다. EBTs와 EBIs를 지향하는 움직임은 다른 여러 분야, 국가 및 전문가 집단, 조직과 기관 등지에서 이루어져 왔다.[3] 관련 용어와 정의는 매우 다양하고, 계속해서 변이가 생겨나고 있다. 예를 들어 미국과 캐나다의 주, 지역, 중앙 정부기관은 심리 서비스의 지침으로 EBTs를 정의하고 있다. 용어는 다양할 수 있고, 선택할 수 있는 중재 역시 매우 다양할 수 있다. 연구에서 증거 기반을 결정하는 기준 역시 다양하다. 준거를 설명하고자 했던 아주 초기부터 준거는 매우 다르게 쓰였다(Chambless & Ollendick, 2001 참조). 표 1.2는 자주 사용되는 준거를 제시하고 있다. 이 표에서 보는 것처럼, 준거는 연구 방법론이 타당한 것인지를 강조하고 있다. 중재의 효과를 복제할 뿐 아니라 중재를 구성하는 절차 및 클라이언트에 대한 상세한 조사 등이 있는지를 살핀다.

증거 기반 중재가 되기 위해서는 엄격하고 잘 통제된 연구가 필요하다. 초기에는 집단간 연구(무선할당 비교군 연구)와 단일 사례 실험 설계 모두에서 잘 통제된 연구에 포함되는 것을 설명하는 데 노력을 기울였다(Chambless & Ollendick, 2001). 이는 단일대상설계가 일방적으

---

3) 여러 가지 많은 용어와 준거가 다양하게 사용되어 왔다(예 : Kratochwill et al., 2009). 예를 들어 심리치료에서는 '증거 기반 처치', '실증적으로 타당한 처치', '실증적으로 증명된 처치', '증거 기반 실제' 및 '효과가 있는 처치' 등의 용어가 사용된다. 이렇게 서로 다른 용어가 완벽하게 동일한 것은 아니다. 예를 들어 EBTs는 결과를 지지하는 연구가 있는 중재에 초점을 맞춘다. 증거 기반 실제는 현장 전문가가 중재에 대한 증거와 임상적 판단 및 경험, 그리고 클라이언트에 대한 상황적 요소를 통합할 수 있는 것이다(American Psychological Association, 2005; Institute of Medicine, 2001). 이 책에서 '증거 기반 실제'는 증거가 있다는 것인지 분명하지 않다. 즉 신뢰할 수 있는 통합이 이루어지고 중재가 환자에게 도움이 될 만큼 차이가 만들어지고, 중재와 관련된 증거를 능가할 정도로 성과의 효과성이 증가할 때 증거 기반 실제가 된다. 이 책에서 EBI는 교육, 임상심리와 같은 다른 영역에서 논의되는 준거에 근접한 증거를 가진 프로그램, 처치, 또는 전략을 아우르는 좀 더 일반적인 용어로 사용된다.

▌ 표 1.2 ▌ 증거 기반 처치 또는 중재를 만들기 위해 사용되는 준거

- 처치 및 통제/비교 조건(예 처치가 아예 없거나 일상적인 보호 및 처치를 함)에 대상자를 무작위 배치함
- 표본을 잘 설명함(포함조건과 배제조건)
- 처치 매뉴얼에는 사용할 중재 절차를 자세히 설명함
- 여러 가지 성과 측정 도구가 있음(사용한다면 조건에는 익숙하지 않은 평가자가 함)
- 처치조건과 비교조건 간에 통계적으로 유의미한 차이가 있음
- 둘 이상의 무선할당 비교군 연구에서 처치의 효과성을 증명할 수 있어야 함
- 원 연구자 또는 처치 개발자의 최초 연구 결과가 복제됨

주 ✖ 본문에 제시한 것처럼, 증거 기반 처치에 대한 묘사는 여러 전문가 집단 및 조직, 다른 많은 나라에서 이루어지는 광범위한 움직임을 반영하는 것이다. 단일의 준거는 없지만 일반적으로 위 표의 내용 중 일부를 선택한다.

로 익숙하지 않다는 점에서 보면 주목할 만하다. 심지어 시간이 지나고 중재가 증거 기반이라는 점을 설명하려는 많은 노력을 통해 무선할당 비교군 연구(randomized controlled trials, RCTs)는 단일의 준거라기보다는 기본적이고 자주 선택되는 것이라 볼 수 있다. 무선할당 비교군 연구는 참여자가 하나의 조건(예 : 처치, 처치의 변형, 통제)에 무작위로 배치되는 집단간 연구에서 이루어진다. 무선할당 비교군 연구는 광의의 과학 집단에서는 중재연구의 '금본위(gold standard)'로 보고 있으며, 새로운 처치(예 : 암 처치, 약물치료)의 효과성을 살피기 위해 필히 사용되고 있다. 이러한 시도는 연구 과정에서 방법론적으로 주요하게 생각하는 우려에 대한 대응이 되며, 한 중재가 다른 중재보다 더 나은지 여부를 알아보는 데도 사용할 수 있는데 다음 장에서 살펴볼 것이다.

증거 기반 중재와 무선할당 비교군 연구는 흥미로운 도전과 우려를 불러일으키는데 이는 단일대상설계의 토대가 되었다. 첫째, 너무나 많은 중재가 있고, 이는 무선할당의 시도로부터 자유롭지 않다. 예를 들어 심리치료에서 중재를 사용하는 데는 백만 가지의 변이가 생길 수 있다. 이러한 변이의 대부분은 모두 평가될 수 없고 상태 그대로 사용된다. 연구기금, 연구자 및 다른 자원 역시 무선할당 비교군 연구의 상황에서 평가될 수 없다. 중재가 실행 가능한지를 평가할 수 있는 대안적인 방법이 있는가?

둘째, 무선할당 비교군 연구 안에서 이루어지는 중재를 연구의 마지막에 확실히 해석 가능한 자료가 될 수 있도록 매우 세심하게 시행한다. 대신 세심하게 통제된 조건은 결과의 일반성에 대한 우려를 불러일으키게 된다. 즉 결과(예 : 처치 A가 효과가 있다)는 이렇게 서비스를 주고받는 사람의 통제가 잘 이루어지지 않는 임상 상황에 적용할 수 있는가(예 : Hunsley, 2007; Wampold, 2001; Westen, Novotny, & Thompson-Brenne, 2004)? 결과를 임상이나 서비

스 상황으로 확대할 때 처치를 검사할 수 있는 방법이 있는가?

셋째, 이론 또는 실제에 있어서 처치가 효과적인지가 확실하지 않을 때, 증거 기반 중재나 자신만의 개별화된 처치를 사용하는지 여부이다. 연구, 경험 및 이 두 가지를 함께 고려하여 일반화하는 것은 항상 확률적이어서 그 결과를 장담할 수 없다. 모든 종류의 증거 기반 처치 (예 : 아스피린, 혈관우회술, 성형수술, 항암제 치료, 항우울증 약물치료)는 예외 없이 원하는 성과를 가져올 수 없다. 연구에서 핵심적이라 할 수 있는 체계적인 평가를 할 수 있다. 그러나 이는 개인에 대한 중재를 적용하는 데 있어서 중요하다(Kazdin, 2008b).

요약하면, 증거 기반 중재를 향한 움직임은 증거를 가진 중재를 사용하는 것의 중요성을 강조하는 것이다. 과정에서 처치가 임상 실제에 효과가 있는지 여부에 대한 우려는 어떻게 알거나 말하느냐의 문제를 불러일으킨다. 치료 상황에서 성인 또는 특수교육이나 다른 교실 프로그램에서 학생과 같은 개별 사례에 적용할 수 있는 평가와 설계 전략이 필요하다.

평가와 책무성의 확대

증거 기반 중재는 광범위한 차원에서 중재의 책무성이 증가하는 분위기의 일환이라 할 수 있다. 이러한 분위기는 비용을 관리하는 연구 기금 관련 기관―의학, 심리학, 교육 중재 및 다른 분야(예 : 재활, 노인 서비스)의 맥락에서 관리의료, 보험, 제3자 지급자, 정부기관―에 의해 촉발되었다. 지침이 되는 질문은 "우리 자금을 어디에서 얻는가?"와 "예를 들어 교육개혁과 유행 등의 중재는 차이를 가져올 수 있는가?"이다. 제3자 지급자(예 : 미국의 관리 의료 회사)는 특히 처치가 의료비를 낮추어줄 수 있는지 여부 등에 있어 증거가 있는 중재를 사용하는 데 관심이 확대되고 있다. 또한 평가의 확장, 즉 무엇이 제공되고 어떤 효과가 있는지에 대한 자료를 수집하는 데 관심을 갖는다.

평가와 책무성에 대한 관심을 전달하기 위해 심리 서비스와 심리치료를 실행하는 것을 생각해보자. 아동, 청소년 또는 성인을 위한 심리치료에서 처치는 현장의 임상가에 의해 이루어진다. 환자의 진전사항에 대한 평가는 보통 타당한 측정 도구를 사용한 체계적 관찰과는 다소다른 임상가의 인상에 기초하여 이루어진다. 이것이 이 장의 초반부에서 언급된 일화 중심의 '방법론' 사례 연구이다. 이러한 판단의 신뢰도는 매우 형편없고, 기록 역시 실망스러울 정도로 부실하다(예 : Dawes, 1994; Garb, 2005). 이는 임상가의 잘못이 아니고 다만 보편적인 인간의 지각, 인지 과정, 기억 및 회상의 제약일 뿐이다.

임상가와 환자인 사용자에게 친근하고 임상 현장에서 사용가능하며 유효한 측정 도구의 개발은 상당한 진보가 이루어졌다. 예를 들어 성과 설문지 45 [Outcome Questionnaire 45(QQ-

45); Lambert et al., 1996]라는 측정 도구는 처치 과정 중에 그리고 처치가 종결하는 시점에서 환자의 진전사항(예 : 주간)을 평가하기 위해 만들어진 성인용 자기보고 평가이다. 이 측정 도구에 답하는 데 약 5분의 시간이 소요되며, 심리적 부적응(주로 불안과 우울), 대인관계 문제, 사회적 역할 기능(직장에서의 문제)과 삶의 질(삶의 만족도 측면)의 네 가지 영역에 대한 정보를 제공한다. 이 도구는 광범위한 평가가 가능하며 10,000여 명의 환자에게 적용되었다(Lambert, Hansen, & Finch, 2001, Lambert et al., 2003 참조).[4]

처치 과정 동안 계속적인 측정치를 얻는 것은 원하는 성과가 성취되었음을 확인하고 언제 처치를 교체 또는 종결할 것인지를 결정하는 임상적 관리를 위해 필수적이다. 이러한 방식으로 시간이 지남에 따라 지속적으로 측정치를 수집하는 것은 단일대상설계의 핵심적인 요소 중 하나이다. 이러한 평가가 이루어지면 처치에 대한 모든 종류의 질문에 답할 수 있게 된다. 질문은 임상 환경에서 이 환자의 관리가 향상되는 방법, 필요한 많은 맥락에서 변화가 일어나는지 여부를 평가하는 방법 등이다.

현장의 임상가는 개별 사례에 직면하게 되고, 임상 사례의 수준에서 처치에 대한 실제적인 평가를 실시해야 한다. 물론 문제는 대다수의 일례에서 계속되는 것인데, 기본적인 조사 도구는 일화 기록이 보고되고 과학적으로 수용 가능한 추론이 성립하지 않는 통제가 이루어지지 않은 사례 연구였다는 것이다. 개별 대상에 대한 연구에서는 연구자와 현장 전문가들이 임상 실제의 질을 향상시키기 위해 오랫동안 노력해 왔다(예 : Chassan, 1967; Shapiro, 1961a, 1961b; Shapiro & Ravenette, 1959). 그러나 오랜 기간 이러한 노력의 상당수가 무시되어 왔는데, 현재 행해지는 임상 실제가 그간 어떻게 행해졌는지를 봐왔으며 실제 이것이 효과적인 중재가 아니었음을 알고 있는 학자들은 계속해서 임상 실제를 제대로 평가하자고 요구해왔다(Borckardt et al., 2008, Kazdin, 2008b). 또한 뒤에 등장하는 장에서 논의하겠지만, 과학적 성과와 환자 보호를 개선하기 위한 통제되지 않는 사례 연구를 향상시킬 수 있는 방법이 있다.

현재 및 매우 가까운 미래를 향한 이 시점에서 임상 실제는 근본적으로 어떤 중재가 사용되어야 정당할 것인지에 방점을 두어야 할 것이다. 여전히 증거 기반 중재는 그것이 유효할 때만 사용되어야 하는 것은 아니다. 또한 환자 보호와 변화를 측정하는 데 있어 책무성이 증가하는 것은 그 어느 때보다 더 분명해졌다. 이 책에서 다루어지는 단일대상설계는 응용 환경에서 중재의 평가를 촉진할 수 있는 다양한 옵션을 제공한다.

---

4) www.nrepp.samhsa.gov/programfulldetails.asp?PROGRAM_ID=191에서 QQ-45 관련 연구에 대한 잘 정리된 요약본을 찾아볼 수 있다. 또한 45개 평가 문항은 30개 문항으로 축소하였고 이 또한 타당도를 확보하였다(Lambert et al., 2004).

총평

단일대상설계를 고려하면 중재에서 책무성을 증가시키는 것이 매우 중요하다. 개별 심리치료, 특정 문제를 예방하거나 바꾸기 위한 교실 프로그램, 학교 단위 및 교육지원청 단위의 중재 프로그램에서 평가의 수단이 필요할 수 있다. 중재의 효과성을 수립하는 데 자주 사용되는 평가 방법(무선할당 비교군 연구)의 경우 보통 응용 환경에서는 실현 가능성이 매우 낮다. 또한 마치 전쟁터 같은 일상의 현장에서 일하는 전문가들(예 : 임상가, 교사, 프로그램 책임자)은 새로운 중재를 개발하고 대규모의 통제된 연구에서 도출된 결과를 반영하기 위하여 그들이 하고 있는 것을 평가하기를 원한다. 단일대상설계는 많은 설계 옵션을 포함하고 있을 뿐아니라 응용 환경에서 실행의 실현 가능성을 다양화할 수 있는 환경의 연속체를 제공해줄 수 있는 광범위한 방법론이 된다. 이 책에서는 중재 효과에 대해 추론을 제공할 수 있는 한 방법으로서 실험 설계와 유사 설계를 좀 더 자세히 설명하고자 한다.

맥락과 관점

단일대상설계를 소개하기 위한 방법으로 네 가지 맥락을 제시하였다. 이는 앞으로 등장하게 될 장의 기초가 될 수 있는 서로 다른 관점을 전달하고 있다. 첫째, 통제되지 않은 사례 연구에 대한 논의는 통제되지 않은 일화기술형 사례를 공개적으로 비난하기 위한 것은 아니다. 일화 보고는 방법론적으로 비판하기 쉬운 목표가 되긴 하지만 결점에 비해 전달하고자 하는 것이 유용하고 중요한 무언가가 있을 수 있다. 오히려 통제되지 않은 사례 연구는 방법론적으로 (주관적인 것은 아님) 설득력이 있을 수 있고, 변화를 이끈 원인이 되는 것에 대하여 잠재적이지만 설득력을 가진 설명을 만들어낼 수도 있다는 점에서 유용하다. 사례 연구는 제11장에서 논의하게 될 어떻게 추론이 이루어지는지와 같은 유효한 추론을 이끌어낸다. 여기서 핵심은 사례의 수(N=1이거나 N=1,000)가 이슈가 되는 것은 아니라는 점이다. 방법론적으로 전체를 아우를 수 있으면서 우선순위가 높은 것은 항상 배치(설계, 상황)가 타당한 추론을 이끌 수 있는지 여부이다. 심지어 일부 사례 연구에서도 그 대답은 '예'이다.

둘째, 개별 대상자와 함께 하는 연구와 관련된 역사적인 이슈를 강조하였다. 심리학에서 집단, 집단비교 및 통계분석의 평가가 항상 정상적인 것은 아니었다는 것을 강조하고 있다. 이는 하나 또는 2~3명을 대상자로 하는 연구에서는 법칙이 되고 여러 심화 상황에서는 기본이된다. 예를 들어 요즘 심리학, 교육학, 상담학 분야의 대학원 과정에서 해당 분야의 역사에 관심을 덜 기울이고 관련 수업 시간도 줄어들었다. 놀랄 만한 발전과 새로운 정보가 교육과정에 포함되어야 하고, 과정에 할애된 시간이 제한되어 있기 때문에 이 또한 이해할 만한 상황이다. 그러나 현재 집단연구와 양적 연구의 전통은 항상 그곳에 있고, 아마 단 한 번도 그것이 무엇인지 상세히 설명된 적은 없지만, 어떤 좋은 이유로 그것이 옳은 것이 되어야만 하는 상황이다. 오래되지 않았지만, 연구는 하나 또는 2~3명의 대상에 초점을 맞추었다. 이것은 합당한 연구 접근방법일 뿐만 아니라 그 자체로 연구 방법이 된다. 단일대상설계에 초점을 맞추는 것은 실제 다음 장에서 언급할 전통에 상당히 엄격한 잣대를 더하게 된다.

셋째, 단일대상설계의 발달과 융성, 그리고 어떻게 단일대상설계가 행동실험분석의 중심을 차지하게 되었는지를 논하였다. 실험분석은 실질적인 분야(조작적 조건화에서 기본적인 인간 및 일반 동물 연구)이고 방법론적 접근(단일대상설계)을 포함한다. 이 분야가 핵심 결과와 기법을 일상생활 내 개인에게 적용하기 시작할 때 응용행동분석 영역이 출현하였고 융성해지고 확산되었다. 내용(조작적 조건화의 결과를 기초로 한 기법)과 방법론(단일대상설계)은 기초 실험실과 가깝고 여러 측면에서 그 연결은 그대로 남아 있다. 그러나 단일대상설계와 적용 범위는 환경, 대상, 그리고 중재 기법에 있어 눈에 띨 만큼 확대되었다. 여전히 응용행동분석에서 활용하는 단일대상설계와 설계 옵션과 평가 전략, 이 책에서 제시하는 여러 연합체를 설명하는 것이 바로 사례가 된다. 방법론은 여전히 매우 광범위하게 적용 가능하고, 이 책에서 제시되는 방법론의 핵심적인 사항은 어떤 단일의 분야와 연구 영역을 넘어 다양한 표본을 통해 전달하고자 한다. 이러한 확대는 단일 사례 방법 및 어떻게 이 방법을 사용하는지에 영향을 미쳤다.

마지막으로 단일대상연구를 특별히 응용 환경에 관련이 있는 것으로 만드는 현실적인 이슈에 대해 논하였다. 증거 기반 중재의 출현은 다음의 의문점을 불러일으켰다. "이 중재가 일상생활 환경으로 확대될 수 있는가?" 무선할당 비교군 연구는 중재가 효과적인지를 확인시켜준다. 자, 일상생활 환경에서 이 중재를 어떻게 적용하고 환자 관리에 미친 영향력을 어떻게 평가할 것인가? 통제, 무선할당 등의 상황은 임상, 교육, 재활 및 다른 환경에서는 꿈꾸기 어렵다. 개인이 중재로 좋아졌는가? 어떻게 이를 아는가? 우리가 이러한 변화를 어떻게 보여주는가? 단일대상설계는 대규모의 무선할당 비교군 연구로부터 도출된 결과를 적용하고 시험하기에 매우 적합하며 그 이상의 질문에 답을 해준다.

단일대상연구는 단순히 통제된 시도의 부산물이고 다른 연구 방법이 보여준 바를 시험하는 방법은 아니다. 여러 응용 환경(학교, 클리닉, 캠프, 여가 및 재활 시설)에서 책임을 맡은 사람들은 혁신적이고 창의적인 프로그램이 효과적이라고 믿는다. 어떤 프로그램의 평가를 위해서는 무선할당 비교군 연구, 일화기술적 사례 연구, 또는 개방형 연구(open study)⁵⁾를 선택할 수 있다. 부분적으로 위 선택에 제한이 있는 것은 프로그램의 결과를 평가한 것이 거의 없다는 이유 때문이다. 무선할당 비교군 연구는 거의 일어날 것 같지 않다. 일화기술적 사례 연구나 개방형 연구로부터 산출된 것은 최소이고 과학적으로 허용될 수 없다. 뒷장에서 좀 더 자세히 설명할 단일 대상 실험 설계와 준거 실험형 단일대상설계는 사실 차이가 매우 크다. 무선할당 비교군 연구보다는 좀 더 실현가능한 방식으로 프로그램의 영향력을 추론하는 것이 더 타당하다. 또한 좀 더 효과적인 프로그램을 개발하는 설계가 가능하다. 이 설계 안에서 지속적인 자료가 생성되고 중재가 실행되면서 프로그램은 좀 더 효과적이 된다.

　증거 기반 중재를 떠나서, 일반적으로 서비스를 제공하면서 책무성이 증가하는 것은 의도된 바는 아니지만 단일대상설계를 촉진하였다. 중재, 교육 체제, 정책은 이 환경에서, 이 클라이언트, 환자 또는 학생에게 효용 가능한가? 이러한 질문에 대한 자료 기반 응답과 서비스 전달에 있어 평가를 시작할 수 있도록 하는 데 관심이 증가하고 있다. 이는 이상적인 방법론이 중요한 것이 아니라, 영향력에 대한 정보에 의존하여 관리의 질이 결정된다는 점이 더 중요하다. 이는 책무성을 넘어 프로그램의 비용(예 : 돈 낭비)과 같은 자원을 고려하지 않는 것은 아니지만 프로그램이 도움 되는지를 보여주는 자료는 없다. 단일 사례 실험 설계는 차이를 만들 수 있다.

이 책의 개요

이 책은 단일대상설계를 묘사하고 평가하며 5개 영역으로 나뉘어 있다. 각 영역은 개별 장으로 다루어지는데, 설계의 배경, 평가, 주요 설계 옵션, 단일대상 자료의 평가, 설계의 관점 및 기여로 구성된다. 사정, 설계, 자료 평가는 단일 사례 또는 좀 더 전통적인 집단간 연구인지를 보는 연구 방법론의 가장 핵심적인 요소이다. 설계 및 조직 내 결정의 흐름을 전달할 뿐 아니라 서로 간에 연구 전통의 토대와 실제를 관련시키는 데 도움을 준다는 면에서 중요하다. 단일대상설계와 집단 설계는 두 설계가 추구하는 목표와 수단의 측면에서 근본적으로 다르지 않다. 극명하게 다른 실제가 있지만, 유사성을 갖는다는 점이 중요하다.

---

5) 개방형 연구는 의학연구에서 사용되는 용어로, 중대한 통제를 생략하는 통제되지 않는 탐구를 의미한다. 그래서 진정한 실험이 되지는 못한다. 더 일반적인 통제 중 두 가지는 통제 집단의 부재와 누가 중재를 받는지를 감추는 것(차폐, masking)이다. 통제 집단의 부재는 개방연구가 종종 환자 기능의 사전-사후비교라는 사실에 영향을 받는다. 모든 환자는 어떤 처치(예 : 의학, 심리치료)를 받고, 비교를 위한 통제 집단은 없다. 차폐는 연구자와 처치 실행자가 누가 어떤 조건에 있는지를 알지 못하는 것을 말한다(예 : 이중 차단). 차폐 절차는 보통 의학연구에서 사용되는데 대상자에 영향을 주는 선입견을 차단하는 것이다. 개방형 연구에서 모든 환자는 중재를 받고, 모든 사람이 이를 인지하고 있다.

단일대상이든 집단 비교든 연구의 목적은 타당한 추론을 이끄는 데 있다. 실험은 결과를 설명할 수 있는 외적인 요소의 영향력을 받아들일 수 없거나 배제하도록 하는 방식으로 상황을 조정하는 것이다. 제2장에서는 중재의 효과를 통해 이끌어내고자 하는 추론이 허용될 수 있도록 실험에서 배제하려는 주요 요소를 다룬다.

단일대상설계는 주로 사정 절차에 의존한다. 제3, 4, 5장은 보통 행동을 관찰하기 위한 전략, 평가에서 얻고자 하는 다른 조건과 상황 등 단일대상연구에서 사정의 기초에 대해 다룬다. 또한 사정의 질, 위상, 신뢰도, 타당도를 확실히 하고 평가하기 위한 방법도 다루어진다.

단일 대상 실험 설계의 정확한 논리와 독특한 특성은 제6장에서 소개된다. 단일대상설계가 만들어지는 방식과 동일 대상의 수행을 예측하고 평가하는 방식은 모든 설계의 기본이 되고, 그 근본적인 논리는 우리에게 좀 더 친숙한 집단간 비교 설계와 특성을 공유한다. 제6~10장에서는 여러 가지 실험 설계와 그 변형, 활용 및 잠재적 문제점을 상세히 설명한다. 제11장은 준 실험형 단일대상설계를 소개하고, 조건이 완전히 통제될 수 없지만 중재의 효과에 대한 추론을 하고자 하는 상황에 대한 다양한 방법이 다루어진다.

단일대상설계는 중재가 이끈 변화의 정도를 평가하고 변화를 설명하기 위하여 자료의 시각적 조사에 크게 의존해 왔다. 정확히 말하자면, 이는 집단간 연구에서 일반적으로 사용하는 통계적 유의성을 평가하는 것과 상반된다. 시각적 조사의 근거와 방법은 제12장에서 다룬다. 시각적 조사는 자료를 그래프로 나타냄으로써 이루어진다. 그래프화의 옵션과 어떻게 시각적 조사가 이루어지는지는 제13장에서 살펴볼 수 있다.

이 책에서 특정 설계와 관련된 문제, 고려할 점, 이슈가 다루어진다 하더라도, 단일대상연구를 비판적으로 평가하고 좀 더 광범위하게 살펴보는 것은 유용하다. 제14장은 단일 대상 실험 설계의 이슈, 문제점과 제한점에 대한 논의가 제공된다. 마지막으로 제15장에서는 일반적으로 단일대상연구가 실험에 기여한 바와 대안적 연구 방법론과의 연계가 다루어진다.

통계분석은 대개 중재 효과를 추론하기 위한 기초로 사용된다. 단일대상설계를 가르치는 교수들은 중재의 효과를 평가할 수 있는 방법이 존재하고 그 적용을 자세히 보여줄 수 있다는 점이 유용하다고 말한다. 그러나 통계분석은 집단간 영가설을 검증하는 것처럼 연구 방법론의 핵심이라 보지 않는다. 그럼에도 불구하고 통계 분석은 빈번히 사용되고 있으며 이미 도처에서 찾아볼 수 있다. 이 책의 부록에서 자료 평가에 대한 매우 깊이 있는 논의가 다루어지는데, 시각적 탐구와 통계분석 두 가지가 가진 강약점을 아우르고 있으며 통계분석이 어떻게 이루어지는지 잘 설명하며, 단일대상을 위한 통계의 유의미한 발전뿐 아니라 이러한 발전이 불러온 딜레마까지도 보여주고 있다.

2
| CHAPTER |

과학적 연구의 기초

제1장에서는 다소 다른 관점에서 단일대상설계의 계통과 근원, 선행사건 등에 대해 다루었다. 방법론을 자세히 살펴보기 전에 핵심적인 맥락, 즉 왜 우리가 연구를 하는지와 연구 설계를 통해 성취하고자 하는 것이 무엇인지를 밝히는 것이 중요하다. 연구에 사용할 수 있는 기법, 실제, 절차가 매우 많다[예 : 다양한 통제 집단, 하나(사후), 둘(사전-사후) 혹은 여러 상황에서의 수행 측성]. 방법론에서는 실제를 학습하는 것이 가장 쉽다. 왜 이러한 실제가 중요해지는지 그 이유를 전달하는 것이 더 중요하다. 이는 지적인 활동은 아니다. 특히 응용 환경(교실, 학교, 클리닉, 재활센터)에서 집단간 또는 단일대상연구가 시행되지 않는 경우가 꽤 있다. 이것은 우리가 효과적인 중재를 보유하고 있다고 동료를 설득하거나 추론을 이끌어내야 하는 재앙인가? 그 답은 누군가 실제 중 이것을 하는지, 저것을 하는지 여부가 아니라 무엇을 이루려고 하는지를 이해하는 과정에서 찾을 수 있다. 간혹 중요하게 지켜 왔던 실제가

실행할 수 없는 상황이라 하더라도 목표를 성취하기 위한 전략은 많이 있다.

집단간 연구를 훈련받은 사람들의 심장이 내려앉을 만한 예가 있다. 실험을 시행하길 원하지만 조건에 대상자를 무작위로 배치할 수 없는 누군가가 있다고 가정하자. 무선할당은 무엇인가? 답변 중에는 집단이 뉘앙스 변인에서 차이를 만들 가능성을 줄이고 다양한 통계검사의 가정 중 일부를 충족하는 것이 포함되어 있다. 무선할당의 목표를 성취하거나 최종 결과에서 차이를 만들 필요가 없는 방식으로 선택적으로 일부를 무시할 수 있다(Shadish & Ragsdale, 1996). 이는 방법론적 측면에서는 이단처럼 들린다─사실 이는 방법론적 가스펠이다. 저자는 무선할당에 대해 찬성도 반대도 아니다.

방법론적 목적─타당한 추론을 이끌 수 있는 상황을 만들어야 하는데, 이는 편견 없고 결과를 설명할 수 있는 자료가 있어 우리가 자신 있게 추론할 수 있는 것이다. 과학에서 꼭 지켜야 할 것은 복제이다. 연구에서 중재 효과를 설명할 수 있는 서로 모순되는 해석을 배제하거나 수용할 수 없게 만드는 것이 바로 보호다. 실험을 통해 중재와 그 효과를 분명하게 평가하기 위해 결과를 설명하는 외부 변인을 배제할 수 있다. 이 장에서는 실험의 목적과 함께 타당한 추론을 이끌 수 있도록 배제해야 하는 변인의 유형에 대해 논의하고자 한다.

타당한 추론

일반적으로 연구의 목적은 변인 간 관계를 탐구하는 데 있다. 실험이 가진 독특한 특성은 한 변인(독립변인)의 다른 변인(종속변인)에 대한 직접적인 영향력을 조사하는 것이다. 실험은 보통 확실한 추론이 가능한 조건에서 소수의 변인이 미친 영향력을 평가하는 것이다. 실험은 상황을 단순화해서 관심 있는 변인의 영향력을 다른 요인의 영향력과 분리할 수 있도록 한다. 중재 또는 독립변인의 효과에 대하여 타당한 추론을 이끄는 것은 결과를 모호하게 할 수 있는 다양한 요인에 관심을 집중시켜야 한다. 다음의 세 가지 개념이 실험을 설계하고 연구의 결과를 해석하는 데 유용한 가이드가 된다.

간결성

우리는 모든 과학에 적용되고 핵심적인 방법론의 개념에 따라 연구를 수행해야 한다. 간결성(parsimony)은 결과에 대하여 서로 경합이 되는 설명이나 해석 중에서 어떻게 선택하는지를 강조하는 지침이다. 다른 말로 하면, 결과나 흥미 있는 현상을 설명할 수 있는 여러 대안 중에서 가장 간결한 설명을 선택한다. 그 의미를 명확히 전달할 수 있는 다양한 명칭이 있다. '경제성의 원리', '불필요한 다수성의 원리', '단순성의 원리', 그리고 '오컴의 면도날(Occam's razor)' 이라고 한다. 이 중 오컴의 면도날이 가장 친숙한 용어이고 설명하기에도 좋다. 오컴의 윌리엄(William of Ockham, ca. 1285~1349)은 영국 철학자이며 프란치스코 수도원의 수도사이다. 그는 존재론에 대한 저서 중에서 다음의 사상을 적용했다. 그의 존재론은 현상을 설명하는 데 있어 필요한 것이 아니라면(필요성) 무언가를 추가하지 말아야 한다는 개념(다수성)을 주장하였다. (개념의) 다수성은 필요성이 없다면 제시되어서는 안 된다는 것이다. 여기에 '면도날'이란 용어가 포함된 이유는 그가 자주, 그리고 매우 분명하게[1] 이 원리를 강조했기 때문에 그의 라틴식 이름(오컴)에 면도날이란 단어를 붙인 것으로 생각해볼 수 있다.

　과학의 맥락에서 간결성은 어떤 현상에 대한 대응적인 관점이나 해석이 제안되었을 때 자료나 정보를 설명할 수 있는 가장 간단한 것을 채택하는 것을 의미한다. 간결성의 가정은 세상이 간결하다는 것이 아니라 보다 복잡한 해석이 필요할 때까지 우리가 채택하는 것이 자료나 현상에 대한 가장 단순한 설명이라는 것이다.

　간결성을 설명하는 친숙한 이슈는 외계로부터 온 미확인 비행물체(UFO)의 존재와 관련되어 있다. UFO를 목격한 많은 사람들은 수 세기 동안 사진과 동영상으로 이를 보고하고 있다. 목격에 대해 많은 설명이 있기는 하지만 이 중 두 가지만 간단히 살펴보고자 한다. 첫 번째, '자연' 현상(즉 땅속 현상)으로 보는 관점은 우리 세계의 다소 평범하지 않은 무언가, 즉 UFO의 형태를 갖는 일상적인 현상의 결과로 설명한다. 이러한 현상에는 특별한 대기 조건, 유성이 하늘을 가로질러 떨어지는 것, 기상 풍선, 그리고 기밀 공군 전투기 등이 포함되고, 이것을 UFO의 목격으로 설명하기도 한다.

　두 번째, 지구 밖 외계 관점에서 보면 다른 행성이나 은하계로부터 어떤 존재나 비행물체가 온 것은 그 방문 역시 주기적이라는 것이다. 말하면, 자연현상이라고 보는 관점은 더 간략한 설명을 제공하는데 왜냐하면 어떤 존재(다른 행성에 무언가가 존재하는지 우리는 알지 못함), 도구(여태 발명되지 않은 새로운 것), 그리고 우리가 생각할 수 없는 방식의 여행과 관련하여 새롭고 복잡한 무언가를 등장시키지 않기 때문이다. 반면에 대중은 기밀로 알려진 정보에 접근할 수 없다. 이 정보는 자연스러운 설명도 단순히 부적절한 것으로 만들 수 있다. 예를 들어 하늘을 나는 비행체의 일부를 실제 볼 수 있다면(예 : 고속도로 갓길에 버려진 UFO에서 나온 조각, UFO 충돌 시 떨어져 나온 물체, 부정 주차한 UFO, 경찰 등에 의해 견인된 UFO) 또는

---

1) 역주 : 원문에 sharp를 사용하고 있는데 이 단어는 우리가 잘 아는 '날카로운'의 뜻도 있지만 의견에 사용할 때는 '차이가 분명한'이라는 뜻으로 쓰이기도 한다. 따라서 비유적 표현으로 쓰일 때, 의견이 날카롭게 제시되었다는 측면에서 면도날이란 표현으로 연결될 수 있다.

UFO를 조종하는 누군가가 있다면, 또는 현대 기술을 초월한 속도나 민첩함을 가진 물체가 있음을 보여주는 확실한 증거가 있으면 외계 우주인 관점이 간결한 것이 된다. 자연 현상 관점은 물리적 증거의 개별적 신호를 수용하기 위한 새로운 종류의 개념과 이유 없이는 이 새로운 증거를 설명할 길이 없다. 자연 현상에 기반을 둔 설명은 새로운 정보가 요구하는 다른 여러 이유를 포함시킬지 여부에 갈피를 잡지 못하므로, 우리는 여기에 간결성이 있다 보고 두 번째 설명을 선호한다. 외계 생명체가 우리 주변으로 날아와서 우리를 만나고 갈 수도 있다는 진술은 모든 자료에 대해 (설명을 덜 요구하는) 더 간단한 기술이 될 수도 있다.

여기에 핵심적인 사항이 몇 가지 있다. 더 간결한 관점이라고 반드시 진실이거나 정확할 필요는 없다. 또한 간결성이 설명의 단순함을 의미하는 것도 아니다. 사실 복잡하다고 하는 혼합된 관점이 결국엔 가장 간결한 것으로 결론이 날 수도 있다. 앞선 예시에서, 우리는 자연현상 관점이 많은 사람들의 목격담을 설명함을 확실하게 알고 있지만 아직 모든 유효한 증거가 (다만 우리들이 그 자료에 접근하지 못하는 것이다) 자연 현상 관점을 설명하고 있는지는 알지 못한다. 또한 증거가 결합된 간결성은 원 해석 중 하나를 그럴듯한 것으로 만들 수도 그렇지 않을 수도 있다. 주어진 과학 분야에서 엄청난 질문을 설명하는 것을 두고라도 간결성은 방법론의 중심에 있다. 연구의 결과를 해석하는 관점에서부터 간결성은 '이미 우리가 알고 있는 개념과 현상으로 자료를 설명할 수 있는지'를 질문함으로써 받아들이기 시작한다.

수용 가능한 경쟁 가설

방법론은 한 연구로부터 도출된 결론에 대한 것이다. 연구를 마칠 때, 집단간에 차이가 있는지(집단간 연구) 또는 중재가 일어나는 중에 개인에게 있어 명백한 변화가 있었는지(단일대상 설계)를 알게 된다. 그 효과를 설명할 수 있는 바는 매우 다양하다(이 장의 후반부에 다루게 된다). 다양한 설명 중에 연구자는 '중재 때문에 결과가 나타났다'고 말하고 싶어 한다. 그러나 훈련을 받은 과학 공동체(동료들)의 나머지는 '연구가 모든 합리적이고 수용할 만한 설명을 할 수 있게 설계되고 평가되었는가?'에 대해 말할 것이다.

연구에 있어 **수용 가능한 경쟁 가설**의 개념은 방법론과 결과의 중심이다(Cook & Campbell, 1979). 수용 가능한 경쟁 가설은 연구자가 탐구하거나 논의하기를 원하는 것이 아니라 다른 영향력에 기초한 연구의 결과를 해석하는 것을 말한다. 연구를 완수하는 시점에서는 결과를 설명하기 위해 수용할 만한 다른 해석이 있는지 여부를 묻게 된다. 이는 앞서 언급한 간결성과 매우 비슷하여 명확하게 구분할 필요가 있다. 간결성은 자료를 동일하게 잘 설명할 수 있는 둘 이상의 진술 중에서 더 간결한 것을 채택하는 것을 말한다.

그러나 수용 가능한 경쟁 가설은 약간 다르다. 수용 가능한 경쟁 가설은 연구의 마지막에 결과에 대한 해석이 연구자에 의해 주장된 것과는 다른 수용할 만한 것이 있는지를 알아본다. 해석의 단순성(간결성)은 관련이 있을 수도, 없을 수도 있다. 연구의 말미에 결과에 대해 같은 수준으로 2~10개의 복잡한 해석이 등장할 수 있는데, 여기서 간결성은 문제가 되지 않는다. 예를 들어 한 연구자가 민족의 차이가 노인의 소화(예 : 섬유소의 비율, 음식 내 비타민 함량) 에 영향을 미치는지와 이 사람들이 얼마나 건강한지(예 : 지난 해 동안 유병률과 기간, 입원기록)를 보고 싶어 한다. 소화와 건강에 있어 차이를 보이는 2개의 민족이 있다고 하자. 연구가 끝날 때쯤, 연구자는 민족적 차이와 더불어 그 차이가 어떻게 결과를 설명하는지에 대해 논의 한다. 수용 가능한 경쟁 가설은 사회경제적 지위(예 : 가족의 수입, 직업, 교육, 생활 조건)이 될 수도 있다. 즉 이 연구에서는 사회경제적 지위(socioeconomic status, SES)는 통제가 어렵기 때문에 수용 가능한 경쟁 가설이 될 수 있다. SES는 더 간결한가? 아마도 그럴 수도 있고 아닐 수도 있다. 결과는 동등한 수준에서 한 요인의 영향력과 다른 요인의 영향력(SES 대 인종적 차이)을 설명할 수도 있어서 둘 중 비교해서 어느 것이 다른 것보다 더 간단한 것인지 여부를 논 쟁할 수 있다. 간결성(자료를 이해할 수 있는 더 간단한 설명)과 수용 가능한 경쟁 가설(간단한지 아닌지를 떠나 효과를 설명할 수 있는 자료의 다른 해석)은 자주 중복된다. 그러나 수용 가능한 경쟁 가설은 그 주요한 특징으로 단순성을 꼭 꼽지 않고, 혹시 다른 해석이 수용 가능한지의 여부에만 관심을 갖는다. 수용 가능성이란 결과가 어떤 다른 방식으로 설명될 수 있는지 그리고 합리적인가에 관심이 있다. 종종 수용 가능성은 새로운 연구에서 만들어낸 결과가 특정 중재가 효과가 있음을 보여준 다른 선행 연구의 결과와 유사한지에 대해 관심을 갖는다. 이 가상의 예시에서 보면 연구 시행에 앞서 소득수준, 직업적 지위, 교육, 생활 조건(예 : 인구 가 밀집한 지역에 거주, 환경오염이 더 심한 지역에 거주)은 모두 질병과 관련이 있음을 알고 있다. 음식 섭취와 같은 생활 조건은 우리가 이를 배제하지 않는다고 한다면 건강상의 차이를 설명할 수도 있다.

방법론적인 실제는 수용하기 어려운 결과를 배제하거나 결과의 경합적인 해석을 만들어내 기도 한다. 연구를 마칠 무렵, 연구자가 세상고자 하는 설명은 그중 가장 수용할 만한 해석 이 되어야 한다. 이는 설득하듯이 주장하는 것이 아니라 다른 설명은 받아들일 수 없게 하거 나 연구를 간결하게 보이지 않는 방식으로 설계함으로써 이루어진다. 실험이 잘 설계될수록 결과를 이해하는 데 있어 대안적이고 수용 가능한 설명의 수는 줄어들게 된다. 이상적으로 독 립변인(중재)의 효과만이 연구 결과의 기초가 될 수 있다.

▌ 표 2.1 ▌ 실험 타당도의 유형과 관련된 이슈

타당도의 유형	질문과 이슈
내적 타당도	외적 영향력에 비하여 중재가 결과, 변화, 또는 조건(⑩ 기초선, 중재) 간의 차이를 얼마나 더 잘 설명하는가?
외적 타당도	결과를 어느 정도 수준으로 사람, 환경, 시간, 측정 도구, 또는 성과로 일반화하거나 확장할 수 있는가? 현재의 특정 시연에 포함된 다른 것보다 특성이 얼마나 일반화될 수 있는가?
구인 타당도	중재가 변화를 일으켰다고 볼 때, 중재의 어떤 측면이 메커니즘, 과정, 또는 원인 요인이 되는가? 효과의 근거가 되는 개념적 기초(구성개념)는 무엇인가?
자료 평가 타당도	중재와 성과 간에 나타난 관계는 어느 정도인가? 실험적 효과를 보여주는 데 실패하거나 그 효과를 불분명하게 할 수 있는 평가에 사용되는 방법과 자료는 어떠한가?

주 ※ 위협은 원래 집단간 연구의 맥락에서 발생, 논의됨에도 불구하고 일반적으로 모든 연구에 적용될 수 있다. 이 장에서는 단일대상설계의 측면에서 다루어지며, 차후에 전개될 장에서 다룰 추론을 강화하기 위하여 여러 설계 옵션과 전략의 기초가 될 것이다.

타당성에 대한 위협

연구 결과를 적절하게 설명할 수 있는 자료의 경쟁적 해석 중에 무엇이 있을까? 이를 타당성에 대한 위협이라 하는데, 효과를 이해할 수 있게 하는 중재(또는 실험적 조작)에 필적할 수 있는 설명을 할 수 있는 방법론적 이슈를 말한다. 실험적 타당도에는 네 가지 유형이 있는데 내적, 외적, 구인 및 통계적 결과 타당도가 바로 그것이다(Cook & Campbell, 1979). 이상의 타당도 유형은 연구의 몇 가지 주요한 측면과 다양한 방법론적 실제의 근거를 전달하고 기억할 수 있는 유용한 방법으로서 역할한다. 표 2.1은 타당도 유형과 개별 유형과 관련된 질문을 담고 있다. 타당도의 각 유형은 매우 중요하다. 연구자가 실험을 설계하기 전에 고려해야 할 것을 함께 모아두었다. 연구 방법론적 실제에 따라 고려사항이 달라질 수 있다(예 : 무선할당 배치, 통제 집단의 선정).

타당도에 대한 위협은 집단간 연구의 맥락에서 만들어졌고 정교화되었다. 이는 단일대상설계보다는 집단간 연구의 특징에 더 가깝고 어떻게 다른 설계 전략에 나타나는지에 있어 차이가 생길 수 있다. 여기서는 단일대상설계에서 타당한 추론이 이루어지는 데 방해가 될 수 있는 방법론적 이슈와 경쟁적인 설명에 대해 다루고자 한다.[2]

---

2) 타당도의 각 유형에 대한 위협을 확정하여 제시한 목록은 없다. 방법론은 상당한 진보를 이룬 과학의 어떤 영역처럼 발전하고 진화하고 있다. 이 장에서 논의하는 위협은 단일대상설계에서 가장 기본이 되며 적용 가능한 것으로 구성되어 있다. 타당도의 각 유형이 가진 위협에 대해 좀 더 자세한 논의를 보고 싶다면 다른 책을 찾아볼 것을 권한다(Cook & Campbell, 1979; Kazdin, 2003; Shadish, Cook & Campbell, 2002).

연구의 목적은 중재와 중재가 이루어지는 조건이 만든 효과에 대하여 타당한 결론에 이르게 하는 것이다. 연구에 있어 결과와 결론은 차이가 있다. 결과는 연구의 묘사적 특질을 말하고 발견한 것이다(예 : 중재가 효과가 있을 때, 단일대상설계에서 읽기가 100%까지 올라가거나 와인을 마신 사람들은 사례를 통제한 집단간 연구에서 보면 심장마비 발생빈도가 더 낮다). **결론**은 결과의 설명 또는 기초를 말한다. 연구자는 중재가 있고 시연(측정 도구, 설계, 자료 평가)이 타당도에 대한 위협을 받아들이기 어려운 것으로 만들고 있다고 말하고 싶어 한다. 우리는 타당도에 대한 위협이 결과와 결론 모두에 대해 같은 설명을 정당화하는 데 사용될 수 있도록 하는 데 도움을 주려고 한다. 이는 중재이다. 단일대상연구에서는 다양한 중재 수립의 방식이 존재한다.

내적 타당도

정의

실험과제는 외적인 영향력이 연구자가 원하는 결론을 이끌어내는 데 방해가 되지 않는 방식으로 특정한 독립변인 또는 중재의 영향력을 조사하는 것이다. 불확실성이 거의 없고 독립변인의 효과로 결과를 설명할 수 있을 때, 실험은 내적으로 타당하다고 할 수 있다. 내적 타당도는 결과의 대안적 설명을 실험이 배제할 수 있는 정도를 말한다. 결과를 설명할 수 있는 독립변인 이외의 영향을 주는 다른 요인은 내적 타당도에 대한 위협이라고 부른다.

내적 타당도에 대한 위협

실험을 할 때는 내적 타당도에 대한 주요한 위협이 받아들여질 수 없도록 설계해야 한다. 수행의 변화가 중재 또는 독립변인으로부터 기인한 것이라 하더라도 표 2.2에 제시된 요인 또한 결과를 설명하는 데 사용될 수 있다. 만약 중재(독립변인)에 대한 추론이 이루어졌다면, 내적 타당도에 대한 위협은 배제될 수도 있다. 각각의 위협이 배제되는 정도 혹은 상대적으로 수용 불가능한 것이 된다면, 실험은 내적으로 타당하다고 할 수 있다.

경험과 성숙은 내적 타당도에 있어 매우 직접적인 위협이다(표 2.2 참조). 경험은 개인적 환경(예 : 가정, 학교, 새로운 뉴스)에서의 사건을 말하고, 성숙도는 보통 시간이 지남에 따라 개인의 내부에서 일어나는 과정을 의미한다(예 : 성숙함, 환경에서 무언가에 습관이 듦), 중재의 시행은 클라이언트의 삶에서 특별한 또는 독특한 사건과 동시에 일어날 수도 있고 시간이 지남에 따라 개인의 내부에서 발생하는 성숙의 과정과 함께 일어날 수도 있다. 설계는 결과 패

▌ **표 2.2** ▌ 내적 타당도에 대한 주요 위협

위협	내용
경험	(중재 이외의) 실험이 일어나는 시점에 발생한 사건은 결과나 자료 패턴을 설명하거나 결과에 영향을 미칠 수 있다. 그렇지 않으면 중재 때문이다. 역사적 사건에는 가정의 위기, 직업, 교사 또는 배우자의 변경, 정전, 또는 다른 사건 등이 포함될 수 있다.
성숙	대상자 내부에서 시간이 지남에 따라 어떠한 변화가 일어날 수 있다. 이러한 과정에는 나이가 들거나, 더 강해지거나, 더 건강해지거나, 더 똑똑해지거나, 더 피곤하거나, 지루해하는 것이 있다.
도구	시간이 지남에 따라 평가 도구나 평가 과정에서 발생할 수 있는 변화를 말한다. 이러한 변화는 클라이언트에 대해 판단을 내리는 인간, 즉 관찰자가 있어 발생하기도 하고 시간이 지남에 따라 행동을 점수화하는 기준이 변화할 수도 있다.
검사	반복된 평가의 효과 때문에 변화가 일어날 수 있다. 실험에서 사용되는 검사는 측정 도구에 따라 달라지고, 수행에 있어 체계적인 변화를 이끌어낼 수도 있다.
통계적 회귀	한 평가 상황에서 다른 평가로 이어지는 어떤 변화는 평균을 향하여 점수가 복귀하려는 현상 때문에 일어날 수 있다. 클라이언트가 한 평가에서 극단의 점수를 받은 경우는 두 번째 검사에서 점수가 평균을 향하는 방향으로 이동할 수 있다.
처치의 확산	처치의 확산은 특정 시점에서 아직 중재를 받지 않아야 하는 사람이나 중재가 일어나지 말아야 하는 상황(예 기초선으로의 회기 조건) 중에 불가피하게 제공되었을 때 일어날 수 있다. 중재가 이루어져야 하는 시기와 그렇지 않은 시기에 무심코 중재가 실행되었을 때 중재의 효과성이 과소평가된다.

턴이 이러한 위협 중 하나로 인해 달라지는 가능성을 배제해야 한다. 단일대상설계에서 시간이 지남에 따라 보이는 자료의 패턴은 그것이 급격하게 또는 서서히 발생하는 변화(예 : 향상)인지가 경험 또는 성숙에 따라 달라질 수 있다.

도구의 잠재적 영향력 역시 배제되어야 한다. 시간이 지남에 따라 자료의 변화가 나타나는 것이 클라이언트의 행동에 있어 진보가 있었기 때문이 아니라 관찰자가 클라이언트의 수행을 점수화하는 준거를 점진적으로 변화시켰기 때문일 수 있다. 도구 또는 측정 기구는 어떤 방식으로 변화되고 있다. 클라이언트 수행의 실제적 변화라기보다는 관찰자가 행동을 점수화하는 데 있어 준거를 변화시키는 것은 결과의 패턴을 설명할 수 있고, 이때 도구는 내적 타당도의 위협이 된다.

검사는 하나 이상의 상황에서 측정이 이루어지는 것을 말한다. 많은 측정 도구(예 : 성격 측정 도구, 지능 측정 도구)에서 보통 두 번째 이루어지는 수행은 첫 번째 수행 때보다 더 나은 결과가 나온다. 여러 집단 연구에서 평가 도구는 두 번, 즉 처치 전과 처치 후에 시행된다. 향

상은 측정 도구의 반복적 경험 때문일 수 있다. 측정 도구에 대한 경험과 노출이 향상을 설명할 수 있다고 믿는 이유가 있을 때 검사는 위협이 된다.

통계적 회귀는 한 평가 상황에서 다른 평가 상황으로 넘어갈 때 극단적 점수에서의 변화를 말한다. 누군가가 극단의 점수로 인해 선택되었을 때(예 : 과잉행동 측정에서 높은 점수를 받거나 사회적 상호작용기술의 선별 척도에서 낮은 점수를 받은 사람), 두 번째 평가에서는 반대 방향(평균을 향한 방향)으로의 변화를 보여주기 위하여 단순히 회기의 기능만으로 평균 쪽으로 올 수 있다고 기대하는 것이다. 만약 처치가 두 가지 평가 상황(사전 및 사후 처치 평가) 사이에 제공되었다면 연구자는 처치로 인해 향상이 이루어졌다고 믿을 수 있다. 그러나 이러한 향상은 어쨌든 **평균을 향한 회기**, 즉 반복 검사에서 극단적인 점수가 평균 수준으로 이동하는 경향의 기능으로 인해 일어날 수도 있다.[3] 회기의 효과는 중재의 효과로부터 분리되어야 한다.

집단 연구에서 회귀 효과는 보통 모든 그룹에 대상자를 무작위로 배치하고 비처치 집단을 포함시킴으로써 배제할 수 있다. 이렇게 할 때, 회귀가 두 집단 모두에 공평하게 일어나게 된다면, 변화는 중재 때문이 될 가능성이 높다. 단일대상연구에서 행동 변화에 대한 추론은 시간이 지남에 따라 반복적인 평가에 기반을 두고 이루어진다. 하루 또는 회기가 지남에 따라 수행의 변이가 나타나게 된다면 이는 평균을 향한 회기 때문일 수가 있고, 이는 처치에 대한 추론을 이끄는 데 있어 합당하다고 보기 어렵다. 단일대상설계에서 단 한 번의 관찰이 이루어지는 시기가 있을 때(예 : 기초선 또는 중재가 시작되기 전 단계), 이것이 신뢰할 수 있는 측정인지, 전형적인 수행인지, 혹은 하나의 극단적인 사례인지 알기가 어렵다. 만약 극단적인 상황이라면 다음 관찰에서는 단순히 회귀 때문에 반대 방향으로 더 잘 수행하게 될 수 있다. 단일대상연구에서는 시간이 흐름에 따라 여러 상황에서 그리고 여러 조건(예 : 중재, 중재가 일어나지 않음)에 걸쳐 평가가 일어나기 때문에 보통 회귀로 자료의 패턴을 설명할 수 없다.

처치의 확산은 내적 타당도를 미묘하게 위협한다. 연구자가 처치와 처치가 아닌 것, 또는 2개 이상의 서로 다른 처치를 비교할 때 그 조건을 분명하게 확인하고 의도된 중재만을 포함시키는 것은 매우 중요하다. 간혹 의도한 내로 다른 조건이 분명하게 구분되지 않을 수도 있

---

3) 평균을 향한 회귀는 초기 검사와 재검사 점수 사이의 상관과 관련이 있는 통계적 현상이다. 상관이 낮을수록 측정 오류의 양이 커지고 평균으로 향하는 회귀도 커진다. 회기는 모든 극단적인 점수가 반복 검사를 통해 평균을 향해 이동하는 것을 의미하거나 어떤 특정한 사람이 불가피하게 다음 검사 회기 시기에 덜 극단적인 방식으로 점수를 받는 것은 아니라는 점을 기억하는 것이 중요하다. 이 현상은 전체로서 표본(즉 극단)의 부분이 변화되는 것이고 이 부분이 평균에 있어 어떻게 반응하는지를 보는 것이다.

다. 예를 들어 가정에서 아동의 행동에 대한 부모의 칭찬의 효과는 특정 시기에 아이에게 칭찬이 주어지고, 다른 시기에서는 칭찬을 철회하는 단일대상연구에서 평가될 수 있다. 부모가 칭찬을 멈추는 훈련을 받았을 때 연구는 계속 진행될 수 있다. 그 결과, 처치가 비처치 시기에도 어느 정도는 불가피하게 시행되었기 때문에 처치와 처치가 일어나지 않는 '비처치' 시기 사이에 거의 변화를 보여주지 못하고 있다. 처치의 확산은 처치의 영향력에 대한 타당한 추론을 하는 데 방해가 될 수 있어 내적 타당도에 대한 위협이 된다.

총평

내적 타당도의 주요 위협에 대해 강조하였다. 이는 일반적으로 실험의 논리를 이해하는 중요한 기초가 된다. 많은 실험 설계 중 하나를 따르기 위해 상황을 조정하는 이유는 결과에 대한 대안적 가설이나 설명을 설득력 있게 하는 위협을 배제하는 데 있다. 단일대상설계는 그 자체로 내적 타당도에 대한 위협을 배제할 수 있다. 집단 연구 설계에서 행하는 방식과는 다른 방식으로 위협을 배제한다.

특정한 단일대상설계는 차후 장에서 논의할 예정인데 설계 유형에 따라 서로 다른 방식으로 위협을 배제한다. 또한 이후에 위협을 배제하는 데 형식적인 설계를 논할 예정이다. 이는 위협과 함께 우리가 위협을 어떻게 조작하는지를 이해하는 것이 얼마나 중요한지를 강조한다. 연구는 주요한 개념(설득력, 타당도에 대한 위협)을 다루고 여태까지는 이러한 개념에 유용한 실제만을 사용하고 있다.

외적 타당도

정의

내적 타당도는 실험을 통해 중재가 변화를 설명할 수 있는지를 보여주는 정도를 말한다. 외적 타당도는 좀 더 넓은 의미의 물음인데, 실험의 결과가 일반화되거나 실험이 시행된 조건을 넘어 확장될 수 있는지를 다룬다. 어떤 실험의 결과가 다른 사람, 환경, 평가 도구, 임상적 문제 등에 확장될 수 있는지 여부에 질문이 제기될 수 있는데 이를 외적 타당도라고 한다. 결과의 일반성에 제한을 둘 수 있는 실험의 특성은 외적 타당도에 대한 위협이라 한다.

외적 타당도에 대한 위협

외적 타당도에 대한 위협 중 주요한 것은 표 2.3에서 살펴볼 수 있다. 실험 중 결과의 보편성은 경계를 정하는 특성과 관련이 깊다. 실제로 실험 결과의 보편성을 제한하는 요인은 후속연구를 통해 원래 실시된 실험 조건이 확장될 때까지는 잘 알려지지 않을 수도 있다. 예를 들어 결과의 일반성에 기여할 수 있는 요소로 교수가 제공되는 방식, 대상자의 연령, 중재가 시행되는 장소, 교사나 훈련자의 특성 등이 있다. 기술적으로 보면, 실험 결과는 일반적인 실제 실험이 가진 어떤 특성 때문에 나타난 것일 수도 있다. 결과의 보편성을 제한하는 일부 특성은 미리 판별되기도 한다.

대상자간 보편성은 연구, 특히 단일대상연구에서 자주 언급되는 것이기도 하다. 내적으로 타당한 결과라 하더라도 해당 연구의 결과가 연구 참여자와 매우 유사한 사람에게만 확장될 수 있다. 예를 들어 문화적, 인종적, 성적 정체성은 다소 차이가 있을 수 있다. 연구 결과는 다양한 범위의 집단에는 일반화되지 않을 수 있다. 인간의 다른 특성, 예를 들어 특별한 경험, 지능, 나이, 연구 중인 특정 중재에 대한 반응은 결과에 대한 잠재적 자격요건이 될 수도 있다. 한 가지 예로, 아동에게서 얻은 결과는 청소년이나 성인에게 적용되지 않을 수 있다. 지역사

▌표 2.3 ▌ 외적 타당도에 대한 주요 위협

위협	내용
대상자간 보편성	실험 대상자와는 다른 특성을 가진 대상자나 클라이언트에게 결과가 얼마나 확대되는지의 정도
반응, 측정 간 보편성	프로그램에 포함되지 않은 행동이나 영역으로 결과가 어느 정도 확장되는가? 이러한 행동 또는 영역은 집중한 것과 유사할 수도 있고 기능적으로 완전히 다른 것일 수도 있다.
환경 간 보편성	결과가 훈련에 포함된 것 이외의 기능을 하는 다른 상황으로 적용되는 정도
시간 보편성	중재가 시행 중인 날의 그 시간과 중재가 종료된 후에 여러 시간을 넘어 결과가 어느 정도 확대되는가?
행동-변화 주체 간 보편성	중재 효과가 중재를 시행할 수 있는 다른 사람에게까지 확대되는 정도. 이 효과는 특별한 기술, 훈련, 또는 전문성을 가진 사람에게만 제한될 수 있다.
실험 배치에 대한 반응성	대상자가 자신이 특별한 프로그램이나 연구에 참여하고 있음을 알고 있어 영향을 받는 가능성. 중재 효과는 개인의 이러한 배치를 인지하지 못하는 상황에는 확대되지 않는다.
반응적 평가	대상자가 자신의 행동이 평가되고 있음을 인지하고, 이러한 인지가 그들의 반응에 영향을 미치는 정도. 평가가 진행되고 있음을 인지하는 사람은 평가인지 모르고 했었을 때와 비교했을 때 다르게 반응할 수 있다.
다처치 방해	동일 대상자가 하나 이상의 처치에 노출되었을 때 특정한 처치에 대한 결론에 제약이 생길 수 있다. 상세히 보면, 결과는 처치 모두를 동일한 방식 또는 같은 순서로 경험한 다른 사람에게만 적용될 수 있다.

회에서 기능이 좋은 개인에게서 얻은 결과는 심각한 신체적 또는 정신적 손상이 있는 사람에게는 적용되기 어려울 수도 있다. 실험실에서 쥐를 통해 얻는 결과는 인간과 같이 다른 유형의 동물에게는 적용되기 어려울 수 있다.

반응, 장소, 시간 간 보편성은 외적 타당도에 대한 잠재적 위협이 된다. 만약 반응(예 : 숙제 끝내기, 토의 참여하기), 장소(예 : 가정), 시간대(예 : 방과 후)가 다르다면, 동일한 중재에 대해 유사한 효과가 있을 수 있을까? 위협 중 어느 하나가 결과의 보편성에 대한 자격요건이 될 수도 혹은 제약이 될 수도 있다. 예를 들어 동일한 중재는 문제 또는 행동이 어떤 것이냐에 상관없이 동일한 결과를 이끌 수 있다고 기대하기는 어렵다는 것이다.

행동-변화 주체 간 보편성은 장소 및 맥락과 관련된 특별한 속성이다. 앞서 언급한 대로, 위협은 다른 사람(예 : 아동, 학생, 정신질환자)의 행동을 바꾸려는 누군가(예 : 부모, 교사, 병원 직원, 동료, 배우자)가 중재연구를 하는 것과 특별한 관련이 있다. 중재가 효과적일 때, 결과가 행동-변화 주체 간에도 일반화될 수 있는지를 질문하는 것이 가능해진다. 예를 들어 부모가 행동을 바꾸는 데 효과적일 때, 동일한 절차를 수행하는 다른 사람에게서 얻어진 결과 역시 동일한가? 아마도 행동-변화 주체의 특별한 특성이 있고, 이것이 중재의 효과를 성취하는 데 도움을 줄 수 있다. 클라이언트는 중재를 시행하는 사람이 어떻게 하느냐에 따라 주어진 중재에 더 잘 반응할 수도 있을 것이다.

실험 배치에 대한 반응성은 대상자가 실험에 참여했는지를 인지하고 이러한 인식이 결과의 일반화에 영향을 미칠 수도 있다는 가능성을 말한다. 반응성은 참여하고 있다는 인식이나 지식으로부터 수행의 변화가 오는 것이다. 실험 상황이 반응적일 수 있는데, 즉 대상자가 행동을 바꾸는 것이다. 왜냐하면 대상자들은 자신이 평가받고 있다는 것을 알고 있기 때문이다. 평가받고 있다는 것을 인지하지 못하는 사람들이 있는 다른 상황에서는 그 결과가 분명하지 않을 가능성이 있다. 아마도 결과는 대상자가 특정한 상황의 맥락 안에서 반응하는 사실에 따라 달라질 것이다. 배치의 반응성에 대한 익숙한 예시 — 우리 모두는 매우 뛰어난 운전자이다. 그러나 경찰차의 존재는 우리를 좀 더 뛰어난 운전자로 만들어준다. 이는 환경 자극(경찰차의 존재)이 우리의 행동에 영향을 미치는 배치를 구성하는 것이다. 외적 타당도의 질문은 다음과 같다 — 매우 조심스러운 운전은 이러한 자극이 존재하지 않을 때도 일반화될 수 있는가?

평가에 대한 반응성은 실험 배치에 대한 반응성과 매우 비슷하다 할지라도 특별한 주의가 필요하다. 대상자가 관찰이 진행되고 있음을 인지한다면, 결과의 일반화는 제약이 따를 수 있다. 만약 대상자가 그들의 행동이 평가되고 있다는 것을 인지하지 않는다면 어떤 수준의 결과가 얻어질 수 있을까? 다시 바꿔보면, 연구 결과는 대상자가 관찰되고 있음을 알지 못하는 다른 평가 상황에 어느 정도 확대될 수 있는가? 대부분의 평가는 일정 수준 대상자로 하여금 자신의 반응이 측정되고 있음을 인식하는 상황에서 이루어진다. 이러한 상황에서, 대상자가 평가 절차를 인지하지 못한다면 결과가 얻어질 수 있는지 여부를 물어볼 가능성이 있다. 평가에 대한 반응성 역시 익숙하다. 여러 영화와 TV 쇼에서 반응적이지 않은 상황에서 사람을 평가한다(일명 몰래카메라를 시행한다). 즉 그들이 인지하지 못할 때 그들에게 더 사회적이고 보호적이며 정치적으로 옳은 반응을 만들어낼 가능성을 줄이기도 한다. 외적 타당성에 대한 위협은 대상자가 평가 절차를 인지하고 있을 때 실험의 결과가 분명한 것인지 여부이다.

다처치 방해는 동일한 대상자가 둘 이상의 처치를 받을 때만 나타난다. 이러한 실험에서 그 결과는 즉 내적 타당도의 위협을 배제함으로써 내적으로 타당할 수는 있다. 그러나 중재가 주어지는 특정한 순서가 결과에 영향을 미쳤을 가능성이 존재한다. 예를 들어 두 가지 처치가 연속으로 시행된다면 두 번째는 첫 번째 것보다 덜 (혹은 더) 효과적이거나 동등한 수준일 수 있다. 결과는 중재가 두 번째이고 특정 중재 뒤에 이어졌다는 사실이 원인이 될 수 있다. 처치의 순서를 바꾸면 다른 결과가 만들어질 수도 있다. 그러므로 여러 처치가 제시된 특별한 방식에 따라 결과가 만들어질 수 있다. 차후에 동일한 연구에서 하나 이상의 중재가 평가되는 그리고 다처치 방해가 일어나는 단일대상설계가 이루어지는 많은 예시가 제공될 것이다.

총평

외적 타당도에 대한 주요 위협은 주어진 실험 결과의 일반성을 제한할 수 있는 요인을 없애지 못한다. 실험의 어떤 특성도 독립변인과 종속변인 사이의 관계가 작용하는 상황을 제한할 수 있다. 물론, 외적 타당도를 위협하는 무언가 중 하나가 실험에 적용될 수 있다는 것 때문에 반드시 실험 결과의 일반성을 위협할 수 있다는 것을 의미하는 것은 아니다. 단지 실험 결과를 확장하는 데 있어 약간의 주의를 요한다는 의미이다. 실험에 하나 이상의 조건이 있다는 것은 일반성을 제한할 수 있다. 추가적인 탐구만이 잠재적 위험이 실제 결과의 일반성을 제한할 수 있는지 여부를 결정할 수 있다.

또한 위협에 대한 오해, 이미도 외적 타당도와 관련된 위협은 자주 회자되고 오용되기도 한다. 단지 결과의 일반성이 가질 수 있는 제약에 대하여 상반되는 가정이 있을 때만 특정 조건 하에서 그 위험이 관련이 있는 것이다. 마지못해 "그래, 괜찮아. 우리 반에 있는 아이들, 이런 또는 저런 배경의 학생, 대다수의 사람, 또는 키 큰 사람들 등에게 적용될 수 없을 수도 있어." 처럼 결과가 적용될 수 있다는 것을 인지하는 피상적인 상황이다. 이러한 진술은 하기 쉬운데 설득력 있는 설명 없이 특별한 내용 없는 진술로 이루어질 때는 우리에게 알려주는 것도 없고 피상적이기도 하다. 타당도에 대한 위협이 존재한다고 주장하기 위해서는 납득할 만한 설명이 필요하다. 즉 소비자(동료)에게 왜 외적 타당도에 위협이 있는지를 정확하게 알고 있어야 한다. 연구 결과는 다른 조건, 사람, 맥락 중 모든 종류에 적용될 수 있는 것이 아니고 (사람들이 특별히 신경쓰지 않는 결과에 있어 특히) 매번 결과에 뒤따르며 멋지게 나타나기보다는 정당화가 조금 더 필요한 경우가 있다.

사례 한 가지를 생각해보자. 연구가 끝난 지 몇 년 뒤, 치료의 효과를 본 심리치료 기법이 급속히 증가하는 것을 보았다(Nathan & Gorman, 2007; Weisz & Kazdin, 2010). 처치는 매우 잘 통제된 시도 안에서 이루어져 일반성의 이슈가 우려된다. 이 장의 후반부에서 언급했는데, 이러한 우려를 해소하기 위해 가능한 많은 변인을 일관되게 하고 결과의 일반성에서 제한을 두는 것과 같은 실험 통제를 조심스럽게 하는 것이 방법이 된다. 목적을 가지고 세심하게 통제하는 것은 일상생활의 조건과는 다소 다르다. 결과가 나오게 되면 결정적인 조건이 변화되었을 때 그 결과가 유지되는지 여부에 의심을 품는 것은 당연하다.

때로 심리치료에서 정신의학 장애(예 : 우울증, 불안)의 준거를 충족해야 하기 때문에 환자를 선택하지만 중복장애나 다른 문제(예 : 의학적 처치를 요하는 만성적인 질환)를 가진 경우는 배제한다. 연구자들은 다양성과 이 장의 후반부에 등장하는 자료 평가 타당성에 대한 위협을 제한하기 위해 초기 연구에서 동질적이고 특징의 묘사가 잘된 대상을 찾으려고 한다. 그래서 현재, 내적으로 타당하고, 복제가 이루어지며, 처치가 된 연구에서는 늘 외적 타당도가 걱정거리다. 예를 들어 현장 전문가가 이런 질문을 던진다 — "좋아, 연구의 결과가 내적으로 타당하다고 하긴 하지만 연구 환경이 아닌 임상에서 내 환자에게 이 결과를 적용할 수 있을까?" 제안된 변인(환자 특성의 변화)이 달라지지 않을 합당한 이유가 없음이 알려지지 않았는지를 다시 질문을 한다. 무선할당 비교군 실험을 위해 모집한 환자들도 그렇고 임상에서 보는 환자는 다수의 정신의학적 장애(이를 공존성이라고 한다)를 가진다는 것도 고려할 점이다. 달리 말하면, 현장 전문가들은 결과의 외적 타당성에 질문을 던진다. 여러 장애를 가진 환자들이 처치하기 더 힘들고 장애로 인해 더 복잡한 개인적 상황으로부터 그 문제가 기인했을 가능성이 높으므로 훨씬 더 큰 도전이 된다. 장애의 정도와 범위가 단순히 어떤 환자가 가진 현재 상황의 복잡성만을 반영하는 것이 아니라 아마도 더욱 심각한 조건의 기저가 되거나 더 강력한 유전적, 환경적 '부담(loading)'을 가지고 있을 것이다. 어떠한 상황이든 삶에 있어 심각하다고 보는 상황은 덜 심한 사례에 대한 처치에 비해 반응이 좀 더 어려워질 것이기 때문에 외적 타당도에 위협이 되는 것은 당연하다고 본다. 위협이 도사리는 여러 맥락(다양한 장애, 클라이언트의 나이 등)에서 이러한 도전에 대해 더 많은 연구가 이루어져야 한다. 이 시점에서 아동 처치의 맥락에서의 연구 주제는 최소한 사례의 공존성과 복잡성이 결과의 외적 타당도 일반성을 제한하지 않는다는 점이다. 이상의 관점에서 증거 기반 처치가 검토되어야 하고 좀 더심한 사례와 좀 더 복잡한 개인 및 가족 특성을 가진 사례에서도 평가되어야 한다(예 : Doss & Weisz, 2006; Kazdin & Whitley, 2006).

구인 타당도

정의

구인 타당도(construct validity)[4]는 인과관계의 기초를 해석하는 것과 관계가 있다. 내적 타당도를 위협하는 것이 해결되었다고 가정하자. 이는 중재와 행동 변화 사이에 인과관계가 성립되었다고 본다. 구인 타당도를 물었을 때, 무엇이 중재이고 왜 이러한 효과가 나타났는가? 구인 타당도는 중재 또는 실험 조작과 성과 간의 인과관계를 설명하거나 원인이라 가정한 것을 말한다. 연구자가 제시한 구인(설명, 해석)이 중재와 행동 변화 사이에 나타나는 관계를 설명하는 이유인가? 예를 들어 자율학습 시간에 수학 문제 풀이 시간을 늘리기 위해 교사가 학생을 칭찬하는 중재 실험을 한다고 해보자. 여기서는 중재가 변화의 원인이 되지만 일반적으로는 칭찬이나 관심의 증가 또는 교사가 학생의 연산 수행에 특별한 관심을 두는지에 따라 달라질 수 있다. 특히 이 질문에 대한 답은 구성 타당도에 초점을 맞추게 된다.

실험에서 이루어지는 여러 특성은 그 결과를 해석하는 데 방해가 되기도 한다. 이를 혼재(confounds)라고 한다. 실험이 혼재되었다고 하면, 중재로 특정 요인이 (다른 변인과 함께) 바뀐 가능성을 말한다. 혼재는 결과에 전체 또는 부분적으로 영향을 미친다. 연구자가 관심을 갖는 하나의 구성요소 이외의 다른 어떤 것이 중재에 포함되어 있을 수 있고, 이것이 결과를 설명하게 된다. 구인 타당도가 의문시 되는 예는 많다. 예를 들어 성인 심리치료에서 인지치료는 주요 우울증 치료로 잘 알려진 증거 기반 처치이다(Hollon & Beck, 2004). 연구를 통해 인지치료가 증상 변화의 원인이 된다는 바는 알고 있으나 어떻게 인지치료가 효과로 이어지고 왜 그러한 변화가 발생하는지는 알지 못한다. 인지의 변화가 우울에서 변화를 일으킨다는

---

4) 구인 타당도는 보통 시험 개발과 타당성의 맥락에서 사용되는 용어로, 측정 도구(예 : 불안 또는 위축 척도)가 실제 측정하고자 하는 구인(개념)인지를 측정하고 있는지를 의미한다. 증거가 다양하면 측정 도구의 구인 타당도가 평가되었다고 본다(Kazdin, 2003). 이 용어가 현재 사용되는 것은 다음의 설명에 대한 질문을 강조하는 것과 유사하다 ─ 시험 개발에서 측정 도구에서의 수행을 설명하는 것은 무엇인가? 어떤 개념이 문항을 가장 잘 표현하는가? 방법론과 설계 차원에서 왜 어떤 개념이 중재의 효과를 보여주고 어떻게 그 효과가 나타나는가?

해석은 왜 인지치료가 효과가 있는지에 대한 그럴듯한 설명이 되지 못한다. 간단히 말하면, 처치는 효과적이지만 '왜(구인 타당도의 이슈)'라는 질문에 대한 답은 모른다.

응용분야(예 : 교육, 처치, 예방, 기술 습득, 재활)에서 단일대상설계는 자주 실행되지만 왜 중재가 변화를 이끌어내는지에 대한 이유를 따로 보려고 하면 상대적으로 관심을 덜 받는다. 다요소 중재 패키지는 특수학급에서 아동의 읽기나 말하기를 향상시키기 위해 설계될 수 있다. 여기서는 기술을 향상시키는 것이 목표다. 그러나 왜 그리고 어떻게 특정 중재가 효과를 보는지에는 관심이 별로 없다. 여기서는 왜 그리고 어떻게 변화가 일어나는지를 정확하게 아는 것은 중재의 영향력을 최대화하고 다른 환경으로 중재를 확장하기 위해 중요할 수 있다(Kazdin, 2007 참조).

구인 타당도는 중재의 어떤 측면이 변화를 설명하는지에 집중한다. 집단 연구의 예를 생각해보자. 와인을 보통 수준으로(저녁 식사에 와인 1~2잔 정도) 마시는 것은 건강에 유익하다(심장마비의 가능성 감소). 이러한 관계를 연구하면 와인의 소비는 흥미로운 변인이다. 구인 타당도의 질문은 "이것은 와인인가? 다른 개념인가?"이다. 이는 합리적인 질문인데 왜냐하면 와인을 마시는 것은 다른 특성과 관련이 (혼재될 수) 있다는 것을 알기 때문이다. 와인을 마시는 사람은 맥주나 다른 알코올을 마시는 사람과 비교했을 때 삶의 방식이 더 건강하고, 비만의 가능성이 낮으며, (전체 알코올 소비량으로 봤을 때) 많이 마시지 않고, 더 높은 사회경제적 지위(건강 관리가 더 나음)를 가지고 있을 가능성이 있다(예 : Wannamethee & Sharper, 1999). 이러한 특성은 질병 및 죽음과 관련이 있다. 심지어 이러한 변인들을 통제하는 것은 와인이 사망률을 감소시키는 데 기여하는 바를 줄이는 것이지 아예 없애는 것은 아니다. 와인은 여전히 차이를 만들어낸다. 연구는 와인을 마시는 것 자체보다는 다른 영향력을 제거하거나 평가하는 데 초점을 맞추고 있다. 구인 타당도에 대해 더 많이 질문할 수 있다. 예를 들어 와인이 설명하는 효과는 무엇인가? 그리고 관련 연구도 많다(예 : 레드와인과 포도껍질에서 발견되는 항산화물질과 레스베라트롤이 그중 하나가 될 수 있다). 원래 결과의 기본, 즉 관계를 설명하는 근본이 되는 구인을 평가하는 데 초점을 맞추었던 연구 초창기처럼 인과관계 또는 상관관계를 볼 수도 있다.

구인 타당도에 대한 위협

독립변인이 효과를 갖는 이유는 변인이 반영하고자 하는 구인에 대한 근본적인 질문을 불러일으킨다. 독립변인은 요소로 나뉘어야 하는 요인의 패키지가 될 수 있다. 대부분의 단일대상 연구에서 보면 아주 일부 요인이 중재의 효과성을 설명할 수 있도록 나타난다. 구인 타당도에

▌표 2.4 ▌ 구인 타당도에 대한 주요 위협

위협	내용
클라이언트에 대한 관심과 접촉	중재 기간 동안에 클라이언트/환자에게 부여되는 관심의 증가 정도 또는 중재가 이루어지지 않는 기간 동안 관심의 부족 정도는 중재로 인해 생기는 효과를 설명할 수 있도록 한다.
특별 자극 조건, 환경 및 맥락	중재 단독으로 또는 다른 중재와 함께 제시되는 특정 조건은 중재 자체로 발생하는 효과를 설명할 수 있다. '실제' 영향력은 중재가 특정한 조건로부터 자유롭기보다는 중재 x가 대단한 사람인 y에 의해 행해졌을 때 나타날 수 있다.

대한 위협은 표 2.4에 제시되었다.

클라이언트에 대한 관심과 접촉은 중재의 효과를 설명하는 방법 중 하나가 될 수 있다. 중재를 실시하기 전, 수행의 관찰이 이루어지는 기초선 단계가 있다. 기초선 기간 중에는 클라이언트를 다소 무시하다가 중재 기간이 시작되면 관심, 접촉, 모니터링과 피드백이 제공된다. 이러한 것들이 중재는 아니지만 특정 시기에 쓰이는 장치가 되고, 구인 타당도에 대한 잠재적 위협이 된다. 단순히 관심을 주는 것이 중재라는 측면에서 보면 이것은 일종의 플라세보(위약)효과다. 주의집중을 행동에 후속되는 정적 강화의 형태로 주는 것이 아니라, 어떤 프로그램, 학급 또는 중재에서 클라이언트에게 더 많은 관심을 주는 것을 의미한다. 중재는 연구자가 효과가 나타나길 바라는 요소를 혼합한 패키지로 구성한다. 중재를 구성하는 어떠한 장치(요소)로 인해 해당 중재의 효과가 달라질 수도 있다. 클라이언트에 대한 주의집중과 접촉의 증가가 결과를 설명할 수 있는 수용 가능한 무언가가 된다면 구인 타당도에 대한 위협이 된다. 만약 설명이 받아들일 만하다면, 연구 설계 중 특정 단계는 잠재적 혼재의 가능성이 있어 수정해야 한다. 관심과 접촉의 통제가 이루어지지 않은 연구 설계는 결점이 있는 것은 아니다. 만약 연구자가 왜 중재가 효과적이었는지를 결론 내리고자 한다면, 연구 결과에 대한 괜찮은 해석으로 관심과 접촉을 배제해야 한다.

특별조건, 환경 및 맥락은 구인 타당도를 위협할 수도 있다. 때로 중재에 연구자가 연구와 관련 없다고 간주한 특성이 포함되기도 하시만 이 때문에 결과 해석이 모호해지기도 한다. 구인 타당도 질문은 여태 우리가 논의해 온 것과 동일하다. 중재가 그 결과에 책임이 있는가? 중재와 연합된 관련 없는 특성이 보이는가? 예를 들어 특수학교나 대학의 부속학교에서 이루어지는 중재가 있을 수 있다. 보통 이 학교에서 교사, 시설, 보조인력, 기구 및 기타 조건은 최적의 상황이다. 여기서 구인 타당도는 외적 타당도와 중복되지만 이 두 가지 타당도는 문제의 다른 측면을 평가한다. 외적 타당도는 "중재 프로그램의 효과는 최적의 실행 조건을 갖지 않은 다른 환경에서 일반화가 되는가?"에 대해 묻는다. 구인 타당도는 다른 방식으로 문제를 언급하는데, "중재 그 자체로 인해서 효과가 있는가? 또는 중재를 시행한 바로 저 특수교사와 환경에서 중재가 이루어졌기 때문에 효과가 있는가?"에 대해 묻는다. 연구자는 중재 프로그램과 중대한 어떤 다른 특성이 합쳐졌는지를 인식하지 못한 채 프로그램에 대해 논할 수도 있다. 저자인 내가 수행한 연구 중에는 일상적인 행동에서도 완벽하게 미묘한 방식으로 중재를 수행하는 특수교사가 포함되어 있었다. 연구자가 중재 자체의 결과를 논의했다 하더라도 단 한 명의 교사가 보여주는 것이긴 하지만 교사요인과 중재가 혼합된 효과를 나타냈을 가능성이 있다(예 : Kazdin & Geesey, 1977, Kazdin & Mascitelli, 1980). 매우 제한된 상황(예 : 행동 변화 매개인 1명, 교실 1개, 하나의 기관 또는 프로그램)에서 이루어지는 중재 또는 특별한 맥락에서 이루어지는 중재 프로그램에서 위협이 발생할 수 있다. 둘 이상의 상황(예 : 2명의 교사, 2개의 교실)이 있을 때, 그 효과가 한 세트의 조건에만 제한되지 않는다고 본다. 좁은 범주에서 자극과 제한을 사용하는 것은 외적 타당도와 비슷하게 들린다.

제한된 범위에서 자극을 샘플링하는 것은 외적 타당도와 구인 타당도 모두에 적용될 수 있다. 연구자가 다른 자극 조건(예 : 다른 교사, 교실, 치료사, 클라이언트의 유형)에 일반화하기를 원한다면 광범위한 수준의 자극 조건은 외적 타당도에 대한 위협이 된다. 여러 실험 조건에 걸쳐 일반화하기 위해 그 조건이 결과에 영향을 미칠 수 있다면 이 조건 중에서 샘플링을 해야 한다(Brunswick, 1955). 문제는 연구자가 흥미로워하는 구인(처치 또는 처치 처방의 유형)과 중재 전달의 조건(예 : 교사, 환경, 치료사)과 구분할 수 없기 때문에 만약 연구자가 왜 변화가 일어나는지를 설명하고자 하면 구인 타당도가 걸린다. 가능하다면 연구의 마지막 단계에서 중재를 실행하는 사람의 영향력과 중재의 효과를 구분하기 위해서 1명 이상의 실험자(교사, 치료사, 환경)가 실험하는 것이 좋다. 다른 조건에서 중재가 효과가 있다는 것을 보여줄 수 있다면 구인 타당도는 명료해진다.

총평

응용 환경에서 중재는 보통 2~3개의 특징적인 요소가 합쳐진 '패키지'로 구성된다. 예를 들어 가정에 있는 노인이 약물복용 계획을 잘 따르도록 계획된 중재는 다음의 세 가지 요소로 구성될 수 있다—(1) 약물복용을 위해 배우자나 중요한 타자가 주는 특별 신호, (2) 신호 없이 약물을 복용하면 칭찬, (3) 약을 꺼내기 위해 약 상자를 열 때마다 좋아하는 노래나 벨소리가 나옴. 요소는 구인 타당도에 대한 기구, 인위적인 장치나 위협이 되지 않는다. 오히려 요소 세 가지는 중재 패키지가 된다. 하나 이상이 중재의 주요한 부분이 되는지 또는 각각이 개별적으로 기여하는지 여부를 묻는 것이 필요할 수 있다. 이는 타당도에 대한 방법론적 장치나 위협으로 보이지 않는다. 구인 타당도는 연구자들에게는 관심이 없는 그러나 잘 알려진 일반적인 특성을 가진 경우에 중재에 혼재가 일어날 수 있다는 점에서 방법론적으로 우려가 생길 수 있다. 단일대상연구에서 일어날 수 있는 두 가지 예시를 살펴보고자 한다. 다른 위협처럼 앞서 언급한 구인 타당도 위협 중 하나를 취함으로써 연구를 비평하지 않는다. 반대되는 해석이 타당할 때만 위협이 된다. 약물 실험(예 : 신체 질환 또는 정신의학적 증상)에서 오랜 기간 동안 쌓인 위협은 플라세보(위약) 효과를 갖는다. 집단에 제공되는 약물은 제약학적 속성이나 전문가의 감독하에서 약물을 복용하는 행위 때문에 성과를 가져올 수 있다. 플라세보 효과는 구인 타당도에 대한 위협이 아니라 현재, 매우 타당하고 잘 기록되어 있으며 점차 이해가 늘어가고 있는 신경생물학적인 성과에 기반을 두고 있음을 안다(예 : Price, Finniss, & Benedetti, 2008).

자료 평가 타당도

정의

집단 연구에서 자료 평가의 이슈는 통계적 결론 타당도라고 하고, 연구자를 잘못 이끌 수 있는 결과를 양적으로 평가하는 측면을 포함한다(Cook & Campbell, 1979; Kazdin, 2003; Shadish et al., 2002). 예로, 연구자가 집단간 연구에서 둘 이상의 심리치료 양식을 비교한다면 다른 집단을 대상으로 처치 후 수행을 통계적으로 분석하려 한다. 통계 설명력이 약하면 (효과 크기 측면에서 해당되는 대상이 거의 없음) 특정 처치가 다른 것과 다르지 않다고 결론 내릴 수 있다. 사실상 처치의 효과가 다르지 않다는 것이다. 그러나 심리치료 연구의 대다수가 행해지는 방식은 차이점을 감지하기에 충분할 정도로 통계적으로 강력한 결과를 보여주지 않는다(Kazdin & Bass, 1989). 중소 수준의 효과는 상대적으로 차이점을 감지할 정도의 더 큰 표본크기가 필요하다. 달리 말하면, 이 예시에서는 낮은 통계적 설명력이 타당도에 대한 위협이 된다.

통계적인 검사보다 시각적인 조사 준거는 단일대상 자료를 평가하는 가장 기본적인 수단이다. 자주 사용되는 통계 검사는 제13장과 부록에서 좀 더 길게 나눌 예정이다. 그러나 단일대상연구 예시 중 소수 사례에서 사용되기도 하지만 일차적인 준거로 보지는 않는다. 자료 평가 이슈는 여전히 대두되고 중재의 영향력에 대한 추론을 이끄는 데 방해가 된다. 단일대상연구에서 자료의 여러 측면은 타당한 추론을 이끄는 데 방해가 되는데 이를 자료 평가 타당도에 대한 위협이라 칭한다.

자료 평가 타당도에 대한 위협

단일대상설계의 평가 방법을 통계적으로 검토해보면 몇 가지 위협 상황이 조정되었다. 이 위협에는 자료 또는 중재 효과를 확인하는 데 다소 모호한 자료 평가(시각적 조사)에 사용되는 준거의 일부가 포함된다. 자료 평가 타당도에 대한 위협은 표 2.5에 제시되어 있다.

자료의 과도한 변이는 다른 영향력이 포함될 수 있는 위협이 된다. 단일대상연구는 주어진 실험 시기와 한 시기에서 다음 시기로(예 : 기초선에서 중재로 이동) 넘어가는 자료의 독특한 패턴 안에서 자료의 경향을 식별할 수 있도록 해준다. 이는 단일대상설계 수업 시간 중에 의사결정과 관련하여 많이 회자될 것이다. 실험 시기 내 또는 실험 시기 간 자료를 얻는 데서 발생하는 타당성에 대한 위협은 수행에서 자료값의 변동폭이 큰 시기에는 식별이 쉽지 않다. 중재가 의도한 영향력을 미쳤는가? 변이가 너무 과도할 수도 있고, 아무도 뭐라 말할 수 없다. 아무도 뭐라 말할 수 없는 상황에서는 변이가 자료 평가 타당도의 위협이 된다.

변이는 다음과 같은 상황에서 발생할 수 있다.

- 환경에서 통제되지 않은 영향력은 매일 폭넓게 변화할 수 있음
- 측정에서의 오류(신뢰할 수 없음)

┃ 표 2.5 ┃ 자료 평가 타당도의 주요 위협

위협	내용
자료의 과도한 변이	차이를 감지할 수 있는 변이를 만들어내는 모든 자료원
측정 도구의 신뢰 불가능성	측정 절차의 오류는 중재의 효과를 불분명하게 하는 과도한 변이를 나타내게 한다. 오류는 측정 도구가 관심 있는 영역에 대한 타당한 내용이 아닐 때, 측정 도구를 신뢰할 수 없을 때, 자료에 영향을 미치는 측정조건(환경, 검사 시행자)이 나타난다.
자료의 경향성	주어진 실험 시기 또는 여러 시기에 걸쳐 나타나는 패턴에서 변화의 방향 정도는 중재의 효과성에 대한 추론을 이끌어내는 데 방해를 할 수도 있다.
불충분한 자료	자료점이 너무 적을 때는 수행 수준에 대한 결론을 내리거나 미래의 수준이 어떻게 될지 알기 어렵다.
자료의 혼재된 패턴	중재 효과는 보통 연구 내에서 복제된다. 중재의 효과는 전반적인 패턴에서부터 도출된다. 연구 시기 또는 해당 연구에서 이루어지는 복제기를 거쳐 나타나는 혼재된 자료 패턴은 중재의 영향력에 대한 타당한 추론을 이끄는 데 방해가 될 수도 있다. 하나 이상의 연구 시기에서 앞서 언급한 자료 평가 위협(과도한 변이성, 경향성, 불충분한 자료)이 자료의 혼재된 패턴 및 중재에 대해 불확실한 추론으로 이어지게 할 수 있다.

- 중재가 비일관적이고 되는 대로 진행됨
- 수행에서 변이와 일관되지 않음이 매우 자주 나타남(심지어 다른 중재를 개발하는 것의 원동력이 되기도 함)
- 하나 이상의 중재가 사용될 때 대상자간에 나타나는 차이
- 개인(예 : 약물복용 중이거나 약물을 끊는 경우, 정상적인 호르몬 수치 변동사항) 및 환경 (예 : 환경 내 위치하고 있는 누군가 또는 클라이언트를 감독하는 누군가의 예정된 변화, 교실활동이나 일정의 변화) 내에서 갑작스러운 변화나 (최초의 상태로 돌아가는) 순환전 에 제시된 자료원

한 가지, 즉 이름하여 중재 실행방식에 대해 좀 더 자세하게 생각해보자. 이상적으로 중재 절차는 매일 발생하는 변이를 최소화하는 방식으로 실행되어야 한다. 이는 중재 절차가 일관 되게 적용되고 프로그램 운영자가 일관되게 한다는 것을 의미한다. 이는 교실에서 교사 및 보 조원이 혹은 요양원에서 다른 병원 직원이나 참여자가 서로 다른 날에 같은 사람이 또는 같은 날 다른 사람이 프로그램을 제공한다면 일관성은 중재의 일부가 될 수 있음을 뜻한다. 중재 절차를 시행하는 노력 자체는 겉으로 보기에 방법론적으로 세세한 것까지 살피는 것을 말하 진 않는다. 중재 시행의 일관성은 자료 평가 타당도와 직접적인 관련이 깊다. 일관되지 않은 중재 절차로 나타나는 변이 때문에 연구 시기 또는 대상자간에 주어진 차이가 분명하지 않을 수 있다.

변이는 인간(예 : 학생, 클라이언트, 실험자, 치료사)을 대상으로 하는 연구 및 실험실 밖 환 경에서 이루어지는 연구의 일부에서 사라질 수도 있다. 그러나 어떤 실험에서 외현적인 변이 는 연구가 실제 어떻게 집행되는지에 대한 세부사항에 집중함으로써 최소화될 수도 있다. 기 초선과 중재 조건 사이에 진정한 차이를 감지할 가능성이 커지게 된다. 일반적으로 자료 평가 타당도는 변이가 추론을 방해할 때 위협을 받게 된다. 변이를 일으키는 원천은 연구자가 이 를 위해 무엇을 할 수 있는지에 대한 함의를 주긴 하지만, 현재의 목적에서 변이는 하나만 존 재하고, 다른 하나가 발생하지 않는다면 중재 효과가 없다는 것이 분명할 때 중재의 효과성을 찾아내는 데 있어 큰 방해가 된다는 것이다.

과도하다는 것을 어떻게 정의할 것인가? 변이를 나타내는 데 있어 우리에게 익숙한, 표준 편차 단위로 하는 것은 아니다. 이 정의는 연구의 시기 내에서 그리고 시기 간에서의 수행과 관련이 있고 중재의 효과와도 연관이 된다. 이는 집단간 연구에서도 마찬가지다. 자료 평가는 과도한 변이에 의해 불분명해지지만, 설계의 다른 영향력과의 관계에서 변이가 가진 기능이

드러나게 된다(Kazdin, 2003). 중재가 가진 효과의 힘이 크면 클수록 그 효과의 해석을 불분명하게 하는 변이가 나타날 가능성은 줄어들게 된다. 심지어, 앞에서 소개했던 변이를 발생시키는 요인 각각을 최소화하기 위해 무엇을 하는지를 보여주는 것이 현명하다.

측정 도구를 신뢰할 수 없다는 것은 앞서 논의했던 것을 다루고 있긴 하지만, 따로 논의를 진행할 필요가 있다. 다음 장에서 다루겠지만, 측정은 과학적 연구에서 특별한 역할을 담당하고 있다. 이러한 이유로, 자료 평가 타당성에 대한 위협을 별도로 다루고자 한다.

신뢰도는 측정 도구가 일관된 방식으로 관심이 있는 것의 특징을 평가하는 정도를 말한다(제5장에서 다시 다룰 예정임). 신뢰도는 물론 정도의 차이며, 점수를 채점하거나 측정 도구를 수행하면서 나타나는 변이의 정도를 말한다. 날짜에 따라 측정 도구를 통해 우리가 얻은 결과가 다르다는 것은 그 개인에게 부정적인 영향을 미치는 다양한 요인의 직접적인 영향력 때문이라 할 수 있다. 예를 들어 기분, 경험, 맥락, 다른 사람들과의 사전 경험, 다른 설명할 수 없는 이유로 인해 간혹 수행이 다르게 나타날 수 있다. 그러므로 측정 도구가 아무리 신뢰할 수 있다 하더라도, 경우에 따라 변이가 나타날 수 있는데, 이는 수행이 다양한 방식으로 일어날 수 있고, 측정 도구는 이에 기여하는 단지 하나의 요소이다.

측정 도구를 신뢰할 수 없다는 것은 변이를 이끄는 다른 원천이 있음을 의심해볼 수 있다. 초등학교 3학년 교실에 말썽을 심하게 부리는 어린아이 로봇(이름은 로봇 루크 또는 줄여서 루크라고 부른다)을 두었다고 생각해보자. 우리는 루크에게 읽기와 쓰기 시간 동안 선생님에게 15회의 부적절한 발언을 하도록 프로그래밍하였다. 루크는 아이처럼 생겼고, 아이처럼 옷도 입혔다. 루크는 세심하게 프로그래밍되었고, 시범운영되었으며, 배터리도 충분히 충전하였다. 여기서 루크는 제 할 일을 하였다―갑작스럽게 소리를 지르며 방해가 되는 말을 15번 하고 있다(예 : 샘~언제 쉬어요?, 존 선생님, 책이 너~~무 지루해요. 여기서 그만하면 안 돼요? 언제 한 단원이 끝나요?). 또한 루크에게 5개의 부가적인 발언 또는 적절한 발언을 하도록 프로그래밍하였다(예 : 손을 들고 "도와주실래요?"라고 말하기 또는 "한 페이지 이상 책을 읽어도 되나요?").

교실 뒤편에 루크의 소리치는 행동에 대해 기록할 관찰자를 배치하였다. 여기서 관찰자 훈련이 아직 완벽하지 않다고 가정하자. 예를 들어 루크가 한두 마디만 말했을 때는 말 사이에 잠시 시간 차가 있었다고 할 수 있기 때문에 부적절한 말 또는 좋은 질문을 하도록 하는 것이 무엇인지를 결정하는 데 일관성이 없다. 관찰자들이 일관되지 않다고 말할 수 있는 다른 방법으로는 측정 도구가 너무 낮은 신뢰도를 갖는다고 하는 것이다. 관찰자 1명 또는 2명 모두에게서부터 얻은 자료로 그래프를 그린다고 할 때, 이미 우리는 루크가 하루에 15번의 소리지르는 행동을 할 것임을 알고 있다 하더라도 측정에 따라 어떤 날은 10번, 다른 날은 15번, 또 다른 날은 17번 등 그 수행의 변동이 거듭될 것이다. 측정법과 관찰자들이 어떻게 측정법을 활용할 것인지는 관찰 과정에서의 신뢰도를 반영하는 것일 수 있다. 측정 도구가 신뢰할 수 없는 정도는 대상자 점수의 상당 부분이 체계적이지 못하며 무작위적인 변이와 상관이 있다.

측정을 신뢰할 수 없음은 어떤 특정한 양상(modality)에도 독특하게 나타나는 것은 아니다. 간혹 체크리스트, 평정 도구 및 자기보고형 도구도 중재의 효과성을 평가하는 데 사용된다. 이러한 측정 도구 역시 활용, 샘플, 시행 조건의 기능에 따라 다른 신뢰도를 보인다. 이 도구들이 표준화되었다는 사실은 [벡(Beck)의 우울증 평가와 같이 문항에 변화가 없는 경우] 신뢰도가 안정적이라는 것을 의미하지 않는다. 신뢰도(측정 도구의 일관성)는 검사 도구 자체의 특성이 아니라 이를 어떻게 사용하고 어떤 시행조건에 있는지에 따라 달라진다.

어떤 측정 도구는 자동화되고, 기계적이고, 오류변인을 추가하는 인간의 선입견으로부터 자유로우며, 일정 부분 불변하는 도구를 사용하기 때문에 매우 신뢰성 높을 수 있다. 자동화된 도구는 간혹 심하게 망가지기도 해서 전혀 쓸 수가 없기도 하다. 이는 관찰의 비일관성이 있으나 모든 것은 다 잘될 것이라는 환상보다는 덜 치명적이다.

일반적으로, 우리는 측정 도구나 측정 절차에서 과도하고 불필요하며 체계적이지 않은 변이를 최소화하고자 한다. 변이가 추가되는 것은 수행의 불필요한 변동을 가져오는 것이다. 측정 도구로부터 기인된 변동이 자료의 평가를 방해할 수 있다면, 측정 도구를 신뢰할 수 없거나 낮은 신뢰도를 보이는 것은 자료 평가 타당도에 대한 위협이 된다.

자료의 경향성은 여러 번의 관찰을 통해 시간이 흐름에 따라 생겨나는 변화의 패턴 또는 기울기를 말한다. 예를 들어 보호관찰 가정의 다른 사람들과 다소 소원해 보이는 할머니 한 분의 사회적 상호작용(안녕 등 인사 이상의 사회적 교환의 수)을 10일간 관찰했다고 하자. 10일 동안 경향성 또는 기울기는 상호작용의 패턴을 가장 잘 드러내는 선이다(예 : 수평선 — 일정 방향으로 가며 변화가 없음). 단일대상설계는 시간이 지남에 따라 경향성(기울기)의 변화를 보는 것이다. 추후에 이에 대해 더 자세히 다루기로 하겠다.

때때로 기초선 관찰이 시작되면 치료 방향의 기울기를 살핀다. 즉 중재가 아직 시작되지 않았는데 행동의 향상이 있다. 어떻게 이러한 일이 일어나는가? 변이가 있다면 타당도에 대한 위협의 관점에서는 그리 중요하지 않다. 그러나 간혹 중재가 일어나기 전에 수행을 관찰하는 것은 변화가 이루어지는 사례이고(앞에서 언급하기에 반응성이라 불리는 과정), 이러한 변화는 꽤 오랫동안 지속될 수도 있다. 환경 내에서 클라이언트와 상호작용하는 사람들은 클라이언트의 행동이 향상되는 것을 지원하는 데 있어 여러 방식으로 변화를 만들어낼 수 있다. 만약 처치에 대한 추론을 하기 어렵거나 불분명한 패턴(행동이 빠르게 향상되었다가 처치 과정에서 도리어 나빠지는 상황)이 있다면 경향성은 기초선보다는 다른 연구 시기에서 자료 평가의 위협이 된다. 경향성의 평가는 자료 평가에서 중요하고, 이에 대해서는 추후에 자세히 다루도록 하겠다.

불충분한 자료는 자료 평가 타당도에 대한 위협이 될 수 있다. 단일대상설계는 다른 조건에서 효과가 나타날 때(예 : 중재가 없을 때와 중재가 있을 때), 여러 연구 시기를 거쳐 현행 수준을 보는 것에 따라 달라진다. '연구 시기' A는 일정 조건(예 : 기초선) 동안 클라이언트를 지속적으로 관찰하며 이루어진다. 새로운 연구 시기는 조건이 변화할 때(예 : 중재) 이루어지는 관찰로 구성된다. 평가는 변화가 이루어졌는지 여부를 보기 위해 한 연구 시기 내에서 그리고 여러 시기에 걸쳐서 자료의 다양한 특성을 살펴보면서 이루어진다. 타당성의 위협은 만약 자료가 현행 수준을 특징짓고 미래의 수행을 투영해보는 데 있어 정보를 제공하는 데 충분하지 않을 경우에 발생하게 된다. 주어진 연구 시기에 불충분한 자료는 무엇으로 말하는가? 이 문제는 추상적으로는 답을 할 수 없고 연구 설계에서 나타나는 자료에 따라 달라진다.

예를 들어 자료점이 하나라면 이는 불충분한 것인가? 이 질문에 답하기가 쉽지 않다. 어떤 부인이 자신의 남편은 (10년 전에) 결혼을 한 후로 운동을 하지 않았다고 하고 앞으로 남편이 운동을 더 많이 할 수 있으면 좋겠다고 했다. 우리가 행하려는 중재는 매일 운동 시간(분)을 늘리는 데 있다. 기초선을 며칠간 해야 할까? 관찰 체계가 잘 시행되는지를 확인는 데는 하루면 충분할 수도 있다. 차후 자료 평가를 위해 자료점이 하나만 있을 수도 있는데, 왜냐하면 부인의 관점에서 회상적인 자료는 연구에서 사용할 수 있는 자료가 아니기 때문이다. 이 경우, 하나의 자료점은 초창기 기초선으로 충분할 수도 있다. 일반적으로 가까운 과거에 행동이 일어나지 않았다면(예 : 운동하기, 활동에 참여하기), 한두 번 정도의 관찰로도 충분할 수 있다. 또한 중재가 철회되었을 때, 간혹 완벽한 수행(매일 목표행동을 100%로 수행함)이 나타난다면 하루의 즉각적인 관찰만으로도 기초선의 깊이를 떨어뜨릴 수 있다. 하루도 괜찮다. 말할 필요도 없이 여러 날이면 더 좋다. 원칙적으로 관찰하는 날의 수가 아니라 기초선이 되기 위해 얼마나 많은 자료점이 필요한지다.

단일대상설계는 연구 과정 중에 의사결정이 일어나고 추론은 그 결정에 따라 달라지기 때문에 방법론에 대한 이해가 더 깊어야 한다. 여기서는 자료 수집을 위한 충분한 연구기간에 대한 가이드라인을 제시하고, 더 중요한 것은 의사결정의 기반이 되는 근본적인 원칙이 있다. 평가를 방해할 수 있는 불충분한 자료에 대해 이야기하고, 이는 타당성에 대한 위협이 된다는 것이다.

한 연구 시기 내 그리고 여러 연구 시기에 걸쳐 나타나는 **혼재된 자료 패턴**은 자료의 평가를 방해할 수도 있다. 자료의 여러 유형에서 보이는 일관성은 단일대상설계에서 추론을 하는 데 중요하다. 다른 설계에서 보통 중재가 변화를 이끌었는지 여부를 평가하기 위하여 다양한 기회가 있다. 예를 들어 일부 설계에서 중재가 제시되고 철회되는 것이 둘 이상의 경우에 이루어진다(ABAB 설계). 다른 설계에서는 중재가 한 번에 여러 행동을 걸쳐 평가된다(행동 간 중다기초선설계). 이런저런 상황은 미니 복제라 할 수 있다. '미니'라는 용어를 붙인 것은 복제가 연구를 반복하기 위한 독립적인 시도를 말하는 것을 알고 있기 때문이다. 그러나 보통 단일대상설계에서 자료의 패턴을 보고 동일 연구 내에서 중재에 대한 결론을 내리는 한 번 이상의 기회가 있다. 전체적인 패턴을 보고 중재를 평가하는 개별 사례에 대한 것도 살핀다. 전반적인 패턴에서부터 추론이 이루어진다. 자료 평가 타당도에 대한 위협은 자료 패턴이 섞이고 중재에 대한 추론을 방해할 때 일어난다. 연구 설계 중 하나 또는 그 이상의 지점에서(예 : 대상자 간 중다기초선설계 중 하나의 연구 시기 또는 1명의 대상자) 앞서 언급한 자료 평가 위협(과도한 변이성, 경향성, 불충분한 자료)은 혼재된 자료 패턴의 기초가 될 수 있다.

중재를 보여주는/시행하는 사람으로부터 자료의 혼재된 패턴이 나타날 수도 있다. 종종 단일대상설계에서는 어떤 설계건 간에 1명 이상의 대상자가 포함된다. 물론 모든 대상자가 다르고(일란성 쌍둥이라 하더라도 뇌, 심지어 손금도 다르다), 그래서 개인차에서 나오는 어쩔 수 없는 변이성이 존재하게 된다. 원칙적으로 어떤 시범 상황에서 대상자가 다양하면 다양할수록 중재에 반응할 가능성이 더 다양해지게 된다. 즉 중재의 효과성을 나타내는 자료의 패턴은 대상자 사이의 다양성과 변이성 때문에 뒤섞이게 된다.

'혼재된 자료 패턴'은 일상생활에서 혼재된 메시지를 친숙하게 활용하는 것을 강조하기 위해 사용했다. 누군가 3개의 소중한 단어, 즉 '나는 너를 사랑해'를 말할 때, 이것만으로 충분하다. 대신 어떤 사람이 살짝 덜 귀한 단어 5개로 "음~(3초간 쉬고), 나는 너를 사랑하는 것 같아."라고 했다면 이 메시지는 의미가 혼재되고 해석을 한다 한들 불분명하다. 혼재된 사랑의 신호는 대인관계에서 위협이 된다(방법론자들은 이러한 문제를 다룰 수 있다). 어떤 연구 설계에서도 혼재된 자료 패턴은 자료 평가 타당도에 대한 위협이 된다(방법론자들은 이를 위해 장기적인 심리치료에 들어간다).

총평

중재 효과를 극대화하는 중재 및 실행의 지표를 선택하는 것은 기초연구 및 응용연구에서 중요하다. 응용연구에서는 중재 효과를 극대화하는 목표가 있다 — 이를 통해 사람들을 돕는 데 진정한 차이를 만들어내고자 하는 것이 바람이다. 그러나 강력한 중재의 방법론적 측면을 생각해보자. 좀 더 잠재력이 큰 중재는 자료 평가의 위협이 나타날 가능성을 감소시킨다. 또한 강력한 중재는 평균(중재 전 상황에 비해서 수행의 평균 수준이 달라짐)에 영향을 미칠 뿐 아니라 종종 변동성(즉 평균점 주변의 변동)도 감소시킨다. 그러므로 중재의 힘은 앞에서 언급한 일부 위협을 직접적으로 경감시킬 수 있다.

타당도의 우선순위와 교체

내적, 외적, 구인 및 자료 타당도에 대한 모든 위협에 반해 완벽한 대안이 되는 연구를 설계하는 것은 가능하지 않다. 이는 연구라는 것이 부분적으로 어떤 위협이 다른 위협에 비해 좀 더 중요하다는 것을 말하거나 이를 변화시키는 것에 목표를 두고 있기 때문이다. 또한 이러한 위협에 대처하는 것은 다른 타당도에 대한 위협과는 반대가 된다. 여기서 핵심적인 이슈를 생각해보자.

내적 타당도는 보통 우선순위가 가장 높은 것으로 간주한다. 분명한 것은 다른 질문(예 : 일반화, 즉 외적 타당도가 가능한가? 기본적인 설명, 즉 구인 타당도는 무엇인가?)이 불거지기 전에 결과나 효과가 먼저 불분명하게 보인다. 그러나 주어진 상황에서 내적 타당도와 외적 타당도 중 무엇을 더 우선할 것인지는 연구의 목적에 따라 어느 정도 달라지게 된다. 기초 연구에서는 내적 타당도가 더 높은 우선순위를 차지하게 된다. 특별한 실험 상황은 내적 타당도에 대한 위협을 배제할 뿐 아니라 독립변인과 종속변인 사이의 특정한 관계를 보여줄 가능성을 최대화하기 위해 설계된다. 실험에서 사건은 세심하게 통제되고, 조건은 보여주기 위한 목적으로 정리된다. 일반적으로 일상생활에서 사건이 분명해지도록 하는 조건인지 여부는 항상 중요한 것이 아니다. 이러한 실험의 목적은 상황이 특정한 방식으로 정리될 때 무엇이 일어날 수 있는지를 보여주는 것이다. 우리는 이를 간혹 원칙의 평가(test of principle)라고 부른다. 조직세포, 유전자 복제, 세포 리프로그래밍에 대한 초기 연구는 이러한 유형 중 하나이고, 전에는 가능하지 않았던, 즉 원칙의 평가라는 새로운 생명과학의 도구와 과정을 보여주는 것이다. 예를 들어 연구 결과가 내가 좋아하는 애완동물을 복제할 수 있는지, 장기 이식이 필요한 사람들의 조직이나 기관을 생성해낼 수 있는지, 또는 세포에 새로운 '지령'을 내려서 암과 같은 질병이 발생하는 과정을 역추적할 수 있는지 등 연구 결과의 일반화에 대하여 많은 질문이 등장할 수 있다.

앞서 언급하기를 변동성을 이끄는 통제되지 않은 무언가는 자료 평가 타당도에 대한 잠재적 위협이 될 수 있다고 하였다. 실험실 환경보다는 응용 환경(예 : 학교, 클리닉, 병원, 가정, 지역사회)에서의 연구는 자료 패턴과 자료 수집에 있어 변동성이 크다. 교실에서, 과제, 여러 명의 선생님, 그리고 다양한 교실 활동을 포함한 모든 환경에서 약간씩 측정 오류를 더하게 한다. 이 점이 바로 변동성을 줄이기 위해 항상 동일하고, 자동화되며, 일관되게 만들어주는 실험실 환경과는 상반되는 것이다. 이런 환경에서 응용 환경 연구자는 세심하게 통제하며 가능한 한 영향력을 일관되게 유지하도록 하는 노력을 기울여야 한다. 여기서 교환을 생각해보자.

한편으로 세심한 통제는 과도한 변동성과 혼재된 자료 패턴의 가능성을 줄이고 완벽하게 자료 평가 타당도를 지켜주는 역할을 한다. 그러나 통제를 위해 응용 환경을 준실험실처럼 만드는 것은 외적 타당도를 지키려는 어려움을 더 커지게 한다. 이 중재와 중재의 효과가 통제가 강하지 않거나 통제가 심하게 일어날 상황에도 일반화(외적 타당도)가 가능한가? 이것은 사소한 문제는 아니다. 예를 들어 외부로부터 큰 기금을 받아 학교에서 이루어지는 예방 프로젝트에서는 전반적인 평가를 수행하고(일부 학급이나 학교에서) 중재를 실시하며 단기 효과뿐 아니라 몇 년이 지난 후 나타나는 장기 효과(예 : 자살률 감소, 술, 담배, 마약과 같은 약물 사용, 무방비의 성행위, 범죄 활동)까지 평가한다. 이러한 성과가 성취될 수 있음을 보여주는 것은 대단하긴 하나, 연구자가 처음 연구가 시행된 장소에 이 프로그램을 도입하지 않고도 그 효과가 대규모로 확대될 수 있었을지에 대해 의문이 생긴다. 결과에 대한 외적 타당도가 존재하는가? 이는 추후 연구만이 가능하게 할 수 있긴 하지만 실험 환경(제약과 모니터링이 있는 환경)이 실제 세계와의 차이가 클수록 외적 타당도에 대한 위협은 더 커지게 한다.

네 가지 유형의 타당도 — 내적 타당도, 외적 타당도, 구인 타당도 및 자료 평가 타당도 — 는 고려되어야 한다. 집단간 연구에서 타당도와 관련된 의사결정의 다수는 실험이 시작되기 전, 즉 설계 단계에 이루어진다. 단일대상연구에서도 이러한 도전이 더 커지게 되는데, 연구자가 설계에 대한 기본적인 의사결정을 하기 위해 연구로부터 도출된 자료에 반응해야 하기 때문이다(연구 시기를 얼마나 오랫동안 해야 하는가? 언제 새로운 중재를 시도해야 하는가?). 설계의 기초와 함께 우리가 이루려는 바를 이해하는 것은 특정 설계를 구성하는 절차와 기술을 완벽히 습득하는 것보다 훨씬 너 중요하다. 어떤 연구에서든 결과의 해석에 영향을 미치는 이슈를 선택적으로 무시하거나 또는 집중해야 한다. 문제가 될 수 있는 것에 대해 아는 것 — 어떤 문제가 다른 것보다 더 관련 있거나 중요하며 이를 위해 무엇을 해야 할지 알 때 — 은 방법론의 유단자가 되는 길이다.

맥락에서의 실험 타당도

타당도에 대한 위협은 연구를 진행하는 과정 내내 근본적인 이유가 되고, 앞서 공부한 것들을 잘 수행하기 위한 특별한 배치가 있어야 한다. 이를 연구 방법론의 맥락에서 더 폭넓게 봐야 하고 이후에도 같은 방식으로 미리 살펴봐야 한다. 단일대상설계는 일반적으로 세 가지의 상호 의존적인 요소를 포함하고 있다고 본다.

- 평가 : 수행을 기록하고 기대하는 변화가 일어나는 모습을 반영하기 위한 체계적인 측정의 사용
- 실험 설계 : 중재 또는 참여자의 조건을 나타낼 수 있는 특별한 배치는 다른 영향요인보다 중재가 행동 변화의 원인이 될 수 있는 가능성이 크다는 것을 보여주어야 한다.
- 자료 평가 : 방법, 기법 및 준거는 신뢰할 수 있는 변화가 있었는지와 조건 내, 조건 간, 또는 여러 조건에 걸쳐서 효과가 있었는지를 보여주는 데 사용된다.

여러 시점에서 타당도에 대한 위협이 들어오고 그 위협에 어떻게 대처하는지에 의해 연구에 대한 해석이 달라진다. 차후에 다룰 장에서는 세 가지 주제를 다룰 것이고 단일대상연구를 수행하는 데서 추론의 질을 강화하기 위한 주요 이슈, 선택 및 지침을 제공할 것이다.

요약 및 결론

실험의 목표는 결과에 영향을 미칠 수 있는 외적인 영향 요인이 중재의 영향력에 대한 인과관계의 추론을 방해하지 않는 방식으로 상황을 만들어 가는 데 있다. 실험에서 내적 타당도는 결과의 대안적 설명을 배제하거나 대안적 설명을 수용하기 어렵게 만드는 정도를 말한다. 결과를 설명할 수 있는 중재 이외에 요인이나 영향력을 내적 타당도에 대한 위협이라고 한다. 이 위협에는 발달사, 성숙, 도구, 검사, 통계적 회귀현상, 처치의 확산 등이 포함된다.

　내적 타당도와는 달리, 실험의 목적은 어떤 특정 실험의 독특한 상황을 넘어 관계를 확대할 수 있도록 하는 데 있다. 외적 타당도는 실험의 결과가 얼마나 일반화될 수 있는지 또는 원 실험의 조건을 넘어 그 결과가 확대될 수 있는지에 대한 것이다. 실험의 일부 특성은 결과의 일반화를 제한하기도 하는데, 이를 외적 타당도에 대한 위협이라고 한다. 여기에는 대상자, 반응, 환경, 시간, 행동 변화 주체, 실험 배치에 대한 반응성, 평가 절차 및 여러 처치가 갖는 간섭을

뛰어넘는 일반화를 포함한다.

구인 타당도는 독립변인(예 : 중재, 실험 조작)과 종속변인(예 : 성과, 수행) 사이의 인과관계에 대한 기초를 해석하는 것과 관련이 있다. 효과를 만들어내는 이유에 대한 타당한 추론을 어렵게 하거나 방해할 수 있는 요인은 구인 타당도에 대한 위협이라고 한다. 주요 위협에는 클라이언트에 대한 관심과 접촉 그리고 특별한 자극을 주는 조건, 환경 및 맥락이 포함된다.

자료 평가 타당도는 중재의 영향력에 대한 추론을 하는 데 있어 부정확하거나 잘못된 자료의 특정 측면을 말한다. 결론을 내리는 데 방해가 될 수 있는 요인을 자료 평가 타당도에 대한 위협이라고 한다. 주요 위협으로는 자료의 과도한 변동성, 측정 도구의 낮은 신뢰도, 자료의 경향성, 특정 연구 시기 내에서 패턴을 알아보기 어렵게 하는 충분하지 않은 자료, 그리고 혼재된 자료 패턴이다.

타당도의 네 가지 유형(내적 타당도, 외적 타당도, 구인 타당도, 자료 평가 타당도) 모두 중요하다. 내적 타당도는 타당도 목록의 상위에 위치하는데, 이는 연구를 수행하는 가장 근원적인 이유이기 때문이다. 그러나 타당도의 유형은 연구자가 무엇을 성취하고자 하느냐와 자료 수집 과정에서 어떤 이슈가 등장하느냐에 따라 그 중요성이 달라질 수 있다. 어떤 실험에서 모든 타당도 위협을 잘 처리하고자 하는 것은 불가능하고, 연구자는 이 목표를 달성하는 것에만 집중할 필요도 없다. 오히려 관심을 갖는 주제나 질문에 대해 분명한 답을 제공할 수 있는 방식으로 타당도에 대한 위협의 문제를 다루어야 한다. 이러한 연구의 끝에는 새로운 문제가 출현하거나 다른 유형의 타당도 관련 문제에 더 관심을 가질 수도 있다.

실험을 설계하는 데 있어서 방해물은 타당도의 다양한 유형과 그 위협에서부터 발생할 수도 있고 서로 다른 유형의 타당도의 상호관계 속에서도 등장할 수 있다. 한 가지 유형의 타당도를 높일 수 있는 요인이 다른 유형의 타당도를 저해하는 상황이 될 수도 있다. 예를 들어 자료 평가 타당도를 높이는 요인은 실험 환경, 중재의 전달, 대상자의 동질성과 관련된 변이를 통제하는 잠재적 자료원이 될 수도 있다. 실험 통제를 극대화하고 중재 변인에 대한 가장 민감한 검사를 만드는 것, 실험에서 조건의 범위는 매우 제한적이 된다. 예를 들어 대상자 또는 측정 도구의 유형, 중재 또는 종속변인 제공의 표준화와 같이 조건을 제한하는 것은 최종 결과를 일반화할 수 있는 조건의 범위를 상당히 제한하는 것이 될 수 있다.

단일대상설계는 타당도에 대한 위협을 배제하거나 수용할 수 없도록 다양한 선택안을 제공한다. 이는 집단간 연구에서 익숙한 위협을 다루는 것만큼 강력하다. 차후에 다양한 선택안과 그 선택안이 어떻게 중대한 위협을 다루는지에 대해 더 자세히 다룰 것이다.

3

| CHAPTER |

측정의 기본적이고
핵심적인 고려사항

제2장에서 언급했듯이, 단일대상 방법론은 세 가지의 상호관련성이 있는 요소, 즉 평가, 실험 설계 및 자료 평가를 포함하고 있다. 모든 연구에서 자료는 매우 중요하고 중재와 그 효과에 대한 질문에 대한 답을 하는 시작점이 된다. 중재에 대한 질문(어떤 음식을 먹는 것이 암을 예방하는가? 제대로 계획된 처치는 환자들에게 도움이 될 수 있는가? 읽기, 음악, 미술 등에서 이 체계적인 교수방법은 효과가 있는가?)은 과학적인 답변을 찾기 위해 조건의 특별한 배치(실험적 설계)가 필요하다. 그러나 무엇이 변화의 원인이 되었는지에 대한 답을 찾기 전에, 관심 있는 것의 성과(암 발생률, 환자의 병세가 좋아짐, 학생의 변화)에 있어 변화가 나타났는지를 확실히 할 필요가 있다. 평가는 추론을 하기 위한 사전 조건이 된다.

종종 평가의 중요성이 과소평가되고 있다. 앞서 언급했듯이 일화적 사례 연구는 과학적으로 강력한 추론을 하기에는 약점이 있다는 점을 기억하고 있을 것이다. 이는 실험 설계가 어떤 조건을 평가하는 데 취약하고 체계적인 평가도 어렵다는 점 때문이다. 제11장에서 논의하겠지만, 체계적인 평가는 모든 상황에서 구제책을 주고 심지어 실험을 완수하지 못한 상황에서도 추론에 도움을 주게 된다. 사실 과학은 놀라운 발전을 이룰 수 있고, 때로는 꼼꼼한 측정을 통해 또는 실험의 기회 없이도 이론을 검증하고 추론한다(예 : 천문학, 기상학).

제3, 4, 5장에서는 단일대상연구에서 행해지는 평가의 여러 특성에 대해 자세히 다룰 것이다. 제3장은 단일대상설계를 위한 측정에 있어 눈에 크게 띄지는 않지만 중요하게 고려할 사항과 필요조건에 초점을 맞춘다. 이후 제4, 5장에서는 평가 절차의 통합성(integrity)을 확실히 하고 행동을 평가하기 위한 방법과 전략에 초점을 맞춘다. 각 장마다 차이점을 강조할 것이다. 단일대상설계는 응용행동분석에서 각광을 받고 있다고 하였다. 이 분야는 넓은 관점에서 중재를 적용하고 평가한다—중재가 이루어지거나 평가되지 않은 장소(학교, 기관, 사업장 및 공장, 지역사회, 대학, 요양원) 또는 클라이언트 집단(예 : 유치원생에서부터 노인, 외래환자와 입원환자)을 구분하기 쉽지 않다. 응용행동분석이 확대되는 과정에서 방법론적 혁신이 이루어졌다. 이 중 일부를 이 책에 소개하였는데, 이는 평가와 중재에 있어 뛰어난 지침이 된다. 그러나 이 요소가 도움이 될 지침이 된다는 점에서 중요하긴 하지만 반드시 단일대상연구 설계의 핵심이 되어야 한다는 것은 아니다.

프로그램의 목표 설정

자주 사용되는 준거

평가와 중재는 명확하게 진술된 목표와 어떻게 성과가 분명하게 나타날 것인지를 세심하게 묘사해야 한다. 대부분의 사례에서 프로그램의 목표를 정하는 것은 분명하고 확실하게 보이는데, 이는 개인이 가진 조절, 손상, 적응 기능을 위한 행동의 직접적이고 즉각적인 함의 때문이다. 예를 들어 많은 중재가 자기상해(예 : 머리 치기), 불안과 공황장애, 방임적 양육, 음주운전과 같은 행동을 줄이고 있으며 건강증진 활동(예 : 운동, 건강한 음식의 소비)에 참여하고 학교에서 낮은 수행을 보이는 학생들의 학업수행을 향상시키는 데 기여하고 있다.

예시는 유용하지만, 무엇이 중재를 필요로 하는지 또는 중재가 이루어져야 할 행동이나 기능 영역을 만드는지와 같은 더 큰 이슈를 다루지는 못한다. 중복된 준거가 여럿 있고 이것이 지침의 역할을 한다. 첫째, 장소와 기관은 그 특성과 목적 때문에 중재를 시행할 가치가 있다고 여겨지는 목표와 관심에 초점을 맞춘다. 예를 들어 학교는 청소년을 교육하고 역량을 개발할 목적을 가지고 있다. 불가피하게 중재는 현재 학교에서 이루어지고 있는 프로그램이 향상을 이룰 수 있는지에 관심이 있다. 또한 행동은 그 환경에서의 목적 및 목표와 관련이 있거나 때로는 방해가 될 수 있기 때문에 관심의 대상이 될 수도 있다. 그러므로 학교에서 공공재산의 파괴, 교실 내 방해행동, 왕따, 약물 사용과 같은 것에 초점을 맞추는 것은 이것이 해당 장소에서 학업 적 목표가 성취될 가능성이 있다고 보기 때문이다. 특정 장소나 맥락이 가진 목표는 자주 중 재 및 단일대상 평가의 기초가 된다. 사업의 생산성을 높이고, 운동능력을 향상시키며, 새로 운 언어의 습득을 높이려는 노력이 바로 그 예이다.

둘째, 중재의 지침이 되는 준거 중 상당수는 손상(impairment)과 관련된 사회, 정서, 행동적 문 제 또는 역기능적이고 부적응적인 행동에 기초한다. 손상은 일상생활에서 개인의 기능을 방해하 는 문제를 의미한다. 예를 들어 가정, 학교, 직장에서 요구하는 역할을 잘 수행하지 못하거나 다른 사람과 부적절하게 상호작용함으로써 자신의 기능에 부정적인 영향을 미칠 수 있으며, 누군가가 기능하는 장소, 상황, 경험에 있어 제한을 받는 경우다. 손상을 이끌거나 개인이 갖 는 기능 중 손상과 관련된 측면(사고, 감정, 행위)은 중재를 필요로 할 가능성이 높다. 손상은 정신병적 장애(예 : 우울, 정신분열, ADHD)로 이어질 수 있는 준거이다(American Psychiatric Association, 1994). 다양한 증상(예 : 불안, 약물남용)과 함께 기능의 손상이 함께 있어야 한다.

부적응 행동을 광의의 분류 아래서 보면 인간의 기능에서도 변형이 매우 다양하게 이루어 질 수 있다. 불법이나 규율을 어기는 행동은 중재를 시작하게 되는 계기가 된다. 불법적인 행 동에는 음주운전, 환각약물의 사용, 절도 등이 포함된다. 규율위반 행동은 불법은 아닌데, 자 녀를 지속적으로 조퇴를 시키거나 가정에서 정한 통금시간을 어기도록 하는 것이 포함될 수 있다. 또한 자기 자신 및 타인에게 위험한 행동이나 위험에 노출시키는 장소, 또는 온당하지 않은 성과가 간혹 중재의 시작이 될 수 있다. 자기상해, 학교 폭력, 배우자 학대는 신체적 위 해 때문에 위험한 행동의 확실한 예가 된다. 이 중 일부는 생명을 위협할 수도 있다. 위험 가능 성이 높은 행동은 해가 되는 후속 결과를 보이고 있으며, 안전하지 않은 성행위, 흡연, 안전띠 미착용, 약물복용 후 운전 등이 포함될 수 있다. 스트레스와 고통의 신호는 중재로 이루어지 게 된다. 아마도 자연재해나 심리적 고통(예 : 가족 중 누군가의 상실) 또는 어떤 상황(예 : 직 장, 관계)에서 일반적이지 않은 스트레스 유발요인에 노출되었을 수 있다. 스트레스의 신호는 그 사람이 가진 기능 중 일부 영역의 손상이 나타나는 것이라 볼 수 있다. 임상적 기능부진의 범주 안에서 가장 극단적인 변인은 일상생활의 경험과 기능으로부터 좀 더 극명한 차이를 보 여주는 일반적이지 않은, 때로는 심각한 증상을 말한다. 사람이 목소리를 듣고, 이러한 목소 리에 따라 행동하고, 존재하지 않는 무언가를 보는 신호와 사회적인 행동, 의사소통 및 활동 에서 이탈한다는 것은 평가와 중재의 기초가 된다.

셋째, 중재의 근간은 인간이 본인 또는 중요한 타자가 우려하는 행동을 나타내는 것이다. 예를 들어 일상생활에 영향을 미치는 다양한 행동을 이유로 부모가 자녀를 위해 처치를 하게 하기도 하지만 심각한 사회적, 정서적, 행동적 문제나 손상, 또는 규칙 위반을 나타낼 정도로 심각할 수도 있고 그렇지 않을 수도 있다. 그러나 부모는 도움을 원하기도 하고 우려도 가질 수 있다. 배변훈련, 학교 적응, 부끄러움, 약간의 지루함을 나타내는 행동 등의 예시는 그것이 심각한 수준이라면 손상이 되기도 한다. '우려가 되는 행동'은 광범위하고 개략적인 표현이긴 하지만 그 자체로 의미가 있다. 여기서의 목표는 특정 영역에서 적응 기능을 향상시키고 어떤 상황에서는 일반적인 수준으로 보이게 할 수도 있게 만드는 것이다.

중요한 타자가 가진 걱정거리 중에서 처치의 목표를 찾기에는 관련성이 의심스러운 경우가 있을 수 있다. 예를 들어 클리닉에서 매우 공격적이고 비사회적인 8세 남아와 함께 했던 사례가 있다. 이 아동의 행동은 명확하게 문제가 있었는데 예를 들어 교사 및 다른 아이들과의 (신체적) 싸움으로 인해 여러 번의 퇴학조치가 있었다. 부모는 보통 눈에 거슬리는 행동 때문에 걱정이 많았다(예 : 마룻바닥에 옷 던져두기, 항상 화장실 물 내리지 않기, 신발장 밖에 신발 벗어두기, 간혹 바닥에 사탕껍질 버리기, 이 닦은 후 치약 뚜껑을 닫는 것 잊어버리기). 이러한 행동은 장기적으로 봤을 때 아동의 적응 문제, 범죄, 정신장애, 또는 손상으로 이어진다고 보기 어렵다. 공격행동과 반사회적 행동은 이러한 성과로 이어지고 앞서 언급한 준거 중 몇 가지를 충족시킨다.

넷째, 행동 중에는 **문제 발생을 예방**하는 것에 초점을 맞춘다. 여기서는 문제 자체에 초점을 맞추는 것이 아니라 문제 발생의 가능성을 피해 가거나 문제의 출현을 최소화할 수 있는 행동에 초점을 맞춘다. 간혹 아동 또는 성인이 바람직하지 않은 후속결과를 얻을 위험에 처한다. 예를 들어 경제적으로 어려운 가정 출신의 미숙아나 아동들은 학교에서 어려움을 경험할 가능성이 매우 높다. 학업 전 행동을 발달시키기 위하여 가정에서 부모와 아동을 대상으로 한 조기 중재를 실시하는 것은 차후에 있을 수도 있는 신체적, 심리적, 그리고 교육적 문제를 예방하기 위함이다. 또한 (가정, 사업장, 또는 공장 등에서) 안전 또는 건강을 위한 행동을 발달시키는 것은 문제를 예방하기 위한 노력의 일환이 된다.

앞서 언급한 준거는 중재의 기초를 상당히 많이 보여주고 있다. 준거가 개인의 행동 특성에 초점을 맞추고 있다 하더라도, 여기에는 주요한 상황적 영향력이 존재한다. 기능의 특정 영역은 모든 시간과 장소에서 개인이 보여줄 수 있는 전반적인 속성을 보여준다기보다는 특정한 상황에만 국한될 수 있다. 예를 들어 아동이 교실 또는 가정에서만 특정한 문제를 보일 수도 있고 성인은 특정한 상황(예 : 다른 사람과의 사회화를 하는 경우)에서만 불안감을 나타날 수 있다. 그리고 말을 더듬는 사람은 가족이나 소수의 사람보다는 잘 모르는 사람과 일단의 집단이 있을 때 더 많이 더듬을 수 있다. 발달의 연령과 기간은 중재를 필요로 하는 가치가 있는 무언가를 찾는 데 중요한 기준이 될 수 있다. 예를 들어 야뇨증(이불에 오줌 싸기)은 부모들에게 신경 쓰이는 것이긴 하지만, 아동기 초기에는 정상적인 것이다. 아동기 중반과 후반(예 : 7세 이상)에는 정상적인 기능에서 벗어나는 것이고, 소아정신과 관련 문제의 위험요소(예견 인자) 가 될 수 있다(Feehan, McGee, Stanton, & Silva, 1990; Rutter, Yule, & Graham, 1973). 그러므 로 야뇨증의 중재는 어린 아동보다는 더 나이 든 아동에게 적절할 수 있다.

평가와 중재를 선택하기 위하여 무엇을 하는지의 이슈는 단일대상연구에서는 독특한 것이 라 보기 어렵다. 예를 들어 사회적, 정서적, 행동적 문제는 중재연구에서 자주 등장하는 기초 적인 것이 된다. 근본적인 질문은 무엇이 '정상적'이고 일탈 기능은 무엇이며, 어떤 시점에서 중재를 해야 하는지 관련이 있다. '정상적인' 지역사회의 샘플에서 약 4분의 1가량이 정신장애 진단의 준거를 충족한다면 문제는 더욱 극명해진다(National Institute of Mental Health, 2008). 또한 많은 정신장애 진단(예 : 우울, 불안)과 사회적, 정서적, 행동적 문제는 지속된다. 그래서 바로 '그 병'이다 혹은 그렇지 않다고 말할 수 있는 구분점이 항상 필요한 것은 아니다. 그러므 로 중재가 이루어지는 시점은 불분명할 수 있다.

지침으로서의 사회적 타당도

사회적 타당도 또는 사회적 타당성은 평가와 중재 모두에서 지침으로 사용되어 왔다(Foster & Mash, 1999; Kazdin, 1977b; Kennedy, 2002; Wolf, 1978). '사회적' 타당도라는 개념은 중재가 사회적 관심과 중재를 받는 사람(부모, 교사, 클라이언트)의 관심을 대변할 수 있어야 한다는 것 이다(Schwartz & Baer, 1991). 사회적 타당도는 중재에 관해 다음의 세 가지 질문을 담고 있다.

- 중재의 목표가 일상생활과 관련이 있는가?
- 중재의 절차가 중재 대상자와 지역사회에서 수용 가능한가?
- 중재의 성과가 중요한가? 즉 개인의 일상생활에서 차이를 가져올 수 있는 변화인가?

이상의 질문은 일정 측면에서 평가를 포함하고 있는데 이 장에서는 첫 번째 질문을 강조한다. 왜냐하면 중재의 목표 또는 초점을 선택하고 평가하는 데 직접 관련이 되기 때문이다. 두 가 지 사회적 타당도의 방법, 즉 사회적 비교와 주관적 평가방법은 중재의 적절한 초점을 판별하 는 데 사용될 수 있다. 위 방법은 각각 중재의 초점이 무엇인지를 찾아내는 실제에 기초한 방 법이므로 평가가 반드시 이루어져야 한다.

사회적 비교. 사회적 비교 방법의 주요한 특성은 클라이언트의 동료 집단, 즉 클라이언트의 인구학적 변인과 유사하지만 목표행동 또는 연구자가 관심을 갖는 특성(예 : 우울, 불안)의 수행이 다른 사람들을 찾는 것이다. 동료 집단은 목표행동과 관련하여 적절하게 기능한다고 생각되는 사람들이다. 정상적인 자료는 클라이언트의 기능 영역이나 행동을 평가할 기초를 수립할 목적으로 수집된다. 클라이언트를 정상 표본으로부터 구분하거나 정상 표본으로부터 떨어진 정도는 중재를 요하는 영역이 무엇인지를 알려준다. 일상생활 중 의례적으로 행해지는 것은 꽤 다양하다. 예를 들어 교육에서 서로 다른 연령과 학년 수준의 아동이 보이는 읽기, 언어, 수 진전도에 대한 전반적인 자료는 누가 잘하고 누가 부진한지를 판별하는 기초가 된다. 이는 특별한 중재(예 : 기술 영역에서 영재거나 뒤처진 것으로 판별된 사람을 위한 것)에 대한 의사 결정에 사용된다. 유사하게, 장애(예 : 걷기, 말하기, 사회적 행동에서, 자폐장애에서)는 정상에 대한 정보와의 격차가 일찍 나타나기 때문에 생애 초기에 판별된다. 결과적으로 정상에 대한 정보는 이미 그리고 암묵적으로 언제 중재를 할 것인지를 결정하는 데 사용되어 왔다.

정상에 대한 정보는 간혹 잘 발달되지 않은 다른 영역은 어디인지를 살펴보는 데 사용될 뿐 아니라 발달의 기준점이 어디인지를 결정하는 데 도움을 주기도 한다. 정상에 대한 정보를 발달의 기준점을 잡는 데 사용한 사례는 시설에 거주하는 발달장애를 가진 한 여성이 스스로 옷을 입고 요즘 유행하는 방식으로 옷을 선택하는 것을 훈련하는 프로그램 예시에 잘 나타나 있다(Nutter & Reid, 1978). 패션 감각이 있는 옷차림을 할 수 있도록 가르치는 것은 지역사회 환경에 진입하고자 하는 사람에게는 중요한 핵심 기술이 된다. 이 연구의 목적은 옷 입기에 있어 색 배합을 잘해서 코디네이션을 할 수 있도록 훈련을 하는 것이다. 유행 패션으로 특정한 색 배합을 하도록 하기 위하여, 연구자는 시설에 살고 있는 사람들이 방문할 수 있을 지역사회 환경(쇼핑몰, 식당, 인도 등)에서 600명이 넘는 여성을 관찰하였다. 인기 있는 색의 조합이 결정되고 나서 시설의 거주민들은 현 유행 패션에 따라 옷 입는 법을 훈련받았다. 패션 감각에 따라 옷을 입는 기술은 훈련 후 몇 주가 지난 후에도 유지되었다.

일부 사례에서 대상자에게 훈련되어야 할 것을 정확히 결정하기 위하여 정상 표본을 살펴보는 것은 유용하다. 앞선 예시에서 연구자는 옷 입기와 관련된 특정한 반응 영역에 초점을 맞추었지만 관심을 가진 행동이 무엇인지를 정확히 결정하기 위하여 정상 표본으로부터 정보를 얻었다. 중재의 목표가 대상자를 특정 환경이나 기능 수준으로 올려야 한다면, 특히 사회적 비교는 더 유용하다. 처음의 방법이 어떤 상황에서 적절하게 (또는 잘) 수행하는 사람의 기능 수준을 판별하기 위한 것이고, 그다음은 목표가 되는 것을 선택하기 위한 기초자료로 정보를 활용하는 것이다.

주관적 평가. 주관적 평가는 처치를 필요로 하는 행동이나 특성을 판단하거나 평가할 위치에 있는 다른 사람의 의견을 이끌어내는 것으로, 이들은 전문성을 가지고 특정 행동과 특성의 문제성에 대하여 동의를 하거나 또는 클라이언트에 대해 잘 알고 있는 사람이다. 중재를 필요로 하는 행동을 결정하는 것은 대체로 부모, 교사, 동료, 사회에서 만난 사람들에 의해 이루어지는데, 사회적, 정서적, 행동적, 혹은 학업적 문제가 특별한 관심을 필요로 하는지에 대해 판단을 내리고 일탈이 있는지 여부를 판별하는 역할을 한다. 문제가 있다는 것에 대해 동의가 있기 때문에 중재를 찾는 것이다. 자주 어떤 기능 영역이 문제를 보이는지를 판별하기 위하여 전문가의 의견을 체계적으로 살펴보는 것도 유용하다.

'주관적'이란 용어는 불필요하게 감성적인 느낌을 주고 방법을 잘못 표현한다. 자기보고와 의견에 기초한 정보라 하더라도 이 정보는 매우 특별한 전문성에서부터 나온다. 예를 들어 주관적 평가는 화재 시 아동(혹은 다른 사람)이 집으로부터 탈출할 때 무엇이 중요한 행동인지를 찾아내는 데 사용된다. 우리는 어떤 행동이 사람들을 화재로부터 구해줄 수 있는지에 대해 소방관들의 의견을 찾게 된다. 우리는 이러한 정보원을 '주관적'이라고 하여 그 가치를 평가절하한다. 정보원의 전문성에 기초한 추천 기술은 단순한 의견이나 주관적인 관점에서는 나올 수 없는, 그래서 누군가의 삶을 구하는 데 있어 차이를 만들어낸다. 상업용 비행기 조종을 훈련받은 사람에게 비상 착륙에 있어 가장 중요한 기술이 무엇이냐고 물어볼 수 있고 엄청난 훈련을 하는 데 그들의 의견을 활용할 수 있다. 그래서 주관적 평가는 '전문가 평가'라고 부르는 것이 더 나을 수 있다.

삶 또는 죽음의 맥락에서 벗어나서 주관적 평가를 잘 묘사한 2개의 연구가 있다. 첫 번째 연구에서, 연구자는 비행을 보이는 청소년의 문제 상황을 판별하고 청소년들이 이 상황을 해결하기 위해 사용하는 반응에 관심을 가졌다(Freedman, Rosenthal, Donahoe, Schlundt, & McFall, 1978). 문제 상황을 판별하기 위하여 심리학자, 사회복지사, 상담가, 교사, 비행 경험이 있는 소년들을 비롯한 여러 사람들이 컨설팅에 참여했다. 문제 상황(예 : 또래로부터 모욕을 당함, 교장선생님께 혼이 남)을 찾은 후, 연구자는 이러한 상황에 대한 적절한 반응이 무엇인지를 살펴보았다. 이전에 비행 경험이 있는 남학생들과 경험이 없는 남학생들에게 이러한 상황을 제시하였다. 그리고 보통 이럴 때 어떻게 행동하는지도 물었다. 학생, 심리학 전공 인턴, 심리학자로 구성된 판정단은 반응 능력에 대한 점수를 매겼다. 문제 상황 각각에 대하여 반응 능력의 수준을 다르게 하여 반응을 찾았다. 여러 문제 상황과 판정단의 주관적 평가를 통해 개발된 반응 대안을 포함시켜 관련 상황을 목록으로 구성하였다. 이는 중재 기간 동안에 무엇을 변화시키고 발달시켜야 하는지를 판별하는 데 유용한 자료가 된다.

두 번째 예시에서 연구자는 어린이집에 있는 어린 아동에게 학교 준비 기술을 가르치는 데 관심이 있었다(Hanley, Heal, Tiger, & Ingvarsson, 2007). 초등 저학년 선생님과 초등교육 전문가로부터 얻을 정보를 통해 관련 행동을 추출하였다. 한 설문에서 다른 지역 출신의 유치원 교사 3,000여 명에게 10여 년 동안 이 정보를 제공해 왔다. 설문 결과, 어떻게 전문가들이 준비 기술의 구성요소를 보는지에 변화가 있음을 알 수 있었다. 그 초점이 학업 중심의 기술에서 사회적 기술로 이동하였다. 연구자들은 교사들이 가장 중요하다고 보고한 사회성 기술을 선정하였다(예 : 지시 따르기, 교대하기, 공유하기, 필요한 것을 말하기, 다른 사람들 배려하기, 방해 행동 줄이기). 이러한 범주는 후에 조작적으로 바뀌고 평가되었으며, 성공적으로 훈련을 시행하였다.

앞선 예시에서 어떤 사람이 중재가 필요한 행동을 찾아내는 데 도움을 줄 수 있다고 한다. 우리는 이 사람이 어떤 특정 상황에서 필히 요구되는 반응을 알고 있다는 이유로 그에게 바람직한 행동이 무엇인지 추천해달라고 부탁하였다. 그가 추천한 행동은 어떤 수행 목표가 이루어질 수 있도록 만들어진 훈련 프로그램으로 전환될 수 있다.

총평. 사회적 비교와 주관적 평가방법은 평가와 중재의 목적을 가진 관심사항을 체계적으로 선정하기 위해 필요한 실질적인 절차에 대한 정보를 제공한다. 물론 이 방법이 문제가 없는 것은 아니다. 예를 들어 사회적 비교방법은 중재의 기초로 사용해야 하는 지역사회 표본과 행동을 구분하도록 한다. 그러나 여러 측면에서 정상 표본과 클라이언트가 서로 다르고, 클라이언트의 일상생활에 있어 그 기능과 관련성이 크지 않은 부분이 있기도 하다. 특정 행동에서 클라이언트가 지역사회 표본과 다르다는 것만으로 둘 사이의 차이가 중요하다고 하거나 수행의 차이를 감소시켜야 한다고 하지 않는다. 그리고 이것으로 클라이언트가 가진 주요한 문제를 해결한다고 할 수 없다. 또한 수십 년간 사용한 '정상' 표본이라는 용어는 더 이상 편하게 사용하기는 어렵다 - 정신장애가 지역사회 표본의 약 25%가 되는 예시를 언급한 적이 있다. '정상'인 지역사회 표본은 꽤 큰 편차를 나타내는데, 이는 준거나 면제 기준으로 사용할 때는 주의를 요한다는 의미이다.

유사하게, 주관적 평가에서도 주관적으로 평가하기에 중요하다는 행동이 처치의 가장 중요한 초점이 되지 않을 수 있는 가능성이 있다. 예를 들어 교사들은 자주 중재를 필요로 하는 행동으로 교실 방해 행동과 주의력결핍 행동을 꼽는다. 그러나 지난 수십 년간 교실 안에서 주의집중 행동을 향상시키는 것이 아동의 학업 수행에 거의 영향을 미치지 못하고 있음이 알려져 있다(예 : Ferritor, Buckholdt, Hamblin, & Smith, 1972; Harris & Sherman, 1974). 그러나 직접적으로 학업적 수행을 향상시키는 데 초점을 맞추는 것은 주의집중이 늘어나는 우연한 결과를 이끌게 된다(예 : Ayllon & Roberts; 1974, Marholin, Steinman, McInnis, & Heads, 1975). 그러므로 주관적으로 판별된 행동은 교실 안에서 가장 적절하거나 혜택을 높이는 데 있어 주안점이 되지 못할 수 있다.

반대가 있다 하더라도, 사회적 비교와 주관적 평가는 평가를 주도하고 중재의 초점을 결정하는 데 유용하다. 중재의 초점을 선정하는 데 한 가지 방법만 쓰는 것에 대해 비판이 있는데, 이는 위의 두 가지 방법을 동시에 사용함으로써 극복될 수도 있다. 즉 정상 표본은 중재를 필요로 하는 클라이언트 표본(예 : 비행 행동 경험이 있는 개인, 발달장애를 가진 사람)과 비교를 통해 판별할 수 있다. 그리고 나서 집단을 구분하는 특정 행동, 기술, 또는 기능에 있어 나타나는 차이는 다른 검사자가 중요하다고 보는 특성의 정도를 평가함으로써 찾아낼 수 있다.

목표행동의 정의

앞서 언급한 준거로부터 중재의 일반적인 주안점이 기술되었다. 평가와 중재 모두에서 일반적인 관심(떼쓰기, 공격성, 자기상해)은 보다 구체적인 정의로 바뀐다. 개념(특성 또는 아이디어)에서 조작(개념을 측정하는 방식)으로 이동하는 것은 모든 과학의 주요한 측면 중 하나로 진보, 결과의 복제, 지식의 축적을 가능하게 한다. 조작적 정의(operational definition)는 평가를 위해 사용하는 특정한 조작의 기초가 되는 개념으로 정의된다. 필기형 측정 도구(영역을 평가하기 위한 설문지), 면담, 클라이언트와 접촉하는 다른 사람(예 : 부모, 배우자)의 보고, 생리학적 측정(예 : 각성과 스트레스의 측정) 및 직접 관찰은 핵심 개념을 조작화하기 위해 심리학, 교육, 상담연구에서 가장 일반적으로 사용되는 것들이다.

단일대상설계가 주로 활용되는 응용연구에 있어, 외적 행위는 중재의 주안점을 보는 가장 직접적인 측정 도구로 생각하기 때문에 외현적인 행동을 직접 관찰하는 데 초점을 맞춘다. 그래서 떼쓰기의 심각도 또는 빈도에 대한 교사나 부모의 평가보다는 연구자가 직접 떼쓰기를 평가하는 것이다. 이를 위해 최소한 해당 연구에서 무엇이 떼쓰기고, 어떻게 떼쓰기로 횟수를 셀 것인지를 결정해야 한다. 떼쓰기에 대한 부모의 보고는 중요하긴 하지만, 떼쓰기 자체를 부모로부터 멀리하게 하는 단계가 되기도 한다. 또한 다른 사람의 보고는 특별한 영향력과 편견에 따라 달라질 수 있다(예 : 부모가 자녀의 떼쓰기보다 삶의 다른 영역에서 더 큰 스트레스를 경험할수록 자녀가 보이는 일탈에 대한 지각을 더 크게 느낀다)(Kazdin, 1994 참조). 결과적으로, 가능하다면 떼쓰기는 직접 관찰하는 것이 좋고, 떼쓰기가 발생할 때 특정 상황에서 중재에 대한 반응으로 변화가 일어나는지 여부를 확인하는 것도 유용하다. 동시에 환경 내에 다른 것들에 대한 떼쓰기의 효과는 결코 사소하지 않다. 어느 효과적인 프로그램에서 누군가는 떼쓰기가 진정으로 감소되는 것을 보고 싶고, 이를 문제라고 여겼던 다른 사람들의 생각에도 변화가 일어날 것이다. 하나의 측정 도구(행동의 직접 관찰)는 다른 것(변화가 차이를 만들었다는 사람들의 지각)을 대체할 수는 없다.

조작적 정의는 중재에 대한 평가를 시작하는 데 있어 필수적이다. 추상적인 개념(예 : 불안, 떼쓰기)을 정의하는 데 있어 조작적 정의는 관심 있는 영역 전체를 보여주지 못할 수도 있다. 조작적 정의는 중요한 요소를 보여주기 위하여 개념이라고 하는 전체 중 한두 조각만을 가지고 오는 것과 같다. 보통 우리는 관심 있는 영역에 대해 완벽한 정의를 선호하긴 하지만, 대신 조작적 정의를 사용한다. 이 사례에서 우리가 평가하는 특정 도구에 기능을 변화시키려고만 하는 것이 아니라 더 큰 개념의 여러 구성요소가 변화하는 것을 기대한다. 다른 경우, 조작적 정의는 근본적으로 관심 있는 모든 또는 대다수의 구성요소를 반영할 수도 있다. 떼쓰기의 예를 들어 보면, 떼쓰기의 빈도에 주된 관심이 있으나 어떻게 세상이 한 아동의 떼쓰기를 이해하고 인지하는지에 대해서도 신경을 쓴다.

일반적인 영역(예 : 떼쓰기)을 정하는 데부터 시작하고, 평가를 가능하게 하는 특정 정의를 결정한다. 이러한 작업을 위해 다른 사람들(예 : 부모, 교사, 클라이언트)에게 무엇이 바람직한 행동이고 그렇지 않은 행동은 무엇인지에 대해 물어볼 수 있다. 또한 비공식적으로 클라이언트나 다른 사람을 관찰해보는 것도 좋다. 어떤 행동이 발생하고 어떤 사건이 행동과 연결이 있는지 자세히 묘사하는 것은 특정한 반응을 정의하는 데 있어 유용하다. 탐색이나 비공식적인 관찰로부터 목표행동에 대해 가진 여러 가지 질문(예 : 언제 그 행동이 일어났는가? 그 행동은 어떻게 나타나는가? 어떤 상황하에서 발생하는가?)의 답을 구할 수도 있을 것이다.

예를 들어 자폐성 장애 아동에게 도움 주기 행동을 하도록 훈련하는 프로그램이 있다고 하자(Reeve, Reeve, Townsend, & Poulson, 2007). 자폐성 장애 아동은 다른 사람과의 사회화에 심각한 결함을 보이고 있다. 특수학급에서의 도움을 주는 행동을 선택한 것은 다른 사람을 돕는 것은 다른 행동군(예 : 인사하기)에 비해 더 긴 사회적 상호작용을 이끌 수 있다고 보기 때문이다. 어디서부터 시작할 것인지를 결정하기 위하여, 연구자는 정상 발달을 하는 아동의 부모를 대상으로 설문을 실시하여 도움 주기 행동의 사례를 묘사해보도록 하였다. 또한 도움 주기 행동을 찾기 위해 지역 학교의 여러 다른 활동 시간(이야기 나누기, 자유놀이)에서 다른 아동 집단을 관찰하였다. 이 정보로부터 연구자는 교실에서 도움을 주는 활동(예 : 물건 집어주기, 활동 준비하기, 자료 분류하기)의 분류를 만들고 각 분류별로 조작적 정의를 수립하였다.

다른 사람들에 대한 초기 설문조사는 관찰하고자 하는 다수의 행동(예 : 숙제 완수하기, 약물 복용하기)에 대하여 다 필요한 것은 아니다. 그러나 조작적 정의는 관찰과 중재를 목적으로 행동을 어떻게 평가할 것인지를 상세화해야 한다. 일반적으로 정의는 세 가지 준거를 충족해야 하는데, 그것은 객관성, 명료성, 완전성이다(Hawkins & Dobes, 1977). 이 개념은 표 3.1에 정리되어 있다. 완전한 정의를 개발하는 것은 매우 어려운데, 행동을 어떻게 점수화할 것인지를 상세화할 수 있는 의사결정의 규칙이 필요하기 때문이다. 정의에 포함되는 반응의 범위가 세심하게 진술되지 않으면 관찰자는 그러한 반응이 일어났는지 여부를 추측해야 한다. 예를 들어 누군가에게 가볍게 손을 흔드는 것과 같은 간단한 인사 반응은 사회적으로 위축된 아동에게 목표행동이 될 수 있다. 대다수의 경우에 누군가의 팔을 쭉 펴서 앞으로 움직일 때, 이 사람이 손을 흔들고 있다는 것을 판단하는 것은 어렵지 않다. 그러나 관찰자가 애매한 상황에 직면할 때 임의로 판단을 하게 만든다. 한 아이가 팔을 쭉 펴지 않은 상태로 손을 한 번 움직이고 있거나(앞뒤로 흔드는 것은 아님) 팔은 전혀 움직이지 않은 채 한 손의 모든 손가락만 위아래로 움직이고 있을 수 있다. 이러한 반응은 일상생활에서 손을 흔드는 것으로 볼 수 있는데, 종종 사람들이 이와 유사하게 인사하는 것을 보기 때문이다. 평가를 위해, 반응에 대한 정의는 손 흔들기와 관련된 변형을 어떻게 점수화할 것인지를 상세히 진술하고 있어야 한다.

명확하게 정의를 내리기 위해서는 행동이 무엇이고 행동에 무엇이 포함되지 않는지를 상세화해야 한다. 예를 들어 정신분열증을 가진 입원 환자가 자기 자신에게 말하는 빈도를 줄이는 것이 목적인 프로그램이 있다(Wong et al., 1987). 자기에게 말하기는 다른 사람에게 대고 소리를 내는 것이 아니라 기침과 같은 생리학적 기능과 같은 소리는 배제하는 것이다. 다른 연구 보고서는 말, 언어 및 운동 기술에 지체를 가진 학습장애 아동의 학업행동에 평가의 초점을 맞추었다(Athens, Vollmer, & Pipkin, 2007). 아동이 다양한 과제(예 : 문장 쓰기, 글씨 따라 쓰기)를 수행하는 것을 보면서 수행 지속시간을 평가하였다. 지시 후 3초 이상이 소요되면 과제 수행이 시작되지 않은 것으로 간주하였다. 그리고 시간을 기록하였다. 언제든 3초 이하로 수행을 잠시 멈추지 않는다면 수행을 계속하는 것으로 간주하였다. 아동이 학습지를 바꾸거나 쓴 것을 지우거나, 잠시 쉬는 것도 괜찮다. 자폐장애를 가진 7세 아동의 연구에서는 일반학급에 통합되는 것을 어렵게 만드는 이유로 여기는 사회적 상호작용을 함에 있어 이 아동을 눈에 띄게 만드는 부적절한 발성을 감소시키는 것을 목표로 하였다(Pasiali, 2004). 부적절한 발성은 특정한 내용이나 의미 없이 소리, 단어, 또는 구절을 말하는 것으로 정의하였다. 저녁 식사 동안 부적절한 발성의 횟수를 막대 표시하였고, 이는 중재의 효과가 반영되었는지를 확인하기 위하여 사용되었다. 마지막으로 약물 남용과 최소한 하나 이상의 정신질환 장애를

▌ 표 3.1 ▌ 관찰을 위한 행동을 정의할 때 충족해야 할 준거

준거	정의	예시
객관성	행동의 관찰 가능한 특성 또는 관찰할 수 있는 환경의 사건을 의미함	아동이 떼쓰기(조작적 정의 있음)를 보여준 횟수, 공원에 남아 있는 담배 또는 재떨이의 담배꽁초 수(이때 흡연의 조작적 정의 있음)
명료성	초기에 관찰자나 측정 도구에 익숙하지 않은 누군가가 읽을 수 있고 반복하며 바꾸어 말할 수 있도록 모호하지 않음. 행동의 실제 관찰이 이루어졌을 때 추가 설명이 거의 필요없는 경우를 의미함	떼쓰기는 아동이 소리를 지르거나, 우는 소리를 내며, 발을 동동 구르고, 물건을 집어던지거나 문을 쾅 닫는 등의 행위를 보여주는 것을 포함한다. 이는 월요일~금요일 오후 3시 30분에서 5시 30분 사이에 집에 부모 중 최소 1명이 아이와 같이 있을 때, 엄마나 아빠의 말에 대한 반응으로 위의 행동을 보이는 것을 말한다.
완전성	논의의 한계 조건을 자세히 설명하여 어떤 반응이 포함되고 배제될 것인지를 열거함	떼쓰기에는 TV를 보거나 게임을 하면서 보이는 즐거움의 일부나 자신의 요구(예 : 잠자리에서 더 놀고 싶다는 요구)가 거절되자마자 처음 보이는 실망의 한 표현으로 목소리가 올라가는 것은 포함되지 않는다. 위의 명료성 예시에서 보여준 행동 없이 1분 이하의 시간 동안 실망의 표현이 지속된다면 떼쓰기로 보지 않는다.

주 ✳ Hawkins와 Dobes(1977)는 직접 관찰을 위한 중요한 평가의 필수사항을 소개하였다.

가진 상이군인을 위한 프로그램의 목표 중 하나는 금지약물 복용을 줄이는 것이었다. 약물을 절제하는 것은 주 2회 소변검사에서 음성 반응이 나타나는 것으로 정의하였다(Drebing et al., 2005).

위 예시는 관찰의 상세성을 보여주고 있다. 상세성은 행동을 관찰하고 코딩하는 데 있어 신뢰성을 최대화한다. 관찰이 실행되면, 점수화하기 어려운 예시가 출현하게 되고 이는 횟수를 세야 하는 것과 그렇지 않은 것으로 좀 더 정확하게 해준다. 명확한 정의는 개인적 판단의 어려움을 제거하며 상대적으로 일관되게 판단을 내리고 코딩할 수 있도록 해준다.

측정의 지침과 고려할 점

단일대상설계와 집단간 비교 설계는 과학적 방법이 가진 핵심적인 속성을 공유하고 있긴 하나 절차는 사뭇 다르다. 평가가 그중 하나다. 둘 사이의 차이를 기억할 수 있는 좋은 방법 중 하나는 집단간 연구는 보통 대상자의 수가 많고 측정 빈도가 낮은 편(예 : 사전, 사후)인 반면에 단일대상연구는 소수의 대상자지만 측정 빈도가 높은 편이다. 이러한 특징은 매우 유용하고 분명하며 침대 머리맡에 붙여두어도 될 사항이라고 본다. 집단간 연구와 단일대상연구 간에 치환할 것이 많지만 일반적으로 서술하는 것이 반드시 옳은 것은 아니다. 이 장의 후반부에 논의하겠지만 일부 평가 사례(집단간 연구의 특성)는 단일대상연구로 통합되는 것이 더 유용한 것을 소개할 것이다.

단일대상연구에서 지속적인 방식으로 시간이 지남에 따라 대상자의 수행을 평가할 수 있는 최소 한 가지의 측정이 있어야 한다. 지속적인 평가는 단일대상설계의 논리와 자료 평가 방법에 있어 매우 중요한데 이는 책의 후반부에 더 자세히 다루도록 하겠다. 종종 하나 이상의 측정이 단일대상설계에서 사용된다. 연구자가 관심이 있는 측정은 지속적인 방식으로 매번 시행될 수 있는 것은 아니지만, 일반적으로 말해서 최소한 하나는 그렇다는 의미다. 여기서는 기본이 되는 측정 도구, 즉 설계에 적합한 주요한 측정의 핵심 필요조건이 무엇인지를 명확히 하는 것이 중요하다. 부가적인 측정은 왜 이것을 사용하는지에 대한 근거, 실행 타이밍을 따로 다루어야 한다.

단일대상설계 시 평가의 필수요건

단일대상설계에서 측정은 수행을 평가하고 설계유형과 자료 평가요건을 충족하는 데 사용하는데 표 3.2에서 강조한 대로 여러 특성을 맞춰야 한다. 첫째, 측정은 시간이 지남에 따라 지속적인 방식으로 그리고 반복적으로 시행해야 한다. 이는 매일 또는 주 2~3회 측정을 시행하거나 자료를 수집하는 것을 의미한다. 중재가 시행되기 전에 일정 기간 동안 자료를 수집하고 (기초선 관찰) 후에 중재가 효과적인지를 보기 위해 다시 진행한다.

둘째, 평가할 행동은 반드시 지속적으로 (신뢰성 있게) 관찰 가능해야 한다. 무엇을 관찰할지 그 정의가 명확해야 하고, 일관된 정의를 위해서는 관찰자의 능력을 잘 살펴야 한다. 측정의 일관성은 신뢰도라고 한다. 매일 행해지는 측정에서 비일관성의 결과로 생기는 오류 또는 변동은 변화 및 변화의 원인에 대한 추론을 이끌어내는 데 방해가 될 수 있다(자료 평가 타당도에 대한 위협). 제5장에서 평가의 신뢰도와 절차에 대해 더 자세히 다루도록 하겠다.

셋째, 측정은 변화를 반영할 수 있어야 한다. 만약 중재가 효과적이라면 특정 측정이 변화를 보여줄 수 있는가? 답은 행동의 정의뿐 아니라 평가 전략에 따라 달라진다. 1시간 동안 아동이 보이는 공격적인 행동(예 : 교사나 다른 아동에게 물건을 던지거나 사람을 때리고 물건을 부순다)의 횟수를 셀 수 있다. 이러한 행동이 발생하는 시간을 공격기라고 하고 매일 공격이 있었던 시기의 수(혹은 백분율)를 그래프로 그린다. 이 측정은 변화를 파악하는 데 그리 좋은 방법은 아니다. 여기서 어떤 한 시간 동안 공격성을 보여준 횟수가 100에서부터 1로 줄어

▌ 표 3.2 ▐ 측정 지침 및 고려사항 : 이하 특징을 포함한 중재를 평가하기 위한 도구 선택하기

측정의 특징	정의
반복적으로 시행	시간이 지남에 따라 계속적으로 측정을 시행함(예 : 매일, 주 2~3회)
측정의 일관성	관찰자 또는 자료 수집 절차는 정보 수집에 있어 최소한의 오류만 있어야 한다.
변화를 반영하는 역량	중재가 효과적이라면, 측정은 이를 보여줄 수 있어야 한다. 이는 구인을 정의하고 이를 관찰하는 방법의 기능이다.
다면적 척도	측정은 이분적 범주(예 – 아니요, 완수 – 완수 못함)라기보다는 연속적 측면/척도를 반영할 수 있어야 한다.
측정의 관련성	측정은 직접 문제를 평가하거나 관심 있는 영역 또는 그 영역과 매우 높은 상관이 있다고 알려진 사실을 평가해야 한다.
측정의 중요성	측정된 구성개념이나 영역은 차이를 나타내야 하고 클라이언트나 다른 사람이 봐서도 일상생활에서 필요한 중요한 기능으로 생각되어야 한다.

든 것을 보기 어렵기 때문이다. 또 공격성 회기의 횟수가 3회에서 2회로 변화함을 볼 수 있다 ─이는 분명한 변화가 아니거나 추후 다른 장에서 살펴볼 설계와 자료 분석의 필수사항을 충족시킬 수 있는 변화가 아니다. 주어진 기간 동안 많은 행동이 발생하게 되면 공격성의 수준은 숫자 뒤에 가려질 수도 있다. 또한 측정 도구의 민감성이 낮으면 (단위가 너무 큰 척도) 변화를 감지하기 어렵다.

변화는 천장효과와 바닥효과의 개념을 생각하게 한다. 천장효과와 바닥효과는 측정의 변화가 최고 한계선과 최저 한계선에 각각 닿을 수 있고 한계선 때문에 그 이상의 변화를 보기 어렵다. 측정에서는 변화가 의도된 방향으로 나타날 수 있음을 보여주는 일종의 여지가 있어야 한다. 만약 어떤 기술이 향상되거나 어떤 문제를 감소시키는 것이 목표라면 척도는 이러한 방향으로 이동이 있음을 보여줄 수 있는 여지가 있어야 한다. 만약 어떤 개인이 특정 행동(예 : 운동, 방법론과 통계에 대한 책을 여가 시간에 읽기)을 전혀 해본 적이 없다면 기초선 관찰은 영(0)이고, 향상을 위한 여지가 크다. 변화를 감지하는 것은 무엇이 변화를 이끄는지를 판별하는 사전 조건이 되므로 측정은 중재가 촉진하고자 하는 방향으로 변화가 일어날 수 있는 여지를 허용해야 한다. 간혹 연구자는 1명의 클라이언트를 대상으로 둘 이상의 중재를 비교할 수 있는데, 이러한 상황에서는 천장효과와 바닥효과가 나타날 가능성이 상당하다.[1] 한 가지 중

---

1) 천장효과와 바닥효과는 단순히 수치를 나타내는 척도의 문제는 아니다. 예를 들어 측정이 1~50 사이에 있고, 수행이

재가 변화를 나타낸 후에 제공되는 두 번째 중재에서 만약 제한된 범위를 가진 척도를 사용한다면 더 큰 변화를 보여주기가 더 어려울 것이다.

넷째, 가능할 때마다(거의 항상 그렇긴 하지만) 측정은 **이분적 범주보다는 연속적인 측면이나 척도를 갖는 것이 좋다**. 이는 단순히 변화를 감지하는 것과는 구별된다. 연속적인 측면은 연속체에서 낮은 수(예 : 0)부터 높은 수(예 : 50)까지 범위가 있을 수 있다. 옳게 계산된 연산문제의 비율, 헬스용 자전거를 탄 시간(분), 읽은 페이지의 수는 모두 측정의 측면이 되고 매우 다양한 범위를 나타낼 수 있다. 같은 구인을 이분적인 방식으로(예, 아니요)로 측정할 수도 있다―문제의 70%를 정확하게 풀었는지 여부를 기록하거나(예로 기록, 매일은 아님) 헬스용 자전거를 탔는지(예, 아니요) 또는 앉아서 최소 5장의 책을 읽었는지(예, 아니요)를 기록할 수 있다. 중재는 매일 예(1) 또는 아니요(0) 보다는 범위를 더 크게 하면 보다 쉽게 평가될 수 있다. 차원척도(예 : 1~100)로 시작하는 것이 쉽고, 후에 범주척도(50 이상 또는 49 이하의 준거에 도달했는지 여부)로 전환할 수도 있다.

일상생활에서 사람들은 자주 결과(요점) 및 범주적 사건에 관심을 둔다. 잇몸에 문제가 나타난 청소년에게 최소 하루 한 번 양치질을 해야 한다고 말하는 엄마와 치과의사가 있다고 하자. 엄마는 매일 이분법적 측정(양치질, 양치질을 하지 않음)에 신경을 쓴다. 사정의 관점에서 보면 우리가 사용하는 평가가 문제를 잘 살펴볼 수 있는지를 확신할 수 있으면 좋겠다. 그러나 사정과 총괄평가의 관점에서 보면 우리가 사용하는 평가는 연속적이면서도 총괄평가에도 활용가능한 기본적인 측정 도구가 될 수 있어야 한다. 이는 양치질 행동과 관련이 있고 매일 양치질이 일어나는지 혹은 그렇지 않은지를 평가할 수 있어야 하고 일련의 10가지의 활동이나 단계가 포함되어 10점이 될 수 있도록 해야 한다. 중재의 관점에서 보면 행동을 여러 단계로 나누는 것(차원척도)은 매우 유용할 수 있다. 차원평가와 범주평가를 위한 전략은 다음 장에서 더 많이 다루도록 하겠다. 측정은 범주적, 이분적 측정보다 중재의 효과를 더 잘 반영할 수 있도록 하기 위해 가능할 때마다 차원을 평가하고 0 또는 1에서부터 더 큰 수로의 다양한 척도를 개발하는 것이 좋다.

다섯째, 측정은 관심 또는 궁극직인 핵심 사항과 관련이 있어야 한다. 이는 왜 측정이 명시적이

기초선 기간(중재가 이루어지지 않음) 동안 평균 30이었고 중재 기간 동안 평균 40이 되었다고 한다면, 아직 척도에 있어 변화가 더 나타날 여지가 있고 천장효과는 없다. 측정 도구의 변화는 척도의 전 영역을 걸쳐 동일한 수준으로 쉬운 것은 아니다. 수치적으로 상한선에 도달하지 않았다고 하더라도 쉽게 감지되지 않는 기능적인 제한점 또는 천장이 있을 수 있다. 40에서 50으로 변화가 일어나거나 45 이상의 점수를 받은 누군가보다는 30에서 40으로 변화가 일어나는 것이 좀 더 쉬울 수 있다. 척도의 끝에 아직 여유가 있다 하더라도 천장효과가 생길 수도 있다. 선행연구가 측정 도구의 상한선 또는 하한선에 도달했는지를 판단할 수 있는 지침이 될 수 있다.

어야 하는지를 알려주는 좋은 이유가 된다. 심리학, 교육학, 상담학 등에서 이루어지는 중재의 상당수가 목적을 위한 수단이 되는 구인에 초점을 맞추고 있다. 중재는 특정 수단을 향해 이루어지고 있으나 수단과는 관련이 없다. 위험한 행동, 공격성, 또는 식사 관련 문제를 줄이기 위한 방법으로 자존감 및 자기존중감에 초점을 맞추는 학교, 야외 캠퍼스, 일부 기관에서 이루어지는 프로그램이 그 예가 될 수 있다. 유사하게, 부모의 양육 실제를 향상시키기 위한 자조기술 및 기타 프로그램은 종종 부모의 임파워먼트(권한 강화)를 강조한다. 자존감과 임파워먼트는 유명한 처치 목표가 되긴 하지만 프로그램에서 제시하는 목표(문제행동의 감소, 양육 능력의 향상)와 관련이 없다. 그 이유는 프로그램의 주요 콘셉트와 원래 목표가 인과관계로 이어진 것이 아니라는 점이다―자기존중감은 그 자체로 매우 훌륭하지만, 공격행동을 바꾸는 것과의 관련성은 분명히 수립되지 않았다. 이 장의 뒷부분에서 다루어지는 타당도에 대한 논의에서 이 예시에 대해 다시 언급하도록 하겠다.

마지막으로, 측정의 초점은 차이를 만들어내거나 클라이언트나 다른 사람들에게 중요한 것이 되는지다. 중요성과 관련성은 앞서 언급한 필수요건과 서로 다르다. 관련성이란 관심 있는 영역이나 구인을 나타내는 측정이 확실한지와 관계가 있다. 만약 성인에게서 틱을 변화시키고자 한다면, 사람들이 틱에 대해 어떻게 생각하는지가 아니라 틱 자체에 초점을 맞추어야 한다. 물론 위 두 가지를 모두 포함하는 것도 괜찮지만 말이다. 사실 감정은 중요하지만 여기서의 이슈는 주어진 프로젝트를 수행하기 위해 우리는 무엇을 해야 하는지 그리고 측정은 목표와 어떻게 관련지어지는지다. 일부 사례에서 사람의 감정이 중요한 초점(예 : 행복감, 고통의 경험)이 되기도 하고 직접 관찰은 부수적이 되거나 보완적인 상황이 될 수도 있다.

초점의 중요성을 강조하기 위하여 우리는 다음의 질문을 할 수 있다. "왜 우리는 이 영역 또는 측정에 관심을 갖는가?" 간혹 자기파괴적 행동, 약물복용 후 운전, 숙제 미수행, 연구 방법론 책의 표지 찢기 등의 예시는 그 이유를 분명하게 한다. 그러나 일상생활에서 부모와 교사는 보통 일시적이고 눈에 거슬리는 문제에 관심이 있다(예 : 청소년들이 너무 자주 "짱인데"라고 하거나 옷의 코디를 이상하게 하여 입거나 빨간색의 뾰족한 머리 모양을 함). 일상생활뿐 아니라 연구에서도 반드시 측정을 중요하거나 차이를 나타내는 것으로 하는 것은 아니다.

측정 도구를 선정하는 데 있어서 핵심적인 고려사항이 되는 관련성과 중요성은 응용의 측면에서 단일 사례의 가정에 기초하고 있다. 즉 이 장의 앞에서 언급한 준거에 기초하여 판별된 개인이자 어떤 중재를 통해 혜택을 볼 수 있다고 하는 개인에 초점을 맞추는 것이다. 결과적으로 측정은 중요한 준거로서 관련성과 중요성을 사용한다. 단일대상설계 역시 실험연구 및 동물 실험연구의 맥락에서 사용한다. 이러한 사례에서 목표는 이론적 가정을 검증하거나 어떤 과정을 묘사하는 것이다. 측정은 변화를 반영할 수 있어야 하나 현재 논의에서 언급된 응용된 관심에 의해 제한되어서는 안 된다.

측정의 여섯 가지 특징(표 3.2)은 응용 환경에서의 단일대상연구의 중심이 된다. 사용 편의성과 실행비용 그리고 클라이언트를 비롯하여 좀 더 넓게 일반 대중을 포함시켜 우리 업무의 소비자에게 어떤 측정이 사용되어야 할 것인지를 결정하면서 해석 가능성의 측면에서 고려해야 할 여러 사항이 있다. 이러한 것들이 중요하기는 하지만 단일대상설계의 방법론에서 설계의 필수요건을 실행할 때는 그 중요성이 덜하다. 평가와 설계는 상호 연결되어 있고 여기서 언급된 특성은 시간이 지남에 따라 수행을 평가하는 데 결정적인 역할을 한다. 즉 다수의 평가 상황에서 변화를 감지할 수 있으며, 설계 및 자료 평가의 장에서 묘사한 대로 여러 설계에서 필요로 하는 자료 패턴을 구분할 수 있어야 한다.

다양한 측정 도구의 활용

단일 사례이든 아니든 연구에서 하나의 측정에만 의존할 필요는 없다. 또한 설계의 필요요건이 되는 기본적인 측정이 지속적으로 이루어져야 하긴 하지만, 모든 측정평가가 그럴 필요는 없다. 추가적인 측정의 활용과 어떻게 시행할 것인지를 고민한다.

가능하다면 여러 측정 도구를 사용하는 것을 선호하기도 한다. 첫째, 어떤 단일한 측정 도구가 구인을 완벽하게 담아내는 것은 매우 드물다. 사실상 조작적 정의가 개념을 특정한 측정이나 지표로 전환해주기는 하지만 그 자체의 특성이 핵심 요소를 생략해 버릴 수도 있다. 두 사람 간의 사랑의 신호를 애정 행위나 제스처(예 : 미소, 손 잡기, 애정을 가지고 서로 스킨십하기, 사랑한다고 말하기)로 해석할 수 있는데, 이는 모두 사랑을 조작화할 수 있는 측정의 합리적인 요소이다. 그러나 이는 사람 개개인의 주관적인 감정을 포함하여 로맨틱한 사랑으로 특징지을 수 있는 신경생물학적인 두뇌의 활성화(뇌영상을 통해 알 수 있음)는 다소 분명하다고 말하기 어렵다. 확실한 것은 이러한 특성 모두를 포괄할 수 있도록 사랑을 조작적으로 정의하는 것이지만, 이를 평가할 수 있는 하나의 측정 도구는 없다. 비슷하게, 부상 회복에 있어 통증을 감소시키는 데 초점을 맞춘 중재가 있을 수 있다. 통증을 조작화하는 데 활동하기, 걷기, 찡그리지 않기가 사용되어 왔다. 그러나 여기서도 역시 보충적이지만 결정적으로 매우 중요한 측정의 방법으로 주관적인 평가가 이루어지길 바란다.

둘째, 여러 문제가 가진 특성은 다양한 측면을 포함하고 있다는 것이다. 읽기나 읽은 페이지의 수를 증가시키려 하지만 읽기는 이해, 읽기의 즐거움, 다른 사람들에게 자신이 읽을 것에 대해 말하기와 같은 다양한 요소로 구성될 수 있다. 후자에 해당하는 지표는 연구자가 갖는 관심사가 되지는 않을 수 있지만, 관련성이 높고 잠재적으로 중요한 성과가 된다. 유사하게 임상 표본에서 나타나는 우울은 단순히 슬픈 기분의 문제가 아니라 일련의 행동, 활동 및 관점의 합체라고 할 수 있다(예 : 식욕 변화, 활동에서의 흥미 감소, 부정적인 사고). 여러 방법을 사용한 다양한 측정은 더 많은 영역을 담아내고 포함시킬 수도 있다.

셋째, 여러 관점은 관련성이 높은 편이다. 환자, 교사, 동료 또는 클라이언트 자신을 차이나 변화가 있다고 믿고, 그 변화가 중요한지 여부를 알고 싶어 할 것이다. 사회적, 정서적, 행동적 문제에 있어 다른 정보원이나 평가자 사이에 동의 수준은 매우 낮다(Achenbach, 2006; De Los Reyes & Kazdin, 2005). 예를 들어 아동의 일탈행동(떼쓰기, 공격성, 수줍음)이 아동, 부모, 교사의 보고에 의해 평가될 때, 결과적으로 다소 다른 정보가 나올 수 있다. 결론은 아동의 일탈성 정도를 파악하는 데 어떤 정보원이 사용되었느냐에 따라 상이하다. 간혹 서로 다른 관점을 찾아내는 것도 중요할 수 있다.

넷째, 정보원의 관점을 넘어 다른 평가방법이 다른 정보를 만들어내기도 한다. 같은 구인을 평가하는 데 자기보고 또는 부모의 보고, 수행의 기록(예 : 무단결석, 수업 빼먹기, 정학) 및 직접 관찰을 사용했다 하더라도 서로 다른 결론을 이끌어낼 수 있다. 예를 들어 인종 선입견에 대한 자기보고, 편견에 대해 묻거나 미묘한 평가를 하는 실험실 과제, 일상생활에서 편견에 마주하게 되었을 때 나타나는 실제 행동은 서로 다른 결과를 가져오기도 한다. 평가의 방법이 결과에 영향을 미칠 수 있기 때문에 다양한 측정 도구의 사용은 유용하다. 여러 측정 도구를 통해 효과를 '복제'할 수 있고 하나의 평가 방법만을 사용했을 때는 얻을 수 없는 정보를 보여줄 수 있다.

다섯째, 중재는 특정한 문제 영역에 초점을 맞추고 있는 때라 하더라도 알아야 할 필요가 있는 어떤 효과의 확산으로 이어질 수 있다. 예를 들어 공격적이고 반사회적인 행동으로 의뢰된 아동에 대해 가정, 학교 및 지역사회에서 해당 행동을 감소시키는 데 초점을 맞춘 중재가 있다. 또한 설사 이 중재의 초점이 아니었다 할지라도 중재 과정을 통해 부모의 우울감 및 스트레스의 감소, 가족관계의 향상을 보여줄 수가 있다(예 : Kazdin & Wassell, 2000). 왜냐하면 이것이 자녀 양육 실제와 관련이 있기 때문에 여기서는 이 두 가지 모두를 평가하였다. 가정에서 부모의 우울감과 스트레스는 아동의 반항행동을 촉진할 수 있는 자녀 양육의 실제에 직접 영향을 미칠 수 있다(예 : 부모의 거친 반응, 적절하지 못한 행동에 더 관심을 보임, 명령). 이러한 측면에서 다소 긍정적인 효과가 부수적으로 발생할 수 있는데 이는 정보 제공적이고 판별에 있어 중요하다는 것이다.

여러 측정 도구의 사용 여부와 사용 시기는 무엇을 고려하느냐에 따라 달라질 수 있다. 어떤 것은 상당히 중요하고(예 : 연구자가 관심 있는 것은 여러 성과가 있는가?), 어떤 것은 방법론과 관련이 있고(예 : 결과가 한 가지 평가 방법에만 제한될 수 있는가?), 일부는 실제적이다(예 : 자료원이 실행하고 코딩하고 다수의 측정 도구를 평가하는 데 유효한가?). 간혹 한 사례에 하나의 측정에만 관심이 있거나 하나의 측정방법만으로도 하나의 영역이 잘 평가될 수도 있다. 그러나 우리는 자동적으로 단일한 측정이 충분하고 적절하고 또한 가장 많은 정보를 주는 것으로 가정해서는 안 된다. 또는 중재 효과가 목표에 매우 제한되거나 한정되는 것도 아니다. 다수의 측정 도구는 그 효과가 목표를 평가하는 단일한 방법에 제한된 것이 아니라는 것을 보여줌으로써 그 능력을 향상시킬 수 있다. 이러한 측면은 약물치료 연구에 있어서 임상 문제(암, 고혈압)가 바뀌는지의 여부를 분명하게 드러난다. 그러나 성과(증상의 즉각적인 변화, 생존)를 여러 가지로 측정하는 것과는 다른 영역 혹은 부작용(예 : 기억 및 다른 인지 과정에 미치는 영향)은 평가를 풍성하게 하고 실제로 누군가가 약물을 사용할 것인지 여부를 결정하게 할 수도 있다.

추가적인 측정 도구를 사용할 때

사전 – 사후 검사. 성과의 연속적이고 지속적인 특성을 가진 기본 측정 도구가 있는 한, 어떤 다른 측정 도구가 꼭 있어야 하는 것은 아니다. 연구자가 어떤 영역을 단 두 번, 즉 중재의 사전과 사후에 평가하기 원하는 경우가 있을 수 있다. 이는 시간이 지나도 지속적이거나 연속적이지 않은 집단 비교 연구(예 : 무선할당 비교군 연구)에서 일반적으로 사용하는 전략이다. 여기서는 집단간 연구에서 익숙하고 또 중요하게 생각하는 사전, 사후 중재 측정 도구에 대해서는 묘사하지 않겠다.

　단일대상연구에서, 기본적인 측정 도구는 매일 측정이 가능하다(예 : 흡연, 숙제 완수, 어떤 환경에서의 비행적인 행위). 연구자는 연구의 종료 시점이나 연구 중 주기적으로 다른 측정 도구(예 : 건강에 대한 주관적인 감정, 교사가 제공하는 성적표, 체포 기록)를 포함시킬 수도 있다. 이런 부수적인 측정 도구는 한두 번의 평가에서 설계의 필수적인 특성을 충족시키지 못했다 하더라도 매우 유용하며 정보 제공적이다.

　예를 들어 3~5세 사이의 아동 16명을 돌보는 아동 보육 시설에서 교실 단위로 프로그램이 이루어졌다(Hanley et al., 2007). 여기서는 교실 내 적응과 관련된 다양한 사회성 기술에 초점을 맞추었다(예 : 소망에 대해 말하기, 지시 따르기 등). 이러한 기술은 교육자들이 학교생활 준비 및 성공에 필수적인 것으로 선정한 것이다. 훈련은 사회성 기술을 지속적으로 평가함으로써 이루어졌다. 여기에 사전－사후평가가 더해졌다. 프로그램의 시작과 끝에 교사는 16명

중 14명의 아동을 대상으로 설문지를 작성했고, 다양한 상황에서 아동 개개인이 친사회적 행동을 보여줄 가능성을 척도로 평가했다. 사전과 사후에 있어 11명의 아동에게서 큰 발전이 보였고 3명의 아동은 전반적으로 사전, 사후에서 통계적으로 유의한 차이를 보이지 않았다. 추가 검사를 통해 우리가 배운 것은 무엇인가? 처치의 전과 후에 교사들이 본 것을 기초로 하면 아동에게 변화가 있었다고 믿었다. 이것이 시험이나 통계적 회귀(두 가지 모두 타당도에 대한 위협임) 때문에 나타날 수 있는가? 물론 그렇다. 하지만 교사들은 사회성 기술에서 변화가 있었다는 지속적인 관찰 자료를 보고하고 있다. 이러한 타당도에 대한 위협은 수용하기 어렵다. 관찰 및 교사 보고에서 나타난 변화는 중재의 효과를 간결하게 설명하고 있다.

직접 관찰 자료에 대한 보완물로서 교사의 관점이 중요하다. 누군가는 학생 행동의 변화가 일어나는 상황을 상상할 수도 있지만 교사는 변화를 인지하지 못한다. 이러한 경우, 교실에서 변화는 약하거나 분명하지 않을 수 있다. 또한 교사가 직접 관찰을 통해 변화가 없다 하더라도 (기대 때문에) 변화가 있다고 믿는 것을 생각해보는 것도 그리 어렵지 않다. 따라서 위 두가지 측정 모두에서 변화가 있었을 때, 더욱 확신을 강력하게 할 수 있게 된다.

연구 중 주기적 프로브. 사전, 사후 예시와는 별도로 단일대상설계에서는 종종 중재를 시행하는 사람이나 중재 프로그램에 포함되지 않은 다른 반응과 관련해서도 수행이 어떠한지를 주기적으로 평가한다. 예를 들어 교실에서 아동의 행동에 초점을 맞춘 중재가 있다고 하자. 측정은 설계의 필수요건을 충족시키기 위해 지속적으로 이루어진다. 그러나 연구자들은 운동장에서도 행동이 변화되었는지 여부를 보기 위하여 주기적으로 행동 표본을 수집한다. 이러한 방식으로 행해지는 측정을 프로브(probe, 또는 조사)라고 한다. 프로브는 단일대상연구에서 종종 수행되는 평가이다. 프로브의 목적은 행동이 다른 환경으로 옮겨 가는지, 시간이 지나도 유지되는지, 다른 행동으로 변화되는지의 여부를 살펴보는 데 있다. 이러한 측정은 지속적인 방식으로 시행되는 것은 아니다. 중재가 시행되는 중이나 이후에 2~3번 정도 이루어질 수 있다.

예를 들어 한 연구에서 5~6세 자폐성 장애 아동 4명을 대상으로 실험자가 진행하는 교수 후에 도움 주기 반응 훈련을 실시하였다(Reeve et al., 2007). 도움을 주는 행동은 훈련 영역에 대한 부모 면담을 기초로 2~3개 범주로 나누었다. 범주에는 청소하기, 물건 가져오기, 자료 분류하기, 물건 치우기 등이 포함되고, 각기 다른 행동으로 구성되어 있다. 특정 범주에서 도와주는 행동을 가르치는 데 관심을 갖는다 하더라도 사실 일반적인 행동 레퍼토리를 가르치는 데 더 큰 관심이 있다. 즉 훈련되지 않은 영역으로까지 도움 주기 행동이 확대되는 것이다. 훈련 기간 동안 프로브 평가는 아동이 훈련받지 않은 범주에서 도움 주기 행동이 증가했는지 여부를 평가하는 데 사용된다. 연구 전, 도움을 주는 행동은 거의 나타나지 않았다. 그러나 (중다기초선설계에서) 훈련 중에 도움 주는 행동은 크게 증가하였다. 프로브 평가는 도움 주기를 훈련하지 않는 영역에까지 결과가 확대되었음을 보여주고 있다.

지적장애인들 사이에 성적 학대를 예방하기 위한 교수기술에 초점을 맞춘 프로그램이 있다 (Lumley, Miltenberger, Long, Rapp, & Roberts, 1998). 지적장애 여성 청소년들은 자주 성적 학대의 피해자가 되곤 한다. 성적 학대율(강간 및 강간 시도)은 다른 표본의 25~80%가량 된다. 이 프로젝트에서 30~42세 사이의 여성 6명은 다양한 장애 수준을 나타내었는데, 역할극 상황에서 요구 거부하기, 상황에서 벗어나기, 사태 신고하기 및 다른 행동을 훈련받았다. 훈련 회기에서 여러 상황이 제시되었고, 클라이언트에게는 어떤 활동을 할 것인지를 보여줄 것을 요청하였으며 그 반응이 적절한지 여부를 평가하였다. 훈련은 남성과 여성 훈련자에 의해 이루어졌고 교수가 제공되었으며 적절한 반응에 대한 모델링, 시연, 칭찬, 피드백, 실습으로 구성되었다.

프로브는 (해당 대학의 IRC로부터 승인을 받기는 하였으나) 미묘한 윤리적 딜레마를 불러일으키며 목표행동이 훈련 회기를 넘어 지속되는지 여부를 평가하기 위해 사용되었다. 프로브는 클라이언트에게 그간 프로젝트를 통해 함께 했던 사람들 중 누군가가 15분간 클라이언트였던 장애 여성이 어떤 행동을 하는지를 보기 위하여 대화를 하였으며 부적절하게 (사전에 합의된 요구대로) 성적인 요구를 하였다. 프로브에서 이루어진 상호작용은 모두 녹화되었다. 그 결과, 훈련은 거부와 회피기술을 잘 발달시켰다. 그러나 보다 자연스러운 조건하에서 프로브 평가는 훈련의 효과를 보여주지 못했다. 프로브는 중요한 정보를 제공하였다. 훈련은 우리가 장애 여성에게 필요하다고 여기는 것을 하도록 하지 못했다 ─ 보다 자연스러운 상황에 있을 때 이 여성들이 자신을 보호하기 위한 훈련을 더 많이 해야 한다는 것이다.

이 예시는 연구 설계에서 요구하는 주요 측정을 넘어선 평가의 유용성을 보여주고 있다. 주기적인 평가와 관심 영역에 대한 평가는 변화의 범위, 그 영향력, 실제적 가치에 대한 매우 중요하고 부가적인 정보를 제공해줄 수 있다. 다음에 다루게 된 타당도에 대한 논의에서 여러 가지 평가의 중요성이 더 분명해질 것이다.

신뢰도와 타당도

모든 과학적인 측정에서 신뢰도와 타당도는 핵심 개념이다. 일반적으로 신뢰도는 측정 또는 측정 절차의 일관성을 말한다. 타당도는 측정의 내용과 측정이 관심 영역을 평가하는지 여부를 말한다. 심리학에서 신뢰도와 타당도의 평가는 다양한 측정 도구에 초점을 맞추긴 하지만 종종 필기형 설문지, 척도, 기능 영역(예 : 인성, 동기, 성취, 지적능력, 불안, 위축, 결혼 만족도, 적응 스타일, 삶의 질)에 대한 거의 끝도 없는 목록을 담은 여러 검사에 초점을 맞추기도 한다. 평가에 대한 보다 전통적인 초점에 있어 신뢰도와 타당도의 몇 가지 다른 유형이 나타나고, 이는 개별적인 측정을 하는 데 사용되기도 한다. 일반적으로 전통적인 평가에서 사용되는 신뢰도와 타당도의 형식은 이 장의 마지막 부분에 부록으로 제시하였다. 보통 단일대상연구에서 실행되는 평가와 관련 지어 주요한 개념에 논의의 초점을 맞추었다.

관찰 도구의 신뢰도

보통 단일대상설계의 평가는 밖으로 드러나는 행동의 직접 관찰에 초점을 맞춘다. 그러나 이것은 반드시 단일대상설계에서 필요한 필수요건은 아니다. 측정은 목표행동을 평가하기 위하여 만들어졌다. 측정의 장점은 종종 개별 클라이언트와 상황에 맞게 개별화하지만 '떼쓰기' 척도 또는 '학업적 결함' 척도는 따로 없다. 떼쓰기나 학업적 결함으로 인해 의뢰된 아동을 평가하기 위해서 필요에 따라 개별적으로 맞춤 평가를 사용할 수도 있다. 행동 평가에서 핵심적인 신뢰도 질문은 관찰이 일관되게 이루어졌는지 여부이다. 여기서 일관성은 '대상자가 일관되게 수행했는가'의 의미가 아니다. 이것은 측정 도구의 신뢰도가 의미하는 바가 아니다. 이것은 관찰자가 클라이언트의 기록을 일관된 방식으로 보고 있는 정도를 의미한다. 부록에 제시된 신뢰도 유형과 관련하여 평가자 간 또는 관찰자 간 일치도가 있다. 우리는 일관된 평가를 원한다―즉 평가는 누가 관찰을 하는지가 아니라 누가 관찰되는지(클라이언트)와 관련이 깊다.

아무리 완벽하게 일관된 평가를 한다 하더라도 인간의 수행에는 정상적인 변동이 있고 수행에도 가변성이 있다. 측정의 비일관성은 다른 방식으로 가변성에 무언가를 추가하게 된다. 일반적으로, 연구의 목표는 검사의 외적 특성과 관련된 가변성을 최소화하는 것이다(사실, 오류라는 것은 연구자가 분석하기를 원하지 않고 그 영향력을 최소화하고 싶은 가변성의 모든 원천에 붙이는 명칭이다). 가변성은 중재 효과의 평가를 촉진하기 위해 최소화해야 한다. 설계 및 자료 평가의 논리와 관련하여 논의하겠지만 과도한 가변성은 집단간 연구와 단일대상 연구 모두에서 중재의 진정한 효과를 방해하거나 불분명하게 할 수 있다.

관찰자 간 일치도는 단일대상연구에서 주된 관심 주제가 된다. 연구자들은 행동이 잘 정의되고 관찰방법이 잘 묘사되며 측정이 일관되게 이루어질 것을 확실히 하기 위해 긴 시간을 투자한다. 주제의 중요성, 서로 다른 유형의 측정을 통해 일치도가 어떻게 계산되며, 측정 절차에서 편견과 연구자가 만들거나 활용하는 자료의 출처는 차후에 논의될 예정이다(제5장).

단일대상 측정 도구의 타당도

측정 도구가 관심 있는 구인을 평가하는 정도는 타당도의 종합적인 관심사항이다. 수십 년 전 직접 관찰이 널리 사용되던 때는 타당도와는 연관이 없다는 관점이 주를 이루었다. 타당도의 일반적인 유형(부록 참조)는 다양한 척도, 평가목록, 과제와 같이 심리적인 측정과 관련이 있는 것처럼 보였다. 예를 들어 측정 도구(지능검사)를 사용하여 지능을 평가하고자 할 때, 타당도에 대해 질문하는 것은 당연했다. 즉 시험에서의 수행을 넘어 측정 도구가 수행과 관련이 있는지 여부이다. 수십 년의 연구를 통해 우리가 얻은 교훈은 지능검사 수행이 학업수행(공인적이며 예견 가능한 타당도) — 즉 수행의 타당한 측정 — 과 매우 깊은 관련이 있다는 것이다. 이후 지능이 무엇인지, 지능의 다양한 종류, 그리고 어떤 측정 도구가 의도한 바 모두를 잡아낼 수 있는지에 대한 논쟁이 쓰나미처럼 밀려들었다. 행동 관찰은 어떤 상황 안에서 수행이 직접 관찰되기 때문에 타당도에 대한 우려로부터 자유롭거나 최소한 꼭 따라야 하는 것은 아니다. 즉 주어진 측정 도구를 통해 아동의 따돌림이나 떼쓰기가 실제 행해지는 정도에 대하여 질문을 할 필요는 없다. 행동 측정 도구는 필기형 도구나 설문지는 아니다 — 전쟁터(학교 및 가정)에서 직접 따돌림이나 떼쓰기의 표본을 수집한다.

이러한 관점은 직접 관찰의 일반적이면서 특별한 속성에서 보면 평가에 대한 더 깊은 이해의 측면에서 변화되어 왔다. 다섯 가지의 이슈가 있다. 첫째, 어떤 단일한 측정은 보통 관심 있는 영역의 모든 사항을 다 보여주지 못한다. 그러므로 따돌림, 떼쓰기, 가족의 긍정적 상호작용, 충동적 행동과 같은 무언가의 조작적 정의는 관심 영역을 잘 반영하긴 하지만 영역 전체를 나타내는 것은 아니다. 연구자와 소비자는 조작적 정의 밖에 있는 관련 행동 모두에 대해 관심을 가질 수 있다. 영역 내 모든 행동이 조작적 정의에 잘 표현되어 있는가? 이것이 바로 타당도 질문이다. 타당도에 대한 전통적인 평가와 관련하여, 타당도의 여러 유형(내용 타당도, 공인 타당도, 안면 타당도)은 동일 또는 관련된 영역의 행동 샘플과 관심 영역에 대해 주어진 측정이 서로 관련성이 있음을 다루게 된다.

둘째, 행동 평가와 관찰은 보통 특정 상황, 예를 들어 하루 중 특정한 시간이나 상대적으로 변화가 없는 과제, 상황 등에 의해 제한된다. 연구자는 종종 클라이언트의 행동이 조건의 변화 때문에 너무 넓게 변동하지 않도록 평가 조건을 통제하고자 한다. 여태까지 상황이 구조화되거나 통제되면 이러한 질문이 생겨날 수 있다 — "관찰을 통해 덜 구조화되거나 아주 구조화가 이루어지지 않은 일상생활 상황 또는 더 '정상적인, 보통의' 상황에서 수행을 반영하는가?" 이것 역시 타당도 질문이다. 타당도의 전통적인 유형(예 : 공인 타당도, 예견 타당도)은 측정에서의 수행이 현재 또는 미래의 어떤 시점에서 다른 지표에 대한 수행과 관련이 있는 정도에 초점을 맞춘다.

셋째, 측정 그 자체로 돌아가보자. 측정이 영역 또는 매우 중요한 행동에 맞게 이루어지는가? 간혹 중재는 대상자의 수행을 방해하는 중대한 조건을 극복하기 위하여 만들어졌기 때문에 이것은 명확하게 드러난다. 그러나 종종 그 초점은 확실하지 않을 수도 있다. 이 측정 도구가 중요한 또는 우리가 관심을 가져야 하는 어떤 것을 어느 정도 평가하고 있는가? 이것도 타당도 질문이다. 이것은 사회적 타당도이다. 사회적 비교와 (앞서 다루었던) 주관적인 평가는 이러한 관심을 다루는 것이다.

넷째, 관찰 측정은 인간에 의해 이루어지고, 인간 지각의 필터를 정교화한다. 다양한 필터링 과정(예 : 인지, 지각, 신념)은 인간 관찰로 만들어진 자료는 아니다. 이는 우리의 하드웨어인 뇌, 소프트웨어인 학습과 경험, 그리고 이 둘 간의 상호작용 위에서 만들어진다. 관찰자 간 신뢰도가 수립되었어도 행동 관찰에 영향을 주는 신념이 있을 수 있다. 예를 들어 가족 상호작용의 관찰은 관찰자가 가진 민족성에 의해 관찰되는 가족의 민족적 속성이 영향을 받게 된다(Yasui & Dishion, 2008). 유럽계 미국인 평가자는 아프리카계 미국인 어머니들이 유럽계 미국인 어머니들이 보여주는 것에 비해 문제해결기술을 덜 보이고, 자녀와의 관계가 덜 강력하다고 보고 있다. 아프리카계 미국인 평가자에게는 이러한 차이가 보이지 않는다. 또한 연구에서 이루어진 독립적인 평가는 평가된 가족 간에 차이가 없음을 보여주고 있다. 이 연구는 어떤 상황에서는 인종적 편견이 관찰에 영향을 미치고 있음을 보여준다. 결과가 보여주는 측정은 짧은 기간 동안 직접적인 상호작용을 관찰하고 나서 척도를 완성한다. 이는 가족 상호작용이라는 연구 분야에서 표준적인 것이지만 직접 관찰의 절차가 항상 구체적인 행동으로 코딩되는 곳에서 사용되는 것은 아니다. 그래서 인간의 판단이 들어갈 때는 판단의 핵심 속성(예 : 편견, 지각)이 예견된다.

마지막으로, 관찰을 기초로 하는 측정은 변화를 나타낼 수 있다. 그러나 변화가 클라이언트나 그들과 접촉하는 누군가(예 : 부모, 교사, 직장동료)에게 차이를 만들 변화인가? 중재가 효과적이고 어떤 중요한 행동(예 : 말더듬), 신체 조건(예 : 몸무게, 혈압), 또는 습관(예 : 흡연)에 있어 변화를 가지고 온다고 가정하자. 여기서 "실제적인 차이를 만드는 순서의 어떤 변화가 있었는가?"라는 질문을 할 수 있다. 간혹 측정(예 : 몸무게, 혈압, 혈당, 운동)이 상관관계가 잘 수립된 경우(예 : 심장마비의 위험)라면 그 답은 의외로 간단하다. 즉 우리는 간혹 다른 용어로 성과가 무엇을 의미하는지를 아는 것으로 변화의 가치를 평가할 수도 있다. 특정 행동(예 : 공황발작, 싸움, 아동학대)이 문제가 있다면 이를 완전히 제거하는 상황이 있을 수 있다. 어떤 누구도 "예, 부모가 아이에게 잔인하게 하는 것을 막아야 합니다. 이것이 진정 중요한 성과입니까?"라고 질문하지 않는다.

행동 측정은 건강이라는 성과에서 변화의 양을 해석할 수 있는 명확한 상관관계를 보여주지 않는다. 또한 제거되거나 심지어 제거될 필요가 있는 행동이 아닐 수도 있다. 이런 상황에서 질문을 하는 것은 적절하고 중요하다. "어느 정도의 변화가 차이를 만들었나요?" 이 역시 사회적 타당도에 대한 질문이다. 사회적으로 비교하고 주관적인 평가를 내리는 것은 매우 관련이 깊다.

측정의 타당도가 의심될 수 있고 이런 걱정이 단순히 의심스러운 행동을 하는 사람들의 전유물인 상황이 존재하는가? 그렇다. 측정과 중재를 목표로 하는 움직임에서 보면 간혹 타당도와 측정의 관련성은 도전받을 수 있다. 예를 들어 과도하게 비만한 클라이언트의 몸무게를 줄이는 프로그램을 생각해보자(비만은 ≥45.36kg으로 정의). 이러한 프로그램에서 목표는 운동의 양을 늘리는 것일 수 있다[예 : 걷기나 조깅 시간(분)]. 운동은 체중의 직접적인 측정은 아니다. 어떤 사람은 체중의 변화 없이도 운동을 늘릴 수 있다. 심지어 칼로리 소모가 직접적인 지표가 아니라 하더라도 (신진대사의 변화 때문에) 칼로리를 줄일 수 있는 사람은 여전히 몸무게 감소가 거의 나타나지 않을 수 있기 때문이다. 말할 필요도 없이 운동은 중요하고 칼로리 소비와 관련이 있다. 그러나 몸무게나 체질량은 설계의 필수요건을 충족하기 위해 매일 평가해야 하는 기본 측정이 아니라 하더라도 아마 관심 가는 측정이고 어떤 방식이든 평가 안에 포함되어야 한다.

앞서 언급했듯이 간혹 측정은 매우 중요하고 관심 영역의 표본이 되어야 한다. 그래서 측정과 중재 과정 동안 측정에서의 변화 정도는 관찰과 함께 클라이언트나 그들과 접촉하는 사람들과는 다른 맥락에서 영역을 반영할 수 있는지를 물어보는 것이 유용하다. 이는 다소 전통적인 타당도(부록 참조)와 관련된 질문과는 다르지만 사회적 타당도 측면에서 잘 드러난다.

신뢰도와 타당도는 모든 측정의 중심에 있다. 관찰의 일관성은 실험 설계와 자료 평가의 근본이 되고 차후에 다시 논의될 것이다. 타당성은 측면이 더 다양하고 더 많은 노력과 주의를 필요로 한다. 그 이유는 직접 관찰이 '실제'라는 것을 가정하고 관심 있는 실질적인 영역으로부터 제거되지 않는다고 보기 때문이다. 직접 관찰이 명백하게 관심이 있는 것일 때, 앞서 프로브 부분에서 분명히 드러났던 것처럼 잘 통제된 프로그램 상황 밖에서 보이는 동일한 행동을 반영하지 않을 수도 있다. 여러 측정 도구, 프로브, 사회적 타당도 기법을 사용하는 것은 측정의 타당도를 충족시키며 차후에 다룰 장에서 그 예시를 볼 수 있을 것이다.

요약 및 결론

이 장에서 근본적인 이슈는 중재의 초점과 평가를 선정하는 것과 관련이 깊다. 평가의 초점을 찾는 것은 환경과 그 목표(예 : 학교에서의 교육, 약물 남용자의 재활), 그리고 클라이언트가 가진 문제의 특성(예 : 수행의 심각한 결함이나 지나침) 때문에 분명하게 드러난다. 손상(예 : 불법 또는 범법 행위, 자신 및 타인에게 위험한 행동, 성과를 위협하는 행동, 스트레스 신호, 임상적 기능 이상의 일상적이지 않은 과도한 증상)을 나타내는 사회적, 정서적, 인지적 또는 행동적 특성을 포함하여 여러 다른 준거에 대해 다루었다. 심각하지 않지만 다른 사람(예 : 부모, 교사)에게 걱정을 사는 행동 또는 온당하지 않은 행동의 시작을 예방할 수 있는 행동 역시 중재의 기초가 될 수 있다.

사회적 타당도는 목표의 선택과 관련된 다른 준거를 보여주기 위해 소개되었다. 사회적 비교는 일상생활에서 수용되거나 보편적인 무언가를 나타내는 규범적 자료를 기초로 목표행동을 판별한다. 주관적 평가는 연구의 초점이 전문가나 클라이언트와 접촉하는 다른 사람들의 의견과 다른지 여부를 조사하는 데 사용된다. 사회적 비교와 주관적 평가 역시 변화를 평가하는 데 사용될 수 있다. 이 주제는 차후에 자료 분석과 평가에서 다시 다룰 예정이다.

평가를 위해 행동을 직접 관찰할 때, 행동의 정의는 다음의 세 가지 준거를 충족시키는 것이 중요하다ㅡ객관성, 명료성, 완전성. 이 준거를 충족시키기 위해서는 명시적인 정의뿐 아니라 목표행동의 수행을 구성하는 것과 구성하지 않는 것에 대한 결정을 내리는 데 필요한 규칙이 있어야 한다. 행동의 정의가 이 준거를 충족하는 정도는 일관된 관찰을 통해 얻어진 것인지, 아니면 측정 가능한 것인지 여부를 결정한다. 이 준거는 평가절차 및 수행의 변화를 감지하는 민감성을 증가시키는 방식 때문에 측정 오류(변동성)를 줄이는 데 도움을 준다.

측정의 몇 가지 필수요건은 단일대상설계에서 다루어진다. 측정은 반복적으로 시행되어야 하고 일관되게(신뢰성 있게) 수행되며 변화를 나타낼 수 있어야 하고, 가능하다면 이분변수보다는 연속적인 측면이나 척도를 반영해야 하며, 측정의 초점이나 측정하고자 하는 것이 프로그램의 주안점 또는 목표와 관련되어야 한다. 단일대상설계의 독특한 특성은 지속적이고 연속된 평가를 사용하는 것이다. 어떤 한 연구에서 서로 다른 측정 도구가 많이 사용될 수 있다. 최소 하나 이상의 측정 도구는 이것이 단일대상설계 및 자료 평가의 중심이 되기 때문에 앞서 언급한 필수요건을 충족해야 한다. 그러나 다른 측정(예 : 사전, 사후 중재 또는 프로브)은 부수적이 될 수 있고 지속적인 방식으로 행해지지 않을 수도 있다.

신뢰도와 타당도에 대해 논의되었다. 보통 연구에 있어 이 두 가지는 평가의 주제가 되지만, 단일대상연구와 관련하여 행동의 직접 관찰이 이루어지는 맥락에서는 특수한 면이 있다. 측성의 일관성은 관찰자와 관찰 절차 때문에 자료에서 나타나는 변동성을 최소화하는 면에서 부분적이긴 하나 평가에 중요하다. 목표행동을 세심하게 정의하는 것은 일관된 관찰의 출발점이 되지만 여기에 많은 이슈가 있으며 이것에 대해서는 차후에 다루기로 하겠다. 측정의 타당도는 자연스럽게 이루어지는 것으로 가정할 수 없다. 측정은 분명히 관심 영역의 표본이 되지만, 확실성은 측정과 관련성과 차이가 존재하나 측정에서 나타나는 변화가 중요하다는 것을 보여주기 위한 자료를 가지고 있음을 의미하지 않는다. 사회적 타당도 지표는 이러한 우려를 종식시키는 데 사용되기도 한다.

이 장에서는 단일대상설계의 평가와 관련된 중요한 고려사항을 다루고 있다. 핵심은 평가의 초점을 결정하고 목표행동을 정의하며 단일대상설계의 특별한 필수요건을 충족시키는 측정평가를 사용하는 것이다. 측정이 일관되게 이루어지고, 측정이 관심 영역을 샘플링하며 차이를 만드는 것 역시 근본적인 속성이다. 다음 단계는 평가를 위한 특별한 절차와 기법에 대해 다루는 것이고, 다음 장의 주제가 된다.

▌ 부록 3.1 ▌ 신뢰도와 타당도의 유형

유형	정의 및 개념
신뢰도	
시험–재시험 신뢰도	시간이 지나도 나타나는 시험 점수의 안정성, 시험 1회차 시행의 점수와 동일 시험을 특정 시간이 지난 후에 실시했을 때의 점수와의 상관관계
대안적–형식 신뢰도	동일 측정 도구를 다른 형태로 사용했을 때의 상관관계. 2개의 형식에서의 문항은 해당 측정 도구의 모집단을 표현한 것으로 간주된다.
내적 일관성	척도에서 문항의 일관성 또는 동질성 정도. 서로 다른 신뢰도 측정 도구가 반분신뢰도, Kuder-Richardson 공식 20, 알파계수와 같은 것들이 사용된다.
측정자 간 (평가자 간) 신뢰도	서로 다른 평가자 또는 관찰자가 대상자의 수행을 평가, 코딩하거나 분류할 때 제공하는 점수 외 일치 정도. 일치도를 평가하기 위하여 동의율, 피어슨 적률상관, 카파와 같은 다른 측정 도구를 사용한다.
타당도	
구인 타당도	측정이 관심 있는 구인(개념, 영역)을 반영하는 정도를 말하는 광의의 개념. 측정의 상관을 정교화하는 다른 유형의 타당도가 구인 타당도와 관련이 있다. 구인 타당도에서는 측정평가가 다른 측정이나 기능 영역과의 관계에 초점을 맞춘다.

(계속)

내용 타당도	문항의 내용이 관심 있는 구인이나 영역을 반영하는 증거. 문항과 개념의 관계가 측정평가의 근간이 된다.
공인 타당도	시간적으로 동일한 시점에서 수행의 측정평가와 다른 측정 도구 또는 준거 간의 상관관계를 검증한다.
예언 타당도	일정 시점에서 수행의 측정 도구와 미래의 어떤 시점에서 다른 측정 도구나 준거와의 상관관계를 검증한다.
준거 타당도	다른 준거와 측정 도구와의 상관관계. 공인 타당도 또는 예언 타당도를 포괄하기도 한다. 종종 측정 도구에서 수행이 장애(⑩ 우울한 환자 대 우울하지 않은 환자) 또는 특정 지위(⑪ 수감자 대 비수감자)와 연관되어 평가될 때 특정한 이분적인 준거 및 관계에서 사용되기도 한다.
안면 타당도	측정이 관심 있는 구인을 평가하는 정도를 말한다. 공식적인 형태의 타당화 또는 측정 도구의 심리 측정학적 개발이나 평가의 일부는 아닌 것으로 간주된다.
수렴 타당도	두 가지 측정 도구가 유사한 또는 관련된 구인을 평가하고 있는 정도. 어떤 주어진 측정 도구의 타당도는 해당 측정 도구가 상관관계가 있는 것으로 예상되는 다른 측정 도구와 상관이 있을 때 나타난다 할 수 있다. 측정 도구 간의 상관관계는 구인의 관계나 중복에 기초하여 예견된다. 공인 타당도의 변형이긴 하나 변별 타당도의 관계에서 특별한 의미를 지닌다.
변별 타당도	서로 관련성이 없다거나 서로 다른 관련 없는 구인을 평가하지 못한다고 기대되는 두 측정 도구 간의 상관관계. 어떤 주어진 측정 도구의 타당도는 해당 측정 도구가 상관관계가 없을 것으로 예상되는 도구와 거의 상관이 없는 수준일 때 나타난다고 볼 수 있다. 상관관계의 부재는 분리된, 개념적으로 서로 다른 구인을 기반으로 기대된다. 특히 수렴 타당도를 평가하는 데서 더 특별한 의미가 있다.

주 ✽ 이곳에 제시된 신뢰도와 타당도의 유형은 집단간 비교연구 맥락에서 시험 구성과 타당도에서 자주 사용되는 용어다. 광의로 측정과 관련이 있고 연구자로 하여금 연구의 성과를 반영하기 위한 것에 대한 다양한 고려에 대해 주목하도록 한다.

4

| CHAPTER |

사정의 방법

이전 장에서 이미 논의된 바와 같이, 단일대상연구에서 요구사항을 충족하는 사정 방법은 매우 광범위하다. 대부분의 측정은 직접적이며 명백한 행동 관찰에 기초한다. 명백한 행동을 직접 관찰하는 경우, 중요한 문제는 사정 전략을 선택하는 것이다. 명백한 행동 관찰이 단일대상연구에서 가장 많이 사용되는 것이 사실이지만, 다양한 사정 전략이 사용되는데, 정신생리학적 평가, 비율 척도 그리고 특정 목표행동에 대한 특정한 방법이 사용되기도 한다. 이 장에서는 단일대상설계를 위한 다양한 측정 방법에 대해 기술하고 있다. 일반적으로 명백한 행동의 측정이 단일대상연구에 가장 보편적으로 사용되기 때문에 좀 더 집중적으로 설명하고자 한다. 또한 기존의 서적과 자료에 명백한 행동 측정에 대한 부분이 많이 다루어지지 않았기 때문에 좀 더 강조하고자 한다. 단일대상설계에서는 이전 장에서 언급한 요구 조건(예 : 지속적인 사정)이 충족되는 한 어떠한 사정 방법이나 형식도 수용될 수 있다.

사정 전략

단일대상설계에서 사정 방법을 선택할 경우 가장 중요한 점은 반드시 하나의 특정 사정 방식을 선택하지 않아도 된다는 점이다. 자기 또는 타인에 의해 작성되는 비율 척도, 생물학적인 절차나 결과의 측정(예 : 혈압, 호흡 속도), 자동 반응 척도(예 : 움직임) 등 이 모든 것이 단일대상설계에 모두 적합하다. 행동 연구에서는 그동안 행동에 대한 직접적인 측정에 대해 폄하하는 경향이 있었고, 직접적인 행동과의 관계를 증명하지 않아도 되는 연구 설계가 많았다. 그러나 현재 단일대상설계는 그동안 명백한 행동에 대한 증명을 강조하지 않았던 분야에도 다양하게 확산되고 있다. 직접 행동 영역은 다양한 상황에서 활용될 수 있어 연구자들의 많은 관심을 받고 있기는 하지만 직접 행동 측정이면 다 해결되는 것은 아니라는 사실도 명심해야 한다.

명백한 행동 측정

명백한 행동에 대한 사정은 다양한 방식으로 이루어질 수 있다. 대다수 프로그램에서 사정은 발생 횟수 또는 반응이 발생하는 지속시간을 통해 사정되나 그 외에도 몇 가지 다양한 유형의 측정 방법이 사용될 수 있다.

빈도 측정. 빈도 측정은 단순히 주어진 시간 주기 내에서 관찰하고자 하는 행동이 발생한 횟수를 집계한 것이다. 이 측정 방법은 특히 표적행동이 불연속적으로 나타나고 행동 발생 시간이 어느 정도 유지되는 행동일 경우에 사용이 용이하다. 또한 발생하는 표적행동의 시작과 끝이 분명하여 발생 빈도를 명확하게 구분지을 수 있는 행동 측정에 적합하다. 그리고 그러한 행동의 발생 소요시간도 비교적 일정할 필요가 있다. 예를 들어 착석, 미소짓기, 읽기, 누워 있기, 말하기와 같은 행동은 각 행동이 발생하는 시간이 다양할 수 있기 때문에 단순히 빈도를 계산하여 기록하는 것은 어렵다. 말하기의 경우 한 아동과는 15초 이야기하고 다른 한 아동은 30분간 이야기한 경우라도 발생 횟수는 1회로 계산될 수 있기 때문이다. 이러한 행동은 발생 시간에 큰 차이가 있을 수 있기 때문에 발생 횟수로만 측정하는 것은 오히려 많은 정보를 소실하게 되는 셈이다.

빈도 측정은 다양한 행동 측정을 위해 사용되어 왔다. 예를 들어 소설가가 사용하는 단어 수를 측정하는 것이다. 소설 작가의 생산성을 알아보기 위하여 하루에 작성한 문서 파일의 단어의 수를 측정(문서 파일의 단어 수를 자동으로 계산하는 소프트웨어 활용)하는 연구가 있을 수 있다(Porritt, Burt, & Poling, 2006). 또 다른 연구(Tarbox, Wallace, Penrod, & Tarbox, 2007)를 살펴보면 가정 및 학교에서 지침에 대한 아동들의 준수 여부를 사정한 연구를 예로 들어볼 수 있다. 아동의 준수(두 번의 지시 내에 요청한 행동의 완료) 횟수를 단순히 측정하는 것으로 결과를 낼 수 있다. 또 다른 예를 들어 보면 다음과 같다. 음식을 먹거나 삼키지 않아서 병원에 입원하게 된 4세 유아에게 적용된 방법이다(Girolami, Boscoe, & Roscoe, 2007). 위에 직접적으로 연결된 튜브를 통해 공급되는 음식은 제외되었다. 중재 기간 동안 음식을 스푼으로 공급하였고 유아에게 주어진 숟가락은 '시도'로 카운트되었는데 이는 음식을 삼키는 기회가 되었기 때문이다. 그리고 토하거나 입 밖으로 음식을 뱉어내는(충분한 양의 음식이 보일 정도로 입 밖으로 나온 경우) 횟수를 측정하였다. 그 밖에도 빈도 측정은 다양한 행동을 측정하는 데 활용될 수 있다. 예를 들어 어떤 활동에 참석한 횟수, 인사하기, 폭행 횟수, 타인에게 물건 던지기, 글이나 말에서 특정 어휘 사용 횟수, 다양한 오류(학교나 직장에서 발생할 수 있는) 등 활용 범위가 매우 넓다.

빈도 측정에 사용되는 두 가지 방법에는 다음과 같은 것들이 있다. 첫째, 다양한 상황에서 발생하는 행동 빈도이다. 행동이 발생할 수 있는 횟수에는 일정한 제한이 없다. 예를 들어 한 아동이 다른 아동을 때리는 행동이 얼마나 자주 발생했는지는 빈도로 측정할 수 있다. 몇 번의 행동(때리기)이 발생하는지에 대한 한계는 특별히 정해져 있지 않다. 또 다른 경우는 주어지는 시도가 제한적으로 제시된 경우이다. 예를 들어 아동이 부모나 교사로부터 받게 되는 인사 또는 지시어와 같은 것이 하루에 10회로 제한되어 주어지는 경우, 아동 반응의 빈도는 이러한 시도의 제한으로 인하여 반응이 제한된다. 이러한 구분은 별로 중요하지 않지만 이렇게 대별될 수는 있다. 기회가 제한되는 경우에는 주어지는 기회의 숫자가 상당히 많아야 한다(예 : 10회 이상). 이렇게 되었을 때 기본적인 사정이 가능할 수 있기 때문이다. 중재 사정에서 측정에 대해 주어지는 시도가 매우 작은 범위(예 : 2~3회 정도의 기회)에 해당하는 경우에는 측정이 더 어려울 수 있기 때문이다.

빈도 측정은 단지 문제가 발생하는 횟수를 주목할 필요가 있기는 하지만 일정 시간 동안 행동이 빈도를 측정할 경우에는 추가적인 요건이 존재할 수 있다. 물론 어떤 행동이 어느 날에는 20분, 다음 날에는 30분 동안 관찰된다면 빈도를 가지고 이러한 행동을 직접적으로 비교할 수는 없다. 그러나 **반응률**은 매일 관찰되는 시간 분에 반응 횟수를 보기 때문에 직접 비교가 가능하게 된다. 이러한 방법은 관찰 시간이 일정하지 않을 때 사용 가능한 방법이다. 주어진 횟수에 어느 정도 반응하는지를 보는 경우에는 발생 빈도를 주어진 횟수로 나누어 백분율을 보아 반응률을 측정할 수 있다.

빈도 측정은 여러 상황에서 바람직하게 사용될 수 있다. 첫째, 반응의 빈도는 다양한 상황에서 점수를 비교적 간단하게 집계할 수 있다. 지속적으로 행동의 횟수를 집계하는 것이 요구 사항의 전부이다. 또한 손목에 시계처럼 착용하는 카운터 또는 계산기 그리고 휴대전화에 포함되어 있는 장치 등을 활용하여 행동이 발생할 때마다 계속 버튼을 누름으로써 관찰 행동을 용이하게 측정할 수 있다. 둘째, 빈도 측정의 결과는 시간이 지남에 따라 변화하는 양상을 쉽게 보여준다. 지난 수년간의 기초 연구 및 응용 연구에서는 반응 빈도를 통해 다양한 중재의 효과를 측정해 왔다. 셋째, 빈도는 일반적으로 연구에서 주관심사인 행동의 양을 보여주는 수단이 된다. 중재 프로그램의 목적은 특정 행동을 증가시키거나 혹은 감소시키는 것이다. 이렇듯 빈도는 행동의 직접적인 측정을 통해 나온 결과이다.

이산 분류. 이산 분류는 반응을 분류하는 데 매우 유용하다. 정확-부정확, 실행-비실행 또는 적절-부적절 등으로 행동을 구분지을 수 있다. 이산 분류는 어떤 점에서는 빈도 측정과 유사하다고 말할 수 있다. 왜냐하면 여기에서도 중요하게 생각하는 행동은 명확하게 시작과 끝이 있어야 하며, 일정 시간 발생해야 하기 때문이다. 그러나 중요한 차이가 있다. 우선, 빈도 측정에서는 특정 행동의 빈도가 기록된다. 즉 빈도 측정에서 중요한 것은 행동의 발생 여부다. 그러나 이산 분류 방법에서는 몇 가지 서로 다른 행동이 포함되고 각각의 발생 여부가 측정된다. 행동을 어떤 목표를 위해 더 큰 단위로 나누어볼 수 있는 경우이다(예 : 아침에 등교 준비하는 동안 일어나는 모든 행동 또는 자신의 방이나 아파트 청소와 관련된 모든 단계에 발생할 수 있는 일련의 행동). 여기에서 나타날 수 있는 행동은 모두 다르다. 둘째, 빈도에는 제한이 없다. 발생 빈도는 0에서 높은 횟수가 이르기까지 다양하게 나타날 수 있다. 이산 분류의 경우에서 행동 반응을 가져오기 위한 기회가 주어지는 경우에는 그 기회에 따라 빈도가 제한된다.

이산 분류가 적용된 사례를 다음과 같이 들어 볼 수 있다. 기숙사 룸메이트의 지저분함(sloppiness)을 측정하는 데 사용될 수 있다. 이를 위해 지저분함에 관련된 모든 행동을 나열한 체크리스트를 만들어야 한다. 옷장에 신발을 넣는다던지, 속옷을 부엌 테이블에 놓아둔다든지, 냉장고에 넣을 음식을 식탁에 두는 등의 행동 유형들이 포함될 수 있다. 매일 아침(또는 일정 시간 동안) 체크리스트의 행동이 관찰된다. 이러한 행동은 발생 또는 비발생으로 **분류**된다. 정확하게 발생한 행동의 총 개수(또는 비율)로 빈도를 측정한다.

이산 분류는 많은 응용 프로그램에서 행동을 사정하기 위해 사용되어 왔다. 예를 들어 특수교사가 장애학생들의 작업 중단 행동이나 방해 행동(예 : 작업 거부, 방해가 되는 언어 표현 등)에 대한 조정을 위해 실시한 프로그램이 실례가 될 수 있다(DiGennaro, Martens, & Kleinmann, 2007). 이러한 행동을 관리하기 위한 절차는 오랫동안 사용해 와서 정착된 방법이 있다. 교사들에게 이러한 행동을 관리할 수 있는 기술을 제공하여 제대로 수행되도록 한다. 관리 프로그램의 효과적인 구성요소를 규정하고, 그 구성요소들이 제대로 수행되었는지 사정하게 된다. 이 관리 프로그램의 구성요소는 다음과 같은 내용이 포함될 수 있다 — 학생에게 프로그램 설명하기, 올바르게 칭찬하고 스티커 제공하기, 스티커가 충분히 모이면 보상 제공하기. 이는 여러 단계가 있는 일련의 행동을 위해 사용하기 용이하다. 각 단계의 행동이 수행되면 잘 되었는지 아니면 잘 되지 않았는지를 사정하여 체크한다. 정확하게 완료된 단계의 백분율('예'로 체크된 비율)는 선생님의 수행 능력을 평가하는 데 활용된다.

이산 분류 방법은 여러 가지 상황에서 응용해 사용할 수 있다. 특히 단계적인 요소를 지닌 어떠한 활동이나 기술, 임무의 완성 등과 관련해 용이하게 적용할 수 있다. 방 청소, 연습 활동(예 : 악기, 운동), 집안일을 예로 들어 볼 수 있다. 각각의 단계를 정하고 각 단계별로 수행 행동을 정의한 후 그 행동이 발생했는지 안 했는지를 체크한다.

이 방법의 독특한 특징은 주목할 만하다. 목록에 제시된 단계별 행동은 서로 관련이 없어도 되고 단일한 흐름(단계)을 나타낼 필요는 없다. 하나의 수행은 다른 수행과 상관이 없어도 된다. 예를 들어 방 청소와 같은 수행 활동을 보면 별로 유사하지 않거나 관련이 없는 행동 목록이 포함되어 있다. 침대 정리, 쓰레기 치우기만 보더라도 서로 상관없으며, 유사하지도 않은 행동이다. 따라서 이산 분류 방법은 일련의 단계를 사정하는 가운데 독립적인 행동을 각각 측정할 수도 있고, 이러한 행동이 다른 행동과 관련이 있는지를 측정할 수도 있는 매우 유연한 방법이다. 우리가 실행하는 많은 프로그램은 하나의 행동이 발생했는지(빈도 측정으로 가능한)보다는 어떠한 임무(일련의 단계를 수반한)를 수행했는지를 목표로 하는 경우가 많다.

행동을 수행한 사람의 수. 중재의 효과는 목표를 수행한 사람의 수에 기초하여 평가되기도 한다. 이 측정 방법은 교실, 학교 또는 지역사회 상황에서 그룹에게 적용되는데 특정 행동의 빈도를 높이기 위하여 사용될 수 있다. 예를 들면 제 시간에 오기, 숙제 완성하기, 그룹 활동에서 자신의 의견 제시하기, 쓰레기 분리수거하기, 공과금을 주어진 날짜 내에 납부하기, 투표하기 등과 같은 행동이다. 일단 원하는 행동이 조작적으로 정의되면, 관찰 그룹의 참가자 중 얼마나 많은 사람이 그러한 행동을 했는지 측정한다. 기존의 빈도 측정이나 이산 분류 측정 방법에서는 한 개인이 목표 행동을 얼마나 많이 수행했는지에 대해 초점을 맞춘다면, 이 방법은 행동을 수행한 사람의 숫자에 초점을 둔다.

기존의 연구에서도 나타난 바와 같이 중재의 효과에 영향을 받은 사람의 수를 가지고 해당 프로그램을 평가해온 바 있다. 예를 들어 운전자 안전 개선 프로그램에 대한 평가는 안전벨트 착용 정도의 증가, 주행 중 휴대전화 사용 감소, 그리고 좀 더 안전한 운전하기 등과 같은 행동을 확인함으로써 가능하다(예 : Clayton, Helms, & Simpson, 2006; Van Houten, Malenfant, Zhao, Ko, & Van Houten, 2005). 이와 같은 경우 사람, 차량, 또는 운전자의 수는 중요한 단위가 된다. 한 개인의 행동을 매일매일 정해진 시간에 관찰하는 것은 큰 의미가 없으며, 일련의 과정을 모두 관찰하고 측정하기란 매우 어려운 작업이기 때문이다.

다른 예를 살펴보면 개인에 대한 정보보다는 결과를 수행한 사람의 수가 중요한 경우에 이러한 연구 방법이 활용되었다. 예를 들어 어느 대학 클래스에서 실시한 프로그램(Ryan & Hemmes, 2005)은 숙제를 완성하여 제출한 학생의 수(비율)에 초점을 맞추었다. 또 한편 이 학생들 중에 어떠한 특성을 지닌 학생이 숙제를 제출하지 않았는지에 대한 연구도 가능하다. 그러나 여전히 중재 효과를 반영하는 데 있어서는 목표 행동을 보인 사람의 수가 매우 유용하게 사용될 수 있다.

다수의 대상자에게 프로그램을 적용하고 그 프로그램의 목표가 명시적으로 제시되어 있을 때 좋은 반응을 나타낸 사람의 수를 아는 것은 매우 유용하다. 기관 및 사회에서 어떤 목표행동을 개발할 때도 이를 준수할 사람을 미리 예측하게 된다. 운동하는 사람들의 수, 기부를 하는 사람의 수, 심각한 질병의 초기 단계에 치료를 시도하는 사람의 수를 증가시키고, 흡연, 비만, 학교 구간에서의 운전 속도, 범죄율을 줄이는 것은 우리 사회의 중요한 목표이다. 어떠한 행동을 실천하는 사람의 수, 좀 더 큰 단위로는 어떤 행동을 수행하는 학교, 기관, 회사 등도 포함될 수 있다. 기후 변화와 지속 가능 환경을 촉진하는 목표를 위해 카풀하는 사람의 수, 호텔에 머무는 동안 침대보 등을 매일 변경하지 않는 방침을 가지고 있는 호텔의 수(에너지 사용을 줄일 수 있는 방안이 됨), 적어도 하나의 에너지 효율 기기를 사용하는 가정의 수, '녹색 운동(재활용, 대중교통을 사용하는 직원에게 인센티브를 제공)'을 실천하는 기업의 수 등을 측정해볼 수 있다. 즉 이 방법은 어떤 행동을 보이는 사람의 수, 그리고 더 큰 단위(예 : 가정, 학급, 학교, 기업 등)가 주 관심사가 된다.

간격 기록법. 일반적인 응용행동연구에서 자주 사용되는 빈도 측정 방법은 시간 간격에 근간하여 측정된다. 전체 시간을 동일한 간격으로 나누고 짧은 시간 동안 행동의 발생 여부를 기록한다. 시간 기반 측정의 두 가지 주요 방법에는 간격 기록법과 반응 시간 기록법이 있다.

간격 기록법을 사용하는 경우 행동 관찰은 일반적으로 매일 30분 또는 60분 동안 이루어지는데, 이 시간 블록은 짧은 간격(예 : 각각의 간격을 10~15초 간격으로 동일하게)으로 분할된다. 연구 대상자의 행동은 각 간격 동안 관찰된다. 각 간격 동안 대상 행위가 발생히거나 빌생히지 않은 것으로 체크된다. 개별 행동, 예를 들어 때리기가 그 간격 내에서 1회 또는 그 이상 나타났어도 그 구간에서는 단순히 발생한 것으로 기록한다. 여러 반응의 발생에 대해서 별도로 계산하지 않는다. 그리고 이야기 나누기, 놀이하기, 착석과 같은 행동의 시작은 분명하지 않지만 그 간격 내에 발생한 것이면 발생한 것으로 체크하고, 계속 유지되면 그다음 간격에도 계속 체크한다.

교실 상황에서 중재 프로그램의 효과를 보기 위해 주의집중, 착석, 조용히 과제에 임하기 등과 같은 행동을 관찰할 때에 주로 간격 기록법을 사용한다. 개별 학생의 행동은 20분 관찰 기간 동안 10초 간격으로 나누어 관찰할 수 있다. 각 구간의 경우, 관찰자는 학생이 자리에서 조용히 작업에 임하는지 여부를 기록한다. 그 학생이 계속 자리에 앉기 및 장기간 동안 공부에 임하는 경우 많은 간격이 과제에 집중한 것으로 체크될 것이다. 학생이 (교사의 허락 없이) 자신의 자리를 뜨거나 작업을 중지하는 경우에는 집중하지 않은 것으로 체크된다. 간격 동안, 그 학생이 시간의 절반을 착석하고 있다가 그 나머지는 교실 주위를 돌아다녔다면 주의집중 하였다고 체크해야 하는가? 아니면 주의집중하지 않았다고 체크해야 하는가? 그러므로 기록에 대한 규칙은 분명하게 규정되어야 한다. 이러한 경우 대부분 부주의한 행동이 발생한 것으로 간주한다.

간격 기록법은 교실 상황 이외에도 다양하게 사용할 수 있다. 예를 들어 자녀와의 긍정적인 상호작용을 촉진하도록 돕는 부모 교육 프로그램에도 적용할 수 있다(Phaneuf & McIntyre, 2007). 이 연구의 초점은 부모의 행동이었다. 대상자의 집에서 엄마-유아가 집에서 하는 자유놀이, 청소시간, 활동 시간에 행동이 관찰되었다. 각 30초 간격으로 엄마가 보이는 부적절한 행동(예 : 무의식적으로 부적절한 아동 행동의 강화, 모호한 지시어, 아동 행동에 대한 비판적 지적)이 체크되었다. 훈련의 효과는 부적절한 양육 행동 발생 비율이 얼마나 감소되었느냐로 증명될 것이다.

간격 기록법은 또한 그 밖의 연구에서도 다양하게 활용되었다. 노인 요양원의 알츠하이머 환자로서 언어적 레퍼토리기 매우 제한된 3명의 대상자(80세 이상)의 행복 정도와 삶을 질을 측정하기 위해서도 활용된 바 있다(Moore, Delaney, & Dixon, 2007). 10분간의 관찰 기간은 10초 간격으로 나누어 그 대상자들의 행복, 불행, 또는 행복도 불행도 아닌 상태를 측정하였다. 이를 위해 얼굴과 말/소리 표현(예 : 미소짓기, 웃기, 인상 쓰기, 찌푸리기, 울기, 소리지르기)에 근거하여 행동에 대한 조작적인 정의가 내려졌다. 어떤 특정한 반응이 나타나지 않는 경우에는 '둘 다 아님'이라는 부분에 체크가 될 것이다. 측정은 다양한 활동이 있기 전, 활동 중, 그리고 활동 후에 실시되었다.

관찰자는 간격 기록법을 사용하여 주어진 간격 동안 연구 대상자를 관찰한다. 한 간격이 종료되면, 관찰자는 문제가 발생했는지 여부를 기록한다. 여러 행동이 한 구간 동안 발생할 경우, 관찰된 모든 행동을 기록하는 몇 초간의 시간이 요구된다. 관찰자가 행동이 발생한 즉시 (간격이 끝나기 전에) 발생 행동을 기록하는 경우에는 기록하는 동안 발생한 다른 행동을 놓칠 수 있다는 문제가 있다. 따라서 많은 연구자들은 간격 동안 관찰 후 기록하는 것이 더 적절하다고 하여 이러한 방법을 활용하고 있다. 관찰 행동 간격은 대개 10초로 하고, 기록 시간을 2~5초 정도로 한다. 하나의 행동만 관찰하는 경우에는 기록 시간이 따로 필요하지 않을 것이다. 목표행동이 발생하면 발생한 즉시 표기하고 발생하지 않았을 경우에는 표기하지 않기 때문에 별도의 기록 시간이 필요하지 않다. 물론 가능한 한 짧은 기록 시간을 사용하는 것이 바람직하다. 행동을 녹화하여 관찰할 수 있지만 많은 시간이 요구되는 번거로움이 있다.

간격 기록법의 변형 방법으로는 시간 샘플링이라는 방법이 있다. 이 방법은 매일 주어진 시간 블록 동안 관찰되는 것이 아니라 서로 다른 시간대에 비교적 짧은 시간을 관찰하는 방법이다. 예를 들면 한 아동을 30분 동안 계속 관찰하는 것이 아니라 10분 간격으로 나누어(예 : 아침, 이른 오후, 늦은 오후) 관찰하는 것이다. 10분 동안, 아동은 기존의 방식처럼 10초 간격으로 관찰된다. 하루 종일에 걸쳐 관찰 기간을 확산하는 것은 한 기간 동안 행동을 측정하는 것보다 더 대표적인 샘플을 관찰할 가능성이 높다는 장점이 있다.

간격 기록법은 사정 전략으로 널리 활용되고 있다. 첫째, 이 방법은 거의 모든 행동을 기록할 수 있기 때문에 매우 유연하다. 시간 간격 동안 반응의 유무를 측정하는 방법은 관찰 가능한 어떠한 행동에도 적용 가능하다. 행동이 분명하게 구분지어질 수 있고, 발생 시간이 비슷하게 유지되고, 비교적 측정할 수 있을 만큼 지속되는 행동이라면 모두 가능하다. 둘째, 기록 구간에서 생성된 관찰 기록은 전체 간격을 반응이 나타나는 간격으로 나누어 쉽게 백분율로 전환할 수 있다는 장점이 있다. 이렇게 나온 수치에 100을 곱하게 되면 반응이 나타난 간격의 비율을 간단히 산출할 수 있게 된다. 사회적 반응이 관찰된 간격이 40 간격 중 20 간격이 있었다면 사회적 행동의 비율은 50%(20/40×100)이다. 이렇게 백분율로 구한 반응률은 행동 발생 정도에 대한 정보를 전달하고자 할 때 효과적으로 사용할 수 있다. 어떠한 사정 전략을 채택해야 하는지에 대한 어려움이 있을 때에는 간격 접근 방식이 거의 항상 대부분의 상황에서 적용될 수 있다.

지속시간. 관찰 행동에 사용되는 시간 기반의 다른 사정 방법에는 지속시간을 측정하는 방법이 있다. 즉 지속시간이란 반응 행동이 유지되는 시간의 양을 의미한다. 이 방법은 매우 짧은 기간 동안 나타나는 행동보다는 계속 유지되는 행동을 측정하기에 유용하다. 이 방법은 증가 또는 감소가 기대되는 행동 유형 관찰에 바람직하다. 예를 들어 학습장애를 가진 아동의 연령에 따라 수행 임무가 달라질 수 있다(예 : 청소년의 경우에는 에세이를 쓰는 시간, 유아의 경우에는 글자를 눈으로 추적하는 시간)(Athens et al., 2007). 또 다른 연구에서도 이 지속시간 기록법이 적용된 바 있다. 약체 X 증후군으로 선천적 발달장애를 가진 아동을 대상으로 한 연구에서도 적용되었는데 연령이 8~17세에 해당되는 6명의 남학생을 대상으로 한 연구였다. 이 연구는 이러한 아동들에게 흔히 나타날 수 있는 문제인 '타인과의 눈맞춤 거부'를 감소시켜 주기 위해 실시되었다(Hall, Maynes & Reiss, 2009). 중재의 목표는 대상 학생들의 눈맞춤의 정도를 증가시키는 것이었는데 기록을 위해 지속시간법을 활용하였다. 눈맞춤이 이루어지는 동안 관찰 기록자는 노트북 컴퓨터의 키를 누르고 눈을 돌리면 멈추었다. 이 방법은 시간의 양이 평가 대상이 될 수 있는 경우 거의 모든 행동에 적용될 수 있다. 가령 사회적 상호작용에 참여한 시간, 운동 시간, 연습 시간, 읽기 시간, 공부 시간 등 많은 프로그램이 중재의 효과를 시간의 양으로 측정하는 경향이 있는데 이 경우 가장 적절히 사용될 수 있다.

　반응 시간에 대한 평가는 매우 간단하다. 관찰자가 스톱워치를 활용하여 행동의 시작과 종료 시점을 정확하게 기록하는 것이다. 그러므로 반응의 개시 및 종료는 신중하게 정의되어야 한다. 이러한 조건이 충족되지 않으면 지속시간 기록법을 사용하는 것이 매우 곤란하다. 예를 들어 지속시간 기록법으로 아동의 '떼쓰기'를 기록하는 경우 아동이 일단 짧은 시간 동안 훌쩍 거리다가 잠깐 모든 소리를 멈추고 나서 큰 소리로 강렬하게 우는 행동을 보인다고 하자. 이런 경우 어디서부터 어디까지를 '떼쓰기'라고 해야 할지에 대한 분명한 정의가 있어야 한다. 행동에 대한 분명한 정의는 결과에 대한 일관된 기록을 가져올 수 있기 때문에 매우 중요하다.

　반응 지속시간 기록은 일반적으로 행동이 수행되는 시간의 길이가 주요 관심사인 경우에 사용하는 제한된 방법이다. 그러나 많은 영역의 연구에서 효과적으로 활용되는 방법이기도 하다. 예를 들어 학생들의 학습 시간이나 연습 시간을 증가시키고자 하는 경우, 여러 형제 자매가 사는 가정에서 가족의 샤워 시간을 난축시키고자 하는 경우 등 다양한 상황에서 적용될 수 있다. 행동의 시작과 종료의 시점이 명확하게 정의할 수 있는 행동의 경우, 중간에 잠깐 멈추는 것이 큰 문제가 되지 않는 행동의 경우에는 지속시간 기록법이 유용하다. 이러한 행동의 경우 지속시간 기록법은 물론 시간 간격 기록법으로 평가가 가능하다. 예를 들어 학습이 발생한 구간의 수 또는 비율은 학습 시간의 변화를 반영하기 때문이다.

지연 시간. 지연 시간이란 반응을 시작하기까지 대상자에게 소요된 시간을 의미한다. 큐 사인이 주어진 후(시작점)부터 반응이 나타나기까지의 경과 시간을 바로 지연 시간이라 한다. 지연 시간은 경과 시간과 하나의 그룹으로 묶일 수 있다. 이 두 방법 모두는 경과 시간의 합을 포함하기 때문이다(행동이 발생하기 전 또는 행동이 발생하고 있을 때). 그러나 그 차이는 쉽게 구분될 수 있다.

기존의 많은 프로그램에서 반응 지연 시간 방법을 사용해온 바 있다. 예를 들어 주간치료센터를 이용하는 19세의 아스퍼거증후군을 가진 성인을 대상으로 연구한 사례가 있다(Tiger, Bouxsein, Fisher, 2007).[1] 그 사람의 행동 문제 중에는 질문에 대한 대답이나 요구에 대한 반응 사이의 지연 시간이 매우 길다는 특성이 있었다. 반응 지연 시간 측정은 간단한 질문을 할 때도 측정되었다. 치료사가 간단한 질문을 한 후(예 : "동생의 이름은 무엇입니까?"), 대답을 시작할 때까지(스톱워치로 시간 초과) 경과 시간의 양을 측정하였다. 질문에 대한 답변이 완료되면 그 다음 질문을 하여 총 10개의 질문을 하는 방법도 있을 수 있고, 10분 동안을 설정하여 질문을 할 수도 있다. 중재 프로그램의 효과는 지연 시간의 감소로 평가될 수 있다. (예 : 기초선에서 약 평균 20초 정도의 지연 시간을 보였으나 중재 동안 5초 미만에서 3초 정도까지 지연 시간을 단축시킴).

지연 시간 측정 방법은 사정과 중재와 관련하여 다양한 용도로 사용될 수 있다. 예를 들어 교실에서 교사는 수업의 시작 시점부터 학생이 방해 또는 공격 행동을 보일 때까지의 시간을 측정할 수 있다. 학교 시작 시점부터 중재(예 : 칭찬, 피드백, 점수)를 제공하여 문제행동이 발생하는 시간을 지연시키다가 궁극적으로 이러한 문제행동이 발생하지 않도록 하는 것이 목표가 된다. 또 다른 예로, 부모는 아침에 아무리 다그쳐도 서두르지 않는 자녀들 때문에 골머리를 앓곤 하는데 이럴 때에도 지연 시간 측정 방법을 사용할 수 있다. 부모가 처음 '일어나라'고 알렸을 시점부터 침대에서 일어나는 시간 또는 식탁 앞에 앉게 되기까지의 지연 시간으로 측정할 수 있다. 결국 중재 프로그램의 목적은 지연 시간을 감소시키는 것이다. 지연 시간의 장점은 많은 상황에서 관찰이 용이하다는 점이다. 왜냐하면 시작 시간(예 : 아침 식사, 오전 10시에 시작되는 활동, 벨이 수업 시작 종이 울릴 때)을 지정하는 것이 용이하고 목표 행동이 언제 처음 발생하는지만 관찰하면 되기 때문이다.

지속 시간과 지연 시간은 매우 유용하게 사용될 수 있다. 왜냐하면 많은 프로그램의 목표가 시간과 직접적인 관련이 있는 경우가 많기 때문이다. 특정 행동이 발생했거나 혹은 발생하지

---

1) 아스퍼거 증후군은 사회적 상호작용과 의사소통의 어려움, 제한된 행동 양상을 보이는 자폐스펙트럼 중 하나다.

않았을 때의 시간을 측정하는 것은 단순하다. 하지만 그 행동이 발생했는지 안 했는지를 분명하게 정의하는 일이 관건이다. 문제에 대한 분명한 정의는 다른 전략을 사용하여 관찰을 시도할 경우에도 기본적으로 요구된다.

기타 전략

단일대상연구에서 대부분의 평가는 명백한 행동에 초점을 맞추어 다양한 방법으로 행동을 측정한다. 그 밖에 다른 일반적인 방법으로는 특정반응 측정, 정신생리학적 측정, 자기보고 및 타인 보고 측정이 포함될 수 있다. 이러한 측정 형식은 앞에서 설명한 명백한 행동 평가 방법 (예 : 빈도, 지속 시간)과 중복되는 부분이 많지만 각각 고유한 특성을 가지고 있다.

특정반응 측정. 특정반응 측정은 연구 중에 나타나는 특정한 변화를 측정하는 것으로, 특정 반응에 대한 직접적인 평가 절차이다. 예를 들면 한 연구가 신체적으로 발달이 늦은 3명의 3~4세 유아를 대상으로 먹기 행동과 체중 증가를 목적으로 실시되었다(Patel, Piazza, Layer, Coleman, & Schwartzwelder, 2005). 그 세 유아는 일반적으로 다른 또래 유아들에 비해 너무 적게 먹고 있어서 섭식장애 유아들에게 실시하는 소아 영양 프로그램을 적용하였다. 이 경우 체중 증가는 프로그램의 성공을 의미하므로 체중을 측정하여 프로그램의 효과를 평가하게 된다.

비슷한 방식의 예로서 과식하는 사람들의 섭취 칼로리를 줄이고 흡연자들이 피우는 담배 개피를 줄이는 것을 측정하는 것도 이에 속한다. 빈도 측정과 같이 칼로리나 태우는 담배 개비의 수를 성공 여부를 알아보기 위해 측정하게 된다. 그러나 이러한 측정 방식의 특성은 관심 대상의 측정이 중재의 영향을 직접적으로 평가하는 데 사용될 수 있다는 점에서 구분될 수 있다.

특정반응 측정은 직접적인 결과가 임상적, 사회적인 면에서 명백하기 때문에 바로 반영될 수 있어 사용이 용이하다. 예를 들어 운전자가 에너지 효율에 얼마나 노력했는지를 측정하기 위하여 자동차 주행 거리를 (휘발유) 주행 거리계를 판독하는 것으로 가능하다. 또한 일반 쓰레기에 버리지 않고 재활용을 힌 노력을 측정하기 위해 쓰레기의 양을 측정할 수도 있다. 특정반응 측정은 지속적인 제도적 기록을 위하여 일부 기존 데이터 시스템을 사용할 수 있다(예 : 범죄율, 교통사고 건수, 병원 입원 환자 수). 이때 우리가 주의해야 할 사항은 이러한 범죄율 또는 병원과 학교 행사장에서 얻은 데이터가 항상 신뢰성 있는 것은 아니라는 점이다. 자연스러운 상황에서 기록되므로 일정 부분 변수가 작용할 수 있다. 평가에 대한 결정을 할 때 연구자는 사회적 타당도를 고려하여 직접적이고 연구를 위한 특별한 방식으로 평가될 수 있는지 여부를 고려해야 한다. 마지막으로 특정반응 측정에서의 결과는 달리 해석할 필요없이 직접적으로 활용될 수 있기 때문에 연구가 별로 익숙하지 않은 연구자에게 편리하게 사용될 수 있다.

정신생리학적 평가. 정신생리학적 반응은 직접적으로 임상적인 다양한 문제와 상관이 있거나 또는 불안, 주의집중 정도 등과 같은 의학적 조건과 밀접한 영향이 있다. 또한 생리적 각성과 그 밖의 심적인 상태 그리고 자신의 권리에 대한 관심 등이 영향을 줄 수 있다.

정신생리학적 측정 영역으로는 심장 맥박, 혈압, 피부 온도, 혈액량, 근육 긴장 및 뇌파의 활동 등이 있다. 약물 사용이나 남용에 관한 측정을 통해 알코올, 마약, 담배의 사용 여부 및 정도를 쉽게 알 수 있다. 예를 들면 흡연자와 관련된 프로그램의 경우 기본적인 측정 단위가 일산화탄소(CO)(Glenn & Dallery, 2007) 지수가 될 수 있다. 대상자는 중재 연구의 과정 중에 일산화탄소 모니터가 부착된 기계로 호흡하게 된다. 이 프로그램의 유용한 기능으로는 대상자가 직접 기계를 사용하여 일산화탄소 지수를 측정함으로써 담배 흡연에 대한 절제를 유도하도록 한 점이다. 이와 유사한 연구로 마리화나를 사용하는 성인 3명을 대상으로 한 연구가 있다. 대상자들의 마리화나 의존도를 감소시키기 위한 이 연구에서는 여러 가지 방식의 측정이 사용되었다(Twohig, Shoenberger, & Hayes, 2007). 그중 마리화나 사용을 테스트할 수 있는 방법으로 구강 면봉을 이용하였다. 테스트를 위하여 뺨 아래쪽과 잇몸 사이에 특수 패드를 부착한 뒤 2~5분 정도를 기다려서 측정하는 방식이다. 이 테스트의 결과는 대상자가 마리화나를 지난 3일 이내에 사용했는지 여부를 알려준다. 또 다른 단일대상연구(Warnes & Allen, 2005)를 살펴보면 근육 긴장으로 인한 발성과 호흡에 문제를 호소해 온 16세의 백인 청소년의 근육 긴장을 줄여 주기 위해 실시된 연구가 있다. 근육 긴장 저하를 위한 중재 효과를 측정하기 위해 바이오 피드백을 활용하였는데, 이는 근전도 반응에 의해 직접 평가가 가능하였다. 이 기계를 목에 부착하여 전극(마이크로볼트)으로 근육 긴장을 측정하였다.

그 밖의 많은 중재 연구는 사회적으로 부적절하거나 비난의 여지가 많은 자극(예 : 노출, 가학, 자학 자극, 그리고 어린이, 동물, 또는 무생물과 관련이 있는)에 나타나는 성적 흥분을 측정 또는 변화시키고자 실시되었다. 성적 흥분에 대한 정신생리학적 평가에서는 직접 각성의 변화를 평가하기 위해 질 또는 음경 혈액량을 측정한다. 예를 들어 음경 혈액량은 혈류량 측정검사에 의해 측정될 수 있는데, 이는 성기를 둘러싼 밴드의 직경 변화를 측정하는 것이다(예 : Reyes et al., 2006). 이 연구는 성적 흥분, 성적 취향에 대해 사회적으로 타당하게 측정하기 위해 잘 계획된 연구라고 사료된다.

좀 더 일반적인 정신생리학적 측정은 많은 신체적 장애 및 질병 절차와 개인의 생활 습관과라이프스타일에 대한 상관관계(예 : 혈중 농도와 화학 성분)를 알아보는 데 사용된다. 혈압이나 뇌파 측정이 그 대표적인 예다. 정신생리학적 및 생물학적 평가는 단일대상연구에서보다는 집단간 연구에서 더 보편적으로 사용된다. 중재 효과를 평가하기 위하여 측정에 사용하는 것으로 뇌 영상과 같은 것이 있는데 상당히 비용이 비싸고 불편하며 지속적으로 사용하기에는 가능하지 않은 단점도 있지만 중재 전 및 중재 후 효과를 측정하기에 편리하다.

위의 예에서 제시한 정신생리학적 평가는 1분 정도만 측정하는 것에 활용하기 적합하다. 그밖에도 불면증, 강박장애, 통증, 과잉행동, 성기능 장애, 틱, 떨림, 등 다양한 임상 문제에 정신생리학적 측정 방법이 단일대상연구 및 집단간 연구에서 활용되어 왔다. 연구 목적에 따라, 정신생리학적 평가는 전, 주요 특성 또는 문제와의 상관관계 측정 등에 활용되었다.

자기 측정. 일반적으로 단일대상연구에서는 대상자가 말하는 것보다 대상자가 어떤 행동을 했는지, 즉 명백한 행동에 초점을 두고 있다. 단지 언어적 행동(거슬리는 발언, 말더듬, 언어 폭력) 자체가 연구 대상이 될 때만 예외적으로 대상자가 말하는 것에 초점을 둔다. 교육학, 심리학, 정신의학 등의 분야에서 중재의 효과를 알아보기 위하여 중재 전과 후에 명백한 행동을 관찰하여 기록지(설문지, 척도, 참여리스트 등)에 기록하여 집단 연구를 실시해왔다. 이 기록지는 연구 대상자 또는 타인(치료사, 배우자, 부모, 교사)에 의해 작성되었다. 반면 '자기측정'은 스스로 기록하는 방법이다. '자기보고' 측정에는 많은 종류가 있는데 이것들 중에도 명백한 행동을 중요하게 반영하는 방법들이 많다. 예를 들어 교육 연구는 자기보고 방법으로 다양한 영역(예 : 읽기, 이해, 산술)의 기능을 기록지에 기록하게 하여 평가한다. 여기에서도 중요하게 생각하는 것은 대상자의 의견이나 관점이 아니라 대상자의 기능 수준이다.

문제의 정도 등을 평가할 때 자기보고는 타인의 반응을 염두하여 거짓을 말하거나(사회적으로 바람직한 방식으로 반응), 그냥 기분 내키는 대로 반응할 수 있기 때문에 결과의 왜곡이 나타날 수 있다. 물론, 자기보고는 항상 부정확하고, 타인에 의해 측정과 행동 평가는 왜곡이 없다고 쉽게 말할 수는 없다. 타인이 측정할 경우에는 대상자들은 자신의 행동이 평가되고 있음을 알기 때문에 자신의 행동을 변화시켜서 결과의 왜곡이 나타날 수 있다. 하지만 자기보고는 결과를 좀 더 명확하게 평가할 수 있지만 타인 측정보다는 왜곡이 있을 수 있는 가능성이 좀 더 높은 것은 사실이다.

연구 대상자들이 스스로 자신을 제시하는 방법을 왜곡시키지 않았다 하더라도 그들이 자신에게 일어난 일, 자신의 계획 등을 잘 표현하는 사람들이 아닐 수도 있다는 것을 생각해볼 수 있다. 예를 들어 장수한 사람들이나 결혼하여 오랫동안 해로한 사람들에게 "장수한 비결 또는 오랫동안 결혼을 유지한 비결이 무엇입니까?"라고 질문할 경우 그들이 한 답변이 전부 다 정확하거나 긴 세월 동안을 전부 다 대변할 수 있다는 보장이 없다. 그리고 수명을 설명할 수 있는 그 이외의 모호한 변인(예 : 그 사람이 태어나기도 전에 이루어진 조부모의 운동 습관)들에 대해 다 알기 어렵다. 자기보고는 흥미있을 수 있지만, 원하는 데이터를 제공하는 데는 부족하다.

많은 연구들에서도 이미 제시된 바와 같이 모든 경험의 중요한 측면을 보고하는 데는 많은 한계가 있다. 바로 진짜 문제는 대상자의 왜곡보다는 자기보고 자체의 한계라고 말할 수 있다. 예를 들어 사람들이 선호하는 배우자 상이나 매력에 대해 언어적으로 진술하라고 말하는 것과 정작 그들이 선택한 배우자의 특성은 상당히 다르다(예 : Todd, Penke, Fasolo, & Lenton, 2007). 여기에서 대상자들은 왜곡하는 노력을 보이지 않았다. 자기보고는 핵심 요소를 식별하는 것으로는 영향력을 발휘하기 어렵다는 것이다. 다음의 연구를 살펴보자. 순결과 금욕에 대한 선서를 한 청소년들의 맹세는 물론 진실이다. 그러나 그들의 선서가 성적 행위 감소와는 연관되지 않은, 즉 실제 성적 행동과 관련이 없는 것으로 나타났다(Rosenbaum, 2009). 사람들이 기억하는 많은 것이 실질적으로는 일어나지 않은 일이 많은 것으로 나타났다(Bjorklund, 2000; Brainerd & Reyna, 2005). 사람들이 기억하는 것이 명확하지는 않지만, 그 보고가 완전히 부정확한 것이라고 볼 수도 없다. 자기보고에 대한 우려는 분명히 존재하므로 연구를 위해 주의 깊게 반영되어야 한다.

수년에 걸쳐, 단일대상연구 설계는 연구에서뿐만 아니라 다양한 분야에서 광범위하게 적용되어 왔다. 단일대상연구 설계는 평가 방법을 확장하는 결과를 가져왔는데 자기보고 및 타인 보고(예 : 임상가에 대한 보고) 그리고 직접적인 행동 측정 등이 포함되는 점이다. 대부분의 경우 자기보고 평가 방법은 치료를 평가하는 데 사용할 수 있는 유일한 방법일 수 있다. 예를 들어 강박 관념에 사로잡힌 생각, 제어할 수 없는 충동, 환각 등이 사람에게 나타나는 양상의 경우, 자기보고 평가는 유일하게 실현 가능한 방법이 될 수 있다. 연구 대상자만이 직접적으로 알 수 있는 경우 자기보고는 평가의 기본 방법이 될 수 있는 것이다.

자기보고 평가는 개인의 내적 경험에만 국한되는 방법은 아니다. 어떤 행동이 공개적으로 보여질 수 없거나 어떤 행동을 하루 종일 모니터해야 하는 경우는 중요하게 활용될 수 있는 방법이다. 앞서 언급한 바와 같이 마리화나 의존도를 줄이기 위하여 3명의 성인을 대상으로 실시한 연구(Twohig et al., 2007)가 한 예가 될 수 있다. 마리화나의 사용을 평가하기 위해 실험 전 3일간 약물 테스트를 실시하였다. 그 외에 자기보고 방법을 활용하여 각 연구 대상자에게 마리화나 사용 기록을 하게 하였는데 정해진 시점에 전화 또는 이메일로 메시지를 남겨 사용 횟수를 보고하는 방식이었다. 자기보고 데이터는 단일대상설계에 필요한 연속적인 관찰을 통한 사정 결괴로 사용되는 동시에 약물 테스트를 최소화하는 효과를 가져왔다. 이와 유사한 것으로 담배 사용에 대한 보고서에서는 흡연에 대한 약물 테스트(일산화탄소 모니터링)를 보충하는 형식으로 자기보고 방법이 활용되었다(Glenn & Dallery, 2007). 약물 테스트와 자기보고 측정에서의 상관관계는 $r = 0.72$로서 적절히 높은 상관관계에 있는 것으로 나타났다. 따라서 실제 흡연과 자기보고 결과는 상관이 높은 것이라고 말할 수 있다. 그러나 이러한 결과는 연구 대상자가 자신의 보고와 상관없이 검사를 통해 자신의 흡연 여부를 알 수 있기 때문에 정확도가 높은 것이 아니냐는 의문을 가질 수 있다. 많은 행동이 원칙적으로 타인에 의해 관찰되기는 하지만 예를 들면 성폭행, 비행 행동(예 : 기물 파손, 방화), 괴롭힘(예 : 놀이터 등에서 일어나는 조롱이나 신체적 학대)을 포함한 행동은 다른 사람에 의해 보고될 수 있지만 그렇지 못할 경우에는 자기보고가 유일한 해결책이 될 수 있다.

　다른 대안이 없거나 결과에 대한 편견이 없는 것이라고 해서 자기보고 측정을 기본 방법으로 무조건 간주해서는 안 된다. 자기보고는 기능적인 측면에서 문제점을 가지고 있는데 자기보고로 다음과 같은 사항(예 : 우울증, 결혼 만족도, 삶의 질)을 알아볼 때가 예가 될 수 있다. 자기보고 평가(자신의 주관적 판단)는 직접적으로 이와 같은 사항을 알아볼 수 있을 방법이라고 생각되지만 가장 마지막에 선택해야 할 대안이다. 예를 들어 많은 중재연구가 두통, 근긴장도, 스트레스, 통증 등을 완화하기 위한 목적으로 실시되어 왔다고 한다. 이러한 연구에서는 정신생리학적 측정(근육 긴장, 피질의 전기적 활동, 피부 온도) 또는 행동 지수(통증을 유발하지 않는 조심스러운 걸음걸이, 계속 누워 있는 것, 아픔으로 인한 얼굴 찡그림)를 통해 평가하는 것이 부수적으로 필요할 수 있다. 그러나 이것을 그렇게 측정하기보다는 연구 대상자에게 두통을 좀 적게 느끼는지, 긴장이 좀 완화되었는지, 통증이 없어졌는지를 질문함으로써 더 명확하게 알 수 있을 것이다. 또한 우울감이 높은 사람이 모든 방면에서(예 : 관계, 일, 월급, 자신의 생활에 대한 제어 능력, 여가) 우울감이 없는 사람보다 더 성공적인 삶을 살게 되는 것은 매우 드문 일일 것이다. 그러므로 다른 요인을 알아보는 것보다는 자기보고 또는 다른 측정 방법(예 : 생리학적 평가)으로 '불행'이라는 것을 평가하기 적절할 것이다.

　비슷한 예로, 많은 중재연구가 사회적으로 부적절하고 비난의 여지가 있는 성적 흥분(노출증, 가학, 자학 자극 또는 성적 대상이 어린이, 동물, 또는 무생물인 경우)을 경험한 사람들의 성적 흥분을 변환해줄 목적으로 실시되기도 한다. 앞서 언급한 바와 같이 성적 흥분에 대한 정신생리학적 평가는 흥분의 변화를 평가하기 위해 질 또는 음경 혈액량을 측정함으로써 가능하다. 그러나 자기보고, 즉 직접적으로 자신이 어떤 것에 의해 자극이 되었는지를 보고하는 것으로 정확도를 높일 수 있다. 왜냐하면 생리적 흥분과 부적절한 대상에 대한 흥분 사이에 상관관계가 없을 수 있기 때문이다. 그러므로 흥분을 평가하는 다른 방식의 측정과 함께 자기보고 평가를 하는 것이 적절하다.

둘째, 자기보고 측정에서의 신뢰성 및 타당성 확보 방법에 대한 연구는 매우 광범위하게 실시되었다. 즉 이 연구는 자기보고 결과가 일관성이 있는지 그리고 다른 측정(예 : 아동이 학교에서 잘 지내는가?, 개인이 직장에서 일을 잘하고 있는가?)의 결과와 상관이 있는지를 알아보는 연구라고 할 수 있다. 측정에 있어서의 가치란 그것이 방법론적 테두리라는 범위 안에 있는지를 의미한다. 그 테두리는 측정 결과가 다른 유형의 측정 결과와 관련있음을 반영한다. 예를 들어 "청소년 비행 행동에 참여하는 정도를 측정하는 데 가장 좋은 방법은 무엇인가? 체포 기록(청소년 경찰서에 가게 된 횟수)을 사용해야 하는가? 아니면 그들에게 질문을 해야 하는가?" 상당히 까다로운 질문이다. 실제 연구에서는 아마 연구자가 한 가지 이상의 측정 유형을 사용하려고 할 것이다(Kazdin, 2003). 그래서 가능하면 기관의 횟수 기록(체포) 및 자기보고 질문지를 연구에 모두 사용하고자 할 것이다. 이 두 가지 측정 방법은 서로 다른 한계를 가지고 있기 때문에 두 가지를 모두 활용할 경우 결론을 얻는 데 효과적일 것이다. 그동안의 선행연구들에 의하면 자기보고 측정 방법은 비행 행위를 측정하기에 효과적인 방법이며 비행에 대한 직관(예 : 행위의 범위, 예측 인자)에 도움을 주는 방법이라는 결과가 나타났다. 직접 관찰 또는 기관의 기록(Thornberry & Krohn, 2000 참조)과 같은 방법은 이러한 결과를 내기에 부족하다.

셋째, 단일대상연구 결과에서는 매일 또는 거의 매일 반복적으로 측정하여 연속적인 측정 결과가 요구된다. 반면에 대부분의 자기보고 측정은 일회적이며, 지속적인 측정으로 변화를 확인하고 변경사항을 반영하지 않는 경향이 있다. 그러나 이러한 우려를 잠재울 다양한 측정 사례들이 여러 연구에서 사용되어 왔다. 심리치료 영역에서 사용되는 척도를 예로 들어볼 수 있다. 이 척도는 45개의 문항으로 구성되어 있으며, 치료 과정을 통해 주기적으로(예 : 매주) 진척 상황을 측정한다(Lambert et al., 1996, 2001, 2003, 2004). 이 설문을 작성하는 데 약 5분 정도가 소요된다. 전체 45개 문항으로 구성된 설문지는 4개의 영역으로 나뉘어 있는데, 심리적 장애(주로 우울증과 불안), 대인관계 문제, 사회적 역할 기능(예 : 직장에서의 문제), 삶의 질(예 : 삶의 만족도 측면)로 나누어 종합적으로 그 기능을 평가한 결과를 제시한다. 이 척도는 광범위하게 활용되고 있으며 수천 명의 환자들에게 사용되어 결과를 평가하거나 변화를 예측하는 데 유용한 것으로 밝혀졌다. 현재 임상연구와 단일대상설계에 사용되는 자기보고 척도는 다양하게 제공되어 있다(예 : Borckardt et al., 2008; Clement, 2007).

마지막으로, 자기보고 측정은 너무 노골적인 문제에는 사용하는 것이 적절치 않다는 점이다. 그러므로 자기보고 결과를 조금 다른 방식으로 평가할 수도 있다. 예를 들어 한 연구에서는 아동 학대를 방지하고 자녀를 좀 더 효율적으로 양육하는 것을 지도하기 위해 어머니를 대상으로 일기를 쓰게 하였다(Peterson, Tremblay, Ewigman & Popkey, 2002). 질문은 개방형으로 하고 특별히 가정에서의 가혹한 훈육, 아동의 문제 행동에 대한 무시, 벌의 목적으로 활용하는 타임아웃 등과 같은 내용을 전혀 질문하지 않았다. 이 연구 프로그램의 목적은 참여 대상들이 가혹한 훈육을 감소시키는 대신 필요에 따라 문제 행동을 무시하고 타임아웃을 사용하도록 하는 것이었다. 일기를 어떻게 분석할지를 정하고 코딩을 하였다. 코딩의 신뢰성을 확보하기 위하여 2명 이상의 기록자가 기록하여 신뢰도를 확보하였다. 시간이 지남에 따라 연구 대상자들의 양육 행동이 변화하는 것을 인식할 수 있게 되었고, 일련의 결과들을 통해 그 프로그램이 효과적이었다는 결론을 도출해낼 수 있었다.

자기보고 측정은 단일대상연구에서만 사용되는 것은 아니다. 이 방법은 임상적 상황에서 기능을 평가하기 위해서도 사용되어 왔는데 다른 방법으로는 쉽게 측정하기 곤란한 영역에서 중요하게 사용되고 있다. 나타나는 행동으로 분명한 측정이 가능한 영역에서도 중재의 효과를 알아보기 위하여 대상자 자신이나 타인의 보고가 중요하게 평가되기도 한다. 실제의 변화와 인식된 변화 사이에는 관련이 있다. 자기보고 측정은 실제의 변화를 측정하기도 하고 인식된 변화를 측정하기도 하는데, 다른 측정 방식과 더불어 활용될 때 더욱 가치가 있을 것이다.

타인 보고. 타인 보고란 연구 대상자와 긴밀하게 상호작용할 수 있고 관찰할 수 있는 사람들에 의해 기록된 보고를 의미한다. 부모, 교사, 배우자, 파트너 등 주요 관계자가 여기에 속하며, 대상자 외에 주요 정보 제공자로 활용될 수 있는 사람들이다. 자기보고와 마찬가지로, 타인 보고는 중재 연구에서 중요한 역할을 한다. 첫째, 특정 영역의 연구(예 : 우울증)에서는 표준화된 측정 결과와 더불어 타인 보고(임상의에 의해 평가된 등급)가 치료 효과를 보여주는 주요 결과이다(예 : Levesque et al., 2004; Savard et al., 1998). 전문가(예 : 결과에 기반한 판단을 잘할 수 있는 사람들)의 견해는 중요하다. 또한 선분가는 아니지만 일상생활에서 중요한 사람(예 : 가까운 친척, 동료)은 대상자와의 긴밀한 접촉을 통하여 가치 있는 정보를 제공할 수 있는 사람들이다.

둘째, 주요 관련인은 대개 처음 문제를 인식할 수 있는 사람으로서 부모나 교사 등이 될 수 있다. 표준화된 측정 평가 결과를 활용하여 중재의 필요 여부와 중재 효과를 알아볼 수 있다. 주요 관련인은 대상자와의 긴밀한 접촉을 가지고 있으며, 유용한 정보를 제공할 수 있는 사람들이기 때문에 그 사람들의 견해가 존중된다. 또한 이러한 사람들은 사회적 타당도를 알아보기 위해서도 중요하다. 이미 언급한 바와 같이 이러한 상황에서는 주관적 평가가 사용된다. 주요 관련인으로 하여금 연구 대상자에게 중재가 필요하다고 판단되는지, 또한 사용된 중재가 효과적이라고 생각되는지를 질문하게 된다. 사실 이러한 판단은 주관적이기 때문에 행동 관찰의 결과와 동일한 결과를 나타낼 필요는 없다. 오히려 이것의 목적은 연구 대상자의 변화가 중요한 타인에게도 뭔가의 변화를 가져왔는지를 확인하기 위해서다.

자기보고 측정에서 나타났던 우려의 대부분은 타인 보고와도 밀접하게 상관이 있다. 첫째, 타인 보고가 항상 대상자의 진짜 상황을 보여주는 것은 아니다. 예를 들어 한 치료 상황에서 행동(예 : 틱만큼 겉으로 드러나는)에 대한 임상 평가와 직접 관찰을 비교하였는데, 그 결과 임상가의 평가는 직접 관찰에 비하여 정확하게 결과를 반영하지 못할 수 있다는 결과가 나타났다(Himle et al., 2006). 둘째, 서로 다른 정보 제공자가 같은 사람(예 : 치료 의뢰를 받은 아동)을 평가하여 그 결과를 비교한 결과 정보 제공자 간의 차이 정도가 낮음에서 중간 단계를 보이는 것으로 나타났다(Achenbach, 2006; De Los Reyes & Kazdin, 2005) 예를 들어 부모, 교사 및 아동 자신에게 아동의 기능(예 : 공격성, 사회적 상호작용)에 대해 질문하면 결과가 일치하지 않을 수 있다는 것이다(예 : 부모와 교사가 보인 결과의 상관관계는 $r = \approx .4$). 셋째, 타인에 의한 평가는 타인 스스로가 가진 특성 때문에 영향을 받기도 한다. 예를 들어 스트레스, 우울, 고립을 경험한 부모는 자녀를 좀 더 문제 있는 아동으로 인식할 가능성이 있다.

다른 유형의 측정 유형과 같이 타인 보고 방법의 제한점을 인식하고 다른 유형의 측정과 함께 활용하는 것이 바람직하다. 대상자의 문제를 인식하고, 중재를 통해 대상자가 분명히 변화되었는지를 결정하는 데 있어서 중요한 타인의 견해는 매우 중요하다. 실제로 인생에 있어서 많은 의사결정과 선택은 중요한 타인의 영향을 받는 것이 사실이다.

사정 전략의 선택

대부분의 단일대상설계의 경우 연구자들은 관찰 행동에 근거하여 평가 전략(예 : 빈도, 간격 측정)을 선택하여 활용한다. 행동에 따라 이산 분류가 되어 있는 경우 빈도수를 활용하기도 하고 범주화 전략을 활용하기도 한다. 예를 들어 타인을 모독하는 단어의 수, 화장실 사용 횟수, 먹기 반응의 수 등이 예가 될 수 있다. 간격 측정 전략이 더 적합한 예로는 읽기, 작업 시간, 착석 시간 등이 포함될 수 있다. 지속시간 측정 전략이 좋은 행동의 예로는 공부 시간, 우는 시간, 또는 옷 입기 소요 시간 등이 있다. 대상 행동은 보통 하나 이상의 방법으로 평가될 수 있다. 대상 행동 측정에 대한 단일 전략이란 존재하지 않는다. 예를 들어 비행 청소년 시설에서 그 청소년들을 대상으로 연구하는 경우 대상자들의 공격 행동을 기록하게 될 수 있다. 타인 때리기(주먹을 쥐고 타인과의 물리적 접촉)가 주요 관심사라면 어떠한 평가 전략을 사용할 수 있겠는가?

공격행동은 연구 대상자가 하루 중 정해 놓은 특정 기간 동안에 때리기 횟수를 관찰자가 기록함으로써 빈도에 의해 측정될 수 있다. 때리기 횟수는 하나의 반응으로 간주된다. 이는 또한 간격 기록법으로 측정될 수 있다. 주어진 30분 동안을 10초 간격으로 나누어 각각의 기간 동안에 때리기 행동이 발생하였는지를 기록한다. 지속 시간 측정 전략 또한 사용될 수 있다. 그러나 때리기에 걸리는 시간이 너무 빠르기 때문에 때리기 시작한 시점에서 끝날 때까지의 시간을 스톱워치로 측정하기 어려울 수 있다. 이 행동에 대해 시간을 활용하여 좀 더 쉽게 활용할 수 있는 방법은 **지연 시간 측정법**이다. 첫 번째 공격행동이 발생하는 시간을 기록하는 것으로 첫 번째 공격 행동이 발생하는 시간이 증가하면 공격 행동 감소 효과를 가져올 수 있기 때문이다.

다양한 측정 방법이 활용가능하지만 최종적으로 전략을 선택할 때는 프로그램의 목적에 적합한 것을 선택하면 된다. 가령 어떤 프로그램에서 연구 대상자들이 복잡한 행동을 수행하기 위하여 일련의 단계를 숙달해야 하는 것을 목적으로 한다면 **이산 분류**와 같은 방법이 유용할 것이다. 각 단계(각 단계가 실행되었거나 또는 실행되지 않았다고 표기하게 됨)들이 나열되고 프로그램의 과정을 통해 훈련을 시키면서 각 단계를 성공적으로 이행했는지를 평가하게 될 것이다. 그룹 상황(예 : 캠프, 교실, 감옥, 군대, 요양원, 어린이집)에서는 모든 구성원이 목표 행동(예 : 작업의 완성, 이벤트 참여, 낮잠)을 성공적으로 수행하는 것을 목적으로 하는 중재를 활용하게 될 것이다. 행동을 수행하는 사람의 수를 집계하는 것이 직접적인 척도가 될 것이다. 이렇듯 경우에 따라서 새로운 척도를 고안해낼 필요 없이 쉬운 척도를 바로 사용할 수 있는 때도 많다. 식사, 흡연, 운동과 같은 경우 칼로리, 피운 담배 개비의 수, 달린 거리 등이 쉬운 예가 될 수 있다.

대상 문제가 정신생리학적 기능과 관련이 있을 경우 대개 직접 측정이 가능하다. 대부분의 경우 명백한 행동 또한 생리학적 과정이 반영될 수 있다. 예를 들어 발작, 의도적 구토, 불안 등은 연구 대상자의 직접적이 관찰을 통해 평가될 수 있다. 그러나 직접적으로 정신생리학적 측정이 함께 활용될 경우 좀 더 세부적이고도 관련 높은 정보를 제공받을 수 있을 것이다.

보다 넓은 범위에서 논하자면 평가 전략은 목표행동의 특성과 중재 목표에 기반하여 선택된다. 대부분 하나 이상의 평가 전략이 활용될 수 있는 것은 사실이다. 최종적으로 평가 유형을 결정할 때는 위에서 언급한 고려사항뿐만 아니라 연구자에게 주어진 평가 기간과 관찰자의 가용성 등을 포함하는 다른 요인들도 고려대상이 된다.

이전 장에서는 다양한 측정 방법을 사용할 것으로 장려한다고 언급되어 있다. 즉 좀 더 완벽한 결론을 내기 위하여 연구자들은 가장 좋고 관련성이 높은 방식의 다양한 평가 방법이 필요하기 때문이다. 또한 다양한 척도를 사용하게 되면 연구자들의 관심 영역이 다양하게 반영될 수 있고 각기 다른 차원으로 많은 정보를 확보할 수 있기 때문이다. 단일대상설계에서는 하나의 평가 방법을 활용하여 전체 기간 동안 지속적으로 데이터를 수집하지만 관심 영역에 대해 주기적으로 또는 1~2회 정도를 다른 평가 방식을 투여하여 그 결과를 함께 활용할 수 있다.

사정의 조건

평가 전략에 따라 행동을 기록하는 방법도 달라진다. 관찰 행동은 어떤 원인에 의한 행동이 발생되었는지 여부, 행동이 발생한 상황, 사람들이 그들의 행동을 기록하고 있는지를 인식하는지 여부, 사람이 기록하는지 아니면 기계에 의해 자동적으로 기록되는지 등 다양한 조건에 따라 다르게 나타날 수 있는 가능성이 높다. 이러한 사정의 조건들이 연구 대상자의 행동에 영향을 미칠 수 있기 때문에 대상자들이 보인 결과가 실제로 정확한 것인지에 대한 신뢰도 문제가 거론될 수 있다.

자연적 상황 대 인위적인 설정 상황

연구 대상자 행동은 다양한 조건에서 관찰될 수 있다. 전혀 구조화되지 않은 일상적인 자연 상황에서부터 그러한 행동이 쉽게 일어나도록 설정된 인위적 상황까지 범위가 넓다. 대상자의 행동, 임무 또는 활동은 자연적인(구조화되지 않은) 상황 또는 인위적인 설정 상황(구조화된) 등에서 관찰이 가능하다. 즉 자연적인 상황이란 집이나 공원 등 일상생활의 조건을 의미하고 인위적인 설정이란 실험실 상황 등이 예가 될 수 있다. 연구 목적에 따라 설정을 변경하거나 상황을 연출(gradation)[2]하기도 한다.

자연스러운 상황에서의 관찰이란 연구 대상자의 상황을 구조화 없이 관찰하는 것을 의미한

---

2) 심리 연구에서 실제 상황에 설정 상황을 가미하는 것을 의미한다. 예를 들어 대학생들을 대상으로 한 연구에서 연구 대상자가 한 사무실에 약속을 하고 대기실로 들어갔다고 하자. 대기실에 이미 와 있는 한 사람이 막 도착한 대상자에게 말을 걸기 시작한다. 이 상황은 단순히 일상생활에서 전혀 구조화되어 있지 않게 보일 수 있지만 여기에서 먼저 도착해서 말을 거는 다른 대학생은 스크립트에 의해 연습을 한 배우이다. 사무실의 대기실 상황은 매우 자연스럽고 대상자도 자연스러운 상황으로 인식하지만 사실은 설정된 상황이며 경우에 따라서는 녹화가 되기도 한다.

다. 지속적인 행동이 자연적인 상황에서 정상적으로 발생해 관찰되는 것을 뜻하며 상황이 연구자에 의해 변경되지 않는다. 예를 들어 학교 교실 상황 또는 놀이터에서 쉬는 시간 동안 아동의 상호작용을 관찰하는 것은 자연적인 상황으로 간주된다. 마찬가지로, 식당이나 레스토랑에서 식사를 하는 사람들의 관찰 또한 자연적인 상황의 관찰이 된다.

자연적인 상황에서의 직접 관찰은 매우 유용하기는 하지만 관찰이 상당히 어렵거나 불가능할 경우도 있다. 관심 행동의 빈도가 너무 낮아서 관찰이 어려울 수도 있고, 행동에 따라 관찰이 어려울 수도 있으며, 너무 많은 비용이 발생할 수 있다. 다른 맥락에서 이 문제를 생각해 보자. 야생동물 TV 프로그램을 제작한다면 동물들의 숨막히는 사냥, 서로 죽이고 죽는 약육강식의 세계 등을 담기 위해 많은 노력을 하게 된다. 그러나 이러한 프로그램 제작은 인위적으로 연출이 어려워 자연적인 상황을 찍어야 하기 때문에 제작자는 그 장면을 확보하기 위하여 몇날 며칠을 사바나의 어느 나무에 앉아 있어야 할 것이다. 이와 유사하게, 관심 행동이 아주 드물게 발생하거나 그래서 중재할 수 있을 정도의 충분한 빈도로 발생하지 않는다면 어떻게 해야 할까? 결과적으로 이러한 행동이 인위적으로 발생할 수 있는 조건을 형성할 필요가 있을 것이다.

예를 들어 한 연구는 아동(4~7세)을 대상으로 총으로 놀이를 하지 않도록 그리고 총이 있는 상황에서는 안전하게 대응할 수 있도록 훈련시키기 위한 목적으로 설계되었다(Gross, Miltenberger, Knudson, Bosch, & Breitwieser, 2007). 고장이 나서 더 이상 사용할 없는 총을 경찰서에 의뢰하여 제공받았다. 각 아동은 집에서 총을 발견했을 때 대응하는 방법(총을 만지지 않기, 총이 있는 공간으로부터 빠져나오기, 성인에게 연락하기)을 훈련받았다. 각 아동의 집에는 카메라가 설치되어 총에 대해 어떻게 반응하는지를 녹화하여 아동의 행동을 점수화했다. 실제 총을 가지고 실제 상황에서 아동을 대상으로 이러한 내용을 직접 관찰한다는 것은 분명히 있을 수 없는 일이다. 따라서 인위적인 상황을 설정하여 아동을 관찰하고 행동 훈련을 할 수 있도록 설계된 것이다.

미취학 아동을 대상으로 유괴를 예방하기 위해 설계된 또 다른 연구도 예가 될 수 있다(Johnson et al., 2005) 관찰은 학교와 자녀의 집 근처에서 다양한 설정(즉 인위적인) 상황에서 수행되었다. 연구의 일환으로 투입된 사람이 아동에게 접근하여 뭔가로 유혹해서 같이 가자는 말을 하면 아동이 즉각적으로 단호하게 '싫어요'라고 말하며 빨리 그 상황을 빠져나가도록 훈련시켰다. 그러나 자연적인 상황이라면 사바나 사진 작가처럼 그런 유괴 상황이 일어나길 기다려야 하는데 이러한 일은 있어서도 안 되지만 훈련을 할 수도 없는 것이다. 물에 빠지는 것과 같이 생명을 위협하는 위험 상황에서 빠져나오는 것을 가르치기 위하여 그 상황이 발생할 때까지 기다리는 것은 전혀 도움이 되지 않는다. 필요한 능력을 지도하고 평가하기 위해 많은 기회가 제공될 수 있는 인위적인 조건(일반 수영장)에서 훈련하는 것이 필요할 것이다.

자연적인 상황에서의 평가와 인위적인 조건에서의 평가는 서로 다른 장점과 단점을 가지고 있다. 위에서 언급한 총과 납치에 대한 프로그램의 예에서와 같이 인위적인 조건에서의 중재와 평가는 자연적인 조건에서는 제공받기 너무 어려울 수 있는 정보를 제공해준다. 부모의 승인과 협조를 얻어 인위적인 환경을 설정함으로써 아동은 특정 상황에서 어떻게 대응해야 하는지를 학습할 수 있게 될 것이다.

또한 인위적인 상황은 일관되고 표준화된 평가 조건을 제공한다는 장점이 있다. 일관된 조건은 직접 관찰을 통해 획득된 데이터의 분석과 중재 효과의 확인을 용이하게 한다. 인위적으로 설정된 상황이 아니라 자연스러운 상황에서라면 다양하게 변화된 다른 요인들로 인하여 결과가 확연히 달라질 수 있기 때문에 중재 효과를 입증하기 어렵게 된다. 이렇게 되면 집단 간 연구는 물론 단일대상연구에서도 상황에 따라 달라지는 수행 수준으로 인하여 중재의 효과를 검증하기 어렵게 된다. 인위적인 설정된 상황에서는 자연적인 상황에서는 다양하게 발생할 수 있는 불필요한 외생 변인을 최소화하는 효과를 가져온다.

인위적인 상황 평가 조건은 표준화된 조건을 제공한다는 장점뿐만 아니라 비용 면에서도 장점이 있다. 인위적인 상황이면 자연 조건하에서 자주 발생할 것 같지 않은 것도 수행하게 하여 그 행동을 관찰할 수 있다. 예를 들어 가족에게 어떤 임무(예 : 여행 계획 짜기, 자녀와 함께 숙제하기)가 주어졌을 때 가족이 어떻게 상호작용하는지를 임상 상황에서 관찰할 수 있다. 이와 같은 다양한 작업은 일반적으로 자연스러운 상황에서는 자주 발생하지 않는 상황일 수 있지만 인위적인 임상 상황에서는 많은 행동을 하게 한 후 이를 사정할 수 있다. 그러므로 인위적인 상황에서 행동 수행 사정의 주요 고려사항은 이러한 행동이 일상적인 자연 조건에서 동일하게 발생하는지에 대한 문제이다. 대부분의 연구에서 인위적인 상황에서의 수행 수준과 자연 조건하의 수행 수준은 상관관계가 있을 것이라는 가정을 가지고 실시될 뿐이다.

실험실(또는 임상) 환경 대 자연적 환경

평가에 있어서 영향을 미치는 한 영역으로 관찰이 이루어지는 장소라는 변인이 있다. 관찰은 자연적 환경 또는 실험실/특수한 임상 환경에서 이루어질 수 있다. 여기서 관찰된 장소라는 것은 인위적인 상황 설정과는 다른 차원의 내용으로 장소의 차이를 의미한다. 대학생들이 교내에 설치된 '정지' 표지판 앞에서 확실하게 멈추는 것을 훈련할 목적으로 실시된 연구(Austin, Hackett, Gravina, & Lebbon, 2006)를 예로 들어볼 수 있다. 이 연구는 실제 표지판이 있는 대학 내 교차로에서 실시되었다. 사정과 중재 모두 이곳에서 이루어졌다. 관찰자들은 교차로 인근에 주차된 차 안에 앉아 대상자들의 차가 확실한 정지를 하는지 관찰하여 기록하였다. 이 경우의 연구는 활동과 중재 모두 자연스러운 조건을 가지고 자연스러운 환경에서 실시된 것이다. 앞서 아동 유괴 방지 관련 연구에서는 상황은 설정되었으나 아동의 행동에 대한 사정과 중재가 일어난 장소는 자연스러운 환경(가정 및 학교)이었다.

　연구 대상자가 자연스럽게 활동하는 일상 환경에서 관찰하는 것이 가장 이상적일 것이다. 자연스러운 환경이란 연구 대상자가 일상적으로 활동하는 교실, 직장, 지역사회 등을 포함할 수 있다. 때로 심리치료를 받고 있는 사람의 가정에서 관찰이 이루어지기도 한다. 예를 들어 아동의 행동 문제(예 : 반항, 파괴, 공격행동 등)를 평가하기 위해, 가정에서 아동이 가족과 상호작용하는 것을 직접 관찰하여 평가할 수 있다. 가정은 분명히 자연 환경이지만 활동은 완전히 자연스러운 것이라고 말할 수는 없다. 제한사항이 있기 때문이다. 평가 조건을 표준화할 수 있도록 전화 통화로 시간을 소비하거나 텔레비전을 시청하지 않도록 일상생활이 제한된다. 일상생활에서 일부 인위적인 설정의 요소가 포함되어 일상생활과는 좀 다를 수 있지만 관찰이 이루어지는 공간은 자연스러운 환경이다.

　행동 문제를 가진 어린이들의 가족 간 상호작용 평가는 자연 환경 이외에 임상 상황에서도 실시될 수 있다. 치료실의 놀이 공간과 같은 곳에서 부모와 자녀가 활동이나 게임을 통해 집에서 하는 것처럼 서로 상호작용하도록 하게 한다. 활동하는 동안 부모와 자녀가 서로 어떻게 반응하는지 평가하기 위해 기록된다. 흥미롭게도 행동 문제를 가진 아동의 행동을 평가해 보면 치료실 상황의 행동과 가정의 행동은 상당히 다른 것으로 나타나는 경향이 있다. 두 경우 모두 평가를 용이하게 하기 위해 인위적인 활동이 주어졌는데도 장소라는 평가 조건이 상호작용에 영향을 미칠 가능성이 있는 것이라고 볼 수 있다.

　자연 환경에서의 평가에서는 비용 문제를 포함하여 매번 표준화된 동일한 조건에서의 평가가 확보될 수 없기 때문에 발생하는 신뢰도 문제가 거론될 수 있다. 그리하여 많은 연구가 평가 조건의 편의성와 표준화 확보를 위하여 실험실이나 치료실 상황에서 이루어지는 경향이 높았다. 대부분의 병원 관찰에서는 인위적인 상황이 사용된다. 집에서 볼 수 있는 특정 행동(예 : 아동의 순응)에 대한 평가가 가능하도록 구조화된 상황을 인위적으로 설정하여 아동의 반응을 평가하게 된다.

　전반적으로 관찰이 가능한 행동이 나타나서 관찰이 가능한 표준화된 조건을 만들기 위해 노력하는 것과 동시에 가능한 한 자연스러운 상황을 만들어 실제 생활에서 충분히 나타날 수 있는 조건을 형성하기 위한 노력을 해야 한다.

공개 평가 대 비공개 평가

평가에 영향을 주는 또 다른 요인은 연구 대상자의 평가에 대한 인식 여부이다. 연구 대상자가 평가되고 있음을 알고 연구자가 공개 평가를 하는 경우라면 눈에 띄는 평가라고 말할 수 있다. 일반적으로 이 경우에는 대상자가 관찰되고 있음을 인식하기는 하지만 연구자가 자신의 어떤 행동을 평가하는지 잘 인식하지 못하는 것을 의미한다. 공개 평가에서의 잠재적 문제는 연구 대상자가 평가를 인식하지 못하는 상황에서 보일 수 있는 행동이 평가를 인식할 때에도 유사하게 보일 것인가 하는 문제이다. 즉 연구 대상자의 반응성과 관련된 이슈이다. 평가에 대한 인식이 반드시 연구 대상자의 특별한 반응을 유도한다는 것을 의미하지 않는다. 즉 평가가 이루어지고 있다는 것을 인식한다고 해도 행동이 평가가 없는 상황과 유사하게 나타날 수 있다. 하지만 반응성이 있을 수 있다는 것은 생각해봐야 할 가정이다. 반면 연구 대상자가 평가되고 있는지를 모르는 상황(눈에 띄지 않는 평가)에서는 연구 대상자들의 이러한 반응성은 나타나지 않을 것이다.[3]

조건에 따라 명백한 행동은 공개 평가할 수 있고 비공개 평가를 실시할 수도 있다. 직접 관찰을 활용하는 많은 연구는 공개 평가 조건에서 수행되었다. 예를 들어 행동 문제를 가진 아동을 대상으로 가정이나 클리닉에서 가족들과 행동하는 것을 관찰하는데 그들은 관찰되고 있다는 것을 알고 있는 상태에서 활동을 수행한다. 또 다른 사례를 들어보면 불안 문제 치료를 받고 있는 연구 참여자가 자신의 회피 행동이 평가되는지 알고 있는 상태에서 인위적인 설정 상황에서 어떠한 행동을 보이게 된다. 이렇게 인식하고 있는 상황에서 다르게 반응하는지, 즉 행동 반응에 차이가 있는지에 대한 연구는 별로없다.

단일대상연구는 평가의 반응성과 관련하여 장점이 있다. 보통 매일 이루어지는 지속적인 평가로 인하여 연구 대상자는 평가에 익숙해질 가능성이 높아진다. 나는 다른 2명의 관찰자와 함께 어느 교실에서 아동의 행동을 관찰한 적이 있는데 첫날에는 2명의 아동이 뒤돌아보며 관심을 갖고 다가왔으나 아동의 관심에 반응하지 않고 계속 관찰을 하자 관찰자에 대한 아동의 관심이 급속히 떨어지는 것을 목격할 수 있었다. 몇 주 또는 몇 달 동안 계속되는 관찰은 일상 속에서 평범하게 묻히게 되는 것이다.

---

3) 반응성과 눈에 띄지 않는 측정 사이의 관계에도 조금은 생각해볼 여지가 있다. 사람들이 관찰자를 인식하고 있다고 딱히 말할 수 있지 않지만 뭔가 다르고 신경이 쓰이는 것(예 : 관찰자)이 있을 수 있다. 의식적으로는 인식하는 것은 아니지만 뭔가 다르게 느껴지는 상황으로 인해 결과에 영향을 줄 수 있다(Hassin, Uleman, & Bargh, 2005). 예를 들어 자신도 모를 만큼 깜짝할 사이에 국기를 보여주자(즉 너무 빠르게 국기가 보였다가 사라짐) 사람들의 정치적 견해, 의지, 그리고 투표 결과가 달라졌음을 알려주는 연구가 있었다(Hassin, Ferguson, Shidlovski, & Gross, 2007). 다시 말해서 이 연구는 눈에 잘 띄는 평가 방식이 아니더라도 뭔가의 변화로 인하여 반응성이 나타날 가능성이 있음을 시사한다.

매우 다른 상황에 대한 예를 들어보고자 한다. 이는 영국에 있는 대학의 럭비 선수들을 대상으로 한 연구이다(Mellalieu, Hanton, & O'Brien, 2006). 5명의 선수가 이 프로젝트에 포함되었다. 이 프로젝트의 목표는 특정 행동을 증가시키는 것이었다(예 : 태클의 수, 상대편 선수의 공 빼앗기). 개별 행동의 목표를 선정하고 이에 대한 피드백이 제공되었기 때문에 참가자는 평가에 대해 잘 알고 있었다. 피드백을 위하여 20게임을 녹화하였다. 이것은 물론 눈에 띄는 평가였다. 그렇다면 평가에 의한 대상자들의 반응이 있었는가? 즉 평가를 받고 있는 것을 알고 있었기 때문에 연구 참여자들의 행동에 어떠한 변화가 있었는가? 반응성은 잠깐 존재하는 것으로 끝이 나는 경향이 있다. 일반적으로, 단일대상연구는 관찰의 반응상 효과에 대한 연구는 별로 진행되지 않았다. 왜냐하면 단일대상연구에서는 대개 관찰이 오랫동안 거의 매일 진행되기 때문에 관찰이 일상화되어 반응성에 대한 가능성이 최소화되기 때문이다.

경우에 따라서 드러나지 않는 관찰이 실시되기도 한다. 이미 언급한 교차로 연구에서는 눈에 띄지 않는 관찰이 실시되었다(Austin et al., 2006). 근처에 주차한 차 안에서 관찰자에게 알리지 않고 관찰을 실시하였고 대상자들은 관찰자의 관찰 상황을 모른 채로 평소대로 운전하였다. 또 다른 연구는 슈퍼마켓을 찾은 사람들이 푸드 뱅크에 기부하는 것을 장려하고자 실시되었다(Farrimond & Leland, 2006). 푸드 뱅크로 전달될 기부함이 슈퍼마켓의 출입구 근처에 배치되었다. 프로그램을 평가하기 위하여 기부품 항목의 수와 가격을 평가의 척도로 사용하였다. 푸드 뱅크 기부함은 9년 동안 그 장소에 있었고 인위적인 상황은 전혀 포함되지 않았으므로 비공개 관찰의 좋은 예다.

하지만 비공개 관찰은 쉬운 것이 아니다. 연구자는 일반적으로 참여자에게 내용을 공개해야 한다. 연구에 대한 동의, 개인정보 보호 등은 연구에 있어서 기본적인 것이다. 참가자의 신원이 식별될 수 없는 경우에는 동의서 등이 필요하지 않을 수 있다. 그러나 이러한 일은 아주 예외적인 것일 뿐이다. 거의 모든 연구에서는 공개 평가가 이루어지겠지만 반응성을 유념하여 정도를 좀 조절할 필요가 있을 경우도 있으리라고 본다.

관찰자 기록 대 자동 기록

마지막으로 관찰 결과가 어떻게 기록되느냐의 문제이다. 대부분의 단일대상연구에서는 관찰자가 연구 대상사의 관심에 대해 평가 전략을 설정하여 관찰하고 기록한다. 관찰자는 일반적으로 가정, 교실, 병원, 실험실, 지역사회, 임상 상황 등에서 행동을 기록한다. 관찰자는 특별히 관찰을 위해 투입된 사람이 될 수도 있지만 연구 대상자의 부모, 배우자, 교사와 같은 익숙한 사람이 될 수도 있다.

　　반면 관찰 결과가 자동 장치에 의해 수집될 수도 있다. 자동 장치는 대상자의 반응이 나타났는지, 얼마나 그 반응이 나타났는지 또는 주요 특성을 기록한다.[4] 자동 기록 장치를 통해서는 녹화된 것을 사람이 보고 수치화하여 입력해야 한다.

　　일반적으로 연구에서 자동 측정 기록 장치가 가장 다양하게 사용되는 분야는 바이오피드백 분야이다. 이 경우, 정신생리학적 기록 장치는 지속적인 생리적 반응을 평가하기 위해 필요하다. 이미 언급한 예에서와 같이 근육 긴장도를 자동 측정 장치로 직접 측정할 수 있다. 관찰자에 의해 실시된 직접 관찰을 통해서는 근육 긴장을 정밀하게 평가할 수 없다. 그 밖의 다른 반응(예 : 뇌파, 혈압, 심장 부정맥, 피부 온도)들도 단지 연구 대상자를 직접 관찰하는 것으로는 측정이 어렵다. 일부 생리적 징후(예 : 청진기에 의해 감지되는 심장 박동이나 혈관을 눌러서 감지하는 맥박수)는 관찰자를 통해서도 측정 가능하지만 정신생리학적 평가가 더 민감하고 정확하며 신뢰할 수 있는 기록 시스템을 제공해준다.

　　단일대상연구에서 자동화된 평가 영역은 정신생리학적 평가에 한정되지는 않는다. 자동 측정 평가는 대학 기숙사의 소음 정도(데시벨 미터로 측정) 또는 자동차의 과속(레이더로 측정) 등을 평가하기 위해 사용되었다. 이러한 측정 방법이 이용될 경우 관찰자들은 평가에서 전혀 필요하지 않게 되거나 최소한의 역할을 하게 된다. 이러한 자동 기록 장치의 데이터는 사람들이 관리하기 쉬운 상태의 정량적 방식으로 정보를 제공하거나 아니면 컴퓨터로 자동연결되어 사람의 노력을 최소화하게 해준다.

　　자동화된 기록 장치는 측정 오류를 최소화 또는 제거하는 데 있어 명백한 이점이 있다. 이 내용은 다음 장에서 추가로 설명될 것이다. 사람인 관찰자의 경우에는 대상자에게 반응이 시작되었는지, 끝났는지 혹은 발생했는지 여부를 주관적으로 결정해야 한다. 사람이 관찰할 경우에는 기능(예 : 눈의 스캔 기능)의 한계가 있으며 대상자의 반응에 대한 불분명한 경계를 결정하는 데 어려움이 있고 복잡한 행동을 평가하다 보면 판단하는 데 어려움이 있어 부정확하고 불일치한 결과가 나타날 수밖에 없다. 자동화 장치는 관찰자에 의해 발생할 수 있는 이러한 한계를 극복하는 데 도움이 된다. 과잉행동에 관한 연구를 예로 들어보고자 한다. 아동에게 나타나는 과잉행동은 중재 연구의 주관심사가 되어 왔는데 많은 방법(예 : 직접 관찰, 교사 보고서)이 아동의 충동성을 평가하기 위해 사용되어 왔다. 이러한 연구에도 자동 기록 장치의 활용이 가능하다. 예를 들어 대상자의 이동 횟수를 기록한다면 대상자의 벨트에 기계를 부착

---

4) 자동 기록 장치는 연구 대상자의 반응을 기록하는 장치를 의미한다. 관찰자에게 도움이 장치로서 흔히 활용되는 것에는 손목 카운터, 이벤트 레코더, 스톱워치, 시청각 녹화기 등이 있다. 이러한 장치는 행동 기록에 있어서 유용한 보조도구를 제공하지만, 여전히 평가는 인간 관찰자의 사정을 기초로 한다.

해 움직임을 감지하고 기록할 수 있다. 기계가 총 횟수를 카운트하고 자동으로 기록한다. 이 장치에 아동의 이동 속도에 대한 역치를 설정하게 되면 이동 속도가 정해진 어떤 기준을 초과하는 경우 그것을 기록하게 할 수도 있다. 또한 이러한 경우 소리로 신호를 보내도록 설정할 수도 있다(www.freepatentsonline.com/4112926.html).

자동화 장치는 일상생활에서 오랜 시간 동안 행동을 관찰해야 하는 경우에도 효과적으로 사용될 수 있다. 예를 들어 하루 종일 기분과 관련된 행동(노래하기, 웃기, 사람들과 어울리기)이 어느 정도 나타났는지를 알아보고자 하는 연구(Hasler, Mehl, Bootzin, & Vizire, 2008)일 경우 자동화 장치를 사용할 수 있다. 장치는 대략 휴대전화의 크기로 자신의 벨트에 꽂아서 착용하도록 하였다. 이 장치는 윗가슴에 핀마이크를 부착하여 음성이나 환경에서 나는 소리를 녹음할 수도 있다. 매 시간 5회 동안 자동화 장치가 30초간 작동하여 자동으로 소리를 녹음했다. 이러한 소리의 기록을 통해 수면 개시 및 기상 시간 등을 평가할 수도 있다. 자동화된 장치를 통한 행동 기록은 하루 종일 실시할 수도 있다.

자동 기록 장치는 앞서 언급한 바와 같이 관찰자에 의해 발생할 수 있는 심각한 문제를 극복하는 데 도움이 되고 상대적으로 긴 기간 동안 행동 평가가 가능하다. 장치가 일단 설치되면 오랜 기간(예 : 전체 학교 시간, 전체 수면 시간) 동안 기록할 수 있다. 관찰자를 활용할 경우에는 비용 부담 때문에 장시간에 걸친 평가가 어렵게 된다. 또한 관찰자가 존재함으로써 대상자의 반응에 영향을 미칠 수 있다는 점을 해결할 수 있다. 자동 기록 장치는 장치에 따라 다르긴 하지만 대부분 물리적 환경의 일부가 되고 자신의 행동을 누군가가 모니터링한다는 생각을 덜 하게 한다는 장점이 있다.

그러나 자동 기록 장치도 분명히 문제는 있다. 예를 들어 장비는 정기적으로 점검 및 교정하지 않을 경우 기록이 안 되거나 부정확한 데이터를 줄 수 있다. 또한 장비에 따라 비용이 매우 많이 드는 것도 있고, 관찰 행동의 범위 또는 평가될 수 있는 상황의 범위 면에서 유연성이 떨어진다. 자연스러운 환경 조건에서 행동과 기능을 평가하는 데는 어려움이 있으며 실험실에서 수행될 수 있는 특별한 설정이 요구되기도 한다. 그러나 자동 장치도 발전을 거듭하여 장치이 이동성도 많이 좋아졌다. 크기도 작아져서 눈에 띄지 않을 정도가 되고, 적은 전력으로도 작동이 가능하게 되었다. 또 다른 장점은 자동 장치로 측정될 수 있는 영역의 범위가 다양해졌다는 점이다. 물론 특히 많은 진보를 가져온 영역은 생물학적 기능 측정에 관련된 것이다. 실시간 체온, 생물학적 리듬과 호르몬과 신경전달물질의 처리 등과 같은 생물학적 변화가 사회적, 정서적, 인지적으로 어떠한 상관관계가 있는지에 대한 것을 분석할 때도 자동 장치는 효과적으로 활용될 수 있다.

어떠한 측정 방법도 모든 고려사항을 다 해결할 정도로 완벽한 것은 예상할 수 없다. 이미 언급한 바와 같이 모든 개개의 측정 방법에는 고유의 한계가 있기 때문에 가능하다면 다양한 방법을 통해 측정할 것을 추천한다. 자동화 장치는 관찰자의 한계를 극복할 수 있기 때문에 가능한 경우 함께 사용할 것을 권장한다.

총평

행동 관찰을 위한 조건은 상황마다 매우 다를 수 있다. 내가 여기에서 언급한 것들이 전부는 아니다. 충분히 더 많은 가능성이 있다. 여기에서는 평가 조건의 세 가지 차원을 소개하였다. 자연적인 환경 대 실험실 환경, 자연적 상황 대 인위적인 설정, 눈에 띄는 관찰 대 눈에 띄지 않는 관찰(공개 평가/비공개 평가)에 관한 것이었다. 실험실 또는 병원 상황에서도 자연 환경에 근접한 시도가 가능하다. 예를 들어 알코올중독 전문 병원에 입원한 사람의 알코올 소비를 측정하기 위하여 병원에 설치된 시뮬레이션 바(bar)에서의 알코올 섭취 정도를 측정할 수 있다. 이 시뮬레이션 바는 병원에 존재하지만 여느 바와 비교해서 전혀 다른 점이 없다. 이는 병원 상황이지만 자연 상황과 동일한 상황을 제공하여 평가하는 방식이다. 이렇게 다양한 방법의 조건이 있을 수 있다. 사정 전략(예 : 빈도 분석, 간격 등)이 달라지면 이에 따라 관찰 방법도 다양하게 변화할 수 있다.

요약 및 결론

일반적으로 단일대상연구는 명백한 행동을 직접 관찰하는 것에 초점을 맞추고 있다. 이 장에서는 직접 관찰을 강조하였다. 그 이유는 단일대상연구에서 가장 빈번하게 사용하는 방법이지만 일반적인 평가 책에는 많이 다루어지지 않는 영역이기 때문이다. 중요한 것은 단일대상설계에서 반드시 명백한 행동만을 사정의 대상으로 삼지는 않는다는 점이다. 그러나 지속적으로 관찰된 데이터를 제공하는 모든 사정 방법이 활용될 수 있다. 직접 관찰, 또는 평가의 다른 양상을 활용하였을 경우 신뢰도와 타당도 관련 이슈를 중요하게 다루어야 한다.

직접 관찰이 사용되는 경우 사정 방법에는 빈도 측정, 이산 분류, 행동을 나타낸 사람의 수의 측정, 간격 기록, 지속시간 및 지연 시간 등 다양한 전략이 활용 가능하다. 다른 전략으로 반응 측정이 포함될 수 있는데 정신생리학적 기록, 자기보고 등이 여기에 포함한다. 정확성을 높이기 위하여 직접 관찰 이외의 추가적인 다른 측정이 필수적일 수도 있다.

사정 전략의 다양성 이외에도 관찰은 다양한 조건하에서 이루어질 수 있다. 조건은 자연적 환경 대 실험실 환경, 자연적 상황 대 인위적인 설정 상황, 눈에 띄는 관찰 대 눈에 띄지 않는 관찰(공개 평가/비공개 평가)에 따라 달라질 수 있으며, 이러한 행동은 관찰자에 의해 기록될 수도 있고 자동화 장치에 의해 기록될 수도 있다. 이러한 사정의 조건과 기록 방법은 각각의 장점과 한계가 있다. 장시간을 관찰해야 하는 상황, 비용의 한계, 관찰자에 의해 나타나는 대상자의 반응성 등 여러 가지 조건 때문에 상황에 적합한 방법을 적용해야 한다.

이 장에서는 평가의 다양한 방법에 초점을 맞추었다. 나는 명백한 행동에 대한 직접 관찰이 가장 자주 사용되는 방법임을 강조하였다. 다음 장에서는 관찰 방법에서의 질을 담보할 수 있는 방법과 일관성을 유지하기 위한 요구사항에 대해 설명하고자 한다. 측정의 일관성은 차후에 언급될 데이터 평가와도 연결이 될 것이다. 중재 프로그램을 평가하는 것에 있어서 일관성을 확보하는 것은 매우 중요하기 때문이다.

5
| CHAPTER |

측정의 질 보장

관찰자가 행동을 관찰할 때 행동을 일관성 있게 기록하지 않을 수 있을 것이라는 가능성은 항상 존재한다. 반응행동에 대해 구체적으로 규정(조작정 정의)해 놓았다고 하더라도, 관찰자는 그에 상응하는 반응이 분명한지에 대한 여부를 판단해야 하는 상황도 있고, 실수로 간과할 수도 있으며, 단순히 잘못 계산하는 경우 등의 문제와 오류가 발생할 수 있다. 그러므로 직접 관찰 자료의 수집에 있어서 중요한 것은 관찰자 간의 일치도 평가이다. 또한 관찰자간 일치도는 신뢰도라고 표현할 수 있는데 행동 측정에서의 관찰자 간 점수 일치 정도를 의미한다.[1] 이 장에서는 관찰자간 일치도, 일치도 평가의 조건 및 사정 절차의 질에 대해 알아보

---

1) 응용 연구에서 '관찰자간 일치도'와 '신뢰도'라는 용어는 같은 의미로 사용되었다. 이 장의 목적상 '관찰자간 일치도'

고자 한다.

관찰자간 일치도

일치도 사정의 중요성

관찰자 사이의 일치도 사정이 중요한 이유를 다음과 같이 세 가지 측면에서 제시해볼 수 있다. 첫째, 일관성 측면이다. 대상이 반응하는 것에 대한 빈도를 카운트할 때는 결과가 달라질 수 있다. 그러나 이것을 통해 행동 측정 방법이 비일관적인지 아니면 연구 대상자가 어떤 날은 좀 잘 기능하다가 또 다른 날은 잘 못하는지, 즉 일반적으로 나타날 수 있는 불일치성인지 일치도 사정을 통해 알 수 있다. 즉 관찰자간의 일치도는 변화의 잠재 요소를 알려주는 효과를 가져온다.

둘째, 일치도를 평가하는 것을 통해 관찰자가 혹시 가지고 있을 수 있는 편견이 낮아질 수 있다. 단일 관찰자가 행동을 기록한다면 모든 기록은 시간이 지남에 따라 나타날 수 있는 행동의 변화가 아닌 대상자가 보인 행동 중 관찰자의 행동에 대한 정의 변화가 원인일 수 있다. 시간이 지남에 따라 관찰자는 행동 반응에 대한 정의를 적용하는 데 있어서 관대해지거나 또는 엄격하게 변화할 수 있다. 또한 관찰자는 행동의 실제 변화가 발생하지 않는다 하더라도 자신의 기대와 대상자의 행동을 개선하기 위한 개입을 촉구하여 개선으로 인식할 수도 있다. 그러나 둘 이상의 관찰자를 사용하여 일치도를 확인함으로써 반응에 대한 정의가 시간이 지나도 일관되게 유지될 수 있다.

끝으로, 관찰자 간 일치도는 또한 일정 부분 행동이 잘 정의되어 있는지 여부를 알 수 있게 해준다. 관찰자가 행동 반응의 발생에 대해 쉽게 일치하는 경우, 행동의 발생 여부에 대한 일치도는 높아질 수 있으며, 이로 인하여 행동에 대한 정의가 충분히 객관적이고 분명하다는 것을 평가할 수 있게 된다.

정확도 대 일치도

관찰자 간 일치도는 둘 이상의 사람이 동시에 같은 연구 대상자의 목표행동을 관찰함으로써 확인할 수 있다. 관찰자들은 주어진 기간 동안 독립적으로 반응에 대해 측정하고 세션이 끝나

라는 용어로 주로 사용하고자 한다. '신뢰도'라는 용어는 평가에 있어서 오랜 역사를 가지고 있으며 여러 가지 의미로 해석될 수 있다. '관찰자간 일치도'는 주관찰자와 다른 관찰자들 사이에 나타난 결과의 일관성에 초점을 두고 있다.

면 결과를 비교한다.

일치도와 정확도를 구분하는 일은 매우 중요하다. **일치도**란 다른 관찰자들이 카운트한 결과들 사이의 거리를 의미한다. 일치도가 높다는 의미는 행동에 대한 관찰자들의 결과가 서로 많이 비슷하다는 뜻이다. 일치도의 질을 보장하는 방법은 잘 알려져 있다.

일치도에 있어서 주요 관심사는 관찰자들이 목표행동을 정확하게 측정했느냐의 문제이다. 여기서 **정확도**란 관찰자들이 수집한 데이터가 연구 대상자들이 보인 행동을 정확하게 반영했는지를 의미한다. 정확도를 위하여 행동에 대한 명확한 준거나 기준이 정의되어 있어야 한다. 즉 정확도를 위하여 행동에 대한 신뢰성 있고 타당한 기준이 명시되어 있어야 한다. 예를 들어 정확도는 두 사람이 객관식 시험의 답을 채점하는 상황에서 쉽게 이해될 수 있을 것이다. 이 경우 답안지를 스캔하여 자동 채점하여 얻을 수 있다. 이러한 경우 관찰자 간 일치도와 정확도는 모두 해결된다.

정확도는 행동의 발생 여부에 대한 일치도에 기초하는 기준점을 개발하는 것으로부터 평가된다. 대상자의 행동을 비디오로 촬영하여 관찰자가 비디오를 관찰하면서 기준으로 정한 행동이 특정 간격 동안 또는 특정 기간 동안 발생했는지를 확인하는데 이것을 통해 정확도를 평가해볼 수 있다. 자연 조건에서 대상자의 행동(예 : 교실에서 활동하는 아동)을 녹화할 수 있다. 여러 전문가들은 반복적으로 비디오를 확인하여 관찰행동이 어느 시점에 발생했는지를 기록하여 정확도를 확인해볼 수 있다. 새로운 관찰자가 포함되었을 경우에도 그것에 기준하여 비교해봄으로써 정확도를 맞추어볼 수 있다. 연구 대상자가 실제로 수행한 행동에 대한 기준에 대해 비교해봄으로써 정확도를 높이고, '실제로' 그 행동이 나타났을 경우의 데이터를 확보할 수 있어 매우 중요하다.

연구자들은 관찰의 정확도가 중요한 이슈이기는 하지만 일반적으로 정확도보다는 관찰자 간 일치도를 산출한다. 대부분의 연구 상황에서는 연구 대상자가 실제로 수행한 행동에 대한 명확한 기준을 규명하기 어렵고, 비디오 녹화와 같이 영구적인 데이터를 확보하기도 어렵다. 연구 대상자의 행동을 녹화할 수 없거나 체크할 때마다 일치도를 알아보기 어려운 경우 사람이 아닌 자동화된 기록 장치가 이 문제를 해결할 수도 있다. 그러나 이 방법은 일반적으로 활용되는 방법이 아니며 대부분 사람이 관찰하고 데이터를 수집한다. 연구 대상자의 행동을 녹화한 기록 없이 연구 대상자가 실제로 목표행동을 나타냈는지를 결정하는 것은 쉬운 일이 아니다. 일반적으로 일치도를 점검하기 위하여 두 관찰자가 연구 상황에 투입되어 수행한 행동에 대한 데이터를 입력한다. 그 후 점수를 비교하지만 어떤 사람의 결과가 연구 대상자가 실제로 수행한 정확한 결과를 더 잘 반영하고 있다고 판단할 수 없다. 그러나 결론적으로 연구

대상자가 보인 목표행동을 일관되게(신뢰도) 관찰하는 것이 요구되고 또한 정해진 기준에 따라 정확히(정확도) 관찰했느냐가 연구자의 주관심사이다.

　일반적으로, 관찰자 간 일치도와 정확도는 모두 관찰자의 데이터를 비교하는 것으로 확보될 수 있다. 그러나 이렇게 데이터를 비교하는 것이 정확도 및 일치도와 관련되어 있지만 연구 대상자가 보인 행동을 정확하게 집계했다고 결론짓기는 어렵다. 예를 들어 한 관찰자는 정확하게 설정된 기준에 기반하여 정확하게 기록했지만 다른 관찰자가 관찰을 정확하게 하지 않았다면 낮은 일치도를 나타낼 수밖에 없다. 그러나 한 관찰자가 잘못된 기준을 가지고 정확한 데이터를 집계하지 않았고 또 다른 관찰자도 비슷한 오류를 범했다면 높은 일치도를 나타낼 수 있다. 따라서 일치도는 정확도의 측정이 아니다. 그러므로 일반적인 관찰자가 같은 행동을 기록할 경우를 가정한다는 것을 명심하는 것이 중요하다. 그러나 이 장 뒷부분에서 언급될 특별한 상황에서는 이러한 가정이 정당화될 수 없다는 것도 알 수 있다.

일치도 확인

일반적으로 한 관찰자가 전체 연구 기간에 걸쳐 매일 연구 대상자의 목표행동에 대한 데이터를 기록한다. 기간에 따라 다른 관찰자가 또 한 사람 투입되어 관찰자 간 일치도를 확인하기 위해 데이터를 기록하게 된다. 이러한 경우 두 관찰자는 모두 연구 대상자의 목표행동을 기록하여 집계한다. 물론 기록은 관찰자들이 독립적으로 시행하고 서로의 점수 시트를 보거나 관찰한 내용의 논의를 삼가야 한다. 일치도를 확인하는 것의 목적은 관찰자들이 주어진 기준을 잘 파악하고 어느 정도 일치했는지를 확인하는 데 있다.

　일치도 검사는 일반적으로 연구 기간 전반에 걸쳐 정기적으로 실시한다. 연구에 있어서 여러 단계가 있을 경우 일반적으로 각 단계마다 일치도를 확인한다. 각 단계마다 보인 일치도가 경우에 따라 다를 수 있다. 그러나 연구자의 주관심사는 연구의 과정을 통해 관찰이 얼마나 일관성 있게 이루어졌는지에 있다. 그러므로 일치도는 다른 조건, 다른 중재가 실시되는 기간마다 다양하게 확보될 필요가 있다.

　일치도를 얼마나 확인해야 하는지에 대한 정확한 규칙은 없다. 그러나 몇 가지 요인이 의사결정에 영향을 미친다. 예를 들어 여러 관찰자가 동원되거나 상대적으로 복잡한 관찰 시스템이 있는 경우에는 일치도 검사를 좀 더 자주 실시할 필요가 있다. 또한 일치도 결과에 따라서 그 범위를 고려해볼 수 있다. 가령 연구 초반에 실시한 일치도 검사에서 일치율이 매우 높을 경우에는 부분적으로 실시는 하되 자주 실시할 필요는 없다. 한편 일치도가 크게 변동될 경우, 일치도 검사가 좀 더 자주 필요할 수밖에 없다. 일반적인 규칙을 언급한다면 일치도 검사는 연구의 모든 단계에서 2~3회는 실시해야 한다. 그러나 일치도 확인에 있어서 단지 두 사람의 관찰자가 시간을 정해 데이터를 수합하는 것이 전부는 아니다. 얼마나 자주 일치도를 검사하는 것이 중요하기보다는 일치도를 어떻게 검사는 것이 적절한지를 아는 것이 더 중요하다. 그것에 대한 증거는 이 장 후반부에 언급될 것이다.

일치도 산정 방법

일치도 산정을 위해 사용할 수 있는 방법을 살펴보면 일정 부분 사정 전략(예 : 빈도 또는 간격 측정)에 따라 달라진다. 관찰 방법에 따라 일치도 산정 방법을 고려하여 사용할 수 있다. 관찰 방법에 따라 일치도를 산정하는 방법과 그에 따른 고려사항은 다음과 같다.

빈도 비율

특성. 빈도 비율 방법은 두 관찰자가 독립적으로 행동을 관찰하고 점수를 비교하여 산출한다. 빈도를 계산하는 방법은 빈도 측정 연구에 주로 사용되지만 또한 다른 전략(예 : 행동의 간격 또는 기간)을 활용하는 경우에도 적용할 수 있다. 어떤 목표행동이 자유롭게 나타날 때 그리고 이론적으로 별 제한이 없을 때 사용된다. 예를 들어 부모는 아이가 저녁식사 테이블에서 욕설을 한 횟수를 셀 수 있다. 이론적으로, 반응의 빈도에는 제한이 없다(후두염 때문에 욕설 횟수가 더 높아질 수 있다고 할지라도). 일치도를 알아보기 위하여, 부모는 둘 다 독립적으로 아이가 식사 시간에 한 욕설의 빈도를 측정한다. 부모가 저녁식사 후에 얻은 두 합계를 비교하여 일치도를 평가할 수 있다. 빈도 비율을 계산하기 위해 다음과 같은 공식이 활용된다.

$$빈도\ 비율\ =\ \frac{적은\ 합계}{많은\ 합계} \times 100$$

즉 적은 합계가 많은 합계에 의해 나누어진다. 그리고 비율을 구하기 위해 100을 곱한다. 앞의 예에서, 어머니 욕설 횟수를 20회 관찰하였고 아버지는 18회를 관찰하였다면 18/20에 의해서 나온 0.9에 100을 곱하여 계산된 일치도는 90%가 될 것이다. 즉 부모에 의해 얻어진 합계에서는 10%의 불일치율을 보이는 것이다. 이 정도의 일치율이라면 통상 괜찮은 지표이며 일관되게 관찰되고 있음을 보여준다.

문제점 및 고려사항. 빈도 비율은 각각의 관찰자가 집계한 합계를 가지고 산출한다. 그러나 이 방식은 어떤 행동과 어느 시점에 발생한 행동을 집계하여 그 결과가 나왔는지를 말해주지 않는다. 이러한 일은 거의 발생하지 않겠지만 두 관찰자가 집계해야 할 목표행동에 대한 일치도를 전혀 도출하지 않고 무작정 관찰하여 서로 기록하게 했는데 공교롭게 그 숫자가 유사할 수 있다는 것도 심지어 가능하다. 욕설의 횟수를 관찰하여 기록하는 경우 두 관찰자 사이에 큰 차이는 없을 것이다. 그럼에도 불구하고, 빈도 비율은 관찰자가 목표행동에 대한 기준을 충분히 알지 못하거나 전혀 모르고 실시하여 도출한 결과일 수도 있음을 고려해 두어야 한다.

행동의 발생에 대한 정확한 정보의 부재로 인하여 일치도에 대한 신뢰도는 다소 모호해진다. 그러나 이 방법은 여전히 매우 유용하게 활용된다. 두 관찰자가 집계한 합계가 상당히 동일하다면(예 : 10~20%의 오차범위) 둘의 일치도가 충분히 높다는 것을 의미한다. 빈도 비율에 있어서 더 중요한 문제는 방법상이라기보다는 해석의 문제와 더 연관되어 있다. 빈도 비율로 본 일치도가 90%로 나타났을 때 행동이 발생한 시점 또는 행동의 발생 여부에 있어서 90% 동의한다는 것을 의미하지는 않는다. 그 비율은 단지 합계가 서로 얼마나 가까운지를 의미한다.

주어진 관찰 기간 동안에 수집한 일치도 총계를 계산하는 빈도 비율 일치도는 빈도를 측정하는 연구에만 활용이 국한되는 것은 아니다. 이 방법은 시간 간격 평가, 이산 분류를 활용하는 연구의 일치도를 평가하는 데도 사용될 수 있다. 이 경우에도 빈도 비율은 두 사람의 관찰자가 각각의 회기 동안 수집한 데이터 중 큰 합계를 작은 합계로 나누어 산출된다. 예를 들어 아동의 '떼쓰기' 행동을 간격(또는 기간) 평가를 사용하여 교사와 보조 교사에 의해 관찰할 수 있다. 세션이 완료되면, '떼쓰기 행동(몇 분 단위의 시간 동안)'이 나타난 간격의 총 개수를 비교하고 동일한 방식으로 나눈 후 100을 곱하여 일치도를 산출할 수 있다. 이렇게 다른 평가 방식을 활용할 때에도 빈도 비율이라는 일치도 산출 방식을 사용하지 못하는 것은 아니지만 이 일치도 방식은 빈도를 측정하는 연구로 제한하는 경향이 크다. 다른 평가 방식을 활용하는 연구에서는 빈도 비율이 아닌 좀 더 적절한 형식으로 일치도를 산출하는 방식을 채택할 수 있다.

다른 방식과 비교해보았을 때, 빈도 비율은 계산이 쉽고 다른 사람에게 쉽게 전달될 수 있다는 장점이 있다. 앞서 제시한 이슈가 빈도 비율을 체택하는 데 큰 문제가 되지는 않는다. 과정이 간결하다고 해서 문제가 있다고 쉽게 단정지을 수는 없다. 일치도 평가는 측정 절차에서의 신뢰도를 높이고 결과의 변동을 최소화하는 데 목적이 있다. 일치도 비율이 관찰 기간 동안 높게 나타났다는 것은 동의가 좀 더 잘 이루어졌음을 의미한다. 중재 단계에서 행동이 발생했는데 관찰자가 한두 번 정도 기록을 놓치는(예 : 10% 이하) 것은 충분히 이해할 만한 상황이 되므로 일치도는 충분하다고 볼 수 있고 신뢰도 또한 높다고 볼 수 있다.

시점별 일치도 비율

특성. 신뢰도를 계산하기 위한 중요한 방법은 관찰된 행동의 각 발생에 대한 일치도가 있는지 여부를 평가하는 것이다. 시점별 일치도 비율 방식은 이것을 가능하게 해준다(예 : 시도 횟수, 간격의 수 또는 정답의 개수). 목표행동이 발생했는지/발생하지 않았는지, 나타났는지/안 나타났는지, 적절한지/부적절한지를 이산 분류법으로 체크하여 일치도를 산출할 수 있다. 관찰자들은 행동을 관찰하여 특정 행동(예 : 방청소 행동)의 발생 여부를 이산 분류법으로 기록한다. 방청소 행동(예 : 옷 걸기, 침대 정리, 음식물 치우기)이 수행되었는지 여부를 분류하여 기록할 수 있다. 신뢰도 검사를 위해 두 관찰자는 각각의 행동이 수행되었는지 여부를 기록할 것이다. 빈도 비율과는 다른 합계를 나타낼 것이다. 발생 여부에 대한 일치도를 산출할 수 있기 때문에 좀 더 정확한 일치도를 사용했다고 볼 수 있다.

개별 반응에 대한 범주가 있기 때문에 보다 정확한 일치도를 획득할 수 있다. 각 반응에 대한 두 관찰자의 점수는 시점별로 특정 반응을 기록한 것과 직접 비교될 수 있다. 예를 들어 체크리스트에 열 가지 행동이 명시되어 있고 행동이 발생했는지 여부를 표시하도록 되어 있다면 각각의 행동 발생 여부에 대한 점수를 비교하여 일치도를 계산할 수 있다. 일치도는 반응별 또는 시점별로 계산할 수 있다. 시점별 일치도를 계산하는 공식은 다음과 같다,

$$\text{시점별 일치도} = \frac{\text{일치한 개수}}{\text{일치한 개수} + \text{불일치한 개수}} \times 100$$

관찰자간 일치도를 산출하기 위하여 일치한 개수와 불일치한 개수를 더한 숫자로 일치한 개수를 나눈 다음 비율을 보기 위해 100을 곱하여 계산한다. 일치도는 모든 관찰자가 똑같이 기록하는 경우로 정의할 수 있다. 두 관찰자가 대상자의 반응에 대해 둘 다 발생한 것으로 체크하거나 혹은 발생하지 않은 것으로 체크했다면 일치하는 것이다. 반면에 1명의 관찰자가 발생하는 것으로 행동을 기록하였으나 다른 관찰자는 발생하지 않았다고 기록한 경우는 불일치에 해당된다. 시점별 기준으로 각각의 행동을 비교하여 일치와 불일치가 집계된다.

이 방법에 의한 일치도의 계산을 사례를 들어 좀 더 구체적으로 설명해보고자 한다. 간격을 두고 구간을 나눈 평가에서 두 관찰자는 주어진 시점(예 : 10초 주기)마다 행동을 관찰하여 행동의 발생 여부를 기록한다. 예를 들어 수업에 집중하는 행동의 발생 여부를 기록할 수 있다. 결과는 각각의 간격에 맞추어 개별적으로 기록되어 있기 때문에 시점별 일치도가 산출될 수 있다. 일치도는 두 관찰자의 간격에 따른 체크 여부를 비교하여 주어진 공식에 대입하여 산출된다.

실제 연구에서 이와 같은 일치도는 일반적으로 간격 평가에서도 행동의 발생에 대한 관찰자 간의 일치도로 정의된다. 간격 평가에서의 일치도 공식도 동일하다. 그러나 이 경우의 일치도는 잠깐 발생했느냐의 여부가 아니라 정해진 구간 동안 내내 그러한 행동이 지속적으로 발생했는지 체크하는 것으로 일치도를 평가한다. 두 관찰자 모두 발생하는 것으로 행동을 표시하는 간격으로만 일치도에 포함시킨다. 예를 들어 시간을 50개의 10초 간격으로 나누어 행동이 10초 동안 내내 발생했는지 여부를 체크할 수 있다. 그 결과 두 관찰자는 20개 구간에서 일치하고, 5개 구간에서 일치하지 않는 것으로 나타났다. 시점별 일치도 공식에 따라 일치도를 계산해보면 20/(20+5)×100, 즉 80%의 일치도를 보이는 것으로 나타났다. 50개의 구간에서 기록했지만 전체 구간 모두를 일치도 계산에 활용할 필요는 없다. 그래서 이 경우는 25개의 구간만 활용한 것이다.

두 관찰자 중 한 사람이라도 기록하지 않은 구간은 제외한다. 포함시킬 경우에는 두 관찰자가 그 구간에서는 행동이 일어나지 않았다고 동의하는 경우다. 그러나 체크가 안 된 모든 구간을 행동이 일어나지 않았다고 간주하는 것은 일치도를 부풀리게 되므로 주의해야 한다. 앞서 제시한 사례에서는 25개 구간에서 2명 중 1명이 체크하지 않았으므로 25개 구간을 대상으로 일치도를 계산하였다. 그러나 둘 다 체크하지 않은 25개 구간까지 포함할 경우에는 45/(45+5)×100으로 계산하게 되어 일치율이 90%로 증가할 것이다. 그러므로 이러한 증가를 방지하기 위해 대부분의 연구자들은 이산 분류법으로 반응 발생 여부를 표시한 것으로만 일치도를 제한하였다.

문제점 및 고려사항. 이 계산 방법의 장점은 각각의 관찰 간격 동안에 관찰자간 일치도를 평가할 수 있는 기회를 제공하므로 합계를 가지고만 계산하는 빈도 비율 일치도보다 정확하다는 점이다. 이 방법은 구간으로 나누어 그 간격 동안 행동의 발생 여부를 평가하는 경우 가장 빈번히 사용되지만 그 외의 다른 방법에도 적용될 수 있다. 결과가 둘로 구분되는 이산 시도가 있는 빈도 계산에도 활용될 수 있다(예 : 수학 계산 문제에서의 정답 반응 수). 또한 집안일의 개수나 정반응을 보인 사람의 수와 같이 빈도를 알아보는 경우에도 활용될 수 있다. 반응에 대해 나눌 수 있는 단위가 있다면 어느 경우에는 시점별 비율 일치도 방식이 사용될 수 있다.

정확한 일치도를 제공하는 방법임에도 불구하고 일치도를 계산하는 방법에 있어서 많은 문제점이 제기되고 있다. 연구자들은 '일치도'를 계산할 때 두 관찰자가 모두 행동이 나타났다고 기록한 경우로만 제한해야 하는지 아니면 두 관찰자 모두 행동이 발생하지 않았다고 체크한 비발생 구간 점수도 포함해야 하는지에 대한 의문이 제기되고 있다. 물론 두 관찰자 모두 발생했다고 체크하거나 아니면 발생하지 않았다고 체크한 것 모두 일치도를 나타내는 것이라고 말할 수 있다. 그러나 비발생 점수를 포함시키느냐의 이슈는 일치도 점수에 영향을 미치기 때문에 신중할 수밖에 없다. 상대적으로 자주 또는 드물게 나타나는 행동을 체크하는 경우, 관찰자는 발생 또는 비발생 일치도가 높아질 가능성이 있다. 따라서 신뢰도의 평가에 있어서 발생 구간만 포함할 것인지 아니면 비발생 구간도 일치도 계산에 적용해야 하는지 여부가 큰 영향을 미친다. 후에 기준율에 대한 장에서 이 주제를 다시 언급하고자 한다.

피어슨 적률 상관관계

특성. 앞서 제시한 방법들은 신뢰도를 평가하기 위하여 일치도를 구하는 과정을 거쳤다. 각각의 회기에 집계된 두 관찰자의 데이터를 앞에서 제시한 공식 중 하나에 입력하여 일치도가 계산되었다. 일반적으로, 각 단계별로 주어진 기간 동안 빈도 비율 또는 시점별 일치도를 계산하여 신뢰도를 제공하였다.

조사의 전 과정을 대상으로 일치도를 평가하는 하나의 방법에는 피어슨 적률 상관관계, 즉 r값을 계산하는 것이다. 이 경우 2명의 관찰자가 관찰한 결과를 제공할 수 있는데, 두 사람이 제공한 데이터는 각각 한 쌍으로 제시 가능하다. 각각의 쌍으로 된 점수들 간의 상관계수가 곧 신뢰도가 된다. 상관관계는 일부 기간에 대한 일치도에 대한 추정치가 아니라 연구 전 구간의 일치도를 제공한다.

상관관계의 범위는 −1.00에서 1.00까지이다. 상관관계가 0.00일 경우에는 관찰자 간 점수가 전혀 관련이 없다는 것을 의미한다. 즉 그 점수가 전혀 같은 방향으로 가고 있지 않다는 것이다. 0.00~1.00 범위에 있을 경우에는 양의 상관관계를 보이는 것인데 특히 높은 점수 범위에 들면(예 : 0.80 또는 0.90) 점수가 상당히 유사한 방향으로 함께 가고 있다는 것을 나타낸다. 예를 들어 한 관찰자의 빈도 점수가 높을 때 다른 관찰자의 빈도 점수도 높고, 낮을 때 다른 관찰자의 점수도 함께 낮다는 것을 의미한다. 상관관계가 음의 값(−1.00~0.00)을 보일 때는 점수가 반대 방향으로 가고 있다는 것을 의미한다. 즉 한 관찰자는 높은 빈도 점수를 나타내는데 다른 관찰자는 낮은 점수를 나타내는 경향을 보일 경우이다(그러므로 일치도의 측정에 있어서 r값은 0.00에서 1.00 사이에 있을 때 가치가 있음).

표 5.1에 10회기 동안 2명의 관찰자가 기록한 가상의 데이터가 제시되어 있다. 이 데이터는 20일 동안 이틀에 한 번 총 10회에 걸쳐 수집된 것으로 두 관찰자가 독립적으로 기록하여 집계된 것으로 가정한다. 신뢰도 검사를 위해 두 관찰자의 점수는 쌍으로 나열된다. 표에 제시된 일반적인 상관관계 공식으로 계산하는데 제시된 바와 같이 상관계수 r값은 0.93으로 나타

▌ **표 5.1** ▌ 피어슨 적률 상관을 통해 계산한 두 관찰자의 점수

일치도 측정 회기	제1관찰자의 총점	제2관찰자의 총점
2	25	29
4	12	20
6	19	17
8	30	31
10	33	33
12	18	20
14	26	28
16	15	20
18	10	11
20	17	19

Σ = 합계
X = 제1관찰자 점수
Y = 제2관찰자 점수
XY = 두 정수의 곱
N = 일치도 측정 횟수

$$r = \frac{N\Sigma XY - \Sigma X \Sigma Y}{\sqrt{[N\Sigma X^2 - (\Sigma X)^2][N\Sigma Y^2 - (\Sigma Y)^2]}}$$

$r = +.93$

났다. 즉 이 숫자가 의미하는 바는 두 사람의 점수는 매우 유사한 방향으로 거의 같이 가고 있음을 알려준다.

문제점 및 고려사항. 피어슨 적률 상관관계는 두 관찰자의 점수의 공변량 정도를 평가한다. 공변량은 점수들의 경향을 의미한다(예 : 전체 빈도 또는 총일치도). 공변량이 높다는 것은 두 관찰자가 동일한 지점에서 동일하게 높은 점수를 그리고 낮을 때에는 동일하게 낮은 점수를 획득하는 경향이 있음을 의미한다. 즉 같은 방향으로 가고 있음을 나타낸다. 그러나 상관관계는 관찰자가 어떤 회기에서 일치도를 보였는지 안 보였는지 여부를 확인할 수는 없다. 가령 한 관찰자가 다른 관찰자에 비해 모든 지점에서 20배 높은 점수를 보였다고 하더라도 이 경우의 r값은 여전히 1.00으로서 완벽하게 상관을 보인다고 나타낼 것이다. 차이가 모든 회기에 걸쳐 일정하다면 상관관계는 여전히 완벽할 수 있다($r = 1.00$). 즉 상관관계는 단순히 한 쌍의 점수들이 한 방향으로 가고 있는지를 확인할 뿐이다.

상관관계가 항상 정확한 일치도를 구현해내는 것은 아니므로 시점별 일치도를 설명해주지

도 못한다. 상관계수는 각각의 회기에서의 두 관찰자가 획득한 총합으로 계산하기 때문에 연구 대상자가 수행한 각각의 행동에 대한 정보를 잃을 수밖에 없다. 그러므로 관찰자의 일치도를 확인하기 위하여 피어슨 적률 상관관계를 사용하는 것은 적절하지 않을 수 있다.

　다른 문제는 모든 단계에서의 데이터를 활용하는 적률 상관관계의 해석과 관련이 있다. 단일대상연구는 보통 여러 단계에서 관찰이 이루어지도록 설계되어 있다. 가장 간단한 설계는 기초선 단계와 중재 단계로 구성된다. 중재 단계에서는 중재의 유형에 따라 기초선보다 점수가 높아질 수도 있고 낮아질 수도 있다. 적률 상관관계의 관점에서 보면 각각 다른 단계에서 행동의 점수에 대한 관찰자의 합계를 비교하여 일치도를 추정한다. 그러나 문제는 기초선 단계에서 점수가 높다가 중재 단계에는 낮은 점수의 경향을 보이는 경우(예 : 과잉행동), 관찰자 간 점수의 상관관계에 다소 오해의 소지가 있을 수 있다는 점이다. 두 관찰자가 모두 기초선보다 중재가 들어가면 문제행동의 빈도가 낮아질 것이라는 경향을 보일 것이다. 이러한 경우 적률 상관관계를 계산할 때 상이한 비율의 효과로 인하여 실제 일치도보다 결과는 더 부풀려지는 성향이 있다. 그러므로 적률 상관관계를 단계별로 나누어 실시하고 두 단계에서 각각 계산된 r값의 평균을 사용(피셔의 z 변환을 활용하여)함으로써 이 문제를 해결할 수 있다.[2]

총평

다른 특성을 지닌 데이터의 일치도를 계산하는 방법이 앞서 언급되었다. 일치도를 구하는 방법의 선택은 연구에서 사용하는 전략과 목표행동에 대한 데이터의 단위 및 결과를 집계하는 방법에 따라 결정된다. 그 데이터의 단위란 연구자가 일상적으로 연구 대상자의 수행을 평가하는 척도로 사용하는 것을 말한다. 연구자가 중재의 효과를 입증하기 위하여 전체 빈도 또는 발생 총수를 그래프에 표기하는 경우에는 일치도를 위하여 빈도 비율 또는 적률 상관관계를 선택할 수 있다. 반면에 보다 정교하고 정확한 측정값을 알기 위해 설계된 경우에는 시점별 일치도를 활용하게 되는데 일치도가 높으면 결론을 내리는 데 상당한 확신이 들게 된다. 대부분의 연구자들은 가능하면 시점별 일치도를 산출하고자 한다. 왜냐하면 이 일치도가 가장 엄중한 성격을 띠기 때문이다. 그림에도 불구하고 합계를 활용한 추가적인 평가가 일관성을 나타내기 위해 필요하다는 것을 언급하고자 한다.

　주어진 관찰 회기 동안 집계한 총점을 활용한 일치도는 일반적으로 쉽게 사용할 수 있는 방

---

2) r값이 평균적으로 분포되지 않고 단순히 평균값을 낼 수 있는 상황이 아닐 때에는 변환이 필요하다. 모든 검색 엔진에서 '피셔의 z 변환'을 입력해 값을 웹사이트를 통해 얻을 수 있다. 현재 사용 가능한 사이트는 다음과 같다ー http://faculty.vassar.edu/lowry/tabs.html.

법이지만 좀 더 명확한 분석을 위하여 시점별 일치도를 활용한다. 시점별 일치도를 활용하여 연구자는 각각의 행동에 대한 기준이 얼마나 잘 정의되고 관찰되었는지를 확인해볼 수 있다. 또한 총점을 활용하는 일치도 평가와는 달리 어디에서 불일치가 나타났는지를 쉽게 확인해볼 수도 있다. 그러므로 관찰자에 대한 피드백을 제공하거나 관찰자를 위한 심화 교육을 위해서 시점별 일치도의 분석 결과가 활용된다. 일치도 방법을 선택할 때는 행동의 빈도와 행동에 대한 정의라는 두 가지 문제를 포함하여 기타 다른 사항들을 고려해야 한다.

기본 비율 및 기회 일치도

직접 관찰이 사용되는 단일대상연구에서 가장 흔히 사용하는 일치도 평가 방법은 시점별 일치도 비율이다. 일반적으로 일치도의 추정이 상대적으로 높을 때(예 : 80%, $r = 0.80$), 연구자는 서로의 관찰에 동의한다고 가정한다. 그러나 연구자들은 주어진 80~90%의 일치도 추정치가 모든 상황에서 같은 의미를 갖지는 않는다는 유의점도 이해해야 한다. 일치도 수준은 행동의 빈도에 영향을 받는다.

목표행동이 상대적으로 높은 빈도로 발생하는 경우에는 행동 빈도가 상대적으로 낮은 경우보다 시점별 비율 공식을 활용하여 일치도를 산출할 경우 더 높을 수 있는 가능성이 있다. 행동의 기본 비율, 즉 행동의 발생 여부, 발생 간격의 정도는 일치도의 정도에 영향을 준다.[3] 행동의 발생 빈도가 상대적으로 매우 높거나 낮은 경우 일치에 영향을 주는데, 가장 많이 사용되는 구간 일치도를 예를 들어 설명해보고자 한다.

연구 대상자는 관찰되는 대부분의 간격에서 행동을 수행할 수도 있다. 발생 빈도가 높다는 이유만으로도 일치도가 높을 가능성이 있다. 예를 들어 100개 구간 중 90개 구간에서 행동이 발생해 두 관찰자가 행동이 발생한 것으로 표시한 경우 단순히 기회가 많다는 이유만으로 일치도가 높아질 수 있다.

여기에서 기회 일치도란 관찰을 통하지 않고 그냥 무작위로 기록해도 예상되는 일치도의 수준을 의미한다. 두 관찰자가 눈을 가리고 많은 구간에 발생 빈도를 체크한 경우라 해도 많은 구간에 체크한 것만으로도 일치도가 높을 수 있다. 정확히 얼마나 높은 기회 일치도를 갖게 될 것인지 계산으로 산출해낼 수 있다. 앞서 언급한 바와 같이 시점별 일치도 계산 공식을 살

---

3) 기본 비율은 기초선 비율과 다르다. 기본 비율은 간격 비율 또는 행동에 대한 상대적 빈도 비율을 의미한다. 기초선 비율이란 중재가 행동을 변경시키기 전 목표행동이 평균적으로 나타나는 비율이다.

펴보면 일치 점수와 불일치 점수를 더해서 일치 점수로 나눈 후 100을 곱하여 산출해냈다. 행동이 높은 빈도로 발생하는 경우에 신뢰도가 확률에 기초하여 매우 높아질 수밖에 없다.

기회 일치도 수준을 계산하는 실제 공식은 다음과 같다.

$$\text{발생에 대한 기회 일치도} = \frac{O_1 \text{ 발생 개수} \times O_2 \text{ 발생 개수}}{\text{전체 구간 수}^2} \times 100$$

O_1 발생 개수 = 제1관찰자가 표기한 발생 개수

O_2 발생 개수 = 제2관찰자가 표기한 발생 개수

전체 수 = 관찰된 모든 간격 수

연구 대상자가 수행하는 행동 빈도가 높을 경우 제1관찰자 및 제2관찰자가 기록한 발생 빈도의 수는 당연히 높다. 가령 두 관찰자가 100개의 구간 중 90개 구간에 발생 빈도를 기록했다고 하자. 빈도가 높으면 그냥 무작위로 간격에 표시를 해도 '기회' 일치도는 높을 것이다. 앞서 제시한 기회 일치도 공식에 따르면 기회 일치도가 81%이다($[90 \times 90/100^2] \times 100$). 이 정도 수준의 일치도를 보인다면 이것이 단지 기회가 많아서 주어진 일치도일 것으로 예측된다.

높은 기회 일치도 문제는 관찰자 일치도를 위해 비발생에 대한 일치도를 산출하는 것으로 해결할 수 있다. 행동이 발생한 구간은 모두 제거하고 비발생한 구간만 가지고 일치도를 산출하는 것이다. 두 관찰자 모두 비발생으로 본 구간을 가지고 기회 일치도를 산출하는 것이다. 이렇게 되면 기회 일치도는 매우 낮아진다. 비발생 구간으로 기회 일치도를 산출하는 공식은 다음과 같다.

$$\text{비발생에 대한 기회 일치도} = \frac{O_1 \text{ 비발생 개수} \times O_2 \text{ 비발생 개수}}{\text{전체 구간 수}^2} \times 100$$

앞서 제시한 예에 따르면 두 관찰자 모두 비발생으로 체크한 구간은 100개 구간 중 10개 구간이었다. 그러므로 공식에 대입하면 기회 일치도가 1%에 그치게 된다($[10 \times 10]/100^2 \times 100$).[4] 빈도가 낮은 '비발생' 구간의 개수를 통해 일치도가 산출되었을 때, 기회 일치도는 매우 낮다. 시점별 일치도를 비발생 구간으로만 제한하여 산출하였을 경우 80%의 일치도를 보였다면 이

---

4) 기회 일치도 정도는 행동이 발생한 구간 또는 발생하지 않은 구간을 기반으로 산출된다. 기회 일치도는 위에 제시한 두 가지 공식에 의해 계산될 수 있지만 어떤 기회 일치도를 결정해야 하는지에 도움을 주는 참고 자료들이 있다(예 : Ary, Covalt, & Suen, 1990; Hartmann, 1982).

것은 기회 일치도를 최소화하였기 때문에 이 수치는 명확하게 일치도가 높다는 것을 의미할 것이다.

그러나 비발생 구간으로 활용하여 시점별 일치도를 산출하는 것은 일반적인 해결책이 아니다. 왜냐하면 많은 경우에 비발생 구간이 상대적으로 매우 높을 수 있기 때문이다(예 : 행동이 자주 발생하지 않을 경우). 또한 단계에 따라서도 발생 구간 개수와 비발생 구간이 달라질 수 있는데, 중재가 시작되면 좋은 행동이 증가하거나 또는 감소하고 중재를 제거하면 반대의 결과가 나올 수 있기 때문이다. 많은 연구자들은 단계별로 결과가 불규칙한 상황에서 기회 일치도에 영향을 받지 않고 일치도를 안전하게 산출하는 방법을 알고 싶어 할 것이다. 이러한 문제에 도움이 될 수 있는 몇 가지 방법이 참고자료에 제시되어 있다.[5]

기회 일치도 수준을 조정할 수 있는 대안적 방법

발생 및 비발생 일치도의 변형

기본 비율의 문제는 빈도수가 높은 점수를 기반으로 일치도를 산출했을 때 발생하는 문제이다. 일반적으로 일치도는 두 관찰자들이 행동이 발생했다고 체크한 구간의 개수에 근거하여 산출된다. 상대적으로 발생의 빈도가 높은 경우에는 기회 일치도가 높아진다. 시점별 일치도에서는 많은 기회로 인해 예측할 수 있는 기회 일치도를 줄이기 위하여 일치도의 정의를 변경하는 것이 하나의 방법이다. 발생 빈도가 상대적으로 낮을 때에만 일치도를 산출하는 방법이다. 즉 발생 빈도를 낮추기 위하여 관찰 구간의 수를 제한하는 방법이 있다. 이는 빈도의 수를 고려하지 않고 일치도를 계산하는 일반적인 방식과는 다르다. 구간을 제한해 빈도의 수를 낮추게 되면 기회 일치도가 낮아져서 좀 더 엄밀한 수준의 일치도를 제공할 수 있게 되는 것이다. 앞서 제시한 대로, 위의 경우와는 반대로 행동 발생이 상대적으로 높을 때 발생 구간을 사용하여 일치도를 구하는 것이 아니라 비발생 구간을 기반으로 일치도를 산출할 수 있다. 이렇게 되면 기회 일치도가 낮아져서 우연히 일치도를 부풀리게 하지 않는 효과가 있다.

이러한 제안이 합리적으로 여겨질 수 있지만 이 해결 방법은 다소 복잡하다. 첫째, 발생 빈도 면에서 살펴볼 때, 전체 연구 기간을 보면 단계에 따라 행동의 발생 빈도가 일정하게 유지되지 않고 변동된다는 점이다.

---

5) 관찰자간 일치도와 기회의 추정에 근거한 대안적인 일치도 산출 방식을 다룬 일련의 논문들이 발표된 바 있다. *Journal of Applied Behavior Analysis* (1977, Volume 10, pp. 97-150, and 1979, Volume 12, pp. 523-571)를 참조하라.

여기서 제안한 해결책에 있어서 또 다른 문제는 빈도가 현저하게 적은 경우와 관련이 있다. 예를 들어 100개의 구간을 관찰하였는데 2개 구간에서만 행동이 발생했다면 발생 구간을 토대로 일치도를 산출할 것이다. 이 경우 두 관찰자 중에 한 구간에서는 일치하고 한 구간에서는 불일치했다면 일치도 수준은 50%가 된다. 이 경우에 나타날 수 있는 일치도는 0, 50, 100%가 된다. 따라서 일치도 계산 간격이 너무 넓어져서 일치도의 변동폭이 엄청나게 커지게 되므로 잘못된 해석을 할 수 있다. 이러한 경우 아마도 가장 간단한 해결책은 연구의 전체 단계에서 발생에 대한 일치도와 비발생에 대한 일치도를 각각 제시하는 것이다. 이러한 결과를 제시하게 되면 독자들은 일치도 계산 방법으로 결과에 영향이 있음을 해석하고 단계별로도 빈도의 차이에 의하여 일치도가 다르다는 것을 스스로 이해할 수 있게 될 것이다.

일치도 데이터의 구성

일치도 추정치를 구하는 주요한 목적은 일치도를 제시함으로써 수집한 결과에 일관성이 있음을 보장하고자 하는 것이다. 대개 연구에는 기본 관찰자의 데이터만 제시된다. 그러나 두 번째 관찰자가 수집한 데이터도 제시하여 주관찰자와 상당히 유사하다는 것을 보여줄 수도 있다.

이러한 제안의 흥미로운 장점은 불일치의 범위 때문에 연구의 결과가 정확하게 도출되었다고 판단하기 어려운 경우에 활용할 수 있다는 점이다. 예를 들어 그림 5.1은 기초선과 중재 단계에 대한 가상의 데이터를 보여주고 있다. 주관찰자에 대한 데이터는 매일 수집되어 작은 원으로 표시하고 선으로 연결하여 제시한다. 제2관찰자의 데이터는 작은 사각형으로 표시하였다. 윗부분 그래프의 경우에는 서로 긴밀한 대응을 보이고 있어서 일치도가 높아 두 번째 관찰자의 점수를 활용한다고 하더라도 결과가 바뀌지 않을 것으로 보인다. 즉 중재의 효과가 있는 것으로 결론을 내릴 수 있다.

반면 아랫부분 그래프의 주관찰자 점수와 제2관찰자의 점수는 현저한 차이가 있는 것으로 나타났으며 제2관찰자의 데이터를 활용하였을 경우에는 중재가 효과적이었다는 결과를 도출해내기 어렵다. 즉 중재 프로그램을 적용한 후에도 점수가 거의 동일하여 중재의 효과를 입증하기 어렵게 된다.

대개 두 관찰자의 데이터를 모두 제시하는 것은 일치도에 대한 정보 제공 면에 있어서 유용하다. 이렇게 두 관찰자의 데이터를 그래프에 제시함으로써 결과가 제대로 도출된 것인지를 보여주고 또한 일치도 자체가 얼마나 중요한지를 다시 한 번 상기시킨다. 더불어 두 관찰자의 데이터를 동시에 제시함으로써 기회가 많아서 높아질 수 있는 기회 일치도의 문제도 해결될 수 있다.

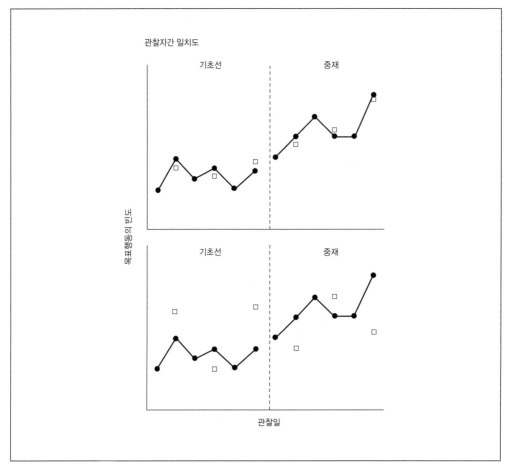

▌ 그림 5.1 ▌ 주관찰자로부터 수집된 데이터는 선으로 연결되어 동그란 점으로 표시되어 있고 제2관찰자로부터 얻은 데이터는 작은 사각형으로 표시되어 어느 정도 일치하는지에 대한 정보를 제공하고 있다. 위쪽 그래프의 결과는 두 관찰자 간의 긴밀한 대응을 보여준다. 위쪽 그래프의 경우 제2관찰자의 결과로 바꾼다 하더라도 결과에는 차이가 없을 것을 보인다. 아래쪽 그래프는 주관찰자와 제2관찰자 사이에 많은 차이를 보여준다. 제2관찰자의 데이터를 사용한다면 중재의 효과가 있다는 결과를 도출하는 데 어려움이 있을 것이다.

상관 통계

발생 빈도가 높기 때문에 나타날 수 있는 기회 일치도 관련 문제를 해결하는 또 다른 방법은 상관 통계를 활용하는 것이다. 흔히 사용되는 상관 통계는 카파(kappa, k)이다(Cohen, 1965). 카파는 대개 범주형 데이터를 분석할 때 활용하는 통계 방법이다. 여기에서 활용할 데이터는 행동 발생의 여부로 기록되어 있으므로 사용 가능하다. 카파를 활용하게 되면 기회 일치도 문제를 제거할 수 있다. 관찰자들이 보인 일치도와 기회로 인한 일치도가 거의 같은 수준으로 예측될 때의 카파값은 0이 된다. 일치도의 기대 수준보다 상회하는 경우, k값은 0을 초과하고

최대 +1.00까지 올라갈 수 있다.[6)]

카파는 다음에 제시한 공식에 의해 계산된다.

$$k = \frac{P_o - P_c}{1 - P_c}$$

P_o = 두 관찰자가 발생과 비발생에서 보인 일치도의 비율(발생과 비발생에 대한 일치도 = 일치와 불일치의 총 개수로 나눈 발생 개수와 비발생 개수)

P_c = 기회를 기반으로 예측할 수 있는 일치도 비율(발생에 대한 기회 일치도 = [(제1관찰자가 표기한 발생 개수 × 제2관찰자가 표기한 발생 개수)/전체 구간 수 제곱 × 100]

예를 들어 두 관찰자가 100구간 동안 아동을 관찰했을 때, 제1관찰자가 집계한 점수를 살펴보면 행동의 발생 구간은 80구간으로 나타났고, 비발생 구간은 20구간이라고 나타났다. 그리고 제2관찰자에 의해 집계된 바에 의하면 공격 행동이 나타난 구간은 70구간이고 비발생 구간이 30구간인 것으로 나타났다. 여기에서 발생 구간은 70구간 일치하고 비발생 구간은 20구간 일치하고 나머지 10은 일치하지 않는다고 가정해보자. 그러면 P_o = 0.90 및 P_c = 0.62가 구해져서 카파값이 0.74가 된다. 카파값의 범위에 대한 분명하고 보편적 원칙이 있는 것은 아니지만 일반적으로 카파 > 0.7이면 허용 가능한 일치도로 볼 수 있다.

카파의 장점은 발생과 비발생 구간의 관찰 빈도에 기초한 기회 일치도를 보정한다는 것에 있다. 기타 다른 일치도 추정치는 기회 일치도의 영향으로 높은 값의 일치도를 산출할 수 있기 때문에 해석이 어려워진다(예 : 80 %). 예를 들어 k값을 적용하지 않고 시점별 일치도를 구하면 90%가 되고, 발생 구간과 비발생 구간의 기회 일치도를 구하면 0.62가 되지만 카파값을 적용하게 되면 기회 일치도를 고려하여 시점별 일치도를 보정하는 효과가 구현된다.[7)]

---

6) 카파값은 -1.00에서 0.00 범위의 음수로 나올 수도 있다. 이 경우는 매우 드물긴 하지만 기회 일치도값보다 시점별 일치도값이 더 적은 경우이다.

7) 일치도를 추정할 수 있는 유일한 상관 통계로 카파만 있는 것은 아니다(Hartmann, 1982 참조) 카파와 매우 유사한 통계 산출법에는 파이(Φ)가 있다. 이 값도 역시 -1.00에서 +1.00까지로 표현되며 일치도값과 기회 일치도값이 동일할 때 값이 0.00이 된다. 이 산출법의 장점은 변환 테이블이 발생과 비발생 구간에서의 일치도값을 별도로 구하지 않아도 되도록 이 값을 토대로 Φ값으로 변환한 표가 제공된다는 점이다(Lewin & Wakefield, 1979). 따라서 연구자들은 계산의 어려움 없이 파이값으로 쉽게 변환시킬 수 있다.

총평

기회 일치도와 같이 예측되는 일치도를 고려하기 위한 몇 가지 대안이 제안되어 왔다. 여기에서는 일치도에 있어서 이러한 문제점이 있음을 거론하고 이 문제점을 고려하기 위해 사용할 수 있는 몇 가지 방법이 제안되었다. 아직까지 새로운 복잡성을 도입하지 않고 문제를 해결할 수 있는 특별한 해결책이 딱히 '무엇'이라고 말할 수는 없다. 그리고 연구 문헌들에서 연구자가 이러한 문제를 해결하기 위해 일률적으로 사용했던 특정 방법이 있는 것은 아니다. 아직까지는 기회 일치도가 신뢰도 추정치를 모호하게 할 수 있는 문제를 갖고 있다고 일반적으로 동의하고 있다. 따라서 연구자가 일치도를 통해 신뢰도를 제시하고자 할 때에는 기회 일치도를 최소화하는 노력이 필요하다. 이를 위한 일반적인 지침을 살펴보면 다른 형식의 일치도(예 : 발생 및 비발생에 대한 각각의 일치도)를 계산하거나 연구자가 결론에 도출하기까지 어떠한 과정을 거쳤는지에 대한 추가 데이터를 제공하는 것이 바람직하다.

다양한 대안은 일치도를 산출함에 있어서 기회 일치도 및 기본 비율의 영향을 고려하는 것을 목표로 삼고 있다. 신뢰도 계산과 사정에 있어서의 방법론적 문제는 연구자 자신만의 문제가 아니다. 연구자가 수집한 데이터가 대상자가 수행한 목표행동을 그대로 반영한 수치인가? 이 중재가 효과적이라고 말할 수 있는가? 이에 대한 답변을 위해 일치도에 대한 명확한 규명이 필요하다. 일치도가 계산 방법에 따라 70% 또는 80%라면 큰 차이가 나지 않을 수도 있지만 일치도가 어떻게 산출되었느냐의 문제가 중재의 효과를 입증하는 데 영향을 줄 수 있다. 앞서 제시한 바와 같이 주관찰자와 제2관찰자의 데이터를 그래프에 같이 표현한 것이 하나의 증거가 될 수 있다.

관찰자 간 일치도를 측정하는 방법에는 여러 가지가 있다. 카파를 포함하여 여기서 언급되지 않은 방법(예 : 급내 상관관계)도 더 있다(Broemeling, 2009; Shoukri, 2005 참조). 이 장에서는 가장 일반적으로 사용되는 일치도 산출만 다루었다. 다양한 방법이 연구 상황에서 언제 어떻게 사용되어야 하는지에 목표를 두고 제시하였다. 또한 일치도를 평가할 때 고려해야 할 중요한 문제(예 : 일치도 평가의 목표, 기본 비율, 일치도 결과의 해석)를 언급하였다. 뒷부분에 언급된 일치도 관련 문제에 대한 이해가 중요하다. 일치도 평가는 그 자체적으로 제시하고 끝나는 문제가 아니라 데이터의 해석을 강화하기 위한 수단이다. 그러므로 앞서 언급한 고려사항을 충분히 이해함으로써 다음에 언급될 신뢰도를 어떻게 얻을 것인지에 대한 내용도 달라질 것이다.

가공물 및 편차의 근원

일치도 추정치에 대한 해석은 언제 어떠한 방식으로 일치도를 산출해내야 하는지를 아는 것에서 비롯된다. 관찰자 일치도의 해석을 모호하게 할 수 있는 편차의 요소에는 신뢰도 평가에 대한 반응성, 관찰자의 경향, 관찰자의 기대, 연구자의 피드백, 관찰의 복잡성 등이 포함된다.[8]

신뢰도 평가에 대한 반응성

일치도는 일반적으로 연구하는 동안 정기적으로 확인된다. 일반적으로 관찰자는 자신이 무슨 이유로 동시에 다른 사람과 같이 관찰하는지는 알고 있다. 자신이 관찰자 신뢰도 검사의 대상이 되는 것을 알고 있기 때문에 잠재적으로 이에 대한 관찰자의 반응이 나올 수 있다. 반응성이란 자신의 행동이 감시 또는 평가될 때 사람들이 거기에 반응하여 행동을 변화시키는 것을 의미한다. 상황을 알고 있다고 해서 모두 이렇게 반응하는 것은 아니다. 그러나 연구자는 이러한 영향이 있다는 가능성을 인식하고 있어야 한다. 실제로 신뢰도가 평가되고 있음을 알고 있는 관찰자의 행동이 변화되었다는 결론을 낸 선행연구(Kent & Foster, 1977 참조)들이 있다. 한 연구에서는 관찰자에게 일부 구간에서는 신뢰도 평가가 되고 있다고 하고 다른 구간에서는 평가되지 않다고 한 후 전 구간에서 관찰자들의 일치도를 평가하였다. 그 후 신뢰도가 평가되고 있다고 미리 알린 구간과 그렇지 않다고 한 구간을 나누어 점수를 비교하였다. 그 결과 신뢰도가 평가되고 있다고 말한 구간에서의 일치도가 더 높은 것으로 나타났다. 이 연구도 다른 연구들과 결과가 일치하는 것으로 나타났다. 관찰자들은 신뢰도를 인식하지 못하는 경우보다 신뢰도 검사의 대상이 되고 있다는 것을 알고 있을 때 더 높은 일치도를 보여준다.

신뢰도가 확인되고 있다고 관찰자가 인식할 때 일치도가 왜 더 높은지에 대한 이유는 완전히 명확하지 않다. 관찰자가 신뢰도가 평가되고 있다고 아는 경우 주관찰자의 견해에 자신의 생각을 맞추려고 노력하고 목표행동에 대한 자신만의 정의를 거기에 맞게 수정할 수 있다. 한 연구에 의하면 신뢰도를 평가받고 있다고 있다고 알고 있는 경우 교실에서의 학생의 문제행동(파괴행동)을 좀 낮게 평가하는 경향이 있는 것으로 나타났다.

평가 일치도의 인식은 다른 방법으로 처리할 수 있다. 원칙적으로 신뢰도 평가의 조건은 주관찰자의 조건과 유사해야 한다. 일반적으로 관찰자가 자신이 하는 데이터 수집이 신뢰도를

---

8) 관찰에서 나타나는 편차의 근원에 대해 알아보는 연구는 1970년대와 1980년대에 다수 진행되어 상당히 오래전 연구라고 할 수 있다. 그러나 그 연구들이 보여주고 있는 주요 결과와 제안사항들은 상당히 설득력 있고 적용 가능하다. 다음 연구들도 참조해볼 만하다—Hartmann, Barrios, & Wood, 2004; Kazdin, 1977a; Kent & Foster, 1977).

위한 과정임을 신뢰도 전체 평가 과정에서 인식하지 못하도록 조건이 유지되어야 한다. 그러나 실제 연구 상황에서는 관찰자가 신뢰도 검사를 의식하지 않고 일치도 검사를 수행하는 것이 어려울 수 있다. 일치도를 측정하기 위하여 날짜를 정하고 함께 한 연구 대상자의 행동을 관찰하여 평가하게 되는데 이는 하루이틀에 그치는 문제가 아니다. 일치도가 평가의 경우가 아니라면 일반적으로 두 관찰자가 동시에 동일한 연구 대상의 행동을 기록하는 경우는 거의 없다. 따라서 관찰자 모르게 일치도 검사를 수행하는 것이 어려울 수 있다. 대안은 모든 관찰 기간 동안에 관찰자로 하여금 이 과정이 신뢰도 확인을 위해서 필요한 경우라고 인식시키는 것이다. 후자의 대안은 좀 더 유리할 수 있다. 왜냐하면 관찰자가 자신의 데이터 수집이 일치도 평가의 과정이라고 인식하고 있을 때 일치도가 더 높은 경향이 있기 때문이다.

관찰자 경향

관찰자는 일반적으로 기록해야 할 행동에 대한 조작적 정의의 정확성을 높이기 위하여 수차례의 교육과 피드백을 받게 된다. 교육은 관찰자의 조작적 정의에 따라 행동 기록의 정확성을 유지하기 위한 목적으로 실시된다. 관찰자가 교육을 통해 숙달되어 일치도가 일관성 있게 높게 나오게 되면 목표행동의 조작적 정의를 일정하게 유지할 수 있다고 가정된다. 그러나 관찰자들은 행동에 대한 조작적 정의를 자신의 경향에 의해 변형시키기도 한다. 즉 관찰자 경향이란 시간이 지남에 따라 조작적 정의가 자신이 가진 경향에 의해 변형되는 것을 의미한다.

경향의 위험은 쉽게 발견되지 않을 수도 있다. 관찰자가 행동의 원래 정의에서 벗어나는 경우에도 일치도가 여전히 높을 수 있기 때문이다. 관찰자들이 함께 일하고 서로 교류하는 경우 그들은 원래의 조작적 정의를 서로 같은 모습으로 변화시켜 갖게 될 수 있기 때문이다(Hawkins & Dobes, 1977). 그렇게 되면 일치도는 높은 수준을 보이는 반면 정확도는 감소하게 된다. 이러한 경향이 나타나는지를 알아보기 위해 실시한 연구가 있다. 계속 같이 근무하고 교류한 집단과 교류가 없는 집단에서 보인 결과를 비교해볼 때, 교류를 지속적으로 가진 집단에서 서로 같은 경향을 갖게 되어 조작적 정의를 다르게 적용하게 되었다는 결과를 도출하였다.

시간이 지남에 따라 관찰자가 행동의 조작적 정의를 변형하는 경우, 다른 단계에서 집계된 데이터의 비교에 문제가 생기게 된다. 가령 교실이나 가정에서 나타난 아동의 파괴행동을 관찰하는 경우 관찰자의 경향으로 조작적 정의가 변형되면 일관성 있는 정확한 데이터를 확보할 수 없게 된다. 하지만 앞서 언급한 바와 같이 두 관찰자가 비슷한 경향으로 바뀌게 되면 일치도는 계속 높게 유지되어 문제점을 발견하기 어려워진다.

관찰자 경향은 다양한 방법으로 통제될 수 있다. 첫째, 관찰 조사의 전 기간 동안 지속적인 교육을 받게 하는 것이다. 연구 대상자의 비디오테이프를 가지고 주기적인 재교육을 실시하는 가운데 코드를 기록하고 그 코드의 의미를 계속 교육하는 것이다. 관찰자들은 그룹으로 교육을 받으며 다양한 상황에서 나타나는 행동을 함께 기록하고 피드백을 받는 과정을 통해 정확성을 유지하게 된다. 조작적 정의를 가지고 행동을 기록하고 이것에 대한 피드백을 받게 됨으로써 관찰자의 경향을 줄일 수 있게 된다.

둘째, 연구 대상자에 대한 모든 관찰을 녹화하는 것이다. 전체 조사가 끝난 후 관찰자는 조사의 끝에서 임의의 녹화 테이프를 선정하여 기록하게 한다. 이 테이프가 어느 단계인지도 알수 없게 한다. 이 대안은 시간과 비용 때문에 다소 비현실적이다. 또한 단일대상연구 설계의 특성상 모든 중재의 제공과 철회는 연구 기간 동안 연구 대상자가 보인 하루하루의 결과에 따라 결정되기 때문에 계속적으로 데이터가 필요하다. 하지만 이전에 녹화된 부분과 현재의 관찰을 비교함으로써 관찰자에게 어떤 다른 경향이 차후에 나타났는지 비교할 수 있다.

마지막으로, 관찰자 경향은 또 다른 방법으로 통제될 수 있는데 주기적으로 새롭게 교육받은 관찰자를 투입하는 것이다. 새롭게 훈련받은 관찰자와 계속 관찰을 하고 있는 원 관찰자의 기록을 비교함으로써 경향이 나타났는지를 예측할 수 있게 된다. 대개 새로운 관찰자들이 조작적 정의에 대해 좀 더 근접해 있을 가능성이 높기 때문이다.

관찰자 기대 및 피드백

또 다른 잠재적 편차의 원천은 연구 대상자의 행동에 대한 관찰자의 기대와 피드백이다. 만약 관찰자가 중재를 통해 연구 대상자의 행동이 개선(예 : 행동의 증가 또는 감소)될 수 있다는 기대를 갖는다 하더라도 데이터에 편차가 발생하는 것이다(예 : Kent & Foster, 1977 참조). 그러나 이 기대가 연구자의 피드백과 함께 있게 된다면 관찰자의 기대는 데이터에 영향을 줄 수 있다. 연구에 의하면 연구자가 중재를 통해 문제행동이 감소할 것이라는 예측을 하는 교육을 하면 관찰자의 데이터 기록에 그러한 기대가 반영될 수 있었다고 보고하였다(O'Leary, Kent, & Kanowitz, 1975). 따라서 치료 효과에 대한 기대와 연구자의 피드백은 관찰자에 의해 기록된 데이터에 영향을 미쳤다고 볼 수 있다. 아마노 연구자들은 이러한 목적을 기대하고 관찰자들에게 피드백을 제공하는 것은 아닐 것이다. 그러나 위에 제시한 것처럼 이러한 기대의 표현과 피드백 제공은 관찰자들의 데이터에 영향을 줄 수 있음을 인식하는 것이 중요하다.

강조하건대 관찰자의 기대만으로는 관찰자의 데이터에 영향을 미치지 못한다. 그러나 관찰자에게 제공하는 피드백을 행동의 조작적 정의의 정확성에 대한 피드백으로만 제한하는 것은 중요하다.

관찰의 복잡성

지금까지 논의된 상황에서는 관찰자가 한 번에 하나의 행동을 관찰할 때의 상황으로만 논의하였다. 그러나 어떤 경우 관찰자는 주어진 관찰 기간 내에 여러 행동을 기록해야 하기도 한다. 예를 들어 관찰자가 특정 기간 동안 여러 가지 행동을 기록해야 하는 상황이 발생할 수 있는데 이러한 연구 관찰의 복잡성은 일치도 및 정확도에 영향을 미치게 된다.

복잡성은 여러 가지 방법으로 연구되어 왔다. 예를 들어 복잡성이란 주어진 기간에 관찰해야 하는 각기 다른 반응의 수를 의미한다. 그러므로 몇 가지 범주로 구성된 관찰 코드가 많은 것이 적은 것보다 복잡성이 높다고 말할 수 있다. 예상되는 바와 같이 복잡성이 낮은 경우의 일치도와 정확도가 높은 것으로 나타났다(Kazdin, 1977a 참조). 복잡성은 연구 대상자의 **행동 범위**와도 관련되어 있다. 연구의 복잡성과 일치 반비례하는 이유에 대해 명확하게 밝힐 수 있는 근거는 없다. 그러나 많은 조작적 정의에 따라 여러 반응을 체크하다 보면 표기상의 오류와 혼돈이 있을 수 있다는 것은 충분히 예측된다.

관찰자 훈련을 통해 관찰자가 각각의 행동에 대한 조작적 정의를 이해하도록 보장하고 일관성 있는 적용이 가능하도록 될 수 있는 한 단순화한 조건을 제공하는 것이 중요하다. 그러나 연구에 따라서는 몇 가지 다른 행동과 다른 코드 그리고 다른 대상자를 관찰해야 하기도 한다. 그 경우에는 훈련도 복잡한 조건을 동일하게 구성하여 제공하는 것이 필요하다. 이러한 강도 높은 교육을 해서라도 높은 일치도를 확보하여 연구 결과의 신뢰도를 높이는 것이 중요하기 때문이다.

일치도의 허용 수준

연구자들에 의해 변함없이 계속되는 질문은 '과연 일치도의 허용 수준은 어느 정도인가?'이다. 앞서 언급한 바와 같이 계산 방법, 기본 비율, 기회 일치도, 행동의 복잡성, 그리고 존재할 수 있는 편차 등과 같은 다양한 요인 때문에 그 수치라는 것이 쉽게 해석될 수 있는 것이 아니다. 일치도의 허용 수준은 행동이 적절하게 잘 정의되어 있는지, 관찰자가 관찰 행동을 조사 전 과정에서 일관성 있게 기록했는지, 연구 대상자가 보인 수행에 기반하여 일치도를 구하는 방법을 잘 선택했는지가 답이 될 수 있다. 이것이 연구자가 원하는 만족스러운 답이 되지는 않을 것이다. 그러나 일치도를 확인하는 목적은 단일대상연구 설계의 특성상 단계에 따라 나타나는 변화를 가지고 중재의 효과성을 입증하고자 하는 만큼 일치도를 확인하여 결과를 신뢰하는 것이 기본이 될 수밖에 없다. 예를 들어 작은 변화가 보이는 행동의 경우에는 하나의 작은 실수(예 : 불일치)마저도 결과를 모호하게 만든다. 반면 매우 큰 행동의 변화가 보이는 경우에는 더 많은 불일치율을 보여도 일치도에 문제가 되지 않을 수 있다.

연구 대상자가 수행한 행동 변화의 크기는 일치도와 관련한 여러 문제점 중 하나이다. 예를 들어 연구 대상자가 실제로 (관찰자의 편차도 없는 상태에서) 수행한 행동이 중재가 없는 단계에서는 행동 변화가 거의 보이지 않다가 중재 단계에서 극적인 개선을 보이는 경우라고 가정해보자. 수행에 있어서 변동이 거의 없고 중재가 주어진 단계에서 극적인 변화를 보이는 경우에는 중간 정도의 일치도라고 하더라도 연구에 대한 결론을 도출하는 데 문제가 되지 않는다. 반면에 연구 대상자의 수행 수준이 변동폭이 매우 크고 중재가 있거나 철회되었을 때 결과가 그리 크지 않은 상황이라면 중간 정도의 관찰자 간 불일치 정도는 결론 도출에 있어서 큰 영향을 미쳐 중재의 효과성을 입증해내기 어렵게 된다. 따라서 높은 일치도를 확보하는 것이 중요하지만 연구 대상자의 수행 수준 변화 등 일치도에 영향을 줄 수 있는 요인을 잘 이해하고 설명하고자 하는 노력이 요구된다.

전통적으로 빈도 일치도와 시점별 일치도의 허용 수준은 0.80 또는 80% 이상으로 간주되어 왔다. 하지만 일치도를 평가하는 방법이나 조건에 있어서 잠재적인 편견의 가능성을 고려하지 않는 경우라면 수치만 높다고 허용될 수 있는 것은 아니다. 반대로 낮은 일치도를 보인다고 하더라도 경우에 따라서는 매우 유용하게 수용될 수 있기도 하다. 그러므로 정량적 평가뿐만 아니라 그 일치도를 어떤 조건에서 어떻게 계산했는지를 명시하는 것이 중요하다.

관찰자 일치도의 추정에 관련된 많은 고려사항들을 포함하여 특정 조건, 특정 데이터 패턴 등을 보일 때 어떤 방법의 일치도를 산출해야 하는지에 대한 구체적인 지침을 제공한다는 것은 매우 어려운 일이다. 0.80 이상의 일치도를 보여야 한다는 전통적인 지침은 매우 유용하다고 할 수 있다. 그러나 이러한 일치도 추정치에 영향을 주는 요인이 분명히 존재 가능하다면 이 수치는 의미가 없어져서 허용할 수 있는 것이 못 된다. 일반적인 권장사항—일단 일치도를 높이기 위한 충분한 노력은 필요하다. 그러나 숫자가 전부는 아니다. 즉 연구 대상자의 수행 수준 변동폭으로 인한 잠재 가능한 오류 등을 포함한 많은 고려사항을 확인하는 노력이 뒤따라야 한다. 그런 의미에서 나는 일치도를 검사하기 위하여 연구자들이 하나 이상의 방법으로 일치도를 확인하고 또한 어떤 조건에 어떻게 산출되었는지에 대한 설명도 포함시킬 것을 강조한다. 이러한 추가적인 정보를 통해 연구자 및 논문을 읽게 되는 독자는 일치도 평가 절차가 결론에 중요한 영향을 미치고 있음을 이해할 수 있게 된다.

요약 및 결론

신뢰도 평가는 모든 과학연구와 다양한 방법(예 : 평정척도, 설문조사, 직접 관찰, 자동화 평가)을 활용한 모든 단일대상연구에서 매우 중요하다. 단일대상연구에서 가장 많이 사용되는 방법인 직접 관찰의 경우 일치도의 계산과 일치도가 평가되는 조건 등 많은 점에서 어려움이 있다.

행동에 대한 직접 관찰에 있어서 매우 중요한 것은 관찰이 지속적으로 일관되게 이루어지느냐이다. 일관된 평가라는 것은 데이터 수집에 일관된 정의를 사용하고 일관된 조건하에 평가하는 것을 의미하기 때문에 매우 중요하다. 관찰자 간 일치도는 연구 대상자의 행동을 2인 이상이 독립적으로 그리고 주기적으로 기록하여 그 결과를 비교하는 것으로 평가한다.

일치도를 평가하기 위해 일반적으로 사용되는 방법에는 빈도 비율, 시점별 일치도 비율, 피어슨 적률 상관관계가 있다. 이러한 방법은 각기 다른 일치도 정보를 제공한다. 첫째, 빈도 비율을 통한 일치도는 두 관찰자가 주어진 관찰 기간 동안 행동의 빈도수에 대한 정보를 제공한다. 둘째, 시점별 일치도는 주어진 관찰 기간의 시점에서 목표행동의 발생 여부에 대한 정보를 제공한다. 셋째, 피어슨 적률 상관관계는 주어진 단계별 관찰 구간에서 관찰자 간의 기록에 나타난 변량이 어떠한지에 대한 정보를 제공해준다.

일치도 평가에 영향을 주는 요인으로 고려해야 할 사항은 다양한데 첫째는 기본 비율이다. 이는 연구 대상자가 수행한 행동의 발생 빈도가 높은 경우 기회의 증가로 인하여 일치도가 높아질 수 있다는 점이다. 이렇게 되면 기회 일치도가 높아져서 높은 일치도값의 의미가 희석된다. 시점별 일치도 비율은 일반적으로 기회에 기반한 일치도를 고려하지 않는 계산 방식을 따르게 되므로 결과에 있어서 오해의 소지가 있을 수 있다. 따라서 일치도를 계산하는 대안적인 방법들이 제안되었다. 데이터에 따라 발생 또는 비발생으로 나누어 일치도를 계산하여 기회 일치도 문제를 상쇄하는 방법이 제시되었다. 또한 두 번째 관찰자의 데이터 결과도 그래프에 포함시켜 두 관찰자의 관찰 결과가 얼마나 동일한지를 제시하여 그래픽 신뢰도를 확인하는 방법이 제시되었고, 마지막으로 통계적인 방법으로 상관 통계(예 : 카파, 파이)를 통해 일치도를 제시하는 방법이 언급되었다.

다양한 유형의 편차도 일치도 결과에 영향을 미칠 수 있다고 알려져 있다. 편차의 원천으로는 관찰 반응성, 관찰자의 경향, 관찰자의 기대 및 연구자로부터의 피드백 그리고 연구의 복잡성 등이 포함된다. 일반적으로 관찰자는 관찰자 일치도를 위해 타 관찰자가 관찰을 하고 있다고 인식하게 되면 그렇지 않은 경우보다 일치도가 높아지는 '경향'이 있다. 관찰 행동에 대한 조작적 정의가 시간이 지남에 따라 자신의 생각이나 같은 구성원들과 관계를 가지면서 조금씩 바뀌는 경향이 있을 수 있다. 연구 대상자의 행동에 대한 기대와 연구자가 제공하는 피드백으로 인하여 일치도가 높아질 수 있다. 마지막으로, 관찰해야 할 대상이 많아지거나 코드가 다양해지고 연구 대상자를 변경하는 등 연구의 복잡성이 높아지면 일치도 및 정확도가 낮아지게 된다.

이 일치도 평가의 목적은 관찰자 간의 일치도를 평가함으로써 중재로 인한 연구 대상자의 행동의 변화에 대한 데이터가 신뢰성 있는지를 확인하고 결국 중재의 효과를 입증해내기 위함이다. 일치도를 평가하거나 보고하기 위해서는 한 가지 이상의 방법으로 평가할 것을 추천한다. 또한 어떤 조건하에서 어떤 일치도를 사용하고 잠재 가능성이 있는 편차의 원천을 최소화하기 위해 어떠한 노력을 했는지를 제시하는 것도 매우 중요하다. 설명 일치도가 높아도 오히려 결과의 잘못된 해석을 가져올 수 있기 때문이다.

6

| CHAPTER |

단일대상연구 및 ABAB 설계 소개

일반적으로 연구 설계에는 세 가지 상호 의존적인 구성요소, 즉 사정, 실험 설계 그리고 데이터 평가가 포함되어 있음이 이미 언급된 바 있다. 이 구성요소의 상호 의존성은 각각의 구성요소에 도움이 되어 결론의 명확성을 높이기도 하고, 타당도에 위협이 되는 사항을 감소시키거나 제거하기도 하지만 때로는 타당도에 대한 위협을 가져오기도 한다. 사정에 대해 다루었던 장에서 나는 사정의 결과를 위한 다양한 전략을 제시함과 동시에 사정의 문제점 (예 : 비일관성, 평가 조건에 있어서의 편견)이 중재에 대한 결론 도출을 방해할 수 있다는 점을 제시하기도 하였다. 이 장을 시작으로 단일대상연구의 주요 설계 방법에 대해 제시할 것이다. 첫 번째 설계 방법을 논의하기 전에 몇 가지 기본이 되는 사항을 짚고 넘어갈 필요가 있다. 이렇게 되면 연구의 목표를 도출하는 데 더 도움이 되고, 이 연구 설계가 기존의 집단간 연구 설계와 어떻게 연관되어 있는지 이해하기가 더 용이할 것이다.

집단간 연구 및 단일대상연구 모두에서 내적 타당도를 위협하는 요인을 피할 길은 없다. 모든 실험은 결과(종속변수)에 있어서 서로 다른 조건(독립변수)의 효과를 비교한다. 기존의 집단간 실험에서는 다른 조건의 집단이 보인 결과를 비교한다. 중재를 평가하기 위한 방법으로 집단간 연구에서 활용되는 '금본위 제도'에는 무선할당 비교군 연구(randomized controlled trial, RCT)가 있다. 이를 위해 연구 참여자들은 2개(또는 그 이상)의 집단 중 한 집단에 무작위로 할당된다. 두 집단의 경우 중재 집단과 중재에 노출되지 않는 두 집단간 수행 결과를 비교한다. 중재의 효과는 연구의 종료 시점에서 집단간의 결과를 비교함으로써 평가된다. 단일대상연구의 기본 전제는 같은 학습자에게 시간이 지남에 따라 제시된 상이한 조건에서의 결과를 비교하여 중재의 효과에 대해 설명한다는 점이다. 간단히 정리하면 단일대상연구에서도 참여자의 수행 결과가 두 조건(중재 없이/중재하에)에서 비교된다. 그러나 단일대상설계는 세부적인 사항에 있어서 기존의 집단간 연구와는 매우 다르다. 이 장의 목적은 모든 단일대상설계에 대한 주요 특성을 제시하고, 어떻게 인과관계를 보여줄 수 있는지에 대한 논리를 제시하는 것이다. 단일대상설계의 주요 설계 방법인 ABAB 설계를 통하여 단일대상연구의 논리를 제시하고 어떻게 중재 프로그램을 평가하는지를 논하고자 한다.

단일대상설계의 일반적인 요구사항

지속적인 평가

단일대상 실험에서 가장 기본적인 조건은 시간 간격을 두고 지속적으로 반복 측정을 한다는 점이다. 연구 대상자의 행동은 중재가 시작되기 전에 몇 가지 장면에서 일정 시간 측정되고, 중재가 시작된 후에 지속적으로 일정 시간 관찰된다. 일반적으로 관찰은 여러 차례에 걸쳐 이루어지는데 매일 또는 매주 진행되기도 하며, 정해진 장면에서 지속적으로 이루어진다. 단일대상설계는 시간이 지남에 따라 나타나는 행동에 대한 중재 효과를 입증하고자 하기 때문에 지속적인 평가가 기본 요건이 된다. 중재가 시작되기 전에 실시된 지속적인 평가는 행동의 패턴과 안정성을 검토하는 데 활용된다. 일정 기간 동안 중재 실시 전에 얻은 결과는 중재가 없을 경우 어떠한 일이 발생할 것인지를 예측할 수 있게 해준다. 결국 중재가 실시되고 중재하에 행동 변화에 대한 관찰을 계속하게 되어 중재 효과를 검증할 수 있게 되는 것이다.

단일대상연구에서의 지속적인 평가는 집단간 연구와 단일대상연구에서의 기본적인 차이점이라고 말할 수 있다. 이미 언급한 바와 같이 두 가지 유형의 연구 모두에서 특정 결과에 대한 중재의 영향을 검증한다. 가장 기본적인 방법은 중재가 보류될 때와 중재가 제공될 때의 결과를 비교하여 검증한다. 일반적으로 집단간 연구에서는 집단을 실험군과 통제군으로 분리하여 결과를 비교한다. 여러 사람을 대상으로 1개 또는 2개의 관찰(예 : 사전 및 사후 처리 평가)이 여러 사람에게 이루어져서 결과가 얻어진다. 반면 단일대상연구에서의 중재 효과는 중재가 주어질 경우와 주어지지 않을 경우의 동일 인물(들)이 보인 결과를 관찰함으로써 측정된다. 다수를 대상으로 1회 또는 2회의 측정 결과를 통해 이루어지는 것이 아니라 1명 또는 소수의 사람에 대해 지속적인 측정을 하여 중재의 효과를 입증하는 것이 가장 큰 차이점이다. 이렇듯 지속적인 평가는 각각의 관심 있는 주제의 효과를 알아보기 위한 일련을 관찰을 하는 것을 의미한다.

기초선 사정

일반적으로 단일대상 실험 설계 연구는 중재가 실시되기 전 며칠 동안 행동을 관찰하는 것으로 시작된다. 이러한 초기 관찰 단계를 기초선 단계라고 한다. 이 단계는 특별한 중재를 시작하기 전에 현재의 행동 수준에 대한 정보를 제공한다. 기초선 단계는 두 가지 중요한 기능을 제공한다. 첫째, 설명 기능이다. 기초선 단계에서 수집된 데이터 결과는 연구 대상자가 현재 보이는 행동의 정도나 상황을 설명한다. 둘째는 예측 기능이다. 기초선 데이터는 중재가 제공되지 않을 때 연구 대상자가 나타낼 수 있는 가까운 미래의 행동 수준을 예측하는 역할을 한다. 물론 현재 결과가 반드시 가까운 미래에도 유사하게 나타나리라는 것을 보장할 수는 없다. 예를 들어 연구 대상자의 경험이나 성숙으로 인하여 중재가 제공되지 않아도 개선될 수 있기 때문이다. 중재를 실시하지 않고 미래의 결과를 확신할 수 있는 유일한 방법은 중재 없이 기초선 관찰을 계속하는 것 밖에는 없을 것이다. 하지만 이것을 끊임없이 계속할 수는 없다. 왜냐하면 연구의 목적은 연구 대상자의 기능을 향상시키기 위하여 중재를 실시하고 평가하는 것이기 때문이다. 며칠 동안 지속된 관찰은 기초선 단계의 향후 수행 결과 예측을 위해 또는 중재 효과를 입증할 수 있는 충분한 근거를 제공하기 위해 이루어진다. 기초선 단계의 예측은 미래를 예상하고 미지의 사실을 이미지화하기 위하여 실시된다.

기초선 단계 동안 관찰을 통해 중재의 영향에 대한 결과를 예측해볼 수 있는데 그림 6.1은 특수교육 수업 장면에서 한 아동이 교사에게 보인 '소리지르기(불만 또는 의견 개진)'를 10일 동안 관찰한 결과이고, 점선은 결과에 대한 예측을 보여준다. 기초선 단계인 10일 동안의 관찰을 통해 수집된 현황을 나타낸 도표는 그 학생이 교실에서 '불만의 소리지르기' 행동을 거의 일관된 양상으로 매일 보여주고 있음을 나타내고 있다.

직접 관찰되지 않았기 때문에 11, 12일째에도 우리가 예측한 결과를 나타낼 것이라고는 정확하게 알 수 없다. 그러나 그러한 조건이 계속된다면 가까운 미래에도 기초선과 유사한 결과를 예측할 수 있으므로 기초선의 결과는 미래를 투영하는 데 사용될 수 있게 된다. 예측(점선)

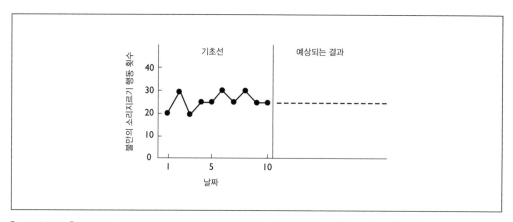

┃ 그림 6.1 ┃ '불만의 소리지르기' 행동에 대한 빈도의 기초선 관찰 예시자료. 기초선(실선) 데이터는 향후(점선)의 결과를 예측하는 데 사용된다.

라인은 미래의 수행 결과에 대한 대략적인 수준을 제시한다. 그러므로 중재가 주어졌을 때의 변화를 측정하여 그 효과를 평가하는 기준이 되므로 예상 수준을 알아보는 것은 단일대상 실험 설계에서 필수적이다. 치료가 효과적인 경우에는 수행 결과가 예상 수준과 달라질 것이기 때문이다. 예를 들어 소리지르기를 감소시키기 위하여 사용한 중재 프로그램이 성공적으로 진행된다면 소리지르기 빈도 결과는 예상 라인 수준보다 훨씬 더 낮아질 것이다. 어떤 상황에서라도 단일대상설계 실험에서는 수행 결과에 대한 지속적인 관찰이 포함된다. 그리고 단일대상설계의 기초선 단계에서의 평가의 중요성은 계속해서 논의될 것이다.

결과의 안정성

기초선 단계의 결과는 연구 대상자에 대한 미래의 반응을 예측하기 위해 사용되기 때문에 데이터가 안정된 양상을 나타냈는지가 무엇보다도 중요하다. 수행 결과의 안정성이란 경향(또는 기울기)이 보이는 데이터가 아닌 비교적 변화가 없는 것을 의미한다. 기초선 결과, 경향 및 변동성의 개념은 각기 다른 상황을 설명해주지만 이는 기초선 결과의 안정성과 상관이 있는 것이다.

데이터 경향. 기울기라고 일컬어지기도 하는 경향이란, 시간이 지남에 따라 체계적으로 또는 지속적으로 결과가 감소하거나 증가하는 양상을 의미한다. 기초선을 관찰하는 동안 간단히 세 가지 정도의 데이터 패턴이 있을 수 있다. 첫째, 경향이나 기울기가 나타나지 않을 수 있다. 이 경우에는 결과가 시간이 지남에 따라 증가 또는 감소하지 않음을 나타내는 수평선 형태로 표시된다. 예를 들어 과잉행동 아동이 수업 시간에 보이는 돌발행동과 수업 방해 행동의 빈도

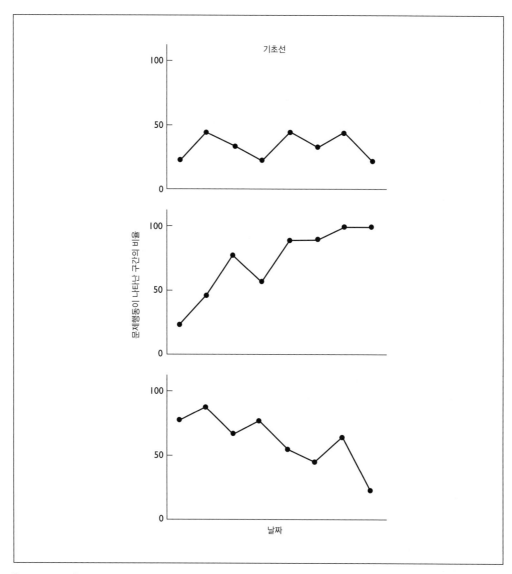

▌ **그림 6.2** ▌ 과잉행동 아동의 문제행동에 대한 데이터 예시. 상단 그래프는 특정한 변화 없이 행동이 지속적으로 계속 나타나는 상황을 보여주고 있다. 중간 그래프는 문제행동이 시간이 지남에 따라 악화되는 체계적 경향을 보여준다. 하단 그래프는 행동이 시간이 지남에 따라 더 좋아지는 체계적인 경향을 보여준다. 하단 그래프에 해당하는 행동이 경우에는 폐딘의 변화가 예상되는 치료의 변화와 동일한 방향에 있기 때문에 중재의 평가를 방해할 가능성이 가장 높을 수 있다.

를 측정한 결과는 그림 6.2처럼 보여질 수 있는데 이 그림에 나타난 기초선에는 '경향'이 보이지 않는다. 기초선에서의 경향이 보이지 않는 경우에는 후속 중재 효과 평가에 대해 비교적 명확한 근거를 제공한다. 결과가 향상되면 기초선 수준에서 보였던 선에서 많이 멀어지게 될 가능성이 높다.

　기초선 단계 동안 '경향'이 나타난 경우라면 시간이 지남에 따라 결과가 증가 또는 감소할 것이다. 기초선 단계 동안 나타난 '경향'은 문제가 될 수도 있고 그렇지 않을 수도 있다. 가령 결과가 감소하는 것을 목적으로 실시하는 중재의 경우라면 '증가하는 경향'은 문제가 되지 않을 것이다. 예를 들어 문제행동이 계속 증가하는 경향을 보이는 경우이다. 그림 6.2의 가운데 그래프는 증가 경향을 보여준다. 그러나 이러한 경향이 있다 하더라도 중재의 효과가 **반대 방향**으로 행동의 결과를 변경하려고 시도하기 때문에 중재 효과의 평가를 방해할 가능성이 없다.

　반면 경향이 중재 후 결과 행동과 **동일한 방향**으로 나타날 수도 있다. 이러한 기초선은 행동이 점점 개선되고 있음을 나타내는 것이다. 예를 들어 돌발행동이나 수업 방해 행동의 빈도가 계속 감소하는 경향을 보인다면 그림 6.2의 맨 아래쪽 그래프처럼 경향이 나타나게 될 것이다. 이는 이미 기초선 상태에서 결과가 개선되는 양상을 보였으므로 중재의 효과를 입증하는 데 문제가 된다. 중재 효과를 보여주기 위해서는 명확하게 기초선이 예상하는 수준을 뛰어넘는 결과가 요구된다.

　기초선 단계에서 개선의 경향이 나타나는 중재가 과연 필요한지에 대한 질문을 하게 될 수밖에 없다. 그러나 어떤 행동은 개선되는 경향이 있기는 하나 충분히 신속하게 개선되지 않을 수 있다. 예를 들어 자폐성 장애 아동의 기초선 단계 관찰 동안 머리박기 행동에 점진적인 감소의 양상이 나타나는 것으로 보인다고 하자. 그러나 이러한 행동이 신속하게 중재되지 않으면 심각한 부상을 입을 수 있기 때문에 점진적인 향상으로는 문제가 해결되지 않을 것이다. 좀 더 넓은 차원에서 학교나 도시 전체에 나타나는 기물 파손 및 강도 출현의 비율이 점점 감소하는 양상을 보이고는 있지만 여전히 너무 느리게 감소할 수도 있다. 따라서 행동이 원하는 방향으로 변화하고 있지만, 신속한 변화가 추가적으로 요구될 수 있다.

　기초선 데이터에는 경향이 존재할 수 있지만 중재 효과에 영향을 미치지 않도록 할 수 있는 방법도 있다. 중재 효과에 영향을 줄 수 있는 '경향'이 나타날 때 활용할 수 있는 대안적인 설계 방법과 중재 효과를 분명하게 제시하는 연구 절차가 있다(12장, 14장 및 책의 부록 참조). 기본적으로 '경향'을 보이지 않는 안정된 기초선 데이터를 획득하는 것은 중재 효과를 평가하기 위한 명확한 근거의 제공 측면에서 매우 중요하다. 이러한 상황에서는 중재가 실시되면 중재의 효과를 입증하기에 명백해진다.[1]

---

1) 여기에서 제시한 데이터는 단순한 동향(예 : 경향이 없음, 상승, 감소)을 보이고 있어 연구를 시작하기에 적합하다. 그래프상으로 알기 어려울 정도록 복잡한 경향을 띠는 데이터들도 있다. 더 미묘한 점은 데이터의 경향이 더 복잡하고 단지 그래프를 통해 쉽게 볼 수 없는 경우도 있다는 것이다. 책의 마지막에 포함된 부록에는 데이터가 복잡한 경향이 있을 경우

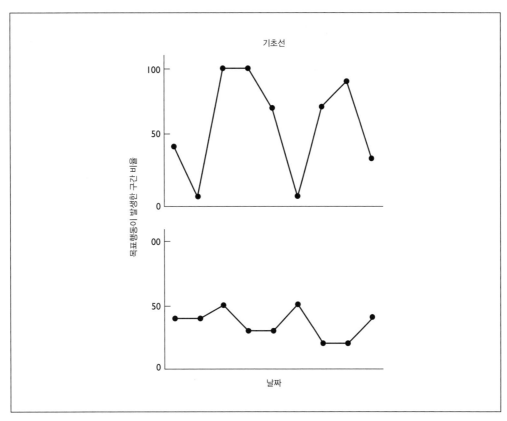

▋ 그림 6.3 ▋ 큰 변동성(상단 그래프)과 작은 변동성(하단 그래프)을 보이는 기초선 데이터의 예시. 작은 변동성을 보이는 경우가 중재 효과를 평가하기 더 용이하다.

데이터 변동성. 경향과 더불어 데이터의 변동성은 시간 경과에 따라 나타나는 결과의 변동이나 변화를 의미한다. 기초선 또는 다른 단계에서 보이는 데이터의 과도한 변동성은 중재에 대한 결론 도출에 방해가 될 수 있다. 일반적으로 데이터의 변동성이 커지면 커질수록 중재의 효과에 대한 결론을 도출하기가 더 어렵게 된다.

과도한 변동성은 상대적 개념이다. 변동성의 과잉 형태는 다양하게 나타날 수 있는데 기초선 단계에서 처음 나타날 수 있다. 극단적으로는 기초선 결과가 극히 낮거나 매우 높은 수준으로(예 : 0~100%) 매일 변동할 수 있다. 그림 6.3의 상단 그래프와 같이 이러한 결과의 패턴이 나타날 수 있다. 이러한 극단적인 기초선 결과의 변동성으로 인하여 미래의 결과를 예측하는 것이 어려워진다.

중재 효과 입증을 높일 수 있는 방법을 제시하고 있다.

또한 상대적으로 작은 변동을 보이는 기초선 데이터가 있을 수 있다. 전형적인 예는 그림 6.3의 하단 그래프와 같이 나타날 수 있다. 결과는 변동하지만, 변동폭은 상단 도표에 비해 매우 작다. 이러한 경우 상대적으로 미래의 결과를 예측하는 것이 비교적 명확하고, 따라서 중재 효과에 대한 평가가 훨씬 용이할 것이다. 어떤 경우에는 변동이 전혀 없는 데이터도 있다. 예를 들어 행동이 전혀 발생하지 않기 때문에(반면 매일 발생하는 경우도 있음) 기초선 결과의 변화가 없는 경우이다. 예를 들면 가정이나 체육관에서 하는 운동, 생활시설에서 다른 사람과의 대화 시도 행동, 악기 행동 연습, 약물 복용 등과 같은 행동은 중재하기 전에 전혀 발생하지 않을 수 있다. 이러한 경우 기초선 단계에서 전혀 변동이 없는 것으로 나타날 것이다.

이상적으로 보면 기초선 데이터는 작은 변동성을 나타낼 것이다. 사실, 이상적이라기보다는 통상적이라고 하는 것이 옳다. 데이터의 변동성은 개인이 보인 결과의 변화가 원인일 수 있지만 한편으로 관찰 오류 또는 낮은 측정 신뢰도에 기인하는 경우일 수도 있다. 이것은 앞장에서 언급한 대로 측정 신뢰도를 보장하는 것이 왜 중요한지에 대한 이유를 말해준다. 간혹 기초선 데이터가 비교적 큰 변동성이 있는 상태로 존재할 수 있다. 이러한 변동성의 영향을 최소화할 수 있는 방법 그리고 다양한 옵션을 활용하여 중재 효과(제14장 참조)에 대한 결론을 잘 도출할 수 있는 방법 등이 있다. 그러나 중재 효과의 평가를 적절하게 하기 위해서는 기초선 단계에서 변동성이 낮은 결과를 보여주는 것이 가장 바람직하다.

ABAB 설계 : 기본 특성

응용연구에는 다양한 설계 방법이 있다. 시간이 지남에 따라 지속적으로 결과가 향상되고 결과가 안정된 수준을 유지하는 것이 모든 연구 설계가 원하는 바일 것이다. 단일대상연구에서 가장 기본적인 실험 설계인 ABAB 설계를 통해 중재 효과를 어떻게 입증할 수 있는지를 구체적으로 제시할 수 있다. ABAB 설계는 연구 대상자(또는 연구 대상 그룹)를 대상으로 시간이 지남에 따라 특정 행동이 어떻게 변화하는지를 측정하는 것으로 진행되는 실험연구의 일종이다. 연구 과정 동안 대상자는 주어진 실험 조건에서 변화를 보이게 되며 그 변화가 관찰된다.

ABAB 설계에 대한 설명 및 이론적 논거

ABAB 설계는 기초선 단계를 중재 단계와 번갈아 설정하여 중재가 제시되지 않을 때(A단계)와 중재 단계의 결과(B단계)를 비교하여 중재의 영향을 입증한다. A와 B단계가 한 차례 더 반복되면 4개의 단계가 된다. 이 설계에서 중재 효과를 입증하는 방법은 매우 정확하다. 기초선 단계 이후에 첫 번째 중재 단계를 실시하고 그다음에는 중재를 제거하고 측정한 다음 두 번째 중재 단계로 복귀할 때 개선되는지를 통해 중재 효과를 분명히 확인할 수 있다.[2]

ABAB 설계는 실험적 효용성을 높이는 이론적 기반을 제공하지는 않는다. 그러나 이론적 근거는 ABAB 설계 및 모든 단일대상설계에서 사실상 기초가 되기 때문에 중요하다. 초기 단계는 중재가 시행되기 전 특정 행동을 관찰하는 기초선 단계로 시작한다. 결과의 안정성이 나타나거나 또는 결과가 시간이 지남에 따라 개선되지 않는다는 것이 명백하게 나타날 때까지 기초선 단계가 계속된다. 앞서 언급한 바와 같이, 기초선 측정은 중재가 실시되어 있지 않은 상태에서 나타나는 현재의 수준을 설명하는 목적과 이러한 행동이 미래에 어떻게 될지를 예측하는 목적을 가지고 이루어진다. 중재 전 행동에 대한 설명은 연구자에게 연구 대상자의 문제 특성을 잘 설명해주고 미래를 예측할 수 있게 해준다. 그림 6.4는 ABAB 설계를 활용한 데이터 예시이다. 기초선 단계는 행동 수준(실선)을 평가하는데, 이 선은 미래의 행동을 예측(점선)하는 데 활용된다. 미래의 결과가 충분히 예측될 때 중재(B) 단계가 실시된다.

중재 단계는 기초선 단계와 유사한 목적을 가지고 있다. 현재의 성과를 설명하고 조건이 변경되지 않은 상태에서 나타날 수 있는 향후 결과를 예측하는 것이다. 그러나 중재 단계에서는 추가적인 목적이 있다. 기초 단계는 미래 성과를 예측하기 위해 실시되었고 중재 단계에서는 중재의 효과를 입증하기 위하여 기초선에서 예측한 수준과 얼마나 다른지를 측정한다. 예측한 수준과 중재 단계에서 보인 행동의 결과 수준이 다르다면, 이것은 수행 결과에 변화가 있음을 나타내는 것이다. 그림 6.4에서 보면 첫 번째 중재 단계에서 행동이 많이 변화된 것을 알 수 있다. 하지만 이 그래프에서 보면 첫 번째 중재 시점에서는 중재로 인한 결과의 변화라고 전적으로 명확하게 입증하기는 어렵다. 이러한 결과는 경험이나 성숙과 같은 다른 변인들이 이에 작용할 수도 있다고 볼 수 있어서 이러한 문제점을 배제할 수 없다. 이미 언급한 바와 같이 연구의 중요한 목표는 타당성을 위협하는 요인을 가능하면 제거하는 것이다. 일반적으로 처음 두 단계만 있을 경우(AB 설계)에도 연구를 수행할 수는 있지만 이러한 위협을 제거하기는 어렵다. 적어도 두 번째 기초선 단계를 추가한 설계(ABA 설계)가 내가 앞서 제시한 세 가지

---

2) 이를 다르게 표현할 수도 있다. 기초선 단계에서 데이터를 수집하고 연구 대상자를 위한 중재는 지원하지 않는다. B단계에서는 대상자의 행동을 향상시키기 위한 중재가 제공된다. 두 번째 기초선 단계에서는 제공하던 중재를 철회하고 또다시 두 번째 중재 단계에서는 중재를 제공하고 행동을 향상시킨다. 이러한 실험 설계가 연구 대상자의 행동을 악화시킨다면 이러한 연구 설계를 적용해서는 안 된다. 응용연구에서 단일대상연구를 하는 연구자는 연구 대상자를 우선적으로 염두에 두어야 한다. 중재의 철회는 연구의 과정이라고는 하지만 쉽게 받아들여질 수 있는 것이 아니다. 하지만 지금 이 시점에서 논의하고자 하는 것은 이 설계 방법의 논리성이며 이것에 초점을 두고자 한다. 그 논리는 연구 설계를 정교화하고, 단일대상연구가 다른 연구 방법들과 같이 매우 엄격하게 통제될 수 있음을 보여줄 것이다.

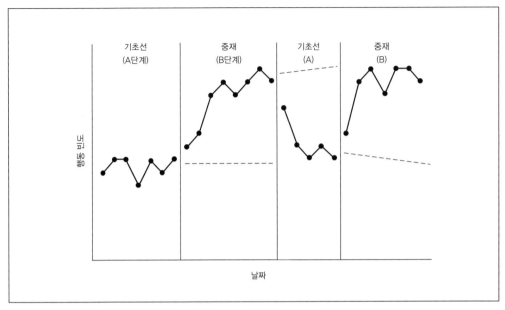

┃ 그림 6.4 ┃ ABAB 설계를 위한 가상의 데이터. 각 단계에서의 실선은 실제 데이터를 나타내고 점선은 이전 단계에서의 결과를 통한 예측 수준을 나타낸다.

기능, 즉 설명, 예측 및 예측을 테스트하는 것을 가능하게 해준다.

세 번째 단계(ABA의 두 번째 A)에서는 중재가 철회되고 기초선의 조건으로 복귀된다. 내가 좀 전에 언급한 바와 같이 이 두 번째 A단계는 세 가지 목적을 가지고 있다. 다른 단계에는 첫째, 현재의 성과를 설명하고, 둘째, 이 단계가 계속된다면 향후 어떠한 결과가 나타날지에 대한 예측이 포함되어 있으며 세 번째 목적은 중재 단계의 것과 유사하다. 즉 이전 단계에서 한 예측을 테스트한다. 좀 더 구체적으로 살펴보면 중재 단계의 하나의 목적은 조건(점선, 두 번째 A단계 참조)을 그대로 유지하는 경우 미래의 행동 결과를 예측하는 것이다. 두 번째 기초선 단계에서 이루어지는 예측의 테스트는 실선과 점선을 비교함으로써 실제의 결과가 예측한 수치와 다르다는 것을 통해 변화가 이루어졌다는 것을 알 수 있다.

두 번째의 기초선 복귀 단계가 가지는 고유한 목적은 별로 거론된 바가 없다. 첫 번째 기초선의 목적은 미래 결과를 예측하기 위한 것이다(첫 번째 중재 단계에서 점선). 이것은 이 설계의 첫 번째 예측에 해당한다. 모든 예측이 그러하듯 예측은 틀리기 쉽다. 그리고 두 번째 기초선 단계에서는 기초선 조건을 복원하고 제1예측을 테스트할 수 있다. 행동 중재 없이 계속 한 경우, 원래 기초선과 동일한 수준을 유지하거나 아니면 현저하게 변화될 것인가를 검증하게 된다. 두 번째 단계의 결과는 원래 예상한 근처에 있는지 여부를 검사한다. 중재 단계의 점선과 두 번째 기초선 단계의 실선을 그림 6.4에서 비교해보면 실제로 별로 다르지 않다. 따라서 원래 기초선 단계에서의 예측 결과는 비교적 정확했다는 것을 알 수 있다. 중재가 없었다면 이러한 행동 수준이 유지되었을 것이다.

    ABAB 설계의 마지막 단계에서는 중재가 다시 제공된다. 이 단계의 목적은 이전 단계와 마찬가지로 현재 수준을 설명하고, 이전의 두 번째 기초선 단계에서 예측한 수준과 얼마나 차이가 있는지를 알아보고 첫 번째 중재 단계에서 예측한 결과와 동일한지를 파악하기 위한 목적으로 실행된다. 추가적으로 두 번째 중재 단계의 고유한 목적은 앞서 제시한 목적들과 더불어 미래의 결과를 예측하는 데 활용된다.

    요컨대 ABAB 설계 및 ABAB 변형 설계의 논리는 조건이 다른 단계에서의 결과에 대한 예측이다. 본질적으로, 별도의 단계에서 수집되는 데이터는 현재 결과에 대한 정보를 제공하고 미래 성과의 수준을 예측하고, 이전 단계에서 예측한 상황을 테스트하는 것이다. 실험 조건을 변경하여 반복 설계를 통해 각 단계의 결과를 비교하고 이 결과가 중재에 의해 나타난 것인지를 테스트할 기회를 거친다. 중재가 도입될 때 행동이 변경되고 중재가 철회된 후 다시 기초선 수준으로 복귀한다고 한다면 이는 중재가 그 행동 변화의 강한 원인이 되었다고 말할 수 있다. 앞에서 설명한 내적 타당도에 위협을 주는 요인도 변화에 일조했을 수 있다. 예를 들어 실험 기간에 우연히 발생한 영향력 있는 사람(예 : 부모, 교사, 배우자, 성가신 동료, 직장 상사)의 행동 변화, 외부 사건(예 : 뉴스, 교통 위반 딱지), 또는 개인 내부 상태의 변화(예 : 알레르기 반응, 약물의 변화, 독감의 발병) 등이 결과 변화에 반영되었을 수 있다. 그러나 일련의 단계를 거치게 되면 이러한 잠재적인 변인이 작용할 가능성보다는 중재와 그 철회가 변화에 영향을 미쳤을 가능성이 가장 높다고 쉽게 말할 수 있다.

예시

ABAB 설계 및 그것의 이론적 기반을 보여주는 예시는 만 11세의 라틴 계열 여학생(키 160cm, 몸무게 78.2kg)의 TV 시청 관련 연구를 통해 살펴볼 수 있다(Jason & Brackshaw, 1999). 그 여학생 연령의 평균 키는 약 140cm, 몸무게는 36.3kg이었다. 그 여학생 부모는 이를 개선하기 위하여 다양한 시도를 해보았으나 어느 것도 효과를 발휘하지 못했다. 그 여학생은 주중에는 TV를 6시간 정도 보았고 주말이 되면 10시간 정도 TV를 시청하면서 주로 먹는 것을 즐겼다. 물론 많은 요인이 비만에 기여한다. 그러나 어린이 비만의 주요 원인으로 'TV 시청하며 먹기'는 주목할 만한 원인이다. 이에 한 프로그램이 계획되었는데 가족과 함께하는 프로그램이었다. 운동 시간이 곧 TV 시청 시간으로 연결되는 프로그램이었는데 그 여학생이 TV에 연결된

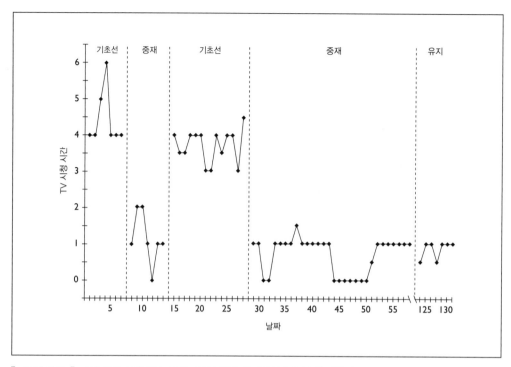

┃ 그림 6.5 ┃ TV 시청 시간 감소 프로그램(ABAB 및 유지 단계 설계). (출처: Jason & Brackshaw, 1999)

고정식 자전거의 페달을 돌리면 그 횟수만큼 일정량의 TV 시청 시간을 확보하는 프로그램이었다. 자전거 타기를 하면서 동시에 TV를 시청하는 것은 불가능하도록 설정되어 있었다. TV를 보기 위해서는 자전거를 타지 않으면 안 되었다.

그림 6.5는 ABAB 설계를 통해 보여주고 있다. 프로그램의 효과를 평가하기 위해 첫 단계로 기초선 단계가 실시되었다. 첫 번째 중재 단계에서 운동과 연결된 TV 시청 시간이 측정되었고, 다시 중재가 철회된 상태에서 관찰되었고, 두 번째 중재 단계로 다시 연결되었다. 그림과 같이 약 2.5개월 후, 후속 평가는 TV에 부착된 자전거 없이(중재 철회) 이루어졌다. 프로그램의 종료 시점에서 TV 시청 시간을 살펴보니 기초선 동안에 나타났던 4.4시간의 TV 시청 시간이 하루 1시간 미만으로 감소하여 매우 의미 있는 결과가 나타난 것으로 보였다. 또한 그 여학생의 체중이 9.1kg 감소하는 효과도 나타났다. 그림 6.5의 그래프에는 제시되어 있지 않지만 1년 후에 실시한 유지 단계의 평가에서도 프로그램 마지막 부분에 보였던 TV 시청 수준(약 1시간)이 그대로 유지된 것으로 나타났고, 체중 또한 유지하는 것이 나타났다. 설계의 관점에서 볼 때 이와 같은 그래프는 프로그램이 주는 변화를 분명히 전달하는 효과가 있다.

다음은 자폐스펙트럼장애 아동의 음성과 관련된 고착행동에 대한 사례이다. 이 음성과 관련된 고착행동은 다양한 교육 활동 참여에 방해요인이 되었기 때문에 시급한 중재가 요구되 있다(Ahearn, Clark, MacDonald, & Chung, 2007). 음성 관련 고착행동이란 맥락적 상황이나 의사소통의 시도와 관련 없이 나타나는 노래, 흥얼거리기, 반복적 볼멘소리, 비명, 기타 반복 되는 발성(예 : "이이, 이이, 이이, 이이")이다. 아동과 교사가 함께 방에 앉아 개별 세션이 5분 간 실시되었는데 적절한 음성적 반응(예 : "나는 간지럼을 원해요", "과자를 먹어도 될까요?") 과 음성적 고착행동 모두를 관찰하였다. 기초선 이후의 중재 단계에서는 음성적 고착 반응을 보인 즉시 반응을 중단시키고 적절한 반응을 알려주었다. 교사는 아이의 이름을 적고 적절한 응답을 필요로 하는 질문(예 : "이름은 무엇입니까?", "셔츠는 무슨 색깔입니까?")을 하였다. 즉흥적이지만 적절한 멘트를 할 경우에는 칭찬했다. 간격 측정 방법을 활용하여 고정 간격에 적절하거나 부적절한 발성 행동이 있으면 체크하였다. ABAB 설계를 통해 부적절한 반응을 중 단하고 좋은 방향으로 유도한 프로그램의 효과를 평가하였다. 그림 6.6은 만 3세의 '미치'라는 아동이 보인 결과에 대한 데이터 사례이다. 상단의 그래프는 음성적 고착행동 상황을 제시하 고 있고 하단의 그래프는 적절한 발성 빈도를 보여준다. 두 그래프에서는 중재 단계에서 반응 을 멈추고 제대로 고쳐준 중재가 실시될 때마다 음성 고착행동의 수가 극적으로 감소하고 적 절한 발성이 증가한 것을 보여주고 있다.

이 연구 설계는 중재 프로그램이 언어적 행동의 변화에 영향을 주었음을 보여준다. 그러나 한편 이러한 질문이 생길 수 있다. "기초선 단계로 복귀해 중재의 효과가 없어진다면 이러한 결과가 뭐가 그렇게 중요한가?" 중재하기 전 연구 상황에서 연구자는 다양한 방법의 중재를 적용하고 평가하여 아동의 행동을 관찰하고 그 프로그램이 아동의 문제행동을 줄이는 데 효 과적인지를 평가하였다. 이러한 방법이 식별된 후 이 아동을 지도하는 교사는 중재에 관한 교 육을 받았다. 교사는 비디오 테이프를 검토하며 중재 절차를 실시하는 방법에 대한 교육을 받 았다. 절차가 수행되었는지 확인하기 위해 교실에서 주기적으로 평가를 실시하였다(조사). 그 래프에는 제시되지 않았지만 교사가 함께 있는 자연스러운 학습 상황에서 음성관련 고착행동 비율이 크게 감소를 보인 것으로 나타났다. 즉 이 중재 방법은 다른 상황으로 확대될 수 있으 므로 더 이상의 반전(reversal)은 필요없다.

그래프는 ABAB 설계가 어떻게 목적을 달성하고 타당도에 어떻게 영향을 미칠 수 있는지를 알려준다. 중재가 없는 기초선 단계(A)에서 중재 단계(B)로 진행되었다가 다시 기초선이었다 가 중재 단계를 한 번 더 실시함으로써 제시된 결과가 훨씬 신빙성 있게 인식될 수 있다. 이 단 일대상연구는 과학적 연구 측면에서 확실성은 없지만 보여지는 시각적 그래프는 중재 효과를 입증하는 중요한 자료로 제시될 수 있다.

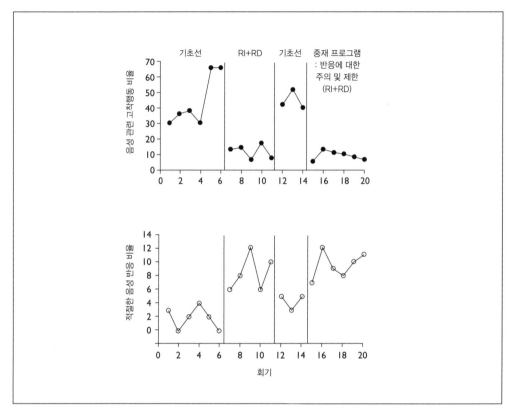

▌ **그림 6.6** ▌ 음성 관련 고착행동 비율(위)과 적절한 음성 반응 빈도(아래)의 단계별 상황(출처 : Ahearn et al., 2007)

설계의 변형

ABAB 설계는 다양하게 변형될 수 있다. 두 번째 기초선 단계에서 '반대'의 행동이 실행될 수 있고, 단계의 순서가 변경될 수 있으며, 단계의 횟수, 다른 중재 프로그램이 활용되는 것 같이 다양하게 변화 가능하다. 모든 변형에 대한 근본적인 원리는 동일하지만, 몇 가지 주요한 설계 방법을 이해하는 것은 중요하다.

'반전' 단계

ABAB 설계의 특성 중 하나는 중재 프로그램이 행동 변화에 영향을 주는지 그 중재 효과를 평가하기 위하여 기초선 단계에서 중재를 철회하고 복귀하는 과정을 거치는 것이다.[3] 중재의

---

3) '반전'은 행동의 반대 패턴 또는 중재 단계에서 성취하고자 하는 행동 결과의 반대되는 방향으로 가는 것을 의미한다.

철회(예 : 강화, 약물)는 기초선 조건으로 돌아가는 것으로 가장 빈번하게 사용된다.

두 번째 기초선 단계에서 기초선 조건으로 돌아가는 것은 결과와 중재 사이의 관계를 보여주는 하나의 방법이다. 기초선을 대신하여 사용할 수 있는 대안으로는 중재를 계속 시행하기는 하되 다른 중재 방법을 사용하는 것이다. 중재의 효과가 별로 없을 것으로 예측되는 방법을 활용할 수도 있다. 예를 들어 칭찬이라는 강화는 행동 직후 제공되면 매우 효과적인 중재이다. 이러한 칭찬을 적절히 제공하는 것으로 행동의 발생이 증가할 가능성이 있다. 중재 단계 동안 특정 행동에 대한 칭찬이 즉각적으로 주어진다면, 두 번째 기초선 또는 반전 단계에서는 칭찬을 간헐적으로 한다든지 아니면 일정 시간이 한참 지난 후에 칭찬을 하는 것으로 그 칭찬의 전달 방식을 변경하는 방법이다. 중재 프로그램은 특정 행동에 대한 즉각적인 칭찬을 하는 것인 반면 두 번째 기초선 단계에서는 간헐적으로 칭찬하거나 한참 간격을 두고 칭찬하는 것은 중재를 제공하지 않은 기초선 단계의 역할을 할 수 있다. 이 전략은 행동 변화를 목적으로 하는 것이 아니라 아동이 행동과 칭찬의 관계를 이해하도록 하는 것이기 때문이다.

반전 단계의 세 번째 변형은 칭찬이라는 동일한 강화를 제공하기는 하지만 중재 단계에서 겨냥한 행동에 대한 강화가 아니라 그 특정 행동을 제외한 나머지 모든 행동에 대한 강화와 연결하는 것이다. 이러한 반전 단계의 변형은 기초선 단계로 복귀시키는 결과를 가져오게 된다.

많은 단일대상설계 연구의 경우, 이러한 칭찬과 토큰 같은 중재 방식이 사용되지 않는다. 즉 이러한 방식이 기초선 단계로 복귀하는 효과를 가져오기 위한 목적으로 사용되지 않는다. 대개 칭찬이나 토큰 중재를 활용하였을 경우의 기초선은 중재를 중단하는 것을 통해 기초선으로 복귀한다. 예를 들어 흥분제 약물치료는 아동의 주의력 결핍/과잉행동장애(과잉행동)에 대한 효과(증거 기반)를 위한 중재이다. ABAB 설계에서 이 약물치료가 어떤 아동에게 효과적인지 평가한다면, 반전 기초선 단계에서는 일반적으로 약물복용을 중단하게 된다. 그 외에도 치료약 대신에 위약을 쓰는 것으로 대신할 수도 있다.

단계의 순서

ABAB 설계에는 기본적으로 기초선 단계가 가장 먼저 실시된다. 우선 이러한 설계의 논리가 파악되고 각 단계별 목적, 즉 현재 수준에 대한 설명, 예측 및 예측에 대한 테스트에 대한 논리가 충분히 이해되면 단계의 순서를 다소 임의적으로 변경해볼 수 있다. 많은 상황에서 단일대상설계는 기초선 단계 없이 바로 중재 단계로 시작될 수 있다. 예를 들어 자기파괴 행동, 폭력과 같이 매우 심각한 문제행동의 경우에는 기초선 없이 즉각 중재를 실시해야 할 필요가 있다. 임상적 그리고 교육적 상황에서 즉각적인 중재를 실시하였을 때 경우에 따라서는 기초선 데이터가 없어 효과를 입증하는 데 어렵다는 주장이 나올 수 있다. (물론 기초선 단계 중 하나를 사용하지 못할 수도 있다. 이 이슈는 추후 논의할 것이다.)

또한 문제가 발생하지 않을 수 있는 상황과 같이 기초선 단계의 결과가 거의 명백하여 기초선 단계를 실시할 필요가 없는 경우도 있다. 예를 들면 운동, 건강 음식 섭취, 악기 연습, 독서 등이 포함될 수 있다. 이와 같은 특정 행동이 상당히 장기간에 걸쳐 거의 나타나지 않을 때에는 이렇게 기초선을 실시하지 않고 중재 단계가 먼저 올 수 있다(혹 의심의 여지가 있다면 기초선 단계를 하루 이틀쯤 짧게 실시하여 확인할 수도 있다). 그러나 단일대상설계에서는 중재의 효과를 평가하기 위하여 반전 단계는 어느 시점에서든 여전히 필요하다.

위와 같이 중재 단계를 먼저 시작하는 설계는 BABA 설계가 된다. 설계의 논리와 단계를 교대로 설정하는 방법론적 기능은 물론 동일하다. 앞서 언급한 바와 같이 결과의 패턴에 따라 중재의 효과를 다르게 추론할 수 있다. 예로 BABA 설계를 활용하여 보호작업장에서 근무하는 두 사람의 젊은 정신지체 성인의 사회적 상호작용을 위한 연구가 실시되었다(Kazdin & Polster, 1973). 토큰 강화를 제공하고 그 중재가 두 사람의 사회적 상호작용에 효과를 나타내는지를 평가하였다. 중재 프로그램은 보호작업장에서 실시되었는데 그곳은 40~50명의 동료들이 함께 일하는 곳이었다. 연구 대상자들이 대화를 시도하면 토큰을 제공하는 내용으로 프로그램을 구성하였다. 이 연구에서는 '대화'를 조작적으로 정의하였는데 연구 대상자가 동료들과 나누는 일반적인 인사나 응답(예 : "안녕하세요?", "네, 잘 지내요." 등)은 포함시키지 않고 정보를 나누는 대화(예 : 뉴스, TV 내용, 스포츠 등)로 국한했다. 보호작업장 관계자는 이들의 낮은 사회적 상호작용을 하나의 심각한 문제로 오랫동안 걱정해 왔기 때문에 즉시 중재를 시작할 것을 원했다. 따라서 BABA 설계를 토대로 중재 프로그램이 첫 번째 단계에서 곧바로 시작되었다. 이 결과는 그림 6.7에 제시되었는데 연구 대상자 2명 중 1명의 결과를 보여주고 있다. 토큰 강화를 실시한 첫 번째 중재 단계의 결과를 보면 사회적 상호작용의 빈도가 꾸준히 상승하는 결과가 나타났으나, 반전 단계에서는 사회적 상호작용의 빈도가 거의 나타나지 않았다. 중재 단계로 다시 복귀했을 때 사회적 상호작용의 빈도는 다시 높아졌다. BAB까지 처음 세 단계의 결과를 살펴보면 중재가 행동에 충분한 영향을 주었다고 파악할 수 있다. 그래서 두 번째 중재 단계에서는 프로그램을 점진적으로 제거하기 위하여 첫 번째 중재 단계보다 중재 횟수를 줄여 나갔다. 중재를 통한 결과가 만족스럽게 되면 중재가 끝난 이후에도 바람직한 행동을 '유지'하는 것으로 목표의 우선순위가 수정된다. 이 연구에서는 프로그램이 점차 철회되었던 마지막 반전 단계에서도 바람직한 행동이 유지되는 경향을 보였다. 이로써 BAB단계가 연구 설계의 논리(현재 수준에 대한 설명, 예측, 예측에 대한 평가)를 반영한다고 말할 수

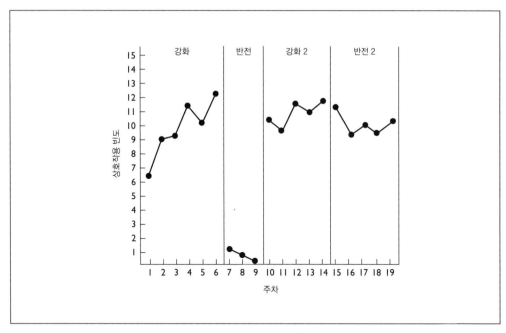

▌ 그림 6.7 ▌ BABA 설계를 가지고 토큰 강화 중재 프로그램이 하루 평균 보이는 사회적 상호작용의 빈도 평균에 영향을 미치는지를 평가한 결과이다. 첫 단계로 첫 번째 중재 단계를 시작하고 기초선 단계를 거친 후 다시 두 번째 중재 단계와 두 번째 기초선 단계를 거쳤다. 용암법에 기초하여 두 번째 단계에서는 토큰 강화 횟수를 점차 줄여 나갔다. 마지막 기초선 단계가 종료될 시점에도 사회적 상호작용의 행동이 유지되었다. (출처 : Kazdin & Polster, 1973)

있다.

단계의 수

ABAB 설계의 다른 차원에서의 변형으로는 단계의 수에 변화를 주는 것이 있다. 언급한 바와 같이 4단계로 구성된 ABAB 설계는 일반적으로 단일대상설계의 논리를 가장 잘 전달하고 타당도의 문제도 믿을 만하게 해결하고 있어 매우 유용하게 활용되는 설계 방법이다. 그 밖에 몇 가지 다른 방법도 사용할 수 있다. 절대적으로 포함해야 하는 최소한의 단계는 **3단**계로서 ABA(기초선, 중재, 기초선 복귀) 또는 BAB(중재, 기초선, 중재)가 여기에 포함된다. 네 단계로 설계하는 것이 분명히 더 바람직하나. 한 연구 내에서 중재 효과를 반복적으로 보여주는 것이 분명히 더 낫기 때문이다(Horner et al., 2005). '예측, 설명, 예측에 대한 테스트'라는 단일대상 설계의 논리는 ABAB 설계의 두 번째 단계가 하이라이트다. 첫 번째 중재 단계(B) 동안, 기초선(A)을 통해 예측한 결과와 얼마나 거리가 먼지를 확인한다. 그다음은 이 단계가 예측한 결과의 다음 단계에 나타난 결과와 얼마나 다른지를 평가하는 단계가 되고 이러한 가운데 중재의 효과를 반복해서 제시할 수 있다. 이러한 과정을 통해 중재의 영향이 일관성 있는지를 알 수 있게 된다. 그렇다면 ABAB와 ABA 설계는 별다른 차이가 없음을 알 수 있다. 단지 반복된 중재 효과를 볼 수 없는 점이 다를 뿐이다.

일반적으로 AB 두 단계로만 구성된 설계는 결과의 타당성을 담보해내지 못하기 때문에 진실험 설계라고 말할 수 없다. 반면 ABABAB 설계도 있다. 이는 중재 효과를 반복적으로 입증할 수 있다. AB단계의 개수를 증가시켜 설명하고, 예측하고 예측을 테스트하는 과정을 연장하여 결과가 일관되게 나타나는지를 제시하여 중재 효과를 좀 더 잘 입증하고자 할 때 사용된다.

다른 중재의 수

ABAB 설계에서 중재 프로그램의 수를 달리 함으로써 설계가 변형될 수 있다. 일반적으로 ABAB 설계에서는 하나의 중재 프로그램이 2개의 중재(B) 단계에서 실시된다. 그러나 중재 단계에서 각기 다른 중재 프로그램(B 및 C 단계)을 적용하는 경우도 있다. 이러한 변형 방법이 활용되는 경우는 첫째, 제시한 중재가 목표행동을 원하는 방향으로 변화시키지 못하거나 둘째, 목표한 것보다 충분한 변화를 달성하지 않는 경우로, 별도의 다른 중재가 필요하다고 판단되는 경우이다. 학교나 병원과 같은 임상적 상황에서 중재의 효과를 향상시키기 위하여 다른 중재 프로그램으로 변경하거나 아니면 사용하는 중재 방법에 다른 프로그램을 추가적으로 제공할 수 있다는 점은 단일대상설계의 매우 중요한 장점 중 하나이다. 이러한 변형 방법을 활용하는 두 번째 이유는 동일한 설계에 사용한 두 가지 중재 방법 중 어떤 방법이 더 효과적인지를 상대적으로 평가하기 위함이다. 중재(B, C)가 활용되는 시점에 따라 ABCBCA 설계 ABCABC 설계 등으로 나누어볼 수 있다.

학생들의 문제행동을 줄이기 위해 두 가지 중재 방법을 활용한 연구 사례는 다음과 같다 (Ingram, Lewis-Palmer, & Sugai, 2005) 2명의 6학년 남학생이 연구에 참여하였는데, 과학 또는 수학 수업이 진행되는 동안 그 학생들의 행동을 교실에서 관찰하였다. 이 두 학생은 문제행동 (예 : 집중하지 않고 멍하게 창밖 바라보기, 활동에 참여하지 않고 딴짓하기, 수업에 활용하는 도구를 가지고 장난치기 등)으로 인하여 눈에 띄는 학생들이었다. 이 연구에서는 두 가지 중재를 평가하였다. 한 가지는 **기능행동사정**(functional behavioral assessment)이라는 방법인데 이 것은 이러한 문제행동을 계속 유지하거나 혹은 악화할 수 있는 행동의 결과를 가져오는 선행 사건을 분석하기 위해 사용하는 절차를 의미한다. 교사와 학생을 체계적으로 면담하여 이 정보를 획득할 수 있다. 다수의 관찰 연구에서 기능행동사정은 행동을 제어할 수 있는 요인을 식별하는 데 활용되었다. 그리고 일단 원인이 되는 요인을 식별해내면 중재 프로그램에 이를 활용하였다(Austin & Carr, 2000). 또한 많은 학교에서는 기능행동사정을 활용하도록 적극 권장하고 있으며 이러한 사정의 결과로 중재가 제공되었을 때 더욱 효과적이라는 사실을 강조하고 있고, 이러한 중재가 매우 효과적일 수 있다는 증거에 비추어 기능행동사정을 의무화하고 있기도 하다.

이 연구에서는 기능행동사정에서 파생된 중재를 두 대상자의 사정 결과에 근거하여 다르게 설정하였다. 두 남학생 중 한 명인 카터라는 소년의 경우 기능행동사정을 통해 하고 싶지 않아 하는 특정한 임무를 식별해 낼 수 있었고, 특별한 조건(예 : 피곤할 때)에서 그 상황이 더욱 더 악화된다는 것을 알 수 있었으며, 또한 문제행동의 결과로 임무를 수행하지 않아도 되는 상황(탈출의 기회)이 주어진다는 것을 알게 되었다. 그리하여 카터의 기능행동사정 결과에 기반을 둔 기능적 중재가 설정되었다. 그 학생이 매 5분마다 스스로 자신이 학업을 하고 있는지를 평가할 수 있게 하고, 어려울 경우 손을 들어 교사의 도움을 얻을 수 있도록 하였고, 많이 피곤하다고 느낄 경우에는 10분 정도의 휴식을 가질 수 있는 권리를 제공하였다(카터는 휴식 시간을 한 번도 사용하지 않음). 학업에 잘 참여하였을 경우 긍정적인 결과(예 : 5분간 컴퓨터 시간 갖기)가 이어지도록 하였다. 카터가 학업에 참여하지 않는 경우에는 교사가 언어적인 촉구를 통해 카터로 하여금 학업에 다시 참여할 수 있도록 유도하였다. 이러한 다양한 형태의 중재가 정말 필요한가 하는 의문이 생길 수 있는데 이 개별적인 중재는 광범위한 연구에 기반할 것이다. 두 번째 중재 프로그램은 기능행동사정에 근거하여 설정한 방법은 아니지만 선행 연구에서 활용되어 효과가 검증된 방법으로 간단한 것이다. 수업시간 전에 교사는 카터에게 학업에 잘 참여하게 되면 적절한 행동에 대한 토큰(포인트)을 적립할 수 있다고 알려주었다. 적립한 포인트는 간식이나 연필 등으로 교환 가능하다. 카터가 스스로 모니터(행동에 대한 자기평가)하도록 하였지만 휴식을 허용하지 않았다. 두 번째 중재 프로그램에서 과제를 수행하고 있지 않으면 교사가 언어적인 촉구를 하여 과제를 수행하도록 유도하기보다는 잘못한 행동을 무시하였다. 문제행동에 대한 관찰은 하루에 1회 10분간 이루어졌다.

그림 6.8은 학생 중 하나에게 실시한 ABCBC 설계가 반영되어 획득한 결과를 보여주고 있다. 이 예시는 문제행동에 대한 두 가지 형태의 중재 효과를 보여준다. 기능행동사정 기반 중재 전략이 문제행동의 급격한 감소와 관련이 있음을 보여주고 있다. 기능행동사정에 기반을 두지 않고 설정한 다른 중재 전략의 경우에는 효과가 미미하거나 거의 영향을 주지 않은 것으로 나타났다. 마지막 중재 단계에서 실시한 기능 기반의 중재는 약간 수정하여 실시하였는데 자기평가 시간을 5분에서 10분으로 연장해 실시하도록 하였다. 결과가 분명하게 나타났다. 문

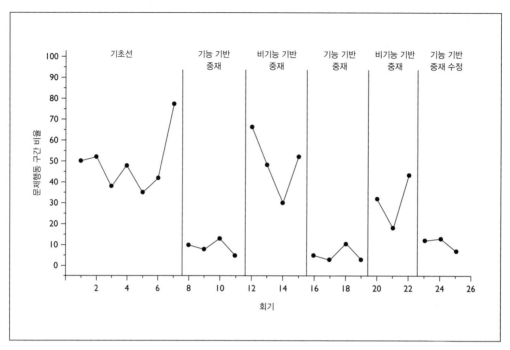

┃ **그림 6.8** ┃ 6학년 남학생의 문제행동을 개선하기 위해 활용한 기능 기반 중재와 비기능 기반 중재 평가 결과
(출처 : Ingram et al., 2005)

제행동에 영향을 미친 요인을 좀 더 신중히 고려한 중재 전략이 분명한 영향력이 있는 것으로 나타난 것이다. 연구 설계의 관점에서 보면 이 연구는 단일대상설계의 기본 요소, 즉 '설명하고, 예측하고, 예측을 테스트'하는 점을 포함하고 있으나 ABAB 설계와는 달리 어느 중재 프로그램이 더 효과적인지 나타내고 있음을 알 수 있다.

총평

지금까지 ABAB 설계를 변형하는 다양한 차원의 방법이 언급되었다. 그러므로 하나의 설계 방식이 아니라 설계의 가족이라고 일컬는 것이 적절할 것이다. 단계의 수, 중재의 수, 단계 순서, 반전의 유형 등 변형 방법은 무궁무진하기 때문에 모든 종류의 변형 방법을 언급하는 것은 불가능하다. 설계의 논리를 파악하고 각각의 단계가 달성해야 할 목표(설명, 예측 및 예측에 대한 테스트)가 어떻게 전개해 가는지를 이해하는 것이 가장 중요하다. 연구자는 연구 중 연구 완료 시간상의 제한이나 사용한 중재 전략이 미미한 효과를 보이거나 거의 영향을 미치지 못할 경우 연구 목적에 따라 설계의 변형을 해야 하는 선택을 결정하게 될 것이다. 가장 중요한 것은 가장 적합한 중재 전략을 알아내는 것이다.

문제점 및 제한점

ABAB 설계 및 변형 설계의 가장 특징적인 요소는 중재 단계와 기초선 단계가 교대로 구성된다는 점이다. 중재에 대한 인과관계를 추론하기 위하여 '반전', 즉 기초선 단계로의 복귀는 없어서는 안 될 요소이다. 그러나 이러한 필요 조건 때문에 문제가 발생할 수 있다.

'반전' 단계의 부재

제공되던 중재가 철회되거나 변경되면 문제 행동이 기초선 수준으로 되돌아갈 수도 있지만 그렇지 않을 가능성도 많다. 기초선 수준으로 돌아가지 않는 경우에는 중재의 효과가 있다고 말하기 어렵다. 기초선 수준으로 돌아가지 않은 원인으로는 내적 타당도를 위협하는 요인인 경험과 성숙 등이 영향을 미쳤다고 볼 수도 있다. 또한 중재와 관련된 외적 요인이 중재 결과의 변화를 주도했을 가능성도 배제할 수 없다. 외적 요인(예 : 가정이나 학교 상황의 변화, 질병의 개선, 수면의 질 향상)이 중재가 실시되던 시점에 공교롭게도 동시에 영향을 주어 중재가 철회된 후에도 효과가 지속되는 것으로 나타나는 결과를 가져올 수도 있다.

또한 중재 이후의 반전 단계에서 행동의 결과가 기초선 수준으로 돌아가지 않는 이유를 살펴보면 타당한 이유가 제법 있다. 첫째, 중재 단계 초기에 중재가 원인이 되어 효과가 나타나다가 후기에는 다른 요인으로 인하여 변화가 유지되는 경우이다. 예를 들어 성격적으로 위축된 성향을 보이는 아동들에게 사회적 상호작용 기술을 가르치거나 읽기 문제를 보아 아동들에게 읽기 전략을 지도하는 경우 중재 프로그램으로 인하여 바람직한 행동이 증가할 수 있다. 습득된 기술로 인하여 반전 단계에서 기초선 수준으로 돌아가지 않을 수 있다. 사회적 상호작용 기술은 다른 사람과의 상호작용 기회가 많아지면 이 상태를 유지할 가능성이 높을 수 있고, 읽기 중재 프로그램을 위해 소개한 모험, 서스펜스, 여행 등 다양한 책이 아동으로 하여금 책 세계의 즐거움을 알게 하여 그러한 읽기 행동이 유지될 수도 있게 된다(Kazdin, 2001). 즉 행동의 변화를 위해 중재가 필요하기도 하지만 때때로 연구자의 특별한 노력 없이 변화가 나타나기도 한다. 설계의 관점에서, 반전의 현상이 나타나지 않는 경우 나타난 결과로부터 중재의 효과를 입증하는 데 어려움이 따른다. 둘째, 첫 번째 내용과 연결되기도 하는데 일부 중재(예 : 읽기, 수학, 체육, 음악, 댄스 기술)의 경우에는 기술에 초점을 맞추기 때문에 이미 습득된 기술이므로 기초선 단계에서도 유지될 가능성이 높다. 수행 수준(예 : 완성한 문제의 수)은 중재 프로그램을 정지시키고 반전 단계가 되면 기초선 수준으로 복귀할 가능성이 높지만 한 번 익힌 기술일 경우에는 반전 단계가 되어 중재가 철회되어도 기초선 단계로 복귀하지 않을 수 있다.

　셋째, 중재 프로그램을 실시하던 사람들, 즉 부모, 교사 및 관련 직원들이 어떤 식으로든 중재를 계속할 가능성이 있어서 그것이 원인이 될 수도 있다. ABAB 설계에서는 대개 중재 프로그램을 실시하던 사람들이 연구 대상자의 목표행동을 평가하기 위하여 반전 단계 등에서 행동을 변화시켜야 할 경우가 많다. 그러나 대상자의 행동 개선이 달성된 후에는 원래의 기초선 단계로 되돌아가는 데 어려움을 느낄 수 있다. 또한 문제행동에 대한 개선의 결과로 인하여 주변 관계자의 행동이 어떤 면에서 영구적으로 바뀌게 되는 경우도 있다.

　끝으로, 행동 변화의 폭이 극적으로 크거나 확고하게 되면 그 행동은 기초선 수준으로 복귀하지 않을 수 있다. 중재가 제공되면 때리기, 성질내기, 소리지르기 등과 같은 문제행동은 당연히 감소할 것이다. 반전 단계에서 기초선 행동 수준으로 복귀하지 않을 수 있다는 점은 대상자의 입장에서 보면 매우 바람직한 상황이다. 문제행동에 대한 변화가 완벽하게 이루어져서 상황이 변한다 해도 예전 행동이 나타나지 않는다면 그보다 좋은 일은 없을 것이다.

　위에서 제시한 사례들은 중재가 철회되어도 행동이 기초선 단계 수준으로 복귀되지 않는 경우들에 해당된다. 중재가 변화의 원인이 될 수도 있겠지만 반전 단계에서 기초선 수준으로 복귀되지 않는 이상 그 결과가 중재로 인한 것이었다고 입증하기 어렵다. 다른 설계의 요소를 유도할 수 있는 옵션이 있을 수도 있지만 엄격하게 말하면 단일대상설계에서는 우리가 앞서 언급한 바와 같은 데이터 패턴이 요구된다.

'반전'에 대한 윤리적 문제

ABAB 설계를 평가하는 데 있어서 주요 이슈가 되는 것은 반전 단계의 사용 문제다. 연구 설계를 반영하기 위하여 기초선 단계를 두고 행동 수준을 기초선 단계 수준으로 복귀시킨다면, 과연 이러한 시도가 윤리적인가? 기초선 수준으로 행동을 복귀시킴으로써 연구 대상자가 더 악화될 수도 있기 때문이다. 많은 경우 연구 대상자의 입장에서 보면 중재를 철회하는 것을 원하지 않을 수 있고 중재를 철회하는 것이 윤리적으로 큰 문제가 될 수도 있다. 예를 들어 자신의 머리를 치는 심각한 자해 행동을 보이는 자폐증 아동을 대상으로 한 연구에서 중재 프로그램을 제공하여 자해 행동을 감소시킨 경우 그 중재 프로그램을 철회하여 그들이 자신의 머리를 또다시 자해하도록 두는 것은 윤리적으로 수용될 수 없는 것이다. 설령 행동이 위험한 상황이 아닐지라도 윤리적인 면에서 볼 때 중재를 중지하는 것을 정당화하기는 어려울 것이다. 어떤 식으로든 중재를 제공하다가 철회하는 것은 상황을 악화시키는 원인이 될 수 있기 때문이다. 문제가 악화될 수 있다는 점과 연구 목적을 위해 이러한 단계를 설정하는 것에 대한 정당성 사이에 풀기 어려운 문제가 여전히 남아 있다.

기초선 조건으로 복귀하는 면에서 볼 때 연구 대상자뿐만 아니라 행동 문제에 변화를 가져온 교사나 부모와도 관련이 있다. 중재 단계 동안 연구 대상자들에게 중재로 인하여 그들의 학생이나 자녀의 변화를 발견하고 그 혜택을 맛보게 될 것이다. 중재를 철회하고 향상된 노력을 중지하여 아동이 예전의 상태로 돌아가게 하는 것은 교사나 부모가 한 노력을 허사가 되게 하는 결과인 것이다. 그러므로 기초선의 조건으로 중재를 철회하는 것은 연구 대상자와 마찬가지로 중재를 제공하는 교사나 부모의 입장에서도 같은 우려와 의문이 제기될 수밖에 없다.

윤리적 고려사항 이외에도 추가로 고려해야 할 사항이 있다. 연구 대상자, 연구 대상자 관련 책임자, 연구자(이 책의 저자 포함)들은 이러한 연구 설계가 많은 상황에서 활용될 수 없다는 점을 알 수 있을 것이다. 단일대상설계는 응용 상황에서 자주 활용되는데 사람들을 돕고 중요한 영향력을 갖는 것이 주요 목표이다. 그러므로 연구에 참여하는 사람들에게 수용가능한 설계가 되도록 위에 언급한 고려사항을 충분히 숙지하고 연구 설계 문제를 심도 있게 검토해야 한다.

한편 기초선 단계로 복귀하는 단계는 연구 대상자와 관련하여 유리한 측면이 있다. 연구 대상자의 변화에 영향을 주는 요인이 중재 프로그램인지 아니면 다른 외부 요인(예 : 위약 효과, 관찰을 실시하게 되어 연구 대상자가 일시적으로 다르게 행동하는 것, 연구 대상자에 대한 관심 증가 등)인지를 정확하게 판단하는 것은 가치 있는 일이다. 정확한 판단을 위하여 중재 단계가 더 필요할 수도 있고, 이 중재 프로그램이 효과적일 수 있는 다른 연구 대상자의 투입이 필요할 수 있다. 어떠한 중재가 특별히 효과적인지를 입증하는 것은 단순한 학문적 목적으로 실시되는 연구보다는 훨씬 더 활용가치가 높다. 앞서 제시한 예를 다시 한 번 살펴보면 ABAB 설계가 스펙트럼장애 아동의 고착된 언어행동(상동증)을 변경하기 위한 효과적인 중재를 식별하는 데 사용되었다(Ahearn et al., 2007). 효과적인 중재 방법이 확인되면, 교사는 그 중재 방법을 사용할 수 있도록 연수를 받고, 차후에도 중재 효과가 계속 유지되는지 평가를 수행한다.

일반적인 경우에, 기초선 단계를 포함하는 ABAB 설계를 사용할지 여부에 관한 결정을 위해 많은 고려가 필요하다. 기초선 단계가 바람직한지에 대한 의문이 있을 경우, 반전 단계를 필요로 하지 않는 다른 연구 설계를 사용할 수 있다. 연구의 목표는 행동의 변화가 중재로 인한 것인지를 입증하는 것이므로 이러한 목표를 달성할 수 있는 연구 방법은 단일대상설계 방법 이외에도 많이 있다. 다음 장에서 다양한 연구 방법에 대해 소개할 것이다.

설계 평가

ABAB 설계와 그 변형 설계 방법을 통해 중재가 행동 변화에 영향을 준다는 설득력 있는 증거를 제공할 수 있다. 단계가 변경될 때마다 데이터 패턴이 일관성 있게 변화함으로써 그 증거가 명백해진다. 그럼에도 불구하고 ABAB 설계를 응용 및 임상 연구에 사용하고자 고려할 때 제한점이 있다.

ABAB 설계에서는 방법론적인 우선순위를 정하게 된다. 연구자는 중재가 철회될 때 행동이 기초선 수준으로 복귀할 것이라는 희망을 가지고 연구를 진행할 것이다. 반전 단계는 중재의 효과를 입증하기 위해 사용할 필요가 있다. 반면 교육자, 임상의, 상담자, 혹은 부모의 경우에는 중재가 종료된 후에도 목표행동이 유지될 것을 원한다. 실제로 대부분의 중재 또는 치료의 궁극적인 목적은 중재 철회 후에도 영구적인 변화가 실현되는 것이다. 그러므로 중재를 철회한 반전 단계에서는 변화가 나타나지 않고, 궁극적으로 중재를 철회해도 기초선 상태로 복귀하지 않는 것을 목표로 한다는 것은 사실상 분명한 모순이다.

물론 목표행동에 따라 반전 단계를 적용하는 것이 항상 문제가 되는 것은 아니다. 반전 단계는 대부분 1, 2회기나 하루 이틀 만에 종료되기도 한다(예 : Brooks, Todd, Tofflemoyer, & Horner, 2003; Wehby & Hollahan 2000). 경우에 따라 중재가 짧은 기간 동안 실시된 후 짧은 반전 단계가 뒤따르면 목표행동이 기초선 수준으로 즉각적으로 복귀해 극적인 결과가 나타난다. '수준을 설명하고, 예측하고, 예측을 테스트'하기 위해서 꼭 반전 단계가 존재해야 한다는 것은 아니다. 중재를 짧게 실시하고 중재를 철회하면 짧은 반전 단계에서 행동이 빠르게 기초선 수준으로 복귀되는 경우 짧은 반전 단계라 할지라도 상황을 악화시킬 수 있는 가능성이 높아 일반적으로 바람직하지 않다. 치료의 진정한 목적은 중재가 철회되면 기초선으로 빠르게 복귀되는 것이 아니라 중재 이후에도 바람직한 행동으로 유지되는 것이다.

중재가 변화에 대한 책임이 있음을 보여주기 위해 반전 단계를 사용하기도 하지만 행동을 유지하는 것을 보여주기 위해 반전 단계를 설계에 포함할 수 있다. 모든 프로그램이 철회된 후 결과가 유지되었는지를 확인하기 위한 절차가 포함될 수 있다. ABABC 설계에서 C단계라는 특별한 절차를 추가함으로써 행동 유지 상황을 확인해볼 수 있다. C단계는 현재 활용한 중재를 서서히 줄여가는 다른 형태의 중재 단계로서 목표행동이 유지되는지를 확인하기 위해 단계가 추가적으로 포함된 것이다. ABAB 설계와 그 변형된 설계 방법이 목표행동의 유지를 이끌어내기 위해 양립적인 방법일 필요는 없다.

끝으로 중재 효과가 매우 영구적이라서 반전 단계를 포함시킬 필요가 전혀 없는 경우도 있

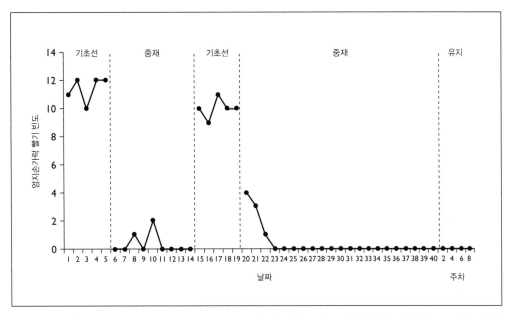

▌그림 6.9 ▐ ABAB 설계 평가로 엄지손가락 빨기 행동을 위하여 원인 객체(베개)를 제거하는 중재를 실시하고, 최종 단계는 유지 단계로서 종료 시점 이후 8주 후까지 엄지손가락 빨기 빈도를 측정하였다. (출처 : T. S. Watson et al., 2002)

다. 한 연구에서 아홉 살 소년의 엄지손가락 빨기 행동을 제거하기 위하여 중재가 실시되었다 (Watson, Meeks, Dufrene, & Lindsay, 2002) 엄지손가락 빨기로 인하여 소년의 구강 문제가 더욱 악화되었다. 여태까지 많은 중재(예 : 손가락을 빨지 않을 때 강화 제공하기, 엄지손가락에 고추 소스 바르기 등)가 활용되었지만 전혀 효과적이지 않았다. 베개(유사한 재료로 만든 천 인형)를 들고 있을 때 그 소년은 자신의 손가락을 빨았다. 목표행동과 연관이 있는 것을 다른 것으로 변경함으로써 행동이 변화될 수 있기 때문에 이 소년의 중재는 베개를 제거하는 것이 되었다. 그림 6.9는 이 연구를 위한 ABAB 설계이다. 첫 번째 기초선과 두 번째 기초선 동안에 소년에게 베개를 가질 수 있게 해주었는데 엄지손가락 빨기 빈도가 높게 나타났다. 데이터 패턴은 중재의 영향을 분명히 보여준다. 최종 중재 단계에서 베개를 더 이상 사용할 수 없게 했더니 더 이상 엄지손가락 빨기 행동이 나타나지 않았다. 8주 후 유지 단계에서도 빨기 행동이 전혀 나타나지 않았다. 이 예시의 중요한 점은 행동의 유지다. 이 경우 사용된 중재는 영구적이 되었다. 목표행동의 유지를 위해 다양한 방법이 사용될 수 있는데 이러한 사항은 10장에 제시되어 있다.

반전 단계를 충분히 고려하여 실시하고 다양한 방법으로 극복할 수 있다고 하더라도 여전히 문제는 남는다. 좋은 중재 방법을 아는데 기초선 단계로 복귀하거나 기초선 단계 대신에 별로 효과적이지 않은 중재를 제공하는 방식은 여전히 잠재적인 문제가 될 수 있다. 따라서 연구자는 반전 단계를 아주 짧게 실시한다고 하더라도 중재 철회가 문제가 있을 수 있는 상황이라면 반전 단계를 실시하지 않아도 되는 다른 종류의 연구 방법을 선택하는 것이 바람직하다.

요약 및 결론

이 장 초반부에서는 단일대상설계의 일반적인 요구사항에 대해 알아보았다. 우리는 단일대상설계뿐만 아니라 ABAB 설계를 포함하여 다른 모든 단일대상설계의 논리와 요구사항에 대해 알아보았다. 단일대상설계의 요구사항은 지속적인 평가, 즉 기초선 단계 및 중재 단계에서 계속되는 평가와 목표행동에 대한 안정적인 수행 결과를 획득하는 것이다. 이러한 평가 및 데이터에 관한 요구사항으로 인하여 이 설계가 중재 효과에 대한 인과관계의 결론을 도출할 수 있기 때문에 단일대상설계의 논리에 해당된다.

기본적으로 단일대상설계의 논리와 전통적인 연구방식인 집단간 연구의 논리는 수행 결과에 대한 예측을 테스트한다는 점에서 같다고 볼 수 있다. 단일대상설계에서는 현재의 상태를 설명하기 위하여 지속적인 평가를 하고 이러한 결과를 바탕으로 이후의 단계에 어떻게 전개될 것인지를 예측한다. 그 후 중재를 실시하여 예측한 사항을 테스트하게 된다. 각각의 유형의 단일대상설계 방법을 이해하는 것보다는 이 논리를 이해하는 것이 가장 중요할 것이다. 이러한 논리를 근간으로 하여 연구자의 필요에 따라 단계를 변형하거나 다른 유형의 설계를 선택할 때 그 논리는 가이드로 활용할 수 있을 것이다.

ABAB 설계에서는 중재 단계와 기초선 단계가 교대로 배치되어 중재의 효과가 입증된다. 연구에 따라 기초선 단계로 복귀하는 절차를 변경할 수 있다. 대개 중재 철회 또는 덜 효과적인 중재를 활용하는 것으로서 기초선 단계로 복귀할 수 있다. ABAB 설계에서는 기초선 단계와 중재 단계의 순서를 달리하여 변형을 가져올 수 있고, 단계의 수를 달리하거나 하나 이상의 다른 중재를 포함하여 다양한 방식으로 변형시킬 수 있다. 다양한 차원에서 ABAB 설계의 변형 방법은 무궁무진하다. 그러나 논리적 기반에서 볼 때 중재 효과를 입증하는 측면에서는 동일하다고 말할 수 있다.

ABAB 설계는 중재 효과를 입증한다는 점에서 방법론적으로 강력한 연구 도구이다. 단계가 변경될 때 데이터의 패턴이 극적으로 변화되는 것을 보여줌으로써 단계별 수행 결과의 변화를 알려준다. 그러나 대상자가 다니는 학교, 가정, 직장 등에서 연구를 실시할 때 단일대상설계의 주요한 기능적 측면에서 문제가 제기될 수 있다. 특별히 단일대상설계는 일정 지점에서 중재를 철회하고 기초선 수준으로 복귀시키는 반전 단계를 포함할 것을 기본적인 요건으로 하고 있기 때문이다. 어떤 경우에는 반전 단계에서 중재에 대한 추론을 하기에 적합하지 않을 정도로 미미한 변화가 있거나 아예 변화가 발생하지 않을 때도 있다. 또한 다른 측면에서 보면 바람직한 중재를 철회하거나 바람직한 중재가 아닌 다른 중재 프로그램을 실시하여 중재 프로그램의 효과를 입증하고자 하는 방법론적 접근은 심각한 윤리적인 문제로 남는다. 심각한 윤리적 문제가 대두되는 경우라면 다른 연구 설계를 활용하여 중재 효과를 보여주는 것이 더 적합할 것이다.

7

| CHAPTER |

중다기초선설계

중다기초선설계에서 나오는 중재효과는 ABAB 설계에서 설명하는 것과는 완전히 다른 방법으로 평가된다. 효과는 서로 다른 시점에 서로 다른 기준선(예 : 행동 또는 대상)에 중재를 도입해봄으로써 증명된다. 만약 중재가 시작될 때마다 준거가 변경되었다면 그 결과는 외부 요인에 기인했다기보다는 중재에 기인한다고 볼 수 있다. 중재가 특정 행동에 변화되었다면 중재를 철회할 필요는 없다. 따라서 설계의 행동을 기초선 또는 수행의 기준선 인접 수준으로 되돌릴 필요는 없다. 그러므로 중다기초선설계는 일시적으로 중재를 철회하는 ABAB 설계에서 제기되었던 실제적이거나 윤리적인 우려를 가지고 있지는 않다.

설계의 기본적 특징

설명 및 근본적 근거

중다기초선설계에서의 추론은 여러 기초선에 걸친 수행 검사에 근거를 두고 있다. 행동의 중다기초선설계를 검토하여 추론해낸다. 이것은 다른 기초선이 특정 개인 또는 그룹의 여러 가지 행동을 나타낼 때 일반적으로 사용된다.

기초선 단계에서는 2개 또는 그 이상의 행동에 대한 데이터를 모은다. 그림 7.1에 보이는 것처럼 3개의 서로 다른 행동이 관찰되는 가상의 예를 생각해보자. 각 행동에 대해 각각 수집된 데이터는 단일대상설계에 공통적으로 대신 쓸 수 있다. 즉 각 행동에 대한 기초선 데이터는 수행의 현재 수준을 설명하고 있고, 미래의 수행을 예측하기도 한다. 모든 행동에 대한 수행이 안정된 후 첫 번째 행동에 대한 중재를 적용한다. 각 행동마다 데이터를 계속 수집한다. 만약 중재가 효과적이라면, 중재를 적용한 행동의 변화로 관찰할 수 있다. 다른 말로 하자면, 중재를 아직 받지 못한 행동은 기초선 수준에 머물러 있다고 본다. 즉 행동을 고치기 위한 중재를 시행하지 않았다. 첫 번째 행동에 변화가 있고 다른 행동은 기초선 수준에 머무를 때, 중재가 행동을 변화시켰다고 볼 수 있다. 하지만 이 시점에서는 수집된 데이터가 전체적으로 명확하다고 할 수 없다. 어떤 (타당성을 위협하는) 역사적 또는 성숙과 같은 사건으로 인해 첫 번째 행동이 변했다고 할 수도 있다. 그래서 모든 행동에 대한 수행이 안정된 후에 두 번째 행동에 중재를 적용한다. 이 시점에서는 첫 번째와 두 번째 행동 모두 중재를 하고, 이 두 가지 행동에 대해 계속 데이터를 수집한다. 그림 7.1의 가상의 예에서 볼 수 있듯 두 번째 행동 또한 중재를 적용했을 때 개선되는 것을 볼 수 있다. 마지막으로, 모든 행동을 지속적으로 관찰하고 마지막 행동에 중재를 적용한다. 마지막 행동 중재를 적용했을 때 행동이 변화했다.

중다기초선설계는 언제 행동이 변화했는지, 언제 중재를 적용해야 하는지 보여줌으로써 중재의 효과를 보여주고 있다. 그림 7.1의 데이터 패턴은 관련 없는 사건이 아니라 중재가 행동을 변화시켰다는 것을 강하게 보여주고 있다. 관련 없는 요소가 수행에 영향을 끼쳤을 수도 있다. 예를 들어 해야 할 일이나 학교, 가정에서의 어떤 사건이 중재와 동시에 일어나서 행동을 변화시켰을 수 있다. 그러나 이러한 요소들이 중재가 적용된 특정 시점에 발현되었기 때문에 단지 하나의 행동 변화에 영향을 미치지 않았다고는 할 수 없지만 이러한 유형의 우연의 일치는 가능하다. 그래서 다른 시점에 2개 또는 그 이상의 행동에 중재를 적용한다. 중재를 적용했을 때 언제든지 행동이 변했다는 것을 결과의 패턴을 통해 볼 수 있다. 시차를 둔 중재의 적용에 따라 변화한 행동에 대해 반복된 실험은 적용하면 대개 관련 없는 요소에 의해 영향을 받았다고 말할 수는 없다.

ABAB 설계와 같이 중다기초선설계는 예측 검사에 근거한다. 중재가 제시될 때마다 중재가 이루어지는 수행 수준과 이전 기초선의 예상된 수준 사이에 대한 검사가 이루어진다. 근본적으로 각 행동은 예상된 기초선 수행을 점검하고, 중재가 적용된 후도 같은 수준으로 수행을 계속하는지를 파악하는 '작은' AB 설계이다. 하나의 기초선에 대한 예측과 검사의 오버 타임은 ABAB와 중다기초선설계가 비슷하다.

중다기초선설계의 독특한 특징은 다른 행동들 간의 예측 테스트라는 것이다. 기본적으로, 설계에서 각기 다른 행동은 중재의 적용 없이는 기대할 수 있는 변화를 평가하는 통제조건으로 제공된다. 어떤 한 행동에 대해 중재가 적용된 것과 중재가 제공되지 않은 나머지 행동 간에, 중재와 비중재 조건 간에 어느 지점에서 비교가 가능하다. 중재를 받은 행동은 변화할 것이다. 즉 기초선에 의해 예측된 수행 수준으로부터 명확하게 다른 출발을 보여준다. 하지만 아직까지 중재를 받지 못한 기초선에서 같은 기간 동안 어떠한 변화가 있는지의 여부를 검토하는 것이 중요하다. 같은 지점에서 전체 행동에 대한 수행의 비교는 중다기초선설계에서 매우 중요하다. 환경의 변화가 일어나지 않은 경우는 중재를 받지 않은 기초선 수행의 변화 가능성을 보여준다. 중재받은 행동만 변화했을 때 수행의 정상적인 변화를 설명해줄 수 있음을 시사한다. 중재를 적용했을 때 특정 행동의 변화가 반복적으로 시연되는 경우에 그 중재가 행

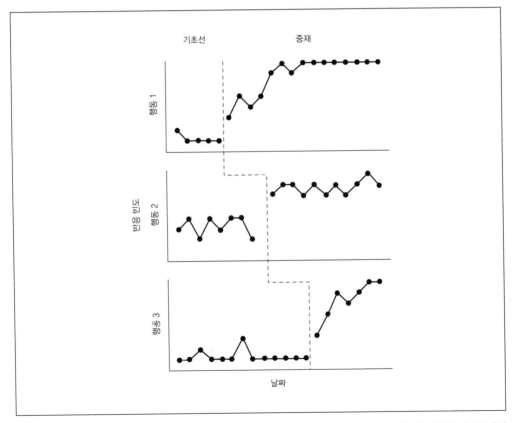

▌ **그림 7.1** ▌ 시간에 따라 다른 시점에서 세 가지 행동에 중재를 제공했을 때 모든 행동에 대한 중다기초선설계의 가상 데이터

동의 변화를 이끌어냈다는 것을 확실하게 보여주게 된다.

가장 중요한 질문은, '두 번째, 세 번째 행동에 대한 중재를 제공하기 전에 첫 번째 행동에 중재를 제공한 후 얼마나 오래 기다려야 하는지'다. 즉 시간의 경과는 어떠한가이다. 날짜 또는 관찰의 측면에서 정해진 답은 없다. 적게 받거나 아직까지 중재를 받고 있는데 경향성이 나타나지 않고 있다면 행동의 수행이 안정될 때까지 기다린다. 그림 7.1의 가상 데이터는 행동 1에 중재가 제공되었고, 4일(자료점을 세어보라)째에 행동 2에 중재가 제공되었고, 그 후로 4일 후에 행동 3에 중재가 제공되었음을 보여준다. 기초선에 중재를 제공하기 전에 다음 날짜나 간격을 유지해야 한다는 설계의 논리를 생각할 이유는 없다. 중요한 사항은 중재가 제공함에 있어 시차를 두는 것이다. 다음 기초선에 중재를 제공하기 전에 일관성 있는 시간의 간격이 있어야 한다는 것은 아니다. 기초선이 안정될 때까지 기다리는 것이 중요하다. 첫 번째 기초선에 중재가 제공되면, 며칠 동안은 두 번째, 세 번째 중재를 제시하지 않고 기초선을 계속해서 수집한다. 이론상 첫 번째 행동에 변화가 나타났을 때 두 번째, 세 번째 행동(계속해서 중재 없이)은 계속 변화가 없을 것이다. 이렇게 기초선들이 안정적일 때(새로운 경향성이나 큰 변동은 없다) 두 번째 기초선에 중재를 확장해 나간다. 날짜 수로 이와 같은 결정을 하지 않는다. 하지만 패턴이 명확하게 나타난다면 이같은 결정을 할 수 있다.

예시

행동 또는 기능 영역에서 중다기초선설계는 빈번히 사용되어 왔다. 첫 번째 예시는 구체적으로 60명의 직원이 있는 식품점의 사무용품 부분에 중점을 두었다(Carter, Holmström, Simpanen, & Melin, 1988). 이 프로젝트는 식품점 물품의 절도를 줄이기 위해 고안되었고, 직원들을 중재하는 데 중점을 두었다. 기능 또는 행동 영역에 사탕, 개인위생용품, 액세서리 장신구 훔치기를 선정했다. 품목은 자주 도난당한 항목에 대한 업체의 통계에 따라 선택되었고, 또한 식품점의 기록에 있는 절도에 대한 초기 평가에 의해 확정하였다. 각 제품의 유형에는 여러 가지 제품이 포함되었다(예 : 사탕 10종류, 개인위생용품 6종류, 악세서리 장신구 27종류). 식품점에 전달된 상품과 계산대에서 팔린 상품(물품)은 전산화하여 스캐닝을 통해서 물품을 추적함으로써 관찰자가 쉽게 확인할 수 있었다. 확인되지 않은 제품은 절도로 간주했다. 연구자들은 훔친 사람이 아니라 훔치는 것이 약간이라도 줄거나 그 행위가 없어지는 것에 관심을 가졌다. 이 프로젝트가 어디에 중점을 두고 있는지 아는 직원에게 중재를 제시했다. 프로젝트는 절도의 세 가지 영역 또는 반응 영역에 걸쳐 관찰을 시작했다.

모든 물품(예 : 모든 종류의 사탕)의 목록 중 절도된 물품 목록을 포함한 전체 그룹 그래프

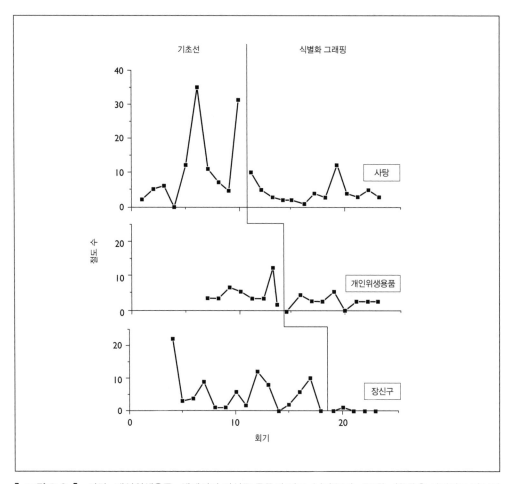

▌ **그림 7.2** ▌ 사탕, 개인위생용품, 액세서리 장신구 물품의 절도 수(격주로). 중재는 (물품을 식별하고 제시된 물품은 그래프로 나타내어 정보를 제공함) 시간마다 다른 지점에 제시되었다. (출처 : Carter et al, 1988)

를 직원 구내식당에 붙이는 것이었다. 사탕 절도에 대한 중재가 적용되었을 때 개인위생용품 또는 장신구는 언급하지 않았다. 중재가 시작되고 2주 후에 개인위생용품을 포함시켰다. 이 범주 안에 있는 제품 또한 명단에 기재하였고 사탕 절도를 나타내는 그래프에 개인위생용품 절도를 나타내는 그래프를 포함시켰다. 1주 반이 지난 후에는 마지막 기초선인 장신구 절도에 대한 중재를 실시했다.

그림 7.2는 3개의 기초선에 대한 중재 효과를 보여준다. 효과는 상당히 명백하게 나타났다. 절도된 물품이 확인되고 직원(중재를 실시한 직원)을 위해 절도 물품을 그래프로 나타냈을 때 각 기초선에 대한 절도가 감소했다. 사탕, 개인위생용품, 그리고 장신구의 1일 절도 변화율 평균이 각각 4.7, 1.6, 2였으나 3주의 중재 기간 동안 평균은 각각 1.2, 0.8, 1로 감소했다. 이러한

패턴은 중재가 변화와 관련되어 있고 그 변화는 중재가 시행되기 전에는 일어나지 않았던 것을 보여준다. 이 실험에서 알 수 있는 것은 중재가 절도를 줄였다는 것이다. 연구자가 언급한 대로 직원이 자신에게 중재가 제공되고 있다는 것을 자각했을 때 직원의 절도가 감소한 것으로 보인다. 다른 말로 하면 직원이 손님을 감시하는 것의 경계를 늦추지 않으면 손님의 절도가 줄어든다는 것이다. 절도의 원인을 파악하는 것보다 전체적인 도난을 줄이는 것이 프로젝트의 주요 목적이었다.

다음의 사례는 과잉행동과 언어장애(ADHD, 수용 및 표현언어장애)를 가진 6세 여아에게 읽기지도를 한 내용이다(McCollough, Weber, Derby, & McLaughlin, 2008). 아동은 자신의 학년 수준 이하의 읽기 실력을 지니고 있어서 읽을 때마다 많은 오류를 보였다. 중재 단계에서 단어가 적혀 있는 큐(cue) 카드에 반응하도록 하기 위해 소리에 집중하도록 하고, 피드백과 칭찬을 제공하며 읽기 지도를 하는 것이다. 중재는 직접교수와 철자읽기방법을 인지 구조화하도록 하였고 시중에서 구입하기 쉬운 100가지 쉬운 방법으로 자녀의 읽기 가르치기를 활용하였다(Engelmann, Haddox, & Bruner, 1983). 읽기를 향상시키기 위해 아동에게 수업 전반에 걸쳐 몇 가지 중요한 단계(예 : 소리, 혼합, 단어, 읽기 배우기)를 구성하여 제공하였다. 중재는 중다기초선설계로 진행되었으며, 다양한 목적을 가지고 단어를 사용하는지를 평가하였다. 각 단어 목록에 따라 다른 반응을 보였다. 즉 단어 목록이 기초선 역할을 한다. 각 수업마다 단어 목록을 주고, 바르게 읽은 단어 수를 평가하기 위한 검사를 실시하였다.

그림 7.3은 정확하게 발음한 단어의 수를 그래프에 나타내어 보여준다. 그림에서 보는 것처럼, 중재를 하는 동안 적절한 반응(피드백, 칭찬)을 해주었을 때 훈련의 효과가 나타나는 것을 볼 수 있다. 이번 예시에서 두 가지를 강조할 가치가 있다. 첫째, 그림에서 보이는 것처럼 첫 번째 기초선에는 하나의 수업만 포함한다는 것이다. 보통 기초선은 하나 이상의 자료점이 필요하다. 왜냐하면 설계가 지니고 있는 논리 때문인데, 수행을 설명하고 예측하는 데 사용하기 위해 각각의 단계에서 자료가 필요하다. 이는 다른 또는 두 가지의 수업에서 유용될 수 있다. 모든 기초선(단어의 세 가지 그룹) 단계가 중다기초선설계의 기준에 부합되었다고 간주될 때 명확해진다. 결과는 상당히 명확해 보인다. 두 번째 강조점은 읽기 프로그램과 관련이 있다는 것이다. 읽기를 향상시키는 것이 목적인 아동에게 흥미로워하는 특정 단어를 지도하여 행동으로 전이될 수 있도록 하는 여러 가지 기술을 지도하는 것은 포함하지 않고 있다. 이 사례에서 각각의 수업은 명확하게 지도한 단어 목록의 단어들은 포함하지 않는다. 지도받지 않은 단어들은 비슷한 패턴을 보인다. 그러므로 주어진 목록의 단어의 소리를 듣거나 지도받았을 때, 그 목록에 있는 다른 단어들의 읽기 실력도 향상되었다.

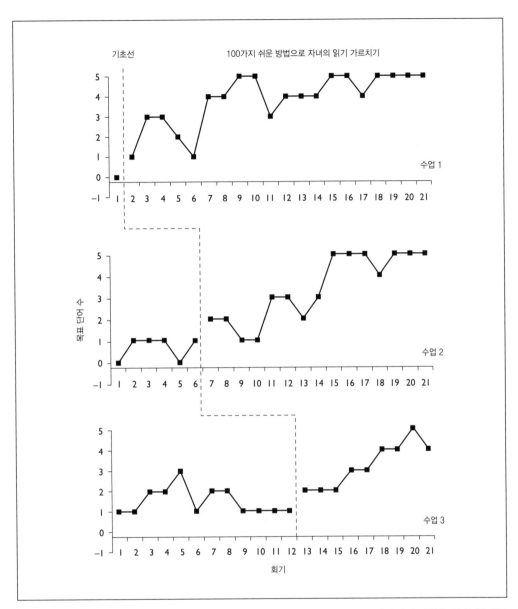

▌그림 7.3 ▌ 중재 단계와 기초선 전반에 걸쳐 바르게 발음한 목표 단어이 수. 세 단이의 집합은 중다기초선설계에서 기조선 역할을 한다. 각각의 기초선에 시차를 두어 중재를 제공했으며 중재가 제공된 기초선의 변화는 효과적이었다. (출처 : McCollough et al., 2008)

이 사례들은 중재의 효과를 보여줌으로써 중다기초선설계의 유용성을 밝히고 있다. 또한 이 설계의 실제적인 유용성을 보여주는 것이라 할 수 있다. 중재가 되고 있는지 또는 중재가 충분히 잘되고 있는지를 확인하기 위해 작은 규모(예 : 하나의 기초선)로 개입할 수 있다. 변화가 명백한 경우 중재를 더 확장할 수 있다.

설계의 변형

설계의 근본인 이론적 근거는 전체 행동에 걸쳐 중다기초선설계를 정교화하는 것에 대해 논의하고 있다는 점이다. 몇몇 기초선은 특정 사람이나 집단의 다른 행동을 참고할 필요는 없다. 설계의 변형에는 다른 개개인 또는 다른 상황, 환경 또는 시간에서의 관찰을 포함한다. 또한 중다기초선설계는 기초선의 수와 기초선에 적용된 특정한 중재 방법과 같은 관점을 따라야 한다.

개인에 따른 중다기초선설계

이 설계의 변형은 2명 또는 그 이상의 사람이 행하는 특정 행동을 기초선 자료로 모은다. 중다기초선은 행동을 관찰한 사람의 수를 의미한다. 설계는 각 사람의 같은 행동에 대한 기초선 수행을 관찰하는 것에서부터 시작한다. 각 사람의 행동이 안정적인 비율에 도달할 때까지 다른 사람들에게는 기초선 상태를 계속 유지하는 반면 한 사람에게만 중재를 적용한다. 중재를 시작한 사람의 행동이 변하는지를 보고, 중재를 받지 않은 다른 사람들의 행동은 계속해서 기초선 수준에 머문다. 특정 개인의 행동이 안정되었을 때 다른 사람에게도 중재를 적용한다. 기초선 데이터를 수집하고 있는 사람이 중재를 받을 때까지 이 절차를 계속 이행한다. 중재가 제시된 시점에 각 개인의 행동이 변화하면 중재의 효과가 입증되는 것이다.

당신은 칵테일을 서빙하는 사람들이 칵테일 쟁반을 바르게 나르는 교육을 받는다는 것을 예상하지 못했을 것이다(Scherrer & Wilder, 2008). 그들은 근육통과 관절통을 호소하곤 한다. 이는 그들이 손님에게 음료를 서빙할 때 쟁반을 나르는 방법에서 기인하는 것으로 보인다. 작업치료사와의 상담을 통해 쟁반 나르는 적절한 자세를 확인했다(예 : 손가락 끝에 쟁반을 놓기, 손목을 곧게 유지하기, 몸 옆쪽에 쟁반 들기, 어깨를 목 아래로 내리기, 테이블 전체에 몸을 기대어 음료수 내리지 않기). 서빙을 안전하게 하는 방법으로 여덟 가지 특정한 행동이 확인되었다. 즉 이러한 방법이 상해 위험을 줄일 것이다. 안전하게 운반하는지 아닌지를 점검하기 위해 체크리스트를 만들었다. 이는 8주간 매주 3~4일 바에서 관찰자에 의해 기록되었다. 기초선 관찰은 21~24세의 칵테일을 서빙하는 사람(남자 1명, 여자 2명)으로 구성되었다. 서빙하는 사람의 관찰은 15분 동안이었고, 3명이 서로 분리되어 체크되었고(또는 서빙하는 기회), 안전하게 운반하는 행동의 백분율을 산출했다.

중재는 사람들이 시간 외에 서빙을 할 때도 동일 훈련과정으로 하였다. 훈련은 다음을 포함하였다 — 음료수를 트레이에 올려서 서빙할 때도 올바른 자세를 설명하였다. 트레이너는 올바른 자세를 보여주었고, 칵테일을 서빙하는 사람에게 그 자세를 설명하게 한 후 트레이너 앞에서 올바른 자세를 취해 보이게 했다. 서빙하는 사람에게 숙달한 자세를 정확한 동작으로 네 번 보여주었다. 칵테일을 서빙하는 각각의 사람에게 45분에서 1시간 정도 훈련을 하였다. 훈련은 개인별로 이루어졌다. 왜냐하면 중다기초선설계는 모든 개인에게 사용되기 때문이다. 결과적으로 훈련은 시간마다 다른 지점에서 연습하고 있는 각각의 사람들에게 제공하였다.

그림 7.4는 바(Bar)에서 저녁시간에 교대 근무를 하는 동안 정확한 행동을 수행한 퍼센트를 그래프로 나타내 관찰결과를 바로 보여주고 있다. 그림에서 볼 수 있듯이 사라가 제일 먼저 훈련을 받았다. 아직까지 교육을 받지 않은 마이크와 타냐의 행동은 변하지 않은 반면 사라의 행동은 두드러지게 변했다. 마이크와 타냐는 사라와는 다른 지점에 훈련을 제공했다. 각각의 지점에서 정확하게 쟁반을 나른 횟수가 증가했다. 결과 패턴으로 보아 중재가 변화를 이끌어 내었음을 보여주고 있다. 시연 후 비공식 견해는 다음과 같다. 훈련의 효과가 유지되었고 효과적으로 쟁반을 나르는 방법을 통해 통증을 유발하였으며 작업을 완료하는 것이 더 쉬워졌다고 말하였다.

개개인에 따른 중다기초선설계는 단일 행동 또는 행동의 집합이 다른 사람들 사이에서 변하는 상황, 그리고 따로따로 1명 또는 소수 사람들의 여건에 맞게 훈련을 제공할 수 있는 상황이 가장 적합하였다. 심지어 앞서 제시한 사례는 바에서 이루어졌다. 그룹이 있거나 몇몇의 개개인이 있는 곳(예 : 교실, 운동장, 운동 연습) 그리고 연속적으로 중재를 제공할 수 있는 상황에서 개인에 따른 중다기초선설계를 적용할 수 있다. 다른 종류의 설계 변형과 마찬가지로 중재의 효과를 보여주기 위한 시연 또는 실험 조건은 필요하지 않다.

상황, 환경 또는 시간에 따른 중다기초선설계

이 설계의 변형으로 기초선 데이터는 1명 또는 그 이상의 사람에 의해 수행된 특정한 행동을 수집할 수 있다. 중다기초선은 관찰지기 일을 수 있는 다른 상황, 환경, 또는 시간을 의미한다. 설계는 각각의 상황에 따른 기초선 수행을 관찰하는 것에서 시작된다. 각 상황에서 행동이 안정될 때까지 기초선 상태를 다른 사람에게 유지하면서 한 사람에게만 행동 변화를 위해 중재를 제공한다. 중재를 적용한 상황에서는 행동이 변화된 것을 보여줘야 하지만 중재를 제공받지 않은 다른 상황에서의 수행은 변화를 보이지 않아도 된다. 중재를 받은 상황 속에서 행동이 변했을 때 다른 상황에서 행동에도 중재를 제공한다. 이 절차는 기초선 데이터가 수집된

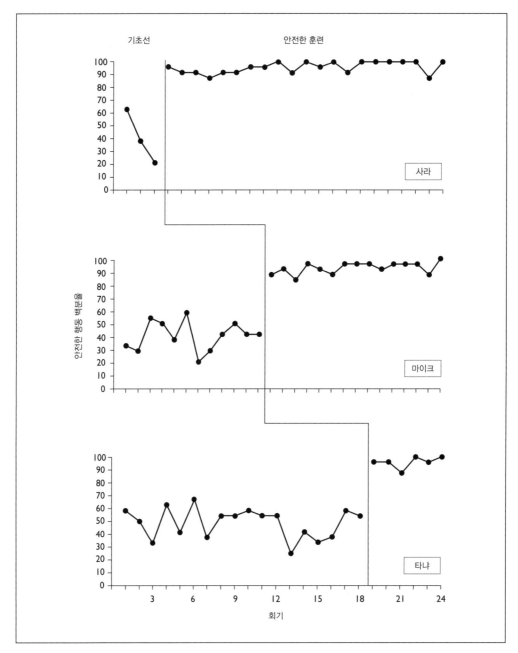

▋ 그림 7.4 ▋ 칵테일을 서빙하는 세 사람의 안전하게 수행한 행동에 대한 퍼센트와 중다기초선설계에서 모든 개인에게 중재(단일 교육)를 제공한 후를 보여준다. (출처 : Scherrer & Wilder, 2008)

모든 상황의 행동이 중재를 받을 때까지 계속한다.

이번 사례는 수술을 하는 의료계 종사자의 안전에 초점을 두었다(Cunningham & Austin,

2007). 이들은 위험한 수술 또는 도구 때문에 많은 부상으로 고통 받고 있다. 몇몇 주는 직원에게 특별한 위험 요인에 기인하는(예 : 에이즈) '날카로운 물건에 의한 부상'(예 : 바늘에 찔렸을 때)으로부터 이들을 보호하기 위해 법을 제정하였다. 이 연구는 수술의와 수술실 간호사가 서로 도구를 주고받는 것에 초점을 두고 있다. 수술의와 수술실 간호사 사이에 중립지대를 만드는 것을 요구하는 '핸즈프리 기술'의 사용을 증가시키는 것이 목적이다. 중립지대란 도구를 주고받을 때 도구를 놓는 곳을 의미한다. 이러한 방법으로 두 사람은 같은 시간에 도구를 만지지 않을 수 있으며 날카로운 물건으로 인한 부상을 크게 줄일 수 있다. 상황에 따른 중다기초선설계는 다음과 같이 두 가지 상황을 설정하였다. 미국 중서부의 9개 지역에서 입원환자 수술을 하는 수술실과 외래환자를 수술하는 수술실 상황을 설정했다. 관찰은 수술 시간 30분 동안 이루어졌으며, 환자를 개방 절개하는 것을 관찰하는 것부터 시작했다. 관찰자는 수술실에 있으면서 정보를 수집했으며 도구가 손에서 손으로(안전하지 못한) 전달되었는지 또는 중립지대에서(안전한, 핸즈프리 절차) 도구를 전달했는지에 대한 모든 행동을 기록했다. 핸즈프리에 의존한 행동의 퍼센트를 측정했다. 중재는 목표 설정, 업무의 명료화, 그리고 안전한 교환 절차를 사용하는지에 대한 피드백을 하는 것이었다. 중재 단계를 시작할 때 직원들에게 핸즈프리 절차를 포함한 병원 정책을 알려주었고, 목적은 핸즈프리 교환을 향상하는 것으로 설정했다. 병원은 75%를 최종 목표로 했으나 32%에 그쳤다. 정확한 방법으로 도구를 교환하는 것을 보여주기 위해 모델링을 사용했다. 그리고 피드백은 직원에게 매주 행동의 백분율과 목적 달성 여부에 대한 정보를 제공하였다. 또한 매주 직원 모임에서 칭찬을 했다.

그림 7.5는 중다기초선설계의 두 수술 상황에서 중재를 실시했음을 보여주고 있다. 말하자면, 입원환자의 수술실에서 중재를 실시했을 때(그림의 위) 안전한 교환(핸즈프리, 중립지대)의 백분율은 급격히 향상되었다. 아직까지 중재를 제시하지 않은 외래환자 수술실은 아무런 변화를 보여주지 않았다. 외래환자 수술실에서 중재가 실시되었을 때와 마찬가지로 퍼센트가 향상되었다. 그림에 나타난 것처럼 단 하루만 수술의가 중립지대 영역에서 도구를 잡지 못했다. 종합적으로, 결과는 중재가 실시되었을 때 행동이 변한 것을 보여주고있다. 행동이 유지되었는지 확인하기 위해 세 번째 단계를 설계에 추가했다. 거의 5개월 후 마지막 중재 단계에서는 일주일 동안 두 단위의 관찰이 이루어졌다. 그림에서 보는 바와 같이 중재의 효과가 유지되었다.

특정한 행동이 둘 혹은 그 이상의 상황(예 : 집, 학교)에서 변화될 필요가 있다면 상황 또는 환경 전반에 걸친 중다기초선설계가 유용하였다. 중재는 한 상황에서 처음 시행하고, 그 중재가 효과적이라면 다른 상황에도 점진적으로 중재를 제공하였다. 중재는 기초선 데이터를 모은 것을 포함하는 전체 상황까지 넓힌다.

단일 상황에서도 설계를 적용할 수 있다. 하지만 예를 들어 특정한 환경, 아침과 오후처럼 둘 또는 그 이상의 기간에 따른 행동 변화가 목적이라면 기간을 분리하여 지정할 수 있다. 중다기초선설계는 동일한 개인과 행동에 초점을 두고 있으나 데이터(그래프도)는 따로따로 수집한다. 그러므로 초등학교 교실에서 아동 행동의 향상된 변화는 두 기간(예 : 점심시간 전 그리고 점심시간 후)으로 설명할 수 있으며 중다기초선에 있는 두 중재를 각각 평가한다. 이 기간 동안 기초선 데이터를 수집할 수 있다.

기초선의 수

중다기초선설계의 변형에서 구별하는 주된 관점은 기초선(예 : 행동, 사람, 상황)의 수이다. 위 사례(수술 환경)에는 2개의 기초선이 있다(그림 7.5 참조). 분명히, 위 사례에서 2개의 기초선은 중재의 역할에 대한 추론을 제공한다. 효과를 유발하는 타당하지 않은 영향이 있을 수 있기 때문에 2개의 기초선 데이터의 패턴은 명확히 하고, 완벽할 필요가 있다. 이론상으로 2개의 기초선만 있어도 설계의 기준에 부합되기는 하지만, 최소한 3개의 기초선을 권장하고 있고, 종종 그 이상인 경우도 있다. 다른 조건이 그대로일 때 중재를 받고 변화가 나타나는 것은 수행에 대한 예상된 패턴을 보여주는 기초선의 수가 많다는 것이다. 이는 외부 영향과 타당성을 위협하는 여러 가지 행동으로 변화되었다기보다는 중재에 기인하여 크게 변화되었다는 것을 의미한다.

적은 기초선보다 더 많은 기초선을 포함해야 하는 실제적인 이유가 이것이다. 중재가 제공되었을 때 기초선 중 어떤 하나가 변화되지 않거나 많이 변하는 경우가 항상 있기 때문이다. 2개의 기초선 중 하나의 기초선에 변화가 없다면 중재가 행동의 변화에 기여했다고 볼 수 없는 결과이다. 왜냐하면 필요한 데이터의 패턴을 얻지 못했기 때문이다. 다른 말로 하면 몇 개(예 : 5개)의 기초선이 설계에 포함되고 그중 하나의 기초선에 변화가 없었다 하더라도 중재의 효과는 계속해서 명백하다고 할 수 있을 것이다. 변화가 없는 하나의 기초선을 제외한 나머지 기초선은 언제든지 중재를 적용할 수 있고 행동이 변화한 것을 보여줄 수 있다. 대부분 행동 수행의 명확한 패턴으로 중재가 내적 타당도를 위협했다기보다는 행동 변화를 강력하게 말해주는 것이다. 다른 기초선 전반에 거칠 중재가 일관성 없는 결과를 보이는 문제에 대해서는 나중에 다루도록 하겠다. 현 시점에서 최소한 1개 또는 2개의 기초선이 아닌 여러 개의 기초선을 포함하는 것은 중재의 효과를 명확히 하기 위함이라는 점에 주목하는 것이 중요하다. 가끔 기초선 데이터와 중재 효과는 여러 가지(예 : 8개 또는 9개) 행동, 사람 또는 상황에서 얻을

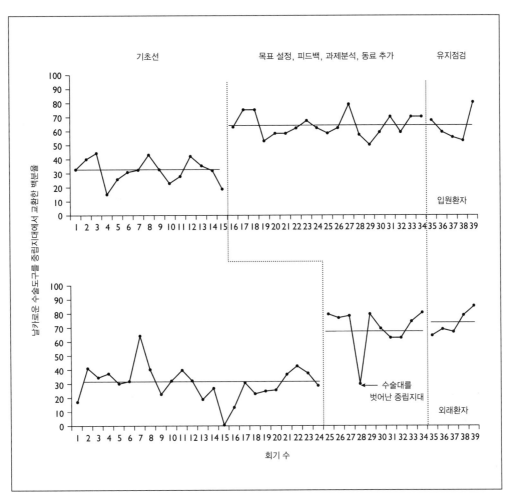

▌그림 7.5 ▌ 입원환자와 외래환자 수술실의 중립지대(안전한 핸즈프리 절차)에서 날카로운 도구의 교환이 이루어진 퍼센트. 실선은 각 단계의 평균을 나타낸다. (출처 : T. R. Cunningham & Austin, 2007)

수 있다.

중재로 인해 행동 변화에 대한 타당성은 그저 기초선 수의 기능을 사정하는 것이 아니다. 기초선 단계 동안 행동의 안정성, 중재를 적용했을 때 행동이 변화하는 정도와 속도 같은 요인들 또한 중재의 역할에 대한 어떤 추론을 이끌어냈는지 쉽게 알 수 있게 한다.

중재의 부분적인 적용

중다기초선설계는 다양한 기초선에 어떤 처치를 적용하느냐에 따라 방식이 달라진다. 지금까지 언급한 변형은 다른 행동들에 대한 특정 중재를 시간에 따라 다른 시점에 적용하는 것이다. 설계의 몇몇 변형은 다음과 같은 절차에 따라 시작된다. 몇몇의 상황에서 중재가 첫 번째 행동(개개인 또는 상황)에 되었을 때, 변화가 없거나 약간의 변화를 보인다. 다른 행동에 이 중재를 계속 적용하는 것이 쓸모없는 일일 수도 있다. 이 중재는 첫 번째 행동에서 충분한 변화에 도달하지 않을 수도 있다. 이런 이유로 첫 번째 행동에 ABC 설계에 따른 두 번째 중재를 적용할 수 있다. 두 번째 중재(C)가 변화를 만들어낸다면 중다기초선설계에서 흔히 하는 방식으로 다른 행동에 그 중재를 적용한다. 단지 첫 번째 중재가 모든 행동, 사람 또는 상황에 적용되지 않을 수 있기 때문에 다른 설계와는 다르다.

예를 들어 운전자가 도시(플로리다)의 각각 다른 곳에 있는 3개의 분리된 교차로에서 정지 신호를 보고 멈추는 빈도를 향상시키기 위해 간단한 중재를 적용했다(Van Houten & Retting, 2001). 교차로에서 70만 건이 넘는 사고가 발생했으며 그중 3,000건은 사망 사고였다(1998년 통계). 이 연구는 차가 완전히 멈추는 것을 증가시키기 위해 2개의 프롬프팅 절차가 사용되었다. 비디오카메라는 차가 멈추는 것을 촬영했고, 관찰자가 후에 촬영된 비디오테이프를 보고 점수를 매겼다. 3개의 교차로에 중다기초선설계를 설계했다. 첫 번째 중재는 '양쪽을 잘 살피시오'라고 흰 바탕에 검은색 글씨를 써서 신호등 아래에 붙여 놓는 것이었다. 두 번째 중재는 1초마다 왼쪽과 오른쪽을 살피기 위해 움직이는 눈을 화면에 나타나게 하였다. 움직이는 눈 화면은 정지 신호 앞에 놓았으며 다가오는 차량을 감시할 수 있는 마이크로파 감지기를 설치했다. 차량이 감지되었을 때 양쪽을 살피는 것처럼 눈을 좌우로 6초간 움직였다.

그림 7.6은 '양쪽을 잘 살피시오'라는 신호는 큰 효과가 없었음을 보여주고 있다. 이 중재를 다른 교차로에는 시행하지 않았다. 짐작컨대 이 중재가 효과적이었다면 다른 곳의 기초선에도 이 중재를 적용했을 것이다. 움직이는 눈 화면 중재를 실시했을 때 운전자가 차를 완전히 멈추는 비율이 증가했다. 중간과 아래쪽 그래프에서 보이는 바와 같이 움직이는 눈 중재를 다른 교차로에도 적용했고, 중재를 통해 변화가 관찰되었다. 이 사례는 단일대상설계의 힘을 보여주고 있다. 즉 실제 상황에서 중재의 효과를 평가할 수 있으며 부가적인 변화가 필요하다면 다른 시도를 해보기로 결정을 내릴 수 있다.

설계의 다른 변형은 전혀 처치를 받지 않은 하나 또는 그 이상의 기초선을 가진 사례에 부분적으로 중재를 적용하는 것이다. 근본적으로, 마지막 기초선(행동, 사람 또는 상황) 측정을 하는 동안 관찰되는 사건 또는 측정 변화 때문에 일어날 수 있는 관련 없는 변화를 통제한다. 예를 들어 8명으로 구성된 특수 학급의 학생 중 3명의 흑인 학생이 하는 방해행동을 변화시키기 위한 프로그램을 고안했다(Musser, Bray, Kehle, & Jenson, 2001). 3명의 학생은 정서장애를 가지고 있다. 다시 말해 반항성 장애(극도의 완강함, 불복종)와 ADHD(주의력결핍 과잉행동

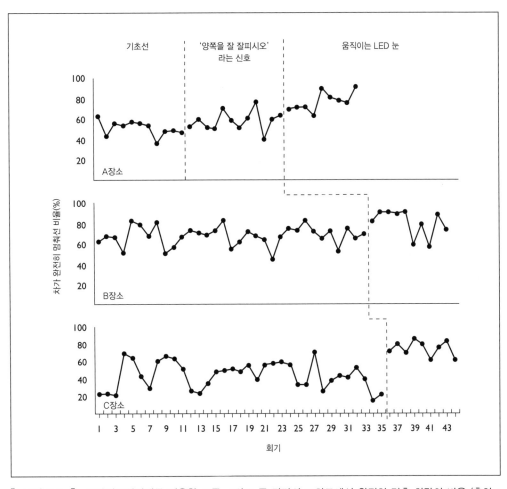

│ 그림 7.6 │ 중다기초선설계를 적용한 모든 교차로 중 각각의 교차로에서 완전히 멈춘 차량의 비율 (출처 : Van Houten & Retting, 2001)

장애)를 가지고 있다. 교실에서 하는 방해행동에 중점을 두었다(예 : 잡담, 시끄러운 소리 내기, 자리 이탈, 욕하기). 방해행동의 1일 기초선 관찰은 교실에서 이루어졌다. 중재는 다양한 요소를 포함했다―학생이 책상에 학급 규칙 붙이기(예 : 자리를 벗어나도 좋다는 허락이 없는 한 자리에 앉아 있기, 말을 하고 싶을 때 손들기), 교사의 특별한 지시/요구하기(예 : 학생에게 요구하기 전에 '부탁한다'는 말하기, 학생 가까이 서 있기), 규칙을 잘 따르거나 좋은 행동을 보일 때 상 주기(예 : 칭찬, 일정한 스티커를 모아서 선물로 교환하기), 가벼운 벌주기(예 : 스티커 뺏기)를 포함했다.

그림 7.7은 3명의 학생에게 중다기초선설계 프로그램을 적용한 것을 보여주고 있다. 2명의

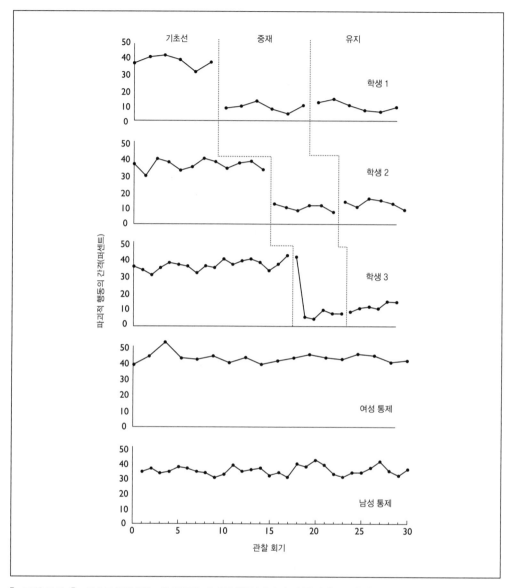

▌ 그림 7.7 ▌ 특수교육을 받는 학생들의 파괴적 행동(간격의 비율)이다. 중다기초선설계에서 3명의 학생에게 중재를 제시했다. 2명의 비슷한 학생(아래 2개의 그래프)은 통제의 역할을 한다. 두 학생의 행동을 프로그램 전반에 걸쳐 사정했으나 중재를 전혀 주지 않았다. 마지막 후속연구 단계에서는 프로그램을 완전히 제거했다. (출처 : Musser et al., 2001)

학생은 같은 교실에 있고, 같은 나이, 같은 인종이었으며, 파괴적 행동을 수업 전반에 걸쳐 보였다. 하지만 중재를 전혀 받지 않았다. 그림에 보이는 바와 같이 3명의 학생에게 각 지점에 중재를 제공했을 때 중재가 변화를 이끌어내고 있는 것을 확인할 수 있다. 자료 패턴은 중재가 변화를 이끌어냈다는 것을 강력하게 나타내주고 있다. 이러한 결과는 같은 교실에서 관찰한 2명의 통제 학생으로 인해 더 큰 개선 효과가 나타났다. 근본적으로 이 학생들은 수업 전반에 걸쳐 기초선 단계에 머물렀고 계속해서 같은 행동 수준을 반복적으로 보이고 있다. 2개의 통제된 기초선(2명의 학생)은 필요 없다. 하지만 관계없는 영향이 모든 기초선 학생들의 데이터 패턴을 설명할 수 없다는 것을 보여준다. 중재가 있었을 때 행동이 변화하고, 중재가 없었을 때 (각각의 3명의 학생과 2명의 통제 학생에게) 행동이 변화되지 않았다는 것을 보여줌으로써 중재가 아주 명백하게 도움을 주고 있다는 것을 보여준다. 한 가지 언급하고자 하는 것은 다음과 같다—마지막 단계에서 중재 프로그램이 완전히 철회되어도 행동은 유지된다. 즉 다시 기초선 상황으로 되돌아가도 획득된 행동은 없어지지 않는다.

총평

앞서 논의한 것은 중다기초선설계에서의 주요 변형을 강조하고 있다. 어쩌면 변형의 주요 원인은 기초선에서 특정 사람의 행동이 나타나는지, 다른 사람에게도 나타나는지 또는 각기 다른 상황에서도 행동이 나타나는지 여부이다. 중다기초선설계는 맥락 또는 상황을 고려하는 것에서 생겨나는 변수가 많다. 예를 들어 지역 또는 연방정부 수준의 정부에서 만든 프로그램 (예 : 특수교육적 중재를 시행하기 위한 돈, 예방접종을 받는 아동들의 비율을 향상시킬 참신한 방법)은 중다기초선설계 형태로 프로그램의 효과를 평가하기 위해 학교, 학군, 단체에 적용할 수 있을 것이다. 맥락 또는 상황을 제외하더라도 중다기초선설계에는 다른 많은 변형이 존재한다. 변형은 앞서 언급했듯이 관점들의 조합을 포함한다. 또한 변형에는 가끔 ABAB 설계의 요소를 포함하곤 한다. 이 내용은 통합된 설계를 설명하는 제10장에서 다룰 것이다.

문제점 및 한계점

중다기초선설계를 사용한 중재의 효과에 대해 추론을 이끌어내면서 여러 가지 애매모호한 점이 생길 수 있다. 애매모호함은 기초선이 되는 행동, 사람 또는 상황의 상호 의존 때문이거나 다른 기초선의 불일치에 기인한 결과이다. 마지막으로 오랜 기간 동안 하나 또는 그 이상의 행동, 사람 또는 상황에 중재가 실시되지 않았을 때 실행과 방법론적인 문제가 생길 수 있다.

기초선의 상호 의존성

중다기초선설계에서 중재의 애매모호한 영향을 보여주는 가장 중요한 요건은 하나의 기초선에만 중재를 제시했을 때 각각의 기초선(행동, 사람 또는 상황)이 변하는 것이다. 가끔 기초선은 상호 의존적이다. 그래서 기초선 중 하나가 변하면 마지막의 기초선까지 중재를 제공하지 않아도 다른 기초선 또한 변화를 보일 수 있다. 이 효과는 각 형태의 중다기초선설계에서 중재에 대한 결론을 이끄는 데 지장을 준다.

행동에 대한 설계에서 첫 번째 행동이 변화한 것은 이 행동이 중재를 받지 않은 행동들 중 1개의 행동이 변화한 것과 관련이 있을 수 있다(예 : Whalen, Schreibman, & Ingersoll, 2006). 보통의 실험은 행동의 상호 의존성을 보여준다. 몇몇 행동(예 : 의사소통, 사회적 상호작용)은 다른 활동에 중심이 될 수도 있고 다른 행동을 변화시킬 수 있는 파급 효과가 있을 수 있다(Koegel & Kern-Koegel, 2006; Rosales-Ruiz & Baer, 1997을 인용함). 행동 전반에 걸친 중다기초선설계는 세대 전반에 걸쳐 반응이 일어난 상황에서 중재와 행동 변화 간의 명확한 관계가 보이지 않을 수 있다.

개인 간 중다기초선설계에서 중재를 받지 않는 사람이 중재를 받은 한 사람으로 인해 행동이 변화할 수 있다. 학교의 동급생 또는 형제자매와 같은 다른 사람의 수행을 관찰할 수 있는 상황에서 나타난 행동 변화는 가끔 다른 사람의 행동 변화를 이끌어낼 수 있다. 예를 들어 아홉 살 소년의 엄지손가락을 빠는 행동을 감소시키기 위해 설계된 프로그램을 통해 그 행동이 효과적으로 제거되었다(Watson et al., 2002). 형과 같이 엄지손가락을 빠는 행동이 제거된 다섯 살 동생에게는 어떠한 중재도 제공되지 않았다. 중재를 받은 형의 행동이 동생의 행동을 바꾸게 한 계기가 되었거나 모범된 행동이었을 것이다. 해석은 명확하지 않지만 효과는 명확하다. 이 사례에서의 중재는 직접적으로 중재를 받지 않은 사람에게 중재가 퍼진다는 것이다. 비슷한, 상황, 환경 또는 시간에 걸친 중다기초선설계 중 한 상황에서 행동이 바뀐 한 사람이 다른 상황 전체에서 행동의 일반화를 이끌어낼 수도 있다. 중재의 특정한 효과가 명확하지 않을 수도 있다.

이전 사례에서 적용된 기초선에 거친 중재의 효과가 다른 기초선까지 확장되었다면 결과는 애매모호할 수 있다. 관계없는 사건이 중재의 적용과 동시에 일어날 가능성이 있으며 수행에서 일반적인 변화를 이끌어낼 수도 있다. 그렇지 않으면, 비록 하나의 기초선에 중재가 적용되었더라도 몇몇 행동, 사람 또는 상황이 중재로 인해 변화될 수도 있다. 중재가 행동의 변화를 이끌어내지 못한 것이 문제가 아니다. 오히려 문제는 하나의 중재가 모든 기초선에 영향을 미쳤다고 분명하게 추측할 수 있는 것이다.

중다기초선설계에서 각각의 기초선이 상호 의존성을 갖고 있다는 것이 잠재적인 문제이다. 하지만 세 가지 요점은 기초선의 상호 의존성 위협에 대한 견해를 제공한다. 첫째, 기초선의 상호 의존에 대한 사례의 발표가 많지 않다. 언제나 기초선의 상호 의존성이 일어날 수 있지만 이와 관련된 기록은 출간되지 않았다. 개인적인 경험으로는 상호 의존성이 거의 일어나지 않았다. 둘째, 아직까지 중재를 받지 않은 기초선(행동, 상황)에 변화가 너무 빨리 나타날 때이다. 그러나 시연이 반드시 애매모호하다는 의미는 아니다. 변화된 행동의 분명한 효과는 적을 수 있지만 행동은 명확할 수도 있다. 하지만 모든 기초선에서 그런 것은 아니다. 셋째, 단일대상설계는 설계의 변형을 허용하며 시연을 하는 동안 즉흥적인 행동을 허용한다. 그래서 조사자는 중재가 변화를 이끌어냈다는 것을 보여주기 위해 하나 또는 그 이상의 행동에 다시 기초선으로 돌아가서 같은 설계의 특징을 안내할 수도 있다. 이에 대한 설명은 나중에 복합설계에서 다루도록 하겠다.

중재의 일관성 없는 효과

중다기초선설계의 다른 잠재적인 문제점은 중재를 제시한 행동, 사람 또는 상황에서 중재의 효과가 일관성 없이 나타날 수 있다는 것이다. '일관성 없는 효과'란 중재를 제공했을 때 다른 행동은 변화하지 않고 몇몇 행동만 변화하는 것을 의미한다. 중다기초선설계에서 중재의 일관성 없는 효과는 분명한 문제가 된다. 설계에는 단 두 가지 행동만이 포함되었을 수도 있지만 가장 심각한 경우는 기초선의 최소한의 수가 (권하지는 않지만) 요구된다는 것이다. 시간마다 다른 지점에서 두 가지 행동에 중재를 제공한다. 하지만 둘 중 단 하나의 행동만 변화되었다. 이러한 결과는 설계의 요구에 부합하다고 하기에는 너무 애매하다. 중재 외에 관련 없는 요소가 행동을 변화시켰다고 볼 수도 있을 것이다. 그래서 조사의 내적 타당도를 달성하지 못할 수 있다. 이러한 걱정을 해소하기 위해 중다기초선설계에서는 최소한 3개의 기초선을 요구하고 있으며, 이러한 요구가 부합되었을 때 조사자들을 즐겁게 만든다.

그 대신 만약 몇몇 행동을 포함한 설계에 중재를 제공했을 때 하나 또는 2개의 행동이 변화하지 않았다면 이는 완전히 다른 문제이다. 중재를 제공한 2개, 3개 또는 그 이상의 행동이 변했다면 중재의 효과는 꽤 명백하다고 할 것이다. 변화하지 않은 행동은 제외한다. 물론 몇 가지 행동이 변하고 그 외 다른 행동은 변하지 않았더라도 중재의 보편성 또는 강점에 대한 의문을 제기하지는 않는다. 하지만 행동을 변화시킨 중재의 내적 타당성은 중요한 쟁점이 아니다. 요약하자면, 중재를 제공해서 행동이 변화했을 것이라고 하는 추론을 가능하게 하기 위해서 데이터의 패턴이 완벽할 필요는 없다. 만약 몇몇 기초선이 의도된 효과를 보이고 있다면 효과가 나타나지 않는 예외의 결과에 대해서까지 중재 역할의 인과 관계를 추론해낼 필요가 없다. 언급한 바와 같이 실험 설계는 중재 효과와 대립되는 결과 해석이 타당하게 보이지 않게 만들 수도 있다. 기초선 중 중재를 통해 행동이 변하지 않은 하나를 제외한 데이터의 전반적인 패턴은 중재가 이와 같은 결과를 이끈 가장 타당한 근거라고 설명할 수 있을 것이다.

연장된 기초선

중다기초선설계는 실험 기간 동안 각각의 기초선(행동, 사람 또는 상황)에 중재를 가하지 않아야 한다. 두 번째, 세 번째 그리고 다른 행동에는 일시적으로 중재를 제시하지 않는 반면 첫 번째 행동에 중재를 적용한다. 마침내 중재는 당연히 각각의 기초선으로 확장된다. 만약 설계에 몇몇 행동(또는 사람, 상황)이 포함된다면 마지막 행동에 처치를 적용할 때까지 며칠 또는 몇 주가 흐를 가능성이 있다. 기간 연장에 중재를 주지 않았을 때 몇 가지 주요 쟁점이 생긴다.

분명한 것은 중재를 적용하지 않은 행동에 대해 중재가 적용된 상황과 윤리적인 면에서 반대의견이 있을 수 있다는 점이다. 만약 처음에 제공된 중재가 행동을 향상시켰다면 아마도 그 중재는 즉시 다른 행동에까지 확장되었을 것이다. 특히 첫 번째 기초선 데이터에 중재가 행동에 영향을 줄 수 있을 것이라는 기미가 보임에도 중재를 제공하지 않는 것은 비윤리적일 수 있다. 중다기초선설계와 단일대상설계에서 이는 유일무이한 윤리적 쟁점사항은 아니다. 하지만 이 쟁점은 사실상 중재의 알려지지 않은 효과에 대해 평가 중이거나 약속한 중재를 적용하지 않은 다른 실험 상황에서 일어날 수도 있다. 중재 또는 처치를 가하지 않는 것이 윤리적이건 아니건 간에 처치가 도움이 된다거나 행동에 변화를 가져왔다는 몇몇 연구를 통해 확인하고 있다. 이러한 질문은 우선 중재를 평가하기 위한 실험 설계를 사용함에 있어 기본적인 질문이다.

평가의 목적을 위해 일시적으로 중재를 하지 않은 타탕한 이유가 있다고 하더라도 중재를 하지 않는 기간이 오래 계속되면 우려가 증가한다. 며칠 또는 몇 주 동안 마지막 행동에 중재를 하지 못한다면 중재 적용에 대한 고려사항에 비추어 수용되지 않을 수도 있다. 나중에 언급할 것이지만 중다기초선설계를 사용하는 방법들이 있다. 그래서 마지막 행동에 중재를 적용할 시간은 상대적으로 약간 지연된다.

윤리적 문제 또는 중재가 적용된 상황에서의 고려사항을 제외하고 방법론적인 문제는 기초선 단계들이 하나 또는 그 이상의 행동이 오래 계속될 때 생긴다. 앞서 말한 바와 같이 중다기초선설계는 행동이 언제 변했는지와 언제 중재가 제시되었는지에 의존한다. 기초선 단계들에 장기간 실행되면 가끔은 중재가 제공되기 전에 행동이 약간 향상될 수 있다. 행동이 향상된 이유를 설명하면 첫째, 설계에 포함된 다양한 행동의 상호의존성이 중재를 받지 않은 다른 행동을 변화시키는 원인이 될 수도 있다. 확실히 설계에서 더 많은 행동에 중재를 가하면 아직까지 중재를 받지 못한 다른 행동에도 중재의 간접적이거나 일반적인 이득이 증가할 가능성 이 있을 수 있다.

둘째, 연장된 기간에 걸쳐 의뢰인은 직접적인 연습 또는 다른 사람을 관찰함으로써 희망했 던 행동을 향상시킬 기회가 증가했을 수도 있다. 예를 들어 사회적 행동, 놀이 기술 또는 수업 시간에 매일 규정 준수를 측정하게 되면 아직까지 중재를 받지 않은 행동(또는 사람)에 대한 기초선 단계들에도 개선이 보일 수 있다. 장기간에 걸친 기초선 평가는 반복된 연습 또는 수행 향상을 위한 모델링을 통해 행동을 향상시키기 위한 여러 가지 기회가 제공될 수도 있다.

셋째, 아동의 사회적 환경은 하나 또는 그 이상의 행동에서 개인의 변화로 인해 직접적으로 반응하여 변화될 수 있다. 그 환경에 있는 다른 아동의 반응은 다를 수 있으며 중재가 제시되 었건 아니건 간에 개별 학생의 다양한 행동에 영향을 미친다. 부수적인 변화가 항상 따를 수 있지만 직접적인 영향의 효과가 시간에 걸쳐 증가할 수 있는 장기간의 기초선에서 부수적인 행동 변화가 일어날 가능성이 더 높다. 중재를 제시하기 전 몇몇 행동(또는 사람, 상황)에 향상 된 변화가 보인다면 중다기초선설계의 요구에 부합되지 않을 수 있다.

장기간의 기초선에 따른 결과에 의해 윤리, 중재의 적용, 그리고 방법론적인 문제는 대부분 피할 수 있다. 우선 중다기초선설계는 보통 많은 수(예 : 여섯 또는 그 이상의 수)의 행동을 포 함하지 않는다. 그래서 마지막 행동에 지연된 중재를 제공하는 것은 큰 문제가 아니다. 여러 가지 기초선이 사용되었다 할지라도 장기간의 기초선 문제는 여러 가지 방법으로 예방할 수 있다. 첫째, 몇몇 행동이 관찰되었을 때 그 행동에 대한 기초선 단계에서 약간의 자료점이 필 요할지 모른다. 예를 들어 6개의 행동이 관찰되었다면 첫 번째 행동에 대한 기초선 단계는 하 루 또는 며칠 동안 지속될 수 있다. 그리고 한 행동의 처치와 다음 행동에 같은 처치를 시행하 는 그 사이의 지연 또는 지체되는 기간이 길 필요는 없다. 며칠간의 시간 지체는 필요할 수 있 다. 그래서 마지막 행동이 처치를 받기 전 기초선 단계의 모든 기간은 특별히 길 필요가 없다.

또한 중다기초선설계에 많은 행동이 포함되었다면 시간에 따라 같은 지점에 2개 또는 그 이 상의 행동에 처치를 제시할 수 있다. 행동에 중재를 적용하는 것은 여전히 중다기초선설계를 이용하는 것이다. 하지만 한 번에 하나의 행동에만 처치를 시행할 필요는 없다. 예를 들어 여 섯 가지 행동이 관찰된 가상적인 중다기초선설계를 그림 7.8에 제시했다. 중다기초선설계에 서 한 번에 하나씩, 각각의 행동에 처치가 제공되었다고 하자(그림의 왼쪽 그래프를 보라). 마 지막 행동에 중재가 제공되기까지 며칠 걸릴 것이다. 그렇지 않으면 각각의 행동에 한 번에 2개씩 처치가 확장될 것이다 (그림의 오른쪽 그래프를 보라). 설계의 변형은 중재를 받은 행동 의 수행 강도를 줄이지 않는다. 왜냐하면 때마다 중재를 2개 또는 그 이상의 다른 지점에 계속

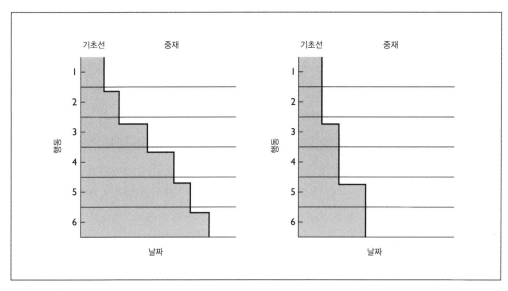

┃ 그림 7.8 ┃ 여섯 가지 행동에 걸친 중다기초선설계의 가상적인 예. 왼쪽 그래프는 한 번에 하나씩 각각의 행동에 중재를 제공한 설계이다. 오른쪽 그래프는 한 번에 2개의 행동에 중재를 제공한 설계이다. 음영 처리된 영역은 설계의 각 버전에서 기초선 단계에 따라 다른 지속기간을 보여준다. 이 삽화는 여섯 가지 행동에 대한 중다기초선설계지만 사람 또는 환경에 대한 설계에 적용할 수 있다.

제시하기 때문이다. 확실한 이점은 각각의 행동에 처치를 따로따로 제공한 버전의 설계보다 마지막 행동이 훨씬 더 빨리 처치받게 된다는 것이다. 즉 마지막 행동(또는 사람, 상황)에 대한 중재 제공의 지연은 한 번에 하나 이상의 행동에 처치를 제공함으로써 감소될 수 있다.

만약 장기간에 걸쳐 여러 개의 기초선을 매일 사정한다면 장기간 기초선을 사정하는 데 있어 장애물이 생길 수 있다. 매일 사정하는 것은 부담이 될 수도 있으며, 매일 모든 기초선을 관찰하는 것은 실현 불가능할 수 있다. 관찰의 어려운 점을 다루기 위해 두 가지 옵션이 사용되어 왔으며, 이 두 가지 옵션은 설계를 진행시키는 데 지금까지 허용되어 왔다. 첫째, 기초선이 안정적이라면 매일 모든 기초선을 관찰하는 대신 몇 개의 기초선만 가끔 관찰한다. 설계 그 자체가 아니라 설계의 목적을 명심하는 것이 중요하다. 각각의 기초선에서 현재의 수행을 설명하고 미래의 수행을 예측하기 위해 안정적인 추측이 필요하다. 이것은 간헐적인 사정만 포함한 실현 가능한 방법으로 이루어질 수 있다. 그 행동을 위한 중재가 효과가 없을 때 실시하는 주기적 또는 간헐적인 행동의 사정을 조사 또는 조사 사정이라고 한다. 조사 사정은 매일의 수행이 어떨지에 대한 추측을 제공한다. 예를 들어 행동 전반에 걸친 중다기초선설계를 보여주는 그림 7.9는 가상의 데이터이다. 매일 행동을 사정하는 대신에 조사 사정은 기초선 단계 중 2개를 사용한다. 조사 사정은 데이터의 샘플을 제공하고 연장된 기간에 매일 사정해야

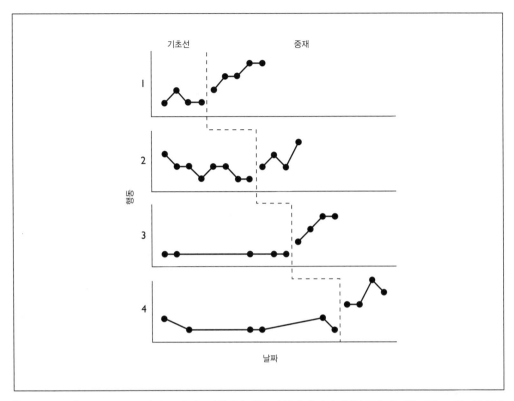

┃ 그림 7.9 ┃ 행동 전반에 걸친 중다기초선설계에 대한 가상의 데이터. 일일 관측이 이루어졌고 이는 첫 번째 와 두 번째 행동에 적용되었다. 조사 사정(간헐적 사정)은 세 번째와 네 번째 기초선에서 이루어졌다.

하는 짐을 덜어준다. 틀림없이, 조사 사정의 이점은 관찰자가 기초선 데이터를 모으기 위해 반드시 사용해야 하는 시간에 비해 비용이 절약된다는 것이다. 사정 상황의 수를 줄이기 위해 사정 조사가 사용된다면 조사관은 사정할 사람의 수행이 안정적인지 연역적 추정을 할 필요 가 있다. 안정성이 가장 명백한 경우는 행동이 절대 일어나지 않거나 특별한 훈련 없이 행동 이 변하지 않을 것 같은 복잡한 기술을 반영하지 않을 때다.[1]

다른 옵션은 각각 다른 지점에서 사정을 시작하는 것이다. 이 경우 다수의 기초선이 있을 수 있지만 같은 지점에서 각각의 기초선 관찰을 시작하지 않아도 된다. 예를 들어 보통의 방 법으로 2개의 기초선이 관찰되었더라도 추가적인 기초선을 실시할 수 있다. 추가할 기초선은 처음부터 계획될 수 있지만 모든 기초선을 사정하기 위한 자원의 부족으로 연기될 수 있다.

---

1) 이를테면 행동이 유지되는지 또는 다른 상황, 환경에 행동의 전환이 이루어졌는지에 대해 사정하는 것처럼 다른 목적 에도 조사 사정을 사용한다(제10장 참조).

아니면 아예 계획되지 않을 수도 있다. 중재가 시작되면 새로운 행동 또는 상황을 추가하는 것이 필요한 경우가 있다. 지금까지 이러한 실제적인 상황을 도와줄 설계의 논리를 설명해 왔다. 단일대상설계의 단계에서 데이터는 설명, 예측, 그리고 기능 예측 시험을 하도록 할 수 있다. 그러므로 기능이 제공된다면 엄격한 설계를 적용하는 것으로 시작한다.

설계 평가

중다기초선설계는 중재를 적용하는 데 매우 유용하게 만드는 몇 가지 장점이 있다. 우선, 설계는 행동 변화가 중재의 기능이라는 것을 보여주기 위해 중재 철회를 조절할 필요는 없다. 그러므로 설계의 목적을 위해 중재의 효과를 줄이거나 일시적으로 유예할 필요는 없다. 이러한 특징은 ABAB 설계와 ABAB 설계의 변형으로 대체할 수 있는 중다기초선설계를 매우 선호하게 만든다.

설계의 다른 특징은 실제적인 고려와 중재를 적용하는 요구에 매우 적합하다. 설계는 한 번에 한 행동(사람 또는 상황)에 중재를 제공하도록 요구하고 있다. 다른 행동에 **점진적으로** 중재를 적용하면 실제적인 이득이 있다. 많은 응용 환경, 부모, 교사, 감독관, 기관의 직원 또는 다른 변화요인은 중재 제공에 대한 책임이 있다. 중재를 효과적으로 적용하기 위해 상당히 많은 기술이 요구된다. 작은 규모(하나의 행동 또는 1명의 개인)에 중재를 시행하는 것은 점진적으로 진행하면서 행위자를 바꾸는 것을 허용하며 첫 지원이 숙달된 후 중재의 범위(다른 행동 또는 다른 개인에게)를 확장한다. 행동이 변화된 행위자에서 또 다른 중재를 적용하여 새로운 기술을 배우고 있는 상황에서 중재를 점진적으로 제공하는 것은 매우 유용하다.

관련된 장점은 한 번에 하나의 행동에만 중재를 지원하여 절차의 효과를 검증할 수 있도록 하는 것이다. 중재가 광범위하게 적용되기 전에 첫 번째 행동에 대한 예비 효과를 검토할 수 있다. 중재 효과가 충분히 강하지 않다거나 절차가 정확하게 시행되지 않았다면 모든 행동, 사람 또는 흥미로운 상황에 절차를 광범위하게 적용하기 전에 미리 알아차릴 수 있는 도움을 줄 수 있다.

중다기초선설계에서 특정한 변형에 점진적으로 중재를 확장하는 방식 또한 의뢰인(예 : 학생, 아동, 직원)에게 도움이 된다. 예를 들어 행동 또는 상황 전반에 걸친 중다기초선설계에서 하나의 행동 또는 단 하나의 상황의 행동에 중재를 처음 제공한다. 점진적으로 다른 행동 또는 상황을 프로그램에 포함한다. 이는 프로그램의 초기 변화가 하나의 행동 또는 상황만 요구하기 때문에 의뢰인의 행동이 점진적으로 향상하는 유용한 모델이 된다. 의뢰인의 행동이 개선될 때 수행에 대한 요구가 증가한다.

　증거에 기반을 둔 중재를 강조하던 시대에는 많은 프로그램들이 중재의 효과를 문서화하도록 큰 압력을 받았다. 아동, 성인, 청소년을 위한 교실, 대학, 기관, 주 또는 지역 기구의 공동체, 그리고 연속적 흐름을 가진 프로그램을 훌륭하게 이끌었지만 그들을 대신하는 자료는 없었다. 프로그램을 관리하는 사람들은 중재 상태와 다른 집단의 중재 철회에 무조건적인 대조 또는 몇몇 단체(교실, 병동, 구역)에 할당하는 것은 불가능하다고 본다. 이는 방법론적으로 불가하다는 것이 된다. 즉 프로그램을 주의 깊게 평가하려는 인식과 그것의 효과를 인식하려는 것이 불가능해진다.

　중다기초선설계는 실현 가능성이 높다. 중재가 없어도 되는 통제 집단이 필요없으며(집단 간 연구처럼), 몇몇의 특별한 프로그램에서 중재를 철회하지 않아도 되고, 오랫동안 중재를 철회하지 않아도 된다(중다기초선설계처럼). 통제 집단이 불가능한 상황에서 중다기초선설계는 적용하는 것은 사용 가능한 대안이 된다. 통제 집단이 가능할지라도 중다기초선설계를 선호하는 경향을 보인다. 이에 대해서는 후에 논의할 것이다. 중재를 적용하여 개인이 변화하고 중재가 변화를 이끌어낸다고 하는 확신을 보는 것이 흥미롭다. 단일대상연구는 의뢰인 수행의 반응을 결정하게 한다(예 : 단계를 바꿀 때, 새로운 중재를 시도해야 할 때). 반대로 대부분의 집단간 연구에서는 중재하는 기간 동안 계속했다. 종합적으로 중다기초선설계의 방법론적 요구에 부합하기 위해 중재를 시행하는 방식은 어떻게 행위자와 의뢰인의 수행을 바꾸었는지에 관한 실제적인 고려와 함께 조화를 이루는 것이다. 모든 기초선에 점진적인 중재를 제시하는 것과 중재의 철회가 필요없다는 점이 방법론적 고려와 의뢰인에 대한 고려가 양립할 수 있게 만든다.

요약 및 결론

중다기초선설계는 시간마다 다른 지점에서 각각의 기초선에 중재를 제시하는 것을 보여줌으로써 중재의 효과를 보여준다. 중재를 제공했을 때 행동의 변화가 있다면 중재의 효과는 분명히 명확하다. 중다기초선 데이터를 행동, 사람, 상황, 환경에 걸쳐 수집했는지 여부에 따라 몇 가지 설계 변형이 존재한다. 설계는 또한 기초선 수의 기능에 따라 달라지며 중재를 적용하는 방식에 따라 달라진다. 설계는 최소한 2개의 기초선을 요구하지만 중재의 효과를 최대한 명확하게 하기 위해 3개 또는 그 이상의 기초선을 강하게 권고하고 있다. 관련 없는 사건이 아닌 중재를 통해 행동이 변화했다면 그 장점은 중재가 적용된 행동 수의 기능, 각각의 행동에 대한 기초선 수행의 안정성, 그리고 중재를 적용했을 때 행동 변화의 규모와 속도이다.

애매모호함을 주는 요소는 중재의 효과를 추론하는 데 어려움으로 다가오기도 한다. 첫째, 기초선들이 서로 상호 의존적일 때 문제가 일어난다. 그래서 1개의 행동(또는 사람, 상황)에 처치를 실행하는 것은 아직까지 중재를 받지 않은 후자의 행동인 다른 행동(또는 사람, 상황)에도 변화를 이끌어낼 수 있다. 몇몇 행동의 변화를 보기 위해 중재를 제공할 때, 중재를 적용했을 때 그 밖에 다른 행동이 변화하지 않은 설계의 경우 또 다른 문제가 일어날 수 있다. 만약 몇몇 행동이 설계에 포함되었는데 그중 하나의 행동이 변화에 실패한 경우는 문제를 일으키지 않을 것이다. 중재를 제시했을 때 몇몇 행동의 변화로 인해 효과는 아주 명백할 것이다.

마지막 문제점은 중다기초선설계에서 장기적인 기간에 조사관이 마지막 행동, 사람 또는 상황에 중재를 제공하기 위해 기다리는 동안 중재 거부가 발생하는 경우 일어날 수 있다. 실제적 그리고 윤리적 고려는 장기간 동안 중재를 거부하는 일이 생길 수 있다. 또한 확장된 기초선이 실행되는 동안 모호함을 개입할 가능성이 있다. 여러 가지 상황에서 다시 평가를 받은 사람 또는 중재를 적용하기 전 다른 피험자의 원하던 행동을 관찰하는 기회를 가지는 사례의 경우에 확장된 기초선 사정은 행동의 체계적인 향상 또는 행동의 감소를 이끌어낼 수도 있다. 확장된 기초선에서 중재 효과를 보여주는 것은 어려울 수 있다. 장기적인 기초선은 짧은 기초선 단계를 사용하거나, 다음 기초선에 중재를 제공하기 전 짧은 지연을 주거나, 동시에 2개 또는 그 이상의 행동(또는 사람, 상황)에 중재를 제시함으로써 피할 수 있다. 그러므로 중다기초선설계에서는 마지막 행동에서 중재를 철회할 필요는 없다. 중다기초선설계는 어느 정도 매우 대중적이다. 왜냐하면 수행의 전환을 요구하지 않기 때문이다. 또한 설계는 폭넓게 확장되기 전 작은 규모에서 먼저 중재를 시행하는 환경에서 발생하는 다양한 요구와 일치한다.

8
| CHAPTER |

기준변동설계

기준변동설계를 사용하는 중재는, 중재 과정에서 행동이 점차 변화되는 것을 보여줌으로써 중재의 효과를 설명해 왔다. 그 행동이 중재의 일부로서 특정한 수행에 대한 기준에 맞는 단계까지 늘어난다. 예를 들어 칭찬이나 지적은 아동이 악기연습을 위해 제공되어야 하고, 기준(예 : 연습 시간의 양)은 결과에 대한 보상을 받을 수 있을 만큼을 아동에게 요구함으로써 상세하게 정해진다. 어떤 지속성을 가진 기준에 맞게 아동이 성취를 보인다면 기준은 새로운 수준으로 새롭게 재조정된다. 기준변동설계에서 요구되는 성취 결과는 중재 과정이 빠르게 변화되면서 반복적으로 성취결과가 향상되곤 한다. 수행의 결과가 빠르게 변화되면서 기준에 맞을 때 중재의 결과를 볼 수 있게 된다. 그림에서 보는 바와 같이, 수행에 맞는 기준이 마치 기능을 나타내고 있는 것처럼 보일 수 있다. 기준이 상향된다는 것, 그리고 성취결과가 기준과 맞는다는 것은 기대한 성취 수준에 이를 때까지 계속된다.

ABAB 설계와 달리 기준변동설계는 중재와 행동 간의 관계를 설명하기 위해 중재를 철회하거나 일시적으로 중단하는 일은 없다. 중다기초선설계와 달리 이 설계 방법은 중다행동(상황 또는 환경)을 요구하지 않으며, 중재를 일시적으로 철회하지도 않는다. 그리고 이 설계는 기초선을 일련의 순서를 계열로 설명해주곤 한다. 기준변동설계는 설명의 일부분으로 중재의 철회나 처치를 보류하지 않는다.

설계의 기본 특성

이론적 설명과 강조점

기준변동설계는 하나 또는 그 이상 사람의 단일행동을 지속적으로 관찰하는 기초선 단계에서 시작한다. 기초선(또는 A) 단계 이후에 중재(또는 B)가 시작된다. 기준변동설계의 독특한 모양은 몇 개의 하위 구간(b_1, b_2, ⋯ b_n)을 사용한다는 점이다. 여기서 언급하고 있는 하위 구간은 중재 단계에 모두 위치하게 된다. 이 하위 구간의 수는 중재 단계에서 다양해질 수 있다. 중재 단계 동안에 아동이 성취하는 것에 따라 기준이 설정된다. 예를 들어 행동의 결과에 대해 강화하는 프로그램에 참여하는 학생들이 어떤 수준의 수행을 성취해냈는지 그 결과를 얻게 된다. 만약 성취결과가 기준에 맞거나 능가한다면, 그 결과가 제공된다. 성취결과가 기준에 맞는 경우 그 기준은 좀 더 엄격하게 강화된다. 이는 기준이 빠르게 변하는 몇몇의 하위 구간 안에서 지속된다.

하나의 예로, 어떤 사람이 운동하는 데 관심을 가지고 있다면 기초선은 그 사람이 전혀 운동을 하고 있지 않은 상태에서 조사한다. 중재 단계는 하루에 10분 운동과 같은 기준을 설정함으로써 시작된다. 만약 이 기준에 맞거나 초과 달성하는 경우(운동을 10분 또는 그 이상 함) 학생은 결과에 대한 강화를 받게 된다(예 : 집에서 특별 권한을 갖기, 희망하는 물건을 살 수 있는 돈을 받기 등). 그 기준에 맞았는지 여부는 매일 결정한다. 성취결과가 기준에 맞았거나 또는 초과 달성한 경우 결과물을 얻게 된다. 며칠간의 성취 결과가 기준에 지속적으로 부합하게 되었다면, 그 기준은 약간 상향 조정된다(예 : 기대 수준까지 성취를 해내는 경우).

기준변동설계의 가설적 예는 그림 8.1과 같이 기초선 단계에서 중재 단계로 이어진다. 중재 단계는 몇 개의 하위 구간으로 설명된다(수직선으로 그려짐). 각각의 하위 구간에서는 성취에 대한 다른 기준들이 세분화된다(각 하위 구간에 수평선을 그려 놓았음). 성취결과가 안정적이고 기준에 지속적으로 도달하게 되면, 그 기준은 좀 더 엄격해지게 되고, 기준은 이 설계 과정에서 반복적으로 변화하게 된다.

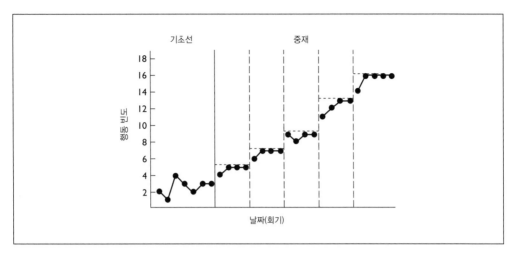

▋ 그림 8.1 ▋ 기준변동설계의 가설적 예. 몇 개의 하위 구간은 중재 단계 동안에 제시된다. 하위 구간들은 대상에게 요구되는 수행에 대한 기준이 서로 다르다.

기준변동설계의 강조점은 이전에 논의되었던 설계방법과 유사하다. ABAB 설계와 중다기초선설계처럼, 기초선 단계는 현행 성취에 대해 설명해주고 미래의 수행을 예측해준다. 기초선이 지속할 것인지, 성취 정도가 기대했던 것과 얼마나 격차가 발생하는지를 예측할 수 있는 이 설계의 중재 단계가 검증해낸다. 유사하게, 기준변동설계의 하위 구간은 다음 단계를 예측해준다. 각 하위 구간에서 기준과 수행의 기준이 설정된다. 중재가 (기준)변동을 담당하게 되면, 성취는 하위 구간에서 다음 하위 구간으로 그 준처가 변할 것을 기대할 수 있다. 반면, 행동이 무선적으로 변화하거나 또는 기준 변화에 관계없이 증가 또는 감소하는 경향을 보인다면 중재에 의해 행동이 영향을 받았다기보다는 오히려 다른 무관한 요인에 의해 영향을 받았을 것이라고 하는 것이 훨씬 그럴듯한 가정이 된다. 이와 같이, 중재는 성취(수행)를 설명하는 역할을 다하지 못하고 있다고 볼 수 있다. 반면, 수행은 기준을 변화시키는 것과 밀접한 관계를 맺고 있고 오히려 중재가 기준 변동에 대한 영향을 미치고 있다고 보는 것이 바람직할 것이다.

예시

편집성 정신분열을 앓고 있으면서 지역사회 기반 중재 프로그램(Skinner, Skinner, & Armstrong, 2000)에 참여하고 있는 26세 유럽계 미국인인 크레이그의 읽기 발달에 대한 설계를 예를 들어 살펴보고자 한다. 크레이그는 망상, 편집증적 사고, 환청 등 다양한 증상을 보이고 있다. 크레이그의 활동의 일부로 여가 활동으로 읽기를 할 수 있도록 그 목표를 설정하였다. 크레이그는 스태프에게 자신이 읽기를 잘할 수 있게 도와달라고 요청하였다. 크레이그는 읽을 수 있었지만 그 과제를 지속하는 데는 어려움이 있었다. 이 프로젝트를 위해 그는 지역 도서관에서 읽을거리들을 선택하였다. 프로그램의 목적은 크레이그가 소리 내서 읽는 책의 장수를 늘리는 것이었다. 이것은 읽은 책의 장수가 증가함으로써 성취되는 것이다. 30초 이상 쉬지 않고 읽은 책의 장수를 계속 셌다. 단, 단어의 뜻을 알기 위해 사전을 찾거나 어휘의 뜻을 묻느라 시간이 지연되는 것은 제외하였다. 매일 크레이그는 전날 읽은 곳 다음부터 이어서 읽어 내려갔다. 하루에 딱 1회기만 실시하였다. 크레이그는 자신이 원하지 않으면 언제든 읽고 싶지 않다고 말할 수 있었다. 기준변동설계는 증거를 기반으로 하고 있다.

기초선 단계 동안, 크레이그 또는 스태프들은 읽기를 시작할 수 있다. 읽기를 증진하기 위한 특별한 프로그램은 없었다. 중재 단계 동안, 크레이그가 읽은 책의 장수가 기준에 도달하면 음료를 보상으로 마실 수 있었다. 이 회기가 시작되기 전에, 스태프들은 크레이그에게 기준에 도달했을 때의 마지막 페이지를 알려주었다. 크레이그가 3일 동안 요구하는 책의 장수에 도달하면 그 기준을 늘려 나갔다. 이 프로그램의 초반에는 읽은 후에 바로 음료수를 제공해주었다. 곧, 크레이그는 음료를 사러 가게까지 걸어가겠다고 요구했다. 가게까지 걸으면서 읽은 내용에 대해 논의하고 음료를 고르는 것은 그가 지역사회에 보다 통합되는 좋은 방법으로 여겨졌다. 프로그램이 6주 경과한 후에, 크레이그는 프로그램을 마칠 것을 요구하였다. 그는 더 이상 소리 내서 읽고 싶지 않다고 했다. 7주 후에, 읽은 내용 중 흥미로운 부분을 누군가에게 이야기해주기 시작했다. 유지 단계(M)인 마지막 단계를 시작하면서는 누구의 도움을 받지 않았고 계획되지 않은 사정이 있었을 뿐이었다.

그림 8.2에서 읽은 책의 장수가 매우 적은 것을 볼 수 있다. 중재 단계 동안 읽은 책의 장 수는 늘었고, 그 기준이 마치 단계 같은 기능을 하고 있는 것처럼 보이면서 증가하고 있다. 읽기는 기준의 상향과 밀접한 관련을 맺고 있다. 기초선 단계 동안 크레이그는 각 시간(5일 중 2일)의 약 40% 정도만을 읽기 위해 선택하였고, 중재 단계 동안에는 각 날들 중 76%를 읽기 위해 선택을 하였다. 더욱이 그날들은 26번 중 25번(96%)이 기준에 맞아 강화물을 받았다. 읽기는 프로그램을 마친 후 7주간 유지되었다. 비록 소리 내서 읽는 것을 지속하지 못하였지만 크레이그는 공공 도서관에서 계속 책을 빌려서 보았고, 밤에도 조용히 책을 읽는 것이 관찰되곤 했다. 이 프로그램은 크레이그의 우선 선호도에 따라 소리 내서 읽는 것에서 시작하였지만 특별한 프로그램이 끝날 때까지 소리 없이 책읽기는 계속 나타났다.

또 다른 사례는 소아 당뇨를 인슐린 주사요법으로 치료하고 있는 에이미(15세)라는 소녀이다. 그녀는 하루에 6~12회 혈당을 점검하고 있다(Allen & Eavans, 2001). 이러한 가운데의 어려움은 저혈당을 피해야 한다는 것인데, 저혈당 상태가 되었을 때 현기증, 식은땀, 두통, 시

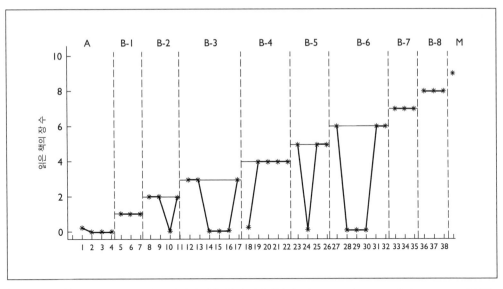

┃ 그림 8.2 ┃ 조건과 기준에 따른 일자별 읽은 책의 장 수 (출처 : Skinner, Skinner, & Armstrong, 2000)

력 손상 등의 증세와 함께 극도의 불쾌감을 호소하곤 한다. 이러한 상태에서는 뇌전증이 유발되거나 의식을 잃는 경우도 종종 있다. 아동과 그의 부모는 혈당을 유지하고 저혈당을 피하기 위해 각고의 노력을 기울였다. 높은 수준의 혈당을 유지한 결과, 합병증을 유발하는 건강 위협 요인(예 : 시각장애, 신부전증, 신경손상, 심장병)이 증가하고 열악한 신진대사 조절을 하게 되었다. 에이미는 하루에 80~90번 혈당 체크를 하게 되었고(그 비용으로 매주 약 600달러가 소비되었다), 혈당은 매우 높은 수치를 기록하고 있었다.

혈당 모니터는 혈당을 체크할 때마다 자동적으로 그 수치를 기록하게 되어 있었고, 컴퓨터에 그 기록을 내려받아 활용하였다. 손가락 혈당 검사를 통해 혈당 수치를 보여주었다. 중재 단계는 하루에 실시하는 혈당 검사의 횟수를 줄이는 것이었다. 에이미의 부모는 검사기 사용을 줄여 나갔다. 기준변동설계는 검사 횟수를 줄여 나가게 했다. 에이미가 그 기준에 도달했을 때 최대 5회의 부가적인 검사를 할 수 있게 하였다. 검사기 사용은 점진적으로 줄어들었다. 부모들은 각 하위 구간에서 얼마나 많은 검사를 실시할 수 있는지에 대한 기순을 선택하였다. 그림 8.3에서 보는 바와 같이, 처음 기준은 20번으로 줄어들었고, 바로 약간 증가한 것을 볼 수 있다. 9개월이 지난 뒤 에이미는 하루에 80회에서 12회로 검사하는 것이 줄어들었다. 9개월째 말에는 신진대사 조절 능력도 향상되었고, 혈당 수준도 목표치(예 : 과소도 아니고 과대도 아닌 혈당치)에 근접했다.

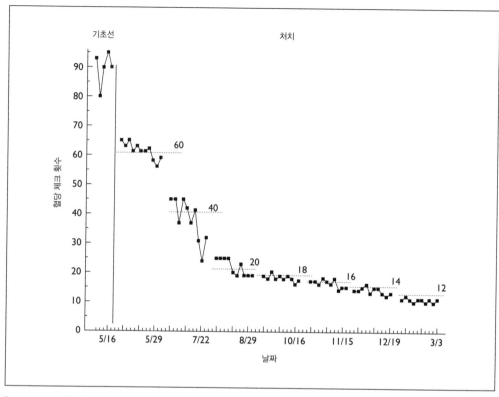

█ 그림 8.3 █ 혈당 체크한 모니터 수는 각 기준 수준에서 최소 10일 동안 수행되었다. 각 수준에 할당된 최대 검사 스트립은 가로선(기준 변동선)과 기준의 수와 일치함을 보여주고 있다. 기준 수준을 초과하는 체크 수는 에이미가 확보한 부가적인 검사 스트립의 수를 말해주고 있다. (출처 : Allen & Evans, 2001)

설계 변동

대부분의 기준변동설계의 적용은 예시에서와 같은 거의 기본적인 설계 방법을 따르고 있다. 기본 설계의 양상은 기준 안에서 설정되는 기준변동의 수, 각 기준별 하위 구간의 지속 기간, 각 단계에서의 기준변동의 규모, 그리고 기준 향상의 방향성 등을 포함하여 매우 다양하다.

중재 단계 내의 하위 구간

변동이 있는 설계 방법을 사용할 때 결정적인 의사결정을 해야 하는 중요한 포인트는 다음과 같다. 즉 다음의 중요한 세 가지 질문에 답할 필요가 있다 — 몇 단계를 요구하는가? 하위 구간은 얼마나 지속되어야 하는가? 그리고 기준이 변동되기 위해서 급간의 크기는 어느 정도여야 하는가? 전통적으로 집단 비교 연구에서, 이러한 질문(예 : 중재 기간)은 설계 연구를 하기 전에 답을 할 수 있어야 한다. 단일대상연구에서 이 질문은 일반적이지 않다. 단일대상설계에서 중재와 이 설계의 두 중재 단계는 주어진 기간 동안 준거와의 일치(예 : 안정적인 수행) 여부와 학생의 반응 형태에 근거하여 각 개별학생의 특성을 고려하여 개별화하는 융통성을 가지고 있기 때문이다. 더구나 안내 지침이 제공될 수 있다.

몇 단계를 요구하는가 기초선 이후에 준거가 변하는 중재를 실시하게 된다. 최소한 기준이 2번 정도 바뀌는 것은 B의 하위 구간이 2번 있음을 의미한다. 기준 수준을 하나로 정한 중재 과정에서 학생의 성취가 근접했거나 도달했을 때 처음 기준 수준에 안정적이거나 명확한 패턴이 보이는지를 찾아야 한다. 그런 다음, 그 기준을 최소한 하나 이상 상향 조정해야 한다. 다른 방법을 언급하면, 이 설계의 단순한 버전은 기초선 (A)와 하위 구간인 b_1과 b_2를 지닌 중재 (B)가 있다. 이 설계법은 기준 상승이 수행의 상승을 이끌게 된다는 것을 보여주고 있다. 그리고 이 두 원리는 충분하다. 이 장의 예시에서 제시했던 바와 같이, 더 많은 기준 상향조정(3에서 25까지 올리기)이 허용되곤 했다(예 : Allen & Evans, 2001; Facon, Sahiri, & Riviere, 2008; McDougall, 2005). 비록 두 번이 최소한이라고 하더라도 3번 또는 그 이상이 더 일반적이고, 여기서는 이를 추천하고 있다.

하위 구간은 얼마나 지속되어야 하는가 얼마나 많은 기준 조정을 해야 하는지에 대한 의사결정은 기준 상향 조정의 기간에 따라 다르다. 다음 기준으로 상향 조정하기 위해서는 며칠, 몇 회기를 해야 하는지가 문제다. 이들 각 기준 조정은 최소한 하나 또는 2개의 특징을 성취해야 하는데, 안정적인 반응과 행동과 기준의 일치도가 그것이다. 안정적인 반응(약간 또는 전혀 변함없는 경향성, 최소한의 가변성), 그 기준의 상향 조정은 이 설계가 작동되는 방법과 관련되는 하위 구간(예 : b_1, b_2, $\cdots b_n$)에게 영향을 미치게 된다. 단일대상설계의 논리에서와 같이, 단계와 하위 구간의 데이터는 현행 수행 수준을 설명하고 있으며, 지금의 조건이 바뀌지 않을 경우 가까운 미래의 수행을 예측할 수 있고 새로운 수행 수준이 이전의 수행 수준과 차이를 검증하게 된다. 결과적으로, 기준 변동은 목적한 비를 충족할 수 있을 만큼의 안정적인 수행을 나타낼 때까지 지속하는 것이 적절하다. 예외적으로, 기준 변동은 학생의 수행이 갑작스럽게 상승한다거나 큰 폭의 상승을 보이게 되는 경우 그 단계는 간략하게 지나갈 수 있다.

    행동이 새로운 기준에 빠르게 부합하고, 가변성이 크지 않다면, 하위 구간들은 비교적 간략하게 진행될 수 있다(2~5일이나 회기). 기준이 변화했음에도 행동이 그다지 명료한 변화를 보이지 않는다면 하위 구간은 좀 더 길게 지속할 필요가 있다. 단일대상설계의 불변성처럼, 각 단계와 하위 구간은 학생의 수행에 따라 다양하게 변화할 수 있다. 이 설계 방법은 하위 구간의 지속시간을 동일하게 유지해야 하는 것은 아니지만, 연구자가 기준 변동과 중재가 작용하고 있는 하위 구간에서 행동 패턴을 식별해낼 수 있고, 그 행동의 패턴을 추론할 수 있어야 하며, 몇몇 하위 구간이 목표와 부합해야 한다.

기준변동을 위해 급간의 크기는 어느 정도여야 하는가 그래픽 설명이나 말로는 알 수 없는 것들은 관련 그림을 통해 추론해낼 수 있으며, "중재가 효과적이라는 것은 행동이 점진적으로 향상되는 경향성을 보인다는 것이다." 이 패턴은 특별한 중재가 결과를 설명해주고 있다고 하기보다는 다른 어떤 것의 영향(과거사, 성숙, 중재의 일부가 아닌 다른 어떤 것에 영향을 받았을 수 있다)을 받았을 수 있음을 제안하고 있다.

이 설계는 기준을 상향 조정하기 위해서는 성취도를 향상시켜 줄 것을 요구한다. 급간을 크기를 상향 조정(단계의 급간이 큰)할 때는 학생 수행에 대해 보다 즉각적인 상향 조정과 명료한 설명을 요구한다. 그것은 보다 큰 상향 조정과 수행 변화가 서로 잘 부합해야 하고, 영향을 미치는 원인으로서의 중재는 가장 그럴듯하게 결과를 설명해줄 수 있게 된다. 설계의 이론과 잠재적인 갈등이 상충되었기 때문에, 어떤 연속성(더 많은 시간, 더 많은 반응)에 따라 행동이 점진적으로 발달(형성)해 나가고 있다는 점을 고려해야 한다.

일반적인 법칙처럼, 사람들은 중재 기간 동안에 행동의 변화가 마치 단계로 기능하는 것을 볼 수 있다. 하위 구간에서 전체적으로 점진적인 변화를 자연스럽게 또는 지속적으로 보여주고 있지 못한 행동은 다른 이벤트에 의해 쉽게 영향을 받게 된다. 예를 들면 과제 수행 과정(과제 완수, 악기 연습, 손상 회복을 위한 섭식과 의학적인 처치를 위한 걷기)에서 성취시간이 증가했다고 해도 큰 폭의 상승(약 10~15분 정도)이 있어야지 1분 또는 2분 증가했다고 해서 기준을 바꾸지는 않는다. 더 많은 예시들은 어떻게 이것을 성취해냈는지에 대한 보다 나은 의미를 전하게 된다.

기준으로서 반응점과 반응 범위

이 설계에서, 기준변동은 구체적인 점수에 근거한다. 예를 들어 어떤 결과를 얻기 위해서 하루에 15개비 이하의 담배를 피웠다던가, 하루에 20분 이상 책을 읽는다던가 하는 기준을 처음에 설정한다. 이러한 기준은 구체적인 점수가 된다. 각 기준은 중재 과정을 통해 변화한다. 설계 변동은 단일한 점수에 의한다기보다는 어떤 점수 범위 그 이상이거나 그 이하의 기준 수준 범위를 사용한다(McDougall, 2005; McDougall, Hawkins, Brady, & Jenkins, 2006). 학생의 수

행은 중재가 무엇이든 또는 강화를 받는 학생을 위해 명확하게 기술된 범위 안에 감소되어야
한다. 기준이 변동될 때 새로운 기준 역시 변동 가능한 범위가 있다. 예를 들어 공부시간은 처
음 기준의 하위 기준은 10분에서 20분까지 이동해야 하고, 두 번째 기준의 하위 구간에서는
25, 35분까지 이동해야 한다. 그 기준은 그 범주는 변동 가능한 범주 내에서 학생의 성취가 도
달되어야 한다.

　범주화한 기준변동설계로 일컬어지고 있는 이 설계의 개발자(McDougall, 2005)는 다음과 같
이 명확하게 설명을 하고 있다. 이 연구는 비만 성인의 심장혈관 기능과 운동을 향상시키는
데 초점을 두고 있다. 행동주의적 자기관리 프로그램(자기점검, 그래프화, 목표 설정 등을 모
두 연구 대상자가 선정하였다)은 달리기 시간을 늘리기 위해 사용되어 왔다. 기초선 이후에
이 모든 과정은 연구 대상자가 그 주에 달리기를 한 평균 시간(분)을 선택하여 몇 번의 하위 구
간을 설정하였다. 첫 번째 기준은 평균 20분에서 시작하였다. 범위는 평균에서 ±10%로 하였
다. 이 대상자는 범위를 20+2(또는 10%) 안에서 달리기 시간(분)을 목표로 하였다. 그림 8.4에
서 제시하고 있는 바와 같이, 이 설계의 몇 단계와 수용 가능한 수행의 범위가 기준과 맞아야

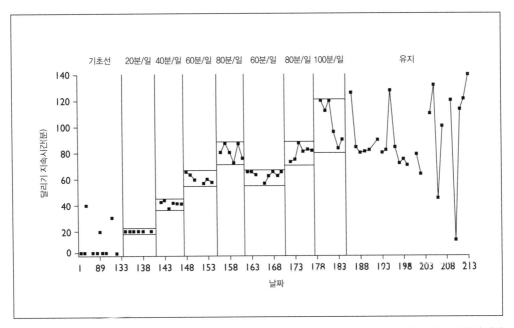

▌ 그림 8.4 ▌　기초선, 중재, 그리고 유지 단계에서 매일 운동(달리기)한 지속시간. 기초선은 중재부터 유지 단계
까지 모든 데이터를 제시할 수 있도록 일부를 줄였다. 19주간의 기초선 단계 3일 동안 대상자가 달리기를 했다. 7번
의 중재 구간에 있는 평행한 2개의 수평선은 각 단계에서 수용 가능한 수행의 범위를 스스로 설정한 수행 기준을 설
명하고 있다. 위의 수평선들은 달리기를 지속한 시간의 최대치를 가리키고 있다. (출처 : McDougall, 2005)

한다. 그 범위는 약 10% 정도로 넓게 잡아야 하고, 기준을 변동하기 위해서는 그 이상을 성취해야 한다. 그림에서 보는 바와 같이 기준변동은 행동을 통제하는 데 영향을 미친다.

이 설계 방법이 지닌 장점을 강조할 가치가 있다. 첫째, 범위가 성취에 대해 매우 융통성을 보여야 할 수 있다는 점이다. 예를 들어 대상자들은 손상을 입을 만큼 달리기를 하고 싶어 하지 않지만, 매일 적어도 최저치만큼은 달리고자 한다는 것이 확실하다. 그 범위가 학생의 흥미를 자극할 수 있다. 학생의 성취가 매일 달라질 수 있다는 것에 대해 충분히 이해되는 것은 아니지만 일반적인 것이다. 기준으로서 어떤 특정 점수가 바뀌지 않는 목표로 삼는 것보다는 이 설계법의 특성처럼 기준을 조정하여 허용적인 범위를 제공할 수 있다. 연구 대상자가 보이는 성취는 중재(예 : 강화)를 하는 동안 그 범위 내에서 오락가락 변동이 있을 수 있으며, 기준에 도달할 때까지 그러한 특징이 보인다. 범위가 가지는 가장 큰 융통성은 먼저 이 설계 방법의 사용을 고려하는 연구자들은 가급적 학생에게 좀 더 적용 가능한 포괄적인 프로그램과 중재를 만들어야 한다는 점이다.

둘째, 수행에 있어 향상된 행동이 지속되고 있는 가운데서 종종 발견되는 특징이다. 예를 들어 학생이 다른 날은 연습을 전혀 또는 거의 하지 않고, 일주일에 하루, 한 회기에 모두 연습하기보다는 한 주제나 기술을 학습할 때까지 비교적 변함없이 매일 일정한 시간(예 : 15~20분) 동안 악기 연주나 공부를 하는 것이 좋다. 기준의 범주는 좁은 범주 내에서 향상된 수행을 요구한다. 범위에 중점을 두는 경우 향상된 수행 수준만큼 지속성을 촉진하게 된다.

셋째, 이 설계 방법은 기준 범위에서 학생의 수행률을 양적으로 제시할 수 있다. 모든 하위 구간들에 거쳐, 기준 변동으로서의 많은 범위가 있다. 학생의 성취가 범주에 든 날의 비율을 보고할 수 있다. 공식적으로 정보를 추론을 이끌어내기 위해 사용하고 있지는 않지만, 그 정보는 유용한 사실적인 지표를 제공해준다. 기준 범위에 맞는 날의 비율이 높아지면 그 결과의 명료성은 더욱 커진다.

변동의 경향성

이 설계의 하위 구간은 중재 과정 이상의 보다 높은 엄격함을 마련하게 된다. 예를 들어 흡연을 줄이거나 공부시간을 늘리기 위해 기준을 바꿨을 것이다. 중재 결과 특별한 방향성이 나타나는 행동 변화를 보면서 검증하게 된다. 이러한 각각의 수행 결과는 각각의 새로운 단계들(기준들)이 마치 행동 변화의 수준처럼 보일 수 있게 진전(예 : 흡연이 준다거나 공부시간이 늘어남)을 보이게 된다. 기대한 변화가 행동의 증가 또는 감소와 관계없이 한 방향으로 나타나게 된다.

어려운 점들은 기준변동설계에서 중재 단계에서 과정이 한 방향으로 변화하고 있는지를 평가하는 것이다. 행동은 중재보다는 오히려 외부적인 요소가 작용함으로써 체계적으로 향상될 수 있다. 중재가 각 하위 구간에 설정한 기준에 근접하여 수행을 해내지 못한다면, 그리고 중재와 기준변동이 행동을 통제하지 못했다면 중재를 통해 행동이 변했다고 결론짓는 것은 어렵다. 중재에 의해 영향을 받게 되는 실험 통제는 기준 변화에 의해 보다 쉽게 파악할 수 있는데, 그것은 행동이 증가하고 감소하는 성과가 **양방향**으로 변한다는 것이다.

이 설계 방법의 변동 기준은 일반적인 관습에 따라 보다 엄격하게 증가하도록 마련하고 있다. 그러나 하위 구간 중 하나의 구간이 실행되고 있는 동안에 기준은 일시적으로 덜 엄격하게 적용되기도 한다. 예를 들어 기준이 중재기간 전반에 걸쳐 상승되는 양상을 보일 수 있다. 하나의 하위 구간이 실행되는 동안 기준은 이전의 기준 수준보다 약간 낮아질 수 있다. 이 하위 구간은 소반전 구간을 구성하고, 그리고 ABAB 설계의 기초선 구간으로 회귀하는 이론을 그릴 수 있다.

그 구간은 실제 기초선 조건이나 수행 수준으로 회귀하는 것이 아니기 때문에 소반전 구간(mini-reversal phase)이라고 한다. 여전히 중재 단계에, 그리고 행동 변화를 위한 장소에 무엇인가 있다. 하지만 그 기준은 행동 변화에서 기대하는 방향성이 이전의 하위 구간에 있었던 변화와는 반대방향이길 희망한다. 중재가 변화에 대한 책임을 지고 있는 경우라면 이전의 하위 구간에서 증진된 것과 같은 방법으로 행동 증가를 지속하기보다는 기준에 따른(또는 적합한) 수행을 기대하게 된다. 이전에 들었던 운동의 예시(그림 8.4 참조)를 다시 한 번 살펴보면, 설계의 반전 구간이 있다(하루에 60분이라고 하는 평균 구간을 보라). 이 구간은 기준 상향에 근접하게 맞는 것처럼 보이는 성취의 급간으로서의 범위가 필요한 것은 아니다. 더구나 부가적인 양방향의 변화를 지닌 자료의 패턴은 중재가 변화를 이끌고 있는지 아닌지에 대한 불명확함을 제거해 나가야 한다.

분리불안이 있는 양방향성의 변화를 보이는 11세 남아의 예시에서 보는 바와 같이, 부모나 양육자와 헤어져야 할 때 아동은 정신과적인 증세를 보이고 있다(Flood & Wilder, 2004). 어렸을 때 부모와 헤어지는 어려움은 일반적이고 정상적인 발달이다. 어떤 아동은 이것이 초기 아동기까지 지속되기도 하고, 일상적인 기능을 할 수 없을 만큼 심한 반응을 보이는 경우도 있다. 이와 같은 이후의 기준은 조건이 중재와 양립되는지 여부에 영향을 받는다. 조지는 심한 정서반응을 보였고, 그리고 심한 정서반응이 없을 때도 엄마가 떠나는 것을 허용하지 않았다.

중재로는 일주일에 기본 2회 외래진료를 받는 것이다. 한 회기는 약 90분간 지속되었다. 중재는 정서적인 행동이 나타나지 않았을 때 강화물을 지속적으로 제공하였는데, 이후 조지는

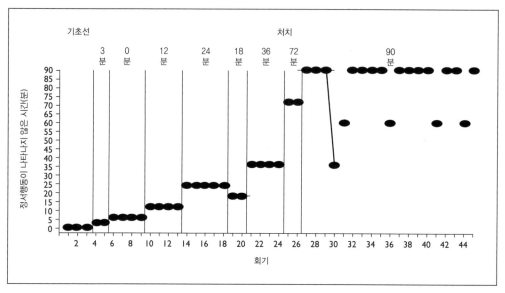

▐ 그림 8.5 ▐ 조지의 엄마가 방 밖에 있는 동안 정서반응이 없는 시간(분). 데이터에 있는 단선은 치료사와 참여 목표를 연계하여 수립해 보여주고 있다. (출처 : Flood & Wilder, 2004)

이러한 반응 없이도 엄마와 헤어져 있을 수 있는 시간이 점점 증가하였다. 기초선 단계 동안, 조지와 그의 엄마는 처치실에 있었고, 그리고 엄마는 아동에게 무엇을 할 것인지, 그리고 곧 다시 돌아올 것이라고 말해주고 난 후 아동을 떠나는 시도를 하였다. 조지는 심하게 격한 정서반응을 보였기 때문에 엄마는 그대로 머물러 있어야 했다. 중재 단계에서는, 엄마는 방에 있었지만 잠시 떠나는 기간을 달리 해서 자리를 떴다. 지속시간에 대한 논의를 하고 난 후에 지속시간이 정해지면 조지는 엄마와 떨어져 있을 수 있었다. 조지가 울거나 흐느끼지 않고, 다른 정서적인 행동을 보이지 않으면서 그 시간을 견뎌준다면, 그는 30분 동안 다른 장난감이나 게임을 할 수 있거나 지역의 장난감 가게에서 물물교환을 할 수는 선물 교환권이나 사탕을 받을 수 있다. 하지만 조지가 그 시간을 견뎌주지 못하는 경우에는 다음 회기에 그 기회가 주어졌다. 엄마가 떠나 있는 동안(방의 밖) 조지가 헤어지면서 정서반응을 보이게 되는 경우 엄마를 다시 불렀다(전화). 그리고 그 회기를 마쳤다.

그림 8.5는 기초선 단계와 중재 단계를 보여주고 있다. 정서반응을 보이지 않는 시간이 점점 더 많이 늘어나면서 강화물에 대한 요구를 하고 있다. 비록 그 설명이 명확할지라도, 기준은 전체(30일) 중 1일을 제외하고 모든 정반응을 보이고 있다. 소반전 설계에서 24분에서 18분으로 줄어들었을 때 강화물을 요구하고 있다는 것을 보여주고 있다. 마지막 구간에, 기준은 네 가지의 경우에 낮게 나타나는데, 그 행동은 역시 단계가 낮아진다. 이 연구결과, 수행은 기준과 맞게

된다. 그림은 양방향으로 변화를 보임으로써 특히 강력해지는데, 이것은 기준변동의 기능으로서의 양방향성 변화를 의미한다.

이 예시에는 중재 결과에 대한 불명료함이 약간 있다. 행동이 이것과 상당히 일치해서 나타나지 않을 기준변동설계는 양방향성을 보이는 변화에 특히 유용할 것이다. 수행이 기준에 일치하지 않을 때 중재의 영향을 발견해낼 수 있을 것이다. 기준과 반대 방향으로 행동 변화가 일어나는 구간을 추가하면 처치의 영향에 관한 양방향성이 줄어든다. 양방향성의 변화는 일방향적 변화보다는 예상치 못한 요인들(개인사, 성숙)에 의해 덜 그럴듯하게 설명하게 된다.

이 설계의 소반전 설계는 양방향 변화를 허용하기 때문에 유용하다. 이 설계 변동의 강점은 ABAB 설계의 이론적 근거의 기반이 된다. 소반전 설계는 ABAB 설계의 반전 구간으로 특징 지어지는 거부(objections, 반대)들 중 모든 것이 발생하는 것은 아니다. 소반전 설계는 기초선 수행에서 성취한 처치를 완전히 철회하는 것은 아니다. 오히려 중재는 결과를 남기고, 기대한 수행 수준이 여전히 기초선 이상의 향상을 보이고 있다. 향상 정도(양)는 설정된 기준에 의존하여 행동 변화가 도달한 것을 보여주기 위해 약간 감소하기도 한다. 물론 예시에서 보는 바와 같이 처치의 목적은 가능한 도달행동에 근접할 수 있을 것이다. 양방향 변화의 실험 또는 소반전 설계는 실행 불가능할 수도 있다. 일시적으로 낮아진 수행이 나타난다 하더라도 기초선으로 다시 돌아가는 것은 일반적인 것이 아니다. 낮은 수준은 여전히 기초선 비율 이상 나타나는 것은 쉽고, 행동 향상에 영향을 미칠 수 있다.[1]

기타 변동설계

이 설계 방법의 다른 변동은 적용 가능성 면에서 좀 난해한 면이 있고, 간결하게 언급된다. 기준분산(distributed-criterion)설계(McDougall, 2006)로 언급되고 있는 이 변동은 중다행동의 경우에 적용된다. 이 변동의 핵심적인 특성은 단일 표적행동을 위한 기초선보다는 오히려 중다 기초선에서 적용되고 있고, 기준변동설계에 병합되곤 한다. 이러한 중다행동들은 다른 사람들과 관계를 맺는 방법으로 알려진 행동들 중 어떤 한 가지 수행(성취)과 밀접한 관계를 지니고 있다.

기초선 자료는 중다기초선설계와 같이 둘 또는 그 이상의 행동들의 자료를 수집하는 것이고, 각각은 독립적으로 그래프로 그려진다. 관찰되는 개별적인 행동 모두 행동들 간의 관계

---

1) 논의를 함축하면, 소반전 설계는 ABAB 설계의 두 번째 A에 해당된다. 중재를 철회하기보다는 기초선으로 회귀하고, 중재는 표적행동에 경미한 변화를 예측하기 위해 수정했을 것이다.

때문에 같은 범위에서 향상되거나 반응할 수 없다. 몇 분간 처음 행동(예 : 수학 공부)을 수행하고 있다면, 그 사람이 두 번째 행동(예 : 영어나 역사 공부)을 똑같이 수행해낼 수는 없다. 약간의 시간만 공부시간으로 활용할 수 있다. 이러한 변동에서 기준(예 : 공부하는 시간의 양)은 깊은 관계를 맺고 있는 행동들에 걸쳐서 분배된다. 그 행동이 설정된 기준을 완성했는지를 살펴보는 것과 행동들 중 하나의 행동에 적합한 기준으로 전환함으로써 2개(또는 그 이상)의 행동 변화를 보여줄 수 있어 중재의 효과를 두 가지 방법으로 설명할 수 있다.

이 설계의 예는 연구 성과를 증가시키기를 원하는 전문가가 관심을 두고 있으며, 학술지 출판사를 위한 원고 작업을 하는 시간으로 정의된다(McDougall, 2006). 그 과제들은 데이터를 분석하고, 차트를 만들고, 원고를 쓰고/편집하는 과정을 포함하고 있다. 중재는 자기관리(예 : 자기-점검, 목표 설정, 수행에 대한 그래프 그리기)였다. 모든 과제별로 하루 동안 배당된 시간은 하루 평균 3시간으로 결정하였다. 이 작품은 세 가지 원고를 독립적으로 작업하면서 행동들 간의 상관관계를 만들었다. 3시간 내내 원고 작업을 한 경우, 다른 작업에 활용할 수 있는 더 많은 시간은 없었다. 이 설계는 분배된 기준변동설계로 불리는데, 그 이유는 기준(각 과제에 얼마나 시간을 할당해야 하는지)이 세 가지 과제에 고르게 **분포**(배분)되어 있기 때문이다.

3개의 원고를 작성하는 데 보내는 시간이 그래프로 그려지고, 기준이 각 원고 작업을 위해 명확하게 서술된다. 첫 단계(구간)에서, 3시간(180분)은 두 번째, 세 번째 원고를 위한 시간 배당 없이 첫 번째 원고에 맞는 기준으로 배분하게 된다. 진전이 첫 번째 원고에서 나타나면, 원고 A, B, C를 위한 기준은 2시간, 1시간, 그리고 시간 배당 없음으로 각각 바꾸게 된다. 원고 구성이 거의 완성되면, 출판하여 다른 사람들로부터 자신의 원고에 대한 피드백을 기다리게 된다. 일단 하나의 원고가 완성되거나 마무리되면, 주의(시간)는 다른 원고에 배당할 수 있게 된다.

그림 8.6은 기초선 이후 각 단계(구간)의 상위에 해당하는 각각의 원고 A, B, C에 대한 세 가지 기준을 나타내고 있다. 기준(180분, 0분, 0분)은 기준이 원고 A에 전념한 시간이 3시간(180분)이고 다른 원고에 배당시간은 없음을 의미한다. 기준변동과 중다기초선설계의 특징을 결합한 그래프와 설명을 통해서 볼 수 있다. 각 기초선(원고 A, B, C를 위한 시간)은 기준이 변동되어 원고에 반영되었을 때 바뀐다. 매우 안정적인 기초선은 기준이 변하고 그 변화가 각 원고와 연합되었을 때, 그리고 기준이 모두 변하고, 큰 변화는 각각의 원고와 결합하면서 변화되고, 변화된 것을 보면서 그 설명력을 갖는다고 볼 수 있다.

분배된 기준변동설계는 다음과 같은 사례에 적용 가능하다. 시간, 노력, 그리고 다른 차원이 프로그램의 모든 행동과 목표에 무한한 열정을 적용할 수 없을 때, 그리고 또 다른 과제에

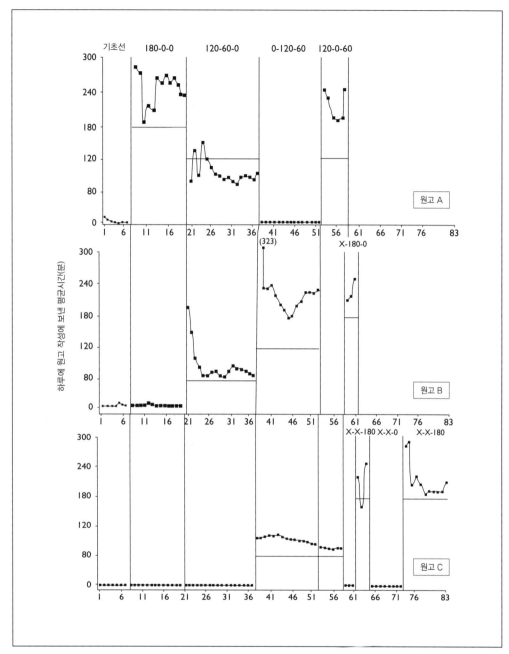

▌ 그림 8.6 ▐ A, B, C에 해당하는 기초선과 중재 안에 있는 연구 산출물을 위한 평균 변동(연장된 일별 평균 분). 수평선은 참가자가 설정한 구간 내 산출 기준(예 : 연장된 원고를 연장한 분의 평균 수)을 가리키고 있다. 중재 기를 표시하기 위한 라벨은 번호 계열(예 : 120−60−0)을 보여주고 있다. 계열의 첫 번째 수는 구간 내 기준을 가리키는 것으로, A를 위해 참가자가 설정한 시간(분)을 구간 내에서 정한 기준을 가리키고 있는 것이다. 원고 B, C에 해당하는 두 번째와 세 번째 수를 각각 지적해주고 있다. 원고 작업이 완료되었기 때문에 'X'는 더 이상 적절한 길이가 아니다. (출처 : McDougall, 2006)

참여할 수 있는 시간과 노력이 다른 행동에 영향을 미칠 때 활용 가능하다. 이 경우 사람들은 모든 행동에 대해 시간과 노력을 '배분'한다. 기초선의 각 기준과 수행이 맞는다는 것을 보여줌으로써, 그리고 시간과 노력의 기준 변화를 보여줌으로써 기초선 간의 기준과 부합되는 수행을 해냄으로써 중재의 효과를 증명해 보일 수 있다. 중다기초선설계는 동시에 완성이 된다. 그러나 확장된 점은 보다 나은 가치를 전달한다는 점이다. 단일대상설계가 경직될 필요가 없고, 다른 설계들의 요소는 중재의 효과에 대한 추론을 강력하게 뒷받침해주고 즉각적으로 결합할 수 있다.

총평

기준변동설계는 다면적인 측면에서 다양화할 수 있는데, 예를 들면 그것은 기준이 점이나 범위로 세분화되든, 그리고 기준의 일방적 또는 양방향적 변화를 보이든 간에, 기준 횟수를 바꾼다거나, 단계(구간)의 기간을 바꾼다거나, 기준변동의 크기를 조정하는 등 다양화할 수 있다. 이들 변동들은 설계의 이론이 같다. 중재와 관련된 기준(예 : 어떤 결과를 받기)은 변화시키는 기능으로, 학생 수행을 변화시키는 기능을 하는 것처럼 보이는 단계의 역할에서 패턴을 찾는다. 이들 단계는 각 기준 전환에 매우 밀접한 수행의 역할을 하는 중재의 영향에 대한 예시를 제공할 수 있다. 이 설계는 양방향적인 변화를 보였을 때 가장 적합한 설명을 할 수 있게 된다. 이들 변동은 소반전 설계를 활용함으로써 ABAB 설계의 특징에서 차용할 수 있다. 외부에서 발생한 사건으로 전반적인 향상 또는 효과를 보이는 경우, 단계 같은 기능이라고 그럴 듯하게 설명하기 어렵고, 기준을 보다 엄격히 함으로써 다른 방향으로의 변화를 설명할 수 있고, 그런 다음, 단순한 하위 구간에서 기준을 덜 엄격하게 해 나가는 것이 적절하다. 이후 변화의 강점은 그 결과가 중재 단계의 과정 내내 양방향으로 변화되고 있다고 하기보다는 오히려 일방향으로 움직이고 있는 기능이 단계처럼 분명해졌을 때 소수의 연구자들이 양방향 구간을 포함하려고 한다.

문제점 및 제한점

기준변동설계의 독특한 특성은 수행이 다른 기준에 반응함으로써 변화를 기대하는 중재의 단계가 있다는 것이다. 불명확성은 수행이 기준변동을 따르지 못하거나 적절하게 맞지 않는 경우 중재에 관한 추측을 불러일으키게 된다. 이러한 불명확성을 명백히 하기 위해 할 수 있는 다른 방법이 있다.

기준변동에 명확하게 맞지 않는 더딘 행동 증진(행동변화)

일반적인 영향으로 인해 행동이 전반적으로 향상될 수 있다(예 : 문제에 대한 작업을 하고 있을 때 마지막 중재를 시작하기, 참신성 효과). 특정 중재가 이루어지는 예는 없다. 그러나 어떤 프로그램이나 구조화된 활동에 참여함으로써 변화를 이끌 수 있다. 예를 들어 심리치료의 내용 중, 치료사의 도움으로 클라이언트가 진전이 되거나 약물에 대한 플라세보 효과와 유사한 어떤 방법이 진전을 가져올 수 있다. 이는 특정 처치법 덕분에 향상된 것이 아니라 진전된 원인이 어떤 다른 일반적인 영향에 의할 수 있다. 반면, 새로운 측정 절차나 새로운 행동 변화의 요인이 소개됨으로써 클라이언트의 동기 또는 수행이 고쳐지기도 한다. 그것은 진정한 중재의 효과가 아니고 변화의 원인이 되는 수행에 보다 일반적인 영향에 의한 것이라 볼 수 있다. 타당성을 위협하는 요인은 두 가지인데, 개인사와 성숙의 영향으로 오랜 시간 동안 점진적으로 변화를 가져올 수도 있다. 이것은 우리가 기준 변동에 대한 수행 반응의 변화를 차트에 그래프로 보여주고 있는 바와 같이, 단계와 같은 기능을 보고자 하는 이유이기도 하다. 패턴처럼 보다 분명해지면 중재가 변화를 주도했다는 것이 보다 더 그럴듯한 설명력을 갖게 된다.

연구자들은 주로 기준 변화의 근거로 수행의 명확한 변화만을 보고자 한다. 혁신적인 프로그램 적용 과정에서 기준변동설계의 초반 적용 과정에서 고려된 점은 24세 남성의 흡연이 줄었다는 것이다(Friedman & Axelrod, 1973). 기초선 단계 동안, 클라이언트는 손목 카운터기를 가지고 흡연율을 관찰하였다. (그의 약혼녀 역시 신뢰도를 측정하기 위해 흡연을 독립적으로 측정하였다.) 중재 단계 동안, 클라이언트는 매일 흡연의 기준 수준을 설정하도록 설명하였고, 그는 그것을 잘 수행해 나갔다. 그가 담배를 피울 수 있었던 것은 오직 자신이 제한한 기준에 해당하는 담배의 개수만큼이었다. 그는 앞으로 더 낮은 기준을 설정하도록 교육을 받게 되었다.

그림 8.7에 제시된 결과는 흡연의 감소와 최종의 결과물에 대한 증거이다. 중재 단계에서, 몇몇 다른 기준 수준(첨자로 기준의 수가 적힌 짧은 수평선을 사용함)을 사용해 왔다. 25개의 서로 다른 기준 수준의 중재 단계가 있다. 비록 수행이 정한 기준에 정확하게 맞아떨어지지는 않았지만 분명히 흡연이 줄었다. 사람들은 흡연이 줄어든 전체적인 패턴이 있다는—분명 긍정적이고 희망적인 논의를 하기 시작했다. 기준 수준은 40일(기준이 8로 설정되어 있음)이 될 때까지 잘 이행되었던 것은 아니었으나, 이후 근접한 증거를 보이고 있다. 아직도 전반적인 수행에 대한 패턴(점점 나아지는 모습임)은 보이지 않지만 기준에 대한 아주 작은 변화가 중재에 대한 추론을 만들어 논쟁이 일기 시작하였다. 주어진 기준은 시간의 영향이었고, 그 수준이 클라이언트의 수행에 영향을 미쳤는지를 보기 위해 기준변동을 약간 크게 변화시켰을 때 그 결과가 보다 분명해졌다. 물론 우리는 중요한 문제를 크게 변화시켜 관점을 잃은 게 아

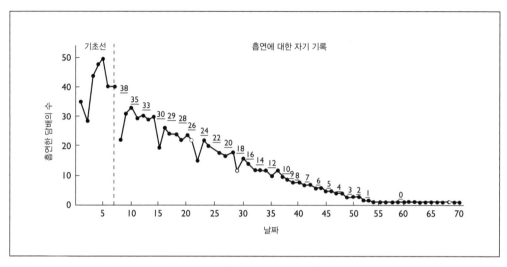

▌ 그림 8.7 ▌ 두 실험 조건 기간 동안 일자별 흡연한 일일 담배의 개수. 기초선 — 클라이언트는 7일 동안 피운 담배의 개수를 측정하여 기록하였다. 클라이언트는 매일 피운 담배 개수를 기록하고 기준을 초과하여 담배를 피우지 못하게 하였다. 클라이언트는 임의 재량으로 원래의 기준과 더 낮춘 기준을 설정하였다.(수평선은 기준을 의미한다.) (출처 : Friedman & Axelrod, 1973)

니라 변화에 대한 편견을 줄일 수 있었다.

수행의 급진적 변화

기준변동과 분리될 수 없는 수행의 점진적인 변화는 중재의 영향에 관한 추론을 하게 하는 문제이다. 다른 사람들이 행동 변화가 빠르게 그리고 자주 변화될 때 기준은 초과하게 된다. 예를 들어 과체중의 성인 남성이 매일 칼로리 소비량을 낮추기 위해 설계된 가상 프로그램을 고려해보자. 기초선은 이 사람에게 매일 4,000~5,000칼로리를 소비하도록 해 왔다. (전형적으로 성인 여성의 경우 2,000칼로리이고 성인 남성의 경우는 2,500칼로리지만 하루 권장량은 다양할 수 있다.) 당신은 중재와 기준 변동 설계를 개발했다(예 : 배우자에 의해 통제된 백업 강화물로서의 권리와 non-food 처치 차트를 그렸다). 당신은 일반적인 방법으로 기준변동을 설정하고 결국 2,500칼로리에 근접할 수 있는 방법을 마련하려 할 것이다. 중재 단계의 시작으로서 당신의 첫 번째 기준은 3,800칼로리 또는 그 이하로 설정한다. 당신이 프로그램을 시작하고, 칼로리 섭취량으로 설정해 놓은 처음 기준을 즉각적으로 초과하여 수행하였다. 그 사람은 기준이 아래로 떨어졌기 때문에 포인트를 얻게 된다. 아직도, 그 사람이 2,800칼로리 이하인 날을 표시했다. 기준으로 설정된 3,800칼로리 이하에 밑돌게 된다. 어떤 사람은 하루에 2,500칼로리로 새로운 기준으로 변화시켜 주어야 한다고 하고, 매일 2,200칼로리로 감소시켜야 한다고 말하기도 한다.

이 설계의 빠르고 큰 변화를 만드는 2개의 문제가 있다. 첫 번째는 변화가 기준과 변화 사이의 협응을 보다 분명하게 해야 한다는 것이다. 두 번째는 그 변화가 높고 엄격하게 설정된 기준보다 높은 경우 변화를 설명하기 어렵게 만든다는 것이다. 이것은 사람들의 수행이 이미 새로운 기준치에 도달했다는 데이터가 제공되었고, 의도했던 것보다 좀 더 높게 기준 수준을 초과하고 있다는 점이다. 기준변동이라고 하는 기준에 맞는 수행을 볼 수 있는 기회를 남기고, 기준을 보다 더 변화시키기 위한 작은 방이 있을 것이다.

기준변동설계는 특히 최종적인 도달 목표를 향해 점진적으로 전환되는 행동을 상황에 맞게 잘 적응해 나가도록 하고 있다. 이는 다른 기준 수준을 능가하는 진전과 쉽게 기준에 도달할 수 있도록 그 이론을 강조하고 있다. 근본적인 소리다. 하지만, 비록 기준이 행동에 작은 변화(예 : 칼로리 소비량, 공부 시간)만을 가져온다면 그것은 기준 이상의 수행 변화 가능성이 있다. 이런 경우 중재 효과를 검증하는 것이 어려워진다.

8세 남아 리치는 두려움을 변화시키기 위한 프로그램에 참여하고 있고, 빠른 변화의 결과 기준을 초과 달성하는 수행을 보이고 있다. 그는 자폐성 장애 진단 기준에 맞고, 발달장애 진단으로 인해 병원치료를 받고 있다(Ricciardi, Luiselli, & Camare, 2006).[2] 리치는 살아 움직이는 듯한 모양에 대한 두려움(예 : 눈을 깜빡이거나 불이 들어오는 춤추는 엘모 인형이나 크리스마스 장식처럼 반짝이는 장치가 있는 전기로 움직이는 장난감)이 있다. 이런 자극을 보았을 때 그는 두려워했고, 도망치려 하고, 그가 어디론가 가려 할 때 자신을 막는 사람을 때리기도 한다. 그는 이를 정신과적 진단 기준으로 보았을 때 공포증에 해당되고, 두려워하는 사건이나 사물에 노출될 것이라고 예측하면 지속적이고 과도하며 비합리적인 두려움과 강한 반응을 보였다(예 : 아동이 울고, 울화적 행동을 보이고, 타인 의존적인 행동을 보임). 몇 번의 약물치료는 이러한 행동을 개선하지 못했다. 회피나 공포에 대한 증거 기반 처치 중 하나인 중재 프로그램은 불안을 야기하는 자극이나 두려움에 점진적으로 노출시켜 나가는 것이었다. 중재는 사물에 대한 두려움을 약화시키기 위해 아동이 좋아하는 장난감을 갖고 접근해 나갔다. 그 장난감은 중재 과정에서는 다양한 거리에 놓아 누고 그 거리를 기준으로 삼았으며, 기준변동설계에 준하여 거리(마루에 그 단위를 표시해 둠)를 변화시켜 나갔다. 두려워하는 사물에 장난

---

2) 자폐성 장애는 정신과적 장애로 인식되어 왔고, 초기 아동기에 나타난다. 사회적 상호작용(예 : 다른 사람과의 눈 맞춤 회피, 다른 사람과의 상호작용 부족), 의사소통(예 : 전형적이고 반복적인 언어 사용, 대화를 시작하거나 유지하는 데 어려움), 그리고 반복적이고 전형적인 패턴의 행동(예 : 반복적인 일과와 절차)에 있어 의미 있는 손상을 보이고 있다. 전반적 발달장애로도 언급되기도 한다. 하지만 그 스펙트럼의 정도는 다양하고, 손상의 범위와 심각성에 영향을 받게 된다.

감을 접근시켜서 변화를 주고, 회기 과정 중 점차 아동을 사물에 가까이 가게 하였다. 리치는 자신이 원할 때 언제든 자리를 피할 수 있게 하였다. 간격(각 15초 간격)은 기초선과 중재 단계 동안 정해진 거리 기준에 그가 얼마나 머물러 있는지를 관찰하였다.

그림 8.8은 중재 단계(수평으로 그어진 선)의 하위 구간 동안의 기준을 보여주고 있는데, 리치가 두려워하는 사물로부터 얼마나 멀리 떨어져 있는지(5m, 4m 등)를 기준으로 하였다. 수행은 기초선과는 확연히 달라졌다. 리치는 두려워하는 사물에 노출되어도 견뎌내고 있었다. 처치를 하는 동안 다른 측정 과정에서 사람들이 요구했을 때 사물을 만지거나 가까이 다가가는 모습을 보였다. 병원에서 퇴원하고, 리치의 어머니는 리치가 두려워했던 것과 같은 사물을 상점에서 가질 수 있게 격려했다. 어머니가 그렇게 하고 그녀는 리치가 이를 잘 견뎌 주었다는 보고를 해 왔다.

결과는 매우 성공적이었다. 선호하는 사물에 접근하는 것은 진전과 연합되어 나타났다. 그러나 중재 과정이 설계가 요구하는 것을 엄격하게 적용해서 변화를 얻었는지에 대해 확신하지 못한다. 이 행동은 기준변동에 맞는 것은 아니다. 행동의 빠른 변화로 인해 단계의 기능이 있는 것도 아니다. 요약하면, 수행의 빠른 변화로 인한 기준 수준의 분리는 중재를 명료하지 못하게 하는 역할을 한다.

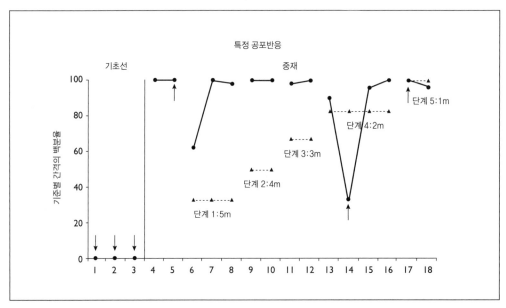

■ **그림 8.8** ■ 리치가 기초선과 중재 회기 동안에 특정 거리 기준에 머물러 있었던 시간 백분율. 거리 기준은 삼각자료 경로로 그림을 그렸다. 화살표는 리치가 방을 떠났을 때를 가리키고 있다. (출처 : Ricciardi, Luiselli, & Camare, 2006)

실제로, 사람들이 기대하는 기준 수준을 초과하곤 할 것이다. 클라이언트의 행동을 모니터하기 쉽지 않은 경우 불연속적인 절단점을 갖지 못할 수 있는데(예 : 옷 입기 같은 불연속적인 복합 과제의 단계의 수보다는 전체 활동의 시간이 좀 더 쉬울 수 있다), 그것은 기준에 맞는 정확한 행동을 수행하기 어렵다. 이와 같은 반응 패턴은 기준 수준을 가볍게 초과하면서 결과에 대한 보상을 받게 된다. 기준을 확장하는 것은 지속적으로 기준을 초과했을 때 가능하고, 중재에 관한 추론의 양면성이 결과가 된다. 이전에 논의된 바와 같이 기준으로 범위를 선택할 수 있다. 이러한 경우, 수행이 그 초과나 미달이라기보다는 적정 범위 내에 있을 때 클라이언트는 결과물을 얻게 된다. 하지만 학교, 클리닉, 또는 다른 적용된 상황 속에서 우리는 좋은 수행결과가 최고점에 도달하는 걸 보고자 하는 것이 아니다(예 : 우리는 70%나 80% 수준의 바른 수행 결과를 보고자 한다). 다시 말해, 소반전 설계는 일어나기 쉬운 몇몇 경우에서 발생하는 불명료성을 줄일 수 있다.

기준과 행동 간의 일치도

설명의 장점은 중재 단계의 과정에서 기준과 행동 간의 일치도 출현에 달려 있다. 이 장의 몇몇 예들의 행동에 있었던 것 같이, 중재 단계의 모든 사례에서 기준 수준과 범위가 감소하고 있다. 어떤 예에는 중재의 영향과 관련하여 불명확성이 거의 없는 것도 있다. 전형적으로, 행동이 기준 수준에 밑도는 일은 없다. 일치도가 정확할 때, 중재가 변화를 설명하고 있는 것인지 평가하기 어려울 수 있다. 일치도는 정도의 문제이고, 중재가 잘 수행되어 변화를 이끌어 내는 데 공헌할 수 있는 정도와 능력의 문제이다.

기준변동설계의 한 사례를 소개하면, 미숙아로 의료적인 문제(예 : 폐질환, 식도 역류)를 안고 있는 샘(3세)에게 섭식 기술 지도를 하기 위한 평가를 고려하고 있다(Luiselli, 2000). 그는 또한 음식 먹는 것을 거부하고 있고, 일어나 있거나 잠자는 시간 내내 펌프 작동을 요구하고 있으며, 삽관 섭식(tube-feeding)을 하고 있다. 샘은 모든 음식을 거부하였다. 중재는 자발적 섭식을 개발하는 데 초점을 두었고, 가르치고 평가(예 : 숟가락 잡기, 음식물을 숟가락으로 뜨기, 입에 숟가락 넣기, 삼키기)하기 위해 몇 개의 단계로 나누어 있다. 유아용 음식은 1차 진료의사가 제안했던 끼니로 사용되었다. 식사시간 동안 표적행동으로서 음식을 뜬 입의 수(number of bites)를 사용했다. 기준변동설계는 그 수를 세분화하여 사용하였고, 식사를 마쳤을 때 샘은 강화물(예 : 30분 동안 장난감을 가지고 놀 수 있도록 하였다)을 얻을 수 있게 했다. 만일 샘이 그 기준에 도달하지 못했을 때는 다음 식사 때 그 기회를 얻을 수 있다고 하였다. 그 식사가 시작되면 샘의 부모들은 강화물을 얻기 위해 먹어야 하는 음식의 입 수가 얼마 남았는지 말해주었고, 그 숫자를 볼 수 있게 아이의 밥그릇 옆에 숫자 카드를 놓아두었다.

그림 8.9는 며칠 동안 끼니당 샘이 음식을 뜬 입의 수(number of bites)를 보여주고 있다. 수평선은 기준을 세분화한 것이고, 자료점은 기준과 비교하여 위 또는 아래에 표시하였다. 기초선을 보면, 한 입 먹기 기준은 중재가 시작되었을 때 명백하게 나타났다. 이것은 또한 중재 과정에서 큰 변화를 보이는 부분이기도 하다. 대부분 중재가 변화를 꾀하고 있다는 것에 동의를 하지만 여러 날 동안 기준의 위 또는 아래에 위치하고 있는 것을 볼 수 있는데, 중재의 분명한 역할인지에 대해서는 의문을 가질 만하다. 그 행동들이 기준변동을 가져왔는가? 어떤 하위 구간에서 명백하게 그 기준과 맞아떨어졌다. 그 데이터가 하위 구간에서 맞아떨어지고 있다는 것은 기준이 여덟 입(bites)째일 때인데 매일 그 기준과 일치하고 있다.

최근, 기준 수준과 행동의 일치를 확장하는 평가를 활용할 수 있는 명확하게 수용된 측정은 없다. 그러므로 기준변동설계가 지닌 잠재적인 문제는 기준과 수행이 일치될 때 처치가 변화[3]를 이끌 수 있다고 하는 추론을 수용할 수 있을 만큼 충분해야 한다. 단일대상설계의 모두와 관계를 맺고 있는 챕터(그리고 부록)의 자료 분석을 통하여 변화를 평가하는 더 많은 논의가 필요하다.

어떤 사례에서는 각 구간에서 기준과 행동 간의 일치도가 근접하지 않는 경우도 있다. 하위 구간들 사이에 수행의 평균 수준이 계단식 관계를 보여주고 있다고 언급하기도 한다. 비록 실제 수행이 기준과 밀접하지 않다고 하더라도, 사실 각 하위 구간의 수행 평균율은 기준 내 변화를 보이고 있어야 한다는 것이다. 연구자들은 모든 또는 대부분의 경우에 각 하위 구간에서 기준 근처에 있거나 동떨어져 있는 수행에 주의를 기울여야 한다. 그것은 비록 수행 수준이 기준 수준에 정확하게 미치지 않는 경우라 하더라도 이것은 기준이 변동되거나 또는 수행의 새로운 수준과 연합되는 것이 명확하다. 지금으로서는 아직 행동과 기준의 일치도를 평가하는 절차를 지속적으로 수정하지는 않았다.

기준과 수행 수준이 밀접하게 일치되지 않았을 때 일어나는 양방향성은 중재 구간에서의 일방향성 변화보다는 오히려 양방향성을 검증해냄으로써 해결될 수 있다. 양방향적인 변화가 만들어졌을 때, 기준은 중재 단계 동안에 더 또는 덜 엄격한 다른 자료점일 수 있다. 기준과 수

---

3) 중재 단계에서 수행과 기준 간의 일치도 평가는 피어슨 적률(상관)계수로 산출해야 한다. 기준 수준과 실제 수행은 상관을 산출하여 매일 짝지어 평가해야 한다. 불행히도, 적률상관계수는 기준과 맞는지에 대한 정확한 정보를 적게 또는 전혀 주고 있지 못하다. 실제 수행은 중재 단계 동안의 기준변동과 전혀 일치하지 않을 수 있고, 완전 상관(r=1.00) 상태에 있게 된다. 상관은 기준과 수행 간의 차이가 일정하고 항상 같은 방향이라는 사실을 기반으로 결론지을 수 있다. 적률상관은 2개의 자료점(기준과 실제 수행) 연장에 관한 정보를 제공하고 있는데, 각각은 다른 절대적인 변인과의 일치 여부에 따라 여러 경우로 평가(사정)되어 달라질 수 있다.

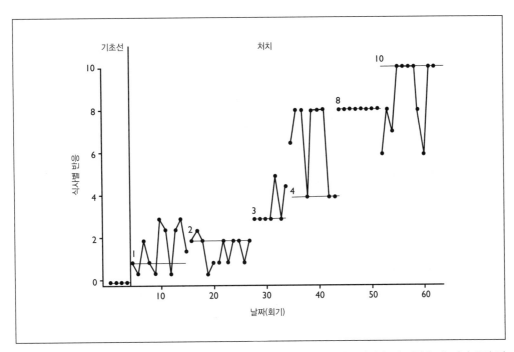

┃ 그림 8.9 ┃ 자발적 식사 반응의 평균 수는 매일 점심과 저녁 시간에 기록되었다. 수평선은 매 끼니 동안 적용한 자발적 식사 반응 기준을 나타내는 수를 앞쪽에 기술하고 있다. (출처 : Luiselli, 2000)

행 간의 일치점을 찾는 것보다 다른 방향(수행 증가에 따라 줄어드는)으로의 변화를 찾는 것처럼, 수행에서 있을 법한 것을 서술하고, 예측하고, 검사 예상을 하여 좀 더 일반적인 단일대상 설계의 이론을 만들어낸다. 외부적인 요인에 의해 만들어진 결과의 패턴을 설명함으로써 믿기 어려운 양방향적 변화 결과를 만들어내기도 한다. 기준변동과 수행 간의 일치도에 대한 어떤 특별한 경우에 양방향성이 존재하는 경우, 이 설계의 하위 구간 중 하나 이상에서 소반전 설계가 매우 유용할 수 있다.

기준변동의 정도(규모)

이전에 지적했던 것은 이 설계에서 추론하고 있는 문제가 너무 서서히 변하는 것, 너무 빨리 변하는 것, 그리고 너무 큰 폭으로 변하는 것으로 인해 발생할 수 있다는 점이다. 과연 적정한 수준(Goldilocks)이란 것은 무엇인가? 그것은 적절한 질문으로 보기 어렵다. 이 문제는 단계 같은 기능을 보이고 있는 것에 대해서 연구자들은 자료들 안에 들어 있는 중재 패턴에 대해 최선의 해석을 제공하여 설득을 할 수 있어야 한다.

연구 설계를 함에 있어 가장 중요한 설계 고려사항은 기준변동의 크기인데, 중재가 효과적일 때 하위 단계를 수정해 나가야 한다. 기본 설계 기준은 여러 가지 점에서 변경하도록 구체화한다. 그러나 그 기준이 어느 정도 되어야 주어진 점수로 변화하는지 지점에 대한 안내 지침은 여전히 마련되어 있지 않다. 특히 임상적 문제나 참여자의 수행에 초점을 둔 경우에는 중재 단계의 과정을 통해 기준 범위 안에서 성취한 변화의 양을 결정한다. 기준에 대한 최초 기준 수준과 상대적으로 작은 변화를 충족할 수 있는 클라이언트의 능력은 큰 변화(즉 더 엄격한 기준)를 시도할 수 있다는 측정의 신호가 될 수 있다. 또한 클라이언트가 지속적으로 변하는 기준을 충족하지 못했다는 것은 좀 더 작은 변화가 필요하다는 것을 제안하는 것이다.

중재 단계를 시작할 때 설정되어야 하는 기준을 결정하는 다음의 질문들을 담고 있어야 한다. 예를 들어 담배 소비를 감소시키는 것이 목표인 경우라면, 중재 단계는 기초선 수준보다 약간 아래 기준을 설정함으로써 시작되어야 한다. 최저 또는 거의 최저 기초선 자료점은 중재 단계의 첫 번째 기준이 될 수 있다. 또한 연구자는 평균 기초선 수준에서 10~15% 감소한 것이 첫 번째 기준이 될 것이라는 점을 강조할 수 있다. 이러한 경우에는 클라이언트가 성취할 수 있는 기준을 설정하는 것이 중요하다. 적절한 장소, 즉 초기 기준을 설정하기 위해서는 클라이언트와 협상할 필요가 있다.

수행이 기준을 충족시킬 때 클라이언트는 다음의 기준 수준을 결정하기 위해 다시 상의를 할 필요가 있다. 각 단계에서 클라이언트는 이 설계의 그다음 하위 단계를 나타내는 기준수준을 결정하는 데 상의를 해야 할 것이다. 물론, 많은 경우 클라이언트가 기준의 절차 및 변경을 협상할 수 없다(예 : 아동과 중증 발달장애를 가진 청소년, 심각한 인지장애 노인).

클라이언트의 도움이 있든 없든 간에, 연구자는 기준의 단계 또는 변경을 결정한다. 세 가지 일반적인 지침을 제공할 수 있다. 첫째, 일반적으로 연구자는 클라이언트가 각 기준을 충족시킬 수 있는 가능성을 최대화하는 기준변동을 서서히 진행한다. 기준의 갑작스럽고 큰 변화는 클라이언트가 배치되어 있는 곳에서의 비교적 엄격한 수행 요구를 의미한다. 클라이언트는 누적된 기준 수준보다 엄격한 기준 수준에 미치지 못할 수 있다. 따라서 이 기준 변화의 크기는 클라이언트가 성공적으로 그 수준을 충족할 수 있도록 가능성을 최대화하기 위해 비교적 완만해야 한다.

둘째, 연구자들은 기준과 행동 간의 일치도를 추출할 수 있도록 중재 단계의 과정 중에 기준을 변경해야 한다. 기준변동은 기준이 대체되었을 때 사람들이 수행의 변화를 알아차릴 수 있을 만큼 충분한 급간의 크기를 유지해야 한다. 연구자들은 기준의 작은 변화를 만들어낸다. 하지만 수행의 타당도는 비교적 크지만 그 기준에 따른 수행을 알아차리는 것은 어렵다. 따라서 미리 설정된 기준 범위 안에서 클라이언트의 수행과 변화의 양 간의 일반적인 관계가 있다. 중재 단계 동안 그날그날(day-to-day) 수행에 더 큰 변화는 변화에 반영하기 위한 하위 단계 간의 기준을 필요로 한다. 수행변동과 기준변동 간의 관계는 그림 8.10에 제시한 바와 같이 기준변동설계의 두 가지 가정을 설명했던 것처럼 변화를 반영할 필요가 있다. 위의 그래프는 중재 단계에서의 변동이 상대적으로 높게 나타나고 있는데, 그 수행이 변화하는 기준을 따르고 있다는 근거를 찾기에는 어려움이 있다. 아래의 표에서는 중재 단계 동안 대상의 변동이 상대적으로 적고, 기준에 근접한 수행을 보이고 있다. 사실, 아래 그래프는 아마도 기준에서의 작은 변화가 적절하고, 수행과 기준 간의 일치도는 매우 명확하다. 반면에 위쪽의 그래프는 기준에서의 훨씬 큰 변화가 수행이 체계적으로 변화되었다는 것을 설명하기에는 분명하지

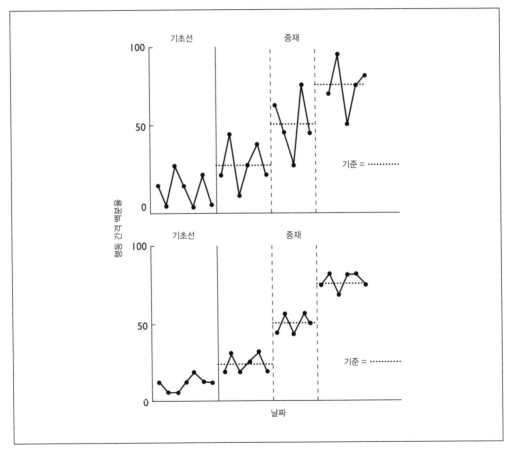

▌ **그림 8.10** ▌ 기준변동설계의 이론적 예. 위의 그래프는 비교적 큰 변동의 자료점을 보여주고 있고, 아래 그래프는 비교적 낮은 변동을 보여주고 있다. 큰 변화의 폭은 수행 일치도나 기준변동에 의해 영향을 받았다는 부분을 보여주기는 어렵다. 이들 두 그래프에서, 수행의 평균 수준은 중재 단계 동안 각 하위 단계에서 증가하였다. 기준의 영향은 아래 그래프에서 보다 분명해지는데, 각 하위 단계에서 자료점들이 기준에 보다 근접해 있는 것으로 이를 잘 설명해줄 수 있기 때문이다.

않기 때문에 설명이 필요하다.

그것은 중재 과정을 넘어 그 기준이 같은 다른 단계에 그대로 있는 것이 아니라 기준이 변한다는 것을 명심해야 한다. 그리고 단일대상설계에서 일관성 있는 것이 미덕일 수는 없다. 그래서 기준이 10% 증가하는 원칙을 반대할 필요는 없다. 앞서 언급한 바와 같이, 단일대상설계의 강점은 자료에 근거한 의사결정을 할 수 있다는 것이다. 같지 않은 단계들이 오르락내리락하는 것(양방향적)은 바람직한 현상이다. 즉 외부 영향(예 : 개인사, 성숙, 참신)들이 자료 패턴을 설명할 수 있었다는 가능성을 배제하는 것이 중요하다는 목표를 결코 놓쳐서는 안 된다. 목표를 달성하기 위해 기준변동의 동등한 단계를 요구하지 않는다. 목표가 동일한 사이즈의 단계가 바뀌지 않았다는 것은 보다 나은 것을 성취했다는 것에 대해 논쟁을 하게 될 것이다. 예를 들어 중재 단계에서 처음 두 하위 단계를 시작할 때 기준의 작은 변화는 아동의 성취에 대한 기회들을 극대화할 필요가 있다. 진전이 이루어짐에 따라, 클라이언트는 그 행동들이 줄거나 늘어남에 따라 큰 단계들을 더 만들 수 있다. 클라이언트의 수행과 기준과의 일치에 대해 중재의 결과로 해석하기보다는 다른 요인(예 : 개인사나 성숙)들과 비교하여 설명하려들기 때문에 급간의 크기를 크게 한 단계들을 설명할 것을 강조할 수 있다.

총평

기준변동설계에서 발생할 수 있는 모호성은 일반적으로 여러 개의 기준(하위 단계 간)과 행동 사이의 일치도와 관련된다. 일치성의 부족에 대한 잠재적 문제는 기준변동의 정도와 시기의 기능으로서 연구자에 의해 기대될 수도 있고, 회피될 수도 있다. 설계의 관점에서 봤을 때 기준변동의 목적은 중재 단계에서 몇 개의 하위 단계를 제공하기 위함이다. 각 하위 단계에서, 수행이 기준에 맞는지에 따라 범위를 사정할 수 있어 중요하다. 모든 하위 단계에서, 일반적으로 기준에 잘 맞춰져 왔는지 범위를 평가할 수 있어 중요하다. 이러한 특정의 그리고 전반적인 판단은 수행이 안정될 때까지 그 결과를 개별적인 하위 단계에서 유지함으로써 촉진할 수 있다. 또한 기준변동의 크기는 수행과 기준 간의 관련성을 찾아낼 수 있을 때 마련되어야 한다. 새로운 기준 수준에 대한 수행이 이전의 기준 수준에서의 수행과 명확하게 구별되도록 기준이 변해야 한다. 마지막으로, 이전의 기준 수준에 대한 중재 단계에서의 변화는 중재와 행동 변화 간의 관계를 결정하는 데 매우 유용하게 될 것이다.

설계 평가

기준변동설계는 방법론적으로 좋은 응용된 상황에서 유용하게 활용할 수 있는 몇 가지 특징을 가지고 있다. 이 설계는 ABAB 설계에서처럼 처치의 철회를 요구하지 않는다. 기초선 수준으로 행동을 되돌리는 것과 관련한 복합적인 문제는 예방된다(소반전 설계는 기초선 조건으로 되돌아가는 것이 아니라 진전이 경미하게 낮은 수준으로 돌아가는 것을 의미한다). 또한 이 설계는 중다기초선설계 변인의 경우처럼 중재가 필요한 어떤 다른 행동, 사람, 상황에서 처치의 철회를 요구하지 않는다. 중재 결과에 대한 설득력 있는 설명은 중재 단계에서 수행 수준이 바뀌는 그 기준에 적합하게 맞았을 때 고려된다.

이 설계의 가장 특별한 장점은 희망하고 있는 수행의 최종 수준에 점진적으로 접근한다는 것이다. 반복적으로 기준을 바꾼다는 것은 프로그램의 목표에 점진적으로 다가간다는 것을 의미한다. 교육과 중재에서 나타나는 빈도 높은(시간이 긴) 행동은 점진적인 방법으로 접근해 나갈 수 있다(예 : 읽기의 양, 공부하는 시간, 방해행동 없는 시간). 요구의 증가는 클라이언트가 쉬운 수준의 수행[4]을 숙달했다는 것을 확인한 후에만 다시 (보다 엄격한 기준) 주어진다.

서서히 행동을 발달시키는 것과 기준 변동 설계의 요구를 맞추는 것 사이에 잠재적인 갈등이 있을 수 있다. 행동, 진전 또는 요구를 발전시켜 나갈 때 클라이언트가 어떻게 하고 있는지에 대한 반응은 작아질 것이다. 이 설계는 일반적으로 기준수준과 명확하게 일치한다는 것을 보여주고, 기준이 변경될 때 계속 그렇게 하는 것을 보여주기 위해 충분히 다음 단계에서 기준변동을 요구하게 된다. 사실 큰 변경사항이 발생한 경우, 원칙적으로 이들 급간이 큰 단계들(단계가 큰)과 수행의 일치도는 이 실험설계에 대한 설명을 가장 효과적으로 할 수 있다.

그래서 잠재적인 갈등은 안정된 훈련을 구성하기에 충분한 기준을 변경하고 있고, 이것은 행동의 근접성에 대해 격려하고, 수행이 기준변화에 대해 반응하여 변화했는지를 보고, 그리고 보여주기 위해 연구자들이 허용한 그 단계들에서 기준을 변경하고 있다. 이 문제를 해결하는 한 가지 방법은 필요에 따라, 훈련 목적을 위한 기준의 작은 단계로 상승시켜 나가는 것이

---

4) **행동형성**(shaping)으로 언급되는 행동-변동 기술은 언급하는 것이 중요하다. 행동형성은 최종 반응에 지속적으로 근접해 나가기 위한 강화(예 : 칭찬, 격려, 피드백, 지적)를 제공함으로써 이루어진다. 최종 목표 반응(예 : 숙제나 음악 연습을 45분 만에 완성하기, 거실과 방에 있는 장난감 정리하기, 하루에 3,000칼로리 섭취하기, 일주일에 5일 운동하기, 현재 자러 가는 시간보다 조금 이른, 정해진 시간에 잠자리에 들기, 매주 방법론에 대한 책 읽기)을 확인해야 한다. 또한 강화물(예 : 칭찬, 피드백을 그래프화하기, 보상을 대체할 점수 체계) 역시 확인해야 한다. 행동형성은 목표 반응(예 : 기초선에서 0분을 보였다면 숙제 10분)에 대한 작은 변화에 대해 강화물을 제공함으로써 시작한다. 행동이 변하고 그것이 일관되게 나타나는 경우, 기준은 증가한다. 이것은 행동을 대체하는 효과적인 기술이고, 기준변동설계에서 방법론적 요구와 함께 일관되게 나타난다.

다. 그러나 방법에 따라서는, 소반전 설계를 보여주기 위해 약간 기준을 증가시키기보다는 오히려 낮추는 하나의 구간을 포함한다. 기준변동설계는 많은 우수한 특징이 있다. 그럼에도 불구하고, 이 설계는 다른 설계보다 훨씬 덜 사용되어 왔다. 왜 그랬는지는 추측할 수 있다. 첫째, 기준을 설정하는 방법과 기준 및 성능의 대응이 있는지 여부를 결정하기 위하여 어디에서, 그리고 언제 기준을 설정하고 변경해야 하는지와 같은 이 설계에 적용하고 있는 지침이 다른 설계방법에서 사용하기 위해 마련한 지침보다 덜 명확하다. 둘째, 행동을 발달시키는 것은 명확한 지침과 관련되지 못하고, '예술'적 특징을 지니고 있다는 점이다. 클라이언트의 행동이 점진적으로 앞쪽으로 향상되지만, 얼마나 진전되고 그리고 각 단계들이 얼마나 증가되어야 기준이 이동을 하는가? 설계는 보다 일반적 행동 변화에 대한 실질적인 문제와 연관되어 있다. 이 설계는 수행에 대한 기준을 변화시키는 데 특성 및 융통성을 형성할 수 있기 때문에 상당히 유용하다. 소반전 설계(는 기초선 수준으로 완전히 회귀하지 않는다)와 함께 이 설계방법은 명확한 행동관리를 반영할 수 있고, 결과를 설명할 때 외부에서 발생한 사건들의 영향을 믿기 어렵게 만들 수 있다.

요약 및 결론

기준변동설계는 기준을 수정할 때 중재 단계 동안 여러 다른 지점(point)에서 수행의 변화를 보여줌으로써 중재의 효과를 설명한다. 수행이 변화하는 기준을 밀도 있게 따른다면 분명 효과가 명확하다는 증거가 된다. 이 설계 대부분에서는, 수행에 대한 기준은 지속적으로 같은 방향으로 변화되고 있다. 이 설계의 한 변형은 수행 변화의 방향이 어디인지 결정하기 위해 중재 단계에서 약간 덜 엄격한 어떤 지점을 마련할 수 있다. 기준에 따른 행동 증가 및 감소를 보이는 소반전 설계의 구간 사용은 수행과 기준 수준 간 근접한 일치를 보이지 못했을 때 그 설명을 분명하게 할 수 있다.

  기준변동설계를 평가하는 중요한 문제는 기준과 수행 간의 일치가 성취되었을 때 결정된다. 만일 여기에 기준과 수행이 근접한 점에서 일치되지 않는다면, 중재를 통해 변화되었다고 일컫기 어렵다. 수행의 변화가 정확하게 기준을 만족하지 않는 경우에도 기준의 변화를 통해 행동의 변화가 이루어졌다는 것을 보이는 기능같은 단계를 활용함으로써 연구자들은 인과관계를 추정하게 된다.

  중재를 실시하자마자 수행이 빠르게 바뀌고, 기준을 넘는 상승을 보이는 경우 추론하기는 특히 어렵다. 이 설계방법은 최종 목표에 접근함으로써 점진적인 수행 변화를 보이는 것에 달려있다. 만약 수행이 기준 수준을 상당히 초과하는 경우라면 중재는 여전히 변화에 대한 책임이 있다. 설계의 기본이 되는 이론적 근거는 수행과 기준 수준 간에 얼마나 밀접한 관계를 보여주는지에 따라 달라지기 때문에 처치 효과에 대한 결론은 추론하기 어려울 것이다.

물론 이 설계의 주목할 만한 특징은 행동의 점진적인 변화에 기반한다는 것이다. 설계는 점차 발전하는 수행과 일치한다. 수행에 대한 약간의 요구는 초기에 이루어지고, 이러한 요구는 점차 대상자가 이전에 설정된 기준 수준을 숙달해 나감으로써 증가한다. 많은 교육적, 임상적인 상황에서, 연구자들은 대상자의 수행이 점진적으로 변하길 바라고 있다. 복합적인 기술과 행동 간의 비교적 편차 큰 행동 개선이 필요한 대상자에게 이와 같은 점진적인 접근 방법은 특히 유용할 수 있다. 기준변동설계는 이처럼 다양한 문제, 대상자 및 상황에 적합할 것이다.

9
| CHAPTER |

중다처치설계

이 전 장들에서 논의된 설계들은 보통 단일중재나 처치에 대한 평가로 제한된다. 교실이나 가정 혹은 의료 서비스 등과 같은 응용 환경에서 연구자는 종종 둘 이상의 중재들을 비교하고 어떤 것이 더 효과적인지를 규명하며, 그것을 의뢰인의 변화를 최적화하도록 적용하는 데 관심을 갖게 된다. 연구자가 동일 대상에게서 2개 이상의 중재들을 비교하는 데 관심을 갖게 될 때 어려움이 발생한다. 만일 둘 이상의 중재가 ABAB 혹은 중다기초선설계의 형태로 동일 대상에게 적용된다면 그 중재들은 각각의 단계에서 주어지고 따라서 설계의 어느 지점에서 하나의 중재가 다른 중재에 앞서게 된다. 중재들이 제시되는 순서는 부분적으로 둘 이상의 중재들의 상대적 효과에 관해 도달될 수 있는 결과를 제한하게 된다. 예를 들어 ABCABC 설계에서 C는 B 다음에 오게 되므로 C의 효과는 더 나아질(혹은 더 나빠질) 수 있게 될 것이다. 어떤 중재가 다른 중재보다 앞서 시행되지 않는다면 두 중재(B와 C)의 효과는 매우 달라질 수 있다. 또한 ABAB 혹은 중다기초선과 같은 설계에서는 각각의 중재(B, C)는 일정 기간 동안 표현과 예측, 그리고 검정 기능을 충족할 수 있도록 안정된 수준을 보이는 데 며칠 이상을 요구하기 때문에 여러 중재를 평가하는 데는 수 시간(혹은 수일)이 걸린다. 중다처치설계는 보통 동일한 중재 단계 내에서 2개 이상의 중재들을 비교할 수 있게 해준다. 이 장에서는 중다처치설계의 특성들을 제시하고 중다처치설계의 많은 변형 중 몇 가지를 강조하게 될 것이다.[1]

중다처치설계의 기본 특성

중다처치설계의 많은 다른 형태들이 활용되어 왔다. 그 형태들은 별개의 처치들이 비교되는 방식에 대해 몇 가지 전체적인 특성을 공유하고 있다. 각각의 설계에서는 기초선 자료를 얻기 위해 한 사람 이상의 단일행동이 관찰된다. 기초선이 설정된 후 중재 단계가 실행되고 중재 단계에서는 바로 그 행동이 2개 이상의 중재 대상이 된다. 이 중재들은 동일한 중재 단계에서 실행된다. 모든 중재가 동시에 시행되는 것은 아니다. 예를 들어 초등학교 교실에서의 방해행동에 미치는 개별적인 영향을 결정하기 위해 칭찬 및 질책과 같은 두 가지 절차가 비교될 수 있다. 두 중재가 동시에 실행되지는 않을 것이다. 그 중재들은 어떤 방식으로 따로 실행되어야 하므로 그 중재들 각각의 영향이 평가되고 비교될 수 있다. 어떤 의미에서는 그 중재들이 적용되는 시기에 관해서는 '교대로'여야 한다. 중다처치설계의 변형들은 주로 서로 다른 중재들이 평가될 수 있도록 그 중재들의 일정이 계획되는 엄격한 방식에 의존한다.

주요 변형 설계

중다요소설계

해설 및 논리적 근거. 중다요소설계는 동일 단계에서 2개 이상의 중재가 실행되는 것으로 이루어져 있다. 중다요소설계의 독특한 그리고 결정적인 특징은 별개의 중재들이 연계되거나 뚜

---

[1] 중다처치설계를 대표하기 위해 많은 용어들이 사용되었고, 각각의 용어들은 그 자체로 하나의 장이 될 수 있다. 이 용어는 여러 가지 중재가 비교되는 방식에 있어서의 변형을 반영하고 있다. 용어에 있어 다소간의 불일치는 각각의 설계들이 처음으로 사용되는 방식(예 : 강화계획에 대한 기초 연구 등)과 중재들을 비교하는 방식에 있어서의 새로운 변형을 상술하려는 노력으로부터 발생한다. 이 책에 있어 중요한 쟁점은 변형된 설계들이 응용 환경에서 어떻게 활용되고 있는지 그리고 어떤 중요한 요소들이 중재의 영향에 대해 영향력을 끌어내게 되는지를 이해하는 것이다. 이 장에서 다루어지는 설계들의 중요한 특성들은 그 설계들의 영향을 비교적 신속하게 비교할 수 있게 하는 방식으로 하나 이상의 중재를 활용하는 것이다.

렷한 자극 조건들과 지속적으로 짝을 이룬다는 것이다. 이 설계의 주요 목적은, 의뢰인은 다른 중재 조건하에서는 다르게 수행하고 이는 다른 자극 조건들과 연계된 수행에 있어서의 차이에 반영되고 있다는 것을 보여주는 데 있다.

중다요소설계는 동물들을 대상으로 서로 다른 강화계획의 효과를 연구했던 실험실 연구에서 널리 활용되어 왔다. 그러한 활용이 다른 용어로 '중다일정 설계(multiple-schedule design)'를 확립하는 데 도움이 되었다. 중재 단계에서 서로 다른 강화계획이 서로 다른 시기에 실행되었다. 각각의 일정은 뚜렷한 자극(예 : 켜지거나 꺼지는 불빛 등)과 연계되었다. 자극이 각각의 중재와 연계된 후 수행에서 분명한 차이가 명백하게 드러났다. 하나의 자극이 제시될 때 하나의 수행 패턴이 획득된다. 자극 조건들의 수행에 있어서의 차이는 각각의 자극과 연계된 서로 다른 중재들의 함수이다. 이 설계는 의뢰인 혹은 유기체가 서로 다른 자극 조건들에 반응하여 구별할 수 있다는 것을 보여주기 위해 활용되고 있다. 중다요소라는 용어는 부분적으로 강화계획을 연구하는 것 이상의, 이 설계의 광범위한 활용을 반영하고 있는 것이다.

이 설계 특유의 논리적 근거는 서로 다른 자극 조건들 아래서 명백하게 드러나는 반응에 있어서의 차이와 관련되어 있다. 만일 의뢰인이 수행에 있어 서로 다른 자극 조건들과 그 조건들 각각의 중재들을 구별한다면 자료는 수행에 있어서의 분명한 차이를 보여주어야 한다. 어떤 특정한 날에 서로 다른 자극 조건들과 그 조건들 각각의 중재들이 실행된다. 수행은 사실상 그 당시의 바로 그 조건에 따라 매우 달라질 수 있다. 만약 자극 조건들과 중재들이 수행에 서로 다르게 영향을 주지 않는다면, 서로 다른 중재 조건들 전반에 걸쳐 비체계적인 패턴을 예상하게 될 것이고 수행은 다르지 않을 것이다. 이와 유사하게, 만일 처치 조건들보다는 외부 사건들(그리고 타당도를 저해하는 요인들)이 수행에 영향을 준다면, 시간이 흐르면서 일반적인 향상이나 감소를 볼 수 있을 것이다. 외부 사건들로 인한 향상은 각각의 서로 다른 자극 조건들 아래서 나타날 가능성이 있을 것이다. 수행이 자극 조건들 전반에 걸쳐 달라질 때, 중재들의 서로 다른 효과는 이를 설득력 있게 설명해준다.

해설. 이 설계는 어떤 자극 조건들이 여러 가지 중재들과 짝지어진 후 발휘되는 통제를 강조한다. 이 설계의 탁월한 예는 2명의 4세 아동의 순응성에 초점을 맞춘 연구에서 볼 수 있다. 그 아동들은 때때로 순응하지 않았다(Wilder, Atwell, & Wine, 2006). 연구는 중재 실행에, 즉 중재가 얼마나 성실하게 실행되었는지, 다른 식으로 말하자면 중재가 의도한 대로 실행되었는지에 초점을 맞췄다. 중재가 의도된 대로 실행된 정도는 처치 진실성(treatment integrity) 혹은 처치 충실성(treatment fidelity)이라고 한다. 이는 중재 연구의 어떤 영역(예 : 교육 프로그램, 수술, 투약, 인지적 행동 기법, 재활 등)에서는 매우 중요한 주제이고 단일대상 혹은 집단 간 설계에서 논의되고 있다(McIntyre, Gresham, DiGennaro, & Reed, 2007; Perepletchikova & Kazdin, 2005 참조). 예를 들어 교육학 및 임상심리학에서 효과적인(증거 기반의) 중재들을 개발하는 것은 도전들 중 일부일 뿐이다. 일단 그러한 중재들이 개발되면 사람들(교사, 치료사)로 하여금 어쨌든 그 중재들을 실행하게 하는 것 혹은 그 중재들을 정확하게 실행하게 하는 것은 까다로운 일이다. 어떤 경우, 효과적인 처치는 신중하게 실행되지 않는다면 그다지 효과적일 것 같지 않다.

연구는 작은 방, 교실, 그리고 운동장 등 서로 다른 세 가지 상황 혹은 맥락에서 성인에 의해 제시된 지시에 순응하는지를 측정함으로써 그 쟁점에 집중한다. 순응성을 얻기 위해 중재는 아동에게 세 가지 지시(예 : 간식거리를 내게 주렴, 장난감을 치워라, 이리 와라 등) 중 한 가지를 수행하라고 요청한다. 만일 해당 아동이 이를 10초 안에 한다면 이는 순응성으로, 그렇지 않다면 비순응성으로 간주된다. 중재 단계에서는 즉각적인 순응에 대해 칭찬이 주어진다. 게다가 만일 해당 아동이 지시를 즉시 따르지 않는다면, 훈련자는 순응성을 촉진하기 위한 단계들을 순서대로 실행한다. 이 단계들에는 해당 아동과 눈 맞추기, 해당 아동의 이름 부르기, 지시 되풀이하기, 정확한 수행을 시범 보이기, 그리고 해당 아동이 그 활동을 수행하도록 안내하기 등이 포함된다.

연구의 목적은 처치 진실성, 즉 훈련자가 그 절차들을 얼마나 성실하게 수행하는지를 반영하는, 이 절차의 수행에 있어 세 가지 변형, 다시 말해 절차 수행 시 100%나 50%, 혹은 0% 등의 조건들을 비교하는 데 있다. 100% 조건에서 훈련자는 아동이 지시에 따르지 않을 때마다 그 절차를 수행했다. 즉 칭찬하기와 촉구하기가 의도된 대로 실행되었다. 50% 수준에서 훈련자는 지정한 대로 절차의 반만을 수행했다. 실험들(지시 기회들) 중 나머지 반에 대해 치료사는 그 절차의 어떤 단계도 수행하지 않았다. 0% 수준에서는 그 절차가 전혀 수행되지 않았다.

중다요소설계는 서로 다른 중재들을 필요로 한다. 나는 그 중재들(100%, 50%, 0%)을 설명하였고, 중재들이 특정 자극 조건들과 지속적으로 연계되어야 함을 언급하였다. 이 경우에 있어 지시들이 바로 자극 조건들이었다. 특정 지시(예 : 장난감을 집어라)는 항상 중재들 중 한 가지(예 : 100%)와, 그리고 다른 중재들(50%, 0%)은 다른 지시들 중 하나와 연계되었다. 대상 아동이 2명이었으므로 어떤 지시가 어떤 중재와 연계되는지는 상황에 따라 달라졌다. 간단히 말해서 세 가지 중재가 어떤 차이를 발생시키는지 보기 위해 중재들은 특정 조건들(이 경우 특정 지시들)과 연계되었다. 만약 중재들이 차이를 발생시킨다면, 서로 다른 패턴의 반응하기를 아동 측에서 볼 것이라고 예상하게 된다.

　그림 9.1은 두 아동의 순응성 자료를 제시하고 있다. 기초선 동안 어떠한 중재도 제공되지 않았고 각각의 선들은 서로 다른 지시들을 반영하고 있다 즉 세 가지 지시 전부에 대해 기초선 동안에는 아무런 중재도 없다. 중재 단계에서 세 가지 수준의 진실성이 비교된다. 중재가 100% 실행될 때 순응성은 매우 높으며 50%에서는 기초선 이상이지만 100%만큼 높지는 않다. 0%일 때는 본질적으로 기초선이 지속되고 있는 것과 같고 아동의 행동에 진정한 변화는

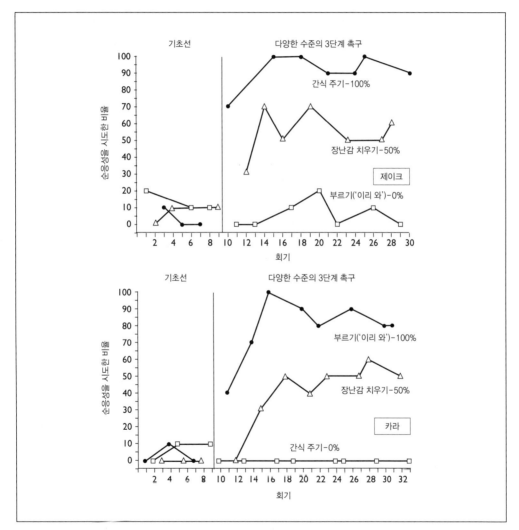

┃ **그림 9.1** ┃ 4세 아동 2명에 대한 순응성 실험의 백분율. 만일 해당 아동이 지시를 즉시 따르지 않는다면, 순응성을 향상시키기 위해 촉구하기 절차가 사용되었다. 촉구하기 절차(순응할 때마다 칭찬이 동반됨)는 정확히 동일한 방식으로 수행되었다. 중재 단계에서 그 절차들 실행하기의 세 가지 수준이 비교되었다. 훈련자는 중재를 100%나 50% 혹은 0% 실행하였다. 이러한 중재 수행 수준들은 특정 지시들과 연계되었다. (출처 : Wilder et al., 2006)

발생하지 않았다. 모든 변화는 각각의 변화와 연계된 각각의 지시에 대해서 볼 수 있다.

이 설계는 지시와 연계된 서로 다른 중재 효과를 분명하게 전달해주고 있다. 말이 나온 김에, 두 가지 맥락에서 설명의 중요성을 강조하는 것이 유용할 것이다. 첫째, 행동 기법을 활용(예 : 선행사건, 행동, 그리고 후속결과의 활용)하여 행동을 변화시키는 것은 다양한 환경(집, 학교)에서 매우 효과적이며, 아동들의 저항행동에 대한 증거 기반 중재가 되는 것으로 여겨진다. 이러한 설명은 처치 진실성이 중요함을 강조하는 것이다. 그 기법들은 무엇을 할 것인지(예 : 강화하기 그리고 촉구하기) 알려주지만 어떻게, 즉 절차들이 성실하게 제공되었는지 또한 그에 못지않게 중요하다. 둘째, 아동들의 비순응성은 종종 마치 그것이 아동 '내부'에 있는 것처럼 논의된다. 어떤 사람들은 다른 사람들에 비해 더 반항적인 것이 사실이다. 그러나 이 연구는 환경과 다른 사람들의 중재가 순응성은 물론 비순응성에도 커다란 영향을 미칠 수 있음을 알게 해주는 데 도움이 된다.

교대처치 혹은 동시처치설계

해설 및 논리적 근거. 중다요소설계에서 각각의 중재는 다른 자극 조건들 아래서 적용된다. 보통 각각의 중재는 특정 자극(예 : 이전 예에서 볼 수 있는 성인, 기간, 혹은 '지시' 등)과 연계되어(짝지어져) 수행이 제시된 자극의 기능에 따라 체계적으로 변화한다는 것을 보여준다. 대개 중다요소설계는 중재들이 의도적으로 특정 자극들과 짝지어지는 경우들을 위해 따로 마련된다. 이러한 방식으로 수행이 그 자극이나 맥락의 기능에 따라 변화할 때 중재 효과가 보인다.

앞서 언급한 것처럼 응용연구에서 보통의 우선순위는 어떤 특정 자극 조건이나 맥락의 영향력 없이 2개 이상의 중재들이 보여주는 상대적인 영향을 평가하는 데 있다. 즉 어떤 중재(예 : 읽기를 향상시키기 위한 중재)가 더 혹은 가장 효과적인지 밝혀내고자 하는 것이고, 이것이 어떤 독특한 자극들(예 : 교사, 수업시간 등)과 연계되어 있다는 것을 보여주는 데는 별 관심이 없는 것이다. 중다처치는 해당 중재들을 특정 자극이나 맥락과 연계시키지 않는 단일대상연구와 쉽게 비교될 수 있다. 사실 그 목적은 중재들이 단지 특정 조건에 결부되거나 특정 조건과 연계된, 혹은 특정 조건에 의해 혼란되지 않았음을 확인하는 방식으로 중재의 영향을 평가하는 데 있다.

서로 다른 처치 조건들이 서로 다른 자극 조건들(예 : 시간, 교사, 혹은 상황) 전반에 걸쳐 변화되거나 교체될 때, 이 설계는 중다요소설계와 구분될 수 있다. 처치는 서로 다른 자극 조건들 전반에 걸쳐 실행되지만, 중재는 이 조건들 전반에 걸쳐 균형을 이룬다(동등하게 배분된다). 중재 단계의 마지막 부분에서 특정 자극 조건이나 맥락에 의해 혼란되거나 특정 자극 조건이나 맥락과 독특하게 연계되지 않는 방식으로 중재의 효과를 검토할 수 있다. 바꿔 말하면, 중다요소설계에서 중재는 의도직으로 특정 자극 조건이나 맥락과 연계되며, 교대처치 설계에서는 중재들이 의도적으로 자극들 전반에 걸쳐 균형을 이루어 특정 자극들과는 단절된다.

이 설계의 논리적 근거는 중다요소설계와 유사하다. 기초선 관찰 후 2개 이상의 중재들이 특정 행동을 바꾸기 위해 동일 단계에 적용된다. 중다요소설계와 구별되는 특성은 서로 다른 중재들이 이 중재들의 영향력이 서로 다른 자극 조건들과 연계된 영향력으로부터 분리될 수 있는 방식으로 자극 조건들 전반에 걸쳐 균형을 이루거나 변화된다는 것이다. 이 설계의 다른 이름들은 실제로 실행된 것을 최선의 방식으로 어떻게 대표할 것인지를 반영하고 있다. 서로 다른 중재들이 중재 단계에서 교대되어, 왜 몇몇 사람들이 이 설계를 교대조건(alternating conditions) 혹은 **교대처치**(alternating-treatments)설계(Barlow & Hayes, 1979; Ulman & Sulzer-Azaroff, 1975)로 부르기로 했는지를 설명해주고 있다. 동일한 단계에, 대개는 같은 날, 서로 다른 조건들이 실행되고 따라서 이 설계는 **동시처치**(simultaneous-treatment) 혹은 **동시일정**(concurrent schedule)설계(Hersen & Barlow, 1976; Kazdin & Hartmann, 1978)라고도 불려 왔다.[2]

이 설계는 보통 목표 반응에 대한 기초선 관찰로 시작된다. 관찰은 하루에 두 번(예 : 오전과 오후) 혹은 2개의 서로 다른 장소(예 : 교실과 운동장) 등과 같은 둘 이상의 조건하에서 이루어진다. 기초선 단계가 진행되는 동안 목표행동은 각각의 조건 혹은 상황 아래서 매일 관찰된다. 기초선 관찰이 끝난 후 중재 단계가 시작된다. 대개의 경우 서로 다른 두 가지 중재들이 비교된다. 두 중재 모두 매일 실행된다. 그러나 중재들은 서로 다른 자극 조건들(예 : 시간, 상황이나 환경)하에서 실시된다. 중재들은 각각의 시행 조건 전반에 걸쳐 동등한 횟수로 시행되므로 중다요소설계와는 다르게 중재들이 특정 자극들과 독특하게 연계되지는 않는다. 중재 단계는 각각의 중재 아래 반응이 안정화될 때까지 계속된다.

이 설계의 핵심적인 특징은 각각의 중재들이 동시에 실시되는 고유한 중재 단계이다. 그러

---

2) 이 설계를 지칭하는 용어들 중 어떤 것도 이 설계의 독특한 특성들을 정확하게 묘사하지 못한다. '교대처치' 설계는 중재들이 반드시 적극적인 중재들이어야 한다는 잘못된 암시를 제공한다. 그러나 '무처치(no treatment)'나 기초선의 지속이 교체되는 조건들 중 하나로 활용될 수 있으므로 이 경우 중재는 단 하나이다. '처치'라는 단어 또한 이상하다. 이 설계가 적용된, 대다수는 아니라 하더라도 많은 경우가 교육학에서였고 교육학에서는 그 무엇도 '치료'(예 : 의학 혹은 심리학적 의미)되지 않는다. 또한 교대처치는 치치들이 교대되는 중다요소설계를 포함할 만큼 충분히 넓은 개념이다. '동시처치' 설계는 중재들이 동시에 실행된다는 잘못된 의미를 전달하고 있다. 만일 이것이 사실이라면 중재들 각각의 효과는 독립적으로 평가될 수 없을 것이다. 중재들은 대개 함께 시행된다. '동시일정' 설계는 행동분석 내에서의 기초 및 응용연구에서 중재들이 강화계획에 한정됨을 의미한다. 제8장에서 언급했던 것처럼 많은 설계들이 행동분석으로부터 성장했지만 이제는 강화계획과 같은 주제들이 초점의 대상이 아닌 새로운 적용이 이루어지고 있다. 현재의 목적을 위해 '교대처치 설계'라는 용어가 사용되고 있는데, 이는 그 용어가 해당 설계를 보고하는 연구자들의 대부분에 의해 채택되고 있기 때문이다.

▌ 표 9.1 ▌ 두 시간대(T_1과 T_2) 전반에 걸쳐 균형을 이룬 두 중재(I_1과 I_2)의 실시

A. 중재가 실행되는 동안 매일 순서 바꾸기							
	일						
시간대	1	2	3	4	5	6	···n
T_1	I_1	I_2	I_1	I_2	I_1	I_2	
T_2	I_2	I_1	I_2	I_1	I_2	I_1	

B. 중재가 실행되는 동안 무작위로 순서 바꾸기							
	일						
시간대	1	2	3	4	5	6	···n
T_1	I_1	I_2	I_2	I_1	I_2	I_1	
T_2	I_2	I_1	I_1	I_2	I_1	I_2	

주 ✳ 이 표는 서로 다른 시간대(T) 전반에 걸쳐 중재(I)가 짝지어지고 균형을 이룰 수 있는 두 가지 서로 다른 방식을 보여주고 있다. n은 특정되지 않은 일수를 나타내며, 이는 연구자에 의해 결정된다.

므로 이 단계에서 중재들이 어떻게 변하는지 상세하게 알릴 가치가 있다. 가설적 예로서 2개의 중재(I_1과 I_2)가 비교되는 설계를 생각해보라. 중재들은 매일 하지만 동일한 날의 다른 시간(T_1과 T_2) 혹은 다른 기간에 실행된다. 중재들은 이 기간 전반에 걸쳐 균형을 이룬다. 균형을 이룬다(balancing)는 것은 각각의 중재가 각각의 조건하에서 동일한 횟수로 실시된다는 것을 말한다. 어느 날에는 중재들이 별개의 조건 아래서 실시되지만, 두 중재 모두 시행된다.

표 9.1은 중재들이 매일매일 실시되는 다른 방식들을 보여주고 있다. 표 9.1A에서 분명하게 드러나는 것은 각각의 중재가 매일 실시된다는 것이며, 특정 중재가 실행되고 있는 시간이 매일 교대된다는 것이다. 표 9.1A에서 교대 패턴은 단순히 하나의 중재가 어떤 날에는 첫 번째로 그다음 날에는 두 번째로 실시되고 그러고 나서 남은 중재 단계에서는 매일 그 순서를 바꿈으로써 만들어진다. 중재 단계의 마지막 부분에서 각각의 중재는 첫 번째로 실시된 횟수와 두 번째로 실시된 횟수가 동일하거나 최대한 같게(만일 중재 단계가 매일 짝수가 아닌 홀수로 실시되었다면) 된다.

표 9.1B는 중재 단계 전반에 걸쳐 각각의 중재가 첫 번째 시간과 두 번째 시간에 동일한 정도로 나타나야 한다는 제한점이 있기는 하지만 교대 패턴이 무작위로 결정될 수 있음을 보여

준다. 이 무작위로 순서화된 절차는 난수표로 정해지는데, 중재 1과 2를 제시하는 순서를 결정하기 위해 이 난수표에서 숫자들의 순서를 찾아 숫자들의 긴 목록에서 숫자 1과 2를 뽑게 된다. (물론 진정한 의미의 무작위에서는 1로만 구성된 줄이 난수표에 있을 수 있다.) 따라서 연구자는 숫자들의 짝을 선택하게 되는데, 각각의 짝에는 하나의 1과 하나의 2가 반드시 들어 있어야 한다는 제한이 있다. 그러한 방식으로 중재 단계의 마지막 부분에서 각각의 중재는 비록 순서는 무작위일지라도 동일한 정도로 나타나게 된다.

이 표는 첫 번째 중재 단계가 진행되는 동안 서로 다른 중재들이 실시되는 일정을 언급하고 있다. 만일 중재들 중 하나가 다른 중재(들)에 비해 효과적이라면 이 설계는 보통 해당 중재가 모든 조건 전반에 걸쳐 실시되는 마지막 단계로 끝을 맺게 된다. 즉 더(혹은 가장) 효과적인 중재가 이 설계에 포함된 모든 시간대에 혹은 모든 상황에 적용되는 것이다.

교대처치 설계의 단순한 형태로 만들어진 자료의 가설적 예는 그림 9.2에 나타나 있다. 이 예에서 관찰은 매일 두 시간대에 이루어졌다. 기초선 자료는 이 시간대에 맞게 기초선에 따로 표시되어 있다. 중재가 진행되는 동안 2개의 개별적인 중재들이 실행되고 시간대 전반에 걸쳐 균형을 이룬다. 이 단계에서 자료는 중재 결과에 따라 표시되고 따라서 중재들의 서로 다른 효과가 보일 수 있다. 중재 1이 중재 2보다 더 효과적이기 때문에 마지막 단계에서는 양 시간

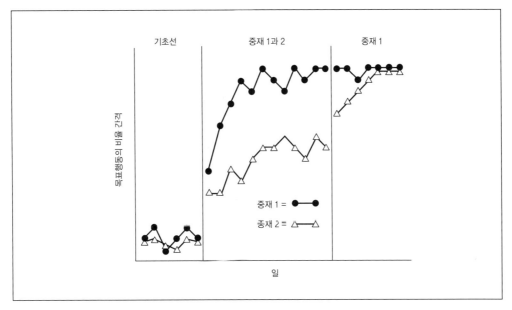

▌ 그림 9.2 ▐ 교대처치 설계의 가설적 예. 기초선에서 관찰 결과는 2개의 서로 다른 시간대 전반에 걸쳐 표시된다. 첫 번째 중재 단계에서는 두 중재 모두가 실행되고 시간대 전반에 걸쳐 균형을 이룬다. 자료는 서로 다른 중재들에 따라 표시된다. 마지막 단계에서 더 효과적인 중재(중재 1)가 양 시간대 전반에 걸쳐 실행된다.

대 전반에 걸쳐 중재 1이 실행된다. 이 마지막 단계는 덜 효과적인 중재가 실행되었던 시간에 행동이 향상되었는지를 볼 기회를 제공한다. 이런 이유로 이 마지막 단계에서는 비록 두 시간 대 모두 더 효과적인 절차를 받게 된다 할지라도, 자료가 중재 전반에 걸쳐 균형을 이루게 됨에 따라 자료는 서로 다른 시간대에 맞춰 표시된다. 그림에서도 분명하게 볼 수 있듯 이전에 덜 효과적인 중재와 연계되었던 그 시간대들에서 수행은 향상되었다.

일례로 교대처치 설계가 특수학급에서 공부하는 두 발달장애 소년의 교실 내 행동을 평가하기 위해 사용되었다(Kazdin & Geesey, 1977). 두 소년 모두 그들이 교실에서 보이는 방해행동으로 인해 대상이 되었다. 수업시간에 주의를 기울이는 행동의 향상이 목표였다. 매일 교사가 개별적인 학업 과제를 배정하는 오전의 두 시간대에 기초선 자료가 수집되었다. 기초선 단계가 끝난 후 강화 제공의 두 가지 서로 다른 형태로 구성된 중재가 실행되었다. 아동들 각자는 책상 위에 놓인 카드에 표식(토큰)을 얻을 수 있는 토큰체제가 실시되었다. 이 프로그램의 두 가지 변형은 강화물이 제공되는 방식으로 이루어져 있다. 프로그램들은 토큰들이 아동만 받을 수 있는 보상과 교환될 수 있는지(자기교환) 혹은 아동 및 학급 전체가 받을 수 있는 보상과 교환될 수 있는지(학급교환)에 따라 달라진다. 따라서 해당 아동은 자신을 위해 혹은 학급 전체를 위해 토큰을 얻을 수 있다. 그 교환 방법이 바람직한 행동을 하도록 또래들의 지원(혹은 있음 직한 압력)을 동원하게 되므로 많은 사람들을 위해 토큰을 얻는 것이 더 효과적일 것이라고 예상하였다. 토큰은 매일 두 관찰 시간에 얻게 된다. 자기보상과 학급보상 프로그램을 구분하기 위해서, 각각의 시간에 받은 토큰을 기록하는 데 서로 다른 색깔의 카드가 사용되었다. 카드에 미리 결정된 토큰의 수만큼 모였을 때 해당 아동은 자신이 받을 수 있는 보상들 중 어떤 것을 받을지 결정하기 위해 추첨 단지에서 선택을 한다. 이 보상은 어떤 카드가 강화물을 얻었는지에 따라 해당 아동 혹은 학급 전체에 주어진다. 각각의 프로그램이 두 관찰 시간 중 하나에 매일 실행된다. 프로그램들은 매일 교대되므로 하나의 프로그램이 어떤 날에는 첫 번째 시기에, 그다음 날에는 두 번째 시기에 제시되는 등으로 운영된다.

그림 9.3은 7세 소년인 맥스의 결과를 보여주고 있다. 자료들은 프로그램의 전반적인 효과(위쪽 그래프) 및 중재 각각의 서로 다른 효과(아래쪽 그래프)를 보여주기 위해 두 가지 방식으로 표시되어 있다. 그림의 윗부분은 혼합된 자료들로, 주의를 기울이는 행동이 첫 번째 그리고 두 번째 관찰 시기 동안(두 번의 오전 수업) 향상되었음을 보여준다. 아랫부분은 이 설계를 보여주지만 설명이 필요하다. 기초선 그림은 매일 두 번의 관찰 시기를 보여주고 있으며 중재는 없다. 분명히 2개의 시기는 크게 다르지 않다. 조건(중재 없음)이 같으므로 큰 변화를 예상할 수도 없다. 첫 번째 중재 단계에서 자료는 자기교환 혹은 학급교환이 효과를 발휘하는지에

따라 표시된다. 그 결과는 맥스가 단지 자기 자신만을 위한 것보다는 학급 전체를 위한 보상을 바라고 과제를 할 때 주의를 기울이는 행동을 더 많이 보여주었음을 가리키고 있다. 이러한 이유로 세 번째 그리고 마지막 단계에서는 양 시간 모두 학급교환 프로그램이 매일 실행되었다. 자기교환 프로그램이 덜 효과적인 중재였기 때문에 맥스는 더 이상 자신만을 위해 토큰을 얻지 않았다. 마지막 단계에서 양 시간대 모두에서 주의를 기울이는 행동이 지속적으로 높은 수준을 유지하고 있었다. 이 마지막 단계는 학급교환 방법이 이전에 자기교환에 투입된 시간들에서의 수행 수준을 끌어올렸기 때문에 이 방법이 정말로 더 효과적인 중재였다는 것을 더욱더 시사하고 있다.

때때로 기초선의 지속은 중재가 진행되는 동안 하나의 '중재' 혹은 '처치'로 사용될 수 있다 (예 : Hughes & Carter, 2002; Pluck, Ghafari, Glynn, & McNaughton, 1984). 기초선이 하나의

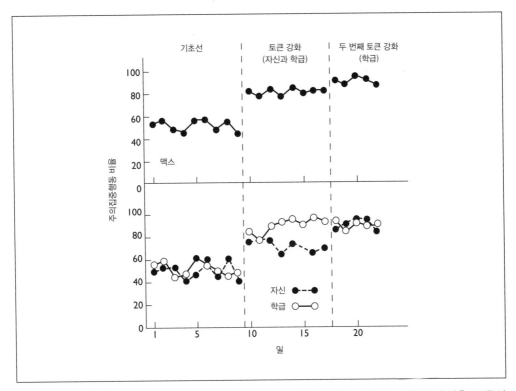

┃ 그림 9.3 ┃ 실험 조건들 전반에 걸쳐 맥스가 보인 주의를 기울이는 행동. 기초선 – 실험 중재 없음. 토큰 강화(token rft) – 획득한 토큰으로 자신(자기-교환) 혹은 학급 전체(학급교환)를 위한 보상을 구입할 수 있는 토큰 프로그램의 실행. 두 번째 토큰 강화 단계 – 양 시간대 전반에 걸친 학급교환 중재의 실행. 위쪽 그래프는 시간대 전반에 걸쳐 수집된 전반적인 자료들을 보여주고 있다. 아래쪽 그래프는 비록 중재들이 마지막 두 단계에서만 제공되었지만, 중재들이 전반적으로 균형을 이룬 시간대에 따라 수집된 자료들이 제시되어 있다. (출처 : Kazdin & Geesey, 1977)

교대 조건을 구성하는 교대처치 설계의 예는 병원에 입원한 발달·지적장애 아동들의 상동행동 빈도를 감소시키기 위해 설계된 중재를 평가하는 데 활용되었다(Ollendick, Shapiro, & Barrett, 1981). 7, 8세 아동 3명이 반복적인 손짓과 머리카락 꼬기 등의 상동행동을 보였다. 아동들 각자가 다양한 시각적-운동기능적 과제들(예 : 퍼즐)을 수행하는 동안 이 아동들의 행동에 대한 관찰이 교실 상황에서 이루어졌다. 행동은 매일 세 번에 걸쳐 관찰되었고, 관찰 후 중재 단계가 실행되었다. 중재가 진행되는 동안 두 번의 적극적인 중재와 기초선의 지속 등을 포함한 세 가지 조건이 비교되었다. 중재 중 하나는 아동의 두 손을 30초 동안 테이블 위에 강제로 두게 하여 반복적인 행동을 할 수 없게 하는 것이었다(신체적 구속). 두 번째 중재는 해당 아동으로 하여금 과제를 위한 재료들을 적절하게 사용하도록 신체적으로 안내하는 것으로 구성되었다(긍정적 실행). 이 절차는 단지 아동의 행동을 제지하는 대신 아동들이 자신의 손으로 할 수 있는 적절한 대안행동을 계발하도록 설계된 것이었다. 중재 단계의 마지막 조건은 기초선의 지속이었다. 신체적 구속과 긍정적 실행, 그리고 기초선 지속은 매일 서로 다른 시간대 전반에 걸쳐 실행되었다.

그림 9.4는 손동작을 했던 한 아동이 보인 결과를 제시하고 있다. 첫 중재 단계에서 명백히 드러난 것처럼 신체적 구속과 긍정적 실행 모두 행동의 감소를 가져왔지만 긍정적 실행 절차가 더 효과적이었다. 중재 단계의 세 번째 조건으로서의 기초선 지속에 비추어볼 때 감소의 정도는 특히 분명하다. 중재 단계에서 기초선(무중재) 조건이 실행되고 있을 때 행동의 수준은 원래 기초선 단계와 유사한 수준으로 남아 있었다. 마지막 단계에서 긍정적 실행이 매일 모든 시간대에 적용되었다. 이전 단계에서 긍정적 실행은 두 중재들 중에서 더 효과적인 것으로 입증되었고 마지막 단계에서 모든 시간대에 실행되었다. 따라서 이 설계에서 이 중재의 강점은 특히 분명하게 드러난다.

중재 단계에서 기초선의 지속은 처치가 없다면 어떤 수행이 어떻게 될지 직접적으로 사정할 수 있게 해준다. 물론 중재 단계에서 기초선을 또 다른 조건으로 포함하는 것은 이 설계를 더 복잡하게 만드는 것이다. 이 장의 뒷부분에서 논의될 것처럼 중재 단계에서 비교되는 조건의 수를 늘린다는 것은 잠재적인 문제점을 야기한다. 그러나 만일 초기 기초선 단계에서의 수행이 불안정하거나 연구자가 중재에 대한 평가를 방해할 수 있다고 믿는 경향을 보여준다면, 설계의 조건 중 하나로 기초선을 지속하는 것은 특히 유용할 것이다.

초기 기초선이 없는 형태. 교대처치 설계는 종종 초기 기초선 단계가 없이 활용되기도 하므로, 이러한 형태를 언급하고 설명하는 것이 당연하다. 많은 프로그램들에서 이 형태의 목표는 여

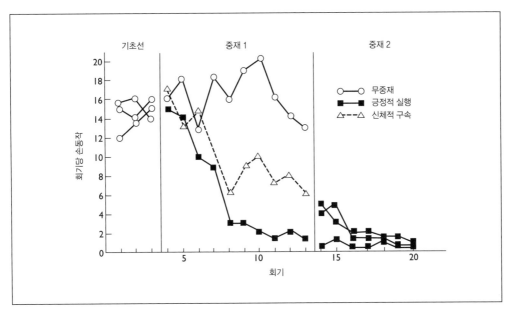

┃ **그림 9.4** ┃ 실험 조건 전반에 걸친 상동적 손짓. 각 단계에서 보이는 각각의 선 3개는 각 회기의 세 시간대를 나타낸다. 초기 중재 단계에서만 세 조건이 실행되고 있으며 시간대 전반에 걸쳐 균형을 이루고 있다. 두 번째 중재 단계에서는 긍정적 실행이 모든 시간대에서 실행되고 있다. (출처 : Ollendick, Shapiro, & Barrett, 1981)

러 가지 대안 중 어떤 것이 효과적인지 신속하게 규명하는 것이고 이를 급속히 변화하는 설계 내에서 하는 데 있다. 일반적인 형태는 발달장애인들의 자기자극 혹은 자기파괴행동을 통제 하는 것이 무엇인지 규명하는 데 사용된다. 종종 3개 이상의 중재들 각각에 5~10분 정도가 주 어지는 개별적인 일대일 회기가 활용되기도 한다. 중재는 연구자가 그 행동에 반응하는 방법 (예 : 주목한다, 무시한다, 과제에 집중하라고 요구한다 등)일 것이다. 목표는 문제행동을 통 제하고 있는 것이 무엇인지 규명하는 것이고 그것을 매우 신속하게 하는 데 있다. 단기간에 재빨리 변화된 그러한 조건 중 하나가 문제행동 감소에 영향을 주었음을 보여주는 데 있어 놀 라운 성공을 거두어 왔다.[3] 기초선이 약간 있거나 아예 없을 수 있고 조건들은 어떤 것이 수

---

3) 행동연구(응용행동분석)의 매우 중요한 연구 영역은 기능적 분석(functional analysis)으로 일컬어지는데, 이 주제는 이 책 에서 다룰 성질의 것이 아니다. 간단히 말해 기능적 분석은 어떤 요인들이 행동을 통제하는지 이해하기 위한 노력을 말한 다. 신중한 사전 평가를 통해서, 그리고 나서 직접적인 경험적 검사를 통해서 연구자는 어떤 영향력이 작동하고 있는지 가 설을 세운다. 이렇게 세워진 가설들은 그 후 경험적으로 검정된다. 예를 들어 자신을 때리는 어떤 아동과의 일대일 상황에 서 그 아동의 건너편에 앉아 있는 연구자는 아동이 자신을 때릴 때(그것이 그 행동을 통제하는지 보기 위해) 주목하기, 아 동을 외면하기, 아동에게 과제를 주거나 요구하기 등 세 가지 중재를 교대로 실행할 수 있다. 이러한 중재들은 같은 날 실 험실 회기 내에서 모두 제공될 수 있다. 어떤 것이 자신을 때리는 행동의 감소와 연계되어 있는지 매우 신속하게 결정할 수 있고 그러한 정보는 이제 일대일 실험실 회기에 수행되지 않은 중재의 기반을 형성할 수 있다. 기능적 분석의 더 상세 한 내용은 다른 출처를 참조하라(예 : Cooper et al., 2007; Iwata, Kahng, Wallace, & Lindberg, 2000).

행에 지대한 영향을 준 것으로 드러나는지 보기 위해 비교될 뿐이다. 본질적으로 이 패러다임은 무엇이 행동을 통제하고 있는지에 대한 가설들을 검정하기 위한 것이다. 이때 나타나는 중재는 추가 설계 혹은 다른 설계에서 평가될 수 있는 중재를 개발하기 위한 근거로 훌륭하게 사용될 수 있을 것이다.

초기 기초선이 없는 것이 특별한 문제들과 모호성을 야기하는 많은 사례들이 존재한다. 예를 들어 어떤 프로그램에서 목표는 교사의 긍정적인 정서(예 : 미소 짓기, 매우 긍정적인 말투 보여주기, 그리고 열정 보여주기 등)가 아동들의 정서(예 : 미소 짓기, 웃기 등)는 물론 학급 과제들에 대한 아동들의 정확한 과제 수행에도 영향을 미치는지 규명하기 위한 것이다(Park, Singer, & Gibson, 2005). 6세에서 11세에 이르는, 다양한 장애(예 : 다운증후군, 뇌성마비 등)를 지닌 4명의 아동이 참여하였다. 아동들 각자는 휴식시간에 1명씩 교실로 보내졌고, 그곳에서 테이블 앞에 앉게 되었고 과제가 주어졌다. '조건'은 두 가지가 있었는데, 그중 하나는 교사의 긍정적인 정서였고, 나머지는 중립적인 정서(예 : 단조로운 어조, 무표정한 얼굴, 낮은 열정 등)였다. 아동들의 행동은 녹화되었으며 녹화된 자료는 정서에 대해 점수가 매겨졌다. 정확한 반응은 그들이 완수한 과제로 채점되었다.

그림 9.5는 4명의 아동이 보인 결과를 제공하고 있으며 교사의 긍정적인 정서가 아동의 더 긍정적인 정서와 관련되어 있음을 보여주고 있다. 그래프에도 나와 있듯, 기초선은 없었고 중재는 차이를 보여주었다. 그래프로 제시되지는 않았지만, 이 4명의 학생 중 3명은 또한 긍정적 정서 조건에서 그들의 과제에 대해 약간 더 높은 비율의 정확한 반응을 보여주었다. 우리는 어떤 결론을 내릴 수 있을까? 우리는 하나의 처치가 다른 처치에 비해 더 효과적이라고 결론지을 수 있고, 이는 이 실증의 주요 목표였다. 그러나 기초선의 결여는 모호성이라고 하는 문제를 야기하고 있다. 기초선이 이 두 조건으로 성취된 수행보다 훨씬 더 높을(아동들의 더 긍정적인 정서) 수 있는 것이다. 더 가능성이 있는 것은, 중립적인 것이 정말로 중립적인 것이 아니라 사실은 부정적인 것이고 아동들을 평소보다 덜 즐겁게 만드는 것이라는 점이다. 결국, 중립적 조건은 아동들과 상호작용하는 대다수의 사람들보다 어쩌면 더 부정적인 표현을 포함하고 있었다. 기초선과 긍정적 정서는 정말로 다른 것이 아닐 수 있으며, 중립적 조건이 해당 아동을 더 불행하게(덜 긍정적인 정서) 만들었을 수 있다. 나는 이것이 정확하다고 말하고 있는 것이 아니다. 나는 단지 내가 제공하고 있는 해석이 그 설계로 다루어질 수 없다고 말하고 있는 것이다. 단지 어떤 방법론적 뉘앙스가 염려스러운 것인가? 그렇지 않다. 다른 교대처치 설계들은 중재들이 서로 다른 효과를 보일 때 어떤 중재는 아동들을 더 불행하게 만들 수 있음을 보여주었다(예 : Washington, Deitz, White, & Schwartz, 2002). 중재들의 효과는 초기 기초

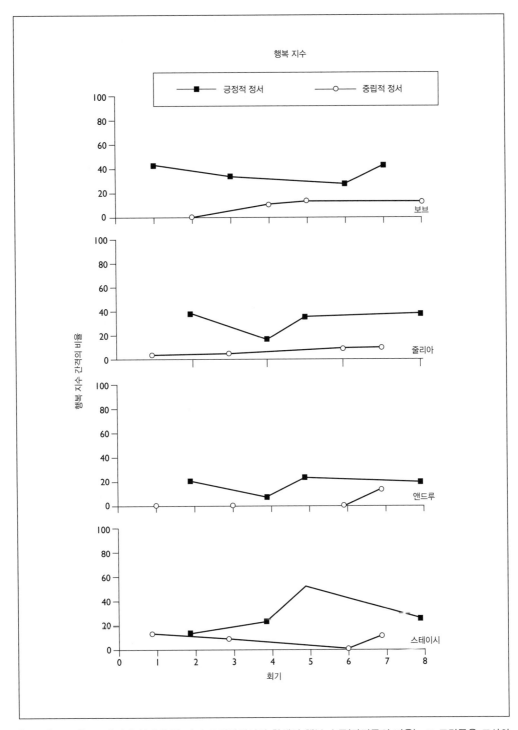

▌ **그림 9.5** ▌ 교대처치 설계의 두 가지 조건하에서의 학생의 행복 수준(간격들의 비율). 그 조건들은 교사의 긍정적 정서와 중립적 정서였다. (출처 : S. Park, Singer, & Gibson, 2005)

선 자료들의 수집에 많은 도움을 받아 평가가 가능한 것이다.

얼마간의 기초선 자료를 제공하기 위한 절충안은 조건들 중 하나가 기초선인 교대처치 설계를 이용하는 것이다. 이러한 형태에서는 초기 기초선 단계가 존재하지 않는다. 오히려 중재와 기초선 조건이 하나의 단계에서 시작된다. 이것의 한 가지 예는 과제에 집중하지 못하는 행동과 파괴적 행동, 그리고 과제 완수 실패 등으로 의뢰된 9세 소녀를 대상으로 한 연구이다(McCurdy, Skinner, Grantham, Watson, & Hindman, 2001). 매일 자리에 앉아서 하는 수학 과제가 문제집에서 선택되어 그 소녀에게 제공되었다. 보통의, 바뀌지 않은 문제집 과제(통제 혹은 기초선 과제)와 몇 개의 추가적인 그리고 더 쉬운 문제들이 보통의 문제들 사이에 삽입된 실험조건 등 두 가지 조건이 있었다. 그 근거는 과제를 성공적으로 완수하는 것이 해당 과제의 보상 가치를 증가시켜 주고 과제에 몰두하고 주의를 기울일 가능성을 더 높여줄 것이라고 언급한 이전의 연구로부터 도출된 것이다. 2개의 조건은 교실에서 매일 교대되었다.

그림 9.6은 실험 조건의 효과를 보여주고 있다. 비록 기초선 단계가 제공되지 않았지만 수행은 통제(기초선) 회기에서보다는 실험 회기에서 더 높았다. 두 조건들 사이의 차이는 시간이 흐를수록 줄어드는 것 같았지만 효과는 어떤 기초선(중재 단계 전이나 중재 단계 중)이 없이는 알 수 없었다. 원칙적으로 '진짜' 기초선(중재나 교대 조건들이 없는)은 통제 회기들과는 다를 수 있다. 하지만 조건들 중 하나로 기초선을 포함하는 것은 실험 조건의 영향의 크기를 판단하는 데 도움이 된다.

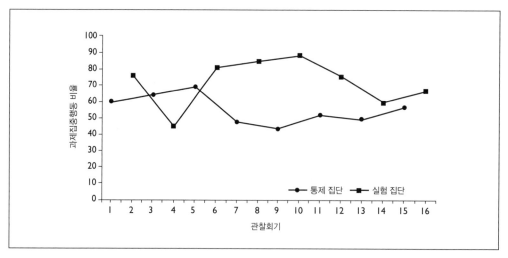

▌ **그림 9.6** ▌ 실험 조건과 통제 조건(중재가 없는)이 비교되는 교대처치 설계에서의 과제집중행동 간격 비율. 학생은 수학 과제를 하고 있었다. 실험 과제는 몇 개의 쉬운 문제들을 끼워 넣어 과제를 더 보상받을 수 있는 것으로 만들었다. (출처 : McCurdy et al., 2001)

여기서 교대처치 설계의 다른 변형들에 특별히 주목하게 되는데 이는 부분적으로 그 변형들이 다른 활용과 강점 때문이다. 가장 강력한 증명은 기초선 단계로 시작되는 것이다. 이는 그 설계의 논리(서술하기, 예측하기, 검정하기)의 적용을 가능케 하고 중재 효과의 크기를 판단하는 능력을 허용한다. 즉 중재들이 기초선에 관하여 도움을 주었는가 혹은 해를 주었는가? 다른 한편으로, 행동연구의 한 영역(기능적 분석)에서는 종종 여러 가지 중재 중 어떤 것이 실험실 회기에 행동을 통제하는지 매우 신속하게 분리하는 데 관심이 있다. 여기서는 광범위한 기초선 단계가 사용되지 않는다. 목표는 행동을 통제한다고 할 수 있는 어떤 중재를 규명하고 중재로 사용하기 위해 그것을 일상적인 상황으로 확장하는 데 있다.

기타 중다처치설계 옵션

이미 논의된 중다요소 및 교대처치 설계는 더 일반적으로 사용되는 중다처치설계들이다. 이 설계의 융통성을 알리기 위해 다른 몇 가지 옵션이 간단하게 언급될 것이다.

모든 조건의 동시 가용도. 이전에 언급되었듯 보통의 교대처치 혹은 동시처치 설계에서 중재들은 매일 서로 다른 시간대에 일정이 잡힌다. 서로 다른 중재들 각각이 실행되는 동안의 수행패턴은 서로 다른 중재들의 효과를 추론하는 근거로 사용된다. 거의 항상 중재들은, 해당 날짜의 완전히 다른 시간대에 일정이 잡힌다. 각각의 중재를 동시에 사용할 수 있도록 만드는 것은 가능한 일이다. 서로 다른 중재들이 사용 가능하지만 어떤 면에서는 의뢰인에 의해 선택되는 것이다.

역사적으로 초기에 나타난 이러한 변형설계의 매우 분명한 실례는 병원에 입원해 있는 9세 소년의 허풍을 감소시키는 데 있어 세 가지 절차(칭찬과 주의, 언어적 질책, 그리고 무시 등)의 효과를 비교한 것이었다(Browning, 1967). 그 소년의 문제행동 중 한 가지는 자신에 대한 진실이 아닌 그리고 과장된 이야기들로 구성된 아주 많은 허풍이었다. 기초선 관찰 후 연구 보조원은 교대처치 설계에서 언급된 절차들을 실행하였다. 서로 다른 처치들이 세 집단의 연구 보조원들(각 집단당 2명) 전체에 균형을 이루었다. 매주 특정 중재와 연계된 연구 보조원들은 순환되었고 따라서 모든 사람이 결국 각각의 중재 모두를 실시해보게 되었다.

이 설계의 독특한 특징은 낮 동안 아동이 모든 보조원을 활용할 수 있다는 것이다. 허풍에 대해 해당 아동이 받게 되는 특정 후속결과는 그 아동이 접촉하고 있는 연구 보조원에 따라 달랐다. 그 소년은 자신이 선택한 보조원들을 만날 수 있었고 찾아낼 수 있었다. 그리고 그 보조원들은 그 주에 그들이 배정받은 중재에 따라 그 소년에게 서로 다른 후속결과를 제공했다.

처치 효과는 여러 보조원들에게 했던 허풍의 빈도 및 지속시간을 바탕으로 측정되었다. 연구 결과는 문제행동에 주의를 기울이거나 질책을 했던 보조원들이 있을 때에 비해 문제행동을 무시했던 보조원들이 있을 때에 지속시간이 감소하는 경향이 있음을 보여주었다.

이 변형설계는 모든 처치를 동시에 활용할 수 있기 때문에 다른 변형설계들과 약간 다르다. 실행된 중재는 특정 보조원에게 접근한 아동에 의해 결정된다. 이 설계의 변형은 특정 중재에 대한 의뢰인의 선호도를 측정하는 데 유용하다. 의뢰인은 특정 중재를 수행하는 보조원들을 찾을 수 있다. 모든 보조원을 똑같이 활용할 수 있기 때문에 특정 중재를 실시하는 보조원들이 선택되는 정도는 그 자체로 관심의 대상이 될 수 있을 것이다.

모든 중재가 사실상 동시에 활용 가능하고 상호작용할 사람을 의뢰인 자신이 선택하는 이 변형설계는 거의 사용되지 않았다. 이 설계는 중재가 특정 조건들과 연계되어 있기 때문에 중 다요소설계의 특징을 지니고 있다. 방법론적으로 이 변형은 특정 조건에 대한 선호도를 측정하는 데 가장 잘 맞고, 이는 보통의 관심 문제, 즉 서로 다른 조건들의 효과성과는 다소 차이가 있는 것이다.

임의 설계. 단일대상에 대한 중다요소설계는 중재 단계에서 중재들 혹은 조건들을 다양한 방식으로 변화시킨다. 이전에 논의된 설계는 서로 다른 처치들을 제시하는 방식을 일컫는 임의 설계와 유사하다(Edgington, 1996). 이 설계는 많은 부분 단일대상 실험연구라는 주류로부터 보다는 대안적 처치들의 통계적 평가 요구에 대한 관심을 통하여 개발되었다.[4]

1명의 연구 대상 혹은 한 집단에 적용되는 임의 설계는 대안적 중재를 임의의 순서로 제시하는 것을 말한다. 예를 들어 기초선(A)과 처치(B) 조건들이 연구 대상들에게 매일 ABBA-BABAAB의 순서로 제시될 수 있다. 대개의 경우 각각의 조건이 같은 횟수로 제시된다는 제한을 갖고 매일 다른 조건이 제시된다. 어떤 특정한 날 실시된 조건이 임의적으로 결정된 것이기 때문에 결과는 몇 가지 통계적 검정을 잘 받아들이게 된다(Edgington, 1996; Edgington & Onghena, 2007; Todman & Dugard, 2001).

임의 설계의 특징은 교대처치 설계의 여러 변형에 포함되어 있다. 예를 들어 교대처치 설계

---

4) 비록 서로 관련되어 있기는 하지만 임의 설계와 임의 검정은 구분하는 것이 유용할 것이다. 설계는 실험 조건들의 배치를 일컫는 것이며, 이러한 경우 그 조건들이 의뢰인에게 제시되는 순서이다. 검정은 자료들을 분석하는 데 활용되는 통계적 기법들을 말한다. 임의 설계는 통계적으로 분석될 필요가 없으며, 만일 자료들이 통계적으로 분석된다면 그 검정은 임의 검정일 필요가 없다. 이 장은 설계에 초점을 맞추고 있다. 통계적 검정은 나중(부록)에 논의될 것이다(Edgington & Onghena, 2007; Todman & Dugard, 2001 참조).

의 중재 단계에서는 두 가지 이상의 중재들이 자극 조건들(예 : 시간대 등) 전반에 걸쳐 균형을 이루어야 한다. 처치들이 적용되는 순서가 임의적으로 결정될 때(표 9.1B 참조) 해당 단계는 임의 설계의 요구 조건을 충족한다. 본질적으로 임의 설계는 중다처치설계의 중재 단계에서 처치들을 순서 짓는 한 가지 방식으로 구성된다.

기술적으로 말해서 만일 두 가지 이상의 처치들(B, C)이 혹은 기초선과 한 가지 이상의 조건이 중재 단계에서 비교된다면 이 설계는 초기 기초선 없이 사용될 수 있다. 어떠한 단일대상설계에 있어 다양한 단계의 서술하기, 예측하기, 그리고 검정하기 기능의 근거를 강화하기 위해서는 기초선 단계를 두는 것이 거의 항상 더 낫다. 그러나 중다처치설계에 있어 '기초선'(무중재)은 임의 설계가 사용된다면 임의적인 순서로 변화되고 제시되는 조건들 중 하나가 될 수 있다. 이 문제는 이 장의 뒷부분에서 '추가적 설계 변수'라는 제목으로 조금 더 논의될 것이다.

비록 훌륭한 예들(예 : Washington et al., 2002)을 이용할 수 있기는 하지만 임의 설계는 응용연구에서 그리 자주 보고되지 않았다. 동일한 단계에서 중재들을 비교할 때 관심의 대상이 되는 방법론적 쟁점은 중재 효과가 연계되어 있을 수 있는 어떤 조건들로부터 중재 효과를 분리해낼 수 있다는 것을 보장하는 것이다. 이러한 이유로 연구자들은 조건들(예 : 시간대, 상황 등) 전반에 걸쳐 중재들의 균형을 이루어 다른 요인들에 의해 오염되지 않은 중재들에 대한 추론이 도출될 수 있도록 하는 데 관심을 갖는다. 무선화는 조건들을 중재들과 짝 짓는 데 편견이 들어갈 수 있는 어떤 이유들이 있다면 그리고 다른 상황에서 적용 환경과 중재 실시 요구를 고려해볼 때 만일 무선화가 그만큼 편리하다면 조건들의 제시 순서를 매기는 방법을 결정하는 데 있어 유용하다. 예를 들어 무선화보다 더 예측 가능하지만 편견을 갖지 않은 방식으로 중재들이 교대된다면(예 : 따라서 처치 A는 항상 아침에, 처치 B는 항상 오후에 실시되는 것은 아니다) 어떤 프로그램의 실행에 있어 차이가 생길 수 있다.

내가 언급했듯, 임의 설계는 드물게 사용되고 있는데 그 이유는 추정만 할 수 있다. 그 이유에 대한 설득력 있는 견해는 무선화가 이 설계의 논리 및 실행에 대한 현실적 문제들에 떠맡긴 어려움 때문이라는 것이다. 이 설계의 논리는 자료 패턴의 서술하기, 예측하기, 그리고 검정하기 기능에 달려있다. 경향을 보기 위한 안정된 수준의 수행과 미래를 특징짓게 될 기능한 패턴을 갖게 됨으로써 이러한 기능들을 도울 수 있다. 지속적으로 변화하는, 일관성 없이 움직이는 중재도 패턴을 보여줄 수 있겠지만 이러한 중재는 매일매일 변화하는 중재 조건들이나 (임의적인 순서에 좌우되는 것과 같은) 이에 상응하는 것들, 그리고 중재가 실행되자마자 매우 다른 효과를 보여줄 수 있는, 반응 수준이 높은 의뢰인 등을 필요로 한다. 서술하기, 예측하기, 그리고 검정하기 논리는 쉽게 작동시킬 수 있지만, 자료는 수행의 즉각적인 전도를 보기에 대단히 적합해야 한다. 무선화의 현실적인 어려움은 이 설계의 사용을 제한해 온 또 다른 문제이다. 대다수의 적용 환경(예 : 학교, 특수학급 등)에서는 중재를 최소한 매일매일 임의적으로 쉽게 뒤집을 수는 없다. 무선화에 대한 요구는 중재들이 다른 상황에서 사용될 때 보다 중재들을 계획하고 실행하는 것을 더 복잡하게 만든다. (어떤 중재연구에서도 항상 중요한) 개별적 중재의 진실성과 변화하는 의뢰인의 반응은 무선화로 인해 매일매일의 변화가 필요할 때 약간 더 까다로워진다. 이것이 마치 내가 무선화를 '반대하는' 것으로 들리는가? 이는 찬성과 반대의 문제가 아니다. 무선화는 단일대상설계에서 매우 유용할 수 있는 도구이고 타당도에 대한 저해 요인들을 제거하는 데 기여할 수 있다. 이것이 바로 우리가 먼저 여러 설계들을 논의하고 사용하는 이유이다.

이 장에서 무선화는 주로 중다처치설계에서 중재들을 배치하는 한 가지 방식으로 논의되었다. 단일대상연구에서 무선화의 역할은 이 특정 설계들 이상으로 더 넓다. 첫째, 조건들의 무선화는 단일대상설계들에서 중재들을 평가하기 위해 사용되는 특별한 통계 기법들의 적용을 용이하게 한다(Todman & Dugard, 2001). 둘째, 무선화는 단일대상연구라는 더 넓은 맥락에서 그리고 많은 서로 다른 유형의 설계들에 영향을 미치는 한 가지 방법으로 논의되어 왔다(Kratochwill & Levin, 출판 중). 우리는 이러한 서로 다른 맥락에서의 무선화를 이 책의 뒷부분에서 다시 논의할 것이다.

결합성분. 이 장 및 이전 장들에서 제시한 설계들 중 많은 부분은 그 설계들의 분명하고 잘 기술된 예들을 전달하고 있다(예 : ABAB, 중다 기초선 등). 설계들을 학습하는 데 있어 분명한 예들은 매우 유용한 것이므로 사람들은 지나치게 혼란스럽지 않게 기본 원칙들을 제시할 수 있다. 단일대상 접근 방식 내에서 연구하는 연구자들은 종종 설계들을 혼합하고 요소들(예 : 무선화)을 한데 합친다. 그 결과는 종종 훌륭한 실례가 되지만 그 설계가 무엇이었는지 혹은 그것을 어떻게 분류해야 하는지는 분명치 않다. 그러한 경우들에서는 변함없이, 그 설계들은 혼합물(hybrid)과 조합물(combination)이 된다. 다음 장에서는 조합된 설계들을 더 자세하게 전달할 것이다. 그러나 여기에서 이 장에서 논의된 몇 가지 특징이 어떻게 조합될 수 있는지 설명하는 것이 유용할 것이다.

이 연구는 넓은 대학 캠퍼스에서 수행되었고 촉구와 피드백이 정지신호에서 완전하게 정지한 운전자들의 비율을 증가시킬 수 있는지 알아보기 위해 설계되었다(Austin et al., 2006). 2개의 교차로(이하 정지 A와 정지 B)에 다다른 운전자들은 매일 아침 교차로 옆에 주차된 차에 타고 있는 관찰자들에 의해 관찰되었다. 이 각각의 정지신호에 접근하는 운전자 개개인은 정지하였는지 아니면 그냥 지나쳤는지에 따라 부호화되었다. 정지했다는 것은 눈에 보이는 모든 타이어들이 돌고 있지 않음을 의미하는 것으로 매우 신뢰성이 높은 척도였다. 중재가 진행되는 동안 자원봉사자 한 명이 정지신호 A 근처에 '멈추세요. 제가 보고 있어요'라고 쓴 커다란 포스터를 들고 서 있었다. 이 문구는 물론 정지를 촉진하기 위해 만들어진 것이다. 만일 운전자가 차를 멈춘다면 그 자원봉사자는 '멈춰 주셔서 고맙습니다'라고 쓰인 포스터의 뒷면을 휙 내보였다. 이는 피드백과 사회적 강화를 제공하는 것이다. 이 중재는 정지신호 A와만 연계되었고 정지신호 B와는 관련이 없었다. 정지신호 A와 B는 서로 교차로의 반대편에 있었고 이러한 배치는, 비록 정지신호 A 혹은 정지신호 B로 오는 운전자들 모두 자원봉사자가 서 있는 것을 볼 수는 있었지만 분명히 정지신호 A로 오는 운전자들만이 그 포스터를 보고 지시와 칭찬을 받을 수 있게 한 것이었다.

이 설계는 기초선 관찰로 시작되고 관찰결과는 완전히 멈춘 운전자의 비율로 정지신호 A와 B에 대해 따로 그래프에 표시되었다. 중재가 진행되는 동안 정지신호 A가 있는 교차로 근처에 서 있던 자원봉사자는 포스터(지시와 사회적 강화)를 보여주었다. 정지신호 B가 있는 교차로 근처에 있던 그 누구도 촉구와 강화를 제공하지 않았다. 따라서 중재가 한 가지 조건(정지신호 A)과 연계되어 있고 다른 조건(정지신호 B)과는 연계되어 있지 않았기 때문에 이는 이 설계의 중다요소적 특징이 된다.

이 설계에는 그 이상이 있다. 즉 중재 단계에는 두 가지 교대 조건이 있는 것이다. 한 가지 조건은 자원봉사자의 존재이며 이미 언급했듯 자원봉사자가 포스터를 들고 있었다는 것이다. 중재 단계에서 다른 조건은 기초선의 지속이었다. 중재가 진행되는 동안 며칠은 자원봉사자가 없었다. 즉 중재 단계에서 며칠은 자원봉사자가 있었고 며칠은 자원봉사자가 없었던 것이다(따라서 교차로의 조건은 바로 기초선과 같았다). 중재를 하는 날들과 기초선이 지속되는 날들은 그 순서가 임의로 정해졌다. 그러므로 중재 단계에서의 두 조건의 무선화는 이 설계의 또 다른 요소였다.

그림 9.7은 이 설계의 그 결과를 잘 알려주고 있다. 그림의 위 그래프와 아래 그래프는 기초선 동안(검은색 원이 있는 실선) 낮은 비율의 운전자들만이 정지신호 A(위 그래프)나 정지신호 B(아래 그래프)에서 차를 멈췄음을 보여주고 있다. 검은색 원으로 표시된 실선은 '진짜' 기초선 단계에서의, 그리고 나서 연구 전반에 걸쳐 임의로 결정된, 기초선이 실행된 날 동안의 기초선을 보여주고 있다. 흰 원이 표시된 선은 중재의 효과(위 그래프)를 보여주고 있다. 중재가 진행되는 동안 자원봉사자가 포스터를 내보일 때(표시를 볼 수 있는 날) 멈춰 선 운전자들

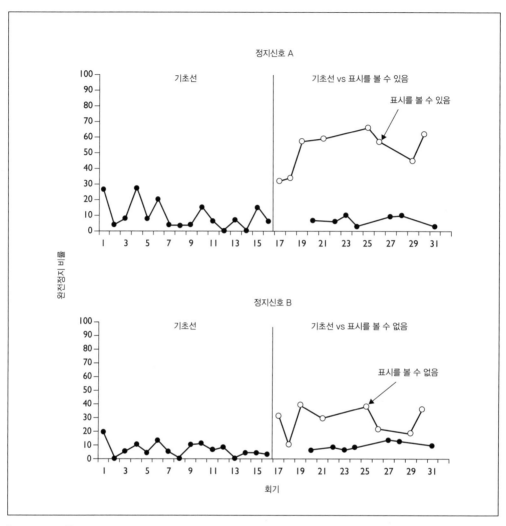

▌ 그림 9.7 ▌ 정지신호 A(위)와 정지신호 B(아래)에서 완전히 멈춘 운전자들의 비율. (출처 : Austin et al.,
2006)

의 비율은 정말로 증가하였다. 임의로 결정된 며칠은 자원봉사자가 없었고 수행 또한 기초선
수준에 머물러 있었기 때문에 이것이 어떤 역사적 사건이나 그러한 영향력을 지닌 다른 사건
일 수 없는 것이었다. 위 그래프만이 강력한 증거를 제공하고 있는 것이다. 정지신호 B에는 중
재가 전혀 없었지만 자원봉사자가 보였던 날들과 기초선이었던 날들을 비교하기 위해 자료가
표시되었다. 분명치 않은 이유로 멀리서 자원봉사자를 볼 수 있던 날은 차를 멈춘 운전자의
비율이 약간 상승한 것과 연계되어 있다. 자원봉사자를 보행자로 오해했고 그것이 차를 멈추
는 비율을 증가하게 만들었을 수 있고 혹은 정지신호 B에 다가가던 어떤 사람들은 이전에 정

지신호 A가 있는 교차로를 경험했을 수도 있다.

전반적으로 이 설계는 서로 다른 설계들(중다요소, 교대처치 설계, 무선화 등)의 여러 가지 특징을 갖추고 있다. 중다요소 성분은 서로 다른 중재들(지시/칭찬 대 아무것도 없음)과 연계된 별개의 자극 조건들(정지신호 A와 B)에 기초하고 있다. 교대처치의 특징들은 중재 단계에서 변화하는 두 가지 조건들(중재와 기초선)로부터 발생한다. 그리고 무선화는 두 가지 조건들이 매일 어떻게 바뀌는지를 일컫는다. 결과에 관하여 위 그래프는 중재의 분명한 효과를 보여주고 있다. 정지신호 B에서 멈춘 운전자들이 증가한 이유에 대해서는 약간 모호하다. 이 조건(지속된 기초선)을 포함하는 것은 매우 유용하였다. 중재가 무중재보다 더 나았다는 것을 보여주는 것은 중요한 일이고 기초선의 지속은 이를 규명하는 데 도움이 된다.

추가적 설계변수

중다처치설계에 포함된 조건들

중다처치설계를 채택하는 주요 목적은 2개 이상의 중재들의 상대적 효과를 평가하고 그 평가를 비교적 신속하게 하는 데 있다. 그러한 이유로 지금까지 논의된 변형들은 중재들, 즉 행동을 변화시키기 위해 고안된 실행 가능한 처치들이나 방법들의 비교를 강조해 왔다. 중재 단계에서 비교된 조건들 모두가 적극적인 처치들을 필요로 하는 것은 아니다. 몇몇 변형에서는 중재 단계에 포함된 조건 중 하나가 기초선 조건, 즉 무중재의 지속이다. 혼합된 요소들에 대한 이전 예는 기초선을 하나의 중재로 포함하였지만, 그러한 활용을 더 명시적으로 그리고 그 예에 포함된 다른 많은 명쾌한 절차들을 조합하지 않고 강조하는 것은 가치 있는 일이다.

단일대상설계에 대해 더 일반적으로 회상할 때 초기 기초선의 한 가지 목적은 처치가 실행되지 않는다면 미래에 어떠한 수행이 있을 것 같은지를 예상(예측)하는 데 있다. 중다처치설계에서 하나 이상의 중재를 실행하는 것, 그리고 기초선 조건을 지속하는 것, 이 모든 것을 동일한 단계에 하는 것은 가능한 일이다. 미래에 기초선이 어떨 것인지를 예상하는 데 덧붙여, 중재(들)와 함께 수행의 기초선 수준을 평가할 수 있다. 만일 중재가 실행되고 있는 시간대에서는 수행이 변하지만 기초선 조건들이 지속되는 시간 동안에는 수행이 원 기초선 수준에 머물러 있다면, 이는 행동의 변화가 중재로부터 귀결된다는 극적이고도 설득력 있는 증거를 제공하는 것이다. 기초선 조건들이 중재가 진행되는 동안 지속되기 때문에 연구자는 중재가 없는 수행에 대한 직접적인 기준을 갖게 된다. 중재 단계의 개시와 혼동될 수 있는 어떤 외부적인 영향들은 지속되었던 기초선 조건들에 작용할 것이다. 중재 단계에서 기초선을 지속함으로써 중재가 변화를 설명한다는 것을 더 확언할 수 있다. 더욱이 동시에 평가되는 기초선과 중재 조건들 아래서 중재가 실행되는 동안 수행을 직접적으로 비교함으로써 연구자는 중재로 인한 변화의 크기를 판단할 수 있다.

일반적으로 중다처치설계에서 우리는 보통 2개 이상의 처치들을 비교할 생각을 한다. 그러나 어떤 변형은 2개의 조건, 즉 중재와 기초선의 지속을 동시에 비교할 수 있다. 이것이 연구자가 단 하나의 중재에 관심이 있을 때조차 중다처치설계를 유용한 것으로 만들어준다. 예를 들어 만일 어떤 교사 혹은 학교 행정가가 학급 과제에 대한 열정과 참여를 특별히 잘 만들어낼 수 있는 방법에 대한 아이디어를 갖고 있다면, 그 방법은 중재가 될 수 있고 후에 그 방법은 매일 오전이나 오후에 한 차례씩 실행되는 교대처치 설계에 포함될 수 있을 것이다. 그날 특별한 중재가 실행되지 않는 다른 시간들에는 평소처럼 가르친다(기초선).

중재가 실행되는 동안 기초선을 지속하는 것은 (중재 조건들 중 하나로) 또 다른 용도가 있다. 만약 초기 기초선 단계 동안의 수행이 불안정하거나, 연구자가 중재들의 평가를 방해할 수 있다고 믿는 어떤 경향을 보여준다면, 그 설계의 조건들 중 한 가지로 기초선을 지속하는 것은 특히 유용할 것이다. 이러한 방법은 중재가 행동 패턴에 영향을 주었는지 직접적으로 검정할 기회를 제공한다. 우리는 기초선이 지속될 때 수행이 어떻게 될 것인지 예측하는 대신 직접적인 기록을 갖게 된다.

중다처치설계의 마지막 단계

교대처치 설계는 기초선 단계 뒤에 2개 이상의 중재들이 제시되는 중재 단계가 이어지는 것으로 정의된다. 이 설계는 종종 증명력에 기여하는 세 번째 및 마지막 단계를 포함한다. 만일 중재 단계에서 2개의 조건 중 한 중재가 다른 중재에 비해 더 효과적인 것으로 보인다면 이 설계의 마지막 단계에서는 모든 경우에 그리고 모든 자극 조건들하에서 그 더 효과적인 중재가 실행된다. 모든 자극 조건들 전반에 걸쳐 더(혹은 가장) 효과적인 중재가 적용되는 것으로 교대처치 설계의 마지막 단계가 구성될 때 이 설계는, 중다기초선설계와 다소 닮은 데가 있다.

본질적으로 이 설계는 두 번의 중재 단계를 포함하고 있는데, 한 번은 2개(혹은 그 이상)의 중재가 비교되는 단계이고 나머지 한 번은 더(가장) 효과적인 중재가 적용되는 단계이다. '중다기초선'은 서로 다른 행동들이나 상황들을 일컫는 것이 아니라 오히려 관찰 자료가 얻어지는 매일매일의 서로 다른 시간대를 말하는 것이다. 첫 번째 중재가 진행되는 동안 더(가장) 효과적인 중재는 한 시간대에 적용된다(혹은 시간대나 상황 전반에 걸쳐 균형을 이룬다). 두 번째 중재 단계에서는 더(가장) 효과적인 중재가 모든 시간대로 확장된다. 그러므로 더(가장) 효과적인 중재는 이 설계의 서로 다른 시점에서 각각의 시간대에 도입된다(첫 번째 중재 단계, 그리고 나서 두 번째 중재 단계).

물론 이 설계는 더(가장) 효과적인 중재가 기초선 조건하에서 지속되지 않을 수 있는 시간대에 도입되므로 중다기초선설계와 정확하게 일치하지는 않는다. 오히려 덜 효과적인 중재가 첫 번째 중재가 진행되는 동안 이 시간대들에 적용되었다. 다른 한편으로 교대처치 설계가 어떤 중재를 기초선의 지속과 비교할 때, 두 중재 단계는 중다기초선설계에 밀접하게 상응한다. 중재가 첫 번째 중재 단계에서 하나의 시간대에 도입되는 동안 다른 시간대에는 기초선 조건이 지속된다. 두 번째 중재 단계에서는 중재가 중다기초선설계와 정확하게 같은 방식으로 모든 시간대로 확장된다.

나는 단지 독자들을 혼란스럽게 만들지 않기 위해 마지막 단계 및 서로 다른 설계들의 관계를 언급하고 있다. 독자들을 혼란스럽게 만들기 위해서는 다른 기회가 있을 것이다. 오히려, 단일대상설계의 요인 혹은 요소(단계, 옵션)를 알려주는 것은 중요한 일이다. 설계가 쉽게 분류될 수 없을 때 '저것은 무슨 설계입니까?'라고 묻거나 심지어 요구하고 싶은 생각이 든다. 설계 그 자체와 분류가 정말로 중요한 것은 아니다. 오히려, 단일대상설계의 논리(서술하기, 예측하기, 검정하기)와 실험의 목적(타당도를 저해하는 요인의 제거)이 중요한 것이다. 논리와 목적들은 충족될 필요가 있고 논리와 목적들이 다른 모든 고려사항들을 능가하는 것이다. 서로 다른 상황들을 다루기 위해 임시변통으로 단일대상설계를 만드는 데 있어 그리고 증명을 명백히 할 필요가 있을 때 어떤 설계에 뒤 단계들을 추가하거나 바꾸는 데 있어 서로 다른 많은 요인 및 요소는 소중한 도구들을 제공한다.

총평

이전에 논의되었던 것처럼 중다처치설계들은 첫 번째 그리고 두 번째 중재 단계에 실행되는 조건들보다는 더 많은 차원을 따라 변화할 수 있다. 예를 들어 설계들은 비교되는 중재들 혹은 조건들의 수에 있어 그리고 중재들이 전반적으로 균형을 이루는 조건들 혹은 맥락들의 수에 있어 차이를 보인다. 이러한 차원들이 아무리 중요해도 이 차원들은 이 설계들의 기본적인 특징들을 바꿀 수는 없다.

이 설계들은 ABAB 및 중다기초선설계들만큼 일반적으로 사용되지는 않는다. 이 설계들이 사용될 때 그 증명력은 실험적으로 강력한 경향이 있다. 그렇게 강력한 주원인은 대체로 연구자들이 다른 어떤 설계에 의지한 특징을 이 설계에 포함시키기 때문이다. 예를 들어 이 설계는 기초선과 중재를 필요로 할 뿐이다. 중재 단계에서 서로 다른 중재들은 각각의 중재 아래서의 수행이 기초선에서 그리고 다른 중재의 기준점으로부터 출발하고 있는지 보기 위해 기준점을 제공한다. 단일대상설계의 서로 다른 단계들의 서술하기, 예측하기, 그리고 검정하기 특징들은 두 단계 내에 수용된다. 연구자들은 종종 증명력을 더욱더 강화하는 세 번째 단계를 포함하기도 한다. 나는 더(혹은 가장) 효과적인 중재가 모든 조건들 전반에 걸쳐 도입되는 세 번째 단계를 덧붙인다는 중다기초선설계의 특징을 언급했다.

게다가 이 설계의 세 번째 혹은 마지막 단계는 모든 처치들을 철회하는 것으로 구성될 수도 있다. 이러한 이유로 반전 단계가 포함되고 이 설계의 논리는 앞서 논의된 ABAB 설계의 논리를 따르게 된다. 물론, 중다처치설계들의 한 가지 매력적인 특징은 처치를 철회하지 않고도 실험효과를 보여주는 능력이다. 나는 여기서 그 추가를 특별히 옹호하기 위해서가 아니라, 중재의 영향에 대해 도출할 수 있는 결론을 더 강화하기 위해 때때로 사용되는 변형들을 알리기 위해 반전 단계의 활용을 언급하고 있는 것이다. 우리가 중다처치설계에서 드러날 수 있는 문제들과 그 문제들을 다루는 방법으로 옮겨 감에 따라 이 설계의 전체 변형들은 더욱 분명해진다.

문제점과 고려사항

단일대상 실험설계들 중 여러 가지 처치가 비교되는 설계들은 비교적 복잡하다. 그러므로 그 설계들을 사용함으로써 중재의 유형들 및 그 설계에 적합한 행동, 중재들이 의뢰인들에 의해 기술될 수 있는 정도, 중재 및 조건(시간대, 상황 등)의 수, 그리고 중다처치의 개입이 결과에 영향을 미칠 수 있는 가능성 등에 관하여 몇 가지 고려사항이 제기된다.

초기 기초선 생략하기

중재가 진행되는 동안 2개 이상의 중재가 비교된다. 때때로 연구자가 기초선을 실행하지 않고 2개의 중재(예 : 교대처치 설계)를 시작하는 어떤 변형이 사용된다(예 : Reinhartsen, Garfinkle, & Wolery, 2002; Wacker et al., 1990). 만약 하나의 중재가 다른 중재의 효과를 엄청나게 능가한다면 기초선을 실행하지 않는 것은 큰 문제가 되지 않는다. 그 목적은 하나의 중재가 다른 중재보다 더 효과적인지를 보는 것이고, 이는 초기 기초선 없이도 달성될 수 있다. 그러나 만일 두 중재가 효과 면에서 차이가 없다면 다루어질 수 없는 중요한 문제가 발생한다. 두 중재 모두 효과적인가(기초선보다 더 나은가) 아니면 둘 다 효과가 없는가(예 : 기초선과 다를 바 없는가)? 또한 나는 전에 더 나아 보이는 중재가 기초선과 차이는 없지만 다른 중재가 상황을 더 나쁘게 만들었기 때문에 효과가 있어 보일 수 있음을 언급하였다(Washington et al., 2002). 두 중재 모두 해당 행동을 기초선보다 더 악화시키는 것조차도 가능하다. 이는 단순히 지적인 가능성이 아니다. 중재들은 때때로 사람들을 더 엉망으로 만들기도 한다(예 : Dodge, Dishion, & Lansford, 2006; Feldman, Caplinger, & Wodarski, 1983).

예를 들어 어떤 프로젝트에서 초등학생 4명의 신체적 활동을 증가시키려는 것을 목표로 하여 두 가지 중재가 비교되었다(Grissom, Ward, Martin, & Leenders, 2005). 학생들은 매일 작은 장비(가속도계)를 차고 활동 수준을 평가받았다. 이 프로젝트는 활동을 증가시키는 것이 목적이었고, 이 장비는 수업이 끝나면 컴퓨터에 다운로드되는 정보를 자동적으로 기록하는 기계이다. 두 가지 중재들은 (1) 학생의 활동이 특정 수준 이상으로 증가될 때 소리 신호를 제공하는 심박수 측정기를 차는 것과 (2) 측정기를 차지 않고 피드백을 받지 않는 것이었다. 교대처치 설계의 결과는 이 두 중재들이 효과 면에서는 별다른 차이가 없음을 보여주었다. 이는 놀랄 만한 일이 아니다. 이는 심리학이 제공할 수 있는 모든 중재들 중 피드백 그 자체는 효과의 크기 및 보통 영향을 받는 사람들의 수에 관하여 더 강력한 중재들에 포함되지 않기 때문이다. 그러나 우리는 '두 중재들 모두 기초선 이상으로 활동을 증가시켰는가?'라는 중요한 질문에 대해서는 판단을 내릴 수 없다. 기초선의 서술 및 예측 특징들을 갖기 위해서 중재 전 단계(기초선)를 두는 것이 좋았을 것이다. 이 중재 전 단계는 어떤 중재가 실행되기 전 며칠로 가속도계를 착용한 단기 혹은 장기 기간이었을 수 있다. 심박 수 측정을 위한 장비는 중재 단계에서 두 조건 모두를 발생시킬 수 있었고 사실상 차이를 만들어냈다.

기초선이 항상 실행 가능한 것은 아니며 항상 필요한 것도 아니다. ABAB 설계에서조차 중재부터 시작하여 이 설계를 BAB 설계 혹은 BABA 설계로 만들 수 있다. 그러나 중다처치설계에서 두 처치 간의 차이가 없다는 것은 아주 간단한 기초선만 있어도 존재하지 않을 수 있는 모호성을 가져온다. 단일대상설계의 일반적인 규칙은 가능하다면 기초선 단계를 시작하는 것이다. 위 예의 경우 기초선에서 두 기준점이 수행을 서술하고 예측하는 데 전적으로 충분치 않을 수 있지만 그 기준점들은 여전히 훌륭한 부가물이었다.

중재의 유형과 행동

중다처치설계는 회기들 혹은 시간대 전반에 걸쳐 주어진 행동에 대한 변화를 보여주는 것에 의존한다. 만일 2개(혹은 그 이상)의 중재가 어떤 날 교대된다면 행동은 중재들의 서로 다른 효과를 입증하기 위해 신속하게 바뀔 수 있어야 한다. 행동이 신속하게 변화해야 할 필요성은 두 유형의 중재 및 중다처치설계로 연구될 수 있는 행동들에 영향을 준다.

중다처치설계에 적합한 중재들은 초기에 빠른 효과를 보여주고, 종료되었을 때 이월 효과

(carryover effect)가 거의 혹은 전혀 없을 필요가 있다. 신속한 개시 효과(start-up effect)라는 초기 요구 조건을 생각해보라. 2개(혹은 그 이상)의 중재가 보통 같은 날 실행되기 때문에 주어진 회기 내에서 중재가 그 효과를 보이기 시작하는 데 그리 오래 걸리지 않는 것이 중요하다. 예를 들어 만일 각각의 중재가 매일 1시간짜리 두 시간대 중 하나에서 실시된다면 그날 중재가 종료되기 전까지 행동의 변화를 보이기에는 비교적 적은 시간만이 남게 된다. 모든 처치가 비교적 신속하게 효과를 보이지는 않는다. 이 문제는 성인 및 아동들의 임상 문제(예 : 우울)를 치료하기 위해 활용되는 어떤 형태의 약물치료에서 분명하게 드러나는데, 이 치료는 치료 효과가 관찰될 때까지 수일 혹은 수 주가 걸린다. 하지만 그 문제는 (예 : 교실에서) 비교되는 심리사회적 그리고 교육적 영향들(예 : 지시와 칭찬 대 집단 프로그램, 교수 전략 혹은 기술을 쌓는 특수교육 자료들 등)에서 분명해질 가능성이 높다. 하나의 중재가 진행 중인 순간 혹은 처음 몇 번의 시간대가 반드시 학생들의 행동에 즉각적인 영향을 가져오는 것은 아니다. 중재 각각의 영향은 천천히 나타날 뿐이다. 게다가 중재들의 서로 다른 영향(한 가지 영향만 있다는 가정하에) 또한 나타나는 데는 시간이 걸린다.

중재의 효과가 강화 및 처벌을 기반으로 하는 많은 행동 프로그램에서 중재 효과는 비교적 짧은 기간 내에서만 분명하게 나타났다. 만약 주어진 시간대에 후속결과를 적용하기 위한 몇몇 기회(해당 행동의 발생)가 있다면, 중재 효과는 비교적 빨리 나타날 것이다. 그러나 후속결과에 근거한 많은 중재들(예 : 후속결과가 제공되지 않는 경우 소거)은 재빠르게 변화하는 효과를 보여주지 못할 수 있다. 또한 다른 많은 중재들(예 : 학업기술 쌓기, 임상적 장애를 위한 인지치료, 시범 보이기, 또래교수 등)이 단일대상설계로 연구되고 있고, 변화는 천천히 축적될 것으로 예상되고 있다. 처치 변화의 함수로서의 신속한 수행 변화는 입증하기 어려울 것이다. 중재 효과의 더딘 '개시' 시간은 행동이나 관심 영역은 물론 중재에도 의존한다.

중다처치설계에서 종종 그러는 것처럼 어느 하루 내에 처치들이 교대될 때, 처치가 효과를 보이는 데 필요한 초기 개시 시간이 존재한다. 이것이 언제나 문제가 되는 것은 아니다. 하지만 연구자들은 사전에 '다른 중재들이 중재 각각이 제공되는 시간대 내에 자체 효과 및 어떤 차별적 효과를 보일 것이라는 예상은 합리적인가?'라고 자문할 것이다. 그 답은 많은 고려사항에 의해 영향을 받는다. 이러한 고려사항 중 중요한 것은 비교되는 2개의 중재이다. 일반적으로 중재들의 대비가 클수록(예 : 극명한 절차적 차이) 그리고 영향 면에 있어 예상되는 차이가 강할수록 차이를 만들어내는 기간은 길어진다. 명백한 사례로, 만약 비교되는 두 조건이 동일 단계의 중재와 기초선이라면, 이전에도 언급했듯 조건들 간의 식별과 차이는 명백해질 가능성이 높다. 어느 때고 2개(혹은 그 이상)의 중재가 비교될 때, 각각의 중재는 영향을 미칠 그리고 서로 다른 영향을 보일 시간이 필요할 것이다. 의뢰인들은 서로 다른 조건들(예 : 시간대) 전반에 걸쳐 균형을 맞춘 중재에 노출되고 그것이 서로 다른 약간 더 복잡한 중재들을 구별할 수 있게 한다. 그에 반해 중다요소설계에서는 각각의 중재가 특정 자극이나 맥락과 짝을 이루고, 이는 의뢰인들이 중재들을 구분하는 데 도움이 될 수 있다.

또 다른 요구 조건은 중재들이 종료된 후에, 해당 중재들은 이월 효과를 거의 혹은 전혀 남기지 말아야 한다는 것이다. 만일 첫 번째 중재가 더 이상 제시되지 않게 된 후에도 그 중재의 효과가 계속된다면, 다음에 제시될 중재는 이전 중재에 의해 오염될 것이다. 예를 들어 교대처치 설계에서 약물치료와 행동 절차를 비교하는 것은 어려운 일이다. 같은 날 두 처치 모두를 실시하는 것은 대부분의 약물치료가 지니고 있는 이월 효과 때문에 불가능할 것이다(예 : 오전과 오후). 지속되는 약물치료의 효과는 다른 중재의 효과에도 영향을 줄 수 있다. 다른 중재가 약물치료에 선행하거나 뒤에 올 때 그 다른 중재(그리고 약물치료)는 더 효과적으로 혹은 덜 효과적으로 평가할 수 있다.

약물 중재들만이 이월 효과를 가질 수 있는 유일한 중재가 아니다. 환경 변화 및 대인 상호작용을 기반으로 하는 중재들 또한 이월 효과를 가질 수 있으며 따라서 해당 중재들의 개별적 효과의 평가를 모호하게 만들 수 있다. 그 점에 관해서는 중다처치 혼선에 대한 논의에서 다시 다룰 것이다. 어떠한 경우든 만약 2개 이상의 중재들이 비교된다면 해당 중재들의 영향을 모호하게 만들고 섞어 버릴 지속 효과가 거의 혹은 전혀 없는 상태로 각각의 중재들을 신속하게 끝낼 수 있는 것이 중요하다. 만약 중재들이 재빨리 제거될 수 없다면 교대처치 설계에서 그 중재들은 서로를 비교하기 어려울 것이다.

중재들 외에도 중다처치설계에서 연구되는 행동들이나 관심의 성과도 신속한 변화에 민감해야 한다. 장기간에 걸친 향상에 의해 결정되는 행동들은 중재에 있어 회기별 변화에 반응하여 신속하게 바뀔 수 없을 것이다. 예를 들어 비만인 사람들의 체중을 줄이기 위한 2개 이상의 중재를 평가하기는 어려울 것이다. 측정량(킬로그램이나 파운드로 표시되는 체중)의 변화는 효과적인 처치가 장기간에 걸쳐 중단 없이 지속되지 않는다면 눈에 띄는 정도로 변화지는 않을 것이다. 매일 지속적으로 중재들을 바꾸는 것은 체중에 선혀 영향을 미치지 않을 것이다. 다른 한편으로 대안적인 측정량(예 : 하루 중 다른 시간대에 소비되는 열량)의 경우 이 설계를 사용할 수 있을 것이다.

신속하게 변화할 수 있게 되는 것 외에 행동의 빈도 또한 중다처치설계에서 중재들이 보일 수 있는 변화의 정도를 결정하는 인자가 될 수 있다. 예를 들어 중재의 목적이 저빈도 행동들(예 : 심한 공격적 행동)의 발생을 감소시키는 데 있다면, 중재의 차등 효과를 보이는 것은 어려울 것이다. 그 중재가 어떤 특정한 회기에 적용되기에는 기회가 너무 적을 것이다. 정말로 해당 행동은 몇몇 회기에서는 발생조차 하지 않을 수 있다. 이러한 이유로 비록 어떤 회기가 특정 중재에 온전히 투입된다 하더라도 그 중재는 사실상 적용되지 않을 수 있다. 그러한 회기는 이 특정 중재가 이용된 하나의 회기로 타당하게 대표될 수 없다.

행동의 발생빈도가 높은 것 또한 중재들 간의 차이를 반영하는 데 있어 문제를 보일 수 있다. 만일 해당 행동이 발생하는 각각의 기회들로 이루어진 제한된 집단 때문에 반응횟수에 상한선이 존재한다면, 차이가 구분되는 향상을 보이기는 어려울 것이다. 예를 들어 어떤 아동이 학업 수행을 향상시키기 위한 두 가지 프로그램을 받고 있다. 매일 그 아동은 서로 다른 시간대에 20문항으로 구성된 문제지를 받고 이를 바탕으로 변화가 평가된다. 매 시간대 동안 정확한 반응을 보이는 데는 20번의 기회밖에 없다. 만약 기초선에서의 수행이 50%의 정확도(10문제 완수)를 보였다면, 이는 나머지 10개의 문제에 대한 반응에서 처치들 간의 차이가 평균적으로 발견되었을 뿐이라는 것을 의미한다. 만약 각각의 중재가 어느 정도 효과가 있다면 **천장**(혹은 바닥) **효과**가 있을 가능성이 높다. 즉 차이가 없는 것은 이 척도에 한정된 상한선(혹은 하한선)이 있기 때문이라는 것이다. 만일 척도가 제한된 반응 기회의 수로 한정되지 않았다면 어쩌면 중재들은 효과 면에서 차이를 보였을 것이다.

여러 가지 중재가 비교될 때 한 가지 문제로서의 한정된 범위는 복지 서비스 조직에서 일하는 근로자들의 잦은 결근을 감소시키고자 고안된 연구에 설명되어 있다(Luiselli et al., 2009). 그 근로자들에는 자폐 및 이와 관련된 발달장애인들에게 서비스를 제공하는 한 사립학교의 교사들 및 아동 보호 인력들이 대략 60명(시간에 따라 다름)가량 포함되었다. 척도는 결근의 이유와 상관없이 이 인력들이 매일매일 보이는 결근율이었다. 연구자들은 ABCD 평가라고 불릴 수 있으며 기초선(A)으로 시작되는 세 가지 중재를 비교하고자 했다. 중재들은 B(정보를 전달하고 그러고 나서 참석함으로써 금전적 보너스를 얻을 수 있는 가능성을 증가시켜주는 복권추첨에 대해 간략히 설명한 정보책자를 제공하는 것)와 C(이것이 실행되는 실제 복권추첨), 그리고 D(복권추첨에 덧붙여 일간 그리고 주간 결근 횟수가 기록된 그래프 게시하기) 등이었다.

그림 9.8은 기초선 동안 결근이 이 프로그램의 목적과는 정반대 방향으로 증가함을 보여주고 있다. 첫 번째 중재(정보책자)는 결근을 현저하게 감소시켰다. 두 번째(복권추첨)와 세 번째(복권추첨+게시) 중재가 실행되었지만 이 두 중재들이 어떤 차이가 있는지는 평가하기 매우 어렵다. 정보책자가 결근을 크게 감소시켰으므로 바닥 효과를 의심해볼 수 있다. 즉 그 척도에 다른 어떤 중재의 효과를 보여줄 여지가 많지 않았을 수 있다. 정보책자 단계에서 결근율은 전체 연구 대상자의 3.6%에 근접해 있었다. 이는 사람들이 타당한 이유들(예 : 질병, 부

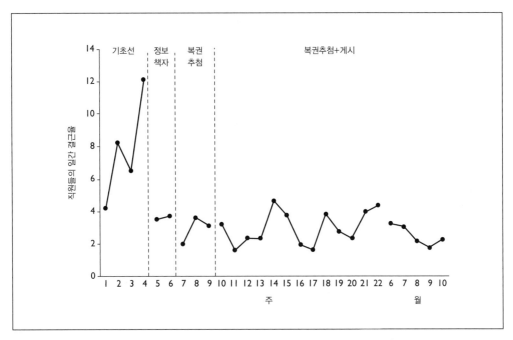

┃ **그림 9.8** ┃ 여러 가지 처치들 전반에 걸쳐 매주 나타난 직원들의 일간 결근율 (출처 : Luiselli et al., 2009)

모 중 한 사람이 집에 있어야 할 자녀의 휴일 등)로 결근하는 것이므로 한계에 가깝거나 진짜 한계에 해당되는 것일 수 있다. 여러 가지 중재가 비교될 때, 만일 그 중재들이 서로 다른 효과를 보인다면 해당 척도가 중재들을 구별할 수 있음을 확실히 하는 것은 중요한 일이다. 이는 사전에 알게 될 수 없지만, 동일한 프로젝트에 여러 가지 중재를 제공한다는 것은 이러한 실제가 서로 다른 연구 대상 집단에 서로 다른 중재들을 제공할 때(집단간 설계)보다 문제가 생길 가능성이 더 높은 상황이다.

일반적으로 중재의 구별되는 효과는 행동이 발생할 몇 가지 기회에 의존할 가능성이 높다. 만약 행동 변화를 이끌어 올 가능성이 높은 두 가지 이상의 적극적인 중재가 비교된다면, 수행에 있어 그 중재들의 효과 차이는 하나의 중재가 단순히 기초선 지속에 비교될 때 분명히 드러나는 차이보다는 상대적으로 더 작을 것이다. 설계가 중재들 간의 상대적으로 더 작게 나타나는 차이에 민감하게 만들기 위해 행동의 빈도는 반드시 차이들이 보일 수 있는 그러한 것이 되어야 한다. 만약 어떤 행동을 증가시키는 것이 목적이라면, 행동의 낮은 빈도는 만일 그것이 비교되는 절차들을 적용할 기회가 별로 없음을 의미한다면 문제가 될 수 있다. 만약 반응의 범위가 그 행동을 증가시키려고 고안된 여러 효과적인 중재 사이의 차이를 입증하는 것을 방해하는 상한선에 의해 제한된다면, 행동의 높은 빈도는 문제가 될 것이다.

중재의 구별 가능성

여러 가지 중재가 동일한 단계에서 한 의뢰인에게 실시될 때, 그 의뢰인은 최소한 두 종류의 식별을 할 수 있어야 한다. 첫째, 해당 의뢰인은 중재들을 실시하는 사람들 혹은 시간대가 특정 중재와 연계되어 있는지 구분할 수 있어야 한다. 중다요소설계에서는 중재들이 특정 자극 조건과 지속적으로 연계되기 때문에 이를 구분하는 것은 그리 어려운 일이 아니다. 교대처치 설계에서 의뢰인은 특정 중재들이 서로 다른 자극 조건들 전반에 걸쳐 계속 변화한다는 것을 알아차릴 수 있어야 한다. 중재 단계가 시작될 때 의뢰인은 무심코 특정 중재를 특정 자극 조건(예 : 시간대나 연구인력, 혹은 상황 등)과 연계시킬 수 있다. 만약 중재들이 수행에 대하여 서로 다른 효과를 보인다면 해당 의뢰인이 누가 실시하는지와는 별개로 효과를 발휘하고 있는 중재들에 반응을 보이는 것은 중요한 일이다. 둘째, 해당 의뢰인은 서로 다른 중재들을 구별할 수 있어야 한다. 이 설계의 목적이 중재들이 서로 다른 효과를 산출해낼 수 있다는 것을 보여주는 데 있으므로 해당 의뢰인은 어떤 중재가 어떤 특정 시간에 효과를 보이고 있는지 구별할 수 있어야 한다. 서로 다른 중재들을 구별하는 것은 절차 그 자체에 의존할 것이다.

물론 구별을 용이하게 하는 것은 비교되는 중재들 혹은 절차들의 유사성에 달려 있다. 만일 매우 다른 두 가지 절차가 비교된다면 의뢰인들은 동일한 절차의 미묘한 변형이 비교될 때보다는 어떤 중재가 효과를 보이고 있는지 구별할 가능성이 더 높다. 예를 들어 만약 어떤 연구가 처벌 기법으로서 5분 격리와 15분 격리의 효과를 비교한다면, 의뢰인이 어떤 중재가 효과를 보이는지 구분하기는 어려울 것이다. 비록 중재들이 일정 기간 동안 별개의 연구 대상 집단에게 혹은 서로 다른 단계에서 동일 대상에게 실시된다면 서로 다른 효과를 보이게 될 수 있다 할지라도, 매일 교대되어 실시된다면 차이를 보이지 못하거나 더 적은 차이를 보이게 될 수도 있는데 이는 부분적으로 해당 의뢰인이 어떤 중재가 어떤 특정 시점에 효과를 보이는지 지속적으로 구별할 수 없기 때문이다.

서로 다른 중재들의 구별 가능성은 앞서 암시했듯 각각의 중재가 실제로 적용되는 빈도에 달려 있을 수 있다. 중재가 주어진 시간대에 더 빈번하게 적용될수록 의뢰인이 어떤 중재가 효과를 보이는지 구별할 수 있는 가능성은 더 높아진다. 만일 주어진 시간 간격 내에 중재가 드물게 적용된다면 해당 절차들이 관찰기간 전반에 걸쳐 차이를 보일 가능성은 낮아진다. 처치의 목적이 행동의 빈도를 감소시키는 데 있는 어떤 특별한 상황에서는 행동이 향상되고 문제가 덜 발생하게 되므로 중재가 적용되는 횟수는 시간이 지남에 따라 줄어들 것이다. 행동의 빈도가 감소할 때 서로 다른 처치들은 덜 적용될 것이고, 의뢰인은 어떤 처치가 효과를 보이는지 구별하기 어려워질 것이다. 예를 들어 만일 질책과 격리가 행동을 감소시키는 두 가지 절차로 비교된다면, 절차 각각은 처치가 주어진 첫 며칠 동안에는 어떤 효과를 보일 수 있다. 행동들이 빈도 면에서 감소를 보임에 따라 중재들을 실시할 기회 또한 줄어든다. 의뢰인은 어떤 시점에서는 서로 다른 중재들 중 어떤 것이 효과적인지 결정하는 데 점점 더 어려워진다.

의뢰인들이 어떤 특정 시점에서 어떤 중재가 효과를 보이는지 구분할 수 있다는 것을 확실히 하기 위해 연구자들은 매일 각각의 처치들이 교대처치 설계로 실시되기 전에 설명을 제공할 수 있다. 이 설명은 특정 시점에 어떤 조건이 효과를 보이는지 의뢰인에게 분명하게 알려주는 것이다. 특히 만약 서로 다른 처치들이 여러 가지가 있다면, 조건 전반에 걸쳐 처치의 균형을 이루는 것이 복잡하다면, 혹은 중재들이 하루 중 짧은 시간 동안에만 효과를 보인다면 일반적인 지침으로서의 설명은 매우 가치 있는 것으로 서로 다른 처치들을 더 잘 구분하게 해준다.[5]

중재 및 자극 조건의 수

교대처치 설계의 핵심적인 특징은 개별적인 중재들과 실시 조건들의 균형을 이루어 중재 효과가 조건의 효과와는 별개로 평가된다는 것이다. 이론적으로는 서로 다른 많은 중재들이 중재 단계에서 비교될 수 있다. 하지만 실제로는 보통 몇 가지 중재만이 비교될 수 있다. 문제는 중재의 수가 많아질수록 실시 조건들 전반에 걸쳐 중재들의 균형을 이루는 데 필요한 회기들 혹은 날들의 수도 증가한다는 것이다. 만약 몇 가지 중재가 비교된다면, 그 조건들 모두의 전반에 걸쳐 중재들이 균형을 이루기 위해서는 엄청나게 많은 날들이 필요하다. 일반적으로 실행 조건들 전반에 걸쳐 중재들의 균형을 이루어야 한다는 복잡함을 피하기 위해서는 두 가지나 세 가지 중재 혹은 조건이 가장 적합하다. 정말로 대다수의 중다처치설계들은 두 가지 혹은 세 가지 중재를 비교해 왔다.

중재들의 균형을 이룬다는 것의 어려움은 또한 설계에 포함된 자극 조건들의 수에도 의존한다. 보통의 변형에서는, 하나의 자극 차원(예 : 시간대)의 두 가지 수준(예 : 오전이나 오후) 전반에 걸쳐 두 가지 중재가 번갈아 바뀌면서 이어진다. 어떤 변형들에서는 중재들이 두 가지 자극 차원(예 : 시간대와 연구인력) 전반에 걸쳐 번갈아 바뀐다. 그러므로 두 중재들(I_1과 I_2)은 두 가지 시간대(T_1과 T_2) 및 두 연구인력(S_1과 S_2) 전반에 걸쳐 균형을 이루게 될 것이다. 이 중

---

5) 흥미롭게도 만약 의뢰인에게 어떤 절차가 효과를 보이고 있는지 정확하게 알려주기 위해 각각의 중재에 앞서 설명이 주어진다면 중다요소설계들과 교대처치 설계들 사이의 구분은 점점 더 모호해진다. 사실상 설명이 특정 중재들과 지속적으로 연계되는 자극들이 되는 것이다. 하지만 구분의 모호함이 문제가 될 필요는 없다. 교대처치 설계에서는 다양한 자극 조건들(설명을 제외하고) 전반에 걸쳐 균형을 이루려는 시도가 행해지고, 중다요소설계에서는 그 균형을 이루려는 시도가 항상 행해지지는 않는다. 정말로 중다요소설계에서의 목적은 특정 자극들이 특정 처치들과 지속적으로 연계됨으로 인해 그 자극들이 행동을 통제하게 되는 것을 보여주는 데 있다.

재들은 중재 단계에서 모든 시간대 및 연구인력의 조합(T_1S_1, T_1S_2, T_2S_1, T_2S_2) 전반에 걸쳐 동일한 횟수로 짝지어져야 한다. 차원들 혹은 자극 조건들의 수가 증가할수록 균형을 이루는 것이 완료되었음을 확실히 하는 데 더 긴 기간이 필요하게 된다. 설계에 포함된 중재와 자극 조건들의 수는 중재 단계의 실질적인 제약이나 지속기간에 의해 제한될 수 있다. 일반적으로 대다수의 교대처치 설계는 특정 차원(예 : 시간대)의 두 가지 수준 전반에 걸쳐 중재들이 균형을 이루도록 한다. 어떤 변형들은 특정 차원의 더 많은 수준들(예 : 세 시간대) 혹은 두 가지 이상의 개별적인 차원들(예 : 시간대와 연구인력)을 포함해 왔다(예 : Ollendick et al., 1981). 현실적인 관점에서 중재가 하나의 차원의 두 가지 수준 전반에 걸쳐 균형을 이룸으로써 연구는 단순해질 수 있다.

중다처치 간섭

동일 연구대상에게 두 가지 이상의 처치(중재)가 제공되는 어떤 설계에는 중다처치 간섭이 도출될 수 있는 결론을 제한할 수 있다(Hains & Baer, 1989; Kazdin, 2003). 이전에도 언급했듯이 중다처치 간섭은 하나의 처치의 효과가 다른 처치의 효과에 영향을 받는 것을 말한다. 이 개념은 연구대상자들이 두 가지 중재들을 연달아 받는 단순한 경우로 설명할 수 있다. 예를 들어 부적절한 육아행동들(모호하게 지시하기, 자신도 모르게 아동의 부적절한 행동 강화하기, 신체적으로 공격하기)을 감소시키기 위해 발달장애 아동들의 부모들에게 행동관리기술 훈련이 제공되었다(Phaneuf & McIntyre, 2007). 부모들은 몇 회기 동안 집단 처치(중재 1)를 받았다. 이 처치 후 부모들의 행동에 대해 비디오를 이용한 피드백이 추가되었다(중재 2). 그 결과는 부적절한 육아행동들이 첫 번째 중재에서보다는 조합된 중재(중재 2)에서 더 낮아졌음을 보여주었다. 이것이 두 번째 중재가 일반적으로 더 효과적임을 의미하는 것일까? 집단 중재 한 가지만으로 시작되었기 때문에 효과가 나타났을 수 있다. 만약 중재 2가 먼저 도입되었다면 이러한 결과가 나타나지 않았을 수 있다. 중재 2의 효과는 이 중재가 선행 중재 다음에 도입되었는지 아니면 선행 중재 없이 제공되었는지에 따라 매우 다를 수 있다. 간단히 말해서, 만일 어떤 중재가 다른 중재를 앞서 혹은 뒤이어 온다면 나중에 제공된 처치의 효과는 부분적으로 그 중재를 선행하는 것의 기능, 즉 중다처치 간섭일 수 있다는 것이다.

중다처치 간섭은 처치들을 실시하는 데 있어 많은 서로 다른 배치의 결과일 수도 있다. 예를 들어 만약 두 가지 처치가 ABAB 설계(예 : ABCBC)로 연구된다면, 중다처치 간섭은 처치들이 실시되는 순서에서 기인할 수 있다. 서로 다른 중재들(B, C)의 효과는 그 중재들이 나타나는 순서로 인한 것일 수 있다. C 하나만의 효과에 대해 평가하고 결론을 이끌어낼 수는 없는데, 이는

C 이전에 B가 있었고 그것이 모든 후속 수행들에 영향을 주었을 수 있기 때문이다.

때때로 연구자들은 수행을 기초선 수준으로 복원하는 것이 중다처치 간섭의 가능성을 없애 줄 수 있다는 믿음을 가지고, 여러 가지 처치로 ABAB 설계에 반전 단계를 집어넣을 수 있다 (예 : ABAC). 그러나 반전 단계들을 삽입하는 것(예 : ABACABAC)은 순서효과가 미칠 수 있는 영향을 달라지게 하지 못한다. 비록 수행이 기초선 수준으로 복원된다 하더라도 C의 효과는 여전히 부분적으로 조건 B의 이전 이력에 의해 영향을 받을 수 있다. 두 번째 중재는 그 중재에 앞서 실행된 중재로 인해 행동을 더(혹은 덜) 쉽게 바꿔 놓을 수 있다. 반전 단계(혹은 A)를 집어넣는 것은 그 가능성을 제거하지 못한다.

중다처치 간섭은 방법론적 문제지만, 일상생활에서 볼 수 있는 한 가지 예는 순서효과 혹은 하나의 중재를 다른 중재에 삽입하는 것이 어떻게 실질적인 방식으로 차이를 만들어내는지 알려주는 데 유용하다. 아동들에게 부탁을 하는 데 있어, 특정 아동이 따를 것 같지 않은 부탁들이 있다. 이러한 부탁들은 아동 개개인에게 있어 개인적인 것이고 쉽게 판단된다. 이러한 부탁들의 예로는 해당 아동에게 따분한 일을 하라고 하든가, 등교준비를 하라고 하든가, 혹은 이러저러한 것을 그만하라고 하든가 등이 있다. 주어진 일련의 요구에 대해 해당 아동이 그 요구에 따를 가능성이 낮다는 것을 보여줄 수 있다. 이러한 요청은 따를 가능성이 매우 낮기 때문에 **저확률 요청**(low-probability request)이라고 불린다. 저확률 요청에 앞서 해당 아동에게 더 쉽게 할 수 있는 것을 하라고 요청함으로써 이러한 저확률 요청에 훨씬 더 잘 따르게 할 수 있다. 적은 수의 고확률 요청(high-probability request)(하이파이브 해줘, 손뼉을 치렴, 숙제에 이름을 쓰렴, 첫 번째 수학 문제를 읽어줄래)을 저확률 요청(예 : 가서 네 장난감들을 집어 오렴, 내가 교실 밖으로 나가 있는 동안 수학숙제를 하렴) 바로 앞에 두는 것은 저확률 요청이 완수될 가능성을 증가시킨다. 현재의 논의에 더 적합한 방식으로 말하자면 저확률 요청(의미상)은 순응을 많이 이끌어내지 못한다. 하지만 이 요청에 앞서 몇몇 고확률 요청을 배치함으로써 이러한 요청에 대한 순응을 엄청나게 증가시켜 놓을 수 있다. 고확률 요청 다음에 저확률 요청의 순서는 저확률 요청들을 훨씬 더 유망하게 만들어 주며, 서로 다른 중재들이나 조건들을 어떻게 병치하는 것이 그러한 중재들이나 조건들 중 한 가지의 영향을 바꿔 놓을 수 있는지 보여주는 하나의 보기가 된다. 지시에 따르게 하고 고확률 요청을 활용하는 것은 지시에 따르게 하고 지시에 따를 자세를 갖추게 하는 한 가지 중재전략이다(예 : Humm, Blampied, & Liberty, 2005; Wehby & Hollahan, 2000). 이는 중다처치 간섭을 전략적으로 활용하는 것이다.

중다요소 및 교대처치 설계에서 중다처치 간섭은 어떤 중재의 효과는 병치된 다른 중재(들)의 영향을 받을 가능성을 일컫는다. 여기서 그 영향은 C 이전에 등장하는 B라는 순서가 아니다. 어떤 날에는 B와 C 모두가 제공될 수 있다. 중다처치 간섭은 주어진 중재에 의해 획득된 효과가 그 중재가 다른 처치들과 병치되지 않은 상태에서 별개의 단계에 홀로 실시될 때 나타날 수 있는 효과와 다를 가능성을 말한다. 일례로, 어떤 교대처치 설계가 9~12세 발달장애 아동들의 주의집중행동에 대하여 토큰강화와 반응대가(벌금이나 토큰의 상실)의 효과를 비교하였다(Shapiro, Kazdin, & McGonigle, 1982). 이 설계에서 토큰강화와 반응대가, 그리고 기초선의 지속이 각각 다른 시점에 실행되었다. 토큰강화가 반응대가와 비교되었을 때보다 동일 중재 단계에서 기초선의 지속과 비교되었을 때 토큰강화가 더 효과적이었다(그리고 그 영향에 있어 더 적은 변동을 보였다).

더 일반적으로, 두 가지 이상의 중재가 중다요소 혹은 교대처치 설계에서 실행될 수 있다. 방법론적 요점은 중재 각각의 효과는 다른 중재 이전이나 다른 중재가 실행되는 동안 해당 중재가 제시됨으로써 '간섭받을'(바뀔) 수 있다는 것이다. 더 일반적으로 말해, 중다처치설계에서 특정 중재의 결과는 부분적으로, 비교되는 다른 중재(들)에 의해 결정될 수 있다는 것이다.

두 중재들을 병치하는 것이 중재 각각의 효과를 희석할 수 있다. 어떤 것도 그 독특한 영향력(만일 있다면)을 발휘할 만큼 오랫동안 실행될 수 없다. 그 대신, 비슷한 두 가지 변형이 서로 나란히 놓여 있기 때문에 이 독특함은 사라질 수 있는 것이다. 교대처치 설계들에는, 비교되는 그리고 연구대상들 내부에 차이를 거의 혹은 전혀 만들어내지 못하는 혹은 연구대상들 사이에 일관되지 않은 중재들의 예들(예 : 읽기 가르치기, 의사소통장애인들에게 의사소통을 위한 상징들 활용하기)이 있다(Ardoin, McCall, & Klubnik, 2007 ; Hetzroni, Quist, & Lloyd, 2002). 중재들이 사실상 비슷하게 효과적일 수 있지만, 동일 단계에서 교대하는 방식으로 유사한 방법들을 사용하는 것은 효과 면에서 중재들이 별개의 연구대상들에게 주어진다거나 설계 내에서 순차적으로(ABCABC) 제공될 때에 비해 그 중재들을 덜 두드러지게 만드는 것 또한 있을 수 있는 일이다.

중다처치 간섭은 특정 의뢰인을 위한 처치의 효과에 대하여 내려진 결론에 영향을 미칠 수 있지만 다른 의뢰인들에 대한 결과물의 일반성에도 영향을 줄 수 있기 때문에, 중다처치 간섭을 방법론적 문제로 인식하는 것이 중요하다. 이 문제는 이 장에 제시된 중다처치설계들에서와 같이 두 가지 이상의 중재들이 어떻게든 교대된다면, 혹은 두 중재들이 일정 시간 동안 차례차례 제시되는(예 : ABCABC) 다른 설계들에 적용된다. 예를 들어 후자의 경우, 연구자들은 결과에 대한 논의에서(예 : ABCAC 설계에서) 중재 C가 B보다 더 효과적일 수 있다고 언급하고, 그런 다음에 중재 C가 더 일반적으로 사용되어야 한다고 진술하는 버릇이 있다. 이 모든 것들은 사실일 수 있지만, 중재는 '정말로' C가 아닌 B가 선행한 C였다. C 하나만의 효과에 대한 결론은 다른 그 이상의 연구를 필요로 한다.

 일반적으로 단일대상실세를 활용하는 연구자들은 중다처치 간섭에 그리 많은 주의를 기울이지 않았고, 그렇게 한 것이 어쩌면 이해할 만한 일일 것이다(하지만 Hains & Baer, 1989 참조). 이 설계들은 중요한 기능 영역에서의 변화를 필요로 하는(예 : 발달장애 아동의 자해, 특수학급에서 보이는 심각한 파괴행동 등) 의뢰인들이 있는 적용 환경에서 가장 많이 사용된다. 그러한 경우에 연구자는 뚜렷한 그리고 즉각적인 영향을 주는 효과적인 중재를 규명하는 데 관심이 있다. 이는 ABAB 설계나 중다기초선설계에 대한 계획으로 이어질 수 있으나 중재 B는 요구되는 만큼 효과적이지는 않다. 따라서 두 번째 중재(C)가 도입된다. 두 번째 중재는 부분적으로는 비교되는 다른 조건(중다처치설계)이나 이 중재를 선행하는 중재(ABCBC 설계)로 인해 효과를 보일 가능성이 매우 높지만, 이 가능성을 평가하는 데 있어서의 우선순위는 프로그램의 적용 목적에 의해 무색해졌다.

 적용 목적들이 대개 최선의 과학에 의해 제공된다는 것을, 다시 말하면 우리가 중재가 어떻게 작용하는지에 대해 이해할 때를 상술하기보다는 최소한 언급하는 것은 중요한 일이다. 현재의 논의에서 우리는 중재가 다른 어떤 조건에 연계되어 있는지 아니면 그것만 제공될 수 있는지에 근거하여, 어떤 중재가 정말로 효과적인가(혹은 더 효과적이거나 덜 효과적인가)를 알고자 한다. 특정 적용은 한 아동이나 한 학급 혹은 한 집단을 돕는 것을 우선으로 할 수 있지만, 우리의 다른 목적은 연구결과를 다른 많은 사람들에게 도움을 주는 것으로 확장하는 데 있다. 그러한 목적에 있어 최고의 투자는 어떤 중재들이 효과가 있는지, 그 중재들의 효과가 특별한 조건들이나 다른 변수들에 달려 있는지, 그리고 중재들이 어떻게 실행되어야 그 중재들을 적용함으로써 이익을 볼 수 있는 많은 사람들을 도울 수 있는지 아는 것이다. 중다처치 간섭이 차이를 만들어낼 수 있는지 아는 것은 이 더 넓은 적용 목적에 아주 적합한 일이다.

중다처치설계의 평가

중다처치설계들은 적용연구에서 그 설계들을 특별히 유용하게 만드는 몇 가지 이점을 지니고 있다. 우선, 이 설계는 ABAB 설계에서 그러는 것처럼 조건들의 반전에 의존하지 않는다. 그러므로 행동 문제들이 반전되지 않거나 행동을 반전하는 것이 바람직하지 않은 등의 문제는 피하게 된다. 이와 유사하게, 이 설계는 중재가 한 번에 한 가지 행동(혹은 한 사람, 혹은 한 가지 상황)에 적용되는 동안 나머지 행동들은 확장된 기초선 단계를 계속할 수 있는 중다기초선설계의 경우에서처럼, 일시적으로 처치를 철회하는 것에 의존하지 않는다. 중다처치설계에서 연구가 진행되는 내내 중재들이 적용되고 지속된다. 그 증명력은 처치들이 수행이 관찰되는 시간대 혹은 상황 전반에 걸쳐 차별적인 효과를 산출하고 있음을 보여주는 데 달려 있다.

이 설계의 두 번째 이점은 특히 주목할 만하다. 대다수의 단일대상 실험연구는 비교적 안정적이고 치료와 관련된 방향에서 아무런 경향도 보여주지 않는 기초선 자료를 얻는 데 지나치게 의존한다. 아무런 경향이 없이 안정적인 기초선은 사실상 모든 상황에서 이상적인 것이다. 만약 기초선 자료가 향상을 보인다면, 후속 중재들의 영향을 평가하는 데 있어 특별한 어려움이 발생할 수 있다. 중다처치설계에서 중재들은 기초선이 초기 경향을 보일 때조차 실행되고 평가될 수 있다. 이 설계는 교대 조건들과 연계된 수행을 비교하는 데 의존한다. 자료에 이미 존재하는 어떤 경향에 덧붙여졌을 때도 여전히 차이는 발견될 수 있다.

이 설계의 세 번째 주요 이점은 특정인을 위한 서로 다른 처치들을 비교적 단기간 내에 비교할 수 있다는 것이다. 만일 ABAB 설계나 중다기초선설계에서 두 가지 이상의 중재가 비교된다면, 중재들은 별개의 단계에서 서로 뒤따르게 되어야 한다. 별개의 단계에서 각각의 중재를 제공하는 것은 연구기간을 대폭 늘릴 수 있다. 중다처치설계에서 중재들은 동일 단계에서 비교될 수 있고, 따라서 두 가지 이상의 중재가 서로 다른 영향을 보이는지 비교적 단기간 내에 평가할 수 있다. 두 중재 모두 비교되는 단계가 반드시 다른 단일대상설계들의 중재 단계들보다 더 길 필요는 없다. 그러나 교대처치설계에서는 별개의 중재들을 비교하기 위해 단 하나의 중재 단계가 필요하다. 교실 및 기관 환경에서 시간이 중요할 때, 이용 가능한 대안 중에서 더 혹은 가장 효과적인 중재를 비교적 신속하게 규명해야 할 필요성은 지극히 중요하다.

물론 단일대상설계에서 두 가지 이상의 처치들의 비교에 대해 논의할 때 중다처치 간섭은 무시될 수 있다. ABAB 설계에서와 같이 두 가지 이상의 처치가 차례로 비교될 때, 한 중재의 효과는 부분적으로 해당 중재가 나타나는 순서 때문일 가능성이 있다. 중다처치설계에서 이러한 특정 순서효과는 서로 다른 중재들이 있는 별개의 단계들이 서로 뒤를 잇지 않기 때문에 문제가 되지 않는다. 하지만 중다처치 간섭은 다른 형태를 띨 수도 있다. 이전에 논의하였듯 한 처치의 효과는 부분적으로 병치된 다른 조건 때문일 수 있다. 그러므로 동일 연구대상에게 두 가지 이상의 처치가 주어지는 단일대상 실험연구 모두에서 중다처치 간섭은 비록 그것이 다른 형태를 띨 수 있다 하더라도 문제로 남아 있다. 중다처치설계의 이점은 중다처치 간섭을 제거하는 데 있는 것이 아니다. 오히려 그 이점은 하나의 단계에서 서로 다른 처치들을 비교하는 데 있어서의 효율성으로부터 생긴다. 하나의 중재가 다른 중재보다 더 효과적인 것으로 나타나자마자 그 중재는 모든 시간대 혹은 상황 전반에 걸쳐 실행될 수 있다.

아직 다루어지지 않은 중다처치설계의 또 다른 이점이 있다. 교대처치 설계에서 중재들은 다양한 자극 조건(예 : 시간대나 연구인력, 혹은 상황) 전반에 걸쳐 균형을 이룬다. 자료는 보통 중재들에 따라 표시되므로 여러 대안 중 어떤 것이 더 효과적인지 판단할 수 있다. 의뢰인의 행동에 대한 자극 조건들의 영향을 조사하기 위해 자료들이 다른 방식으로 표시될 수 있다. 예를 들어 만약 중재들이 두 교사나 연구인력, 혹은 두 시간대(예 : 오전 수업과 오후 수업) 전반에 걸쳐 균형을 이루고 있다면, 의뢰인의 행동이 교사들(혹은 시간대)의 함수로 달라지는지 조사하기 위해 자료가 표시될 수 있다. 많은 상황에서 어떤 연구인력들이 그들이 실시하고 있는 특정 중재들과는 별개로 다른 연구인력들에 비해 의뢰인의 수행에 더 큰 영향을 주는지 규명하는 것은 가치 있는 일이다. 연구인력들이 중재들 전반에 걸쳐 균형을 이루고 있기 때문에, 연구인력과 중재 각각의 효과가 표시될 수 있다. 만일 매일 다른 시간대에 중재들을 실시하는 연구인력에 따라 자료가 표시된다면, 추가적인 훈련이나 보조, 혹은 경쟁을 타당하게 만들 자료들을 규명해낼 수 있다.

요약 및 결론

중다처치설계는 동일 연구 대상이나 동일 연구 대상 집단에 실시되는 두 가지 이상의 중재나 조건의 효과를 비교하기 위해 사용된다. 이 설계는 초기 기초선 단계 이후의 단일 중재 단계에서 중재들 각각을 제시함으로써 중재들의 효과를 보여준다. 중재 단계에서 별개의 중재들이 실시되는 방식은 다양한 중다처치설계를 구분하기 위한 근거로 사용된다.

중다요소설계에서는 보통 두 가지 이상의 중재들이 중재 단계에 실시된다. 각각의 중재는 특정 자극이나 맥락(예 : 교사 혹은 연구인력, 상황, 혹은 시간)과 지속적으로 연계된다. 이 설계의 목적은 특정 자극이 중재들 중 하나와 지속적으로 연계되기 때문에, 이 자극이 수행에 통제력을 발휘하는지 입증하는 데 있다. 특정 중재와 연계되었던 자극 조건이나 맥락 아래서 수행이 우세하다면 중재의 차별적인 효과는 분명한 것이다.

교대처치 설계(동시처치 설계라고도 함)에서는 두 가지 이상의 중재나 조건들 또한 동일 중재 단계에서 실시된다. 중재들 각각은 다양한 자극 조건(예 : 교사 혹은 연구인력, 상황, 혹은 시간) 전반에 걸쳐 균형을 이루고 있으므로 중재들의 효과는 이 실시 조건들로부터 분리될 수 있다. 중재 단계에서 중재 중 하나가 더(혹은 가장) 효과적인 것으로 나타날 때, 이 설계에는 보통 중재가 모든 자극 조건이나 경우 전반에 걸쳐 실행되는 마지막 단계가 포함된다. 교대처치 설계는 대개 두 가지 이상의 중재를 평가한다. 그러나 중재들은 무처치 혹은 기초선 조건의 지속과 비교될 수 있다.

중다처치설계가 어떤 주어진 상황에 적절할 것인지 평가하기 위해서는 몇 가지 고려사항이 필요할 것이다. 첫째, 이 설계들이 같은 날에 바뀔 수 있는 중재에 반응하여 주어진 행동에 대한 수행에 있어 신속한 변화를 보이는 것에 의존하기 때문에, 여러 유형의 중재나 포함될 수 있는 행동들에 특별한 제약이 가해질 수 있다. 둘째, 여러 가지 처치가 종종 시간적으로 인접하여(예 : 같은 날) 실시되기 때문에, 의뢰인들이 어떤 중재가 효과를 발휘하고 있는지 알도록 중재들을 구별할 수 있음을 확실히 하는 것은 중요한 일이다. 이와 관련하여, 중재 각각이 작용 중이어서 행동이 서로 다른 중재에 다르게 반응할 수 있기 때문에, 중재들은 반드시 의뢰인들에 의해 적용되고 경험되어야 한다. 셋째, 연구에 사용되는 중재 및 자극 조건의 수는 실질적으로 제한될 수 있다. 중재들이 자극 조건들 전반에 걸쳐 균형을 이루기 위한 요구 조건들은 중재와 자극 조건의 수가 많아짐에 따라 점점 더 까다로워진다.

마지막으로, 두 가지 이상의 조건이 동일한 연구 대상들에게 제공되는 설계들에 있어 주요 문제는 중다처치 간섭이다. 중다처치설계들은 순서효과를, 즉 별개의 단계들에서 하나의 중재가 다른 중재를 뒤따르게 되어(즉 순서효과, 두 가지 이상의 처치가 ABAB 설계에서 평가될 때 잠재적인 문제가 되는) 피할 수 있다. 그러나 중다처치설계들은 처치에 대해 도출될 수 있는 추론에 여전히 영향을 미치는 방식으로 서로 다른 처치들을 병치한다. 특정 중재의 효과가 부분적으로는 그와 대비되는 특정 중재로부터 귀결될 수 있는 가능성은 남아 있다. 중다처치 간섭이 이 장에 기술된 설계들의 결과에 영향을 미치는 정도는 많이 연구되지 않았다.

중다처치설계들은 몇 가지 이점을 지니고 있다. 설계의 방법론적 요구 조건의 일부로 중재가 의뢰인들로부터 철회되거나 보류될 필요가 없다. 또한 서로 다른 처치들의 효과가 비교적 신속하게(즉 단일 단계 내에) 비교될 수 있고, 따라서 더(혹은 가장) 효과적인 중재가 적용될 수 있다. 아울러 이 설계들이 행동에 대해 변경된 조건들의 차별적인 효과에 의존하기 때문에, 초기 기초선 단계에서의 경향이 중재의 시작을 방해할 필요가 없다. 마지막으로 중재들이 자극 조건들(예 : 연구인력, 교사, 교실) 전반에 걸쳐 균형을 이루게 될 때, 중재들 및 이 조건들의 개별적인 효과가 조사될 수 있다. 일반적으로 이 설계는 종종 임상, 교육, 그리고 재활 상황의 요구에 잘 들어맞는다. 탐색되어야 할 실행 가능한 처치들이 있는 경우, 어떤 것이 더 혹은 가장 효과적인지 규명하는 데 관심이 있는 경우, 그리고 철회 혹은 반전 단계를 피할 필요가 있는 경우에 이 설계들은 지극히 유용할 수 있다.

10

| CHAPTER |

추가적인 설계 옵션

지금까지 논의된 설계들의 변형들은 단일대상설계에서 사용된 평가 전략들의 대부분을 구성한다. 단일대상설계에 대한 새로운 변형을 대표하는 몇 가지 옵션, 행동의 유지 혹은 일반화에 대한 문제들을 다루기 위한 특별한 설계 특징들, 그리고 단일대상과 집단간 설계 전략들의 결합형 등이 사용 가능하다. 모든 설계 변형들을 다루는 것은 불가능하다. 더욱이 그렇게 하는 것은 유용하지도 않다. 변형들은 설계들이 어떻게 작용하는지(내가 단일대상설계의 논리로 언급했던) 그리고 설계들이 타당도에 대한 저해요인들을 어떻게 제거하거나 어떻게 타당하게 만드는지 등을 이해하는 것으로부터 비롯된다. 그렇기는 하지만 이 장은 몇 가지 이용 가능한 변형을 다루게 되는데 이는 그 변형들의 특별한 용도 및 전통적인 집단간 설계와 그 변형들 간의 연결점 때문이다. 이 장은 몇 가지 설계 옵션, 그 옵션들을 사용해야 할 근거, 그리고 적용연구에 대한 서로 다른 전략들의 이점 등을 논의할 것이다.

결합설계

해설 및 논리적 근거

비록 이전 장들에서 논의된 설계들이 '순수한' 형태로 가장 많이 사용되기는 하지만, 두 가지 이상의 설계로부터 나오는 여러 특징은 자주 결합된다. 나는 다른 설계들의 변형에 대한 몇 가지 예를 제공하였지만, 이러한 변형들을 더 분명하게 설명하고 논의하는 게 중요하다. 결합 설계는 두 가지 이상의 설계로부터 나오는 여러 특징을 동일 연구 내에 포함하고 있는 설계들을 말한다. 결합설계를 사용하는 목적은 실험의 증명력을 증가시키는 데 있다. 결과의 명료성은 중재의 효과가 하나 이상의 설계의 요구 조건을 충족함을 보여줌으로써 향상될 수 있다. 예를 들어 어떤 중재는 연구대상 간 중다기초선설계로 평가될 수 있다. 중재는 서로 다른 시점에 연구대상들에게 도입되고 예상되는 결과 패턴을 보여준다. 연구자는 행동이 원래 기초선 수준으로 되돌아가거나 원래 기초선 수준에 가까워짐을 보여주기 위해 1명 이상의 연구대상을 위해 반전 단계를 포함시킬 수 있다. 중재의 영향을 증명하는 것은 특히 설득력 있는데, 이는 중다기초선설계와 ABAB 설계의 요구 조건들이 충족되기 때문이다.

결합설계의 사용은 방법론적 과잉의 한 가지 예가 될 것 같다. 즉 이 설계는 실험의 효과를 분명하게 입증하기 위해 필요한 것 이상으로 많은 특징을 포함할 수 있다는 것이다. 하지만 결합설계는 단지 실험의 정밀함만을 위해 사용되는 것은 아니다. 오히려 이 설계는 종종 연구 내에서 예상되는 혹은 실제로 나타나는 진짜 문제들을 다루기도 한다.

연구자는 중재 효과에 대해 타당한 추론을 끌어내는 것과 경쟁할 수 있는 문제를 예상할 것이다. 예를 들어 연구자는 중다기초선설계(예 : 행동 간)를 선택할 수 있고 기초선들 중 한 가지를 바꾸는 것이 다른 기초선들에 영향을 줄 수도 있다고 믿을 수 있다. 결합설계가 선택될 수도 있다. 만약 기초선들이 상호 의존적일 것 같으면, 이는 연구자가 그렇게 의심할 만한 타당한 이유가 있을 수 있고, 해당 연구자는 중다기초선설계의 요구 조건들이 충족되지 않을 때 모호성을 줄이기 위해서 설계에 어떤 다른 특징을 계획하고자 할 것이다. 여러 기초선들 전반에 걸쳐 중재의 효과가 분명치 않은 경우 반전 단계가 계획될 수 있다. 아마도 반전 단계는 사용되는 것이 아니라 설계의 다중 기초선 부분으로부터의 효과가 분명치 않은 경우에 대비해서 하나의 옵션으로 보관될 것이다. 그리고 만일 반전 단계가 사용된다면 여러 기초선 중 하나에만 적용할 수 있다.

그렇지 않다면, 기준변동설계에 대한 논의에서 나는 분명한 증명을 제공하기 위해 수행은 변경되는 준거에 상당히 잘 맞아야 한다고 했다. 많은 연구자들은 중재 단계의 수행에 있어 양방향적 변화를 보여주기 위해 소반전(mini-reversal)을 추가한다. 이러한 조합은 기준변동설계와 ABAB 설계 모두의 특징이라는 강점을 얻게 되고, 하위 단계들 전반에 걸쳐 수행 및 준거의 완벽하지 않은 대응을 멋지게 극복한다.

결합설계들이 반드시 연구자가 연구 전에 만들어 놓은 계획들로부터 귀결되는 것은 아니다. 예기치 못한 모호성은 종종 연구 과정에서 나타난다. 모호성은 중재 이외의 외부사건들이 변화를 이끌어 올 수 있는 가능성을 말한다. 아마도 외부사건들은 자료 패턴을 미루어볼 때 그렇게 쉽게 제거될 수는 없을 것이다. 연구자는 증명을 명확히 하기 위해 어떤 다른 설계로부터의 특징이 추가될 수 있는지를 결정한다. 결합설계들은 종종 연구자가 증명의 모호성을 해결하기 위해 다른 설계들의 요소들을 적용함으로써 자료에 반응하고 있다는 사실을 반영한다. 자료에 반응하는 단일대상설계의 능력은 이 접근방식의 방법론적 강점이다. 이 능력은 응용 관점으로부터의 강점이기도 하다. 만일 최근에 만들어진 자료를 기반으로 중재가 변화될 수 있다면 의뢰인들(학생, 환자, 그리고 아동)이 이득을 볼 가능성이 높다.

변형

결합설계는 서로 다른 설계의 여러 특징을 포함하고 있다. 아마도 가장 일반적으로 사용되는 결합설계는 ABAB 설계와 중다기초선설계의 특징들을 통합한 것일 것이다. ABAB 설계와 행동 간 중다기초선설계의 특징들을 조합한 훌륭한 그리고 아직도 시의적절한 예는 심각한 심장마비로 고생한 82세 노인을 돕기 위해 설계된 연구에서 보고되었다(Dapcich-Miura & Hovell, 1979). 퇴원 후 이 환자는 신체적 활동을 증가시키고, 포타슘이 많이 함유된 음식(예 : 오렌지주스와 바나나)을 먹고, 약을 복용할 것을 지시받았다.[1] 그 환자가 동네를 걸어 다니고, 주스를 마시며, 약을 먹을 때마다 토큰(포커용 칩)을 받게 되는 강화 프로그램이 시행되었다. 토큰들은 따로 모아두고 자신의 선택에 따라 집에서 저녁 메뉴를 선택하거나 외식을 하는 것 등과 교환할 수 있었다.

그림 10.1에 제시된 결과는 보통의 중다기초선설계에서 강화 프로그램이 시간이 지남에 따라 전진적으로 각각의 행동에 확장되었음을 보여주고 있다. 또한 기초선 조건들은 잠정적으로 회복되어 ABAB 설계의 방식으로 전개되고 있었다. 결과는 매우 분명하다. 자료들은 설계들 각각의 실험적 준거들을 충족하였다. 이 설계의 중다기초선 부분이 보인 그와 같은 명백한

---

1) 해당 환자의 약물치료에 어쩌면 이뇨제(소변의 흐름을 증가시켜 주는 약물)가 포함되어 있을 수 있기 때문에 포타슘이 많이 함유된 음식으로 하는 식이요법이 권장되었다. 그와 같은 약물치료로 인해 종종 포타슘이 몸에서 빠져나가므로 여분의 양을 먹어야 한다.

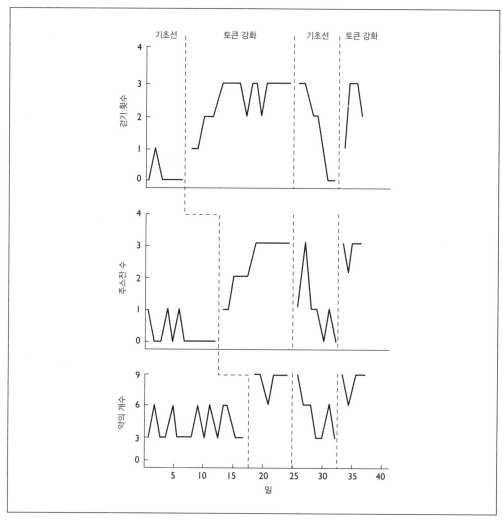

┃ 그림 10.1 ┃ 기초선 및 토큰 강화 조건 아래 매일 고수해야 하는 행동(걷기, 오렌지주스 마시기, 약 먹기)의 수 (출처 : Dapcich-Miura & Hovell, 1979)

효과를 보면, 도대체 왜 반전 단계가 실행되지 않았는지 의아해할 것이다. 사실 연구자들은 행동들이 중재 없이도 유지되는지를 평가하는 데 관심이 있었던 것이다. 중재를 일시적으로 철회한 것은 결과적으로 바람직한 행동들의 즉각적인 상실을 야기했다. 행동을 유지하는 데 활용할 수 있는 절차들이 존재한다(Kazdin, 2001). 반전 단계는 이를 완수하기 위해 무엇인가 필요함을 암시하는 것이다.

또 다른 실례에서 중등도 정신지체(IQ 40~53)가 있는 고등학생들을 위한 중재들의 처리를 평가하기 위해 ABAB 설계와 중다기초선설계의 특징들이 사용되었다(Hughes, Alberto, &

Fredrick, 2006). 이 학생들은 그들이 여러 가지 활동(예 : 상자 비우기, 청소하기 등)을 하도록 배정된 다양한 환경(예 : 책 창고, 요양원, YMCA 등)에서 일을 하였다. 학생들 개개인은 여러 문제행동(예 : 일을 즉시 시작하지 않음, 과제에 집중하지 않거나 관찰회기 내에 여러 차례 이 런저런 이야기를 함, 자신이 해야 하는 일과 관계없는 질문을 반복적으로 함, 요청에 따르지 않음, 기타) 때문에 발견되었고, 이러한 문제행동들은 이들 각자에게 개별화된 것이었다. 중 재는 칭찬(예 : '잘하는구나', '잘했어, 계속해' 등)과 함께 일을 하라는 언어적 지시(촉구, 예 를 들면 '일을 할 시간이야')로 구성되었다. 이 중재의 효과는 중재 단계가 더 완전하게 실행되 기 전에 잠깐 동안 검정되었다. 그러한 잠깐 동안의 검정은 촉구와 칭찬이 행동을 향상시켰음 보여주었고, 따라서 이 중재들은 일간 작업 프로그램으로 실행되었다. 촉구와 칭찬은 학생들 개개인에게 일하면서 들으라고 지시한 테이프에 미리 녹음되어 있었다. 학생들 개개인에게는 녹음기가 주어졌고, 테이프에 녹음된 말은 학생들 각자의 이름으로 개인화된 것이었으며, 매 2분마다 나오는 일련의 촉구 혹은 칭찬이 들어 있었다. 자료는 촉구절차가 문제행동의 감소에 미치는 영향을 평가하기 위해 해당 작업 환경에서 20분 동안 수집되었다. 회기들은 이 설계의 중다기초선 부분의 근거로 사용된 두 시간대(오전과 오후) 전반에 걸쳐 수행되었다.

그림 10.2는 녹음된 촉구들이 문제행동들에 주의를 기울이게 하는 효과를 보여주고 있다. 중재는 중다기초선설계의 오전(AM) 그리고 오후(PM) 시간대에 도입되었다. 분명하게 나타난 것처럼 촉구 절차는 그것이 첫 번째 기초선(AM)에 도입되었을 때 변화로 연결되었다. (관찰회 기가 없는) 두 번째 기초선에서는 중재가 도입될 때까지 아무런 변화도 나타나지 않았다. 그 러므로 중다 기초선의 증명에 대한 요구 조건은 충족되었다. 게다가 기초선으로의 복귀(기초 선 2)가 있었고, 그러고 나서 중재의 재도입(주의 촉구 2)이 있었다. 오전과 오후에서의 첫 네 단계는 ABAB 설계를 형성하고 있다. 마지막 추수 단계는 2주 후로, 주의 촉구 단계를 다시 포 함하고 있었다. 증명의 결과는 매우 분명하다. 촉구 및 칭찬 절차들에 의해 문제행동들은 감 소했다. 이 연구의 목적이 아닌 그다음 과제는 그 행동들이 중재 없이도 유지될 수 있는지 보 는 것이다.

ABAB 실세와 중다기초선설계가 결합될 때, 반전 단계나 기초선으로의 복귀 단계를 모든 행동이나 연구 대상, 혹은 상황 전반으로 확장할 필요가 없다. 이에 대한 한 가지 예는 시설에 수용된 4명의 발달장애인(9~21세)에 초점을 맞춘 어떤 중재(Favell, McGimsey, & Jones, 1980) 의 경우에서 찾아볼 수 있다. 이 사람들은 음식을 빨리 먹었는데 이는 단지 사회적으로 받아 들여지지 않을 뿐 아니라 건강 문제(예 : 구토나 사레)도 야기할 수 있는 것이다. 조금 더 천천 히 먹게 하기 위해 연구자들은 음식을 씹는 중간중간 잠시 쉬는 사람들에게 칭찬과 함께 좋아

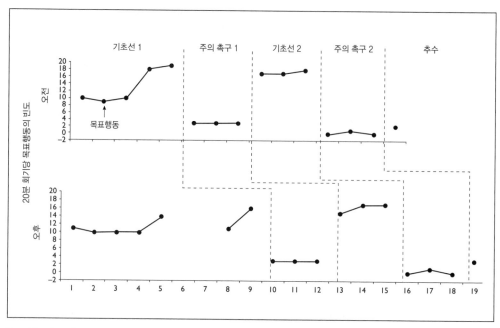

┃ 그림 10.2 ┃ 서로 다른 두 시간대(오전과 오후) 전반에 걸친 한 아동에 대한 문제(목표)행동의 빈도. 중재(미리 녹음된 테이프에 주의를 기울이도록 촉구하는 것을 듣기)는 결합된 중다기초선설계와 ABAB 설계에서 평가되었다. (출처: Hughes et al., 2006)

하는 음식을 한 입 주었다. 처음에는 '기다리세요'라고 말하고 그 사람이 기다리도록 손으로 안내함으로써 언어적 지시와 신체적 안내(신체적 촉구)가 사용되었다. 먹는 속도가 안정되어 감에 따라 이러한 촉구들은 제거되었고 칭찬이 이보다 덜 주어졌다.

그림 10.3에 제시된 것처럼 두 사람에 대한 중다기초선설계는 중재의 효과를 분명하게 보여주고 있다. 첫 번째 사람에게는 반전 단계가 사용되었고, 이는 중재의 효과를 더 잘 입증하였다. 이 설계는 반전 단계가 기초선들(사람들) 중 하나에만 사용되었기 때문에 아주 흥미롭다. 중다기초선설계가 종종 기초선으로의 복귀 단계 사용을 피하기 위해 선택되기 때문에 결합설계에서 반전 단계의 부분적 적용은 모든 행동이나 사람, 혹은 상황 전반에 걸쳐 중재의 철회보다 더 유용할 수 있다.

비록 일반적으로 ABAB 설계와 중다기초선설계의 특징들이 결합된다 하더라도, 다른 설계 조합들 또한 사용되어 왔다. 보통의 경우에, 기준변경설계 및 다중처치 설계 장에서 언급했던 것처럼 반전 단계들은 다른 설계들에 추가된다. 그러나 다른 변형들도 쉽게 발견된다. 결합 교대처치 설계와 중다기초선설계는 자해행동을 하는 중도 발달장애 아동에 대한 보고에 설명되어 있다(Wacker et al., 1990). 주요 문제는 그 아동에게 요청하는 것이 자해행동의 양에 영

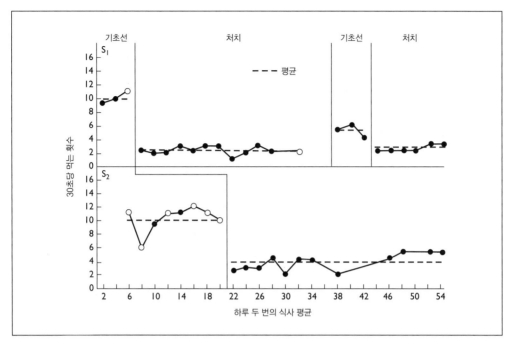

▌ 그림 10.3 ▌ 기초선 및 처치 조건들 전반에 걸친 연구 대상 1, 2의 먹는 속도. (검은색 점은 하루 두 번의 식사로부터, 흰색 점은 하루 한 번의 식사로부터 도출된 자료를 나타냄.) (출처 : Favell, McGimsey, & Jones, 1980)

향을 미치는가 하는 것이었다. 아동에게 적극적인 요구나 요청을 하는 데 있어, 해당 아동은 특히 어떤 활동에 참여할 것을 요청받았다. 그리고 소극적인 요구 조건에서 해당 아동은, 요청받은 것이 아니라 혼자서 여러 활동에 참여하도록 허용되었다. 이 두 가지 요구 조건은 교대처치 설계에서의 '처치들'이었고, 각 회기의 서로 다른 시간에 실행되었다. 기초선은 포함되지 않았는데, 이는 부분적으로 요구 조건들이 이미 작용하고 있었고 따라서 이미 진행 중인 어떤 요구 조건이 없는 '진정한' 기초선은 없을 수 있기 때문이었다. 이 예는 기초선이 없는 두 중재의 비교로 시작된다.

그림 10.4는 자해행동이 네 번의 상황들 각각에서 적극 조건보다는 소극 조건에서 더 높게 나다났음을 보여주고 있다. 교대처치 설계에서 더 혹은 가장 효과적인 중재는 종종 마지막 단계에서 적용된다. 이 그래프는 적극적 요구 조건이 마지막 단계에서 그리고 서로 다른 활동 간 중다기초선설계의 방식으로 도입되었음을 보여주고 있다. 일단 적극적 요구가 모든 관찰 기간 동안 사용되면 자해행동은 낮은 수준을 유지하게 되고, 이는 적극적 요구만 사용되는 단계가 도입될 때 각각의 기초선 전반에 걸쳐 분명해진다. 이것이 기초선이 없는 중재의 효과를 보여주는 강력한 증명이다.

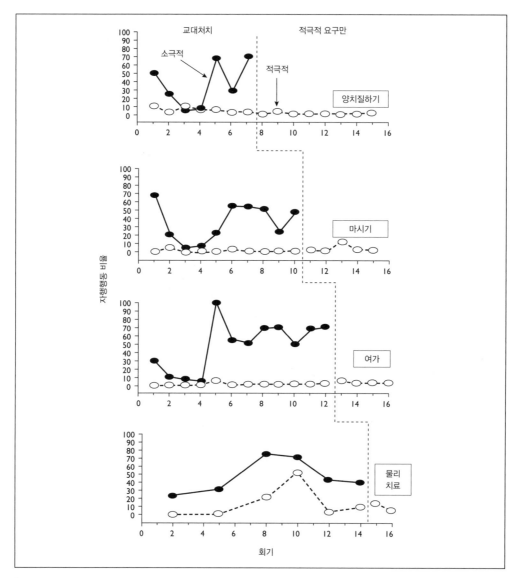

┃ 그림 10.4 ┃ 교대처치와 중다기초선의 특징들을 결합한 설계에서의 자해행동. 자해행동에 대한 소극적 및 적극적 요구의 영향(단계 2)을 평가하기 위해 해당 아동에게 이러한 요구들을 했다. 적극적 요구는 낮은 수준의 자해행동과 연계되었고, 두 번째 단계의 모든 관찰기간 동안 제공되었다. 이 두 번째 단계는 서로 다른 형태의 활동 및 맥락 전반에 걸쳐 중다기초선 방식으로 도입되었다. 자해행동은 적극적 요구가 소극적 요구와 비교되는 기간 동안 낮은 비율로 유지되었다. (출처 : Wacker et al., 1990)

문제점과 고려사항

결합설계들을 사용함으로써 단일대상설계에서 중재 효과의 명료성을 상당 수준 끌어올릴 수 있다. 서로 다른 조건들의 특징들이 서로를 보완하고, 따라서 어떤 특정 설계의 약점이 타당한 추론을 이끌어내는 것을 방해할 가능성은 낮다. 예를 들어 기준변동설계에서 그 설계가 중다기초선설계나 ABAB 설계의 요소들 또한 포함하고 있다면 행동이 어떤 준거나 일련의 준거들과 완벽하게 맞지 않는다 하더라도 문제가 되지는 않는다. 그리고 만일 기초선으로의 복귀단계 활용을 통하여 중재 효과가 분명하게 보인다면, 각각의 행동이 중재가 중다기초선설계에 도입될 때 혹은 도입될 때에만 변화를 보이지 않는다 하더라도 문제가 되지 않는다. 그러므로 단일 증명 내에서 결합설계들은 중재가 변화의 원인이 된다는 것을 보여줄 서로 다른 기회들을 제공한다.

대다수의 결합설계들은 다른 형태의 설계에 반전 단계나 기초선으로의 복귀 단계를 추가하는 것으로 구성된다. 반전 단계는 중다기초선설계, 기준변동설계, 그리고 다중처치 설계로부터 도출된 결론을 명료하게 할 수 있다. 흥미롭게도 기본 설계가 ABAB 설계일 때, 다른 설계들의 요인들은 만약 그 요인들이 미리 계획되지 않는다면 결합설계를 만들기 위해 추가되기가 종종 어려워진다. ABAB 설계에서 중다기초선설계나 다중처치 설계의 요인들은 포함되기 어려울 수가 있는데, 이는 다른 설계들에 정상적으로 포함되는 특별한 특징들(예 : 서로 다른 기초선이나 관찰 기간)이 요구되기 때문이다. 다른 한편으로 행동에 대한 통제를 보여주는 데 도움이 되도록 ABAB 설계의 중재 단계에서 준거 변경을 활용하는 것은 가능하다.

결합설계들의 이점은 어떤 대가를 부담하게 된다. 구성 설계들 각각의 문제점이나 우려 사항이 나타날 수 있다. 예를 들어 일반적으로 사용되는 결합 ABAB 설계와 중다기초선설계에서 연구자는 (ABAB 설계의) 반전 단계가 지니고 있는 불리한 점 및 (중다기초선설계의) 마지막까지 중재를 받는 행동들을 위한 확장된 기초선 단계가 있을 가능성과 싸워야 한다. 인과 관계가 어떻게든 입증될 수 있기 때문에, 이러한 잠재적인 문제들은 중재에 대한 추론을 이끌어내는 데 방해가 되지는 않는다. 하지만 두 설계 모두를 위한 준거들을 충족하는 데 있어 실질적인 고려사항들이 어려움을 가져올 수 있다. 정말로, 그러한 고려사항들은 종종 다른 설계(예 : ABAB)보다 어떤 설계(예 : 중다 기초선)를 선택하도록 영향을 미친다. 특정 형태의 설계 및 서로 다른 설계들의 결합 내에서 사용 가능한 옵션들의 범위를 고려해본다면, 결합설계에 어떤 물리한 점 혹은 이점이 나타날 것인지 단호하게 진술하는 것은 가능한 일이 아니다.

설계들을 결합할 때, 나는 ABAB와 다른 설계들의 조합을 거론해 왔다. ABAB 설계가 처음 소개된 제6장에서 나는 이 설계가 많은 임상, 교육, 그리고 시설 환경에 적절하지 않을 수 있는 한 가지 이유는 정확히 반전 단계 및 이 설계의 목적을 위해 처치가 주는 이득을 유예하는 것 때문이라고 언급했다. 결합설계들에서 충분한 주목을 받지 못한 한 가지 옵션, 즉 소반전 단계(내가 기준변동설계들의 논의 부분에서 그렇게 불렀던 것처럼)의 사용이 있다. 기준변동설계들에서 수행에 대한 준거는 이 설계들의 핵심적인 특징에 조화를 이루면서 점점 더 엄중해진다. 연구자들은 때때로 중재가 철회되지 않는 소반전을 만들지만, 짧은 기간 동안 준거는 덜 엄격해진다. 이것은 준거가 기준변동설계의 하위 단계들 전반에 걸쳐 더 그리고 덜 엄격해짐에 따라 변화를 수행의 경향으로 보여줄 수 있는 반전이다.

소반전 단계들은 두 가지 독특한 이점을 지니고 있다. 첫째, 이 단계들은 반전 단계이며 단일대상설계의 논리와 조화를 이루며 ABAB 설계에 사용되는 단계들의 목적들(즉 서술하기, 예측하기, 이전 예측 검정하기)을 달성한다. 둘째, 반전은 회복의 의미로 완성되거나 수행의 기초선으로의 복귀 수준이 기대되는 것이 아니다. 사실상 소반전의 준거에서의 변화는 여전히 기초선 수준을 뛰어넘는 향상된 수준에서의 수행이다. 그러한 이유로 처치를 철회하거나 중재를 완전히 유예함으로써 이득을 없애지 않는다. 기준변동설계의 소반전은 결합설계를 사용함에 있어 ABAB 설계의 논리 및 이득에 의존하려 하는 연구자들이 가장 먼저 선택하는 것일 수 있다.

훈련의 전이와 반응 유지를 조사하기 위한 설계 추가

이전 장들에서 제시된 설계들에 대한 논의는 주로 어떤 중재가 변화의 원인이 되었는지 평가하기 위한 기법들에 초점을 맞춰 왔다. 보통 어떤 중재의 효과는 외부 요소들보다는 설계에 어떤 방식으로 반복되어 그 중재가 결과를 산출했음을 보여준다. 효과적인 행동변화 기법들의 개발 초기(예 : 1960년대)에 우선순위는 확실히 치료소, 학교(예 : 교육 및 특수교육), 병원(의학 및 정신의학), 다양한 사람(예 : 발달장애인, 전반적 발달장애인)을 위한 시설, 지역사회(예 : 가정에서의 에너지 사용, 운전 시 안전벨트 착용), 그리고 다른 많은 경우에서의 연구에 관련 있는 몇 가지 영역에서 획득될 수 있는 변화를 보여주는 것이었다(Kazdin, 2001). 이 우선순위는 변하지 않았다. 학교에서, 재활 환경에서, 그리고 청소년 및 성인 사법제도에서 실행되고 있는 대다수의 프로그램들은 경험적으로 평가되지 않고 증거기반도 아닌 것이 여전히 사실이다. 이러한 이유로, 우리는 여전히 우리가 하고 있는 일들 중 많은 부분이 변화로 이어지고 해가 되지 않음을 보여주기 위해 평가들을 필요로 한다.

많은 중재들에 있어 증거는 아동, 청소년, 그리고 성인들이 기능하고 있는 다양한 환경(예 : 가정, 학교, 직장, 그리고 지역사회)에서 이들을 대상으로 변화가 만들어질 수 있다는 증거가 축적되어 왔다(예 : Austin & Carr, 2000; Cooper et al., 2007). 행동을 변화시킬 수 있는 능력이 점점 더 잘 기록되어 감에 따라, 우선순위는 분명한 다음 질문, 즉 '행동이 변화될 수 있다면, 우리는 그 변화들을 다른 상황들이나 환경들로 확장시킬 수 있을까(훈련의 전이로 언급되는)?', 그리고 '그 행동들을 중재가 철회된 이후에도 오랫동안 지속되게 할 수 있을까(반응 유지라고 할 수 있는)?' 등으로 옮겨 갔다. 변화를 만들어내기 위한 기법들에 관하여 두 가지 질문 모두를 성취할 수 있는 절차들이 존재한다(Cooper et al., 2007; Kazdin, 2001 참조). 훈련의 전이 및 반응 유지에 대한 연구는 다음에서 언급될 조사 기법들의 활용과 처치 철회 등을 포함한 몇 가지 설계 옵션으로 촉진될 수 있다.

조사

조사에 대해서는 이전(제3장)에 소개되고 설명되었으며 선택된 경우, 보통 해당 행동을 바꾸거나 해당 행동에 영향을 미치기 위한 중재가 실시되고 있지 않을 때의 행동 사정으로 정의되었다. 조사는 일반적으로 직접적인 대상이 아닌 어떤 행동이 연구가 진행되는 과정에서 변화되었는지 결정하기 위해 사용되고 있다. 예를 들어 어떤 성공적인 프로그램이 교사가 프로그램을 신중하게 통제하는 가운데 매우 수줍어하고 위축된 아동이 학급에서 상호작용하는 것을 도울 수는 있었지만, 그러한 변화들이 운동장에서도 계속 이어질 것인가? 조사 사정은 그러한 질문에 답을 하는 데 도움이 될 수 있다. 그 중재가 조사가 사정되는 기간 혹은 상황에서는 효과를 발휘하지 않기 때문에, 조사 사정으로부터 나온 자료들은 반응들 및 상황들 전반에 걸친 행동의 일반성을 다루게 된다.

조사를 어떤 단일대상설계에 적용될 수 있는 설계 추가로 생각해보라. 만일 우리가 우리 중재의 효과의 확산, 대개의 경우 다른 상황으로의 확산을 평가하고자 한다면 우리는 이 도구를 사용하겠지만, 이는 또한 동일인의 다른 행동들도 포함시킬 수 있다. 비록 조사를 이렇게 사용하는 것이 자주 있는 일은 아니라 하더라도, 조사는 또한 추수연구가 진행되는 과정에서 별개의 시점에 이따금씩 사정을 수행함으로써 일정 기간 동안의 변화를 평가하는 데 있어서도 사용될 수 있다.

나는 중다기초선설계의 논의에서 때때로 중재가 한 가지 행동(한 사람 혹은 한 가지 상황)에 적용될 수 있고, 그 변화는 중재가 다른 행동들에 적용되기 전에도 다른 행동들로 확산될 수 있다고 언급하였다. 둘 이상의 상황 간 중다기초선설계에서 증명의 명료성은 중재가 도입될 때 혹은 중재가 도입될 때에만 변화가 발생하고, 그 이전에는 변화가 나타나지 않음을 보여주는 것에 달려 있다. 변화의 일반성은 설계의 여러 형태에서 장애물이 될 수 있다. 대부분의 상황에서 우리는 해당 행동이 다른 상황들로 전이되길 바란다. 우리는 어떤 교실에서의 행동을 변화시키지만, 또한 우리는 그 변화가 필요에 따라 다른 교실들로 전이되거나 확장되길 원하기도 한다. 우리가 친척이 생일선물을 줄 때 '고맙습니다'라고 말하도록 어떤 아동을 훈련 시키지만, 우리는 그러한 경우들 이상으로 그리고 친척들 외에 다른 사람들에게도 그 '고맙습 니다'가 확장되길 원한다. 조사는 행동의 일반성이 있는지 알아보기 위해 어떤 중재가 적용되 는 상황 외로 행동을 시도해보기 위해 사용될 수 있다.

조사는 일반성의 서로 다른 면들을 평가하기 위해 사용되어 왔다. 보통 연구자는 특정 반응 을 훈련시키고 그 반응이 훈련에 포함된 것과는 약간 다른 조건하에서 혹은 다른 시간에 발생 하는지 검토한다. 조사의 사용은 중학생들의 자전거 헬멧 사용을 증가시키기 위해 고안된 한 연구(Van Houten, Van Houten, & Malenfant, 2007)에 잘 설명되어 있다. 5~14세의 아동 중 대 략 70%가 자전거를 탄다. 매년 자전거 사고로 수백 명의 아동이 사망하고, 40,000명 이상이 부상을 당한다. 병원 입원과 사망의 주요 원인은 머리부상이다. 자전거 헬멧을 쓰는 것은 사 망 및 부상의 위험을 85% 이상 감소시킨다.

그 연구에서 목적은 자전거로 통학하는 아동들의 헬멧 착용을 증가시키는 데 있었다. 성인 및 또래 관찰자들이 헬멧을 쓰는지 그리고 정확하게 쓰는지(예 : 버클이 편안하게 잠겼는지, 버클이 제자리에 채워졌는지 등)를 포함하여 매일 헬멧을 쓰는지 관찰하는 훈련을 받았다. 학 생들이 하교한 후 관찰자들은 헬멧을 쓴 학생들의 수를 기록했고, 이는 자전거를 탄 학생들의 비율로 변환되었다. 기초선이 끝난 후 중재는, 헬멧 사용에 대한 지침이 제공되는 모임을 갖 고, 집단이 목적을 정하며(몇 퍼센트를 목표로 해야 하는가), 매주 정확한 헬멧 사용의 비율을 학생식당과 학교 입구에 게시하는 것 등으로 구성되었다. 또한 학생들은 목표를 달성하면 파 티(피자와 아이스크림, 그리고 작은 상품)를 할 것이라는 말을 들었다.

중재는 세 학교에서 중다기초선설계로 평가되었고, 그 결과는 그림 10.5에 제시되고 있다. 주요 프로그램과 관찰이 수행되었던 학교 외의 장소에서 헬멧 사용의 정도를 평가하기 위해 조사가 활용되었다. 그 장소들은 학교에서 약 반 마일 떨어진 곳이 선택되었는데, 그곳은 대 부분의 학생들이 집에 가기 위해 지나가야 하는 곳이었다. 이는 거리 조사라고 일컬어진다 (학교에서 어느 정도 거리가 있는 것이기 때문에). 게다가 헬멧 사용이 등교 시까지 확장되는 지 알아보기 위해 일반화 조사가 포함되었다(이 프로그램이 집에 갈 때 헬멧을 쓰는지에 근거 하고 있음을 상기해보라). 중다기초선 자료는 그 중재가 변화의 원인이 되었음을 암시하고 있 다. 기초선이 끝나갈 무렵 향상 쪽으로 약간의 경향이 나타났기 때문에, 아마도 세 번째 학교 가 다소 모호할 것이다. 그렇다 하더라도 전반적인 패턴은 중재의 효과를 뒷받침하고 있다. 거리 조사(그래프의 마름모)와 아침시간의 일반화 조사(삼각형) 모두 조사 사정 동안의 행동 이 아동들이 하교하는 동안의 행동과 일관성이 있음을 보여주었다. 하교 시 헬멧 착용은 비록

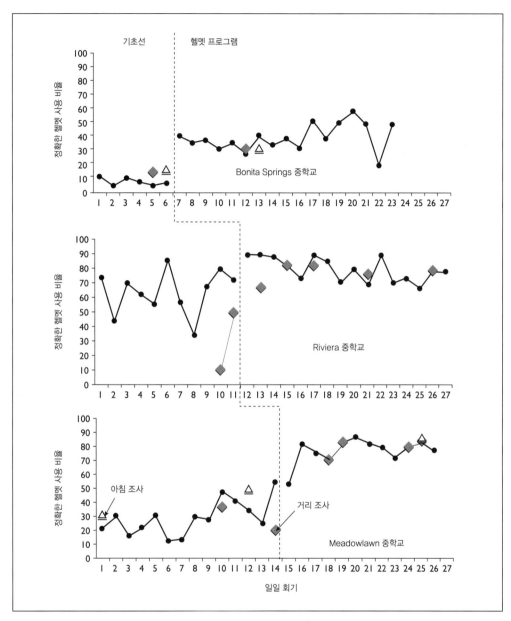

▌ **그림 10.5** ▌ 세 중학교 모두의 자전거 헬멧을 정확하게 착용한 학생들의 비율. Riviera 중학교에서 실시된 헬멧 프로그램의 마지막 4일은 Meadowlawn 중학교의 마지막 날에서와 같이 파티가 있은 후였다. 회색 마름모는 방과 후에 실행된 거리 조사 동안의 헬멧 착용 비율을 보여주고 있다. 흰색 삼각형은 오전 조사 동안의 헬멧 착용 비율을 보여주고 있다. (출처 : Van Houten et al., 2007)

둘 중 어느 것도 이 프로그램에 분명하게 포함되지 않았다 하더라도, 학교에서 훨씬 떨어진 곳에서의 그리고 등교할 때의 헬멧 착용과 매우 유사했다.

조사의 사용은 다양한 조건 전반에 걸쳐 반응의 일반성을 평가하는 데 있어 비교적 경제적인 방식을 대표한다. 조사의 사용은 사정이 지속적으로(예 : 매일)보다는 몇몇 경우에만 수행되기 때문에 경제적이다. 조사 사정의 중요한 특징은 이것이 훈련의 조건 이상으로 무엇을 기대할 수 있는지에 대한 개요를 제공한다는 것이다. 종종 훈련은 그 훈련이 다른 상황들(예 : 운동장, 집)로 이어질 것이라는 희망을 갖고 어떤 상황(예 : 교실)에서 수행된다. 조사는 여러 상황 전반에 걸쳐 수행에 대한 평가를 제공할 수 있으며 일반화가 발생한 정도에 대한 정보를 만들어낸다. 만약 일반화가 발생한다면, 이는 조사 사정에서 명백하게 드러나야 한다. 만약 일반화가 일어나지 않는다면, 연구자는 일반화를 촉진하도록 고안된 절차들을 실행할 수 있고 조사 사정에 대한 변화를 통하여 절차들의 효과를 평가할 수 있다.

중재의 점진적 철회

행동변화가 다른 상황 및 조건들로 전이되는지 평가하는 것은 조사 설계에 의해 잘 처리된다. 마찬가지로 흥미로운 것 중 한 가지는 프로그램이 종료된 이후 행동이 유지되는지를 평가하는 것이다. 설계에 추가될 수 있는 요인은 행동의 유지를 평가하기 위해 중재를 점진적으로 철회하는 것이다.

처치의 철회 후에 유지되는 행동에 대한 관심이나 연구는 우리가 논의했던 핵심적인 설계, 즉 ABAB 설계와는 모순이 되는 것 같다. 일단 중재(B)가 철회되고 기초선으로의 복귀(두 번째 A) 단계가 온다면 우리는 기초선으로의 복귀 수준을 예상한다(그리고 방법론자들은 열망한다). 물론, 의뢰인을 위해서 그리고 우리의 중재가 적용될 수 있는 모든 의뢰인들을 위해서 우리는 행동이 유지되기를 바랄 것이다. 어떤 아동이나 학급 전체를 위해 일시적인 중재로 학급에서의 수행을 변화시켰을 때, 우리는 그 중재를 제거한 후에도 그 효과가 지속되기를 원한다. 앞서 언급했듯, 우리는 어떤 아동이 어릴 때 칭찬을 통해 '고맙습니다'라고 말하도록 훈련할 수 있다. 우리는 확실히 우리의 중재가 끝나고 한참 후에도, 그리고 해당 아동이 독립한 지 한참 후에도 이 '고맙습니다'가 계속되기를(유지되기를) 원한다.

많은 프로그램에서 중재는 ABAB 설계가 적용되는 동안 혹은 연구가 종료된 후에 갑작스럽게 철회된다. 예상할 수 있듯, 그러한 상황 아래서 행동들은 종종 기초선 수준으로 돌아오거나 기초선 수준에 가까워진다. 행동이 기초선 수준으로 돌아오는 속도는 부분적으로는 중재가 철회되는 방식의 함수일 수 있다. 짧은 중재기간(예 : 며칠)과 기초선 조건들로의 갑작스러운 복귀 등은 행동 개선의 돌연한 상실로 이어질 것이라고 예상될 것이다. 이러한 상황들 아래서 행동들은 종종 발생하거나, 보통의 활동들로 옮겨 가는, 혹은 일상적인 환경에 의해 유지될 수 있는 것 등이 가능해지지 않았다. 분명히 우리는 중재 효과가 유지되기를 원한다. 중재의 점진적 철회는 반응들이 유지될지 평가하기 위해 설계에 추가될 수 있다. 조사와 마찬가지로 이는 어떤 설계에도 추가될 수 있는 요소이다. 중재의 효과가 분명하게 제시된 후, 철회 절차들은 반응의 유지를 평가하기 위해 추가될 수 있다(Rusch & Kazdin, 1981 참조).

하나의 실례로, 한 프로그램에서 8명(6~8세)의 아동이 반항적, 공격적, 반사회적 행동 등을 보이는 것으로 판별되어 특수학급에 위탁되었다(Ducharme, Folino, & DeRosie, 2008). '무오류 타협 훈련(errorless acquiescence training)'으로 분리는 한 중재가 사회성 기술을 개발하기 위해 사용되었다. 연구자들은 타협이 핵심적인 기술, 즉 일단 개발되었을 때 명확하게 개발되지 않은 다른 많은 바람직한 행동들과 연계될 행동이라는 생각을 가지고, 아동들에게서 타협(예 : 또래들에게 반응하기, 공유하기, 번갈아 하기, 다른 누군가의 아이디어에 동의하기, 다른 사람들 먼저 하게 하기, 기타)이 계발되게 하였다. 훈련은 문제행동과 연계된 조건들을 점차 도입하고, 점점 더 어려운 상황들로 옮겨 가며, 그리고 이러한 상황들을 관리하기 위해 강화를 제공하는 것 등으로 구성되었다. 훈련은 기술을 가르칠 특별한 영역의 학급 내에서 수행되었다. 8명의 아동은 4명씩 두 집단으로 나뉘어 훈련을 받았다. 관찰자들은 친사회적 그리고 반사회적 행동들, 청소하기(장난감 치우기), 그리고 타협하기 등을 기록하였다. 관찰은 교실 내에서 이루어졌으며, 훈련은 집단간 중다기초선설계에 도입되었다.

중재 단계는 타협 계발하기 그리고 나서 중재 절차를 점진적으로 철회하기 등으로 구성되었다. 중재 단계가 진행되는 동안 기술에 대한 토의, 해당 기술을 부정확하게 시범보이기와 정확하게 시범보이기(토의와 함께), 그리고 역할놀이 등으로 이루어진 훈련이 실행되었다(단계 1). 이 기술들은 타협의 일부였고 이전에 언급되었던 행동들(예 : 공유하기, 번갈아 하기)을 포함하고 있었다. 아동들은 해당 회기의 일부로 실행해볼 기회가 있었고, 촉구와 피드백, 그리고 해당 기술의 사용에 대한 칭찬 등을 받았다. 중재는 점진적으로 철회되었다. 단계 2에서는 교수의 양이 줄어들었다. 부정확한 기술에 대한 토의 및 역할놀이는 중단되었고 정확한 기술 시범보이기는 이 단계가 진행되는 동안 감소되었다. 역할놀이가 남아 있는 유일한 훈련요소였다. 그러나 여러 회기들의 놀이 활동 부분이 진행되는 동안 촉구 및 단계 1의 다른 요소들은 계속되었다. 단계 3에서 역할놀이를 포함한 모든 교수요소들이 그리고 놀이가 진행되는 동안의 촉구, 피드백 강화 등이 중단되었다. 연구의 마지막 단계는 본질적으로 기초선으로의 복귀였다.

그림 10.6은 반사회적 행동 빈도의 변화를 보여주는 자료들을 제시하고 있다. 그림에서 볼 수 있듯, 대상 간(두 집단) 중다기초선설계에 중재가 도입되었다. 중재가 도입되기 전과는 달

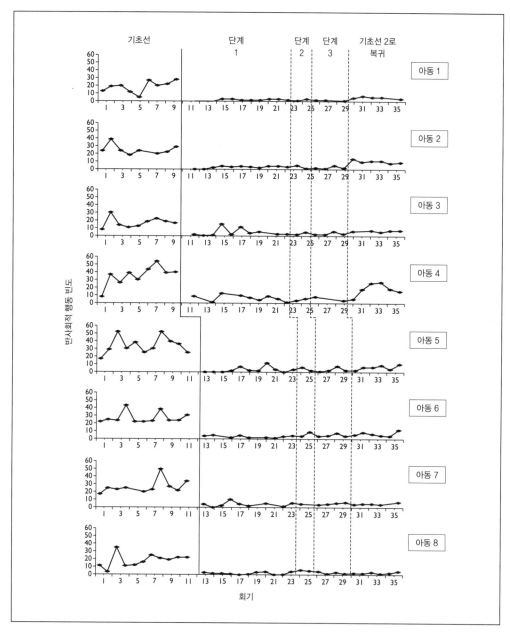

▌그림 10.6 ▌ 기초선, 중재, 그리고 기초선으로의 복귀 전반에 걸친 반사회적 행동들의 빈도. 중재는 대상 간(두 집단으로 나뉜) 중다기초선설계에 도입되었다. 단계 1에서 실행된 중재는 후에 점진적으로 사라지게 하거 나 철회되었다. (출처 : Ducharme et al., 2008)

리 도입되었을 때 반사회적 행동이 감소하는 것을 보여주고 있다는 측면에서 효과는 확실하 다. (비슷한 패턴을 보여준 타협행동, 친사회적 행동, 그리고 청소하기 등에 대한 자료들은 여기 제시되지 않았다.) 중재 단계 중 여러 단계에서의 중재 철회는 마지막 단계, 즉 기초선으로의 복귀 단계에서 완성되었다. 1~2명을 제외한 모든 아동에게 있어 반사회적 행동은 처치 중 달성된 낮은 수준으로 유지되고 있었다.

이 설계(중다기초선설계)가 중재가 변화로 이어졌음을 밝혔으므로 이는 훌륭한 실증이다. 연구자들은 행동들을 개발하고 유지하고자 했고, 따라서 중재는 점차 철회되었다. 기초선으로의 복귀 단계는 결과의 반전을 보여주지 않았다. 기초선으로의 복귀는 이 설계에 필요하지 않았다. 오히려 필요한 것은 행동을 어떻게 유지시키는지에 대한 검정이었다. ABAB 설계가 사용될 때에는 반전을 보여줄 필요가 있다. 그러한 설계들에서 두 번째 B단계는 중재가 서서히 사라지거나 점진적으로 철회되는 단계이다. 예를 들어 제2형 당뇨병과 자폐증, 그리고 정신지체로 진단받은 한 18세 청소년의 바늘 공포증을 극복하게 하기 위해 노출 및 강화 기법이 사용되었다(Shabani & Fisher, 2006). 이 사람은 2년이 넘는 기간 동안 다른 사람들이 인슐린 수치를 관찰하기 위해 필요한 피를 뽑는 것을 허용하지 않았다. ABAB 설계에서 이 중재는, 검사절차에 대한 회피행동을 감소시켰음을 보여주었다. 이 설계의 ABA 부분에서 강력한 효과가 나타났다. 그리고 나서 그 절차를 서서히 사라지게 하기 위해 장기간의 두 번째 B단계가 사용되었다. 중재가 점진적으로 철회되어 감에 따라, 그 행동은 높은 수준에서 유지되었다. 2개월에 걸친 추수연구는 아무런 문제없이 집에서 피를 뽑을 수 있게 되었음을 보여주었다.

총평

상황 전반에 걸친 중재 효과의 일반화 및 이 효과의 일정 기간 동안의 유지는 중재연구의 어떤 영역에서는 중요한 실질적인 쟁점들을 반영하고 있다. 나는 이러한 쟁점들을 연구할 설계 기회들을 강조할 것이다. 조사 및 중재의 철회는 내가 강조해 왔던 아주 중요한 설계 특징으로부터 출발하는 것 같다. 단일대상설계에서 지속적인 사정은 핵심적인 요소이다. 조사는 상황들은 물론 행동들 전반에 걸친 효과의 일반화에 대한 질문에 답을 해줄 비연속적 사정의 전략적 활용을 나타낸다. 이와 유사하게, 중재의 철회는 행동이 기초선 수준으로 돌아올 것으로 예상하는 반전 단계로 논의되어 왔다. 그러나 기초선으로의 복귀 단계는 내내토 유지를 평가하기 위해 사용된다. 중재를 점진적으로 철회하는 것은 행동이 유지될 것이라는 기대를 갖고 기초선으로의 복귀를 허용하는 전략이다.

다른 설계들 및 다른 특징들처럼 조사 및 철회 단계는 단일대상 평가에 추가되는 도구들이다. 이들 각각은 특정 설계들에 통합될 수 있는 요소이다. 하지만 그 어떤 것도 설계의 요구 조건들을 대신하지 않는다. 연구자는 평상적인 방식으로 변화와 중재의 효과를 보여준다. 이러한 다른 요소들은 일반화나 유지 문제들을 다루기 위해 그 입증에 추가된다.

집단간 설계

전통적으로 심리학, 교육학, 의학, 상담학, 그리고 중재가 평가되는 기타 다른 과학적 학문 영역들에서의 연구는 서로 다른 집단들을 비교하는 데 초점을 맞춘다. 이는 영가설 검정과 자료에 대한 통계적 평가가 있는 양적 연구의 전통 내에 있는 연구이다. 나는 주요 비교가 서로 다른 중재들 혹은 중재 조건과 통제 조건을 받는 집단(들) 간에 이루어진다는 것을 강조하기 위해, 이러한 연구들을 여기서는 전통적인 집단간 설계로 부를 것이다. 나는 '집단 설계'만으로는 그러한 의미를 전달할 수 없기 때문에 '집단간'이라는 용어를 사용할 것이다. 많은 '단일대상' 연구들은 사람들 집단(예 : 학급 전체 혹은 지역사회)을 활용하는데 이 경우에는 집단이 결성되고 '단일 대상'으로 간주된다. (방법론으로 가는 문에 도달하기 위해서는 용어의 순도를 버려야 한다. 집단간 연구는 단 두 집단에 대한 것이어야 하는가? 세 집단이 있을 때에는 '집단들 간 연구'가 아니어야 하는가?)

가장 단순한 집단간 연구에서는 한 집단은 중재를 받고 다른 집단은 받지 않는다. 연구대상은 무선으로 집단에 배정된다. 중재들이 비교되고 평가될 때(예 : 교육 프로그램, 심리요법, 화학요법), 기본적인 설계는 이 책의 초반에 언급되었던 것처럼 무선할당 비교군 연구(randomized controlled trials, RCT)로 일컬어진다. 연구대상을 조건들에 무선으로 배정하는 것은 결과와 관련될 수 있는, 뿐만 아니라 중재를 평가하는 데 사용되어야 하는 척도들에 대한 잠재적으로 중요한 변수들에 있어 집단들이 동등할 가능성을 증가시켜 준다. 연구 종료 시점에서의 차이는 이미 존재하는 집단들의 특성들에 기인하기보다는 중재 효과로 인한 것일 가능성이 더 높다. 전통적인 '집단간' 설계들과 그 변형들, 그리고 독특한 방법론적 특징 및 문제점 등은 많은 문헌(예 : Kazdin, 2003; Rosenthal & Rosnow, 2007; Shadish, Cook, & Campbell, 2002)에 기술되어 있으므로 여기서 더 자세히 설명하지는 않을 것이다. 나는 집단간 연구들이 종종 단일대상설계들과 결합되어 사용되기 때문에 이러한 연구들을 언급하고 있는 것이다. 그러므로 단일대상설계에 대한 집단간 방법론의 기여에 대해 논의하는 것이 유용할 것이다.

중재연구와 관련된 집단간 설계들의 유용성

집단간 설계들은 종종 쉽게 얻을 수 없는 혹은 단일대상설계들에서 그러는 것과 같은 방식으로 획득되지 않는 중요한 정보를 제공한다. 집단간 방법론은 적용된 관심사항에 대한 정보를 모으는 대안적인 방식들과 연구대상들을 그들 자신의 통제집단으로 활용하는 연구에서 얻은 결과를 반복하기 위한 중요한 방법을 제공하고 있다.

집단간 연구는 중재에 관한 몇 가지 유형의 문제(예 : 치료, 교육 프로그램, 재활 프로그램, 학교 기반 예방 프로그램)에 잘 맞는다. 표 10.1은 이러한 점들을 간단하게 보여주고 있으며 표에 있는 내용 각각이 여기서 다루어질 것이다. 첫째, 집단간 비교는 연구자가 두 가지 이상의 처치들을 비교하는 데 관심이 있는 경우 특히 유용하다. 동일한 연구 대상에 대해 서로 다른 처치들을 비교할 때 종종 어려움이 발생한다. 만약 연구자가 이론적으로 모순된 혹은 상충되는 근거들(예 : 가족치료, 개인치료)로 중재들을 비교하는 데 관심이 있다면 어려움은 분명해진다. 하나의 처치가 다른 처치의 근거를 부정하거나 약화시키는 것으로 나타나면 두 번째 처치의 신뢰도는 문제가 될 것이다. 비록 일관성 있는 것으로 보이는 두 처치들이 적용된다 하더라도, 동일한 대상에 대해 서로 다른 단계에 그 처치들을 병치하는 것은 어려운 일이 될 수 있다. 이미 논의되었던 것처럼, 두 가지 이상의 처치들이 동일 대상에게 적용될 때 다중처치 간섭, 즉 한 처치의 효과가 다른 처치(들)에 영향을 받을 수 있게 되는 것은 방법론적 위험요소가 된다. 만약 처치들이 서로 다른 단계에서 실행되거나(예 : ABCABC 설계의 변형에서처럼) 동일한 단계에서 실행된다면(예 : 다중처치 설계에서처럼) 다중처치 간섭이 우려된다. 집단간 처치들의 비교는 다른 처치의 영향을 받을 가능성 없이 중재 각각에 대한 평가를 제공한다.

응용연구에 대한 집단간 방법론의 두 번째 기여는 중재를 받는 그리고 받지 않는 집단간 변

▌ **표 10.1** ▌ **집단간 연구의 중요한 기여**

집단간 설계는 중재들을 평가하는 데 있어 특별한 강점을 가지고 있다. 집단연구는 다음의 경우에 특히 잘 맞는다.

- 두 가지 이상의 중재들의 효과 비교
- 무중재에 관하여 변화의 크기 규명
- 특정 조건이나 장애의 유병률 혹은 발생률 조사
- 변회 및 장기간에 걸친 기능의 괴정 평기
- 상관관계(공존하는 특징), 위험요인(예측하는 상관관계), 그리고 보호요인(위험요인들의 영향을 희석하거나 완화하는 상관관계) 평가
- 여러 장소들 전반에 걸친 중재 실행의 가능성 및 일반성 검정
- 중재와 (통계적으로) 상호작용할 수 있는 조정자들 및 요인들 평가
- 매개체 및 기제, 즉 변화가 어떻게 일어났는지 해명하거나 설명할 처리 과정들 평가

주 ※ 본 목록 내에 삽입된 용어들에 대해서는 본문 참조

화의 크기에 대한 정보를 제공한다는 것이다. 종종 연구자는 변화가 일어났다는 것을 입증하는 데 관심이 있을 뿐 아니라 그 중재를 아직 받아야 하는 사람들에 관해 변화를 측정하는 데도 관심이 있다. 연구에서 크기는 종종 효과크기(effect size)로 평가되는데, 효과크기는 중재 집단과 무중재 집단이 비교되는 표준편차 단위로 중재의 효과를 측정한 것이다.[2] 또한 어떤 미리 결정된 그리고 의미 있는 준거를 충족하는 각 집단별 사람들의 백분율을 언급하고 비교함으로써 크기를 추산할 수 있다. 예를 들어 심리학 및 의학 연구에서 그와 같은 두 가지 척도들은 각각 통제 집단에 관하여 처치가 끝나갈 무렵이나 처치가 종료되고 수년이 지난 후 공포장애의 모든 증상이 없어진 혹은 암의 재발 없이 5년 동안 생존한, 처치 집단 사람들의 비율이 될 수 있다. 본질적으로, 무중재 집단은 중재 없이 발생한 이러한 결과들의 추정치를 제공하고, 이는 매우 필요한 기초선 비교로 이를 바탕으로 중재 집단의 수행이 평가된다.

세 번째 기여는 사람들에게서 기능이상의 비율이나 다른 특성들을 규명하는 데 있다. 예를 들어 유병률(얼마나 많은 사람들이 질병이나 정신장애와 같은 특정 조건을 지니고 있는가) 및 발생률(그러한 조건에 대한 새로운 사례가 주어진 기간 동안 얼마나 나타났는가)을 평가하기 위해 고안된 연구들은 종종 대규모 집단연구들이다. 다양한 유형의 사람들을 대표하기 위해 광범위하게 표본을 추출하는 집단연구와 대규모 연구들은 필요하다. 그 정보를 바탕으로 분석함으로써 어떤 조건을 만들어낼 가능성이 특별히 높은 혹은 높지 않은 것으로 하위 집단들을 규명해낼 수 있다.

집단간 연구의 네 번째 기여는 장기간(예 : 수십 년)에 걸친 변화를 연구하는 데 있다. 종단연구들은 종종 집단들(예 : 성인기의 어떤 부정적인 정신적 혹은 신체적 건강 결과에 처할 위험이 있거나 그렇지 않은 사람들, 혹은 그들이 학교에 들어가기 전에 학업 전 기술들을 갖춘 그리고 갖추지 않은 사람들)을 상세하게 기술하고, 결과 혹은 결과의 회피를 예측할 수 있는 발달 과정 동안의 요인들을 규명하고 이해하기 위해 수십 년간 그 집단들의 뒤를 쫓는다.

다섯 번째 기여는 장애나 관심 조건과 연계된(상관관계가 있는) 특징들을 상술하는 것이다. 이는 많은 수의 사람들에게 어떤 특성들이 어울리는지 조사함으로써 동시에 성취된다. 예를 들어 수학과 읽기에 어려움을 겪고 있는 아동들은 다른 어떤 특성들(예 : 다른 교과에, 사회적 행동

---

2) 효과크기(effect size, ES)는 두 가지(혹은 그 이상) 조건들이나 집단들 간 차이의 크기를 말하며, 표준편차 단위로 표현된다. 연구에 두 집단이 있는 경우에 효과크기는 표준편차로 나눈 평균 간의 차이와 같다.

$$ES = \frac{m_1 - m_2}{s}$$

m_1과 m_2는 두 집단이나 조건(예 : 중재 집단과 통제 집단)에 대한 표본 평균이고 s는 이 집단들에 대한 공동 표준편차이다.

에, 가족 특성에)을 지니고 있는가? 게다가 그러한 특성들은 관심 대상에 대한 어떤 추후 결과 (예 : 정신장애, 천재, 성취)와 상관관계가 있는 초기 특성들(예 : 가정에서의, 이웃, 태어나기 전)을 규명하기 위한 표본에서 전향적으로 연구될 수 있다. 추후 결과에 대한 초기 예측자들 은 '위험요인(risk factor)'이라 불린다(결과가 긍정적일 때에도). 또한 나중에 예상된 결과를 보 이지 않은 사람들을 규명하기 위해, 종종 어떤 결과의 위험에 처해 있는 것으로 알려진 집단 (예 : 자궁 내에서 담배연기에 혹은 아동기에 폭력에 노출됨으로 인해)이 연구된다. 이러한 상 관관계는 '보호요인(protective factor)'이라고 불린다(비록 보호에 있어 정말로 직접적인 역할 을 하는지 알려지지 않았다 하더라도). 대규모 집단에서 혹은 많은 사람들을 대상으로 연구된 동시적 혹은 미래의 특성들(예 : 위험 및 보호요인들)은 모두 상관관계가 있거나 연계된 특징 들이다. 이러한 특성들은 결과로 가는 중요한 경로나 결과를 향한 처리 과정들에 대한 더 깊 은 이해로 이어질 수 있다.

말이 난 김에 상관관계 연구의 한 가지 변형은 강조할 가치가 있다. 이 변형은 실험자의 통 제 아래 있지 않은 자연주의적 중재에 초점을 맞춘다. 실험자의 통제를 벗어난 상황을 기반 으로 하여 구분되는 집단(들) 간 비교에 대한 문제들을 다루기 위해 집단간 비교는 대단히 중 요하다. 그와 같은 연구는 '담배나 알코올, 혹은 커피의 소비가 특정 질병의 원인이 되는가?', '어떤 가족특성들은 아동들이 정신장애에 취약하게 만드는가?', 'TV 시청이 아동들에게 영향 을 미치는가?' 등과 같은 중요한 응용질문을 다룰 수 있다. 이것들은 두 집단 이상을 필요로 하는 종단 상관관계 연구들이다.

집단간 방법론의 응용연구에 대한 여섯 번째 활용은 여러 장소에서 행해지는 연구들이 결 과의 **상황들 전반**에 걸친 **일반성**을 평가하는 데 사용될 때 발생한다. 대규모 연구에서 특정 중재 를 평가하기 위해 혹은 대립되는 중재들을 비교하기 위해 몇몇 상황 및 장소들이 사용될 수 있 다. 그 프로젝트의 크기(예 : 학교, 도시, 병원 몇 군데) 때문에 단일대상 방법론의 주요 특성 중 일부가 적절하지 않을 수 있다. 예를 들어 학교들 전반에 걸쳐 대규모로 적용되는 경우, 자 원들이 일정 기간 동안 매일 연속적으로 평가해야 하는 것과 같은 호사를 허용하지 않을 수 있 다. 평가와 관찰자, 그리고 학교에 왔다 갔다 해야 하는 비용 때문에 평가는 몇몇 시점(예 : 처 치 전, 처치 후, 추수)에만 이루어질 수 있다. 그러한 경우에는 집단간 연구가 더 적합한 전략 일 수 있는데, 이는 집단간 연구가 평가를 위해 자원을 덜 필요로 하기 때문이다.

집단간 연구의 일곱 번째 기여는 **조정자** 혹은 조정 변수들을 **조사**하는 데 있다. 조정자는 결 과를 산출하기 위해 중재와 상호작용할 수 있는 변수들이다. 조정자는 중재와 결과 간의 관계 의 크기나 방향에 영향을 미치는 어떤 변수이다. 예를 들어 만약 중재가 더 나이가 든 아동들보다는 더 어린 아동들에게 혹은 여자들보다는 남자들에게 더 효과적이라면 연령과 성은 각각 조정자가 된다. 조정자들은 또한 한 변수(예 : 중재)의 효과가 다른 변수(예 : 민족성)의 수준이나 특성에 의존하는 통계적 상호작용으로 논의되기도 한다. 집단연구들은 단일대상연구에서는 쉽게 사용할 수 없는 방식으로 이러한 상호작용들을 평가할 수 있다. 예를 들어 어려서 신체적으로 학대받은 것이 성인이 되었을 때 범죄나 반사회적 행동(예 : 공격, 절도)을 할 가능성을 크게 증가시키지는 않는다. 하지만 만일 누군가 신체적으로 학대를 받았고 두뇌 신경전달물질의 수용체에 영향을 주는 미묘한 유전적 특성(동질이상, polymorphism) 또한 지니고 있다면, 성인기에 범죄나 반사회적 행동을 저지를 가능성은 상당히 높아진다(Caspi et al., 2002; Kim-Cohen et al., 2006).[3] 즉 차후 반사회적 행동에 대한 아동학대의 영향은 유전적 특성에 의해 조정된 것이다. 이러한 연구는 관심의 대상이 되는 특성들의 다양한 조합을 갖춘 사람들과 그렇지 않은 사람들을 규명해내기 위해 집단간 설계를 필요로 한다.

두 가지 이상의 중재들의 개별적인 그리고 합쳐진 효과를 연구하는 것은 조정자 연구의 또 다른 예이다. 연구자는 두 가지 이상의 변수들을 동시에 연구하는 데 관심이 있을 것이다. 예를 들어 연구자는 피드백과 강화의 개별적 그리고 결합된 효과를 조사하고 싶어 할 수 있다. 피드백의 두 수준(피드백 제공 대 피드백 제공하지 않음)과 강화의 두 수준(유관 칭찬 대 칭찬 제공하지 않음)이 결합하여 네 가지 서로 다른 변수 조합을 만들어낸다. 이 설계에 네 집단이 포함되어 있다. 각각의 집단은 네 가지 조합들 중 한 가지를 받게 된다. 집단간 연구는 그러한 조합들을 연구하는 데 필요하다. 단일대상연구에서는 중재 효과가 다른 변수들 전반에 걸쳐 확장되는 정도를 말하는 중재 효과의 일반성에 대한 질문에 답하기 위해 다른 변수들과 중재들의 상호작용을 조사하는 것은 어려운 일이다.

집단간 중재연구의 마지막 기여는 변화의 조정자 및 기제에 대한 연구이다(Kazdin, 2007). 우리가 한 연구 및 연구의 적용에서 우리는, 중재는 효과적일 것이라는 아이디어로 시작하고 있으며, 뿐만 아니라 우리는 영향력을 발휘하는 이유에 관한 근본적인 관점을 갖고 있다. 우리

---

3) 유전적 특성(동질이상)은 세로토닌을 대사하는 효소 모노아민 옥시다제 A(enzyme monoamine oxidase A)와 관련되어 있다. 다른 인간(예 : 자연적 돌연변이) 및 비인간 동물 연구(예 : 유전연구)는 이 효소가 공격적 행동에 연루되어 있음을 보여주었다. 초기 증명에서 Caspi 등(2002)은 세로토닌의 대사와 관련된 유전적 동질이상을 지니고 있는 학대받은 아동들이 이 동질이상이 없는 아동들보다 반사회적 행동들을 훨씬 더 높은 비율로 하고 있음을 발견하였다. 유전적 특성을 지니고 학대받은 아동들 중 85%는 26세가 될 때까지 어떤 형태의 반사회적 행동(품행장애로 진단, 공격성에 대한 성격 사정, 성인 성격장애의 증상들, 혹은 폭력 범죄로 인한 법정 유죄선고)을 하게 되었다. 대립형질을 지니고 있고 학대받은 사람들은 표본의 단 12%였지만, 집단에서 폭력으로 인한 유죄선고의 44%를 차지하고 있었다. 연구가 그 이상으로 반복되었고, 동질이상과 함께 학대는 물론 부모의 방임 또한 품행에 있어서의 문제와 폭력에 대한 위험성을 증가시킴에 주목함으로써 그 결과를 확장시켰다.

에게는 때때로 그렇게 불리는 '작은 이론(small theory)'이 있다(Lipsey, 1996). 어떤 일이 진행되고 있는지에 대한 이론은 우리가 측정해야 하는 것에 영향을 미친다. 즉 우리는 우리가 변화의 원인이 된다고 생각하는 처리 과정의 척도들을 포함함으로써 중재가 효과를 보이는 이유를 단지 추정하는 대신 우리의 작은 이론을 검정할 수 있다. 변화의 조정자 및 기제에 초점을 맞추는 것은 이러한 관심을 직접적으로 반영하는 것이다. 조정자는 왜 효과가 발생하는지 설명할 수 있는 중개 과정을 일컫는다. 어떤 중개 과정(예 : 인지 변화)이 치료에 있어서의 변화와 상관관계가 있고 그 치료적 변화가 이러한 변화들 없이 발생할 가능성이 낮음을 보여주는 것은 조정자의 한 가지 예가 될 것이다. 조정자를 설정하는 것은 어떤 중개 과정과 어떤 결과 사이의 통계적 관계에 근거한다. 조정자는 어떤 결과가 어떻게 발생하는지 반드시 정확하게 설명해주는 것은 아니다. 기제는 변화가 어떻게 일어나는지 더 정확하게 보여주는 구체적인 처리 과정을 말한다. 어떤 기제는 변화가 중개 과정의 존재에 의존함은 물론 결과를 산출하기 위해 그 과정이 어떻게 전개되는지도 보여줌으로써 지식의 더 깊은 수준을 반영한다. 집단간 연구는 조정자 및 기제들을 연구하는 데 있어 매우 유용했다.

집단간 연구의 강점 중 몇 가지를 강조하는 것은 유용한 일이다. 동시에, 위험은 한 설계 전략은 특정 질문에 답할 수 있고 다른 설계 전략은 그럴 수 없다는 믿음을 암시하거나 조성하는 것에 있다. 이는 주어진 사례에서 참일 수 있지만, 서로 다른 설계들의 기여는 더 미묘한 문제이다.

위에서 집단간 연구의 기여로 강조된 것처럼, 변화의 조정자 및 기제들을 이해하는 것에 대해 관심이 증가해 왔다. 조정자들을 이해하기 위해, 보통 처치 전 척도(예 : 불안으로 의뢰된 환자들의 불안)와 처치 중의 어떤 척도(예 : 연구자가 치료적 변화의 원인이 될 것이라고, 즉 치료적 변화를 중재할 것이라고 간주할 수 있는 사고 과정), 그리고 처치 후 척도들 등이 있는 집단연구가 수행되고 있다. 일반적으로 말해서, 연구의 목적은 사고 과정에 있어서의 변화가 처치가 종료될 무렵의 향상의 근거가 될 수 있는지를 알아보는 데 있다. 환자들이 이 인지적 변화(사고 과정)를 보일 때에만 이들이 (불안에 있어) 차도를 보이는지 알아보기 위한 노력에 다양한 통계적 검증들이 적용되고 있다. 집단간 연구들은 조정자에 대한 연구를 수행하는 표준 방식이다(Kazdin, 2007 참조). 그와 같은 연구에서 사용되는 통계적 검정은 인지적 처리과정과 불안에 있어서의 변화의 통계적 관계를 평가하기 위해 집단(예 : 처치 집단과 무처치집단 연구에서 처치 집단)을 필요로 한다. 조정자들을 연구했던 응용 상황에서 단일대상 실험을 규명하기는 거의 불가능하다.

다음에 대해 잠시 생각해보라. 단일대상설계들은 조정자들을 연구할 수만은 없지만, 독특하고 필요한 이점들을 가져올 수는 있다. 집단연구에서 조정자들(위 예에서의 사고 과정)은 고정된 그리고 미리 결정된 시점 혹은 예를 들면 두 시점에 측정된다. 따라서 만일 치료가 15회기 동안 지속된다면 연구자는, 사고 과정을 그 중간 어디쯤(예를 들어 8번째 회기)이나 끝(예를 들어 15번째 회기), 혹은 처치 중 두 시점(예 : 5번째 회기와 20번째 회기)에서 측정할 수 있다. '언제'라는 점은 이 논의에서 그리 문제가 되지 않는다. 조정자들에 대한 집단연구들이 맞닥뜨리게 될 커다란 문제점이 여기에 있다. 개개인에 대한 변화의 조정자는 사고 과정에 있어서의 변화일 수도 있다. 그러나 그 변화가 발생하는 시기는 각자 다를 수 있다. 추정상 중요한 사고 과정에 있어 당신이 보인 변화는 5번째 회기에, 나의 변화는 11번째 회기에 나타날 수 있는 것이다. 일정 기간 동안 지속적으로(예 : 매 회기) 평가된 사고 과정의 그래프를 본다면 당신의 변화는 빠른 것일 수 있다. 나의 변화는 점진적이고 느린 것일 수 있다. 간단히 말해서, 변화의 조정자를 제시하는 데 있어 연구자들은 조정자의 변화가 하나나 두 시점에서만 평가될 수 있고 대상 개개인을 정확하게 포착해낼 수 있다고 정말로 믿지는 않는다. 조정자들을 평가하는 데 있어 집단연구의 약점은 조정자를 평가하기에 적절한 고정점이 있다고 가정한다. 사실상 단일대상설계들이 잘 해결할 수 있는 것이다.

우리는 결과에 대한 조정자의 관계를 알기 위해 대상 개개인에 대한 지속적인 평가를 필요로 한다. 단지 조정자가 연구 대상 개개인에 대한 최적점에서 평가되지 않았기 때문에 조정자는 집단간 연구에서의 어떤 결과와 관계가 거의 혹은 전혀 없음을 보여줄 수 있다. 연구의 전제는 어떤 특정 시점이 연구 대상들 모두에 대한 조정자의 변화를 적절하게 표집했다는 것이다. 이 전제가 잘못된 것임은 거의 확실하다. 조정자들은 대상들 개개인에 대한 조정자와 결과의 관계를 조사할 수 있고, 그리고 나서 만약 조금 더 큰 목적이 사용된다면 그 자료들을 결합했던 단일대상설계들에서 쉽게 연구될 수 있었다. 마치 개인차가 없었던 것처럼 개인차를 얼버무리고 넘어가는 것은 사실상 변화의 조정자 규명을 방해할 수 있다.

나는 이 맥락에서 단일대상설계들의 활용을 옹호하기 위해 혹은 옹호하기만을 위해 조정자에 대한 요점을 사용한 것은 아니다. 오히려 나는, 집단간 연구가 많은 중요한 문제들을 평가할 수 있지만 그 문제들이 그 연구 전략 특유의 것이 아님을 주목하기 바란다. 조정자들이 단일대상설계에서 거의 연구되지 않고 있지만 여러 설계들의 강점 중 하나, 즉 여러 번 반복되는 그리고 지속적인 평가에 의존하기 때문에 조정자 예는 그 요점에 대한 강력한 설명이 될 수 있다.

집단간 설계들에 대한 설명

집단간 설계들이 하는 기여 중 몇 가지를 전달하기 위해서 몇몇 주요 연구로 집단간 설계들을 설명하는 것은 유용한 일이다. 첫째, 서로 다른 중재 혹은 중재와 통제 조건을 비교하는 것은 종종 집단간 설계에 더 적합하다. 명백히 중요한 건강 문제인 흡연을 위한 중재들의 예를 생각해보라. 모든 종류의 중재가 시도되었고 평가되었다. 중재를 위해 존재하는 한 가지 기회는 금연을 위해 의사로 하여금 자신의 담배를 피우는 환자들에게 충고를 하게 하는 것이다. 의사들이 환자들에게 금연하라고 말만 했다면 어떻게 될 것인가? 이는 중재로서는 너무 순진한 것 같다. 우리는 이와 같은 지시, 요청, 이해, 통찰, 지식, 그리고 다른 중재들이 일반적으로 매우 설득력이 없다는 것을 상당히 잘 알고 있다. 설득력이 없다는 것은 그러한 중재들은 몇몇 사람들에게 영향을 주고 가변적인 효과를 산출하며, 행동 변화의 더 효과적인 방식들에 속하지 않는다는 의미다. 그렇긴 해도 의사들의 금연하라는 의견이 차이를 만들어내는지 알아보는 것이 유용하다.

미국에서 의사를 만나는 시간은 평균 12~15분 정도이다. 통제된 시도에서 흡연자인 환자들은 단지 의사 혹은 간호사의 금연하라는 말로 구성된 중재를 받는 집단과 그렇지 않은 집단에 무선으로 배정되었다. 연구에서 사용된 진술의 두 가지 예로는 (1) '당신이 지금 담배를 끊는 것이 중요하다고 생각합니다'와 (2) '당신의 주치의로서 나는 당신이 금연하는 것이 건강을 지키기 위해서 할 수 있는 가장 중요한 일이라는 것을 알아주셨으면 합니다' 등이 있다. 이와 같은 의견들은 금연에 이르는 데 있어 적지만 믿을 만한 효과를 보인다. 이 메시지를 받은 사람들은 아무런 중재를 받지 않은 사람들보다 금연율이 2.5% 더 높다. 비록 효과를 성취하는 데 있어 매우 짧은 시간 동안(1분) 제시되는 의견으로 충분하다 하더라도, 투여량과 반응 사이의 관계는 존재한다. 즉 더 많은 시간과 충고는 약간 더 높은 금연율로 이어진다(Fiore et al., 2000; Rice & Stead, 2008; Stead, Bergson, & Lancaster, 2008).

이 중재가 단일대상설계들(예 : 의사별, 병원별, 그리고 어쩌면 어떤 상황에 있는 환자 간 중다기초선)에서 검정되었을 수 있음은 의심의 여지가 없다. 그러나 금연율의 추정치를 얻기 위해 많은 수의 사람들이 필요하기 때문에 집단간 연구는 그러한 문제에 편리하다. 또한 주요 문제는 어떤 특별한 의사의 중재가 없는 기본 금연율을 보여주는 통제 집단을 필요로 한다. 관심의 대상이 되는 문제는 집단산에서 벗지게 다루어진다. 몇 가지 집단간 연구들이 짤막한 의견의 효과를 반복해서 보여주었고, 그와 같은 의견이 이제 의사들의 표준 신체검사 업무가 되었다.

중재에 대한 대규모의, 여러 장소에서 실시되는 평가에 관심이 있는 경우에 집단간 연구들의 이점을 볼 수 있다. 문제들 중에는 개별적인 중재와 결합된 중재의 상대적 효과 그리고 그러한 중재들의 단기 및 장기 효과 등이 있다. 예를 들어 과잉행동 아동의 처치를 위한 가장 큰 연구는 NIMH Multimodal Treatment Study of Children with Attention Deficit/Hyperactivity Disorder(MTA Study)이다. 일곱 군데 장소에서 579명의 아동(7~9세)이 14개월간의 식이요법 처치에 포함되었다(MTA Cooperative Group, 1999a, 1999b; Swanson et al., 2002). 모든 아동이 현대 정신의학 진단에 과도한 활동 및 충동성을 포함하는 진단 범주인 ADHD 진단준거를 충족했다. 표준처치는 충분히 연구가 되었고 아동이 약을 복용하면 과잉행동이 감소하는 것을 보여준 흥분제 복용이다. 행동관리 처치는 그만큼 효과적이지 않았다. 그 연구에서 (1) 약물복용 관리, (2) 부모, 학교, 그리고 아동 프로그램들을 포함하는 행동 처치, (3) 약물복용과 행동 처치의 결합, 그리고 (4) 지역사회에서의 평상적인 처치 등의 처치 조건들이 비교되었다. 지역사회에서의 평상적인 처치는 대부분 약물복용으로 구성되었으나 약물복용 관리에서 했던 것만큼 약물의 신중한 관리 및 적정은 포함되지 않았다.

주요 결과 중 약물복용 및 결합 처치에 배정된 참여자들이 행동처치만 받은 혹은 평상적인 처치를 받은 집단들보다 더 큰 향상을 보여주었다. ADHD의 핵심 증상들에 대해 약물복용과 결합 처치는 차이가 없었다. 비 ADHD 증상들 및 친사회적 기능(예 : 내면화된 증상들, 학교에서의 친사회적 기술, 부모-자녀 관계)과 대규모의 그리고 많은 장소들 전반에 걸친 처치의 평가에 관하여 결합 처치가 어느 정도 우위를 보였다. 또한 커다란 표본 때문에 후속 보고서는 처치에 대한 반응에 영향을 줄 수 있는 아동의 특성들(조정자들)을 조사할 수 있었다.

마지막 예는 중재연구라는 맥락에서 활동의 기제를 검정하는 데 있어 집단간 연구의 유용성을 보여주고 있다. 이러한 연구에 대한 배경은 두려운 반응의 학습 및 소거의 기제에 대한 수년간의 신중한 동물연구에서 기인한다. 간단히 말해, 두려움의 제거는 뇌에 있는 특정 수용체(편도체에 있는 N-메틸-D-아스파르트산)에 의존하는 것으로 보인다(Davis, Myers, Chhat-wal, & Ressler, 2006 참조). 동물연구는 그 수용체를 화학적으로 막는 것이 소거를 방해한다는 것을 그리고 그 수용체가 더 작용을 잘하게 하는 것이 소거 과정을 향상시킨다는 것을 보여주었다. 실험실 연구는 불안의 처치에 대한 심리요법 시도로 옮겨 갔다. 소거모델에 근거한 노출치료는 불안에 대해 잘 연구된 처치 중 하나이다. 이 처치에는 여러 가지 변형이 있지만, 핵심적인 요소는 불안을 야기하는 자극들과의 접촉을 반복하고 확장하는 것이다. 그와 같은 노출은 소거로 이어져, 즉 해당 자극들이 더 이상 불안반응을 불러일으키지 않는다. 실험실 연구의 결과에 의존하는 연구자들은 소거에 영향을 미치는 기제를 조작하는 것이 노출을 기반으로 한 처치의 이점들을 향상시키는 데 사용될 수 있는지 평가해 왔다. 통제된 시도들이 노출치료의 표준형과 이전에 언급된 수용체를 활성화하는 약물(D-cycloserine)과 함께 사용된 동형의 치료 등 두 가지 형태의 노출치료를 비교하였다. 수용체의 활성화는 불안의 소거를 증가시킬 것으로 그리고 처치의 효과를 향상시킬 것으로 예측되었다. 예상했던 대로 강화된 노출치료가 더 효과적이고 이러한 결과는 이제 고소공포증(높이에 대한 두려움), 강박장애, 그리고 사회적 불안 등을 포함한 다른 형태의 불안을 보이는 표본들을 대상으로 반복되고 있다(예 : Hofmann et al., 2006; Kushner et al., 2007; Ressler et al., 2004; Wilhelm et al., 2008). 이러한 연구들은 몇몇 사람들은 강화된 중재를 받았고 다른 사람들은 받지 않았거나 (약물치료와 불러올 수 있는 어떤 기대 등을 통제하기 위해) 위약으로 노출치료를 받았던 무선할당 비교군 연구에서 집단간으로 완료되었다.

이러한 설명들은 집단간 연구의 매우 특별한 기여를 강조하는데, 이는 단일대상설계에서 쉽게 다루어질 수 없는 차원들을 지니고 있다는 것이다. 더 일반적으로 말해서, 집단간 설계 및 단일대상설계는 각각 독특한 강점을 지니고 있지만 그 설계들이 다룰 수 있는 문제들을 공통적으로 갖고 있기도 하다는 것이다. 이 서로 다른 전통들로부터의 설계 특징들은 때때로 결합된다.

단일대상설계와 집단간 설계 결합형에 대한 설명

집단간 설계 및 단일대상설계는 서로 다른 방법론적 접근 방식들을 반영하고 있지만 때때로 결합된다. 이 설계들을 결합하는 많은 이유가 있다. 이유 중 한 가지는 하나 이상의 중재가 동일 대상에게 제공될 때 발생할 수 있는 다중처치 간섭을 극복하기 위해서일 것이다. 집단간 연구들은 개별적인 사람들 집단에 중재를 제공한다. 또 다른 이유는 집단간 연구들이 보통 많은 대상들을 요구하는데(통계적 검정력을 위해), 때때로 조건들 간의 차이를 발견하기에 필요한 대상자의 수가 충분치 않다는 것이다(예 : Kazdin & Bass, 1989 참조). 여기서 지속적인 평가를 하는 단일대상설계(많은 평가, 소수의 대상)가 사용될 수 있다. 그러나 결합설계는 더 많은 것을 할 수 있다. 집단간 설계와 단일대상설계가 결합된 몇 가지 예를 생각해보라.

단일대상설계와 집단간 설계 결합형의 한 가지 예는 뚜렛 증후군으로 진단받은 10명(6~36세)에게 초점을 맞추고 있다(Azrin & Peterson, 1990). 신경학적 근거를 가지고 있다고 간주되는 이 장애는 머리와 목, 그리고 손의 경련과 같은 여러 가지 운동신경 및 음성 틱과 안구 회전, 불경스러운 말로 소리 지르기, 앓는 소리 내기, 반복적인 기침이나 헛기침, 혹은 다른 말들 등으로 구성된다. 아동기에 시작되는 틱은 대개의 경우 매우 눈에 잘 띈다. 이 프로그램에서 집단간 설계와 중다기초선설계의 특징들이 결합되었다. 10명의 대상들은 처치를 받거나 3개월간 기다리는 집단(대기자 목록 통제 집단)에 배치되었다. 이 배정은 무선적으로 이루어졌다. 틱은 집에서 녹화한 것을 가지고 매일 그리고 병원에서 녹화된 개개인의 테이프로 주기적으로 평가되었다. 처치는 행동에 대해 더 인식하게 만들기, 자기감독, 이완훈련, 그리고 틱과 양립할 수 없는 반응(즉 다른 방식으로 근육 수축하기, 혹은 특정 소리를 내지 못하도록 하는 방식으로 호흡하기 등) 연습하기 등과 같은 몇 가지 서로 다른 행동치료 처치들을 포함하고 있는 습관 반전으로 구성되었다. 또한 집에서 가족 구성원들은 개선된 수행을 칭찬하였다. 요소 중 많은 부분이 다양한 문제점에 대한 개별적인 중재로 사용되었다.

그 결과가 그림 10.7에 제시되어 있는데, 처치 집단과 대기자 목록 통제 집단 각각에 대해 집과 병원에서 측정된 시간당 틱의 횟수가 기록되어 있다. 대기자 목록 집단의 기초선 단계가 더 긴데, 이는 이 집단에게 주어진 처치 전 대기 기간 때문이다. 이러한 이유로 기초선 동안의 지속적인 관찰 및 처치 또한 (집단간) 중다기초선설계에 대한 준거를 충족하고 있다. 이 결과는 틱에 대한 중재의 현저한 영향을 분명하게 보여주고 있음을 의미한다. 뚜렛 증후군은 여러

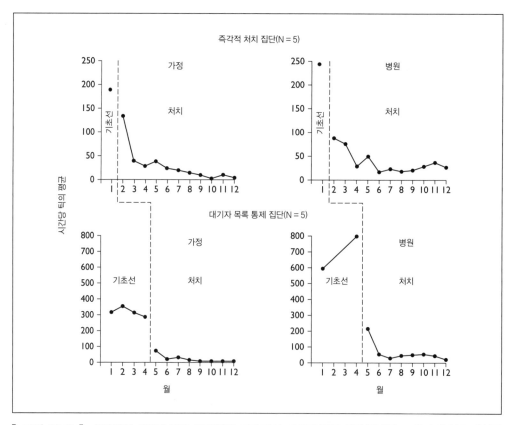

▌그림 10.7 ▌ 즉각적인 처치를 받은 집단(위쪽 그래프)과 대기자 목록 집단(아래쪽 그래프)의 연구 대상들에 대해 병원 및 집에서 측정된 시간당 뚜렛 증후군 틱의 월평균. 위 자료는 두 집단에 대한 결합 중다기초선설계를 보여주고 있는데, 한 집단은 즉시 처치를 받았고, 다른 집단은 초기에 대기 상태에 있었다. (출처 : Azrin & Peterson, 1990)

심리치료나 약물처치들로 효과적으로 치료되지 않았기 때문에 이 결과는 중요하다. 이러한 증녕은 많은 부분 중다기초선 및 집단설계 전략의 결합으로 인해 설득력이 있다. 둘 중 어떤 설계 하나로도 설득력이 있을 것인가? 아마도 중다기초선 부분은 분명하겠지만, 집단연구에서 10명은 두 집단은 고사하고 한 집단으로조차 배정하기에 충분한 숫자는 아니다. 집단간 차이를 발견하기 위해서는 보통 이보다 더 큰 표본 크기가 필요하다(통계적 검정력). 그러나 결합연구에서 집단 자료는 대기 기간 동안 중재 없이, 일정 기간에 발생할 가능성이 있는 변화에 대해 매우 유용한 정보를 제공한다.

또 다른 결합설계는 아동학대를 예방하기 위한 양육 프로그램을 평가하였다(Peterson et al., 2002). 어린 자녀들이 있고 신체적 훈육을 사용하였으며, 자녀들에 대한 분노 수준이 높았던 (자기보고 척도) 여성들이 참여하였다. 이들은 16주 프로그램(부모관리 기술 및 분노조절을 가르친)을 받는 집단이나 처치를 받지 않는 집단에 무선으로 배정되었다. 두 집단 모두 자녀들이 무엇을 했는지 그리고 그들이 어떻게 반응하였는지에 대한 개방형 질문들에 답하는 것이 포함된 일기를 매일 작성하였다. 가혹한 처벌(때리기, 밀기, 소리 지르기)이나 자녀의 파괴적 행동이 무시되었는지 아니면 그 행동이 훈련된 많은 양육기술 중 두 가지인 강화에서 분리된 타임아웃으로 이어졌는지 등에 대한 구체적인 질문은 없었다. 관찰자들은 가혹한 처벌의 빈도와 더 나은 전략들(무시하기 혹은 타임아웃)의 사용 등을 평가하기 위해 일기들을 부호화하였다. 81명의 여성(이들 중 유럽계 미국인은 대략 65%, 아프리카계 미국인은 28%, 그리고 기타 소수민족 7%)이 연구를 마쳤다.

그림 10.8은 연구가 진행된 수 주 동안 부모의 가혹한 훈육에 대한 연속적인 자료를 보여주고 있다. 이 설계의 집단간 부분에서 보여준 것처럼, 훈련을 받았던 집단에서 신체적 처벌은 매우 분명하게 감소했다. 그림 10.9는 타임아웃을 활용한 부모 훈련의 효과를 보여줌으로써 그 정보에 보탬이 되고 있다. 그림 10.9에서 타임아웃을 사용한 빈도에 대한 기초선 관찰 결과는 중재를 받은 집단이나 받지 않은 집단이나 매우 유사했다. 이 절차에서 중재 집단에 훈련이 도입된 시점(수직선)에서 타임아웃 사용빈도는 증가하였다. 이 설계의 이러한 단일대상 특징은 중재가 한 집단(한 기초선)에는 도입되지만 다른 집단에는 도입되지 않는 집단간 중다기초선설계와 꽤 흡사하다. 이 결과는 타임아웃 사용에 있어서의 변화는 중재가 도입될 때 발생하며 그 이전에는 발생하지 않음을 보여주고 있다. 완전한 중다기초선설계에서 중재는 두 번째 집단(기초선)에 도입되었다. 그렇게 되지 않았을 때조차 효과는 분명하다. 이러한 증명은 또한 중다처치설계와도 유사하다. 기초선 이후 두 조건(타임아웃 훈련 대 무훈련)이 평가되었다. 이 그림은 두 '처치'(중재, 무중재)가 그 효과에 있어 서로 다름을 보여주고 있다. 전반적으

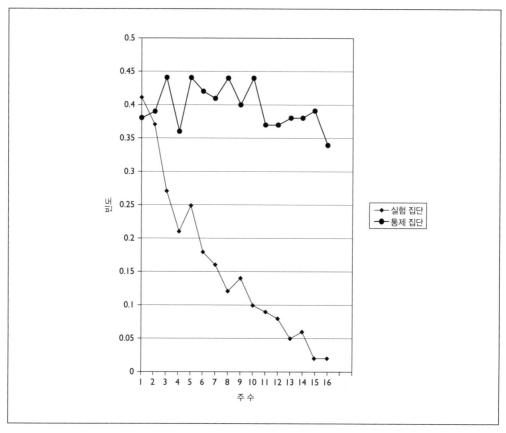

▌ 그림 10.8 ▌ 실험(중재) 집단(그래프의 아래쪽 선)과 무중재 통제 집단(그래프의 위쪽 선)에서 매일 어머니들이 훈육 전략으로 사용한 것으로 알려진 신체적 처벌의 발생 수. 관찰은 매일 수행되었지만 위 그래프는 16주 동안 매주 평균을 보여주고 있다. (출처 : Peterson et al., 2002)

로 단일대상설계의 요소들은 중재가 변화로 이어졌음을 꽤 분명하게 보여주고 있는 것이다. 연속 자료는 사전검사와 사후검사만이 사용되는 보통의 집단간 설계에서는 그리 분명하게 드러나지 않는, 훈련 과정 동안의 진전을 볼 수 있게 해준다(그림 10.8).

총평

역사적으로 집단간 설계들은 종종 단일대상연구의 지지자들에게 비판을 받곤 했다. 역으로, 집단간 연구의 옹호자들은 단일대상연구가 과학에 기여할 수 있다는 것을 거의 받아들이지 않는다. 두 입장 모두 옹호하기 어려우며, 불필요하고, 우리가 연구를 하는 이유와 연구 설계가 성취하는 것을 무시하고 있다. 첫째, 종종 대안적 설계 방법론들은 서로 다른 연구 문제들에 다르게 맞는다. 집단간 설계들은 대규모 연구와 비교연구, 그리고 조정자 평가에 특히 적

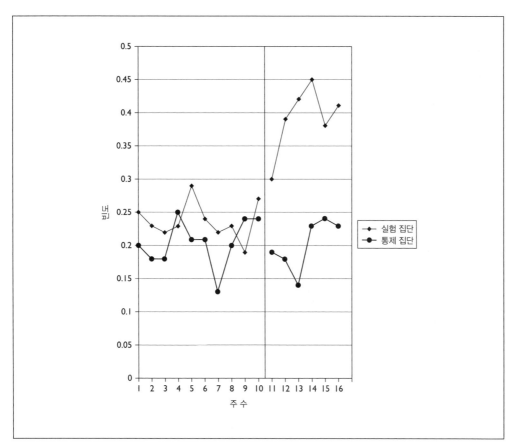

▌ **그림 10.9** ▌ 실험(중재) 집단과 통제 집단에서 매일 어머니들이 훈육 전략으로 사용한 것으로 알려진 타임아웃의 발생 수. 수직선은 중재 집단에 대해 타임아웃이 양육기술로 훈련된 시점을 의미한다. 그 지점에서 중재 집단의 타임아웃 사용은 증가하고 있지만, 통제 집단에서는 증가하지 않는다. 관찰은 매일 수행되었지만 위 그래프는 16주 동안 매주 평균을 보여주고 있다. (출처 : Peterson et al., 2002)

절한 것으로 보인다. 단일대상설계들은 중재가 연구 대상들에게 미치는 영향을 입증하고 중재가 효과를 발휘하고 있는 동안 중재의 효과를 향상시키기 위한 의사결정에 특히 유용하다. 단일대상설계들은 또한 드문 현상에 대한 실험연구를 가능하게 한다. 그 현상들이 집단간 연구에서 연구될 수 있도록 독특하거나 발생빈도기 낮은 문제들의 사례늘을 축적하는 것은 적절치 않다.

둘째, 두 방법론 모두 유사한 혹은 동일한 문제(예 : 이 중재가 어떤 효과가 있는가?)를 다룰 수 있는 많은 경우에서 결과는 다를 수 있다. 우리 자신이 아동들을 훈련하고 가르치는 데 있어 우리는, 얻게 되는 결과들이 설계의 함수로서뿐 아니라 평가 방법(동일한 구인에 대한)의 함수로서 달라질 수 있다는 것을 연구 설계 및 방법론에 더 일반적으로 전달하지 못했다. 따라서 예를 들어 현상을 종단 설계(일정 기간 동안 연구되는 동일한 사례로 하는 집단연구)로 연구하는 것이 횡단 설계(단일 시점에 연구되는 서로 다른 사례들로 하는, 그러나 서로 다른 연령 집단을 대표하는 서로 다른 연구 대상들로 하는 집단연구)에서 얻어지는 것들과는 다른 결과를 산출할 수 있다는 것을 알고 있다. 만약 누군가 5세, 15세, 25세 사람들의 특성들에 관심이 있다면, 이는 서로 다른 연령의 세 집단을 표집하거나(횡단연구) 5세 아동들로 구성된 대규모 집단을 표집하여 일정 기간 동안 그들을 서로 다른 연령대(5세, 15세, 25세)에 측정함으로써 연구할 수 있다. 그러한 연구들의 결과는 종종 다른데, 이는 부분적으로 첫 번째 연구의 서로 다른 세 집단(동년배 집단들)이 다른 많은 영향(예 : 문화에 있어, 건강관리)에 있어 그 영향이 한 집단(5세 아동들)이 일정 기간 동안 추적될 때와는 다르기 때문이다. 많은 다른 이유들이 존재하지만 이것이 요점, 즉 서로 다른 방법이 서로 다른 결과를 낳을 수 있으며, 종종 그런다는 것을 보여주고 있다(예 : Aldwin & Gilmer, 2004; Chassin, Presson, Sherman, Montello, & McGrew, 1986). 우리는 집단간 설계들과 단일대상설계들이 드러낼 수 있는 어떤 현상의 서로 다른 측면 때문에 이 설계들을 원한다. 서로 다른 방법으로 연구된 결과들 사이에 일관성이 존재할 때 매우 유익하다. 또한 모순이 존재할 때, 이는 그 이유에 대한 중요한 문제를 제기하는 것이다. 왜라는 질문에 대한 답들은 현상들에 대한 우리의 이해를 상당히 향상시킨다.

　설계 전략들 각각의 독특한 장점이 있다. 서로 다른 방법론에 의지하지 않고는 연구 전체를 잃을 것이다. 예를 들어 사실상 미국의 모든 학교구나 학교, 혹은 교실에는 학생들을 도와 읽고, 쓰고, 어떤 방식으로 더 잘하고, 어떤 문제(예 : 자살, 콘돔을 사용하지 않는 성관계, 마약 복용)를 예방하기 위해 고안된 어떤 '프로그램'이 있다. 거의 모든 경우에 그 프로그램은 평가되지 않고 효과가 있는지 진정으로 알려지거나 입증되지 않으며, 그리고 만일 누군가 집단간 연구와 무선할당 비교군 연구를 기다려야 한다면 평가될 수도 없다. 그러나 이러한 프로그램 중 많은 부분(한 교실, 한 학교 내)이 집단들이나 많은 수의 대상, 혹은 임의배정 등을 요구하지 않는 설계에서 더 쉽게 평가될 수 있다. 행동 간이나 아동 간, 혹은 수업시간 간 중다기초선설계는 단지 하나의 실행 가능한 옵션들 세트일 뿐이다. 이와 유사하게, 심리요법의 맥락에 있어, 실제에서 사용되는 대다수의 처치들은 다른 책으로 다루어야 할 주제인 증거 기반 처치들이 아니다. 즉 효과가 연구로 입증된 것이 아니다. 비록 그 처치들이 증거 기반 처치들이라 하더라도, 우리는 어떤 사례에서 그러한 처치를 받은 환자가 이득을 얻었는지 그렇지 않은지 알지 못한다. 단일대상 방법(예 : 지속적인 평가, 조사) 및 설계는 환자 관리 및 변화 증명의 질을 향상시킬 수 있으며, 이는 보통의 집단연구로는 불가능한 것이다.

　전반적으로 연구에 있어서의 쟁점은 한 유형의 설계가 다른 설계들에 비해 우수함의 문제가 아니다. 서로 다른 방법론은 전체적인 목적을 다루는, 즉 기능에 영향을 주는 다양한 변수의 영향을 이해하는 도구인 것이다. 대안적 설계와 자료 평가 전략들은 서로 경쟁관계에 있는 것이 아니라 오히려 전체적인 목적을 사용하는 데 있어서의 특정 질문들을 다루는 것이다.

요약 및 결론

비록 단일대상설계들이 보통 이전 장들에서 서술된 방식으로 실행되고 있다 하더라도, 서로 다른 설계들에서 나온 요소들은 빈번하게 결합된다. **결합설계**는 실험적 증명력을 향상시킬 수 있다. 결합설계의 활용은 미리 계획되거나 이제 막 나타나는 자료들을 근거로 결정될 수 있다. 만약 특정 설계의 조건들이 충족되지 않거나 설득력 있게 충족되지 않는다면, 다른 설계들의 요소들이 도입되어 증명의 명료성을 향상시킬 수 있다. 일반적인 예가 중다기초선설계로, 이 설계에서는 중재가 도입될 때 혹은 중재가 도입될 때에만 각각의 행동이 변화하는지에 대해 약간 모호하다. 혹은 기준변동을 어느 정도 충족했지만 매우 설득력 있는 방식으로 충족하지는 못한 행동이 일반적으로 개선되는 기준변동설계에서 그러한 예를 볼 수 있다. 각각의 경우에, 중다기초선설계의 여러 기초선 중 하나에 있는 소반전 혹은 기준변동설계의 양방향적 준거 이동은 증명을 명료하게 하기 위해 임시변통될 수 있다.

결합설계 외에, 중재 효과가 훈련에 포함되지 않은 반응, 상황, 그리고 환경들에 일반화되거나 확장되는지 혹은 어느 정도로 일반화되거나 확장되는지 평가하기 위해 특별한 특징들이 추가될 수 있다. 조사는 반응 및 환경 전반에 걸친 일반성을 탐색하기 위한 소중한 도구로 논의되었다. 조사를 가지고, 훈련에 포함된 것 이외의 반응들에 대해 혹은 훈련이 없었던 환경들에서의 목표 반응들에 대해 평가가 수행되었다. 평가는 훈련 효과가 다른 수행 영역으로 확장된 정도에 대한 정보를 제공할 수 있다. **중재의 점진적 철회** 또한 중재 효과의 유지를 평가하는 하나의 방식으로 논의되었다. 행동이 계속 수행되는지(유지되는지) 알아보기 위해 중재는 점진적으로 철회된다. 철회는 여러 가지 방식에서 점진적으로 일어날 수 있고, 중재 요소들의 감축 혹은 중재가 일상생활의 조건들과 유사해지도록 실행되는 방법 등이 포함될 수 있다. 그 목적은 행동이 중재 단계에서 성취된 수준으로 남아 있는 동안 해당 중재를 완전히 제거하는 데 있다.

마지막으로, **집단간 설계**들이 응용연구의 질문에 하는 기여가 논의되었다. 집단간 설계들은 두 가지 이상의 처치들을 비교하는 데 있어, 무중재와 비교해서 변화의 크기를 규명하는 데 있어, 특정 조건이나 장애의 유병률 혹은 발생률을 조사하는 데 있어, 장기간에 걸친 기능의 변화와 과정을 평가하는 데 있어, 관심의 대상이 되는 특성이나 결과에 관하여 상관관계, 위험요인, 보호요인을 평가하는 데 있어, 실행되고 있는 중재의 여러 장소 전반에 걸친 실행 가능성 및 일반성을 검정하는 데 있어, 중재와 (통계적으로) 상호작용할 수 있는 조정자들 및 요소들을 평가하는 데 있어, 그리고 변화가 어떻게 발생하는지 설명하거나 해명할 수 있는 조정자들 및 기제들을 평가하는 데 있어 특히 유용하다. 집단간 설계들은 이 설계들이 종종 단일대상설계들과 함께 사용되기 때문에 논의되었다.

일반적으로 이 장은 설계 전략들을 결합하고 응용 질문들을 다루기 위해 서로 다른 방법론의 요소들을 추가하는 데 있어서의 얼마간의 복잡성을 논의하였다. 다양한 설계 전략들의 결합은 이전 장들에서 논의된 개별적인 설계 변형들을 넘어서 단일대상설계에서 사용할 수 있는 여러 대안적인 형태를 보여주고 있다.

11
| CHAPTER |

단일대상 준실험 설계

이전 장들에서는 단일대상 실험 설계에 대하여 기술하였다. 기술했던 설계들은 모두 진실험 설계이며, 독립변인 통제나 관심사 조작을 최대한 허용하는 여러 가지 연구로 구성되어 있다. 여기서 통제란 내적 타당도를 위협하는 요인들을 제거하는 것 혹은 중재 효과의 인과 관계를 보다 분명하게 만들어주는 것을 의미한다. 진실험은 무선화(randomization)가 연구의 핵심임을 강조하는 방법론자들이 줄곧 주창해 온 정의다(Campbell & Stanley, 1963; Cook & Campbell, 1979). 무선화는 여러 차례 강조한 바와 같이 집단연구나 단일대상연구에서 모두 사용할 수 있는 방법이다. 무선화는 집단이나 조건 간에 발생 가능한 오염변인을 분산시켜 줌으로써 왜곡된 결과 산출, 타당도 위협요인, 여러 가지 문제 발생 소지 등을 미연에 방지해주는 아주 신뢰할 만한 방법이다. 무선화는 중재 전에 집단이나 조건이 필요한 만큼 충분히 동등하지 않더라도, 혹은 대상의 손실이 발생하더라도 적용 가능한 방법이다(예 : Hsu, 1989; Kazdin, 2003). 물론 무선화가 모든 설계 방법에서 타당한 추정을 할 수 있게 보증해주는 것은 아니다.

지나치게 확대만 하지 않는다면, 나는 이 장에서 모든 설계 배치를 하나의 연속체로 보고자 한다. 나는 이를 신뢰의 연속체(continuum of confidence)라 명명하고자 하는데, 여기서 신뢰란 중재로 인해 변화가 나타났음을 확증해줄 수 있는 일정 범위를 의미한다. 연속체의 왼쪽에는 일화적 사례 연구를 배치할 수 있다. 일화적 사례 연구에 대해서는 회의론이나 불신감 등이 존재하고, 결론의 일반화 가능성에 대한 신뢰 또한 낮기 때문이다. 연속체의 오른쪽에는 중재 때문에 변화가 나타났다는 강력한 추론, 결과를 설명함에 있어 타당도를 위협할 만한 요인이 거의 혹은 전혀 없음 등의 내용을 배치할 수 있다. 또한, 어떤 종류의 실험에서든지, 설계에 어떤 특정 절차가 포함되었느냐 안 되었느냐보다는 결론의 수용 가능성, 즉 결론의 강도가 더 중시되어야 한다. 무선화는 연속체의 맨 오른쪽 측면에 크게 기여할 수 있는 방법이며, 앞서 강조한 바와 같이 매우 특별한 위상을 지닌다.

진실험은 결과의 모호함이 최소화되도록 설정된 연구를 말한다. 대부분 무선화가 상당한 도움을 주지만 그것만이 전부는 아니다. 자료의 이상적인 패턴이라 할 수 있는 ABABABAB 설계를 생각해보라. 모든 단계에 대한 기술, 예측, 검증 기능에 적합하다. 무선화가 아니더라도 중재에 대한 추론은 가능하다. B는 특히 하나의 연구가 희망하는 매우 강력한 사례, 최선의 사례를 보여줄 수 있다(과학의 구조는 반복 가능성에 있으며, 신뢰도는 얼마나 다양한 사례에서 나타난 결과인지에 따라 달라진다). 앞으로 살펴보게 되겠지만, 무선화는 중다처치설계에서 논의했던 절차적 범위뿐만 아니라 여러 가지 단일대상설계에서 사용될 수 있는 방법이다(Kratochwill & Levin, 출판 중). 어떤 경우든 오늘날 진실험이란 실증적 연구가 인정하는 가장 강력한 추론 가능성을 뒷받침해주는 실험을 의미한다. 단일대상연구에서 진실험이란 설계 방식이 요구하는 중재의 실행, 중재 철회, 사정 기회(예 : 시기, 대상자간 등) 등을 연구자가 얼마나 잘 통제할 수 있도록 설계되어 있는지를 의미한다. 통제의 수준은 시간의 흐름에 따라 중재를 제시하거나 철회하는 방식(예 : ABAB 설계), 혹은 행동이나 참여자에 따라(예 : 중다기초선설계), 혹은 기타 설계 방법별 방식에 따라 달라진다.

준실험(quasi-experiment)은 진실험 조건과 아주 유사한 설계를 말한다(Campbell & Stanley, 1963).[1] 중재의 제시, 철회, 변경 등 연구의 일부 측면들을 연구자가 쉽게 통제할 수 없는 경

---

1) 진실험과 준실험은 어떤 실험들을 분류하기 위해 연구된 것은 아니다. 관찰연구에는 연구자가 집단이나 조건을 선택

우가 있다. 예를 들어 연구자가 특수학급에 배치된 학생을 위한 읽기 프로그램의 실행을 요청 받았다고 하자. 이때 연구자는 학생의 읽기 수준에 대한 사전 검사 자료를 얻을 수는 있겠지 만(처치 전 하나의 자료점), 시간의 흐름에 따라 지속적으로 매일 읽기 평가 자료를 구하기는 어려울 수 있다. 또한 진실험 설계(ABAB 설계처럼 중재를 철회하는 경우, 혹은 중다기초선 방 식으로 중재의 연속적 실행)를 실시하려 해도 몇몇 실제적이고 윤리적인 고려사항들 때문에 실시하기 어려울 때도 있다. 집단간이나 단일대상에서나 진실험 설계라는 사치를 누리기란 현실적으로 쉽지 않다. 그렇다면 어떻게 해야 할 것인가? 타협점을 찾아야 한다. 준실험 설계 는 결론을 도출하는 데 매우 강력한 근거를 제공한다. 이 장에서는 준실험 설계의 여러 가지 설계 방법, 설계 논리, 활용법, 응용법 등을 제시하고자 한다.

배경

왜 준실험 설계가 필요한가

처음 했던 질문을 다시 해보자. 우리는 왜 준실험 설계를 필요로 하는가? 특히 우리가 처음부 터 강력한 인과 관계를 도출해내기 어렵다는 것을 잘 알면서도 준실험 설계를 필요로 했던 이 유는 무엇인가? 방법론적 실제의 극단을 생각해보자. 연속체의 양쪽 끝을 생각해보자. 한쪽 끝, 즉 연속체의 오른쪽에는 사정과 중재에 대한 통제, 중재의 제공과 철회 등이 매우 주의 깊 게 이루어져서 모든 것이 원래대로 아주 정확하게 진행되는 진실험 설계가 위치해 있다. 왼쪽 에는 (개인을 위한 치료에서, 교사를 위한 교실에서, 혹은 어떤 사람의 다이어트에서) 어떤 일 이 일어났는지에 대한 이야기들이 기술되어 있는 일화적 사례 연구가 위치해 있다. 사정이 체 계적이거나 반복적으로 이루어지지 않는다거나, 중재에 대하여 제대로 기술을 하지 않았다 거나 통제가 제대로 이루어지지 못한 경우, 변화를 실증할 수 있는 방식으로 중재가 실행되지 못한 경우도 있다. 이런 사례 연구에서는 추론을 도출해내기가 매우 어렵다. 준실험 설계는 이러한 연속체의 중간 지점에 개념적으로 위치시킬 수 있는 매우 유용한 장치이다. 여기에는

하고 비교하는 몇 가지 설계 방법이 있다(예 : 우울증이 있는 사람들과 없는 사람들을 비교, 혹은 조기교육에 불이익을 받 아 졸업이 늦어진 사람들과 대학을 졸업하지 못한 사람들과의 비교 등). 이러한 연구에 선택된 집단은 연구자의 통제 가 이루어지지 못한 채 특정 중재를 받은 사람들이 선택된다. 관찰연구는 중요 영역에서 가설 생성과 검증을 통해 엄청난 발전을 이룩해 왔고, 우리는 이를 당연시한다(예 : 암의 위험요인, 흡연의 효과, 이혼이 아동에게 미치는 영향 등)(Kazdin, 2001 참조). 이 설계들이 논의되지 못한 것은 이 책과 장에서의 초점이 연구자가 어떤 조건을 조작하는지에 관해서만 중재 연구를 살펴보았기 때문이다. 때로 연구자들은 중재의 제공 방식과 중재 대상자(진실험)를 통제할 수 있기도 하고, 이러한 조건과 매우 유사한 통제(준실험)만을 사용할 수도 있다.

추론을 도출해내는 데 사용되었거나 추론 도출을 위해 개발된 다양한 설계 방법들이 배치될 수 있다.

우리가 왜 준실험 설계를 필요로 하는지 다음 사항에 대해서 생각해보자. 중재의 세계는 '프로그램'으로 이루어진다. 신체적 건강, 정신적 건강, 교육, 재활, 여러 종류의 목적을 가진 아동을 위한 여름 캠프, 노년층 등 여러 가지 측면에서 사람들을 돕고자 좋은 의도에서 만들어진 중재 방법들이 있다. 미국의 경우만 보아도 연방이나 주 단위, 군이나 시 단위로 이러한 프로그램이 엄청나게 많다. 이 프로그램들은 중요한 집단이나 특별한 요구가 있는 집단, 즉 장애아동이나 빈곤아동, 학대받는 배우자, 지원이 필요한 사람, 노숙자, 기타 모든 종류의 지원이 필요한 집단을 위하여 고안된 중재 프로그램이다. 본질적으로 비난을 받을 만한 프로그램이나 너무 특별한 것에 초점을 둔 프로그램들은 여기서 언급하지 않았다. 나는 이런 프로그램들을 좋아하는 편이다(그리고 야구 경기장에 갈 때마다 하나씩 사게 된다). 우리 사회에 이러한 도움을 위한 자원과 순수한 노력이 존재한다는 것은 참으로 다행스러운 일이다.

문제는 이 프로그램들 안에 프로그램의 영향을 평가할 만한 도구들이 포함되어 있지 않다는 점, 그리고 프로그램의 지속성을 정당화해줄 수 있는 충분한 정보가 제공되지 못하고 있다는 점이다. 많은 프로그램(예 : 먹을 것이 없는 사람들에게 식사를 제공하는 프로그램)이 당장의 목적에만 충실하고, 다소 복잡하게 느껴지는 결과에 대한 사정은 요구하지 않는다. 프로그램 전달 자체가 삶을 개선하는 것으로 보이기 때문이다. 여타의 많은 프로그램도 광범위한 효과를 노리고 계획되지만(예 : 학대 예방, 학교에서의 교사와 학부모 모임, 비행청소년을 위한 대자연 프로그램, 특수교육, 청소년 비행이나 범죄 통제를 위한 한밤의 농구 등), 이에 대한 평가는 거의 이루어지지 않는다. 평가를 위한 옵션(진실험)은 너무 많은 비용이 들고 실행하기 어렵다는 인식이 팽배해 있다. 프로그램에 자금을 지원하는 기관들도 효과에 대한 평가에 관심이 별로 없다. 결론적으로 대다수 프로그램이 전혀 평가를 받지 않고 있다. 일화적 보고서만이 그 모든 좋은 프로그램들이 성공한 것처럼 보고한다. 하지만 우리는 그러한 프로그램들이 때론 효과적이지 않으며 때론 해를 끼치기도 한다는 것을 알고 있다(예 : 진실험 결과 사람들을 더 악화시키는 것으로 나타나기도 함). 예를 들어 전에 언급했던 사례처럼, 반사회적 행동을 보이는 아동들과 공격적인 행동을 보이는 아동들을 처치 프로그램의 일환으로 함께 활동하게 하자 아이들이 더 나빠지는 결과가 나타나기도 하였다(Dishion, McCord, & Poulin, 1999; Dodge et al., 2006; Feldman et al., 1983 참조). 처치를 목적으로 고안되었다 하더라도, 이렇게 아동들을 집단화하여 배치하는 것이 오히려 일탈된 동료들끼리의 결속을 더욱 강화하는 결과를 낳을 수 있으며, 연쇄 효과가 나타나 오히려 일탈행동이 증가하기도 한다. 여기에

우리가 알아야 할 중요한 내용이 있다.[2]

좋은 의도로 만들어진 프로그램의 기대치가 작동하지 않거나 오히려 사람들을 어떤 측면에서 더 나쁘게 만드는 결과를 낳는 일은 특별한 문제 분야나 사례에만 국한된 일은 아니다. 예를 들어 청소년의 임신, 성 접촉에 의한 질병, 생애 초기의 위험한 성적행동 등을 예방하기 위해 금욕 장려 프로그램이 고안된 바 있다. 이 프로그램에는 순결 서약, 즉 성적 육체관계를 절제하겠다는 개별적 서약을 받는 교육과정이 포함되어 있다. 미국에서만 13%의 청소년이 이 서약을 했다(Bearman & Bruckner, 2005). 이 프로그램이 작동했을까? 즉 그들이 의도한 효과가 나타났을까? 우리는 단지 결과(예 : 성 접촉에 의한 질병, 10대 임신)의 중요성 때문만이 아니라 그러한 목적으로 프로그램에 투입된 자금(2008년 기준 2억 400만 달러)이 얼마나 유효적절하게 사용되었는지를 확인해보고 싶었다. 아무나 쉽게 RCT(무선할당 비교군 연구)를 할 수는 없겠지만, 누구나 서약을 한 사람들과 하지 않은 사람들을 살펴볼 수 있으며, 그들을 모든 관련 변인에 비추어 경쟁가설과 대조해볼 수 있다.

그러한 전형적인 연구로 112가지 변인(예 : 성, 민족성, 종교, 어휘 등)으로 집단을 선택하고 대조해본 연구가 있다(Rosenbaum, 2009). 서약 5년 후, 서약자와 비서약자는 혼전 성관계, 성 접촉에 의한 질병, 항문성교나 구강성교, 첫 성경험 연령, 성관계 파트너의 수 등에서 유의미한 수준 차이가 발견되지 않았다. 오히려 서약자들이 작년 혹은 최근 마지막 성관계를 가졌을 때 비서약자들에 비해 피임을 하거나 콘돔 사용이 적었던 것으로 나타났다. 간단히 말해 중재가 별로 효과적이지 않았다는 것이며, 성관계 시의 예방을 오히려 감소시켰을 수도 있다는 것이다. 연구 결과와 전혀 관련이 없는 것은 아니지만 보조적인 측면을 살펴보면, 순결 서약을 한 5년 후 서약자들의 82%가 자신은 서약한 적이 없다고 부정했다는 사실이다. 연구 결과가 실망스럽겠지만 평가 결과는 상당히 비판적이다. 다른 중재 프로그램들도 서약의 목적이 획득되었는지 확인해볼 필요가 있다. 2억 달러가 넘는 자금이라면 다음에는 좀 더 대안이 될 수 있도록 사용되어야 하지 않겠는가? 프로그램이 효과를 발휘하기 원한다면, 딱 한 가지 명심해야 할 것이 있다. 프로그램이 잘 돌아가고 있다는 지속적인 착각이야말로 실패보다 더 나쁘다는 사실이다.

---

2) 반사회적 행동을 보이는 청소년을 위한 집단처치가 언제나 그들을 악화시키는 것은 아니다. 선택적으로 증거 중심의 고찰을 해보면 모든 경우에 자동적으로 그렇게 되는 것은 아니며, 수행의 악화를 반영할 수 있는 관련된 여러 가지 측정을 하지 않기 때문에 그렇게 된다고 한다(Weiss et al., 2005). 또한 분열행동을 보이는 청소년을 위해 고안된 어떤 집단처치 프로그램의 경우에는 비행이 원래 없었음에도 불구하고 프로그램이 아주 효과적이라고 보고되기도 하였다(Lochman, 2010). 핵심은 처치의 해로운 효과가 발생할 수 있음을 인식하지 못한다는 점이며, 통제된 연구에서만 실례가 보고되고 있다는 점이다(예 : Feldman et al., 1983의 사례가 지금까지는 가장 뛰어난 사례임).

평가의 중요성이 강조되는 사례는 수없이 많이 인용할 수 있을 것이다. 대개 사람들을 서로 다른 조건에 할당(서약자 대 비서약자)하기란 쉽지 않은 일이다. 방법론적으로 다행스러운 것은 모든 시간대가 다 필요한 것은 아니라는 점이다. 중요한 질문에 대한 중요한 답변은 연구 결과의 설명력을 증가시키는 방법을 잘 활용하면 도출해낼 수 있다.

평가는 사치스러운 일이 아니다. 평가는 중재(교육, 의료, 심리치료)의 질에 관련된 문제이다. 실제로 중재를 평가하지 않는 것은 매우 위험하고 무책임한 일이다(예 : 고객에게 해를 끼치고 자원, 돈, 전문가의 시간 등을 허비하게 만듦). 우리는 프로그램이 애초의 의도대로 효과적으로 작동하고 있는지 평가해봐야 한다. 평가가 잘 이루어진다면 프로그램의 효과를 더 배가하기 위해 어떻게 해야 하는지도 알 수 있게 된다. 여러 가지 형태의 평가가 필요하다. 그중 준실험 설계는 꽤나 쓸모 있는 옵션이 될 수 있다. 전통적인 집단간 연구방법론에 익숙한 사람들은 단일대상 실험의 과학적 기여에 대하여 약간은 회의적일 것이다. 그렇지만, 욕심을 조금 내보자. 단일대상 실험이 최적의 통제가 이루어지는 실험은 아니다. 즉 진실험은 아니다. 그러나 잘 생각해보면 앞선 사례들에서처럼 우리는 진실험이 허락되지 않는 조건하에서도 뭔가를 추론해내고자 한다.

문제 해결 방법으로서의 방법론

이전 장에서 주요한 단일대상 실험 설계 방법과 그 변용 방법에 대해서 살펴보았다. 일반적으로 진실험 설계를 사용할 때는, 그것이 단일대상이든 집단간 설계든 간에 타당도를 위협하는 요인들을 얼마나 잘 통제하고 잘 다루고 쓸모없게 만들 수 있는지를 분명히 하는 것이 중요하다. 진실험 설계라고 해서 내적 타당도를 위협하는 요인들이 저절로 처리되거나 통제되는 것은 아니다. 예를 들어 집단 연구(RCT)에서는 참여자들을 무선으로 처치 조건과 통제 조건에 할당하고 사전·사후 측정을 수행한다. 무선할당이 처치 시작 전에 집단간의 동등성을 보장해주지는 않는다. 무선할당을 해도 집단간에는 결정적인 특성들이 서로 다를 수 있고, 연구 종료 시점에서 그러한 차이가 처치의 효과를 낳은 것으로(혹은 더 나빠졌거나 혹은 통제 집단과 차이가 없음) 쉽게 설명되기도 한다(Kazdin, 2001 참조). 그럼에도 불구하고 진실험은 이러한 위협요인을 다루는 데 매우 용이한 설계 방법이고, 우리는 이를 염두에 두고 사용해야 한다. 그런데 실제로는 매번 이를 '염두에 두고' 사용하지는 않는다. 우리가 이 설계를 기계적으로 사용하게 되는 것은 이 설계가 추론 도출에 매우 강력한 근거를 지니고 있기 때문이다. 실제로 연구 후 몇 년이 지나고 나면, 대다수 연구자들이 설계에서 배제하는 데 사용했던 위협 요인들을 측정해내지 못할 수 있다. 십중팔구 못할 것이다. 나는 이것을 소위 '기계적 방법론'

이라고 일컫는데, 우리가 진실험 설계나 전략을 거의 자동적으로 선택하고 적용하기 때문이라고 본다. 이런 이야기를 하는 이유는 그러한 방법을 사용하는 과정이나 설계의 의미를 깎아내리거나 심판하려는 것이 아니라 준실험 설계의 요점을 강조하기 위한 것이다.

준실험 설계는 기계적으로 수행될 수 없다. 타당도를 위협할 수 있는 요인들에 대처하기 위해 여러 가지 전략을 조합한다. 최상의 방법론은 이상적이지 못한 상태를 만들어내는 환경에 대처하는 인지 전략이나 문제 해결 전략이며, 목적을 달성하기 위해 다양한 해결책을 마련하는 것이다. 방법론적 관점에서 볼 때, 방법론의 목적은 타당도를 위협할 수 있는 요인들을 만들어내거나 배제함으로써 중재의 효과에 대한 보다 명확하고 근거 있는 결론을 도출해내는 것이다. 준실험은 이러한 목적에 가장 적합한 방법이다. 다만, 한 가지 명심해야 할 것은 준실험 설계를 잘 수행하기 위해서 어떤 시도를 할 것인지, 진실험에서는 요구하지 않지만 상황에 따라 필요한 방법은 무엇인지를 늘 고심해야 한다는 점이다.

연구자에게는 일정 정도의 기술이 요구되는데, 이는 연구자가 처한 현실은 이상적인 조건(진실험)이 아니면서도 목적(타당한 추론의 도출)은 늘 똑같기 때문이다. 잠시 이런 상황을 생각해보자. 누군가 아침 일찍 당신의 집 혹은 아파트로 찾아와 지금 당장 저 푸른 열대의 섬으로 이동하라고 말한다. 2주 동안의 생존(스스로 의식주를 해결해야 함)이 당신에게 주어진 목표다. 2주 후에는 집으로 돌아올 수 있다. 입을 옷은 알아서 선택해서 가져갈 수 있다(이 말을 듣고 나면 재빠르게 옷을 입으면서 몇 가지 여분의 셔츠, 재킷, 양말 등을 챙기게 될 것임). 몇 시간 후(일등석 비행기를 타고, 4편의 영화 감상과 5번의 풍요로운 식사, 8번의 아기 울음소리를 들은 다음) 그 섬에 도착한다. 당신은 5성급 호텔에 묵으면서 아무런 제약을 받지 않고 모든 시설을 이용할 수 있다(해변, 수영장, 서너 곳의 레스토랑, 룸서비스, 선물 가게 등). 당신에게 주어진 신용카드를 사용할 수도 있겠지만 대부분의 장소에서 별로 필요하지도 않다. 비행기 계단을 내려와 활주로에 발걸음을 내딛으며, 당신은 대양에서 불어오는 바람에 살랑거리는 푸르고 아름다운 야자수를 바라보며 안도의 한숨을 내쉬게 된다. 이런 시나리오가 바로 진실험 설계와 같다. 자, 이제 똑같은 시나리오에서 당신이 섬으로 이동해야 하고 목표 역시 생존(2주 동안 스스로 의식주를 해결해야 함)이라는 측면에서 같다고 해보자. 비행기를 타고 보니 좌석은 중간 자리이고, 그 옛날 고등학교를 같이 다녔던 양아치 같은 친구와 선생님들이 현실로 나타난 것 같은 두 사람 사이에 앉아 있다. 착륙해서 활주로에 내려 보니 이건 완전히 원시의 섬이다. 호텔, 길, 선물 가게, 레스토랑 등 아무것도 없는 곳이다. 비행기가 떠나고 바라본 야자는 참 달다. 나무 위의 야자가 아니라 당신의 손 안에 들어 있는 야자 말이다. 물론 목표는 같다. 목표는 변하지 않았다. 이제 당신은 당신의 모든 기술, 지식, 창의력과 재능을 총동원하여 살아남아야만 한다.

　우리의 목적은 타당성 있는 추론을 도출해내는 것이며 타당도를 위협할 수 있는 요인들을 타당하지 않게 만들거나 배제해내는 데 있다. 진실험에서는 그렇게 할 수 있다. 그런데 준실험 설계에서도 누구나 최대한 공정하게 그런 상황 등을 배치할 수 있다. 생각의 문제이고 문제 해결의 문제이다. 지금 우리는 푸른 섬에 있다. 하지만 생존을 위해서라기보다 어떤 종류의 중재나 프로그램을 반드시 평가해야만 하는 상황이다. 중재가 효과적인가? 차이를 만들어내고 있는가? 누군가에게 도움이 되는가? 이런 질문이야말로 연구자가 도출되는 추론의 질을 높이기 위해서 연구의 일부로 수행해야 할 일이다. 달리 말하면, 결과의 타당성을 뒷받침할 수 있는 해석을 만들어내기 위해서 연구자가 해야 할 일이 무엇인지를 고민해야 한다는 이야기다.

　준실험 설계인 집단간 연구를 생각해보자. 준실험 설계에서는 통제가 그다지 완벽하게 이루어지지 못하며, 사람들을 임의로 배치해내기도 쉽지 않다. 심장병을 포함해서 심혈관계에 부정적인 영향을 미치는 것으로 알려진 간접흡연의 영향에 초점을 둔 한 연구가 있다. 실내 공간에서의 흡연을 줄이는 것이 비흡연자를 보호하는 최상의 방책이다. 일부 도시에서는 금연 구역에 대한 조례를 제정하여 실행하고 있는데 과연 이것이 차이를 만들어낼 것인가? 이를 검증해볼 수 있는 최선의 방법은 나라 안에 있는 도시들을 무선으로 선택해서 금연 구역을 설치한 곳과 설치하지 않은 곳을 분류해 임의로 할당한다. 이 무선대조 실험은 논리적 근거에 의해서 진행된 것은 아니다. 그럼 어떻게 할 수 있을까? 타당도를 위협하는 요인들을 쓸모없게 만들기 위해 고안된 준실험 설계가 최상의 답이다.

　어떤 준실험 연구(푸에블로 심장 연구라고 불리는)에서는 세 도시를 선택하고 비교함으로써 이러한 질문에 대해 검증한 바 있다(Centers for Disease Control, 2009). 이는 금연구역 조례를 운영하고 있는 푸에블로와 콜로라도를 인접한 두 도시와 3년 주기로 비교한 연구이다. 인접한 두 도시는 금연구역 조례가 없고 단지 비교 대상 도시로 선정되었을 뿐이다. 연구 결과, 푸에블로에서는 금연구역 조례의 시행 후 시행 이전에 비해서 급성 심근경색(심장마비)으로 인한 입원율이 뚜렷하게 감소한 것으로 나타났다. 반면 인접한 두 도시에서는 입원율 증가에 관한 변화가 나타나지 않았다. 이 결과가 간접흡연이 심장마비를 증가시킨다는 것을 증명하거나 확증해주는 것일까? 그렇지는 않지만 어떤 연구도 그렇게 하기는 어렵다. 물론 우리는 세 도시의 병원이나 인구 구성 등 좀 더 많은 요인을 비교해보고 싶을 것이다. 나아가, 간접흡연이 감소했는지 혹은 더 많은 사람들이 금연을 하게 되었는지, 그리고 그것이 금지의 결과인 것인지 알아보고 싶을 것이다. 이러한 여러 가지 더 깊은 질문들이 있겠지만, 어떤 질문도 평가가 지니는 힘을 약화시키지는 않는다. 이 결과는 금지가 차이를 만들어냈음을 분명히 보여준다. 물론 복제 가능하다. 또 그렇게 했다. 결과는 유지된다. 결과를 설명하는 데 있어서 타당도를 위협할 만한 요인(예 : 역사, 성숙, 검사)들은 그다지 보이지 않는다. 그러나 우리는 여전히 흡연 변화의 구체적 양상과 구체적 영향에 대해 더 알아볼 필요가 있다.

우리가 사회에서 중요한 차이를 만들어낼 수 있을 것이라고 생각하는 어떤 아이디어 혹은 우리가 도울 수 있다고 믿는 그 어떤 것들이 노정된 상황은 무척 많다. 문제는 그것에 대한 평가를 덧붙이는 일이다. 최상의 엄격한 연구가 가능할 수만 있다면 언제든 그렇게 해야 하며 그러한 기회를 꼭 잡아야 한다. 그러나 또 다른 문제가 있다. 최상의 엄격한 연구가 이루어지기 어려울 때, 일화적 경험만으로 시간이 흘러가게 가만히 내버려둘 일은 아니라는 것이다. 타당도를 위협할 수 있는 많은 요인들이 타당한 추론을 도출해내기 어렵게 만들 것이다. 최상의 방법론이긴 하지만(높은 추론 도출을 위해 정교함을 사용한), 그렇게 쉬운 방법론이 아니라는 것(무선할당이나 철저한 통제)이 문제다.

추론의 질을 높이기 위해서 무엇을 할 것인가

우리는 진실험을 사용할 수 없는 상황에서 시작했고 다음과 같은 도전을 하려고 한다 — 일반적으로 우리가 아는 연구방법론 중에서 어떤 것을 사용하고 어떤 것을 덧붙여야 할 것인가? 특히 단일대상설계에서 도출되는 추론의 질과 정보를 높이려면 어떻게 해야 할 것인가? (아무 체계적 평가가 없는) 초기 상태는 애매함으로 가득 찬 일화적 사례 연구이다. 우리는 반드시 더 나은 추론을 여기서 도출해내야 한다. 우리가 접하는 '사례'에는 개인이나 학급이나 업무가 포함될 수도 있고, 학교나 지역사회에서 아동이나 청소년을 위해 수행하는 어떤 프로그램, 혹은 가정폭력 피해자인 보호소 여성들을 위해 수행하는 어떤 프로그램이 포함될 수도 있다. 우리의 목적은 중재의 영향에 대하여 추론을 도출해내는 일이다. 이러한 목적을 방해하는 최대의 적은 타당성을 위협하는 여러 요인과 애매모호함이다. 보통 일화적 사례 연구에서는 중재에 대해 아주 빈약한 근거로 추론을 도출해내는 것과 같다. 우리가 할 수 있는 몇 가지가 있는데, 타당도를 위협하는 요인들을 배제하거나 쓸모없게 만드는 범위를 크게 증가시키기 위해 반드시 취해야 할 정보들이다(Kazdin, 1981; Sechrest et al., 1996). 프로그램을 평가하고 추론의 질을 높이는 데 사용할 수 있는 핵심 단계는 다음과 같다.

체계적 자료 수집

준실험 설계를 위한 출발점에서 우리는 정보에 대한 체계적인 사정부터 시작해야 한다. 자기보고식 척도나 관계자에 의한 평정, 혹은 표출행동에 대한 직접 측정 등의 방법을 사용할 수 있다. 모든 체계적 척도가 약간의 문제점과 한계점을 지니고 있지만(예 : 반응성, 응답 편견), 여전히 일화적 이야기 보고보다는 중재 이후 변화가 발생했음을 확인시켜주는 보다 강력한 근거를 제공해주는 역할을 한다. 표준화된 평가 도구를 활용한 정보가 있다면, 연구자(교육자, 치료사, 교사) 입장에서는 중재를 통해 변화가 나타났음을 주장할 수 있는 보다 강력한 근거를 갖게 된다. 변화의 근거를 해석할 때 하나의 자료만 사용하지는 않는다. 변화가 실제로 일어났음을 보여주는 다양한 정보, 즉 체계적인 사정과 결과에 관한 자료가 필수 불가결한 요소이다.

여러 차례에 걸쳐 행동(혹은 프로그램의 결과) 사정하기

단일대상 실험을 특징짓는 또 하나의 차원은 사정 기회의 횟수나 시간이다. 정보 수집의 주요 방법으로는 한 번 혹은 두 번(예 : 처치 후 혹은 처치 전후)에 근거를 수집하는 방법과 시간의 흐름에 따라 지속적으로 자료를 수집하는 방법(예 : 매일, 주당 몇 회, 혹은 매 중재 회기 직전)이 있다. 한두 번(사전, 사후)에 수집한 정보는 아무래도 사정과 관련된 내적 타당도 위협 요인(예 : 검사, 매개, 통계적 회귀)을 배제하기 어렵다. 시간의 흐름에 따른 지속적인 사정은 이러한 위협요인을 최대한 줄일 수 있게 해주기 때문에, 특히 처치 전(기초선)에서부터 시작해서 처치 과정(중재 단계) 전반에 걸쳐 지속적으로 사정하는 것이 좋다. 지속적인 사정은 자료의 패턴을 잘 나타내주며 중재가 제시되는 시점에 어떤 변화 패턴이 나타나는지 확인할 수 있게 해준다. 이를 소위 단일대상설계의 '기술, 예측, 검증'의 양상이라고 하는데, 이는 적어도 진실험 설계의 첫 두 단계(AB)를 거치면서 작용하기 시작한다. 단일대상 실험에 여러 차례에 걸친 지속적인 사정이 포함된다면, 사정과 관련하여 내적 타당도를 위협할 만한 요인들을 비교적 잘 배제할 수 있게 된다.

과거 수행 정보와 미래 수행 전망 고려하기

중재의 효과에 관한 추론은 과거의 수행 정보가 도움이 되기도 하고, 조만간 실행할 수행에 도움을 줄 수도 있다. 단일대상 실험에서는 기초선 관찰이 이러한 정보를 제공해줄 수 있는데, 기초선에서 중재 단계로 이동할 때 좀 더 많은 정보를 얻을 수 있다. 가끔은 기초선 관찰이라는 호사를 누리지 못하더라도, 거칠긴 하지만 여전히 추정에 도움이 될 만한 산출 정보를 얻어낼 수 있다. 일부 행동이나 문제의 경우, 엄격한 기초선 사정을 하지 않더라도 완전히 신뢰할 만한 장기간의 이력을 지니고 있다. 예를 들어 행동이 전혀 산출되지 않거나(예 : 운동),

특성이 아주 안정적인 경우, 그러한 상황이 지난 몇 주간 혹은 몇 달간 거의 변화가 없는 경우(예 : 비대한 체중)를 말한다. 이런 방식으로 안정적인 수행의 역사를 추측하는 것은 지속적으로 여러 날에 걸쳐 관찰하는 것만큼 완벽하지는 않겠지만 그와 거의 비슷할 수 있다. 이처럼 이력이 장기간 이어져 있는 경우, 그 행동이나 특성은 뭔가 특별한 사건(예 : 처치)이 그 과정에서 일어나지 않는 한 앞으로도 지속될 것으로 추정할 수 있다. 결론적으로, 처치를 투입했을 때 수행에 변화가 나타난다면 처치가 변화를 일으켰을 가능성이 그만큼 증가한다 할 수 있다. 그래서 문제의 역사는 외적인 사건이나 여타의 과정(역사, 성숙), 혹은 변화를 일으켰을 만한 처치 이외의 다른 것들이 있는지를 확인하는 데 영향을 미친다.

문제의 역사와는 별개로 미래의 수행 가능성에 관한 전망, 과정이나 결과에 대한 전망도 서로 관련성이 높다. 예를 들어 중재를 투입하지 않으면 문제가 개선되지 않을 수 있다(예 : 죽을 병, 읽기 결함). 어떤 문제에 대하여 결과를 예상하고 있는데 그 진행 과정에 변화가 나타난다면, 그 변화가 중재 때문일 것이라는 추론이 가능해진다. 클라이언트에게 개선이 나타난다는 것은 문제 상태가 계속 진행될 것이라는 예견을 뒤집는 일이고, 이는 곧 중재가 변화를 이끌어냈음을 보여주는 것이다.

임상적 문제의 진행 과정에 대해서 정확히 아는 것이 중요하다. 문제 자체가 문제의 현재 수준을 속이거나 불충분한 정보를 제공할 수 있기 때문이다. 현재 나타나고 있는 문제가 비슷해 보이더라도(예 : 심각성의 정도가 동일함), 이후에 전개될 미래에 대한 전망은 과거에 대해 얼마나 아느냐에 따라 달라질 수 있다. 예를 들어 성인의 우울증 에피소드를 살펴보면, 초기 몇 주나 몇 달 동안에는 회복비율이 상당이 높은 편이다. 하지만, 회복 확률은 에피소드가 길어짐에 따라 점차 감소하게 된다. 그래서 만약 준실험 설계에 의한 처치를 시작하자 우울증이 감소하는 결과가 나타난다면, 그러한 실증이 정보에 근거해서 에피소드(과거)의 지속기간에 관한 설득력을 더 높여주거나 줄여줄 수 있다. 또한 그에 따라 미래에 그 행동이 변화할 것이라는 가능성을 실증할 수도 있다.

처치와 관련된 효과 유형 고려하기

효과의 유형 혹은 변화의 유형이라는 관점에서 볼 때, 실증이란 처치가 적용된 증거에 따라 달라진다. 변화의 강도나 즉시성이 어떠냐에 따라 처치의 역할에 관한 추론이 달라질 수 있다. 보통, 중재 개시 후 즉각적인 변화가 나타난다면 이는 다른 사건이 아니라 바로 중재가 만들어낸 강력한 사례가 되는 것이며, 변화의 원인이라 할 만하다. 역사적인 사건(뉴스에 나오는 어떤 일, 개인적 삶에서의 사건)이 중재의 개시와 거의 동시에 일어난다거나, 그러한 패턴을 설명할 수도 있기는 하겠지만, 중재에 의한 변화 같은 양상을 나타내지는 않는다. 물론, 점진적 변화 혹은 중재 이후 일어나기 시작하는 변화가 모호함을 증가시킬 수 있다. 그러나 대부분의 성숙에 따른 변화나 시간의 흐름에 따라 나타나는 변화는 점진적이기 때문에, 중재가 보여주는 패턴이 그러한 점진적 변화와 혼동될 가능성은 별로 없다.

변화의 즉시성 외에 변화의 강도 또한 중요하다. 실행 과정에서 뚜렷한 변화가 나타났을 때, 이것이 단지 특별한 사건인지 아니면 중재에 의한 변화인지를 확인해보아야 한다. 물론, 변화의 즉시성과 강도가 결합되었을 때 중재가 원인이라는 추론이 더 강력해진다. 빠르고 극적인 변화가 나타났다는 것은 중재의 효과를 보여주는 강력한 근거가 된다. 수행 수준의 불안정한 변동, 일반적인 행동주기, 발달적인 변화 등 점진적이면서 관련성이 떨어지는 변화는 그다지 설득력을 얻지 못한다(변화 추론에 관한 기준에 대해서는 제12장의 자료 평가에서 더 깊게 다루고자 한다).

여러 명의 이질적인 연구 참여자 확보하기

준실험 설계에 참여하는 클라이언트의 수는 중재에 관한 어떤 추론에서든 그 신뢰도에 영향을 주는 요인이다. 1명보다는 2명이나 그 이상의 사례에서 보여주는 실증이 중재의 효과를 추론하는 데 더 강력한 근거를 제공한다. 기본적으로, 각 사례는 중재의 결과로 나타난 첫 번째 효과를 복제해서 보여주는 역할을 하게 된다. 만약 2명 혹은 그 이상의 참여자에게서 변화가 나타난다면, 이는 어떤 특별한 외적인 사건(역사)이나 내적 과정(성숙)에 의해 변화가 일어난 것이 아님을 보여주는 결과다. 역사적인 사건이나 성숙 같은 요인은 사례마다 매우 다르게 나타나기 때문에 공통의 경험, 즉 중재가 변화의 원인일 가능성을 더 높여준다.

이질적인 사례 혹은 다양한 유형의 참여자 또한 변화의 원인을 추론하는 데 기여할 수 있다. 문제와 인구학적 변인(예 : 나이, 인종, 성, 사회적 위치, 임상적 문제)이 다양한 여러 명의 클라이언트에게서 변화가 나타난다면, 중재의 효과에 관한 추론은 그러한 다양성이 존재하지 않았을 때보다 훨씬 더 강력해진다. 다양한 클라이언트군을 참여시키면 그들이 공유한 역사나 성숙의 영향을 더욱 감소시킬 수 있다. 그들은 중재에 노출된 경험을 공유하게 되고 그로 인해 중재에 대한 가장 설득력 있는 설명을 가능하게 해주기 때문이다.

연구방법에서 좀 더 많은 수의, 다양한 참여자에 관해 논의한다는 것은 외적 타당도, 즉 결과의 일반화 가능성을 강조하는 것이다. 단지 1명의 대상에게서 나타난 결과를 타인에게 일반화할 수 있는지에 관한 문제는 다음 장에서 주제로 다룬다. 여기서는 내적 타당도를 다루기 위해 1명 이상 혹은 다양한 대상자를 참여시키는 문제, 즉 외적인 사건에 의해서 변화가 나타난 것이 아니라 중재에 의해 변화가 나타난다는 것을 설명하는 데 국한하고자 한다. 많고 좀 더 다양한 대상자가 참여하게 되면 타당도를 위협하는 다른 요인들(예 : 동일한 역사, 동일한 성숙 비율)도 설득력을 잃게 된다.

총평

지금까지 이야기한 것은 실험통제가 어려워 준실험 설계를 사용할 때 추론을 강력하게 만드는 데 사용할 수 있다. 특별한 실증을 위한 실험에서 얼마나 다양한 특성들을 다룰 수 있는지에 따라 단일대상 진실험에서 얻을 수 있는 것과 얼마나 가까운 추론을 할 수 있는지가 결정된다. 연구자가 모든 차원(예 : 중재 효과의 강도와 즉시성)을 통제할 수는 없다. 달리 말하면, 여러 회기에 걸친 평가나 복제 측정의 활용 등 결론을 내리는 데 중요한 특질을 사용해야 그러한 상황을 통제할 수 있고 더 강력한 실증을 할 수 있다.

준실험 설계 설명

선택된 변형과 타당도 위협요인에 대처하기

앞서 언급한 특성들이 다양하게 나타나는 단일대상 준실험 설계의 몇 가지 사례를 살펴보자. 이 사례들은 연구자가 실증을 강력하게 해낼 수 있으려면 무엇을 해야 하는지, 그리고 다양하게 도출할 수 있는 추론의 질을 확보하려면 어떻게 해야 하는지를 보여준다. 표 11.1을 보면 단일대상 실험 연구의 몇 가지 유형이 제시되어 있는데, 앞서 언급한 일부 사례를 다양하게 제시하고 있다. 또한 각 사례 유형에서 내적 타당도를 위협하는 구체적인 요인들을 어떻게 배제했는지 그 정도를 제시했다. 각 사례별 유형에 자료 수집이 포함되어 있는데, 이는 앞서 언급한 것처럼 객관적이고 양적인 자료가 없으면 변화의 발생 여부에 관한 결론을 도출하는 데 부정적인 영향을 미치기 때문이다.

연구 1 : 사전·사후 사정. 개인에 대한 사전·사후 사정을 사용하면 비제계적인 일화적 보고서를 뛰어넘어 많은 정보를 제시할 수 있다. 표 11.1에 나타난 바와 같이, 사전·사후 사정이 포함된 단일대상설계(연구 1로 기술된 세로줄)는 내적 타당도 위협요인 배제에 도움이 되는 다른 특성을 지니고 있지 못하다. 변화가 일어난 원인이 무엇인지에 관한 평가가 가능하려면 더 많은 사정이 필요하다. 이는 사소한 일이 아니다. 교육, 재활, 의료, 심리치료, 상담 등의 맥락에서 중재 프로그램의 목적은 효과적으로 변화를 일으키는 데 있다(예 : 정서, 행동, 인지, 학

▌표 11.1 ▌ 선택된 가상의 사례 유형 및 각 사례에서 내적 타당도를 위협하는 요인을 다루는 방법

연구 유형	연구 1 사전 · 사후 사정	연구 2 반복 사정 & 뚜렷한 변화	연구 3 중다 사례, 지속적 사정, 안정적 수행
사례 특성에 제시(yes), 구체적으로 제시되지 않았거나 비제시(no)			
객관적 자료	yes	yes	yes
지속적 사정	no	yes	yes
문제의 안정성	no	no	yes
즉각적이고 뚜렷한 효과	no	yes	no
중다 사례	no	no	yes
내적 타당도를 위협하는 주요 요소의 배제(+) 혹은 배제 못함(−)			
역사	−	?	+
성숙	−	?	+
검사	−	+	+
도구	−	+	+
통계적 회귀	−	+	+

주 ▧ 표에서 '+'는 내적 타당도를 위협하는 요인이 잘 통제됨을 의미하며, '−'는 위협요인이 여전히 문제로 남아 있는 것을 의미하고, '?'는 통제되지 못한 요소들이 남아 있을 수 있음을 의미한다. 표를 작성할 때 선택된 위협요인들은 집단 차이 비교 실험 설계에서 주로 나타날 수 있는 위협요소들은 생략하였다. 그 요소들은 사례 연구에서는 집단 비교 연구처럼 그렇게 자주 나타나는 문제가 아니다.

업적 성취). 여기에 필요한 기본적인 요구사항은 체계적이고 일상적으로 변화를 사정할 수 있는 시스템을 마련하는 것이다. 점차 서비스 전달(예 : 교육, 건강보호)의 책무성이 강조되면서 결과에 대한 사정을 개선하는 데도 관심이 증가하고 있다. 우리가 서비스하고 있는 사람들, 그리고 엄청나게 투입되는 자금에 대한 우려 속에서 우리는 항상 "전혀 효과가 없는 거야?"라고 묻게 된다. 체계적인 사정이란 매우 바람직한 첫 번째 단계이다. 대다수 프로그램들이 변화를 일으키지 못하거나 차이가 날 정도의 변화를 산출하지 못할 수 있기 때문이다.

사정 자체만으로도 변화를 확인할 수 있기는 하지만 변화의 근거를 확인할 수 있는 또 다른 방법이 있다. 사정 절차를 하나만 사용하기보다는 내적 타당도 위협요인을 배제한다든가 (표의 목록에 제시된) 다른 차원에서 변화를 이끌어낼 수 있는 처치를 포함시키는 것이 바람직하

다. 처치에 의해서라기보다 시간의 흐름에 따라 발생할 수 있는 사건(역사), 개인적(성숙) 내에서의 변화 과정, 사정에 대한 잇단 노출(검사), 채점 준거의 변화(도구변수), 평균 점수로의 복귀(회귀) 등이 변화를 유도했을 수도 있다. 간략히 말해서, 이러한 상황에서 내적 타당도를 위협하는 요인들이 배제되지 않을 경우 변화의 근거는 여전히 추측의 영역으로 남게 된다.

연구 2 : 반복 사정과 뚜렷한 변화. 단일대상 실험을 진행하면서 처지 전이나 후 등 여러 번의 회기에 걸쳐 사정을 실시하고 그 결과 중재와 연관된 뚜렷한 변화가 나타났다고 하자. 이는 처치가 상당한 개선을 일으킨 원인이라는 추론을 도출할 수 있게 해주는 근거로 작용한다. 표 11.1은 각 연구 사례의 특성을 설명하고 있는데, 내적 타당도를 위협하는 구체적인 요인들을 그 범위에 따라 제시하였다. 지속적 사정을 실시한다는 것은 사정과 관련된 내적 타당도 위협 요인을 배제할 수 있다는 것이다. 처치의 개시와 함께 변화가 나타나는데, 이런 변화의 패턴은 반복적으로 검사에 노출되어서 나타난 것이 아니며, 도구의 변화에 따라 나타나는 것도 아니다. 지속적인 사정을 실시하면 검사나 도구에 따른 변화는 처치 이전에도 증명될 수 있다. 비슷하게, 단 2개의 자료점만으로 수행된 사정과 관련된 잠재적인 문제, 즉 하나의 자료점 때문에 다른 자료까지 평균으로의 회귀가 일어날 수 있는 문제 또한 제거할 수 있다. 반복적인 사정은 여러 시기에 걸쳐 자료의 패턴을 보여준다. 극단적인 점수는 어떤 특별한 사정 회기의 바로 직전 회기와 관련된 특정 문제 때문일 수 있다. 하지만 이러한 변화가 전체 회기의 수행 패턴에 영향을 미치지는 못한다.

지속적인 사정과는 별개로, 처치 효과와 관련된 뚜렷한 변화란 즉각적이고 커다란 변화를 말한다. 처치가 투입되면서 이런 형태의 변화가 나타난다면 이를 역사나 성숙 때문이라고 말하긴 어려워진다. 특히 성숙은 성숙에 의한 변화가 그렇게 즉각적이고 커다랗게 일어나는 것이 아니기 때문에 더욱 받아들이기 어렵게 된다. 그럼에도 불구하고 표에 '?'로 표현한 부분은 성숙에 의한 변화를 완벽하게 통제할 수는 없음을 의미한다. 이 사례에서는 과거에 나타났던 문제의 안정성에 관한 정보나 미래에 관한 정보는 포함시키지 않았다. 그러므로 임상적인 문제가 그저 순차적인 변화이지 아닌지 혹은 성숙의 영향이라고 믿을 만한지 아닌지는 알 수 없다. 간혹 어떤 문제(예 : 우울증)는 자연적으로 처치와 별 관계없이 뚜렷한 변화가 나타날 수도 있다. 그러나 행동에서 즉각적이고 뚜렷한 변화가 나타났다는 것은 이 사례에서 구체적인 부분들이 생략되기는 했지만, 다른 차원들과 비슷하게 역사와 성숙 요인이 잘 통제되었음을 의미한다.

연구 3 : 중다 사례, 지속적 사정, 안정성에 관한 정보. 하나의 사례가 아니라 여러 사례를 연구할 수 있다. 이 사례들은 한 번에 하나의 사례 혹은 동시에 한 집단으로 처치를 받게 되며 처치효과에 관한 최종 요약 진술에 그 결과가 누적된다. 표를 보면, 이 연구에서는 처치 전과 처치 기간 내내 반복적인 회기에 걸쳐 사정 정보를 수집했다. 또한 이 사례에서는 문제의 안정성도 알 수 있다. 앞서 안정성을 과거-미래 조망이라는 차원에서 언급했는데, 어떤 연구에서는 시간이 지나도 거의 변화가 일어나지 않는 문제라고 부르기도 한다. 어떤 문제가 안정성이 매우 강할 때, 혹은 처치가 없으면 특정 과정으로 이어질 때, 연구자는 처치를 하지 않았을 때 나타날 수 있는 영향에 대하여 암묵적인 예측을 하게 된다. 결과는 이 예측된 수행 수준과 비교될 수 있다.

표 11.1에서 나타난 바와 같이, 단일대상 실험의 세부적인 특성별로 내적 타당도를 위협하는 몇 가지 요인이 있다. 이 연구에는 여러 명의 서로 다른 사례들이 포함됨으로써 처치가 원인이 되어 변화가 나타났다는 결론을 도출할 수 있고, 역사나 성숙 요인이 내적 타당도를 위협할 가능성은 적어진다. 모든 사례에 영향을 미칠 만한 단일한 역사적 사건이 있었다거나 모든 사례가 공통의 성숙 과정을 거친다고 보기 어렵기 때문이다. 미래의 문제 안정성에 관한 지식 또한 역사와 성숙의 영향을 배제하는 데 도움이 된다. 문제가 오랫동안 안정적인 것이라면 이는 순차적인 역사적 사건이나 성숙의 과정들이 그렇게 강력한 그들 고유의 영향을 미치지는 않는다고 할 수 있기 때문이다. 여러 대상과 문제의 안정성에 관한 지식을 사용하기 때문에, 역사와 성숙은 아마도 행동 변화를 설명하는 데 그다지 신뢰받는 요인이 되지 못할 것이다.

검사와 관련된 내적 타당도 위협요인들은 오랫동안 지속적으로 진행되는 사정만으로 대부분 조절할 수 있다. 반복측정, 도구의 변화, 평균으로의 점수 회귀 등이 여러 회기에 걸친 수행에 영향을 줄 수 있다. 그러나 검사와 관련된 문제가 수많은 회기에 걸쳐 나타나는 자료의 패턴에 영향을 줄 것 같지 않다. 또한 문제의 안정성에 관한 정보도 변화에 관한 더 깊은 정보를 주기 때문에, 검사와 관련된 비신뢰도 문제에 영향을 받지 않을 것 같다. 문제가 안정적인 평균을 지니고 있다는 사실은 반복된 사정으로 인해서 그 평균이 쉽게 변화되지 않을 것이라는 것을 의미하기 때문이다.

일반적으로 이 사례에서 제시된 단일대상 실험 유형은 처치의 효과에 관하여 타당한 추론을 가능하게 하는 강력한 근거를 제공한다. 중다 사례 보고 방식은 보통 생각하는 것처럼 실험만으로 구성되지는 않는다. 각 사례가 실험으로 통제되지 않는 상태도 보여주기 때문이다. 하지만 이러한 사례 연구 유형의 특성은 진실험 설계의 접근 방식처럼 내적 타당도를 위협하는 특정 요인들을 통제할 수 있다.

준실험의 예

중재로 인해 변화가 나타났음을 보여주는 사례, 신뢰의 연속체를 보다 구체적으로 전달해주는 사례들이 있다. 각 사례는 진실험의 특성을 담아내고 있기 때문에 준실험으로서의 자격이 있으며, 특정 요인들이 신뢰도를 위협할 수 없도록 그 범위를 다양하게 제시하고 있다.

사전·사후 사정. 단일대상연구에서, 사정이 지속적으로 이루어져야 한다는 것은 참여자나 집단에 대한 반복적인 관찰이 (기초선) 단계, 혹은 하나 이상의 단계에서 지속적으로 이루어져야 함을 의미한다. 또한, 익히 알고 있겠지만, 다수의 자료점이 있으면 단일대상설계의 논리(기술, 예측, 검증)를 적용하기 쉽다. 사전-사후 처치 사정은 집단연구에서 자주 사용되는데, 이때 실증의 강도는 중재 집단과 통제 집단(예 : 비처치 집단) 간의 비교에 따라 달라진다. 일부 연구자들은 단일 집단에 대한 평가를 보고할 때 사전·사후 사정만을 사용하기도 한다. 그러나 사전·사후 사정을 통해 변화가 나타났음을 문서화할 수는 있겠지만, 그것만으로는 중재에 관한 어떤 추론도 도출해낼 수 없어 근거가 매우 빈약해진다.

일례로 공황장애 성인의 치료에 관한 처치 연구 사례를 보자(Milrod et al., 2001). 이 연구에는 공황장애인 21명이 참여하였다(연령 18~50세, 여성 66%, 유럽계 미국인 76%, 아프리카계 미국인 19%, 아시아계 미국인 4%). 주요 증상은 심장 두근거림, 발한, 떨림이나 흔들림, 호흡 곤란, 숨 막힘(질식할 것 같은 느낌), 통제 실패에 대한 두려움, 가슴 통증을 포함한 강렬한 공포나 불편함 등으로 나타났다. 장애 자체를 완화하는 것도 중요했지만, 이들은 신체적인 건강 상태도 좋지 않았고 약물 남용이나 알코올 남용, 높은 자살률 등을 보이고 있었다. 또한 이들은 다른 정신과적 진단을 받은 환자들보다 보건의료 서비스를 더 자주 이용하는 편이었다. 연구 참여자들에게는 주 2회씩 총 24회기의 정신역동적 심리치료 프로그램이 제공되었다. 치료 시작 전에 몇 차례에 걸쳐 처치 전 측정을 실시하였고(공황, 불안, 우울 관련 측정), 처치 후와 처치 종료 시에도 측정하였다.

처치 종료 시점에 이 집단(21명 중 17명 치료 완료)에 대한 몇 가지 자기보고식 평가를 실시한 결과 불안, 우울, 공황 및 기타 영역에서 통계적으로 유의미한 개선이 나타났다. 사정의 이점은 환자의 변화를 알려준다는 데 있다. 그러나 여기서 추론을 도출하기는 매우 어려운데, 이는 내적 타당도를 위협하는 몇몇 요소를 이 설계 자체만으로 충분히 배제하기 어렵기 때문이다. 환자들은 개별적인 기회를 맞이하여 검사를 받는 것 자체만으로 개선될 가능성이 있으며(검사), 극단적인 점수를 보일 때 연구에 참여해서 결과적으로 처치 후에 변화가 나타난 것처럼 보일 수도 있고(통계적 회귀), 회기가 진행되는 동안의 처치와 무관하게 단지 시간이 지나면서 좋아질 수도 있다(역사와 성숙). 환자들은 보통 처치 시작 전 두 번에 걸쳐 평가를 받을 때 큰 변화를 보여주곤 한다. 처치를 접하게 되는 상황(역사)만으로도 개선을 촉진할 수 있다는 이야기다.

연구자들은 이를 예비 작업 혹은 개방 연구[3]라고 부르는데, 설계 자체만으로는 중재에 관한 추론이 어려운 것으로 인식하고 있다. 예를 들어 주장한 바와 같이, 사전·사후 사정을 실시한 한 집단(혹은 한 대상)에 관한 연구는 일화적 사례 연구보다는 한 단계 높은 수준의 연구일 수 있지만, 중재에 대한 추론을 실제로 도출해내지는 못한다. 변화를 실증하려는 관점에서 보면 이는 하나의 단계에 불과하다. 변화를 실증하려면 이야기식 연구나 비체계적인 일화에 의존하는 연구와는 달리 몇 가지 타당도를 보여주는 측정을 해야 한다. 지속적인 사정을 실시하면 똑같은 실험이라도 보다 강력하게 실증할 수 있다. 지속적인 사정을 하면 시간의 흐름에 따른 자료의 패턴을 보여줌으로써 변화의 원인으로 의심될 수 있는 검사, 회귀, 성숙, 역사 같은 여러 요인을 배제할 수 있다. 또한 기술, 예측, 검사의 특징 등 여러 가지 양상에 대한 정보를 얻을 수 있다.

지속적인 사정은 변화를 평가하는 데 도움이 된다. 보다 많은 사정 점수는 검사와 관련된 타당도 위협요인들을 배제하는 데 도움이 된다. 반복적 검사 효과나 회귀 효과는 단지 두 번의 사정 기회(사전, 사후)만 있을 때 영향을 미칠 수 있다. 또한 누구도 이러한 요인이 변화를 이끌어낸 것인지 중재가 변화를 이끌어낸 것인지 확언할 수 없다. 지속적인 사정을 실시하면 사전·사후 사정만을 실시했을 때보다 도움이 된다.

예를 들어 어느 55세 여성[몸무게 180파운드(81.8kg), 키 165cm]의 체중감량 처치 사례를 보자(Martin & Sachs, 1973). 이 여성은 최근 심장마비에 대한 우려 때문에 체중감량을 권고받았다. 이 여성은 외래환자였으며, 처치는 계약서 형태로 개발되었는데, 식습관 개선을 위한 다양한 규칙과 권고사항을 치료사와 함께 준수하는 데 동의하는 내용으로 구성되었다. 먹고

---

3) 의료 분야에서의 개방 연구(개방 수준 연구라고도 함)는 약물에 관한 연구를 할 때 사용하는 약물이 무엇인지를 전혀 숨기지 않고 실시하는 연구를 말한다. 비교 시험을 할 때는 관리자나 약물 투여 대상자 모두 어떤 약물을 투여받는지 플라세보 효과를 측정하는지를 전혀 모르게 진행되는 '맹검 연구(blinded)'를 실시하기도 한다. 이러한 절차는 연구에 참여하는 사람들이 편견을 지니지 않게 함으로써 그들의 반응이나 행동 혹은 결과에 그 연구의 내용이 영향을 미칠 가능성을 줄이기 위한 것이다. 하지만 이 용어는 보통 비통제적 연구, 즉 집단이 하나이고 사전·사후 사정만 실시하는 연구에 주로 사용한다 .

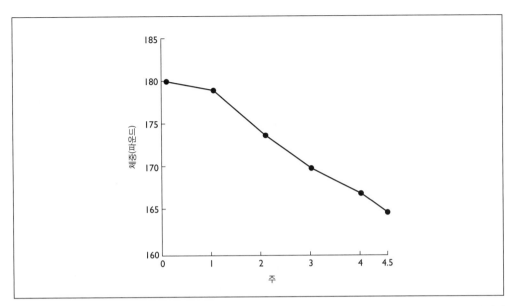

▌그림 11.1 ▌ 주당 체중(단위 : 파운드). 선은 체중감량 프로그램 0일, 7일, 14일, 21일, 28일, 31일째의 체중을 연결한 선이다. (출처 : Martin & Sachs, 1973)

싶은 음식을 참았을 때 자기보상하기, 식사나 간식 후 스스로 기록하기, 매일 자주 몸무게 재기, 음식을 천천히 씹기 등의 내용을 규칙으로 설정하였다. 이 환자는 처치 전 몸무게를 측정하였고, 처치 시작 후 매주 몸무게를 쟀으며, 총 처치기간은 4.5주였다.

프로그램 실시 결과는 그림 11.1과 같다. 이 여성의 최초 몸무게는 180파운드였는데, 처치 종료 전까지 몇 주 동안 체중이 점차 감소하였다. 목적에 비추어볼 때, 이러한 결과를 처치의 영향이라고 말할 수 있을 것인가? 사실 변화의 원인이 처치의 효과인지에 대해서는 잠정적인 결론밖에 내릴 수 없다. 이는 이 여성의 처치 전 몸무게의 안정성이 어떠했는지에 관한 정보가 없기 때문이다. 단지 첫 번째 자료점에 처치 전 몸무게가 180파운드라는 사실만 제시되어 있을 뿐이다. 이 몸무게 기록이 특별한 체중감량 프로그램 없이도 향후 몇 주간 계속 감소할 수도 있다. 이 여성의 처치 전 체중 안정성에 대한 명확한 정보가 없기 때문에 연이은 감소에 대해 평가하기가 무척 어렵다. 감소가 점진적이고 그다지 크지 않다는 사실은 예측된 체중감량 과정에 대한 이해를 도울 수는 있지만 여전히 애매모호하다. 체중감량이 나타난 것은 확실하지만 그것만으로 역사적 사건이나 성숙의 과정, 혹은 반복된 사정으로 인해 똑같은 결과가 나타날 수 있다는 주장을 누르기는 어렵다.

기초선과 중재 단계에 걸친 지속적 사정은 더 큰 도움이 된다. 다음 사례는 처치가 결과를 이끌어냈음을 보다 설득력 있게 증명해준다. 이 사례는 척추의 일부 디스크가 퇴화되어(자기공명영상법, 혹은 MRI 측정 결과) 요통을 겪고 있는 45세 여성의 사례이다(Vlaeyen, de Jong, Onghena, Kerckfoffs-Hansen, & Kole-Snijders, 2002). 주사, 약물, 물리치료 등이 통증을 개선하는 데 약간 도움이 된다. 배경 설명을 하자면, 이런 환자들은 몸을 움직일 때마다 느끼게 되는 통증에 대한 두려움이 크고, 그 두려움이 점차 활동을 피하게 만들며, 장차 이것이 장애를 유발하는 원인이 되기도 한다. 환자들에게 있어서 이러한 깊은 고통에 대한 두려움은 매우 심각한 문제이며, 이러한 문제가 그들의 통증이나 장애를 더 힘들게 만들고 기분을 더 가라앉히는 요인이 된다. 이 연구에서는 분노와 불안에 대한 증거 중심 처치 방법인 노출치료의 효과를 평가하였다. 노출치료는 연습 활동과 물리치료사와 함께하는 운동으로 구성하였다. 얼마나 불안을 유발하는지에 따라 활동의 등급을 매기며, 가장 덜 불안한 활동부터 노출 회기를 시작한다. 이때 고통을 평가하는 몇 가지 척도를 사용한다. 처치에 앞서, 환자들에게 고통 경험에 관한 양식을 기록해서 연구자에게 메일을 보내도록 했다. 환자에 대한 기타 척도로는 활동으로 인해 나타날 수 있는 손상에 대한 근심 표현하기, 불안 평가 척도, 운동 사진 보기 등이 제시되었다. 노출 처치는 AB 설계로 평가하였다. 기초선을 1주일 동안 실시한 후 90분 회기로 5주 동안 총 15회에 걸쳐 중재가 실시되었다. 결과는 그림 11.2와 같이 두 가지 독립적인 척도(운동 불안, 통증 강도)로 제시하였다.

　이 연구의 결과는 변화의 원인이 중재에 있음을 보여준다. 중재 이전과 중재 진행 단계에서 여러 회기에 걸쳐 지속적인 사정을 하고 데이터의 패턴을 보여줌으로써 추론을 돕는다. 기초선 단계에서 환자들은 높은 수준의 불안과 고통의 강도를 느끼고 있었는데, 이때 지속적인 관찰만으로는 별다른 변화가 나타나지 않는 것을 볼 수 있다. 그러나 중재가 시작되면서부터 고통 불안과 강도가 감소되었으며, 중재 마지막 단계에 이르기까지 점진적으로 감소하는 경향을 나타낸다.

　실험 자체가 지닌 몇 가지 특성이 처치가 원인 역할을 했다는 데 대한 확신을 위협할 수도 있다. 그림에서 나타나는 점진적인 감소 또한 처치 이외의 다른 요소, 즉 처치 구성과 함께 발생할 수 있는 어떤 사건들에 대한 보고(역사)나 지속적인 사정 절차에 따른 지루함(성숙) 등이 영향을 미칠 수 있다. 또 다른 사례가 이 보고서에 포함되어서 비슷한 효과를 보여준다면 그 결과는 이 보고에서 나타나는 위협요인들을 줄여주는 역할을 할 수 있다. 또한 환자가 평정에 대한 책임을 진다는 사실인데, 평정 도구가 표준화되어 있다고 하더라도 여러 회기에 걸쳐 변화에 대한 평정을 해야 하기 때문에, 실제 불안을 느끼는 만큼 정확하게 평가를 했는지 그 정확성에 대한 우려를 하지 않을 수 없다(도구변수). 하지만 이 데이터가 방법론적 회의를 불러

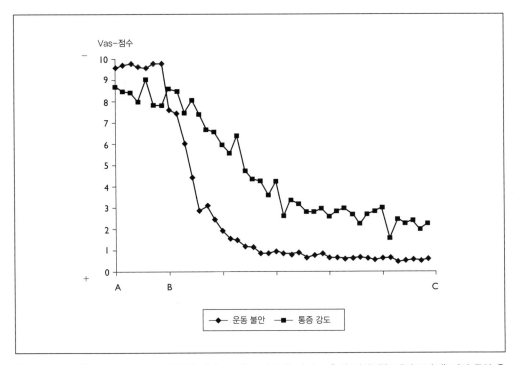

┃ **그림 11.2** ┃ 기초선(A에서 B까지의 기간, 그래프 하단 참조)과 노출치료(처치)(B에서 C까지) 기간 동안 운동 불안과 통증 강도를 매일 측정했다. 다이아몬드와 사각형으로 표시된 자료점 시리즈 혹은 연결선은 각각 운동 불안과 통증 강도를 나타낸다. 평정 도구는 Visual Analogue Scale(VAS)을 사용하였다. (출처 : Vlaeyen et al., 2002)

일으킬 정도는 아니다. 그러나 중재가 변화를 이끌어낸 것으로 보이기는 하지만 준실험 설계의 본질과 결과의 패턴만으로 내적 타당도를 위협하는 요인들을 확실하게 배제했다고 보기에는 다소 무리가 있다.

지속적인 사정과 뚜렷한 변화. 다음 사례를 보면 이전의 사례들보다 뚜렷한 중재의 효과를 보여준다. 이 연구는 광장공포증과 공황발작이 있는 성인 여성이 스스로 활동 영역을 집으로만 제한해 놓고 지내는 것과 바깥 출입에 대한 불안을 극복하기 위해서 외래환자 처치에 참여한 과정에 관한 보고서다(O'Donohue, Plaud, & Hecker, 1992). 환자는 자신의 활동과 활동에 투여된 시간을 기록하였다. 또한 처치 시작 시점에서 활동 자체가 강화제가 된다는 것을 확인할 수 있었다. 중재는 환자가 집 밖으로 나오기만 하면 보상 활동에 참여할 수 있게 안내하는 것이었다(예 : 강아지와 놀기, 책 읽기, 손님 접대하기). 길거리 걷기, 이웃과 친숙해지기, 이웃집에서 TV 시청하기 등의 활동이 포함되었다.

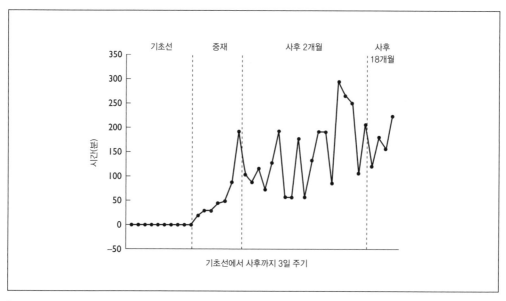

▌그림 11.3 ▌ 광장공포증과 공황이 있는 성인 환자가 기초선, 중재, 그리고 두 번의 사후 평가 기간 동안 바깥 활동에 소요한 총 시간. (출처 : O'Donohue et al.,1992)

그림 11.3을 보면, 이 절차의 효과로 바깥 활동 시간이 증가하고 있음을 알 수 있다. 기초선 단계에서는 바깥 활동에 소요된 시간이 전혀 없는 패턴으로 구성되어 있다. 중재가 시작되자 바깥 활동 시간이 급격하게 증가하였고 2개월과 18개월 후의 사후 사정에서도 높은 수준으로 유지되고 있음을 알 수 있다. 환자와 특정 활동을 함께 한 지인이나 친지들의 보고에 의하면 이러한 변화가 보다 확실하게 입증된다. 매우 안정적이고 명백한 기초선과 중재 개시 후 뚜렷한 변화가 나타났으며 역사, 성숙, 혹은 그 외에 결과를 위협할 만한 요인은 나타나지 않았다. 준실험 설계가 지니는 한계가 있음에도 불구하고 이 연구의 결과는 상대적으로 매우 명확한 편이다.

지속적 사정, 뚜렷한 변화, 여러 명의 대상자. 앞의 사례들에서 중재가 변화를 이끌어냈을 가능성은 보고의 특성에 따라 절차 신뢰도가 증가하는 것 같다. 이번에 제시하는 마지막 사례는 진실험 설계 정도는 아니지만 중재의 효과가 매우 명백하게 드러난다. 이 사례는 여러 아동을 대상으로 한 새로운 야뇨증(유뇨증) 처치법에 대한 연구 보고다(Azrin, Hontos, & Besalel-Azrin, 1979). 3~15세까지의 아동 44명이 연구에 참여하였다. 처치 전에 7일간의 야간 야뇨증세의 횟수에 대한 정보를 가족을 통해 수집하였다. 기초선 이후 훈련 절차가 실행되었다. 아동들은 밤에 침대에서 일어나는 훈련을 받았고, 젖은 침대를 다시 정리하고 옷을 갈아 입는

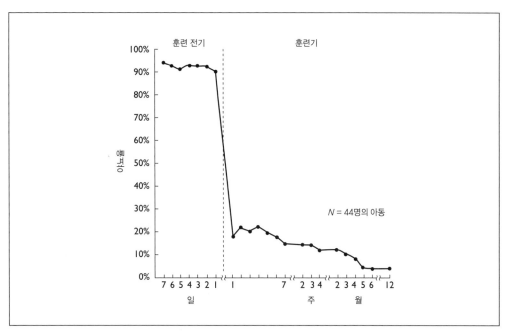

▌ 그림 11.4 ▌ 조작적 학습 방법에 의한 교육 후 44명의 야뇨증 아동의 야뇨 변화. 각 자료점은 야뇨 행동 발생 비율을 나타낸다. 점선 이전의 자료는 훈련 전 7일간의 자료이다. (출처 : Azrin et al., 1979)

훈련을 받았다. 또 다른 절차로 훈련 초기 초저녁에 아동을 깨운다든가 오줌의 양이 많을수록 강화를 해주는 방법으로 방광 기능을 증가시키는 훈련을 실시하였다. 부모와 아동들은 훈련 회기에 따라 몇 가지 절차대로 훈련을 실시하였지만 중재는 기본적으로 집에서 아동이 침대를 적셨을 때 적용되었다.

훈련의 효과는 그림 11.4에 나타난 바와 같이 훈련 전기(기초선 단계)와 훈련기에 나타난 야뇨증으로 설명할 수 있다. 이 실험은 앞서 내적 타당도를 위협하는 것으로 논의된 몇몇 조건들이 그대로 존재하는 준실험 설계를 적용한 실험이다. 기초선 시기의 데이터를 보면 전체적으로 이 집단의 문제는 매우 안정적인 상태였음을 보여준다. 또한 일련의 처치가 실행되면서 즉각적이고 뚜렷한 변화가 나타난다. 마지막으로 여러 명의 대상사가 참여함으로써 어린 아동부터 10대 청소년에 이르기까지 광범위한 연령대에서 동질적이지 않은 대상자들이 포함되었다. 이러한 실험의 특성으로 인해 변화가 역사, 성숙, 반복적 사정, 사정 절차에서의 변화, 혹은 통계적 회귀에 의한 것이 아님을 믿을 수 있게 해준다.

다른 변형과 사례. 준실험 설계는 본질적으로 세련되게 범주화되지는 않는다. 앞서 차원과 특성에 초점을 두고 언급하였듯이 준실험 설계는 추론 도출을 강화할 수 있다. 하지만 타당도를 위협하는 요소들이 실제로 그렇게 되는지, 혹은 단일대상설계의 논리를 충족시키는지 여부를 판단하기에는 너무 많은 변형이 있다. 요점을 전달하기 위해 다음과 같은 간략한 사례를 생각해보자.

첫 사례는 대학생들의 알코올 소비와 폭음에 관한 연구이다(Fournier, Ehrhart, Glindemann, & Geller, 2004). 조사 결과 대다수 학생들(80~90%)이 알코올 음료를 소비하는 것으로 나타났다. 과도한 음주나 폭음은 대학 당국이 통제하고자 하는 많은 문제들과 연관되어 있다. 이러한 문제로는 성폭행, 무계획적이고 안전하지 못한 성관계, 재물 손괴, 폭력, 자동차 사고, 빈약한 학업성취도 등이 있다. 프로그램은 대학교 환경에서 수행되었고, 캠퍼스 내의 동일한 사교클럽에서 주최한 4번의 연속적인 파티에 한 번이라도 참석한 경험이 있는 대학생 356명(19~24세)을 대상으로 실시되었다. 혈중 알코올 농도를 종속변인으로 삼아 휴대용 음주 측정기로 측정하였다. 네 번의 파티는 두 번의 기초선 파티(비중재, 혹은 A단계)와 두 번의 중재 파티(B단계)로 나누었다. AABB 설계를 사용하여 준실험 설계 방법에 따라 배치하였다. 이러한 배치는 AB 설계의 확장된 형태라 할 수 있다. 기초선 파티에서도 사정을 실시하였다. 중재 파티에서는 혈중 알코올 농도 수준이 .05 이하인 사람에게 100달러짜리 복권추첨의 기회를 준다는 전단지를 나눠주었다(버지니아 주의 법적 음주 한계치는 .08 수준이며, 이 연구에서는 이보다 더 낮게 잡았다). 전단지에는 낮은 음주 수준을 유지할 수 있는 방법에 관한 정보도 제공되었고(예 : 술을 마시는 중간중간 물을 마실 것, 간식을 곁들일 것 등), 체중에 따라 혈중 알코올 농도를 측정하는 방법을 보여주는 차트(노모그램이라고 함), 마신 술병의 수, 얼마나 오래 마셨는지에 대한 기록, 남성과 여성에 따른 차트(알코올 분해에서의 차이 때문) 등이 제공되었다. 두 번의 중재 파티가 끝나는 시점에서는 승자를 뽑아서 현금을 제공하였다.

그림 11.5에 나타난 바와 같이, 세 번의 측정을 통해 기초선과 중재 파티에 걸쳐 프로그램에 대한 평가를 실시하였다. 그래프의 왼쪽과 오른쪽이 약간 다른 것을 측정하고 있는데, 왼쪽에는 목표 수치에 도달한 학생의 퍼센트를 기록하였고, 오른쪽에는 평균 혈중 알코올 농도를 기록했다. 삼각형 자료점을 연결한 점선을 살펴보자. 이는 두 번의 기초선 파티와 비교했을 때 두 번의 중재 파티 동안의 평균 혈중 알코올 농도가 명확하게 낮게 나타났음을 보여준다. 그래프의 다른 선은 중재 단계에서 법적 한계치(.08)뿐만 아니라 복권추첨 기준(.05) 이하의 혈중 알코올 농도를 보인 학생들의 백분율을 보여준다. AA에서 BB로의 변화는 통계적으로도 유의미했다(그림에 나타난 각각의 측정 모두에서). 물론 이 설계에 있어서 통계적 유의미함이란 변화가 나타났다는 것을 의미하며, 변화가 중재에 의한 것임을 의미하는 것은 아니다.

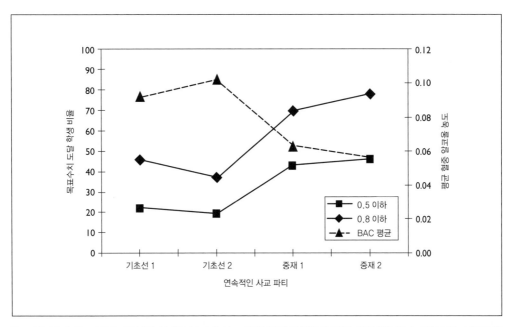

▋ 그림 11.5 ▋ AABB 준실험 설계로 본 4개 사교 파티 참여 학생들의 평균 혈중 알코올 농도(BAC) 수준과 백분율 (출처 : Fournier et al., 2004)

그렇다면 어떻게 결론을 내릴 수 있을까? 자료의 패턴을 설명할 수 있는 그럴듯한 타당도 위협요인이 있는가?

타당도 위협요인을 선택한다는 것은 주로 집단 설계 맥락에서 언급된다. 이 사례에서는 기초선 파티(AA) 참여자와 중재 파티(BB) 참여자가 체계적인 방식으로 다를 가능성이 있다. 술을 좋아하는 학생들이 파티에 가지 않았다거나 도착하자마자 자리를 뜨는 경우가 있을 수 있다. 그럴 경우 중재가 없었어도 술을 좋아하지 않는 집단이나 마셔도 많이는 안 마시는 집단이 검사에 참여했을 가능성이 있다. 저자들은 파티 참석자들(예 : 나이, 성, 사교클럽 멤버와 비멤버 간의 균형)을 여러 파티에 섞어서 배치하지는 않았고, 부분적으로만 고려했다고 한다. 역사 요인 역시 타당도를 위협할 가능성이 있다. AA와 BB단계 사이에 캠퍼스에 어떤 사건들이 발생했을 가능성도 있다. 이렇게 특별한 사건이 없었어도 다양한 상황이 발생해서 공정하지 않을 수 있지만, 여전히 그러한 문제들은 가치가 있다. ABAB 설계는 대부분의 사례들에서 역사 요인을 배제할 수 있다. 왜냐하면 역사(성숙 및 기타 위협요인)는 앞뒤로 왔다 갔다 하는 방식으로 행동을 반전시키지는 않기 때문이다. AABB 설계에서 역사적 사건은 데이터로 설명 가능하다. 전체적으로 내 관점에서는 중재가 변화를 이끌어냈음을 보여주는 실험에 대한 추론이 무척 빈약해 보인다. 그래프의 각 선을 살펴보면, 2개의 기초선 자료점과 2개의 중재 시기 자료점은 중첩되지 않음을 알 수 있다.

마지막 사례는 지진 생존자 가운데 외상후 스트레스장애(PTSD)를 입은 사람들에 대한 처치에 초점을 두고 있다. PTSD는 자연재해(예 : 지진, 홍수), 전쟁이나 군사적 노출, 테러리스트의 공격, 성적·신체적 폭행, 아동 대상 성적·신체적 학대, 사고(예 : 자동차) 등의 충격적인 사건으로 인해 심각한 불안 반응이 나타나는 장애다. 심각한 불안은 사건이 발생한 이후에도 매우 오랫동안 지속되는데, 자꾸만 사건과 관련된 생각을 하게 되거나, 그에 관한 꿈을 꾸기도 하며, 해당 사건을 상기시키는 어떠한 상황에 노출되었을 때 엄청난 불안반응을 일으키기도 한다.

PTSD가 있는 지진 생존자를 위해 효과적이고 간단한 처치(1~4회기로 구성) 프로그램을 개발하고, 무선대조 실험을 통해 그 효과를 조심스럽게 평가해본 연구가 있다(예 : Basoglu, Salcioglu, & Livanou, 2007; Basoglu, Salcioglu, Livanou, Kalender, & Acar, 2005). 처치는 이들이 스스로 감각을 통제할 수 있도록 공포 유발 단서를 개발해서 노출되어 보도록 권장하는 것, 불안과 회피에 적절하게 대응할 수 있는 인지 전략을 개발하도록 격려하는 것이었다. 이 보고서에 따르면 처치의 장점을 알아보기 위해서 고도로 구조화된 자기보고식 매뉴얼이 제공되었고, 초기에 치료사와 접촉한 이후 제공되었을 때 그들 스스로에 의해서 획득될 수 있다. 이 보고서에 의하면, 1차적으로는 치료사의 도움을 받도록 하고, 이후에는 고도로 구조화된 자기보고식 매뉴얼을 제공하여 스스로 처치를 실시할 수 있도록 하였다. 그리고 이때의 장점을 알아보고자 하였다(Basoglu, Salcioglu, & Livanou, 2009). 준단일대상 평가는 자기보고식 매뉴얼로 구성되었다. 이 매뉴얼(51쪽)은 PTSD와 우울증, 자기사정, 자기노출 회기의 수행 방법, 불안 회피에 적응하는 방법, 기타 구성요소에 대하여 논하고 있다. 처치는 약 9주간의 프로그램으로 모든 프로그램은 클라이언트 스스로에 의하여 개별적으로 운영되었다. 결과에 대한 평가는 몇 가지 임상가용 척도와 자기보고식 척도를 사용하여 진행하였다. 이 보고서에서는 1999년 터키 지진에서 살아남은 성인(평균 연령 40세) 8명의 사례를 보고하고 있다(최초의 트라우마가 발생한 이후 증후가 오래도록 지속되었고, 2003~2004년에야 중재가 수행되었다). 이 분야에서 많이 사용되는 표준화된 척도(임상가용 PTSD 척도) 중 하나로 이 연구의 결과를 설명해보면 다음과 같다.

여기에 사용된 준실험은 AB 설계라고 불리는 매우 간단한 실험이다. 하지만 조금은 복잡한 측면이 있다. 기초선에서 두 번의 사정을 실시한다(4주 간격). 그리고 9주 동안의 처치를 위하여 자기보고식 매뉴얼을 제공한다. 처치가 이루어지는 동안에는 어떠한 사정도 실시하지 않았지만, 처치 후 사정은 곧바로 실시하였다. 사후 사정은 1, 3, 6개월 시점에 실시하였다. 그림

11.6은 8명의 사례에 관한 자료이다. PTSD 증후군이 나타나면 측정을 하였으며, 불안이 감소하면 이를 반영하여 개선이 나타났다. 사전에 두 가지 질문이 있었는데, 그것은 '기초선에서 처치 후까지 어떠한 변화가 일어났는가?' 그리고 '중재가 변화를 일으킬 가능성이 있는가?'였다. 8명의 사례에 대한 데이터를 살펴보면, 6번째 사례를 제외하고는 기초선에서 처치 후까지 실시한 사정 결과 변화가 지속적으로 일어났음을 확인할 수 있다. 환자들은 개선되었다. 이 사례는 기초선 때 사정을 한 번 실시하는 것보다 두 번의 사정을 실시하는 것이 자료의 경향성과 안정성을 살펴보는 데 더 도움이 된다는 것을 알 수 있게 해준다(기초선에서 처치 후까지의

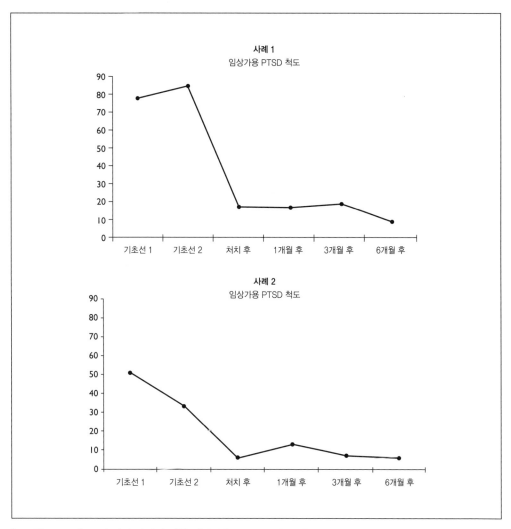

▌ **그림 11.6** ▌ 8개 사례 각각에 대한 임상가용 PTSD 증후군 측정 결과. 기초선 사정 2회, 자기보고식 처치 이후 즉시 1회 사정, 프로그램 시행 사후 사정 3회를 포함한다. (출처 : Basoglu et al., 2009)

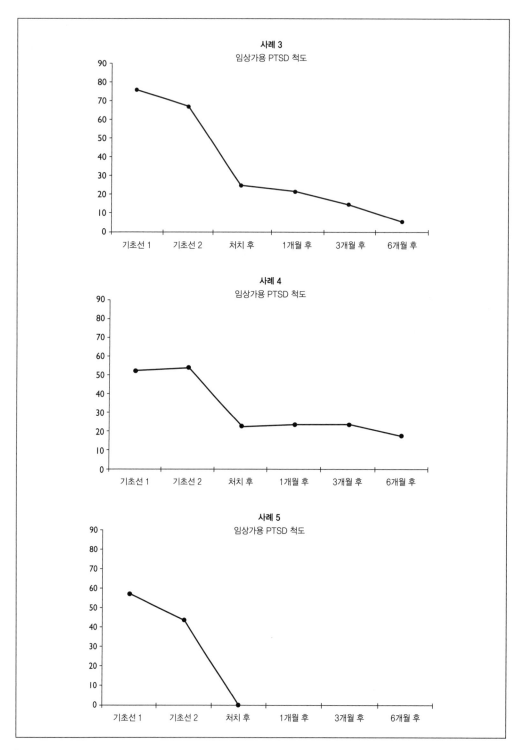

▌ 그림 11.6 ▌ 계속

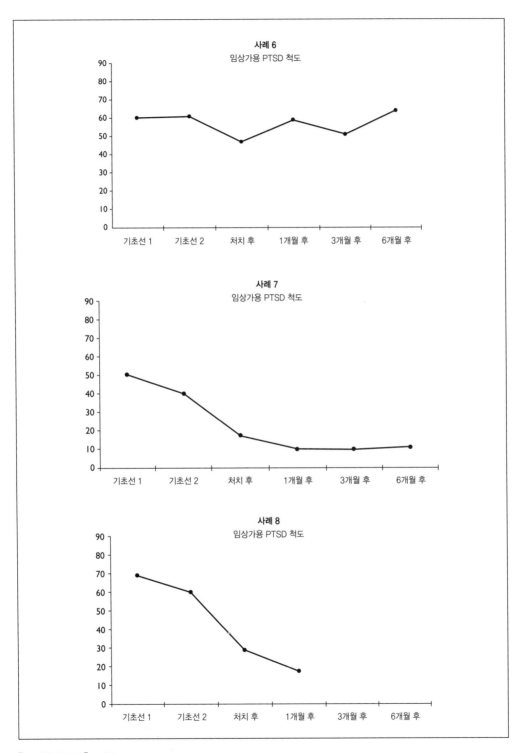

변화를 설명함으로써 통계적 회귀요인을 배제할 수 있음). 2, 5, 7, 8번과 같은 사례를 보면 기초선에서의 첫 번째 사정과 두 번째 사정에서도 개선이 나타난다. 척도를 이용한 반복적인 사정만으로도 때로는 약간의 개선이 가능하다는 것을 보여준다. 하지만 이런 사례들의 경우, 사전·사후 사정 데이터를 보면 여전히 데이터에 대한 시각적 검증을 통한 변화가 확연하다. 즉 기초선 데이터와는 매우 다르게 변화한다. 그러나 통계적으로 살펴보면, 이러한 결과는 전체 사례에서 나타난 기초선 1과 기초선 2 사이의 변화가 통계적으로 유의미하지 않다는 것이 드러난다. 하지만 기초선과 처치 후의 변화 그리고 사후 사정과의 변화는 통계적으로 유의미한 차이를 보인다.

이것은 준실험이다. ABAB 설계를 가정한다면 두 가지 단계가 누락된 실험이다. 하지만 이 설계는 여러 참여자에 걸쳐 중재가 실행된 중다기초선설계의 특성을 지닌다. 실행이 동시에 이루어진 것은 아니지만 모두 비슷한 시기에 이루어졌다. 그래서 중재 이후 변화의 패턴을 설명할 만한 역사적 사건은 명확하지 않다. 성숙 사건도 설명하기 어렵다. 클라이언트들의 나이가 모두 다르며 지진 이후에도 계속 강력하게 증후를 느끼고 있기 때문이다. 이 두 가지 지점이 성숙이 증후의 변화를 설명하는 데 그다지 신뢰할 만한 것이 못 된다는 것을 보여준다. 물론 중재에 대한 해석이 다른 정보에 의해서 촉진될 수도 있다. 즉 연구자들은 이 처치 버전을 개발했고 다른 맥락에서도 주의 깊게 검증을 했다는 점이다. 여기에 제시된 실험은 개별 사례에 매뉴얼을 활용하여 검증을 했다는 가치를 지닌 검증의 확장 실험이다. 참여자들이 스스로 처치 프로그램을 운영했다는 것이 결정적인 연구결과라 할 수 있다. 이는 국가적 재난의 범위가 매우 넓어(예 : 지진, 쓰나미, 태풍), 트라우마를 겪게 되는 생존자 모두에게 정신건강 전문가에 의한 개별적 치료를 제공하기는 어렵기 때문이다.

총평. 이 장에서 강조하고자 하는 바는 연구 설계의 목적(타당도를 신뢰할 수 없게 위협하는 요인들)과 단일대상설계의 논리(예 : 기술, 예측, 예측 검증)가 중요하다는 점이다. 실험 설계의 실제는 목적을 위해 존재하는 것이지 설계 자체가 목적이 아니다. 그래서 준실험(그리고 진실험)은 얼마나 연구결과를 설명하는 데 모순이 없게끔 잘 만들어졌느냐 하는 관점에서 평가해야 한다. 앞서 설명한 준실험 설계들은 매우 강력한 사례들이다. 그러나 진실험 설계의 사례든 무선대조 설계의 사례든 그것이 설계 자체만으로 자동적으로 강력한 사례가 되는 것은 아니다. 어떤 집단에서 대상자가 사라진다거나 중재가 혼란스러워진다거나 할 경우, 연구가 ABAB 설계든 무선할당 비교군 연구 설계든 간에 자동적으로 문제를 교정할 수 있는 것은 아니다. 추론을 도출하는 것과 모순되는 것이 무엇인지를 이해하는 것이 모든 설계를 이해하

는 데 가장 중요한 사항이다. 준실험 설계는 단지 이러한 이해를 좀 더 두드러지게 만들어주
는 데 중요성을 지닐 뿐이다.

연구의 목적보다 실제를 더 강조하다 보면 연구방법론적 무력감이 나타날 수 있다. 예를 들
어 선생님이나 관리자가 창의적인 중재 아이디어를 교실이나 학교에 적용해보고 싶다고 하
자. 이것을 어떻게 평가할 것인가? 만약 무선할당에 의한 통제연구만을 신뢰한다면 대부분의
이런 프로그램들이 전혀 평가받기 어려울 것이다. 연구를 하는 목적은 다른 영향들을 통제했
을 때 새로운 중재가 차이를 만들어내는지를 알아보는 것이다. 어떤 사례에서든, 준실험 설계
나 그와 유사한 배치를 통해서(단일대상 혹은 집단간) 진실험 설계에 근접하는 방식으로 타당
도를 위협할 가능성을 감소시킬 수 있다. 나는 중재의 효과에 관한 추론을 강력하고 크게 도
출해낼 수 있는 여러 가지 핵심적인 차원에 대하여 논의하고 그 실례를 들었다.

단일대상 실험의 설계 특성은 단지 방법론적인 차이만은 아니다. 여러 가지 설계방법이 교
육, 임상, 기타 환경에 통합되어 응용될 때 보호의 질이 향상될 수 있다(Horner et al., 2005;
Kazdin, 2008b). 예를 들어 지속적인 사정은 프로그램이 의도한 만큼 얼마나 효과적인지에 관
한 피드백을 제공해준다. 이것이 기본이다. 최소한 프로그램에는 사정이라는 구성요소가 반
드시 있어야 한다. 물론, 준실험은 사정뿐만 아니라 변화의 원인이 무엇인지, 언제 변화가 일
어나는지에 관한 추론을 도출하는 데 더 초점을 두어야 한다.

준실험에 대한 조망

중요한 질문에 대한 답을 추구함에 있어서 우리는 가능하면 진실험 설계를 하고 싶어 한다.
그러나 실제 환경에서 그러한 실험은 가능하지 않은 경우가 많다. 상황에 따른 제약(예 : 어떤
학급에는 수학이나 읽기 프로그램을 실시하고 어떤 학급은 보류해야 하는 제한점)과 임상적
이슈(예 : 환자는 즉각 중재를 받아야 한다) 등이 방해요인이 되기도 한다. 대부분의 과학(예 :
지질학, 인류학, 기상학, 천문학, 역학, 동물학)이 중요한 발견을 하는 데 있어 진실험에만 의
존했던 것은 아니라는 사실, 아직 엄청난 진보를 만들어내지는 못했다는 사실에 위로를 받게
된다. 특히 상황에 대한 실험적인 통제 없이도 누적적이고 엄격한 방식으로 많은 것들을 학습
할 수 있다는 전제를 언급할 가치가 있다.

중재연구가 포함된 과학과 학문분야의 경우(예 : 의료, 교육, 심리, 상담, 사회복지), 연구
훈련은 주로 진실험에 초점을 두고 있다. 무선할당 비교군 연구가 마치 '금본위 제도'처럼 변
함없이 언급되지만 단지 훈련에 포함된 표준일 뿐이다. 당연히 그러한 훈련을 받으면 우리들

대부분은 그다지 잘 통제되지 못하는 연구, 즉 이 장에서 여러 번 언급했듯이 마치 메스꺼운 실험 설계(queasy-experimental design)처럼 지겨워하게 된다. 설계의 이름을 무엇이라고 부르던 간에 ― 준(quasi)이든 메스꺼운(queasy)이든 ― 매우 강력한 추론이 도출될 수 있다. 하지만 설계를 할 때는 타당도 위협요인을 제거할 수 있는 데이터 분석이나 통제 선택에 있어서 더 많은 창의력이 요구된다.

창의력은 특정한 상황에 관한 생각을 요구하며, 특별히 문제가 되어 타당도를 위협할 수 있는 요인들을 방지하려면 무엇을 해야 하는지에 대한 생각을 요구한다. 우리는 먼저 사정을 하는 것에서부터 시작해야 하며, 변화에 영향을 미친 것이 다름 아닌 중재 때문이라는 것을 어떻게 보여줄 것인지에 대해서 생각해보아야 한다. 단일대상설계의 양상은 많은 인내심을 필요로 한다. 여러 회기에 걸쳐 사정을 하면 단일대상 실험의 기술, 예측, 검증적 특성을 도출해내는 데 도움이 될 것이다. 과거의 수행 정도가 어떠한지를 추론할 수 있게 해줄 것이며, 기초선에 대한 풍부한 관찰을 하지 않아도 미래에 어떻게 될 것인지를 예측할 수 있을 것이다. 또한 비슷한 중재 효과가 2명에게서(중다기초선 형태처럼 조금씩 비켜 놓는 형태는 아니지만, 간략한 기초선과 중재 단계가 있는 2개의 AB 설계) 나타난다는 것을 보여줄 수도 있을 것이다.

요약 및 결론

이 장에서는 연구방법에 대한 엄격성과 명료성을 하나의 연속체와 관련지어 생각해보고자 하였다. 여기서 연속체란 왼쪽에 위치한 통제되지 않은 일화적 사례 연구로부터 오른쪽에 위치한 진실험 설계까지를 말한다. 일반적으로 일화적 사례 연구는 과학적 추론 도출을 위한 근거가 부족하다는 데 많은 사람들이 동의한다. 체계적인 사정과 상황 통제를 위한 노력이 부족하다 보니 일화적 사례 연구란 마치 타당도를 위협하는 모든 요인이 모여서 뛰어노는 리조트처럼 여겨진다. 진실험에서는 이러한 위협요인들이 억제되고 통제되며, 그럴듯하지 않게 되고 철저하게 배제된다. 진실험에서는 모든 위협요인을 새장에 가두며 우리의 추론 도출 능력을 손상시키지 못하도록 제거한다. 연속체의 중간쯤에 광범위한 영토를 차지하고 있는 준실험 설계가 이 장의 핵심이었다. 준실험 설계에서는 여기저기에 위협요인들이 돌아다니기도 하며, 우리가 그것들을 늘 유심히 지켜보면서 좀 더 혹은 좀 덜 쓸모없게 만들기 위해 노력하게 된다. 준실험 배치는 일화적 사례 연구를 상당히 개선할 수 있으며 진실험 설계는 아닐지라도 강력한 지식의 근거를 제공할 수 있다.

학교, 클리닉, 재활기관, 기타 응용 환경 등에서 단일대상 진실험을 사용할 수 있는 조건을 만나기는 어렵다. 그럼에도 불구하고 단일대상 준실험을 실시하면 여러 가지 설계 방법을 선택할 수 있다. 여러 차례에 걸친 사정이나 자료 평가를 위한 일정 정도의 기준에 대한 고려 등 몇 가지 특성을 사용한다면 중재 효과에 관한 강력한 추론을 도출해낼 수 있다. 이 장에서는 단일대상 실험의 여러 가지 유형을 제시함으로써 진실험 설계와 유사한 혹은 중요한 구성요소들이 포함된 사례들을 살펴보았다. 이러한 구성요소에는 변화의 본질이나 돌연한 변화에 관한 정보, 처치 외에 내적 타당도를 위협할 가능성이 있는 과정들에 관한 정보 등이 포함된다.

앞 장들과 다르게 준실험은 공식적으로 알려진 설계 방식이 아니다(예 : ABAB나 중다기초선설계처럼). 준실험은 연구자가 중재 배치의 결정적인 양상을 통제하기 어려울 때, 그 상황에 따라 달라진다. 어려운 점은 추론의 질을 향상시키는 데 도움이 될 만한 설계의 구성요소를 도출하는 일이다. 제시된 일련의 상황에서 어떻게 정보를 가져올 것이며, 어떻게 변화가 중재로부터 기인한 것임을 보여줄 것인지가 문제다. 사례에서 제시한 바와 같이, 체계적인 사정으로부터 시작해서 중재 과정에 걸쳐 나타나는 변화를 보여준다. 실험은 추론 도출을 위해 다양한 방식으로 실시할 수 있다. 각 사례마다 가장 중요한 것은 체계적인 사정이다. 적어도 체계적 사정은 변화가 발생한 근거를 추론할 수 있게 해주며 주, 학교, 개인의 수준에서 모든 프로그램을 평가하는 데 있어 가장 중요한 단계이다.

12

| CHAPTER |

자료 평가

지금까지 단일대상연구를 위한 사정과 실험 설계에 관한 기본적인 주제를 다루었다. 앞서 언급했듯이 사정과 설계를 잇는 방법론의 세 번째 구성요소는 자료 평가이다. 중재에 관한 추론을 도출해내려면 이 세 가지 구성요소가 모두 필요하다. 행동(혹은 흥미 분야)을 적절하게 사정하고, 적합한 실험 설계를 통해 중재를 평가했다면, 그다음에 남는 문제는 한 가지, 바로 자료 평가이다. 자료 평가는 변화에 대한 추론을 세우고 기술하는 것으로 구성된다. 이때 추론은 변화의 원인이 무엇이냐가 아니라, 변화가 실험 설계에 의해서 얼마나 나타났느냐, 혹은 결론에 도달할 만하게 조건들이 잘 배치되었느냐에 관한 추론을 말한다. 자료 평가는 변화가 신뢰할 만한 것인지, 변화가 수행 과정에서의 기회 변동에 의한 것일 가능성은 없는지 등에 초점을 두고 있다.

단일대상설계가 사용되는 응용연구에서는 자료 평가의 기준이 일률적이지 않고 각각 별개로 적용된다(Risley, 1970). 실험 기준(experimental criterion)은 행동 변화나 흥미 영역의 변화가 신뢰성을 알아보고자 할 때 사용한다. 응용 기준(applied criterion)은 변화가 실제로 중요한 것인지 아닌지, 즉 실제적 유의성을 지닌 차이를 만들어내는지 알아볼 때 사용한다. 신뢰할 만한 효과(실험 기준)가 나타날 수는 있지만, 그것이 실제 클라이언트의 삶에 중요한 변화(응용기준)를 만들어내지는 못할 수도 있다. 물론 이러한 기준들이 단일대상연구만의 독특함은 아닐 수 있다. 집단간 연구에서도 하나의 중재(예 : 읽기나 수학 교수 방법, 심리치료 양식)가 다른 중재보다 통계적으로 더 낫다(통계적 유의성)는 것만을 보여주려 하지는 않는다. 우리는 중재가 실제적 중요성을 지니는 차이 또한 만들어낸다는 것을 보여주고 싶어 한다. 실험 기준이나 응용 기준은 변화를 평가하기 위한 하나의 방식으로서 단일대상연구에서 아주 짜임새 있게 엮여야 할 필요가 있다. 이 장에서는 이 두 가지를 다루고자 한다.

단일대상연구를 위한 자료 평가의 주요 방법은 시각적 분석에 바탕을 두고 있다. 이 장에서는 논리적 근거, 핵심 기준, 중요한 이슈 등을 다루고자 한다. 전통적인 집단간 연구방법에 숙달된 연구자들은(즉 우리 모두!) 자료 평가라 하면 대부분 통계적 방법에 익숙할 것이다. 단일대상연구에도 통계적 검증 방법이 쓰이기는 하지만 그렇게 일반적이지는 않다. 단일대상 자료에 대한 통계적 분석은 여전히 일반적이지 않지만, 새로운 관점에서 시각적 분석과 더불어 통계적 검증 방법에도 역할을 부여하자는 중요한 진전이 일어나고 있다. 이 책의 부록에 단일대상에서의 통계적 분석에 관하여, 그리고 시각적 분석과 통계적 검증 모두에 영향을 미치는 고려사항에 대하여 보다 자세하게 설명하였다(만일 당신이 드라마, 음모, 혹은 방법론적 비틀기나 변형을 좋아한다면, 이 책의 부록은 필수다. 영화보다 나을 것이다).

시각적 분석을 통한 자료 평가에서 가장 중요한 사항은 자료의 그래프화이다. 단일대상연구에서 그래프는 단지 기술적인 도구일 뿐만 아니라 추론을 위한 하나의 과정으로 기능한다. 중재 때문임을 증명해주는 신뢰할 만한 효과가 보이는가? 자료는 그래프로 표현되고 평가된다. 이 장에서는 단일대상설계의 자료 평가에 관한 논리와 방법론적인 측면을 다루고자 하며, 다음 장에서는 자료 평가를 돕기 위해 자주 사용되는 그래프 제작 방법에 대하여 강조하고자 한다.

시각적 분석

실험 기준의 의미는 중재가 실행되지 않았을 때의 수행 양상과 중재가 투입되었을 때의 수행 양상을 비교하는 데 있다. 실험 기준의 목적은 중재에 의한 변화 여부뿐만 아니라, 진정한 변화 혹은 신뢰할 만한 변화가 실증되는지를 결정하는 데 있다. 전통적 집단간 연구에서, 실험 기준은 주로 집단간이나 집단 사이의 수행에 대한 통계적 차이 검증을 통해 충족된다. 이때 각 집단은 서로 다른 조건(예 : 처치 대 비처치)에서 처치를 받게 되고, 통계적 검증은 처치 후의 수행이 관습적 수준에서 통계적 유의성($p < .05, .01$)을 지닐 만큼 충분한 차이를 보여주는지를 평가하는 데 사용된다.

단일대상연구에서 실험 기준은 시간의 흐름에 따라 나타나는 여러 자료점에서 중재의 효과를 검증함으로써 충족된다. 중재의 효과는 여러 자료점에서 복제되기 때문에(재생산되기 때문에) 전반적인 자료의 패턴에 근거해서 판단을 내릴 수 있게 된다. 중재의 효과가 복제되는 방식은 구체적인 설계 방법에 따라 달라진다. 앞 장에서 설명했던 각 설계의 논리적 근거에 따라, 기초선의 수행 방식은 미래의 수행을 예측하는 데 사용되며, 그러한 예측 수준의 이탈 여부는 중재에 관한 후속 검증을 통해 이루어진다. 예를 들어 ABAB 설계에서 중재의 효과는 단일대상이나 대상 집단에서 시기마다 반복적으로 나타난다. 각 단계에서 중재가 제공되거나 철회되었을 때 행동이 체계적으로 변화한다면 중재의 효과는 명확해진다. 비슷한 방식으로, 중다기초선설계에서의 중재 효과는 수집된 중다기초선 자료의 여러 층에 걸쳐 반복적으로 나타난다. 실험 기준은 중재가 투입된 각 자료점에서 수행의 변화를 확인함으로써 충족된다.

자료의 패턴이 체계적으로 중재의 효과를 보여주는지 여부를 결정하기 위한 방법을 시각적 분석(visual inspection)이라고 한다. 시각적 분석이란 시각적인 그래프로 제작된 자료를 시각적으로 검증함으로써 일관성이나 중재의 신뢰도를 판단하는 것을 말한다. 자료에 대한 시각적 분석은 엄청난 편견과 주관성에 노출될 위험이 있다. 자료 평가가 자료의 패턴에 대한 시각적 분석에만 근거한다면 중재의 효과는 (미에 대한 선호도처럼) 제 눈에 안경[1]일 수 있다. 시각적 분석에도 몇 가지 문제가 있기 때문에, 이를 보다 확실히 하기 위해서 이 장에서 몇 가지 사항을 강조하고자 한다. 더 자세한 사항은 부록에서 언급하겠다. 우선 시각적 분석의 논리적 근거, 수행 방법, 강점과 약점을 살펴보자.

---

1) '아름다움이란 제 눈에 안경이다'라는 표현은 그다지 적절하지 않다. 실제로 연구에서는 아무리 개인적 선호도가 다르다 할지라도 무엇이 아름답고, 누가 아름다운지에 대해서 상당한 수준의 동의가 이루어졌음을 보여주어야 한다(예 : Honekopp, 2006).

기술 및 논리적 근거

시각적 분석은 응용연구에서 추구하는 중재 효과의 질을 보여주는 하나의 방식이다. 시각적 분석의 논리적 근거는 연구자들이 강력한 효과를 창출하는 중재나 자료를 살펴보는 것만으로도 매우 명확하게 드러나는 효과에 중점을 둘 수 있도록 독려하는 데 있다(Baer, 1977; Michael, 1974; Sidman, 1960). 결과가 빈약하면 시각적 분석의 엄격한 기준을 충족시키기 어렵다. 시각적 분석은 명백하고 강력한 중재만이 효과적이라고 해석될 수 있다는 것을 보여주기 위한 일종의 필터이자 선별 장치라 할 수 있다. 반대로 전통적인 집단간 연구에서는 효과의 신뢰성(집단간 차이)을 확인하기 위하여 통계적 평가 방법을 사용한다. 중재의 효과를 알아보는 데 있어서는 통계적 평가가 시각적 분석보다 훨씬 민감하다. 중재 효과가 상대적으로 빈약할 때에도 통계적 유의성이 나타날 수 있다. 그러나 동일한 효과가 시각적 분석에서는 발견되지 않을 수 있다. 전통적으로, 빈약한 효과에 대한 시각적 분석의 둔감성은 단점보다 장점으로 여겨져 왔다. 이는 연구자들이 보다 강력한 중재를 찾게 만들었고, 효과가 약했던 중재를 보다 강력한 중재로 발전시키게끔 독려하는 역할을 해 왔기 때문이다(Parsonson & Baer, 1978, 1992).

통계적 평가와 시각적 분석은 기본적으로 논리적 근거와 지향점이 다르다(Baer, 1977). 두 가지 자료 평가 방법은 모두 통계에서 이야기하는 소위 1종 오류와 2종 오류를 피하기 위한 방법이다.

- 1종 오류란 실제로는 결과가 우연히 나타난 것일 수 있는데 중재(혹은 변인)가 효과를 나타냈다고 판단하는 것이다.
- 2종 오류란 실제로는 중재가 효과를 가져왔음에도 불구하고 효과가 없었다고 판단하는 것이다.

연구자들은 일반적으로 결과가 우연하게 나타난 것임에도 불구하고 변인이 효과를 나타냈다고 판단하는 1종 오류를 더 피하고 싶어 한다. 통계분석에서는 1종 오류를 범할 확률을 통계검정의 신뢰 수준 혹은 α(예 : $p \leq .05$)값으로 구체화할 수 있다. 구체적으로, 조사가 100번 이루어졌을 때(혹은 무한대로 이루어졌을 때) 그중 5번(혹은 5%) 정도는 '우연히' 통계적 유의성을 보였을 수 있다고 말할 수 있다.

시각적 분석에서는 1종 오류의 가능성이 그리 알려져 있지 않다. 그래서 기회 효과를 피하기 위해서 연구자들은 곧바로 눈으로 확인할 수 있는 고도의 일관성 있는 효과를 추구한다. 1종 오류의 가능성을 최소화하려다 보면 2종 오류의 가능성이 증가하게 된다. 시각적 분석을 사용하는 조사자들은 통계적 분석을 사용하는 조사자들보다 2종 오류를 범할 가능성이 더 높다. 즉 실제로 효과가 있지만 다소 명확하지 않은 경우 그 효과를 낮게 평가하거나 아예 무시하기도 한다. 그래서 시각적 분석에만 의존하다 보면 신뢰할 만하지만 효과가 적었던 자료들이 저평가되거나 간과될 수 있다.

시각적 분석의 기준

응용연구에서는 중재의 효과가 매우 극적이어서 (시각적 분석을 통해) 누구나 쉽게 변화를 볼 수 있는 경우가 여러 상황에서 나타난다. 예를 들어 관심행동(예 : 읽기, 운동)이 전혀 나타나지 않는 경우이다. 이럴 경우 자료는 평균(예 : 횟수, 지속시간)이나 표준편차가 0이라고 간주할 수 있다. 이런 환경의 중재 단계에서 표적행동에 최소한의 증가라도 나타난다면 아주 쉽게 발견될 수 있다. 비슷하게, 기초선 기간에 아주 자주 발생하던 관심행동(예 : 환각증상, 공격행동, 흡연)이 중재 단계에서는 전혀 나타나지 않는다면, 이 정도의 변화 강도는 시각적 분석으로 아주 명확한 판단을 내릴 수 있게 해준다. 간략하게 말해서, 처치 전후에 사정 범위의 양 극단에 이를 만한 행동이 나타나는 경우라면 시각적 분석을 적용하기가 매우 쉬워진다. 실제로 변화가 자명하다면, 시각적 분석을 위한 명확한 기준을 만들어야 할 필요성이 별로 없다. 어떤 유형의 연구에서든, 단일대상연구든 집단간 연구든, 극적인 변화는 아주 극명한 것이기 때문에 거기에는 어떠한 중요하거나 신뢰할 만하거나 진정성을 일으킬 만한 다른 의심의 여지가 없다. 이러한 변화유형을 소위 '슬램 뱅(slam bang)' 효과라고 부른다(Gilbert, Light, & Mosteller, 1975). 대부분의 상황에서, 자료가 사정 척도의 한쪽 극단에서 다른 쪽 극단까지 이르는 변화를 나타내지는 않는다. 그리고 시각적 분석에 의한 판단 기준은 심사숙고해서 마련해야 한다. 표 12.1에 쉽게 참고할 수 있는 시각적 분석 준거를 제시하였다. 각 준거에 대한 설명은 다음과 같다.

시각적 분석은 주로 단계별 변화의 비율 및 강도와 관련된 자료의 네 가지 특성에 의거한다. 변화의 강도와 관련된 두 가지 특성은 **평균**과 수준이다. 변화의 비율과 관련된 두 가지 특성은 **경향과 반응시간**이다. 여러 자료들이 한꺼번에 적용이 되더라도 각각의 특성들을 독립적으로 측정하는 것이 중요하다.

단계별 **평균** 변화란, 척도에 의한 횟수, **평균** 비율, 수준에서의 변화를 의미한다. 단계별 평균의 일관성 있는 변화는 자료 패턴이 설계의 요구를 충족시키는지 여부를 판단하는 근거가 된다. 중재 단계별로 평균의 변화를 보여주는 가설적 사례가 그림 12.1의 ABAB 설계에 소개

┃ 표 12.1 ┃ 단일대상 실험의 자료 평가를 위한 시각적 분석 기준

- **변화의 강도와 관련된 특성**

  1. 단계별 평균 변화 – 변화 단계(⑩ A, B)별 지속 측정을 통한 평균 수행 비율의 변화

  2. 단계별 수준 변화 – 한 단계의 끝(⑩ A)과 다음 단계(⑩ B) 시작점에서의 수행 변화 혹은 수행의 불연속성(급상승, 급증), 혹은 단계 변화 이전으로의 회귀

- **변화율과 관련된 특성**

  3. 경향이나 기울기의 변화 – 각 단계(⑩ A, B) 내의 자료의 특성을 반영한 경향선, 그리고 이전 혹은 하위 단계의 경향선과 달라진 변화를 반영한 경향선

  4. 변화에 대한 반응시간 – 조건(⑩ B 혹은 중재) 개시 후 수행 변화가 나타나기까지의 시간이나 회기의 양. (A, B) 조건에서 변화가 짧은(즉각적) 반응시간 내에 나타났다면 이는 그 조건이 변화의 원인이라는 추론을 하는 데 도움이 됨

- **전반적 패턴**

  5. 단계별 비중첩 자료 – 이것은 위 제시 기준 모두 혹은 일부를 포함하는 연합준거이다. 한 단계의 그래프에 나타난 여러 날짜에 걸친 자료점 수치(⑩ 기초선의 모든 날짜에 20~40분간 지속되던 울화행동)가 중재 단계의 자료점 수치(⑩ 울화행동 지속시간 1~5분)와 전혀 중첩(동일한 자료점 수치를 공유)되지 않는다면, 이는 매우 명확한 효과를 보여주는 것이다.

주 ✖ 시각적 분석은 주로 처음 네 가지 기준을 적용한다. 비중첩 자료 기준은 본문에서 언급하였던 '슬램 뱅' 효과와 같다. 자료 평가 관점에서 이 효과는 자료를 도식화했을 때 즉각적으로 명확하게 나타나기 때문에, 자료를 보는 사람 대부분은 이를 바로 알아챌 수 있다. 이 네 가지 기준은 정도를 나타내는 기준이다. 연구자들은 이를 반영하는 전반적인 패턴뿐만 아니라 각각의 기준을 반드시 측정해야 한다.

되어 있다. 그림에서 보여주는 바와 같이, 서로 다른 기초선과 중재 단계의 반응에서 수행 수준의 평균(각 단계의 수평점선)이 변화하는 것을 볼 수 있다. 이 시각적 패턴 분석은 중재가 여기서의 특정 기준을 반영할 만큼 변화를 일으켰다는 것을 보여준다.

수준 변화는 한 단계의 마지막 점과 다음 단계의 시작점에서의 수행 수준의 변화나 불연속성을 의미하는데, 다소 친숙하지 않은 개념일 수 있다. 수준 변화란 평균 변화와는 다소 독립적인 의미이다. 누군가가 중재가 실행되거나 철회된 다음 즉각적으로 어떤 일이 일어났는지를 물었다면, 이는 수행 수준에 관한 질문이 된다. 그림 12.2는 ABAB 설계에서 단계별 수준 변화를 보여준다. 이 그림은 단계가 변화할 때마다 행동이 새로운 비율로 다소 빠르게 증가하거나 감소한다는 것을 보여준다. 그림의 화살표는 한 단계의 마지막 날과 다음 단계의 첫째 날 사이를 나타낸다.

마지막 사례에서 나타난 수준 변화는 단계별 평균의 변화도 동시에 보여준다. 하지만 수준과 평균의 변화가 반드시 함께 나타나야 하는 것은 아니다. 가능하긴 하지만 흔치 않은 경우로, 수준에서는 빠른 변화가 나타나는데 평균은 그대로인 경우, 혹은 평균의 변화는 빠르게

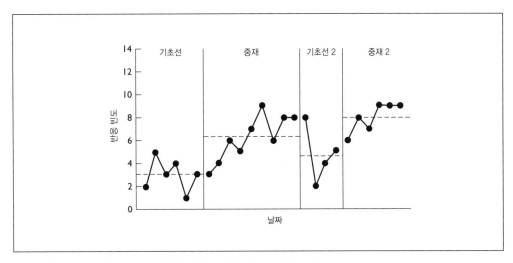

▌ 그림 12.1 ▌ 점선으로 각 단계의 평균을 표현한 ABAB 설계의 가설적 사례

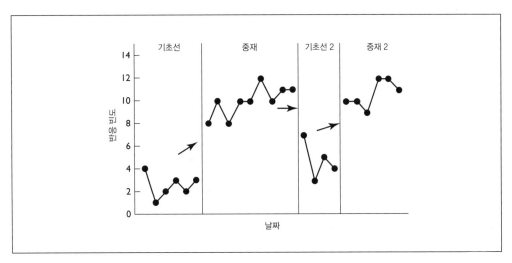

▌ 그림 12.2 ▌ ABAB 설계의 수행에 관한 가설적 사례. 화살표는 한 단계에서 다음 단계로의 변화와 관련하여 수준의 변화나 불연속성을 가리키고 있다.

나타나는데 수준의 변화는 가파르지 않은 경우가 있다.

시각적 분석을 응용할 때는 **경향의 변화**가 특히 중요하다. 경향 혹은 기울기란, 자료가 시간의 흐름에 따라 체계적으로 증가하거나 감소한다는 것을 보여주는 추세를 말한다. 설계 안에서 단계를 변화시킨다는 것은 중재를 적용하거나 철회함으로써 행동 변화의 방향을 보여준다는 것이다. 그림 12.3의 가설적 사례를 보면 ABAB 설계의 단계별 과정에 따라 경향의 변화가 나타난다. 이 기준을 염두에 두고 그림에 관해 토론을 해보자면, 기초선에서는 별다른 경향이

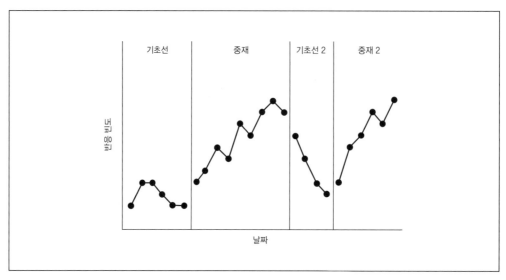

┃ 그림 12.3 ┃ ABAB 설계에서의 수행이 단계별로 변화하는 경향성을 보여주는 가설적 사례. 기초선은 상대적으로 안정적이거나 감소하는 경향을 보인다. 중재가 소개되자 상승하는 경향이 명확하게 나타난다. 이 경향은 중재가 철회되었을 때 반전되며(기초선 2), 중재가 다시 적용되자 원래대로 복귀한다.

없고(수평 점선 혹은 기울기 0), 중재 단계에서 기울기가 올라가며, 다시 기초선으로 돌아갔을 때 기울기가 내려가고, 두 번째 중재 단계에서 기울기가 다시 올라간다는 것을 알 수 있다. 단계가 진행됨에 따라 행동이 나타나기도 하고 사라지기도 하는 모습이 매우 극적인 효과를 보여준다. 앞서 언급하였듯이 단일대상설계의 논리에 아주 적합한 방식으로(기술하고, 예측하고, 검증하고) 기울기가 여러 방향으로 움직였다는 것을 알 수 있다. 뚜렷한 변화를 보여주는 기울기가 있다는 것은 신뢰할 만한 사실이 일어났다는 것을 의미하며, 각각 이전 단계에 비해서 수행 패턴(기울기)이 예측한 대로 변화했다는 것을 의미한다.

　마지막으로 단계가 변경되었을 때 발생하는 **변화에 대한 반응시간**은 시각적 분석을 유발하는 매우 중요한 특성이다. 반응시간이란 하나의 조건(예 : 중재, 기초선으로의 회귀)을 착수했거나 종료했을 때 수행에서의 변화가 나타난 시간을 의미한다. 실험적 조건으로 변경한 후 변화가 나타나는 시간이 짧으면 짧을수록 중재의 효과는 더 명백해진다. 여기에는 상식적인 특징이 있다. 내가 방 청소를 하라고 하자마자 아이가 바로 청소를 시작한다면, 나의 요구가 아이의 행동 변화에 영향을 미친 중재가 된다. 내가 방을 청소하라고 했는데 아이가 한 달 이후에나 청소를 했다면, 그것은 나의 요구가 원인일 수는 있지만 아주 오래 지연되어 일어난 일이기 때문에 거기엔 뭔가 다른 요인이 작용했을 가능성이 크다.

　그림 12.4에 제시한 가설적 사례는 별개의 ABAB 설계에서 처음 두 단계만을 보여준다. 위

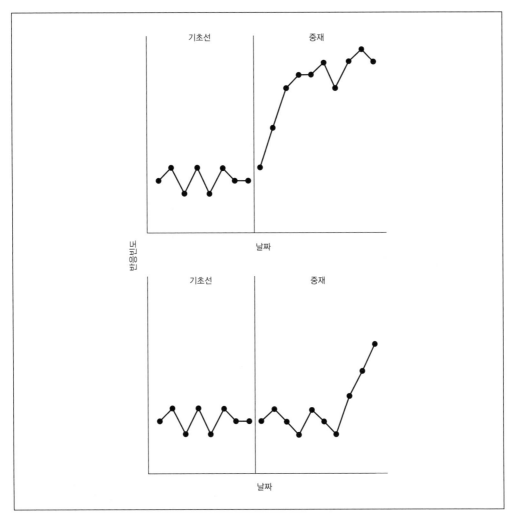

┃ 그림 12.4 ┃ ABAB 설계의 첫 번째 AB단계를 부분 확대한 가설적 사례. 상단의 그래프는 중재가 시작되자 행동 변화가 빠르게 나타난다. 하단 그래프는 중재가 시작되었지만 행동 변화가 지연되었다. 상하의 그래프에서 나타난 변화는 모두 명백하다. 일반적으로 중재의 개시와 행동 변화 사이의 반응시간이 증가하면 할수록 변화가 중재의 영향인지 혹은 기타 요인들이 영향을 미쳤는지에 대한 의구심도 함께 증가한다.

쪽 그래프를 보면, 기초선 이후에 중재가 실행된 뒤에 따라 수행에서 급격한 변화가 나타난다. 아래쪽 그래프를 보면, 중재는 즉각적인 변화를 이끌어내지 못한다. 중재 착수와 행동 변화 사이에 걸리는 시간이 위쪽 그래프에 비해서 길고, 중재가 변화를 이끌어냈는지 다소 불명확하다. 일반적으로 중재의 착수와 행동의 변화 사이에 걸린 시간이 짧으면 짧을수록 중재가 변화를 이끌어냈다는 추론이 훨씬 쉬워진다.

중재 착수 후 변화가 일어나기까지의 반응시간은 그 중요성이 중재의 유형이나 기능 영역에 따라 달라진다. 예를 들어 어떤 사람이 비만 관리를 위해 식이요법이나 다이어트를 하려고 한다면 그다지 급격한 변화를 예상하지는 않는다. 체중감량은 중재 이후 점진적인 변화 양상을 보일 것이다. 반대로, 주의력결핍 과잉행동장애로 진단받은 아동의 과잉행동을 통제하는 데는 각성 약물이 주로 사용되는데, 이 약물들은 효과가 매우 빠르다. 누구나 약물 처방이 있는 날이면 약물이 발생시킨 이 변화를 관찰할 수 있다(가끔은 같은 날 자극제의 대사가 일어나 기초선 수준으로 돌아오는 경우도 나타난다). 더불어 중재에 관한 추론을 도출하는 데는 중재가 어떻게 작용했는지(예 : 빠르게, 점차적으로) 혹은 자료 패턴이 예상치에 얼마나 부합하는지에 관한 고려사항들도 포함된다.

시각적 분석은 단계별로 분명하게 나타난 변화의 평균, 수준, 경향, 반응시간에 대하여 변화의 정도를 판단하는 일이며, 그 변화가 특별한 설계의 요구에 맞게 나타나는 것인지를 판단하는 일이다. 개별 구성요소도 중요하지만 전체적인 형태 또한 중요하다. 즉 모든 부분이 함께 어우러짐으로써 전체로 제공된다. 그림 12.5는 AB단계의 가설적 패턴을 보여줌으로써 이러한 기준들의 조합, 그리고 어떻게 함께 제시되거나 제시되지 않을 수 있는지에 대하여 설명하고 있다. 이 그림은 네 가지 기준에 대한 순열을 의미한다. 여기서는 각 기준이 정도에 따라 달라질 수 있기 때문에 가능성의 범위를 적게 표현하고자 했으며 좀 더 많은 단계가 있을 수 있다(예 : AB보다는 ABAB 혹은 중다기초선 설계처럼 좀 더 많은 단계에서의 변화를 평가할 수 있는 기회가 있는 경우). 그럼에도 불구하고, 비교적 간단한 그래프를 통해서 누구나 잠재적인 복잡성을 발견할 수 있으며, 준거의 적용이 그리 쉽지 않다는 것을 알 수 있을 것이다. 이 그래프들은 B단계에서 뭔가 발생하도록 만들었다. 때론 기울기가 동일하기도 하고(상단 좌측) 때론 평균이 동일하기도 하다(하단 우측). 각 사례를 표현하기 위해 다양한 그래프를 제시해보았다. (단지 AB 설계가 아니라) 전체 설계를 더 잘 대표하는 실제 사례도 간단하게 살펴보도록 하자.

단일대상설계의 논리를 기술하면서 언급했던 것처럼, 전체로서의 자료 패턴을 검증하고 준거의 적용을 용이하게 하는 것은 배경 특성에 따라 달라진다. 시각적 분석을 통해서 특정 효과가 신뢰할 만한 것인지 아닌지를 결정하는 것은 수행의 변동성, 특별한 단계에서의 경향, 그리고 그 단계들이 설계의 기능을 기술하고 예측하고 검증하는 데 필요한 명확한 추정을 제공하는지 여부에 따라 달라진다. 최소한의 변동성을 보여주는 자료, 단계를 확대해도 상대적으로 일관성 있는 패턴을 보여주는 자료, 평균·수준·경향의 변화가 주어진 대상이나 여러 대상에 걸쳐 단계별로 반복적으로 나타나는 자료, 이러한 자료들은 이 중 한 가지 혹은 그 이상의 특성을 확보하지 못한 자료에 비해서 훨씬 해석이 용이하다.

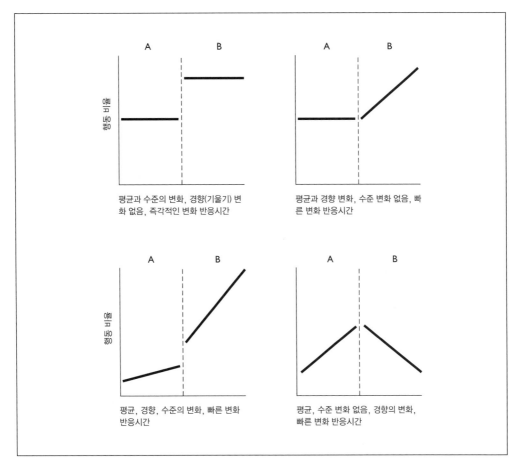

평균과 수준의 변화, 경향(기울기) 변화 없음, 즉각적인 변화 반응시간

평균과 경향 변화, 수준 변화 없음, 빠른 변화 반응시간

평균, 경향, 수준의 변화, 빠른 변화 반응시간

평균, 수준 변화 없음, 경향의 변화, 빠른 변화 반응시간

▎ **그림 12.5** ▎ 두 단계(AB)에 걸쳐 나타난 평균, 수준, 경향, 반응시간의 자료 패턴

여러 단계에서 평균, 수준, 경향, 반응시간의 변화가 함께 나타난다면 시각적 분석은 쉽게 이루어진다. 예를 들면 단계별로 자료가 중첩되지 않을 것이다. 비중첩 자료란 기초선 단계의 자료점 값과 중재 단계의 자료점 값이 겹치지 않는 것을 말한다. 예를 들어 그림 12.5를 보면, 왼쪽의 두 그래프에 나타난 기초선(A) 자료점은 중재 단계(B)의 자료점과 같거나 같은 범위 내에 존재하지 않는다. 이 그래프들은 가설적 그래프이며 평범한 날찌에 따른 수행 변농성은 생략된 것이다. 변동성이 명확한 비중첩 자료라면, 그리고 그것이 실제 자료라면 훨씬 더 인상적이다. 간단히 말해서, 단계에 따라 평균, 수준, 경향, 반응시간의 변화가 나타나고 자료가 중첩되지 않았다는 것은 변화의 신뢰성이나 실험 기준 충족 여부에 대해 의심의 여지가 없다는 것이다. 문제는 자료가 완벽하지 않을 때 나타나는데, 이 문제는 시각적 분석과 더불어 통계적 분석을 사용해야 명확해진다(이 문제에 대한 보다 확장된 논의는 부록을 참조하라).

예시

참여자들이 이 장을 읽지 않았고 우리가 보려고 했던 자료(예 : 단계별 비중첩 자료)도 보이지 않았을 경우, 누군가 이러한 불완전한 세계를 마주했을 가능성이 있는 상황에서, 기준을 적용하는 데 도움이 될 만한 몇 가지 예시가 있다. 시각적 분석은 완벽함을 요구하지는 않는다. 몇 가지 사례를 살펴보자.

이번 사례는 치아 복원 처치를 받는 아동들에게 초점을 두고 있다(O'Callaghan, Allen, Powell, & Salama, 2006). 치과 치료를 하는 동안 어린 아동들을 다루는 일은 쉽지 않은 일이며, 아이들이 파탄행동(disruptive behavior)을 보이는 것도 매우 일반적인 일이다. 치과 치료를 받는 아동의 20~25%가 치료 중에 파탄행동을 보인다. 이런 행동은 아동의 치아를 세척하거나 긁어내는 치료를 어렵게 만들며, 혹여 외과적 시술을 하는 데 아동이 갑자기 움직이기라도 한다면 다칠 수도 있다. 아이에게 휴식을 주거나 잠시 이러한 시술에서 벗어날 수 있게 해주면 이런 다루기 힘든 행동들을 감소시킬 수 있다. 이 프로그램에는 파탄행동을 보이면서 최소 3회 이상 치과 치료가 필요한 아동 5명(4~7세, 여아 3명, 남아 2명)이 참여하였다. 각각의 치료는 45~90분간 이루어졌다. 중재는 고정시간 계획에 의해 아동에게 휴식시간을 주는 것으로 계획하였다. 치과의사의 손목 밴드에 작은 기구를 달아 언제 휴식을 제공해야 하는지 신호를 보내도록 하였다. 치료실에 있는 비디오카메라로 모든 회기를 촬영하였다. 아동의 행동, 몸 움직이기, 불평하기, 신음소리 내기, 구역질하기 등의 행동을 간격 기록법으로(15초) 기록하였다. 중재 목적은 파탄행동 감소이다.

대상자간 중다기초선설계가 이루어졌으며 기초선 기간 동안 모든 방문자의 치료를 기록하였다(분 단위 측정). 중재 단계에서는 10초간 치료를 중지하거나 짧은 휴식시간을 제공하였다. 첫 번째 휴식은 매우 빨리 제공되었으나(매 15초마다) 점차 1분 간격으로 늘렸다. 아동에게 휴식을 주는 절차를 설명하였고 먼저 연습을 하였다. 또한 각각의 휴식 전에는 의사가 "휴식시간이야." 하고 단서를 주었다.

그림 12.6은 아동별로 나타난 결과이다. 중재 단계에서 모든 아동의 파탄행동이 감소했다. 그러나 각 아동의 자료(그래프)를 보면 각 그래프가 모두 시각적 분석을 위한 네 가지 기준을 충족하지 못하였다. 다섯 아동 간의 평균은 기초선부터 중재까지 변화했다. 수준의 변화(각 아동의 중재 시점에서의 불연속성)를 보면, 아마 2명의 아동(일레인과 조지)이 효과를 나타내고 있을 것이다. 경향의 변화를 보면, 한 아동(조지)을 제외한 모든 아동이 기초선부터 중재 단계까지 다른 기울기를 나타내고 있다. 마지막으로 변화에 대한 반응시간을 보면, 두 아동(멜리사와 케빈)을 제외한 모든 아동이 즉각적인 변화를 나타냈다. 분명히 기준을 아동마다 모두

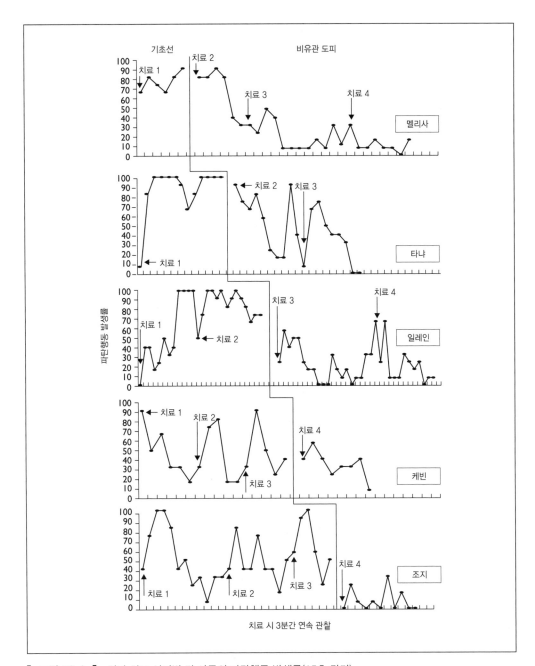

▌ 그림 12.6 ▌ 치과 치료 시기별 각 아동의 파탄행동 발생률(15초 간격)

다르게 적용하였다. 이는 어떤 측정에서는 집단간이나 집단 내의 유의미한 차이가 있지만 다른 측정에서는 차이가 없는 집단간 연구와 상당히 비슷하다(집단간 연구에서는 몇 사람에게는 뚜렷하게 나타나지만 다른 사람들에게는 나타나지 않는 효과는 측정하지 않는다). 그렇다면 이런 결과는 어떻게 해석할 수 있을까? 전체 그래프를 본다면 중재가 변화에 영향을 미쳤다고 결론 내리는 것이 타당해 보인다. 각 아동의 행동은 중재 전에는 변화가 없었으나 중재가 시작되자 변하였다.

기준을 적용하기 다소 어려운 또 다른 사례를 생각해보자. 이 사례의 목적은 패스트푸드 식당에서 드라이브스루 서비스를 이용하는 고객들의 주문을 받는 점원들의 행동을 변화시키는 데 있었다(Wiesman, 2006). 목표는 주문을 받는 점원들이 고객에게 '업사이즈(upsize)'에 대해서 물어보는 행동이다. 업사이즈('슈퍼사이징'이라고도 불림) 혹은 업셀링(up-selling)하는 것은 고객들에게 사려고 했던 것보다 조금 더 사도록 유도하는 방법으로 비즈니스(컴퓨터 하드웨어와 소프트웨어 판매, 여행, 호텔)에서 자주 사용하는 방법이다. 비슷한 예를 영화관에서도 볼 수 있다. 작은 사이즈의 음료를 주문하자마자 점원이 25센트만 더 내면 더 큰 사이즈의 음료를 마실 수 있다고 안내한다. 이 연구에서 패스트푸드점 측은 가게의 업무 절차는 계속 유지하는 가운데 점원들이 스피커와 헤드셋을 통해 고객에게 업사이즈를 물어보길 원했다. 이 연구에서 업사이즈란, 고객들에게 세트메뉴(샌드위치, 감자튀김, 음료)를 주문하도록 함으로써 당초보다 약간의 추가금만 더 내면 더 많은 양의 음식을 제공하는 것이었다. 2개의 패스트푸드점에서 연구가 진행되었다. 한 곳은 간선도로에 위치한 패스트푸드점이었고 또 하나는 작은 대학가에 위치한 패스트푸드점이었다. 두 곳은 모두 동일한 국영 음식 체인점과 제휴를 맺고 있었으며 11마일 떨어져 있었다. 관찰은 고객과 점원의 대화를 들을 수 있고 업사이즈를 물어봤을 때 대답이 들리는 곳에서 실시하였다. 중재를 평가하기 위해 두 상황에 대한 중다기초선설계를 사용했다. 중재는 매니저가 점원들의 행동이 나타날 때마다 칭찬하기, 업사이즈 요구 횟수가 80% 이상(기회 대비)일 때 매주 칭찬하면서 그래프로 피드백 제공하기였다. 그림 12.7에 나타난 자료에 대해서 논의해보자.

중재는 효과적이었으며 행동의 변화는 중재로 인해 나타난 것인가? 아마도 대부분 이 질문에 동의를 하나 어쩌면 작은 의구심을 가질지도 모른다. 중재 단계 동안 2개의 변화는 명확하였다. 평균은 기초선보다 증가하였고 변동성(자료점의 위, 아래 범위)은 감소하였다. 더불어 수준에서의 변화(중재가 제공되었을 때) 또한 명확하였다. 최소한 위 그래프에서는 기울기도 변하였다. 그러나 위 그래프는 중재가 제공되지 않았을 때도 행동이 증가하고 있어 다소 애매모호하다. 두 번째 그래프는 어떠한 경향도 나타나지 않았거나 바람직한 행동이 감소하는 경향을 나타냈다. 전반적으로 중재는 실증이라는 측면에서는 행동에 영향을 미쳤다고 볼 수 있다. 실험 통제는 하나 혹은 그 이상의 환경에서 도움을 받게 된다. 앞서 중다기초선설계에 대해서 언급하였지만, 2개의 기초선이 최소한 필요한 조건이긴 하지만 이는 2개의 기초선만

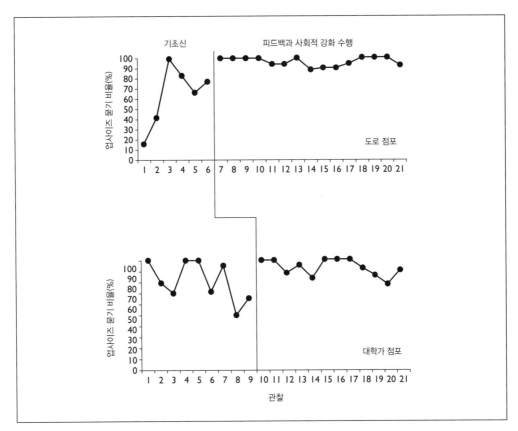

┃ 그림 12.7 ┃ 두 곳의 드라이브스루 식당에서 중다기초선설계의 기초선과 중재 단계에서 나타난 점원들의 업사이즈 음식 주문받기 비율 (출처 : Wiesman, 2006)

으로도 자료의 패턴을 분명하게 보여줄 경우를 의미한다. 세 번째 기초선이 있으면 하나의 기초선이 다소 불명확하더라도 그 차이를 보여줄 수 있다. 이것이 기초선이 최소 3개 이상 있어야 하는 이유이다.

실증에 관해서라면 다른 점들도 중요하다. 첫째, 종업원의 행동(업사이즈를 묻는 것)은 기초선에서 높은 비율로 명확하게 나타났다(예 : 위 그래프의 기초선에서 평균 65%). 이 행동은 96%로 증가하였다. 평균에서 분명한 변화가 있었고 이 변화는 비즈니스에서도 차이를 만들었다. 비록 정확한 이윤은 측정할 수 없지만 수천 개의 세트메뉴(사이즈업)가 팔렸고 이때마다 0.25달러의 이윤이 발생하였다. 이는 시간이 지나면서 월별 매출과 이윤에 큰 차이를 가져다줄 것이다. 그래프에서는 작은 변화인 것 같아 보이지만 이러한 영향이 시간이 지나면서 많은 사람(고객)을 통해 축적되면 큰 변화를 가져온다.

이 두 가지 예시는 이전 장에서 제시하였던 다른 예시들의 맥락에도 적용될 수 있다. 설계에는 많은 단계(ABAB, ABCABC)나 기초선(중다기초선설계)이 있기 때문에 기준을 적용할 기회는 많다. 시각적 분석을 위해 기준을 적용하려면 단지 한두 단계의 변화만이 아니라 전체 설계에서의 자료 패턴에 관한 판단이 요구된다. 앞서 언급했듯이 명백한 효과를 위해서는 전체 설계 단계에서 기준을 충족해야 한다. 기준이 지속적으로 충족되지 않는 한 중재 효과의 신뢰도에 대한 결정은 잠정적인 것이다. 예를 들어 ABAB 설계에서 첫 번째 AB단계에서는 비중첩 자료점들이 나타났어도 두 번째 AB단계에서는 명확한 차이를 나타내지 않을 수도 있다. 자료 패턴의 지속성이 보이지 않는다면 결론을 도출하는 데 한계가 있다.

문제점 및 고려사항

구체적인 의사결정 규칙의 부족. 단일대상설계의 자료 평가에 시각적 분석을 주요 근거로 사용하는 데는 몇 가지 고려사항이 있다. 첫째, 특정한 실증이 신뢰할 수 있는 효과를 보여주는지 혹은 보여주지 못하는지를 판단할 구체적인 의사결정 규칙이 없다는 것이다. 시각적 분석 과정은 실제로 그렇게 하려고 한 것은 아니지만 중재 효과를 평가함에 있어 주관성이나 비일관성이 허용되는 것처럼 보일 수 있다. 이러한 상황은 집단간 연구에서 사용하는 통계적 분석과 대조될 수 있다. 집단을 비교하고 절사점(예 : $p < .05$)을 사용하여, 효과가 신뢰할 수 있는지 혹은 효과가 적은지 중간인지 큰지(예 : 효과 크기)를 판단한다. 연구자들이 영가설 검증에서 '유의성에 도달함', '통계적으로 거의 유의함', '유의한 경향을 나타냄'과 같이 실제적인 타당성이 전혀 없는 구절을 사용하여 주관성을 짜내지만, 통계적 유의성은 두 가지로 나뉘는 의사결정 도구를 제공한다(유의한지 아닌지). 이와는 별개로 통계 색인에는 내재된 임의적인 요소, 문제, 이의[2]에 대한 그들만의 정도가 있다. 통계적 유의성에 기초한 의사결정이 시각적 분석에 기초한 의사결정보다 간단해 보인다. 자료를 통계적으로 검증하는 연구자가 2명 이상

---

2) 양적연구의 전통(집단간 연구 설계, 통계분석, 영가설 검정)으로 훈련받은 연구자들은 시각적 분석의 주관성에 자주 이의를 제기한다. 종종 시각적 분석은 순전히 제 눈에 안경이라는 극단적인 관점이 있지만, 앞서 언급했듯이 시각적 분석에는 명백한 기준이 있다. 중요한 것은 아마도 통계적 분석이 주관성으로부터 자유롭지 못하다는 점인데, 즉 도출한 결론에 대하여 후속결과가 일관적이지 않은 경우를 보여주기 때문이다. 많은 통계적 검정(예 : 요인분석, 회귀, 군집분석, 시계열 분석, 경로분석)에는 다양한 해결책, 매개변수 추정, 분석이나 모델에서의 변인을 포함시키거나 지속시키기 위한 기준이나 수준에 관한 사항 등 수많은 결정 지점이 있다. 이러한 결정은 거의 자료 분석에 의해 명확하게 이루어진다. 대부분의 경우, 자료 분석 프로그램의 '디폴트(default)' 기준이 결정적인 선택을 이끌어내는 것은 아니며, 하나의 선택이 다른 선택보다 낫다는 객관적인 추론이 필요하지 않기 때문에 이러한 선택의 근거는 쉽게 변화될 수 있다. 이는 통계 분석에 있어서 사소한 측면이 아니다. 예를 들어 심리치료에 대한 메타분석이 아주 유명한데, 익숙하지 않겠지만 메타분석 수행 방법은 보다 확실한 분석을 보여줄 수 있다. 심리치료의 효과성에 관한 결론은 얼마나 정밀하게 메타분석(예 : 효과 크기) 계산을 위한 통계를 사용했느냐에 따라 크게 달라질 수 있다(Matt, 1989; Matt & Navarro, 1997; Weisz, Weiss, Han, Granger, & Morton, 1995).

이더라도 중재의 영향이 통계적으로 유의했는지 유의하지 않았는지에 대해 동일한 결론을 내릴 가능성이 높다.

이러한 문제에 내재하는 경험적 질문이 있다. 일반적인 방식의 그래프로 나타난 단일대상 자료를 본 여러 명의 판단자들이 중재가 효과 있었는지에 대해 유사한 결론을 내릴 수 있을까? 기준이 있다는 것과 이 기준이 확실히 적용될 수 있는지 확인하는 것은 완전히 별개이다. 사실 몇 가지 연구를 통해 단일대상연구의 전문가들도 특정 자료 패턴과 중재 효과의 신뢰성에 대해 서로 다른 의견을 나타냈다는 것을 볼 수 있었다(예 : DeProspero & Cohen, 1979; Franklin, Gorman, Beasley, & Allison, 1997; Jones, Weinrott, & Vaught, 1978; Normand & Bailey, 2006; Park, Marascuilo, & Gaylord-Ross, 1990). (부록에서는 이러한 점에 대해 상세히 기술하고 있다.) 그러므로 적용할 수 있는 명확한 의사결정 규칙이 없는 것은 결과가 뚜렷하게 나타나지 않았을 때 문제가 된다.

시각적 분석을 통해 자료의 신뢰성 판단을 개선하기 위해 몇 가지 방안이 제시되었다—명확한 훈련 제공(예 : 강의, 지도), 결과를 그래프로 나타낼 때 시각적 보조 사용하기(예 : 경향선을 제시하는 새로운 방법), 시각적 분석 절차를 반복 가능하게 하고 더 명확하게 하도록 돕는 것과 관련한 기준들 구체화하기(Fisher, Kelley, & Lomas, 2003; Harbst, Ottenbacher, & Harris, 1991; Normand & Bailey, 2006; Skiba et al., 1989; Stewart, Carr, Brandt, & McHenry, 2007; Swoboda, Kratochwill, & Levin, 2009). 이러한 방안들은 혼합된 결과를 가져왔다. 어떤 경우에는 높은 수준의 동의를 이끌어내지 못하기도 했고, 어떤 경우에는 이 효과가 지속되지 않기도 했다. 현재에는 시각적 분석 기준을 통해 신뢰성을 판단하는 것을 바로잡기 위한 어떠한 훈련법도 제시되지 않았다.

결정에 영향을 미치는 다양한 요인. 시각적 분석의 어려움 중 하나는 자료에 대한 판단에 다양한 요소가 개입된다는 것이다. 결론을 내리는 데 도움이 되는 요인의 범위나 요소들이 통합되는 정도는 명확하지 않다. 시각적 분석을 활용한 판단에 동의하는 정도는 변동성, 안정성, 대상자간이나 대상자 내에서의 효과의 복제와 같은 배경변인뿐만 아니라 평균, 수준, 경향의 변화 등이 복합적으로 기능한다(DeProspero & Cohen, 1979; Matyas & Greenwood, 1990). 이 모든 기준, 그리고 미처 도출되지 못한 다른 기준들까지 합쳐져서 중재의 효과에 대한 최종적인 판단을 내리는 데 결합되어 작용한다. 결정을 내리는 데 있어서 다양한 변인과 기준을 어느 정도의 무게로 적용하느냐 하는 것은 매우 주관적일 수 있다. 결정이란 일련의 변인들 모두가 제각각 결정을 내리는 데 일정한 비중을 차지하는, 실제로 매우 복잡하고 정신적인 중다회귀

방정식이라 할 수 있다. 달리 말하면, 우리가 의사결정을 위해 통계를 사용하지 않는다 해도 이미 그러한 결정 방식 자체가 근본적으로 통계적이다. 우리는 관찰자로서 변인의 무게를 서로 다르게 주관적으로 매기고 있다(말하자면, 주관적인 베타 가중치). 중재의 효과가 극적이지 않을 때, 판단을 내리는 사람들이 그에 동의하지 않는 것은 당연한 일이다.

단일대상 자료에서 시각적으로는 발견되지 않으나 시각적 분석을 적용할 때 충분히 고려해야 할 특별한 특성이 있다. 이 두 가지를 간략하게 말하면, 먼저 한 회기에 나타난 자료가 다음 회기에 나타난 자료와 상관관계가 있다는 것이다. 이런 현상을 소위 **연속적 종속**(serial depen -dence)(부록에 설명이 제시되어 있다)이라 하는데, 쉽게 눈에 띄지 않기 때문에 이를 발견하려면 통계적 평가를 해야 한다.[3] 그러나 이런 식으로 상관관계가 있는 자료들은 시각적 분석을 실시할 때 다소 동의 수준이 낮게 나올 수밖에 없다. 다른 하나는 자료의 경향(예 : 기초선)이다. 자료의 경향이 전부 쉽게 발견되는 직선형만 있는 것은 아니다. 어떤 경향은 자료를 통계적으로 평가하였을 때만 알 수 있기도 하다. 중재가 확실한 변화를 가져왔는지 알아보고자 할 때 잠재된 경향이 잘 나타나지 않거나 혼동을 줄 수 있다. 이러한 경향은 시각적 분석과 통계적 자료 평가 방법 모두를 방해할 수 있다. (이에 대한 더 많은 논의를 보고자 한다면 부록을 참조하라.)

시각적 분석과 자료 평가의 맥락 이외에도 결정 방법을 연구하는 데 여러 의견이 수반될 수 있다. 결정과 판단을 내려야 할 때, 우리가 미처 인식하지 못했거나 비중을 두지 못했던 여러 요인이 영향을 미칠 수 있다. 예를 들어 환경의 영향(예 : 냄새, 시야, 자극제)이 우리에게 직접적인 영향을 미칠 경우에는 인식하지만, 일반적으로는 의식하지 않는다. 즉 문제가 생겼을 때, 그것이 아무 영향을 미치지 못했다고 범주화해서 말할 수는 있지만, 우리가 그러한 영향에 주목했다고 말할 수는 없다(Bargh & Morsella, 2008). 심리학의 여러 영역에서 이 부분이 발전되어 왔기 때문에, 여기서는 의사결정의 다양한 뉘앙스에 대해 설명하고자 한다. 시각적 분석이라는 맥락에서 보면, 중다기초선 설계 방법으로 실시한 중재가 환자의 우울증에 변화를 일으켰는지 여부를 결정하는데, 은연중의 분위기가 영향을 미치지는 않았는지 의심하게 된다. 시각적 분석 기준에 부합하는 매우 명백한 실증을 보여주지 못한다면 더 많은 것들

---

3) 대상자가 여러 자료점을 지니고 있을 경우, 유의미한 연속적 종속, 혹은 자기상관, 하나의 자료점에서 다음 자료점까지의 상관이 오차항을 만들어내는 자료의 속성을 나타낼 수 있다. 즉 어느 날 행동 수행에 영향을 받았거나 다음 수행에 상관이 있을 때, 자료는 자기상관을 나타낼 수 있다. 이러한 특징은 시각적 분석을 통해 판단을 내리는 데 영향을 미치는 관찰 불가능한 특성이 될 수 있으며, 통계적 평가결과에도 영향을 미칠 수 있다. 이와 관련된 문제들에 관하여 부록에서 자세히 설명하였다.

이 영향을 미칠 수 있음을 인정해야 한다. 예를 들어 어떤 프로젝트에서 (단일대상연구 설계 경험이 없는) 학부생들에게 AB 그래프의 변화(가설적 자료)를 판단하라고 물었다(Spirrison & Mauney, 1994). 그런데 학부생들이 변화가 있었다고 말한 것과 중재가 수용할 만하다(합당한, 적절한)고 답한 것 사이에 약간의 상관관계($r = .3$)가 있었다. 즉 중재의 특성과 속성이 중재의 영향에 대한 판단에 영향을 미쳤다는 것이다. 이는 시각적 분석을 실시할 때 분석 기준에 부합하는지 여부가 아닌 다른 요소들이 반영될 수 있음을 보여주는 실례이다.

시각적 분석을 사용했을 때 판단을 내리는 사람들 간의 동의가 이루어지지 않는 상황은, 통계적 분석 자료를 사용해서 시각적 분석을 보충하거나 대체해야 한다는 주장을 펼치는 데 자주 사용된 상황이다. 통계적 분석의 매력적인 특성은 통계적인 결정이 나면 모든 연구자들이 일관되게 그 결과를 인정한다는 점이다. 그리고 최종 결과(통계적 유의성)가 연구자가 의해 바뀌지 않는다는 점이다. 하지만 통계는 '진짜' 효과가 무엇인지에 대한 결정권자가 아니며 동일한 결과를 나타내지 않는 통계적 옵션의 점수도 존재한다(부록 참조).

뚜렷한 효과만 찾기. 시각적 분석에 대한 또 다른 비판은 유의성이 뚜렷하게 나타난 효과만을 다룬다는 것이다. 산출 효과의 일관성이 증명된 많은 중재들이 있지만, 상대적으로 그 효과가 약할 수도 있다. 이러한 효과는 시각적 분석으로 발견되지 못하거나 간과되기 십상이다. 나는 행동주의 연구에 단일대상설계가 번성하면서 지나치게 중재 효과의 명백함에 대해서만 관심을 둔다는 것을 지적한 바 있다. 시각적 분석은 이러한 목적에 잘 부합하는 필터로 보였다(Baer, 1977). 애매하지 않고 시각적 분석의 엄격한 기준을 충족시키는 중재들은 매우 강력하고 일관성 있는 중재일 것이다.

시간이나 우선순위에서의 약간의 변화, 그리고 단일대상설계를 새로운 영역으로 확장시킨다는 관점에서 보면, 본래의 논리가 더 쉽게 도전을 받게 된다. 첫째, 출판된 단일대상 데이터를 분석해보면 많은 연구에서 강력한 중재의 효과가 산출되고 있지는 않다는 것을 알 수 있다. 실제로 그러한 효과가 전체를 표현해주는 것이냐에 따라 논쟁의 여지가 있다. 사실 이러한 효과가 존재했는지부터가 논란의 여지가 있나(Glass, 1997; Parker, Cryer, & Byrns, 2006). 그래서 시각적 분석의 논리를 단지 강력한 효과를 발견하기 위한 필터로만 사용하는 것은 이상적인 것이기는 하지만 일상적으로 적합한 것은 아니다.

둘째, 변화가 나타났는지에 대한 판단은 뚜렷한 효과를 확인하는 것에 대한 개념과는 다소 반대된다. 판단을 하는 사람들이 시각적 분석을 통해 범하기 쉬운 오류는 존재하는 효과를 발견하지 못하는 오류보다는 존재하지 않는 효과를 있다고 할 오류이다(Matyas & Greenwood,

1991 ; Normand & Bailey, 2006). 즉 뚜렷한 효과를 찾는다는 것은 어쩌면 불명확하고 불확실한 효과는 확인하지 않겠다는 입장이기 때문이다. 실제로, 판단을 내리는 사람들은 시각적 분석이 의도한 목표와는 반대로 존재하지 않는 효과를 '발견'하게 된다. 이는 이전에 언급하였던 1종 오류이다.

셋째, 뚜렷한 효과만을 추구하게 되면 자료 평가에서의 실험 기준과 응용 기준을 혼란스럽게 만들 수 있다. 앞서 언급했듯이, 실험 기준은 결과의 신뢰성에 초점을 두고 있으며, 변화가 일반적 변동에 의해 설명 가능한지, 중재 이전에 존재했던 자료의 패턴에 의해 설명이 가능한지, 기회 효과에 의해 설명이 가능한지 등에 초점을 두고 있다. 이 기준에서 보면, 효과의 강도는 그 자체만으로는 중요하지 않다. 응용 기준이란 그 영향이 뚜렷한 변화를 가져올 만큼 큰 것인지를 의미한다. 이 두 기준은 서로 관련이 되어 있다—응용 기준의 정의에 부합하는 효과라면 실험 기준을 충족시키고 신뢰할 만한 변화임을 보여줄 만한 강력한 효과일 가능성이 크다. 응용 기준(예 : 읽지 못하는 아동에게 읽기를 가르치는 것, 발달장애 청소년의 자해 행동을 감소시키는 것)은 매우 엄격한 잣대이다. 그럼에도 불구하고, 중재 효과가 개인의 삶에 실제적인 영향을 주지 못하더라도 믿을 만하고 실험 기준을 충족시키는 것일 수 있다. 우리는 강력한 효과라는 것이 이러한 기준들을 다소 혼란스럽게 만드는 것은 아닌지 확인해볼 필요가 있다. 우리는 신뢰성 있는 효과(실험 기준)를 확인하고자 하며, 뒤에 제시하겠지만, 효과가 약해도 중요한 응용 기준을 충족할 수 있음을 확인하고자 한다.

약하지만 신뢰성 있는 효과를 간과하는 것은 안타까운 결과를 초래할 수 있다. 중재가 처음에 개발되는 단계에서는 그 효과가 미약할 수 있다. 만일 이러한 중재들이 더 발전되기 전에 버려진다면 그것은 매우 안타까운 일이다. 효과가 미약하지만 신뢰할 수 있는 중재라면, 연구자들이 그러한 중재를 더욱 발전시켰을 때 궁극적으로 매우 강력한 효과를 성취할 수 있을 것이다. 시각적 분석의 엄격한 기준만을 적용해서 당장에 강력한 효과가 보이지 않는 중재에 관한 연구를 폄하한다면, 이는 효과적인 중재를 개발하는 데 해를 끼치는 일이 될 것이다.

총평. 앞서 언급했던 고려사항 중 가장 중요한 것은 시각적 분석에 대한 평가가 필요하다는 것이다. 시각적 분석에 대한 이견이나 명백하게 낮은 신뢰성에 관한 문제들을 경계해야 한다. 첫째, 시각적 분석의 조건들은 실제로 적합한 경우가 많다. 이 책에서 들었던 사례들은 문헌에서 임의로 추출한 것은 아니지만, 그 숫자만 보면 변화가 발견되었음을 알 수 있다. 또한 중재에 의한 변화가 꽤나 분명하게 드러나는 것으로 설계의 요구나 자료 평가 기준에 매우 적합한 편이라 할 수 있다.

둘째, 대다수 연구에서 시각적 분석을 평가할 때 AB 설계에 따른 변화를 평가하는 평가자가 있다. 이때의 자료는 보통 실제 자료거나 컴퓨터로 생성된 것들이다. 그런데 흔히, 항상은 아니겠지만, 평가자가 훈련받지 않은 학생이나 개인인 경우가 많다. 그래서 시각적 분석 자료에 대한 비판에는 이들이 지닌 문제가 포함된다. 일상적인 환경에서 진행한 단일대상연구에서, AB 설계는 설계나 자료를 평가하기에 다소 불충분한 방법이다. 연구자들은 여러 단계에서 (ABAB 설계) 설계의 논리인 '기술, 예측, 검증'을 하고자 하며, 다양한 효과의 복제를 확인하고자 한다(중다기초선설계). 즉 단지 2개의 단계에서만이 아니라 종합적인 설계를 통해서 판단을 내리는 것이 바람직하다. 물론 훈련받지 않았거나 시각적 분석에 익숙하지 않은 순진한 평가자들의 자료가 시각적 분석의 적용 방법에 대한 검증에 직접적으로 사용되는 것은 아니다. 다시 말해서, 모든 시각적 분석에 관한 연구가 경험이 적은 평가자들에만 의존하거나 AB 설계로만 표현되는 것은 아니다. 내가 여기서 주의해야 한다고 언급하는 것은 시각적 분석을 옹호하려는 것이 아니라 시각적 분석에 관한 연구가 그 자체의 문제를 지니고 있고 자료의 애매모호함이 존재하고 있다는 것을 의미한다.

이러한 모든 측면을 고려한다면 어떤 결론을 내려야 합리적인 것일까? 첫째, 시각적 분석을 하려면 기초선과 후속되는 단계에 걸쳐서 나타나는 특정한 자료 패턴이 요구된다. 자료의 패턴이라는 것은 후속되는 단계에서 예측되는 경향과 상반되는 방향으로 경향이 나타나거나, 아예 경향이 나타나지 않거나 거의 없거나, 혹은 가벼운 변동성이 있다거나 하는 것을 말한다. 물론 특정한 기준(예 : 평균이나 수준에서의 변화 등)이 있다면, 이를 충족할 만한 시각적 분석을 적용하는 것도 기꺼이 허용할 수 있다. 기준을 충족하지 못하거나 기준을 충족했다고 보기 다소 불충분한 경우라면, 그 효과에 대해서는 논란의 여지가 있다.

둘째, 자료의 패턴이 설득력이 떨어지거나 뚜렷한 경향이 나타나지 않거나 거의 나타나지 않는 경우, 혹은 평균, 수준 등의 변화가 그다지 명확하지 않은 경우라면 신뢰할 만한 효과가 있었는지 판단하기 위해서 외부 요인들을 고려해야 한다. 시각적 분석에서 쉽게 적용할 수 있는 두 가지 극단적인 요소가 있다―(1) 무언가 정말 큰 일이 일어났으며, 단계별 비중첩 자료를 포함하여 시각적 분석을 위한 모든 기준이 충족됨, (2) 아무것도 일어나지 않았으며 어떠한 기준도 충족하지 못함. 후자의 경우, 몇 가지 중재를 적용하였더라도 자료는 기초선과 동일하게 나타난다. 이 가운데 지점에는, 모든 중간 지점이 그런 것은 아니지만 주관성이 개입될 수 있다. 하지만 설계와 자료 평가가 종합적으로 작용하기 때문에, 행동 간 중다기초선 설계에서 네다섯 가지 행동이 거의 대부분의 시각적 분석 기준을 충족시키면서 변화를 보여준다면, 이때의 '주관성'은 신뢰할 만한 것이다. 시각적 분석을 쉽게 버려서는 안 된다.

  단일대상설계가 진가를 발휘하려면 시각적 분석이 얼마나 독특한지, 혹은 통계적 검증에 의해서가 아니라 시각적 분석에 의해서 이루어낸 성취 결과를 보여줌으로써 그 정체성을 보여줄 수 있다. 단일대상설계와 전통적인 집단간 설계에서, 시각적 분석과 통계적 평가는 둘 다 추론을 도출해내기 위한 도구라는 측면에서 매우 비슷한 측면이 있다. 하나의 도구로만 제안해야 할 필요는 없으며 그렇게 해봐야 여러 가지 불이익이 생기게 된다. 통계적 평가와 시각적 분석을 통한 개별 자료에 대한 평가를 함께 제시한 논문은 별로 없다. 이 두 가지를 보여준다는 것은 매우 중요한 의미를 지닌다. 각각의 방법은 조금씩 다른 결과를 가져오며, 이는 다른 연구에서 제공하지 못한 좀 더 다양한 정보를 제공하기 때문이다(예 : Brossart, Meythaler, Parker, McNamara, & Elliot, 2008; Feather & Ronan, 2006; Molloy, 1990).

통계적 평가

시각적 분석은 단일대상연구 실험에서 나타난 자료를 평가하는 데 가장 많이 쓰이는 기준으로 여겨진다. 그 이유는 설계의 역사적 발달, 그리고 소위 행동에 대한 실험적 분석이 한 부분이 되는 커다란 방법론적 접근에 따른 것이다(Kazdin, 1978). 단일대상에 관한 체계적인 연구는 인간이 아닌 동물에 대한 실험실 연구에서 시작되었다. 실험실 조건에서의 주의 깊은 통제를 통해, 최소 변동이나 수행의 안정적 비율 등 설계의 주요 요구사항들을 충족시키고자 하였다. 또한 매우 안정적인 기초선 수준에 비하여 쉽게 발견될 수 있는 효과가 지닌 잠재적인 요인(예 : 강화 계획)을 확인해 왔다. 실제로, 단계별로 조건이 변화함에 따라 즉각적인 행동의 변화(예 : 레버 누르기)가 쉽게 나타났다. 선택된 변인과 관련한 행동의 합법성이나 규칙성이 통계적 검정의 필요성을 배제시켰다.

  단일대상 실험 접근법이 인간의 행동으로 확장되면서 다양한 인구, 행동, 상황을 아우르며 실험을 적용하기 시작하였다. 잠재변인을 조사하고 확인하는 것에 대한 관심은 변하지 않았다. 우리는 변함없이 영향력이 있고 임상적으로 중요한 결과를 가져오는 중재를 찾고자 하였다. 그러나 임상연구가 실행되는 상황의 복잡성이 종종 중재 효과를 평가하기 어렵게 만들었다. 행동평가의 기준과 통제, 수행에 영향을 미치는 외부요인들, 유기체(인간) 자체가 지니는 특성 등이 실험실 조건에 비하여 감소했다. 이 책에 제시된 많은 예시에서도 뚜렷하게 나타났듯이 단일대상연구 설계에서 실행된 중재는 식당, 교통이 복잡한 교차로, 외과 수술실 등 모든 종류의 일상적인 상황에서 사용되었다. 이에 응용연구 분야에서 중재를 평가하기 더 어렵게 만드는 잠재적 변인들이 증가했다. 선택된 상황에서, 시각적 분석을 적용하기 위한 기준들이 언제나 혹은 명확하게 충족되지는 않았다. 이를 배경으로 여러 단계의 자료를 비교하고 다음과 같은 질문에 답을 제공하기 위해 통계적 검정이 사용되기 시작하였다―ABAB 설계에서 모든 기초선 단계의 평균은 모든 중재 단계의 평균과 차이가 있는가? 중재 단계에서 시간이 지남에 따라 나타나는 변화는 통계적으로 유의한가? 통계의 사용은 시각적 분석을 대체할 접근법이기보다는 보조수단으로 보였다.

통계적 검정을 하는 이유

자료가 이전에 다룬 시각적 분석을 위한 기준을 충족할 때 통계적 검정의 결과를 입증할 필요가 거의 없다(시각적 분석에 익숙하지 않은 자들을 안심시킬 필요가 없다면). 그러나 많은 상황에서 이상적인 자료 패턴이 나타나는 것은 아니기 때문에 통계적 검정은 매우 중요한 이점을 제공해줄 수 있다. 통계적 분석이 특히 유용한 몇 가지 상황을 고려해보자.

자료의 경향. 시각적 분석은 예측되는 변화 방향으로의 경향이 나타나지 않는 안정적인 기초선 단계를 기초로 이루어진다. 기초선 수행이 체계적으로 개선된다면 중재 효과에 대한 평가는 매우 곤란하게 된다. 이럴 경우 중재는 여전히 증가율을 촉진하는 방향으로 요구될 것이다. 범죄, HIV, 오토바이 사고, 흡연율 등을 예로 들자면, 이 모든 수치들은 어떤 도시나 국가에서 비율이 감소하고 있겠지만, 여전히 수치가 높아서 보다 확실한 중재가 필요하다. 실제 사례로 미국에서 심장병으로 인한 심장마비와 사망률은 감소하고 있지만, 여전히 이는 사망 원인 중 가장 높은 비중을 차지하고 있다. 이러한 예시들의 경우, 기초선 단계에서 개선이 나타난다고 하더라도 중재를 제공하지 않을 이유는 없다. 더 빨리 호전될 수 있도록 가속화하기 위해 여전히 중재를 제공할 필요가 있다. 이미 기초선에서 개선이 진행되고 있을 때 시각적 분석 기준을 적용하기 어려울 수도 있다. 다시 말하면, 기초선 단계의 경향이 시각적 분석을 적용하고 추론을 이끌어내는 데 방해가 될 수 있다는 것이다. 앞서 우리는 복잡한 패턴이 시각적으로 발견할 수 없는 경향성을 만들 수 있음을 배운 바 있다. 통계적 분석은 중재 단계 동안 명확한 변화가 나타났는지, 경향이 시각적으로 발견될 수 있는지, 경향을 통해 무엇을 기대할 수 있는지 등을 알아볼 수 있다(부록 참조). 따라서 통계적 분석은 시각적 분석을 통해 얻기 어려운 정보들을 제공할 수 있다.

증가된 대상자 내 변동성. 단일대상설계는 여러 임상 환경(예 : 정신병원, 발달장애인 기관, 교실, 어린이집, 소년원, 보육원)에서 일상적으로 사용되어 왔다. 다소 놀라운 것은 이러한 상황에서 연구자들이 스태프의 행동, 일과 중 사건 등 중재가 아닌 환경의 몇 가지 요소들을 (실험적으로) 통제할 수 있었다는 것이다. 주의 깊은 통제는 또한 자료 평가의 타당성을 위협하는 불필요하거나 과도한 변인들을 감소시킨다. 예를 들어 교실 수업에서 연구자들은 중재가 변동되지 않고 실행될 수 있도록 주의 깊게 모니터할 수 있다. 또한 아동에 대한 교사의 중재도 주의 깊게 모니터하고 통제할 수 있다. 관찰하는 동안에 학생들에게 동일하거나 유사한 과제를 제공하게 된다. 실험 통제를 위해 외부 요소들이 지속적으로 배제되어 대상자의 수행에서의 변인이 최소화될 수 있다. 이전에도 말했듯이, 시각적 분석은 변인이 작을 때 단일대상 자료에 보다 쉽게 적용될 수 있다.

이제는 중재와 단일대상설계는 일상적인 상황(예 : 비즈니스, 식당 등)에까지 확장되어 행동에 영향을 줄 수 있는 환경과 잠재변인에 대한 통제가 줄어들고, 대상자 수행의 변동성도 상대적으로 커지게 되었다. 변동성이 커짐에 따라 시각적 분석은 잘 통제된 환경에서보다 적용하기가 더 까다로워졌다. 신뢰할 만한 변화가 발생했는지를 알아보는 데 통계적 평가가 더 유용할 수 있다는 것이다. 통계적 평가가 모든 면에서 '더 좋은' 것은 아니지만, 효과의 신뢰성에 대한 애매모호함을 줄여주는 하나의 도구를 제공해줄 수 있다.

새로운 연구 영역에 대한 연구. 응용연구에서는 행동에 대해 뚜렷한 효과를 보여주는 중재에 관한 연구가 중요함을 강조해 왔다. 대부분, 특히 새로운 연구 영역일 경우, 중재 효과가 상대적으로 약하게 나타날 수 있다. 연구자가 새로운 영역을 연구하다 보면 중재의 효과성을 극대화할 수 있는 중재나 조건에 아직 익숙하지 못할 것이다. 연구자가 중재에 대해서 더 잘 알아감에 따라 그들은 효과성을 개선하기 위해 절차에 변화를 줄 수 있게 된다. 또한 중재가 모든 사람에게 적용될 땐 그 효과가 약해 보일 수 있지만 중재가 잘 맞는 사람에게 적용될 때는 그 효과가 강하게 나타날 것이다.

연구 초기 단계에서는 좀 더 면밀한 관찰을 통해서 유망한 중재인지 확인하는 것이 중요하다. 시각적 분석은 기준이 너무 엄격해서 신뢰할 만하지만 효과가 약한 중재에 대해서 그 가치를 폄하하거나 아예 배제할 수도 있다. 그런 중재들이 처음에 커다란 변화를 성취해내지 못한다고 해서 포기해서는 안 된다. 이런 중재들은 후속연구를 통해 좀 더 발전시키고 시각적 분석을 통해서도 발견할 수 있을 만큼 커다란 효과를 점차 나타낼 수 있도록 해야 한다. 이러한 중재들이 최종적으로 그것 자체만으로 큰 효과를 창출해내지 못한다 할지라도, 다른 절차의 효과성에 기여하거나 그런 효과성을 강화하는 역할을 할 수도 있기 때문에 여전히 중요하게 다루어져야 한다. 따라서 통계적 분석은 신뢰할 만하지만 영향력이 아직은 약한, 나중에 꽤 괜찮은 변인임이 증명될 수 있는 그러한 가치를 발견하는 데 유용하게 사용될 수 있다.

작은 변화가 중요할 수도 있다. 시각적 분석의 논리적 근거는 개별 대상자의 수행에서 나타난 커다란 변화를 찾는 데 있다. 수년 동안 이러한 설계에 의해 평가되던 단일대상설계와 중재가 광범위한 문제들에까지 확장되어 왔다. 이 과정에서 공공보건의 관점이 유의미하게 증가한 것으로 추정된다. 이 관점은 사회 전반에 대하여—많은 사람들을 위하여—고려해야 할 사항들을 반영하는 것이며 그들을 위해서 무엇을 할 수 있는지에 관한 것이다. 공공보건의 관점에서 보면 작은 것(중재 효과)도 큰 의미가 있다. 선택된 문제들에 관하여, 중재 효과의 가치를 항상 개별적 대상자가 보여준 수행 변화의 규모에만 근거하여 판단할 필요는 없다. 개별 대상자의 행동이나 큰 집단의 대상자들에게서 일어난 작은 변화가 때론 매우 중요하다.

작은 변화가 중요한 세 가지 관련 상황을 생각해보자. 첫째, 처치 전달비용과 노력이 적게 들면서도 대규모로 운영될 수 있다면, 작은 변화가 특히 중요한 역할을 할 수 있다. 앞서(제10장) 나는 환자들의 흡연율을 감소시키기 위해 신체검사에서 수행하는 중재에 대해 언급한 바 있다. 미국에서 의사들의 내진 시간은 상대적으로 짧다(평균 12~15분). 통제된 시도 점수를 보면, 내진을 하는 동안 의사(혹은 간호사)가 한 조언은 신뢰할 만하지만 흡연에 미치는 영향은 작은 것으로 나타났다. 의사들은 흡연 환자들에게 다음과 같이 이야기한다—"제 생각에는 바로 담배를 끊으시는 것이 중요할 것 같네요." 혹은 "주치의로서 저는 당신이 당신의 건강을 지키는 데 가장 중요한 일이 담배를 끊는 일이라는 것을 알았으면 해요." 효과는 작았지만 일관성 있는 결과가 나타났다(예 : Fiore et al., 2000; Rice & Stead, 2008; Stead, Bergson, & Lancaster, 2008). 이러한 의사들의 언급은 중재를 제공하지 않았을 때보다 약 2.5% 정도 금연율을 증가시켰다. 이제는 내과실습 지침에 의사들이 내진을 할 때 금연에 관한 구체적인 조언을 할 것을 권고한다. 우리는 심리학적 연구를 통해서 그러한 조언, 피드백, 권고, 경각심 일으키기 등이 그다지 강력한 중재 방법은 아님을 알고 있다. 그럼에도 불구하고 비용이 적게 들면서도 신뢰할 만한 효과가 있고, 이것을 대규모로 운영할 수만 있다면 이는 매우 큰 이익이 된다. 이 이익은 금연을 하는 개인들을 위한 것이기도 하며, 가족(2차직, 3차적 흡연은 건강에 해악을 끼치는 효과가 있다고 알려지고 있음)과 사회 전반(흡연에 의한 비용부담)을 위한 것이기도 하다. 흡연에 대한 그래프화(예 : 의사의 조언 중재 후 금연을 한 사람들의 비율)가 시각적 분석 기준을 충족하지 못할 수 있다. 효과가 작고 미약하더라도 매우 중요하다.

둘째로 이와 관련하여 많은 사회적 맥락에서 작은 변화가 의미 있는 것은 양적 특징에 비하여 그 초점과 질적인 측면이 매우 의미 있기 때문이다. 예를 들어 지역사회에서 나타나는 작

고 어쩌면 미미할지도 모르는 범죄(예 : 살인, 강간)의 감소도 실은 매우 중요하다. 중재 프로
그램(예 : 특별한 순찰 프로그램, 조명 개선, 비디오 감시)은 적은 양의 변화(예 : 연간 살인 횟
수 5회 감소)만 가져올 수도 있다. 이러한 변화를 그래프화했을 때 높은 비율의 기초선(예 : 연
간 100회 살인)에 비교하면 시각적 분석으로는 작은 변화를 발견하지 못할 수도 있다. 피해자
들과 그 가족들의 인명손실 및 트라우마의 관점에서 보면, 어느 정도의 양이든 신뢰할 만한
범죄의 감소가 나타난다는 것은 매우 의미 있는 일이다. 공적 생활의 많은 영역(예 : 테러, 경
찰이나 소방관의 죽음, 출산 시 산모나 유아의 사망, 기차, 비행기 및 그 외 다른 교통기관에
서의 사고)에서, 그 가치는 어떠한 영향을 미치는 것에서부터 시작된다. 인명손실은 큰 변화
를 가져오기에 '단지' 적은 수의 생명만을 구하는 '약한' 중재라도 굉장히 중요하다.

　셋째, 개인 행동의 작은 변화가 축적되면 커다란 효과를 나타낼 수 있다. 어떤 것이 그래프
화되었는지에 따라(개별 행동 혹은 많은 대상자간에 축적된 결과) 시각적 분석은 효과를 발견
할 수도 있고 발견하지 못할 수도 있다. 예를 들어 에너지 소비(예 : 개인 자동차 이용, 에너지
절약 장치 사용) 감소를 위해 설계된 중재는 개별 대상자의 행동에는 상대적으로 약한 효과를
보일 것이다(매우 적은 양의 에너지 절약). 또한 시각적 분석 기준으로 봤을 때 결과는 극적이
지 않을 것이다. 극적인 결과를 나타내자면, 미국의 1억 1,000만 가구가 에너지 효율성이 높
은 형광등을 하나씩만 사용해도 130만 대의 자동차를 이용하지 않음으로써 얻을 온실가스 감
소 효과와 동등한 효과를 얻을 것이다(Fishman, 2006; www.energystar.gov). 간략하게 말하자
면, 수많은 개인들에게서 나타나는 작은 변화가 모여서 큰 변화가 생기고, 이 큰 변화가 집단
전체에 계기가 되기 때문에 중요하다. 통계적 분석은 이러한 상황에서 자료를 평가하는 데 일
정 정도 기여할 수 있으며 중요한 영향을 미칠 것이다.

　일반적으로 우리가 중재 효과를 발견하고자 하는 많은 환경에서, 실제로는 그 효과가 개인
수준에서 혹은 더 큰 집단에 비교해볼 때 상대적으로 효과가 작은 경우가 있다. 작지만 신뢰
할 만한 변화는 초점의 유의미성, 중재 전달의 간편성, 많은 사람들에게 더 큰 영향을 미칠 수
있는지 등을 생각해봤을 때 매우 주목할 만한 가치가 있다. 시각적 분석은 신뢰할 만하지만
그 변화의 정도가 작을 때 이를 발견하지 못할 수도 있다. 행동에 극적인 효과가 나타나지 않
는다고 하더라도, 통계적 분석을 실시하면 중재의 신뢰성을 확인할 수 있다.

자료 평가의 복제 가능성. 통계적 검정 사용에 관한 가장 일반적인 논란은 우리가 과학에서 무
엇을 하고자 하는가 하는 문제와 관련되어 있다. 우리는 가능한 한 주관성과 편견을 줄일 수
있도록 설계된 과학적 방법을 개발해 왔다. 우리는 평가를 개발하고, 도구를 타당하게 만들

며, 통제 집단과 조건을 사용하고, 실험자들이 중재 조건을 존중하고 고지식함을 유지할 수 있도록 해 왔다. 또한 타당도를 위협하는 요인들이 언제나 우리를 스토킹하듯 따라다니는 것처럼 혹은 우리의 발견이 마치 소풍 나온 배고픈 개미와 같기를 늘 염두에 두고 지낸다. 그 목적은 어떤 방법론적 고상함을 추구해서가 아니라 우리가 그러한 방식으로 세계를 이해하기 위해서이며 타인들도 복제를 통해 그러한 발견을 할 수 있도록, 그리고 주관성과 편견에 빠지지 않기 위함이었다. 이는 우리 모두의 포부이다. 사람 그리고 아마 결과적으로는 시각적 분석이나 통계도 주관성에 빠져들 수 있다. 그러나 우리는 과학을 통하여 가급적 주관성의 영향을 최소화하거나 통제하고자 한다.

시각적 분석에 있어서 복제 가능한 발견을 산출해내기 위한 목적은 두 가지다. 첫째, 우리는 결론을 내리기 위해 언제나 일관성 있거나 일관성을 유도할 수 있는 자료 분석적 도구를 필요로 한다는 점이다. 시각적 분석과 통계적 분석은 때론 이것이 가능하지만 때론 불가능하기도 하다. 하지만 시각적 분석에서는 특히 매우 명확한 자료 패턴이 아닌 이상 정확한 규칙이 무엇인지를 설명하기 어려워진다. 이것이 시각적 분석에서 판단자 간의 동의가 높은 수준에서 이루어지기 어려운 첫 번째 이유이다. 둘째, 초기에 단일대상설계에서 시각적 분석을 상세하게 설명한 것은 통계적 분석에 대항하기 위한 것이었다. 통계적 검정을 사용하는 데는 앞서 상세하게 설명했던 것처럼 많은 이유가 있다. 우리의 발견이 더 다양한 조건에서 획득된 발견임을 보여준다면 그 발견에 대해서 우리는 더 많은 확신을 할 수 있다. 일부 조건이 이에 포함된다—같은 구성요소를 다양한 도구로 측정했을 때(예 : 자기보고 척도와 직접 관찰), 여러 가지 설계를 사용했을 때(단일대상과 집단간), 여러 자료 분석 기술을 사용했을 때(예 : 시각적 분석, 통계, 통계적 유의도 및 임상적 유의도). 지금은 단일대상설계가 많은 학문분야와 연구 영역에 보급됨으로써 자료를 확인하기 위해 시각적 분석과 통계적 기법 모두를 사용하여 보고하는 연구자들이 점점 더 늘어나고 있는 추세다(예 : Cox, Cox, & Cox, 2000; Levesque et al., 2004; Quesnel, Savard, Simard, Ivers, & Morin, 2003; Savard et al., 1998). 정보가 추가된다는 것은 도움이 되는 일이다. 많은 경우 다양한 방법을 동원하면 중재의 효과를 더 확신할 수 있게 된다. 일부 경우에는 다양한 방법을 통해서 특별한 현상이 나타나지 않는다는 것, 즉 중재의 효과가 미미하거나 효과가 없다는 것을 확인시켜 준다(예 : Pasiali, 2004).

여전히 사례에 대한 시각적 분석은 단일대상연구 자료를 평가하는 주요한 기준이다. 단일대상 자료를 위해서 많은 통계적 검정 방법을 적용해볼 수 있고 그렇게 해 오고 있다. 여기서 강조하고자 하는 것은 이 책의 부록에 시각적 분석과 통계적 평가에 관한 좀 더 상세한 이슈를 사례와 함께 제시했다는 점이다. 이와 관련한 논의를 보류하는 것은 여기에 단일대상연구 자료 평가에서 더 빈번히 사용되는 실제에 관해 보다 세부적으로 기술하기 위함이다.

변화에 대한 실제적 혹은 임상적 유의성 평가

시각적 분석과 통계적 자료 평가 방법은 변화를 평가하기 위한 실험 기준을 다룬다. 즉 수행에서의 변화가 믿을 만한 것인지 그리고 고려해야 할 기회 변동이 무엇인지를 다룬다. 앞서 언급한 것처럼 응용 기준도 중재를 평가하기 위해 실시한다. 이 기준은 행동에서의 변화가 지니는 실제적 유의성을 의미하며, 중재가 클라이언트의 일상생활 기능에 실제적인 차이를 만들어내는지를 의미한다. 여기서 '실제적인 차이'라는 것은 클라이언트와 다른 사람들이 개인의 삶에 긍정적인 영향을 미치는 변화를 볼 수 있다는 것을 의미한다.

대부분의 경우, 임상적으로 유의한 변화가 일어났는지를 결정하기 위한 기준은 명확할 것이다. 명확한 사례들로는 부적응, 일탈, 혹은 사람에게 해가 되는 행동이 자주 나타났었으나(기초선), 중재가 완벽하게 그 행동을 감소시킨 경우, 혹은 긍정적 행동(읽기)이 거의 나타나지 않았었는데 중재 투입 이후에 고비율로 높아진 경우 등이 있다. 전자의 예로, 어떤 중재가 자폐 아동이나 발달장애 아동의 머리 흔들기를 감소시킨 경우를 들 수 있다. 기초선에서 머리 흔들기가 시간당 평균 100회 정도 나타났는데, 행동이 감소되었다면, 대다수가 이것이 중요하고 임상적으로 유의한 변화라는 데 동의할 것이다. 중재가 시간당 100회에서 75회나 50회로 감소시켰다면 이 변화는 믿을 만한 것일 수 있지만(시각적 분석이나 통계적 평가를 통해서), 임상적으로 중요한 것은 아닐 수 있다. 자해행동은 부적응 행동이며 조금이라도 나타나면 잠재적으로 매우 위험한 행동이다. 그래서 자해행동에 대한 실질적인 혹은 완벽한 감소가 없이는 처치의 임상적 가치가 도전을 받게 된다. 비슷하게, 다른 많은 행동(예 : 불법 물질의 사용, 음주운전, 사회적 상황에서의 패닉, 가족이 재회하는 명절에 방법론 논문 읽기)들의 경우에도 완벽한 감소만이 그 영향이 중요하다는 추론을 합당하게 한다.

중재 프로그램이 언제나 그러한 극적인 변화를 만들어내지는 못한다(예 : 엄청난 문제행동을 전혀 없게 만든다거나 전혀 없던 긍정적인 행동을 갑자기 고비율 행동으로 만들기). 시각적 분석 기준과 관련하여 극적인 변화가 나타났다고 하더라도(예 : 평균, 수준, 반응시간 등에서의 변화), 이것이 그 변화가 중요하고 실제 차이를 만들어냈음을 의미하는 것은 아니다. 다른 기준들도 반드시 상기시켜 보아야 한다.

이를 위해 두 가지 관련 전략이 널리 활용되어 왔다. 사회적 타당도와 임상적 유의성은 각각 단일대상과 집단간 방법론에서 유래한 것이다. 각 전략은 중재 효과에 후속되는 변화를 평가

┃ 표 12.2 ┃ 중재 연구에서 변화에 대한 실제적 혹은 임상적 유의성 평가의 의미

측정 유형	정의	기준
A. 사회적 타당도		
1. 사회적 비교 방법	처치 전후 클라이언트의 수행을 표준 샘플의 수행과 비교하여 평가	처치 종료 시점에서 클라이언트의 기능이 표준 샘플의 범위 이내로 들어옴
2. 주관적 평가	클라이언트나 클라이언트와 상호작용하는 사람이 처치로 인해 상당한 변화가 나타났다고 인식하는 정도	처치 종료 시점에서 최근 기능이 좋아졌다거나 처음의 문제가 최소화 혹은 나타나지 않았음을 가리키는 평가
B. 임상적 유의성		
1. 표준 비교	사회적 비교 방법과 동일	사회적 비교 방법과 동일
2. 기능장애 수준을 벗어남	개인이 측정에서 커다란 변화를 보임. 이 변화는 처치 전 평균 수준에서 매우 이탈한 것임	처치 전 평균에서 크게 변함(예 2표준편차 이상). 이 정도의 변화는 기능장애 수준에서 완벽하게 이탈하는 수준의 변화임. 다른 샘플이나 처치를 받지 않은 개인의 자료 혹은 측정 시 누군가의 최초 점수로부터의 이탈
3. 더 이상 정신의학적 진단 기준에 맞지 않음	처치 전의 공식적인 정신의학적 진단 기준에 부합했던 것(예 주요 우울증, 공황장애, 품행장애)이 중재 이후 더 이상 부합하지 않게 됨	중재 후 재사정을 했을 때, 동일한 척도와 기준을 사용해서 더 이상 진단 기준에 부합하지 않는다면, 장애가 치료된 것으로 볼 수 있음
C. 사회적 영향		
	일상생활에서 매우 중요하다고 인식되거나 여겨지는 척도에서의 변화. 심리학적 척도나 연구를 위한 목적으로 개정된 도구가 아님	체포, 무단결석, 입원, 질병, 사망과 같은 측정을 반영한 변화

함에 있어 표 12.2에 강조한 것과 같은 다양한 옵션들을 제시하고 있다. 나는 여기에 세 번째 범주인 사회적 영향이라는 범주를 추가하고자 하는데, 이는 개별 클라이언트의 수행보다 더 확장된 결과를 목적으로 한다. 여기서 강조하고 설명하고지 히는 방법론직 차이는 나음과 같다.

사회적 타당도

사회적 타당도는 일반적으로 처치의 초점, 사용된 절차, 처치가 수행에 미친 영향 등을 평가하기 위하여 사회적 기준을 고려한 것이다(Schwartz & Baer, 1991; Wolf, 1978). 사회적 타당도를 제시하는 것은 효과의 특징이나 처치의 영향을 논의하기 위한 것과 관련되어 있다. 표에서 언급한 바와 같이 중재 효과를 평가하는 데 사용되는 사회적 타당도의 두 가지 방법으로는 사회적 비교와 주관적 평가가 있다.

사회적 비교. 사회적 비교는 클라이언트의 처지 전과 후의 행동을 평가가 이루어지는 맥락이나 지역사회에서 기능 수준이 좋은 또래들의 비일탈(일반적인) 행동과 비교해보는 것이다. 비교를 위한 질문을 함으로써 치료 후의 클라이언트의 행동이 같은 환경에서 적절하게 기능을 수행하는 또래들의 행동과 구별되는지를 비교하게 된다. 클라이언트의 행동이 중재의 정당성을 입증해준다는 가정을 해보면, 그 행동은 처음부터 일반적인 수준의 수행으로부터 벗어나있었음이 증명되는 것이다. 처치 절차가 적어도 많은 임상적 문제에서 실제적으로 중요한 변화를 창출해냈다면, 이는 클라이언트의 행동이 일반적 수준으로 돌아왔음을 의미하는 것이다.

사회적 비교의 본질적 특징은 클라이언트의 또래, 즉 클라이언트와 비슷한 나이, 성, 인종, 사회경제적 지위 등을 지닌 또래지만 중재를 하지 않아도 그 행동이 매우 적절하거나 잘 기능하는 아이들과의 차별성을 확인하는 것이다. 임상적으로 중요한 변화가 나타나서 만약 중재가 클라이언트를 또래들 수준만큼 적절하게 행동할 수 있게 변화를 이끌어냈다면, 이는 임상적으로 중요한 변화가 나타났다고 추정할 수 있는 증거가 된다.

기준으로 사용할 수 있는 정보를 습득하는 것이 중요한 특징이다. 예를 들어 전혀 식기를 사용하지 않거나, 음식을 엎지르는 행동을 계속해서 보인다거나, 다른 사람의 음식을 훔쳐 먹는다거나, 바닥에 엎질러 놓은 음식을 주워 먹는 발달장애 아동에게 적절한 섭식행동을 훈련시키는 데 초점을 둔 프로그램의 사례를 보자(O'Brien & Azrin, 1972). 적절한 섭식행동을 발달시키기 위하여 행동중재(촉진하기, 칭찬하기, 적절한 섭식행동에 대해 음식물로 강화하기)가 투입되었다. 훈련을 통해서 적절한 섭식행동이 증가하긴 했지만, 그 개선이 실제로 중요한 것인지 혹은 그 행동이 일상생활에서 일반적으로 혹은 잘 기능하는 것으로 여겨지는 사람들의 섭식기술에 근접한 것인지 여부는 여전히 의문으로 남았다. 이 질문에 답하기 위해서, 연구진은 지역의 식당에서 12명의 손님을 대상으로 섭식 습관 훈련을 실시하고 그 집단과 비교를 실시하였다. 이 손님들은 관찰자에 의해 관찰되었고 그들의 식습관이 기록되었으며, 부적절한 식습관에 대해서도 동일한 척도를 사용하여 기록하였다. 이것은 섭식행동에 결함이 없는 것으로 확인된 사람들의 기준이 된다. 이 집단의 평균은 그림 12.8에 점선으로 표현하였다. 그림에 나타난 것처럼, 발달장애인의 식사 중 부적절한 행동 수준은 식당 손님들의 부적절한 섭식행동 비율에 비해 매우 낮았다. 이러한 결과는 훈련이 일상생활에서 수용 가능한 기능 수

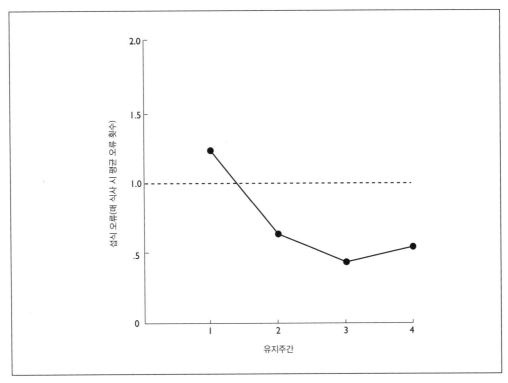

▌ **그림 12.8** ▌ 매 식사 시 훈련받은 발달장애인 집단이 수행한 부적절한 반응(섭식 오류) 횟수의 평균. 점선으로 된 수평선은 일반적인 섭식 조건인 식당에서 12명의 손님이 수행한 동일한 반응 횟수의 평균을 나타낸다(표준 샘플). (출처 : O'Brein & Azrin, 1972)

준의 사람들과 비교했을 때 매우 강한 변화를 일으켰음을 보여준다.

　다른 사례로 사립학교에 다니는 자폐성장애 유아 4명(5~6세)의 행동을 지원하기 위해 개발된 프로그램을 살펴보자(Reeve et al., 2007). 이 프로그램의 목표는 사회적 행동(교실에서 돕기)을 가르치는 것이었다. 사회적 행동 가운데 돕기 행동을 선택한 이유는 이 행동이 상당히 지속적인 상호작용을 유도해내는 경향이 있기 때문이다. 프로그램을 실시하기 전에 아동들은 돕기 행동을 전혀 나타내지 않았다. 몇 가지 활동(예 : 모델링, 수업, 안내)으로 구성된 훈련, 즉 중재가 시작되자 돕기 행동에 변화가 나타나기 시작했다. 중재에 대한 평가는 아동 간 중다기초선설계를 통하여 실시하였다. 기초선에서 전체 아동의 행동이 영(0)의 비율(전혀 돕기 행동이 없음)로 지속적으로 나타났었기 때문에 중재의 효과는 매우 확실하다고 할 수 있었다. 좀 더 변화를 자세히 평가해보기 위해서, 연구자들은 훈련이 끝날 때까지 4명의 아동이 보인 돕기 행동을 비디오테이프로 녹화하였고, 전형적인 발달을 보이는 일반 아동들에게도 동일한 행동에 참여하게 하여 녹화하였다. 여기서 다루고자 했던 의문점은 훈련을 받은 자폐성장애 아동의 돕기 행동의 성취 수준과 손상이 없는 것으로 확인된 일반아동들이 보인 돕기 행동과 의 유사성이었다. 80개의 비디오테이프가 만들어졌는데, 대학생들에게 무작위로 이 테이프들 을 평가하게 해본 결과, 두 집단간의 돕기 행동은 매우 비슷한 것으로 나타났다.

앞의 예시에서 사회적 비교를 사용한 것은 변화의 의미가 무엇인지 더 깊게 알아보고자 한 것이었다. 사회적 비교 자료가 변화의 중요성을 잘 전달하고 있는가? 이는 다소 대답하기 어 려운 문제인데, 여기에는 클라이언트나 다른 사람들이 그 변화를 어떻게 바라보는지, 혹은 그 변화가 다른 환경에서도 일반화될 것인지, 일정 시간이 지난 후에도 유지될 것인지 등 여러 가지 고려해야 할 사항들이 있기 때문이다. 그러나 이 사례들은 여전히 사회적 비교 자료가 중재의 효과를 평가하는 데 매우 유용한 기준이고, 타인의 행동 방식을 고려한 사회적 맥락에 서도 그러한 변화가 나타났는지를 알 수 있게 해주는 유용한 기준임을 보여준다. 문제는 비교 에 적합한 샘플을 얼마나 잘 확보하느냐에 달려 있다. 이 주제는 이 장의 후반부에서 다시 살 펴보도록 하자.

주관적 평가. 주관적 평가 방법에서는 클라이언트와 매일 자주 접촉하는 사람, 그리고 수행에 서 뚜렷한 개선이 나타났는지 여부를 판단할 수 있는 사람이 클라이언트의 행동을 평가하게 된다. 이 방법에 사용되는 질문은 타인이 보기에 클라이언트가 질적으로 혹은 명백하게 뚜렷 한 차이를 나타내고 있는지에 관한 것이다.

주관적 평가는 보통 행동에 대한 종합적 평가로 구성되며, 처치의 효과를 타당화하기 위한 수단으로 주로 사용된다. 클라이언트와 상호작용하는 사람이나 특별한 위치에 있는 사람(예 : 전문가)이 행동 변화를 관찰을 통해 확인하게 된다. 종합적 평가는 처치 후 클라이언트의 수 행에 관한 전반적인 평가를 할 수 있도록 만들어졌다. 행동에 대한 체계적인 변화가 실증되었 더라도, 일상생활에서 그 사람의 수행이 '실제'적인 차이를 나타냈는지를 보여주지는 못할 수 도 있다. 클라이언트에게 중요한 변화가 나타났다면, 그 변화는 클라이언트에 대한 판단을 내 릴 만한 위치에 있는 관계자들에게 명확하게 드러날 것이다. 이에 일상생활에서 클라이언트 와 자주 접촉하는 사람들에 의한 판단은 변화에 대한 실제적 혹은 임상적 유의성을 평가하는 데 있어 매우 중요한 차원이 더해지는 일이 될 것이다.

이에 관한 훌륭한 예시로 두 가지 근육 틱(불수의운동)을 없애고 싶어 처치에 참여한 대학 생 스티븐의 사례를 살펴보자(Wright & Miltenberger, 1987). 이 사례는 객관적 정보와 주관적 평가가 상호 보완적인 역할을 하는 사례로, 단지 변화의 유무뿐만 아니라 그 변화를 타인들도 명확한 차이로 볼 수 있음을 설명하고 있다. 스티븐의 틱은 머리 움직임과 과도한 눈썹 치켜

올리기다. 개별적 처치 회기를 통해 스스로 틱이 나타날 때마다 점검하고 확인하는 훈련, 그리고 틱의 발생을 좀 더 일반화해서 지각할 수 있도록 훈련받았다. 더불어 하루종일 틱을 자기 점검하였다. 사정 회기는 클리닉이나 대학 도서관에서 진행되었는데, 스티븐이 독서를 하는 동안 관찰자들이 그의 틱을 기록하였다. 자기점검과 훈련 절차에 대한 인지를 중다기초선 설계를 통해 평가하였고, 처치를 실시함에 따라 각 틱 행동이 감소하였다.

그렇다면 이 감소는 스티븐과 주변 사람들에게 중요하거나 차이를 만들어내는 감소였는가? 처치 종료 시점에 이루어진 스티븐의 질문지에 대한 반응을 보면, 스티븐은 더 이상 틱에 의한 스트레스를 받지 않는 것으로 나타났으며, 틱이 더 이상 타인들에게 주목받을 만한 정도는 아니라고 느끼는 것으로 나타났다. 더불어 4명의 관찰자들에게 처치 전과 후를 알 수 없게 제시한 스티븐의 틱에 관한 테이프를 임의로 평가하게 해보았다. 관찰자들은 처치 후의 테이프에서는 전혀 산만함을 느낄 수 없었다고 하였고, 정상에서 매우 정상, 혹은 약간에서 아주 약간 정도로만 평가를 내렸다. 반대로 처치 전의 테이프에 나타난 틱에 대해서는 매우 심각한 것으로 평가하였다. 이후 관찰자들에게 처치 후의 테이프에 대한 정보를 제공하였고, 그들이 처치를 통해 스티븐과 같은 성취를 해냈다면 만족도가 어땠을지에 대하여 질문하였다. 모든 관찰자들은 처치 결과에 대하여 만족했을 것이라고 보고하였다. 스티븐과 독립적인 관찰자들에 의한 주관적 평가는 변화의 중요성을 증명하는 데 도움이 되었으며, 이는 처치가 클라이언트와 타인들이 그 차이를 느끼게 만들었음을 의미한다.

주관적 평가는 보통 클라이언트와 자주 접촉하는 사람들에 의한 종합적인 평가를 의미하지만, 스티븐의 사례에서처럼, 클라이언트 자신이 중재가 실제적인 차이를 만들어냈다고 인식하는지를 평가하게 할 수도 있다. 사회적 타당도의 한 방법으로서 자기평가 방법은 적어도 두 가지 이유 때문에 타인에 의한 평가보다 덜 사용되어 왔다. 첫째, 단일대상설계에서 평가하는 중재 방법들은 주로 중증의 장애나 손상이 있는 인구(예 : 발달장애나 중증의 지적장애, 자폐증)를 대상으로 하고 있고 지역사회 행동이나 지역사회 환경(예 : 운전자와 승객들의 안전벨트 사용)을 대상으로 하고 있기 때문이다. 이러한 경우 자기평가는 실행하기 어렵다.

둘째, 자기평가는 중재에 대한 전반적 만족도를 반영하는 경우가 낳고, 실제적인 행동의 변화나 중재 제공과 관련된 문제들에 대해서는 그다지 관련성이 높지 않은 경우가 많기 때문이다. 물론 주관적 평가는 중요한 초점이 되기도 한다. 누군가 자신만의 분위기(예 : 우울증), 자신의 관계(예 : 자신의 파트너나 배우자에 대한 감정), 환경적 사건(예 : 스트레스원), 신체적ㆍ정신적 조건(예 : 전체적 건강, 행복감)에 대하여 느끼는 것은 매우 중요한 삶의 측면이다. 일부 상황에서 자기보고는 전혀 대체 불가능한 중요한 자료를 제공하기도 한다. 예를 들어 어떤 프로그램에서 한 청소년이 기능 손상과 심각한 통증의 원인이 되는 근육 긴장에 대한 처치를 받고 있었다(Warnes & Allen, 2005). 프로그램에 대한 평가는 자동화된 정신생리학적 측정(근전도)을 통해 이루어졌다. 그러나 통증에 대한 자기보고식 사정 또한 매일 실시하였다. 객관적 측정을 통한 근긴장의 개선을 개인에게 좋아짐을 느끼고 있는지를 묻는 것으로 대체할 수는 없다. 이 프로그램은 두 가지 측정 모두에서 효과를 나타냈다. 이런 연구와 같이, 외현적 행동에 대한 사정과 주관적 평가는 경쟁을 위한 것이 아니라 중요한 상호 보완적 정보를 제공해주는 것이라 할 수 있다.

또 다른 맥락에서 주관적 평가의 역할을 강조할 필요가 있다. 앞서 언급한 것처럼 실제 환경에서 단일대상설계를 적용할 때, 외현적 행동이 주가 되거나 중재의 효과만을 배타적으로 측정하는 경우가 많다. 그러나 최근에는 외부로 드러나지 않는 행동(예 : 우울, 불안, 인지)에 대한 측정을 사용하기 시작하면서, 기능의 또 다른 측면을 결과에 반영하고자 하는 흐름으로 변화하고 있다. 주관적 평가는 다른 차원에서도 주목을 받고 있는데 그것은 연구가 보여주는 영향을 확인하는 데 있다. 예를 들어 어떤 프로그램에서 아동들의 분열행동 감소를 위한 중재를 고안했다(Reitman, Murphy, Hupp, & O'Callaghan, 2004). 이 프로그램에 투입된 중재는 매우 효과적이어서 아동의 행동을 변화시켰고, 인상적인 그래프로 나타낼 수 있었으며, 앞서 살펴본 여러 가지 다른 사례들처럼 유지도 가능했다. 프로그램 종료 시점에서 교사들이 이 차이를 인식하고 있는지를 알아보기 위하여 주관적 평가를 실시하였다. 교사들은 표준화된 교사용 평정척도를 제시했을 때는 개선되었다고 하지 않았다. 이것은 매우 유익한 발견이다. 이 변화는 충분히 강력한 것인가? 표적행동과 관련된 조작적 정의가 있었는가? 교사들은 단지 편견에 빠져 있었거나 변화를 잘 감지하지 못한 것인가? 주관적 평가는 중재의 효과가 인식되는지 혹은 타인들에게 영향을 얼마나 미치는지를 표현하는 데 매우 중요한 보조수단이다.

임상적 유의성

사회적 타당도는 단일대상연구에서 태동한 것이다. 심리치료연구와 전통적인 집단간 설계에서도 이와 관련된 발전이 있었다. 심리치료연구는 매우 오래된 역사를 지니고 있다 – 처치를 통해 임상적 문제들, 즉 우울증, 불안, 공황장애 등 많은 문제들에 변화를 일으키는지를 평가해 왔다. 자료에 대한 평가는 다양한 조건하에서 실시된 집단간의 평균을 비교하는 방식으로 이루어졌다. 연구가 끝나면 한 가지 치료가 다른 것보다 더 효과적임이 밝혀지거나 환자의 상태가 개선된 것으로 나타난다. '좀 더 효과적인' 혹은 '개선된' 등의 표현은 마치 무엇인가 실제로 차이를 만들어냈음을 의미하는 임상적 개념처럼 들리지만 실은 통계적 개념이다. '좀 더 효과적인'이라는 의미는 단지 집단간의 통계적 검증에서 차이가 나타났음을 의미한다. '개선된'이라는 의미 역시 사전·사후 처치가 통계적으로 집단간에 유의미한 차이가 있다는 것뿐이다. 이 두 가지는 실험적 기준을 충족시키는 것으로 연구 결과에 대한 신뢰도를 평가한 것이다. 둘 다 소위 임상적 기준, 즉 변화가 개인의 삶에 실제적인 차이를 만들어낸 것인지 여부를 반영할 필요는 없는 개념이다. 사회적 타당도가 시각적 분석을 보충하기 위해 제시되었듯이, 임상적 유의성도 통계적 평가를 보충해주기 위한 준거로서 소개된 개념이다.

집단연구에서의 임상적 유의성이라는 개념은 심리치료나 심리학 분야에만 있는 새롭거나 독특한 개념은 아니다. 이 개념은 의료 관련 연구에서 널리 쓰이고 잘 알려진 개념들이다. 예를 들어 암 치료 관련 연구에서 하나의 처치가 다른 처치보다 생을 연장시키는 것으로(처치 후 생존) 여겨질 수 있다. 이때 '생존'과 같은 측정을 사용해서 변화에 대한 실험 기준이나 임상 기준을 쉽게 혼용해서 사용한다. 측정 도구가 발달함에 따라 생존 소식이 매우 중요해졌다. 하지만 '더 나은'이라는 통계적 유의성이 이 맥락에서 언급되기도 한다(실험적 기준). 그 차이는 5일, 5주, 혹은 5개월 정도의 생존을 더 연장시킨 것을 의미한다. 여기서의 차이가 중요한가(임상적 기준)? 아마도 이것은 환자가 판단할 문제일 것이다. 우리 혹은 환자에게 이에 대한 판단을 하라고 한다면, 그것은 아마도 연장된 생존 기간 동안의 삶의 질과 같은 더 많은 정보에 따라 달라질 것이다. 추가 생존기간 동안 삶의 질이 빈약해진다면(더 많은 고통, 못 움직임, 혼수상태, 기타 부작용), 그것이 평가에 영향을 미칠 것이다. 처치연구에서는 삶의 질에 관하여 고려를 해야 한다. 환자와 관련된 것이 무엇인지, 보완해야 할 생존 관련 자료가 무엇인지를 설명하는 방식으로 처치 효과의 중요성에 대하여 상세하게 설명하는 데 관심을 가져야 한다.

임상적 유의성을 강조하는 근거가 되는 아이디어는 새로운 개념이 아니며, 이 주제는 공식적으로는 심리치료 연구 맥락이나 전통적인 집단간 연구의 맥락에서 생성된 것이다. 변화가 차이를 만들어낸 것인지, 즉 임상적 유의성이 있는지를 평가하는 핵심적인 척도로 세 가지 지표가 활용되어 왔다. 이 척도들은 표 12.2에 제시하였다.

표준 범위 이내에 들어서기. 첫 번째 지표는 표준 샘플의 사용과 관련된다. 이 방법에서의 질문은 "환자나 대상자가 처치(혹은 다른 중재)를 마친 후 수행의 표준 범위에 어느 정도까지 들어가는가?"이다. 처치 전 클라이언트들은 아마 측정을 해보면 잘 기능하는 또래들에 비해서 상당히 떨어져 있을 것이며, 다른 분야에 속해 있었을 것이다(예 : 불안, 우울, 사회적 위축). 처치 후 관심분야에서 잘 기능하는 사례들처럼 클라이언트들이 표준 범주 이내로 들어오거나 표준 범주로부터 구별되지 않는 정도에 들어온다면, 이는 임상적으로 중요한 변화가 나타났다고 논리적으로 정의할 수 있다(Kazdin, 1977b; Kendall & Grove, 1988). 이는 사회적 타당도 맥락에서 언급된 사회적 비교와 동일하다. 내가 이 지표를 여기서 재론하는 것은 이 지표가 단일대상연구 설계보다 집단간 연구에서 더 자주 사용되었기 때문이다. 환자들을 성과 연령에 따라 확장된 표준 자료에 비추어 결과를 측정해봄으로써 임상적 유의성을 알아보는 지표로 활용할 수 있다. 그래서 누구나 쉽게 처치 사례와 표준 집단의 결과를 비교할 수 있다. 단일대상설계에서는 외현화된 행동에 대한 측정을 주로 사용한다. 집단간 설계에서는 자기보고 혹은 타인보고 척도를 보다 더 많이 사용한다. 후자의 척도들은 연령, 인종, 사회경제적 지위, 국적 등 다양한 요인에 따라 수천 명을 대상으로 측정하여 개발된 표준화된 척도이다. 집단간 연구에서는 지역사회에서 기능하는 개인들에 대한 엄청난 데이터베이스를 사용해서 변화의 임상적 유의성을 측정해 왔다.

다소 전형적인 사례로, 7세에서 13세까지의 공격적이고 반사회적인 행동을 보이는 아동들에 대한 처치의 효과를 평가한 연구를 살펴보자(Kazdin, Siegel, & Bass, 1992). 문제 해결 훈련(Problem-Solving Skills Training, PSST), 부모관리 훈련(Parent Management Training, PMT), 두 전략을 연합한 훈련, 이렇게 세 가지 조건에서 그 효과를 검증하였다. 문제 해결 훈련은 인지적인 절차에 따라 아동들이 대인관계 상황에 접근해서 그들을 돕거나 친사회적 해결책을 만들어내게 하는 훈련이다. 부모관리 훈련은 아동의 친사회적 행동을 증진시키기 위해, 매우 세부적인 방식으로 가정에서 부모와 아동의 상호작용에 변화를 주려고 설계된 절차이다. 두 사례의 결과는 처치 전, 처치 후, 1년 후(그림 12.9 참조)의 세 집단으로 나누어 좌표를 측정하였다. 측정 도구는 광범위한 정서 및 행동 문제를 사정하는 아동행동 체크리스트의 아동용 버전과 교사용 버전이다(Achenbach, 1991). (의뢰받지 않은, 지역사회 아동에 관한) 광범위한 표준 자료를 사용하면 매우 유용한데, 해당 연령대 모든 아동들의 전반적(전체) 증후 점수 90% 지점이 지역사회(표준) 아동과 처치 집단을 임상적으로 가장 잘 구별할 수 있게 해주는 점수이다. 그림 12.9에 나타난 바와 같이. 이 백분율 점수는 지역사회의 청소년들과 '표준 범주'의 정서 및 행동 문제의 상한선을 정의하는 데 사용되었다. 임상적 유의성이 있는 변화로 정의하려면 아동의 점수가 이 절단점수 아래로 떨어져야 한다. 즉 표준 범주에 들어와야 한다. 그림을 살펴보면 아동들의 점수는 부모용(왼쪽)과 교사용(오른쪽) 척도에서 처치 전 점수 범위가 모두 이 범위보다 높게 나타난다. 치료 후에는 혼합 접근법이 가장 큰 효과를 나타내기는 하였으나 각 집단의 점수가 '정상' 범위에 접근하였거나 '정상' 범위 이내로 들어왔다.

그림에 나타난 결과는 집단의 평균이다(각 집단의 수행 평균). 누구나 처치 후에 표준 범위 이내로 얼마나 많은 개인들이 들어왔는지 계산할 수 있다. 이 사례는 부모용 척도에서 처치 후 33%, 39%, 64%의 아동들이 문제 해결 훈련, 부모관리 훈련, 연합 처치를 통해 각각 표준 범위 이내의 점수를 성취했음을 보여준다. 이 백분율은 모두 차이를 나타내고 있지만(통계적 유의성), 특히 연합 처치의 백분율은 기능 수준을 '표준' 수준 이내로 떨어뜨리고 있다. 이 결과는 실제적 유의성을 평가하는 것의 중요성을 강조하는 결과이다. 이 연구에서 집단 내와 집단간에 모두 통계적 유의성이 있었지만, 지속적으로 처치를 받은 대부분의 아동들은 임상적인 의뢰를 받지 않은 또래들의 표준 범위 밖으로 분리되는 결과를 보였다.

기능장애 행동으로부터의 이탈. 임상적 유의성을 정의하는 또 다른 방법으로 기능장애 수준을 비교하는 방법이 있다. 임상 현장에서 보면, 환자들은 그들의 중점을 두는 기능장애 영역 때문에 참여하게 된다. 예를 들어 중점을 두는 행동이 우울이라면 그들은 아마도 우울증 척도에서 극단치 점수를 기록했을 것이다. 처치 종료 시점에 임상적으로 중요한 변화가 생겼다면 클

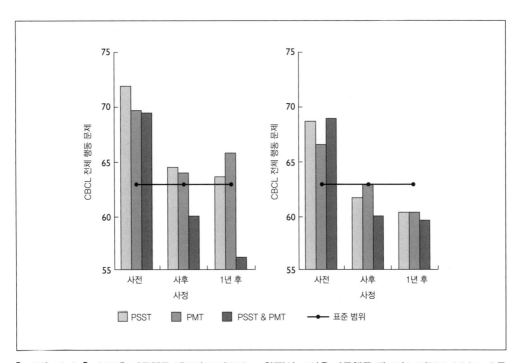

┃ 그림 12.9 ┃ 부모용 아동행동 체크리스트(CBCL, 왼쪽)와 교사용 아동행동 체크리스트(TRF-CBCL, 오른쪽)의 전체 행동 문제 척도로 측정한 문제 해결 훈련(PSST), 부모관리 훈련(PMT), 연합처치(PSST+PMT)의 평균 점수(T점수). 수평선은 동일 연령대 및 성에 해당하는 아동들의 비임상(표준) 범위의 상한선을 의미한다. 이 선 아래로 들어오면 평균 범주에 속한다. (출처 : Kazdin, Siegel, & Bass, 1992)

라이언트의 점수는 초창기 점수와 비교했을 때 눈에 띄게 이탈된 점수를 나타낼 것이다. 이러한 경로의 이탈이 개선의 지표가 될 수 있다(예 : 증후 감소). 증후에 있어서 어느 정도의 변화나 감소가 필요한지에 대해서는 아직까지 논리적으로 규정된 바는 없고, 다양한 준거가 제안되거나 사용되고 있다(Jacobson & Revenstorf, 1988; Jacobson, Roberts, Berns, & McGlinchey, 1999). 변형된 기준 중 하나는 처치 전 수행(흔히 말하는 기능장애 샘플)의 평균으로부터 2표준편차 이상 이탈한 경우를 임상적 유의성이 있는 중재 효과로 보는 것이다. 치료 후에 기능장애 집단(예 : 치료를 받지 않은 통제 집단)의 평균에서 최소 2표준편차 이탈된 점수를 기록했다면, 이는 중요한 변화를 나타냈다고 볼 수 있다.

왜 2표준편차일까? 첫째, 만약 원래 집단의 평균에서 2표준편차 이상 이탈되었다면, 이는 샘플이 추출된 집단의 평균이나 분포에 속하지 않는다는 것을 의미한다. 사실 평균에서 2표준편차 이상(혹은 이하)이라는 의미는 전체 집단에서 98(혹은 2)% 이외(이내)에 속한다는 의미이다. 둘째, 2표준편차는 집단을 비교할 때 통계적 유의성을 위한 기준과 비슷하다(예 : 유의수준 $p <. 05$에서 양쪽꼬리 t검증 집단비교를 위한 표준편차는 1.96임).

이에 대한 설명으로, 성인 우울증 환자를 위한 처치연구에서 두 가지 문제 해결 전략의 변량을 비교한 사례를 보자(Nezu & Perri, 1989). 변화의 임상적 유의성을 평가하기 위해서, 연구자들은 각 집단의 우울증 척도 점수를 측정하여 각 집단의 사례들이 얼마나 비처치 집단의 평균으로부터 2표준편차 혹은 그 이하의 범주로 들어오는지(즉 덜 우울한지)를 조사하였다. 예를 들어 전체 문제 해결 조건에서 처치를 받은 집단에서 그 정도의 수준 변화를 성취한 사례들은 85.7%였다(Beck 우울증 검사 결과). 반대로 간략한 문제해결 조건에서 처치를 받은 집단은 그 정도의 수준 변화를 성취한 사례가 전체의 50% 정도였다. 좀 더 효과적인 처치 방법이 좀 더 많은 사례 수에서 임상적으로 유의한 변화를 이끌어냈다. 이는 명백하게 하나의 처치가 다른 처치보다 낫다는 것을 보여준다. 이러한 비교는 처치의 영향에 대하여 매우 중요한 정보를 첨가해주는 일이다.

처치나 다른 중재를 평가하는 데 많은 측정 도구들이 사용되는데, 임상적 유의성을 평가하는 기준으로 사용할 표준 자료를 구하기가 쉽지 않다. 즉 처치 종료 시점에서 사례들이 표준 범위에 들어왔는지 여부를 말하기 어렵다. 하지만 누구나 개인에게 얼마나 많은 변화가 일어났는지를 평가할 수 있고, 그 변화가 얼마나 커서 측정 점수가 기능장애 수준(처치 전)이나 샘플(비처치 집단)의 평균과 얼마나 다른지 여부를 평가할 수 있다. 물론 표준 자료를 입수할 수 있다면, 누구나 클라이언트의 행동이 표준 수준으로 회복되었는지 혹은 기능장애 수준으로부터 얼마나 이탈되었는지를 평가함으로써 변화의 임상적 유의성을 평가할 수 있다.

더 이상 진단 기준에 부합하지 않음. 종종 임상적 유의성은 처치로 인해 개인의 진단적 상태가 어떻게 변화되었는지를 평가하는 방식으로 이루어지기도 한다. 많은 처치연구에서 정신의학적 진단 기준에 부합하는지 여부(예 : 주요 우울증, 외상후 스트레스장애)를 근거로 연구 참여자를 선별하거나 모집하고 있다. 진단 기준에 맞는 사람들이 연구에 참여하게 되고 다양한 처치와 통제 조건하에 할당되어 배치된다. 이 사람들이 처치 종료 시점에 본래의(혹은 다른) 진단 기준에 계속 부합하는지 여부를 평가함으로써 임상적 유의성을 확인할 수 있다. 처치가 이들에게 충분한 변화를 성취시켜서 더 이상 진단 기준에 부합하지 않게 되는 경우를 가정해보자. 종종 이런 경우를 참여자가 회복되었다고 말하기도 한다.

예를 들어 어떤 연구에서 표준화된 정신의학적 진단 기준을 사용해서 임상적 우울증을 보이는 청소년들을 세 집단으로 할당하였다 — 청소년 처치, 청소년과 부모 처치, 대기 명단 조건(Lewinsohn, Clarke, Hops, & Andrews, 1990). 처치 종료 시점에서 두 처치 집단은 각각 57%와 52%, 상대적으로 통제 집단은 95%가 우울증 진단 기준에 계속 부합하는 것으로 나타났다. 처치를 받은 집단에서는 매우 적은 사례만이 장애 진단 기준에 부합하고 있었다.

이는 처치 이후에 개인에게 더 이상 장애 진단 기준에 부합하지 않을 만큼 무엇인가 처치가 이루어졌음을 보여주는 결과이다. 이 경우, 조건(문제, 장애)이 사라졌거나 '치료되었다'고 할 수 있다. 하지만 공식적인 정신의학적 진단을 받은 임상적 문제들(예 : 우울증, 자폐증, 주의력결핍 과잉행동장애, 일반화된 불안장애) 대부분은 일련의 연속체이다(종종 스펙트럼이라 불림). 그래서 장애 진단 기준에 더 이상 부합하지 않는다고 해서 치료가 되었다고 말할 수는 없다. 장애 진단 기준(예 : 우울증)에 부합하지 않는다는 것은 단지 하나 혹은 두 가지 증후 정도에 변화가 나타나는 성취를 보였다는 의미일 수 있다.

사회적 영향 측정

단일대상연구에서는 종종 사회적 결과나 개인적 중요성을 지닌 문제들(예 : 상해나 죽음)을 대규모의 사회적 문제나 개인행동 변화의 문제로(예 : 안전벨트 사용, 안전 운전, 아동의 손이 닿지 않는 곳에 집 청소용 독성 물질 등을 비치하는 것) 변경하는 데 초점을 두기도 한다. 예를 들어 사회경제적으로 열악한 가정의 아동이나 유아가 이차적인 정신적 · 신체적 건강 문제의 위험에 빠지지 않게 예방하는 프로그램을 살펴보자(Mrazek & Haggerty, 1994). 이런 연구에서는 후속 자료를 10년이나 20년 후에 얻게 되는 경우가 많다. 비중재 통제 집단과 조기 중재를 받은 집단에 대해서 사회적 영향을 측정해본 결과 입학, 고등학교 졸업, 고용 등의 비율은 높게 나타났고, 구속이나 공적 부조에 대한 의존 비율은 낮게 나타났다. 이러한 측정과 결과는 그 이익이 개인에게 매우 직접적으로 나타났을 뿐만 아니라 사회적으로도 매우 명확한 유의성이 있음을 보여준다.

건강보호와 교육의 측면에서 보면, 비용이 자주 관심사로 등장하는데, 이는 비용이 사회적 영향을 결정하는 근거로 사용되기 때문이다. 어떤 중재가 사회적 영향을 미치는 유의미한 중재라고 가정한다면, 이는 결국 재정적 비용 소모를 줄이는 역할을 한다고 할 수 있다. 비용에 관련된 질문이란 개별적 처치와 대규모의 사회적 중재 둘 다 비용을 들여서 추출한 이익이 얼마냐 하는 것에 관한 질문이다. 비용이익 분석은 중재가 발생시킨 경제적 이익을 평가하기 위해 고안된 방법이다. 물론 이때의 이익은 재정적 용어를 사용하여 측정해야 한다. 클라이언트가 일에 복귀한다거나 작업일수의 손실을 최소화하는 것, 자동차 사고를 줄이거나 병원입원이나 교도소에 수감되는 기간을 줄이는 것 등 다양한 사례에서의 이익이 증거가 되어서 재정적 용어로 해석될 수 있다. 물론 대부분의 중요한 결과(예 : 개인적 행복감, 가족의 조화)는 경제적 성취만으로 해석하기 어려운 부분이 있다.

비용효과 분석은 이익에 대한 재정적 가치만을 요구하는 것은 아니며, 처치의 효과를 평가하는 데 더 쉽게 사용될 수 있다. 비용효과 분석을 통해 처치의 비용과 특정한 산출결과 간의 관계성을 알아볼 수 있다. 이 분석에서는 처치의 이익이 동일하게 구안된 것이라면(예 : 음주 감소, 가족의 화합 증진) 처치 기법을 서로 비교할 수 있다. 예를 들어 행동 문제가 있는 유치원 아동의 부모를 위하여 두 가지 양육 훈련의 차이를 서로 비교한 연구가 있다(Cunningham, Bremner, & Boyle, 1995). 한 연구는 임상 현장에서 개별적 처치를 제공하는 것으로 구성되었고, 다른 하나는 지역사회에서(지역 센터나 학교) 집단 중심 처치를 제공하는 것으로 구성되었다. 두 처치 모두 대기 목록에 있는 통제 집단 조건보다 나은 효과를 나타냈다. 몇 가지 결과를 측정해본 결과 지역사회 중심 처치가 더 효과적이었다. 처치의 효과가 동일했던 경우에도 경제적 비용(예 : 시작 비용, 가족 여행 시간, 처치를 제공하는 데 소요된 치료사/트레이너 비용)은 집단 처치보다 매 가족별 개별 처치가 거의 6배에 달하는 비용이 소모되었다. 또한 지역사회 중심 처치는 개별적 치료보다 더 광범위하게 보급될 수 있었기 때문에 개인과 사회에 더 크게 영향을 미쳤다.

심리치료 연구에서의 비용, 비용이익, 비용효과 측정은 특별한 예외(예 : Cunningham et al., 1995; Simon et al., 2001)를 제외하고는 그리 자주 사용되는 방법은 아니다. 비용은 언뜻 보기에는 간단한 측정만으로 가능할 것 같지만, 중재연구에서 자주 사용되지 않는 측정방법인 것은 그럴 만한 이유가 있기 때문이다. 비용이 단지 목록에 있는 몇 가지 항목의 가격만을 의미하지 않는다는 복잡성이 있기 때문이다. 비용을 측정하는 데 무엇을 포함시켜야 할 것인지, 그것들의 가격을 얼마로 매겨야 할 것인지, 그리고 일부 도전적인 상황에서 처치의 단서가 제공되지 않았넌 경우의 비용은 어떻게 평가할 것인지 등의 문제가 있다.

비용에 관한 관심은 종종 대안과 관련된 처치 비용에 대한 평가를 방해하는 경우가 있다. 예를 들어 어떤 큰 회사에서 알코올 중독 근로자에게 처치를 제공한 경우와 제공하지 않은 경우가 있다고 하자. 이 두 가지 모두 비용이 든다. 알코올 중독을 처치하는 데는 서비스 제공 비용이 소요된다. 그러나 비처치 집단 역시 비용이 드는데, 이는 알코올 중독이 결근을 유발하거나 생산성을 감소시킬 수도 있으며, 병이나 상해를 증가시킬 수도 있기 때문이다. 그래서 처치 비용만의 문제가 아니라 처치와 비처치에 소요되는 모든 비용을 다 살펴보아야 하며, 이 경우 둘 다 많은 비용이 소모된다고 할 수 있다. 이를 잘 반영하는 상식적인 이야기로는 사회에서 교육의 비용이 대단히 높게 들지만 무지로 인해 소요되는 비용과 비교해보면 결코 높지 않다는 개념이 있다. 비슷하게 일부 문제(예 : 우울증, 약물 사용, 품행장애)를 다루는 데 엄청난 비용이 소요되긴 하지만 처치를 제공하지 않았을 때의 비용과 반드시 비교를 해볼 필요가 있다. 예를 들어 미국에서 불안장애로 인한 연간 소요 비용은 423억 달러(혹은 1인당 1,542달러) 정도이다. 심리치료를 제공하면 결근이나 작업 손실 및 손상으로 인한 비용을 감소시킬 수 있다(Gabbard, Lazar, Hornberger, & Spiegel, 1997 참조).

사회적 영향을 측정하는 것이 단일대상연구에서 자주 사용되는 방법은 아니지만, 실제적 유의성을 측정하기 위해 평가의 영역을 확장시키기 위해서는 반드시 필요한 개념이다. 목적과 관련된 측정을 하려면 개별 행동이나 개별 중재 같은 작은 규모로는 안 된다. 때로는 연구의 초점이 좀 더 대규모로 확장되기를 기대할 필요가 있다. 예를 들어 앞서 제시한 바 있는 안전운전 프로젝트 실험(정지 신호 앞에서 멈추기)의 경우, 한 대학 캠퍼스의 교차로에서만 개선이 나타났다(Austin et al., 2006). 그러나 그 실험 안에서 혹은 대규모로 확장된 실험을 통해서 또 다른 측정(예 : 사고 줄이기, 상해 및 사망 감소)을 해본다면, 이는 사회적 영향을 알아보는 데 훌륭한 지표로 활용될 수 있다.

문제점 및 고려사항

실제적 유의성(사회적 타당도 및 임상적 유의성) 측정은 교육, 상담, 심리, 건강관리 등 많은 학문분야에서 최근 몇 년간 그 중요성이 계속 강조되고 있다. 우리는 우리의 중재가 모든 유형의 측정에서 통계적으로 유의한 변화를 나타낼 수 있으며, 소규모의 척도와 타당화가 잘 된 측정 도구(예 : 직접 관찰, 다양한 심리학 척도)를 통해서 인상적인 결과를 산출할 수 있다는 것을 학습하였다. 그런데 소비자들(입법인, 정신건강 단체, 보험회사)이 주로 묻는 질문은 이러한 중재가 실제적인 차이를 가져오는지다. 다양한 수준에서 사회적 타당도와 임상적 유의성을 측정하는 것은 이러한 실제적 관심에 대처하기 위한 것이었다. 사회적 타당도, 임상적 유의성, 사회적 영향 측정이 모두 중요하긴 하지만, 각각의 자료를 해석하는 데는 몇 가지 중요한 문제점이 있다. 지금부터 사회적 타당도와 관련된 몇 가지 문제점을 살펴보자.

사회적 비교 및 표준 수준으로의 회복. 개별적 중재가 종료되는 시점에서 개인의 행동 수행이 표준 범위에 들어온다면 이것이 하나의 준거가 된다(사회적 타당도와 임상적 유의성). 그러나 표준 샘플을 정의하는 일이 그리 쉬운 일은 아니다. 우선, 지역사회에서 '정상적으로' 기능하는(즉 표준 샘플) 미국 성인(18세 이상)의 약 4분의 1(25%)이 진단 가능한 정신의학적 장애 기준에 부합한다(미 정신건강연구소, 2008). 25%의 성인 중 약 절반이 2개 이상의 정신의학적 장애 기준에 부합한다. 다시 말하면, 이러한 통계 수치는 일상생활 속에서 만날 수 있는 사람들, 거리를 걷고, 수업을 듣고, 강의를 하고, 방법론 서적을 저술하는 모든 사람에게 해당하는 수치이다. 일상생활에서 만나는 사람들로부터 샘플을 추출한다면, 여기에는 사회적 · 정서적 · 행동적 문제가 유의미한 수준으로 나타나는 개인들이 포함될 것이다. 표준적인 기능 또한 몇 가지의 샘플 특성으로 그 기능이 다양하게 나타날 것이다. 성, 연령, 신분, 인종, 문화 등 다양한 특질이 있을 것이다. 핵심적인 요인에 적합한 비교를 해야 할 텐데, 그렇다면 무엇이 핵심 요인이고 여기에 얼마나 많은 사람들이 포함되어야 하는가?

둘째, 재활 프로그램이나 처치를 평가하기 위해서 비교를 실시할 때, 중도발달장애, 만성적 정신질환, 심각한 전과 기록이 있는 사람들 중 누구와 비교해야 하는가? 수행의 표준 수준을 개발할 때, 그 수준을 지역사회에서 잘 기능하는 개인들에 근거한다면 이는 매우 비현실적이고 이상적인 처치가 될 수 있다. 표준 집단을 정의하고 판별하게 되면 또 다른 문제점이 발생한다. 표준 집단을 만든다고 가정한다면 그러한 조절변수도 고려해야 할 것이다.

셋째, 표준 집단을 판별할 수 있다 하더라도 정확하게 어느 정도의 행동을 표준 수준에 들어오는 것으로 정의할 것인가? 문제가 있는 것으로 판별되지 않는 개인들의 행동 가운데서 수용 가능한 행동의 범위가 있을 것이다. 이 범위의 상 · 하한선을 정의하는 것(예 : ±1표준편차)은 자료의 특정 절단점 이상 혹은 이하의 자료가 다른 관심 분야(예 : 입원 기간, 다른 장애를 보임)의 측정에서도 서로 다른 장 · 단기 결과를 가져온다고 나타나지 않는 한 다소 임의적인 것일 수 있다.

넷째, 많은 관심사에 대한 측정에서 표준 범위로 개인들을 유도한다는 것은 의문의 여지가 있는 목적이다. 예를 들어 초등학생의 읽기기술을 생각해보자. 임상적 유의성이 있는 변화를 통하여 아동들의 읽기 기능이 표준 범주로 들어왔을 수 있다. 하지만 아마도 이 표준 범주 자체는 목적으로 보면 상당히 의심스러운 측면이 있다. 대다수 아동들의 읽기는 현재의 표준 수준보다 상당히 앞서 있을 것이다. 그래서 표준 기준 자체가 의문의 대상이 된다. 좀 더 극단적인 사례로 약물 남용이나 음주 청소년들의 사례를 또래의 수준과 비교해보자. 일부 집단의 경우 또래 집단 자체가 잠재적으로 부적응 행동을 보이는 일탈행동 수준에 들어와 있을 수 있다.

끝으로, 수행 수준이 표준 범위 이내로 들어오거나 일탈 집단으로부터 뚜렷하게 벗어나게 되었더라도 개인이 얼마나 일상생활에서 기능할 수 있는지에 관한 정보는 반영하지 못했을 가능성이 있다. 지필 평가, 설문지, 면담 및 기타 자주 사용되는 측정 도구들이 참여자들의 적응 기능을 반영하지 못했을 수 있다. 타당도가 높은 측정 도구로 참여자들의 수행을 측정했다고 하더라도, 그것이 그들을 행복하게 하고 잘할 수 있게 만들며 다양한 삶의 장면에 잘 적응할 수 있게 만들었음을 의미하지는 않는다. 심리학적 측정에서 보여준 결과와 일상생활에서 실제로 나타난 결과 사이에는 차이가 있다. 그래서 그러한 측정에서 표준 범위에 들어왔다는 것이 실제로 명확한 의미를 지니지는 못한다(Blanton & Jaccard, 2006; Kazdin, 2006).

주관적 평가. 중재 효과의 임상적 중요성을 검증하는 수단인 주관적 평가 방법도 매우 중요한 이슈를 만들어내고 있다. 첫째, 주로 종합적 평가 척도가 주관적 평가 정보를 확보하기 위한 근거로 사용되고 있다는 점이다. 이런 척도들은 질문지나 면담 혹은 직접 관찰과 같이 매우 구체적이고 고정적인 문항으로 구성되어, 기술이 명확한 도구가 아니다. 이 척도들은 주로 평가자의 역할에 근거를 두고 있기 때문에 평가자의 영향을 더 쉽게 받을 수 있다. 주관적 평가는 구체적이지 않고 종합적이기 때문에 반응하는 사람에 따라 많은 변수가 작용할 수 있다(예 : 서로 다른 의미와 해석이 가능함). 또한 주관적 평가는 클라이언트나 클라이언트와 자주 접촉하는 사람에 의해서 수행되기 때문에, 공정하게 그들의 특이하지 않은 능력을 여러 처치 가운데서 구분해내지 못할 가능성이 크다.

둘째, 클라이언트나 그와 관련된 사람이 클라이언트에게 처치가 기능을 해서 행동에 차이가 생겼다고 인지했다는 사실이 클라이언트가 실제로 변화되거나 많은 변화가 있었다는 것을 의미하지는 않는다. 클라이언트와 접하는 사람들은 작은 변화를 감지해낼 수 있고, 이를 그들의 평가에 반영할 수도 있다. 하지만 이것이 반드시 처치가 문제를 감소시켰고 처치를 통해 표준적인 기능 수준으로 들어서게 했음을 의미하는 것은 아니다.

일반적으로 주관적 평가는 매우 주의 깊게 실행되어야 한다. 주관적 평가에서는 다른 측정에서는 변화가 나타나지 않았음에도 변화가 나타났다고 할 수도 있기 때문이다. 주관적 평가는 임상적인 기능장애를 측정할 때 단독으로 사용하거나 주요 결과로 사용하면 특히 제한적일 수 있다. 예를 들어 클라이언트가 실제로 그들이 더 좋아졌다고 느끼더라도(주관적 평가), 실제로는 그들이 처치 초기에 경험했던 의존성이나 중독(예 : 알코올), 손상 등을 지속적으로 나타내고 있을 수도 있다. 누구나 변화가 없이도 무엇인가 기분이 좋아진다는 느낌을 가질 가능성이 있다. 이러한 고려사항이 있기 때문에 해석을 할 때 주의를 기울여야 한다. 그러나 이를 고려하라는 것이지 주관적 평가를 비난하려는 것은 아니다.

주관적 평가는 중요한 정보를 제공한다. 실제로 사람들이 어떻게 느끼고 생각하는지(예 : 그들 스스로에 대해서, 그들의 삶, 결혼, 배우자에 대해서)에 관한 실제적인 차이를 의미한다. 모든 것을 이야기하고 실행하고 난 뒤, 결과에 대한 기준으로 삼아야 할 것은 가장 유용하다고 하는 심리학적 측정 도구에 나타난 수행점수가 아니라, 처치가 사람들에게 더 나은 삶의 경험을 할 수 있도록 만들었는지 여부이다. 주관적 평가는 다른 측정 방법을 보충하기 위해 고안된 것이며 이러한 광범위한 이슈들을 다루기 위해 고안된 것이다.

총평. 지금까지 사회적 타당도를 측정할 때 고려해야 할 사항들을 살펴보았다. 임상적 유의성이나 사회적 영향을 측정하는 개인적 지표와 관련된 몇 가지 이슈가 있는데, 이는 현재의 범위를 넘어서 긴 토론이 필요한 일이다(Kazdin, 2001 참조). 고려사항에 대한 통합적인 이슈는 타당도 사정과 관련되어 있다 — 어떻게 하면 지표들이 일상생활에서 클라이언트의 기능을 성실하게 반영하는지 알 수 있는가? 타당도를 측정하는 일반적인 방식은 다른 곳에서의 수행과 관련된 척도 점수를 보여주는 것이지만, 이것이 문제에 대처하는 방법은 아니다(Blanton & Jaccard, 2006 참조). 사회적 타당도, 임상적 유의성, 사회적 영향을 측정하기 위해 선택한 도구들이 클라이언트의 삶에 나타난 중요한 차이를 명확하게 반영해내는가? 어떻게 그것을 알 수 있는가? 주관적 평가와 같은 일부 척도의 경우에는 차이가 있다고 인식하는 것만으로도 중요한 변화가 있었다고 정의할 수 있다. 다른 측정 도구의 경우에는, 측정치에서의 큰 변화, 표준 샘플에 근접한 변화, 기능장애 샘플에서의 이탈 등을 보여주기 위해서 클라이언트의 일상생활 기능이 명확하게 개선되었다는 것을 보여주는 사정을 실시하지는 않는다(Kazdin, 2006 참조).

중재 효과의 실제적 유의성이나 임상적 유의성을 측정하는 방법이 한 가지만 있는 것은 아니다. 여러 가지 문제가 있음에도 불구하고 가능하면 한 개 혹은 그 이상의 척도들을 포함시키는 것이 중요하다. 앞서 강조했던 도구들 이외에도 임상적 유의성을 평가하기 위한 도구들을 개발할 수 있을 것이다. 임상적 유의성을 조작할 수 있는 다른 방식을 생각해내는 것은 어려운 일이 아니다. 예를 들어 심리치료 연구에서 사용하는 증후관련 측정 도구들을 임상적 유의성을 평가하는 데 사용할 수 있다. 하지만 누군가는 삶의 질, 손상, 삶에서의 참여(예∶활동, 관계)와 같은 다른 구성요소들을 사정할 수도 있을 것이다. 연구자는 중재연구에 "처치가 참여자의 삶에 실제적인 차이를 만들어냈는가?"라는 질문을 반드시 포함시켜야 하며, 이에 대한 답을 얻기 위해서 하나 혹은 그 이상의 측정 도구를 선택해야 한다.

딜레마는 우리가 항상 커다란 변화만을 추구할 수는 없다는 점이다. 작은 변화가 충분한 혹은 꼭 필요한 만큼의 차이를 만들어낼 수 있다. 처치가 사람들을 조금 더 낫게(예∶우울함이나 불안함이 덜하게, 좀 더 자신감을 갖게, 음주나 흡연을 줄이게) 만든다면, 이는 그들이 치료를 받기 전에 참여하지 않았던 새로운 일에 참여하도록 하는 데 충분한 것이 될 수도 있다(예∶사회적 행사, 관계, 직장, 새로운 취미). 치료에서의 작은 효과가 중요하고 명백한 방식으로 사람들의 삶에 영향을 미치기에 충분했던 사례를 생각해보는 것은 매우 쉬운 일이다. 일례로, 부부의 행복 척도 점수가 여전히 표준 범위 밖에 있거나 2표준편차 이상의 변화가 나타나지는 않았다 하더라도, 결혼생활에 문제가 있는 부부에게 나타난 작은 변화가 부부나 개별 배우자에게 매우 중요한 영향을 미칠 수 있다(예∶결혼 상태를 유지하겠다는 결정).

이러한 고려사항에도 불구하고 연구자들은 어떠한 중재연구에서든지 사회적 타당도나 임상적 유의성 측정을 위해 한 가지 혹은 그 이상의 측정 도구를 사용할 필요가 있다. 도구를 추가하는 목적은 중재 효과의 신뢰성을 확립하는 차원을 넘어서(예∶시각적 분석이나 통계적 분석), 중재의 영향이 실제적인 차이를 만들어내는지를 보여주기 위함이다. 사회적 타당도, 임상적 유의성, 사회적 영향 등을 측정하는 것은 중요한 의문점을 다루는 일이며, 응용연구에서 가장 중요한 질문인 "우리의 중재가 공공 보호의 방식에 차이를 만들어내고 있는가?"라는 질문에 대처하는 일이다. 이를 위해 어떤 방법이든 사용할 수 있겠지만, 시각적 분석과 통계적 검정을 통해 신뢰할 만한 효과를 보여주는 것을 넘어서는 다양한 시도를 해볼 필요가 있다.

요약 및 결론

단일대상 실험에서 얻은 자료는 실험 기준과 응용 기준에 따라 평가될 수 있다. 실험 기준이란 행동에 변화가 일어났는지, 그 효과가 신뢰할 만한지, 즉 그것이 행동의 불안정성 때문이 아닌지를 판단하는 기준을 말한다. 응용 기준이란 중재의 효과가 중요한지 혹은 실제적 차이를 만들어냈는지에 대한 기준이다.

단일대상 실험에서 시각적 분석은 보통 실험 준거의 충족 여부를 평가하는 데 사용된다. 실험에서 추출된 자료들은 그래프로 표현되고 변화의 발생 여부와 자료 패턴이 설계의 요구를 충족했는지 여부에 대한 판단이 이루어진다. 행동 변화에 대한 판단이나 그 변화가 중재에 의한 것인지에 대한 판단을 내리는 데는 자료의 몇 가지 특성이 활용된다. 단계별 수행 평균의 변화, 수행 수준의 변화(단계가 전환되는 지점에서 나타나는 변화), 경향의 변화(단계별 기울기나 변화의 비율, 방향에서의 차이), 반응시간의 변화(중재 투입 시 혹은 철회 시 변화가 나타나는 속도) 등의 모든 요소가 신뢰할 만한 효과가 나타났는지를 판단하는 데 기여한다. 자료의 변화를 발견하려면, 안정적인 기초선과 최소한 하루하루의 변동성을 기록해야 이러한 기준을 만드는 데 큰 도움이 된다.

　시각적 분석을 사용하는 주요 이유는 유의성에 동의할 수 있을 만큼, 특히 강력한 중재 방법을 걸러낼 수 있기 때문이다. 그러나 중재의 효과가 그다지 극적이지 않은 상황에서는 시각적 분석을 사용하는 데 대한 반론이 제기될 수 있다. 종종 신뢰할 만한 효과인지에 대한 동의가 이루어지지 못하는 경우가 있다. 또한 시각적 분석에 있어, 변화의 실증을 추론하기 위한 결정 규칙이 언제나 명확하거나 일관성 있게 나타나지는 않는다.

　통계적 분석은 단일대상연구에서 중재를 평가하기 위한 부수적인 방법으로 지속적으로 사용되어 오긴 했지만, 주로 자료를 분석하기 위한 하나의 대안적인 방식으로 사용되어 왔다. 통계적 검정은 자료가 시각적 분석에서 요구하는 몇 가지 특성에 부합하지 않았을 때 특히 유용하게 활용할 수 있다. 예를 들어 기초선이 불안정하지만 치료의 방향이 체계적인 경향성을 보일 경우, 통계적 분석을 선택하면 시각적 분석보다 좀 더 쉽게 중재의 효과를 평가할 수 있다. 중재의 효과가 약한 경우에는 특히나 시각적 분석으로 그 신뢰성을 평가하기 어렵다. 특히 중재가 잘 이해되고 발전되기 전에 시행하는 초기 단계의 연구라면 중재의 효과를 발견하는 것이 매우 중요한 일이 된다. 결과적으로, 작은 변화를 발견하는 것이 중요한 몇 가지 상황에서는 통계적 분석이 특히 유용함을 알 수 있다.

　시각적 분석이나 통계적 분석을 통한 자료 평가는 효과의 신뢰성을 확인하고 변화가 우연히 나타난 것이 아니라는 것을 보여주기 위해서 구안된 것이다. 또한 응용 기준이 중요한데, 이는 행동의 변화가 임상적으로 유의성을 지니고 있느냐에 초점을 두고 있다. 중재 효과의 중요성을 알아보기 위해서는 **사회적 타당도**가 수반되어야 하는데, 이는 처치의 결과를 평가하기 위해서 사회적 기준을 고려해야 한다는 의미이다. 두 가지 사회적 타당도 측정 방법은 중재의 효과를 평가하는 것과 관련이 있다. **사회적 비교 방법**은 중재를 통해 클라이언트의 행동이 일상에서 적절하게 기능하는 또래들의 수준에 도달했는지 여부를 고려한 것이다. **주관적 평가 방법**은 클라이언트와 상호작용하는 사람이나 특별한 위치에 있는 사람(예 : 전문가)을 통해서 변화가 일상에서 주목할 만한 차이를 나타냈는지 판단하도록 하는 것이다.

집단연구에서 **임상적 유의성**은 병렬적인 초점으로서, 즉 변화의 중요성을 평가하기 위해서 생겨난 것이었다. 이 방법 중 하나로 사회적 비교가 있다. 다른 방법으로는 개인에게 나타난 변화의 정도가 얼마나 큰지를 알아보는 방법(예 : 처치 전 평균보다 2표준편차 이상 벗어남)으로 기능장애 행동으로부터 얼마나 눈에 띄게 이탈되었는지를 알아보는 방법이 있으며, 처치 종료 시점에서 개인이 더 이상 정신 의학적 진단 기준에 부합하지 않음을 확인하는 방법이 있다.

중재 절차가 중요한 차이를 만들어냈는지 여부를 확인하는 방법으로 **사회적 영향**에 대한 측정도 언급하였다. 이는 개인적 차원에서의 한 가지 혹은 그 이상의 행동 변화를 넘어서는 대규모 중재나 중요한 사회적 문제에 초점을 둔 측정을 말한다. 이렇게 영향을 측정하는 영역에는 안전, 건강, 에너지 사용, 비용, 수감률이나 입원율 등 보다 광범위한 사회적 관심 영역들이 있다.

사회적 타당도, 임상적 유의성, 사회적 영향을 측정하는 것은 그 측정의 조합이 어떠하든 간에 해석상의 문제가 생겨날 수 있다. 응용연구 분야에서 이것들이 중요한 이슈를 다룬다고 할지라도, 즉 중재가 개인의 삶을 달라지게 만드는 데 진짜 영향을 미친 것이 무엇인지, 누가 그들과 접촉하게 되는지, 사회가 얼마나 큰 영향을 미치는지에 대한 이슈들이 제기될 수 있다. 여기서 강조했던 측정 방법이나 기타 중요한 정보를 제공하기 위해 비슷한 목적으로 만들어진 방법들이 있지만, 임상연구 현장에서는 이러한 방법들이 종종 무시된다.

시각적 분석을 위한 자료의 그래프 제시

제 12장에서는 시각적 분석에 대한 논의와 시각적 분석의 중요 원리, 단일대상연구에서 시각적 분석의 적용에 관해 다루었다. 시각적 분석에서는 단계에 걸쳐서 평균, 수준, 경향의 변화와 실험 조건에 따른 종속변인 수행 변화의 속도를 포함하여 자료의 일부 특성이 중요하다. 단일대상연구 설계를 적용하든 집단연구 설계를 적용하든 모든 연구에서 자료를 그래프로 제시하는 것은 숫자가 많이 나열되어 있고 애매하며 지루한 표를 한눈에 파악하는 데 유용하다. 단일대상연구에서 그래프는 보다 더 중요한 의미를 갖는다.

자료를 그래프로 나타내면 자료의 다양한 특성 및 기준을 검토하여 시각적 분석을 할 수 있다. 그렇기에 기준의 적용을 높이거나 용이하도록 자료를 그래프로 나타내거나 기술적 보조를 사용할 때 시각적 분석을 위한 기준을 기억하는 것이 중요하다. 연구, 설계, 수학, 마케팅, 기타 다른 많은 학문 분야에서 자료를 그래프로 나타내는 것은 많은 선택 중에서 중요한 사안이다(예 : Henry, 1995; Kosslyn, 2006; Tufte, 2001; Wilkinson, Wills, Rope, Norton, & Dubbs, 2005). 단일대상연구에서는 이러한 선택이 그리 많지는 않다. 이 장에서는 단일대상설계를 적용한 자료[1]의 시각적 분석의 기준을 적용하는 데 도움이 되는 자료 도식화를 위한 주된 선택에 관해 살펴보고자 한다. 또한 일반적으로 사용되는 그래프와 결과 해석을 용이하게 하기 위해 단순선 그래프에 추가하여 적용될 수 있는 기술적 보조에 관해 논하고자 한다.

그래프의 기본 유형

단일대상연구의 자료는 다양한 유형의 그래프로 나타낼 수 있다. 각 유형별로 종속변인 측정 자료가 세로좌표(Y축)에 표시되고 가로좌표(X축)에 반복해서 자료가 표시된다. 일반적인 세로좌표값은 반응 빈도, 간격 백분율, 정반응 수 등을 나타낸다. 일반적인 가로좌표값은 회기, 일, 주, 월 등이다.

그림 13.1에서 보는 바와 같이 그래프의 4개 사분면이 일반적인 경우에 판별될 수 있다. 사분면은 x축과 y축의 값이 양수 또는 음수인지에 따라 다양하다. 단일대상연구에서 대부분의 그래프는 그림 13.1에서 진하게 처리된 부분인 x축과 y축의 값이 모두 양수인 오른쪽 윗부분에 해당하는 사분면이 주로 적용된다. 세로좌표값은 0에서부터 보다 높은 양수까지의 범위를 갖는다. 예를 들면 단일대상연구에서는 기능 수행 영역 또는 행동 발생의 증가 또는 감소를 목표로 하는 영역에 초점을 둔다(예 : 강박적 사고의 수, 답을 작성한 수학 문제의 수, 생존 연도 수, 또는 가정에서 소비되는 에너지의 양). 이 경우 음수 또는 반응의 음수값이 일반적으로 나올 수 없다. 마찬가지로, 첫째 날부터 미래의 특정한 시점까지 반복된 수행에 일반적으로 초점을 두기 때문에, x축 값에서도 과거로 회기하는 음수값이 나올 수가 없다.

단일대상연구의 자료를 제시하기 위해 다양한 유형의 그래프가 사용될 수 있다. 이 장에서는 시각적 분석을 위한 기준과 관련하여 그래프 사용에 강조를 두어 주된 세 가지 유형의 그래프에 관해 설명하고자 한다.

단순선 그래프

단일대상연구에서 자료를 표시할 때 주로 사용하는 방법은 연구대상의 매일(또는 매 회기)의 수행을 반복해서 기록하는 것이다. 각각의 날에 누적되지 않은 방식으로 자료를 표시한다. 해

---

1) 이 장에서는 단일대상설계에서 사용되는 그래프의 주된 유형에 관한 개요를 제공하고 그래프를 구상하거나 준비하는 방법과 그래프를 만드는 소프트웨어와 데이터베이스 관리 프로그램의 사용방법에 관한 개요를 제시한다. 단일대상연구 설계와 관련하여 그래프 작성에 도움이 되는 자료들이 있다(예 : Barton et al., 2007; Carr & Burkholder, 1998; Moran & Hirschbine, 2002; Riley-Tillman & Burns, 2009).

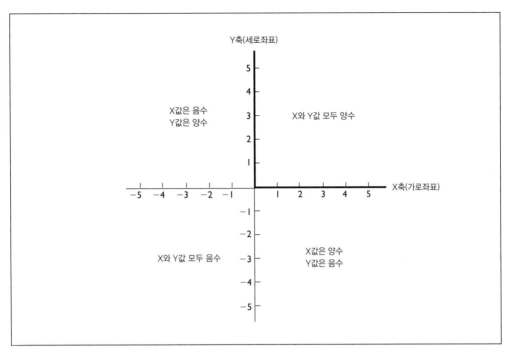

■ **그림 13.1** ■ 자료의 도식화를 위한 X축과 Y축. 진하게 표시된 부분이 단일대상연구 설계에서 그래프를 나타낼 때 주로 사용되는 부분이다.

당일의 종속변인의 값을 기록한다. 그 값은 이전 회기의 값보다 높거나 낮을 수 있다. 각 단계 내의 자료점은 선으로 연결된다. 이 책의 이전 장에서 예시로 제시된 모든 그래프가 이러한 자료 표시 방법을 사용한 것이다. 그래프의 특성을 보다 면밀히 조사하기 위해 일반적인 경우에 그래프를 간략히 묘사하는 것이 유용하다.

그림 13.2는 단순선 그래프(simple line graph)로 자료가 표시된 예다. 주목해야 할 중요한 특징은 자료들이 반복해서 증가 또는 감소를 보인다는 점이다. 즉 특정한 날의 자료점이 다른 날의 자료점보다 높거나 낮을 수 있다는 것이다. 특정한 날에 연구대상이 받은 점수가 표시된다. 그러므로 특정 시기의 수행을 그래프를 통해 쉽게 파악할 수 있다. 예를 들면 그림 13.2에서 10일에 종속변인이 반응이 40회 발생했고 그다음 닐에 만응 빈노가 50회로 승가하였음을 쉽게 알 수 있다. 연구 대상이 종속변인값과 관련하여 어떻게 수행하고 있는지 매일의 수행 수준과 패턴을 쉽게 탐지할 수 있다.

단순선 그래프의 장점은 대상자가 어떻게 수행을 하고 있는지를 한눈에 즉각적으로 판단할 수 있다는 점이다. 단순선 그래프는 매 회기의 자료를 나타내는 상대적으로 비기법적인 양식이다. 대안적 자료 제시 기법에 익숙하지 않은 부모, 교사, 근로자, 간호사 등에게 중재의 결

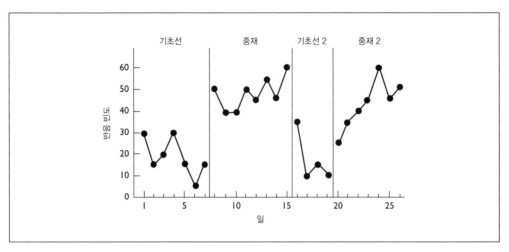

┃ 그림 13.2 ┃ 세로좌표에는 반응 빈도를, 가로좌표에는 일(day)을 값으로 하여 단순선 그래프로 표시된 ABAB 설계의 예

과를 의사소통하고자 하는 요구가 있는 응용 상황에서 많은 단일대상연구들이 시행되고 있다. 단순선 그래프는 이러한 응용 상황에서 상대적으로 파악하기 쉬운 양식을 제공한다.

전문가 관점에서 볼 때, 단순선 그래프의 중요한 특징은 시각적 분석과 관련하여 자료의 다양한 특성을 평가하기 쉽다는 점이다. 단순선 그래프에서는 수행 변화의 평균(mean), 수준(level), 기울기(slope), 속도(rapidity)를 특별히 쉽게 파악할 수 있다. 이 장의 후반에서 다시 언급되지만 평균, 수준, 경향(trend)의 변화를 판단하는 것을 용이하게 하기 위해 단순선 그래프와 더불어 몇 가지 기술적 보조(descriptive aids)가 추가될 수 있다.

누적 그래프

누적 그래프(cumulative graph)는 대상자의 수행 수준을 반복해서 합산하여 기록하는 것이다. 한 회기에 대상자가 받는 점수는 이전 회기에 표시된 점수에 합산된다. 해당 일에 대상자가 취득한 점수는 종속변인의 측정값이다. 그러나 누적 그래프에서 표시되는 점수값은 이전의 모든 회기의 점수가 합산된 **누적 총점**(accumulated total)이다. 그림 13.3에 제시된 그래프는 그림 13.2에 표시된 동일한 자료에 대한 누적 그래프의 예다. 첫째 날에 대상자는 30점을 획득했고 두 번째 날에는 15점을 획득하였다. 두 번째 날의 자료점은 15가 아닌 이틀간의 점수를 합산한 누적 점수인 45점으로 표기되었다. 이런 식으로 모든 자료는 이전의 모든 자료를 합산하여 표시된다.

예를 들면 소설 작가의 글쓰기 생산성 향상에 관한 연구에서 누적 그래프를 적용하였다

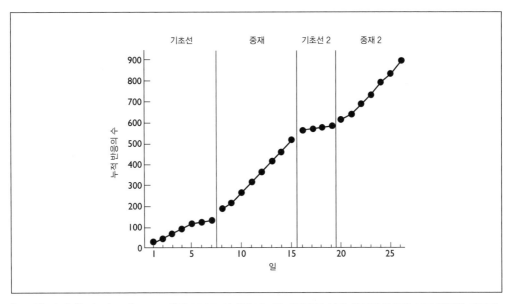

| 그림 13.3 | 누적 그래프로 표시된 ABAB 설계의 예. 각 자료점은 이전 회기의 총점을 모두 합산한 자료다.

(Porrit et al., 2006). 인터넷 기반 프로그램 참여를 희망한 인터넷 작가 집단(대략 4,000명)에서 현재 원고 작업을 하고 있으며 자신의 생산성에 대해 불만을 가지고 있는 10명의 작가들이 연구 대상으로 선발되었다. 연구 대상은 매일 자신의 원고를 인터넷을 통해 제출하였다. 중재 효과를 측정하기 위해 매일 작성된 원고의 단어 수가 자동으로 계산되었다. 내용 또한 무의미하게 추가된 것이 아닌 글의 주제와 관련이 있으면서도 새로운 것인지에 대한 평가도 동시에 이루어졌다. 중재를 포함하여 모든 의사소통은 집단의 웹페이지와 개별 대상자의 웹페이지를 포함한 웹을 통해 이루어졌다. 원고 작성에 대한 개별 목표, 작성된 원고의 단어 수에 대한 그래프 표시, 공적인 인정, 피드백이 포함된 개별 이메일, 해당 주간 목표에 도달한 경우 이메일을 통한 특별 인정, 다른 작가로부터 자신의 원고에 대한 논평을 얻기 위해 작성한 글에 대한 점수 부여 등이 중재에 포함되었다. 10명의 연구 대상은 두 집단으로 분리되고 중재 효과는 집단간 중다기초선설계에 따라 평가되었다.

그림 13.4는 작성된 원고의 누적 단어 수에 미치는 중재의 영향을 제시하고 있다. 두 집단을 대상으로 중재가 서로 다른 시점에 제공되었다. 그림의 중재 단계에서의 직선은 기초선 수행에 근거하여 중재 단계에서 예측되는 수행 수준을 나타낸다. 이는 많은 사람들이 누적 그래프에 익숙하지 않기 때문에 해당 설계의 논리를 묘사하는 데 유용하다. 경향선의 기울기가 완만하거나 수평이면, 이는 단어 생산성에서의 변화가 적거나 거의 없음을 나타내는 것이다. 매

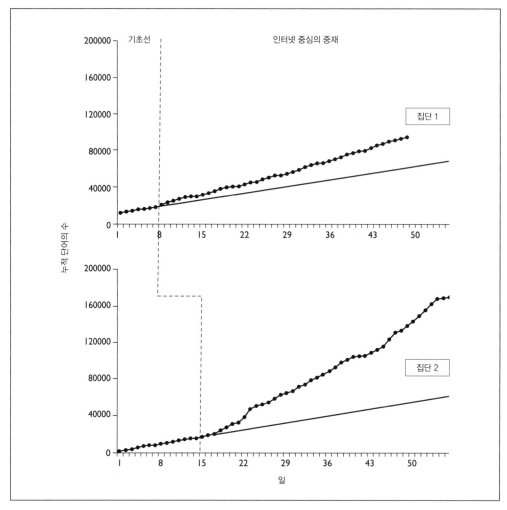

┃ 그림 13.4 ┃ 인터넷 중심 중재에 참여한 두 소설가 집단이 제출한 누적 단어 수를 나타낸 누적 그래프. 중재 단계에서의 직선은 기초선 단계에서 변화율에 근거해 추청된 예측선을 나타낸다. (출처 : Porritt et al., 2006)

회기 보다 많은 단어가 추가되어 많은 변화가 나타나면 경향선의 기울기는 보다 급격해진다. 그림 13.4에서 나타난 기초선 단계에서의 변화는 중재 없이 기초선이 계속되면 매우 완만한 변화가 나타날 것으로 추정하는 데 근거가 된다. 중재 단계에서 기울기의 각이 보다 가파르고 기초선 수행에 근거한 예측선과도 떨어진 것으로 보아 누적 단어 수에서 분명한 변화가 있었음을 알 수 있다. 글쓰기 생산성은 중재 단계에서 향상되었다.

한 연구에서, 직업 프로그램에 참여하고 있는 20~48세 사이의 발달장애 성인을 대상으로 적용한 두 가지 단어숙달 절차의 효과를 평가하기 위해 중다처치설계(multiple treatment design)를 사용하였다(Worsdell et al., 2005). 연구 대상의 대부분이 평생교육에 참여하고 있고 일 견단어(sight word) 읽기에서의 향상을 필요로 하여 선정되었다. 개별 회기에서, 개별 대상자 의 읽기 수준에 대한 사정 결과에 근거하여 단어가 제시되었다. 숙달 단어 수는 실수 없이 읽 은 단어의 수로 산출하였다. 중재 단계에서, 두 가지 오류 수정 방식이 다양한 단어 목록에 걸 쳐 비교평가되었다. 대상자가 오류를 보이면, 중재자는 대상자에게 다시 한 번 더 단어를 반 복해서 읽어보도록 하였다. 중재자는 "아니요, 이 단어는 …입니다. …라고 말해보세요."라고 말하였다. 이 중재 조건은 단일반복(Single-Repetition, SR) 조건이었다. 또 다른 조건은 단어 를 반복할 수 있는 기회를 여러 차례 제공하는 것이었다. 대상자가 오류를 보이면, 중재자는 대상자에게 그 단어를 다섯 차례 반복해서 읽어보도록 하였다. 이 조건은 중다반복(Multiple-Repetition, MR) 조건이었다. 숙달된 단어는 목록에서 삭제되고 새로운 단어가 추가되었다. 6 명의 연구 대상에 대해 대상자간 중다기초선설계를 적용한 연구 결과의 예가 그림 13.5에 제 시되어 있다. 중재가 적용되자 변화가 일어났음이 그래프에서 분명히 나타났다. 특히 중다처 치설계의 기준에 부합하는 뚜렷한 기울기의 변화가 나타났다. 또한 MR중재와 SR중재에 대한 비교에서 MR중재가 단어 숙달에 보다 더 효과적이었음이 나타났다. 보다 많은 단어 숙달을 이끄는 효과적인 방법을 아는 데 누적 그래프가 매우 유용하다. 개인이 숙달한 전체 단어 수 가 중요하며, 누적 그래프는 대상자별로 총점이 서로 다름을 보여준다.

단일대상연구에서 누적 그래프는 초기에는 행동에 대한 실험 분석을 시행한 동물실험연구 에서 적용되었다(Kazdin, 1978 참조). 반응 빈도가 시간의 기능(일명 비율)으로서 표기되고 실 험 단계에 걸쳐서 누적되었다. 자료는 누적 반응률을 기록하는 장치인 **누적 기록기**(cumulative record)를 통해 자동으로 기록되었다. 누적 기록기는 반응의 큰 수를 반복해서 기록하는 데 편 리하다. 많은 연구에서는 회기 또는 날과 같은 구체적인 기회에서의 반응의 숫자보다는 반응 률에 초점을 두었다(Skinner, 1938). 자료를 반복 측정해야 하는 연구에서는 조사기한을 개별 회기(예 : 일)로 구분하지 않기 때문에 단순선 그래프는 적절하지 않다. 연구자는 개별 회기 보다는 다양한 기간 동안에 비율의 변화를 연구할 수 있다.[2]

응용연구 분야에서 누적 그래프가 자주 사용되지는 않지만 이를 사용한 연구의 예를 찾아 볼 수 있다(예 : Mueller, Moore, Doggett, & Tingstrom, 2000; Sundberg, Endicott, & Eigenheer,

---

2) 누적 그래프는 반복해서 반응 패턴과 즉각적인 변화를 파악하는 데 특히 유용하다. 예를 들면 조작적 조건형성에 관한 초기의 많은 연구에서, 독립변인으로서 후속자극인 강화 제시를 다양하게 한 강화계획이 연구되었다. 강화계획의 변경에 따라 반응률의 변화를 나타내는 누적 그래프를 통해 강화계획의 효과를 쉽게 판별할 수 있다. 반응률의 증가는 누적 기록 의 기울기 변화를 나타낸다. 반응의 부재는 수평선으로 나타난다(Ferster & Skinner, 1957 참조).

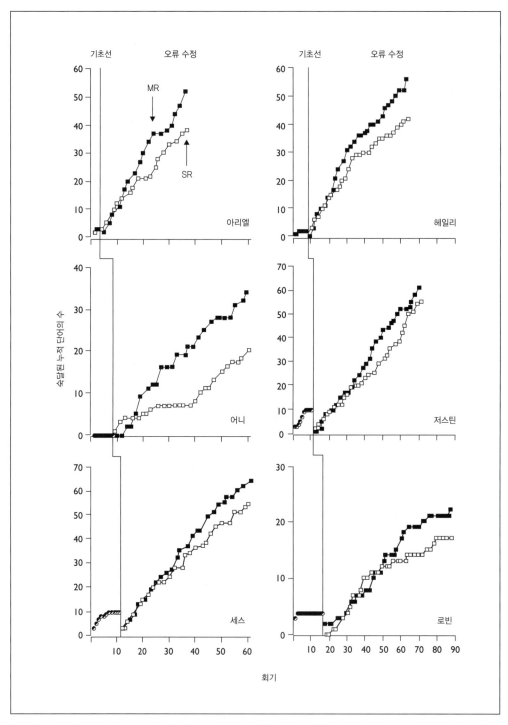

┃ 그림 13.5 ┃ 두 가지 중재 조건(단일반복-SR, 중다반복-MR)에서 기초선과 중재 기간 중 누적 단어의 수가 비교되었다. 중다기초선설계와 중다처치설계가 결합 적용되었다. (출처 : Wordsell et al., 2005)

2000). 누적 그래프는 비누적 그래프만큼 익숙하지 않거나 쉽게 해석되지 않을 수 있다. 누적 그래프에서는 특정일에 연구 대상의 수행 수준이 쉽게 파악되지 않는다. 예를 들면 교사가 특정한 날에 학생이 정확하게 답을 한 문제의 백분율 또는 연산 문제의 수를 알고자 하는 경우에는, 누적 그래프를 통해서는 쉽게 찾기가 어렵다. 특정일의 반응 수는 다른 사람에게 신속하게 탐지되고 의사소통하는 데 중요할 수 있다. 이 경우 비누적 그래프가 보다 더 도움이 된다.

누적 그래프 사용의 감소는 종속변인 측정 범위의 확대와 연관이 있다. 누적 그래프는 반응률을 연구하는 기초 실험실 연구에서 사용되었다. 독립변인의 효과를 평가하는 데 있어서 시간(또는 빈도)의 한도가 매우 중요하게 고려되었다. 응용연구 분야에서, 분 또는 초당 반응은 반응의 총 수만큼 일반적으로 중요하지 않다. 예를 들면 폭력적인 청소년을 대상으로 특수학교에서 폭력 행위 감소를 위한 중재가 적용된다. 시간에 따른 공격 반응 비율과 비율에서의 변화에 관심이 있다 하더라도, 일차적인 관심은 해당일(특정한 날)에 이러한 반응의 총 수에 있다. 기초 실험실 연구에서 주된 관심이었던 종속변인의 시시각각의 변화에 대한 분석이 응용연구 분야에서는 큰 관심을 받고 있지 못하다. 그렇다 하더라도 누적 그래프가 배제되어서는 안 된다. 반응의 축적과 누적된 영향에 관심을 두는 사회적 영향과 관련한 많은 측정변인들이 있다. 예를 들면 사고로 인한 누적 부상 및 사망, 절약된 누적 에너지, 박애주의에 따른 누적 기부액은 반응의 축적 및 누적이 주된 관심이 될 수 있다. 개인이 목표를 설정하면(예 : 운동광의 경우 조깅한 누적 거리, 작가의 경우 작성한 원고의 누적 페이지) 개별 수준에서도 누적 반응에 관심이 주어질 수 있다.

막대그래프

막대그래프(bar graph)는 간단하면서도 상대적으로 명확하게 자료를 제시하는 방식이다.[3] 그래프는 다른 조건에서의 수행을 나타내기 위해 수직 또는 수평 막대로 자료를 표현한다. 각 막대는 개별 단계에 해당하는 수행의 평균 또는 평균 수준을 나타낸다. 예를 들면 기초선 단

---

3) '막대그래프' 또는 '히스토그램'은 다른 맥락에서는 쉽게 구별되지만, 단일대상연구에서는 같은 의미로 교대로 사용된다(http://education.mit.edu/starlogo/graphing/graphing.html#Histogram, http://www.ncsu.edu/labwrite/res/gh/gh-bargraph.html). 두 용어 모두 막대로 자료를 표시한다(일반적으로 수직 막대가 사용되지만 간혹 수평 막대가 사용되기도 한다). 히스토그램은 막대그래프의 한 유형으로, 모집단 내에서의 다른 값의 빈도를 나타낸다(예 : 한 나라에서 연령대별–1~10세, 11~20세–인구수). 그래프에서 막대는 개별 연령 집단 내 인구수를 나타낸다. 교재에서 보다 많이 사용되는 일반적인 용어는 막대그래프이다. 단일대상연구에서 막대그래프는 주로 자료의 평균을 제시한다. 예를 들면 ABAB 설계에서 막대그래프의 막대는 종속변인(예 : 정확하게 답한 항목)에 대한 각 단계별 평균을 나타낸다. 간혹 한 번 또는 두 번 시행된 평가(예 : 사전 검사와 사후 검사)의 평균을 제시하기 위해 막대가 사용되기도 한다.

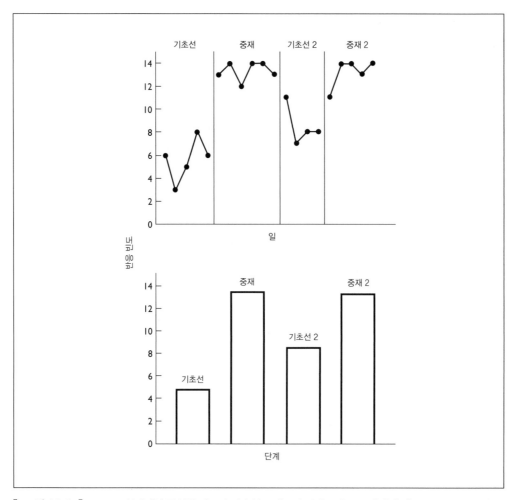

┃ 그림 13.6 ┃ ABAB 설계에서 동일한 자료가 단순선 그래프와 막대그래프로 제시된 예

계의 모든 자료점의 평균이 하나의 막대로 표시되고 중재 단계의 평균과 뒤이은 단계의 평균
이 각각 이러한 방식으로 별도의 막대로 제시된다. ABAB 설계에서 동일한 자료가 단순선 그
래프(위쪽 그래프)와 막대그래프(아래쪽 그래프)로 그림 13.6에 함께 제시되어 있다.

막대그래프는 단일대상연구 설계에서 자료를 제시하기 위해 간혹 사용되기도 한다. 그림
13.5에 읽기 오류 수정을 위한 두 가지 다른 절차의 효과를 보여주는 자료가 누적 그래프로 제
시되어 있다. 이 그림은 회기마다 숙달된 누적 단어를 나타낸다. 동일한 자료를 막대그래프로
변환하여 나타낸 것이 그림 13.7에 제시되어 있다. 여기서 제시되는 정보는 누적 그래프를 통
해서는 파악할 수 없는 것이다. 막대그래프를 통해서, 적용된 두 가지 절차의 평균과 그 평균
의 차이가 어느 정도인지를 알 수 있다.

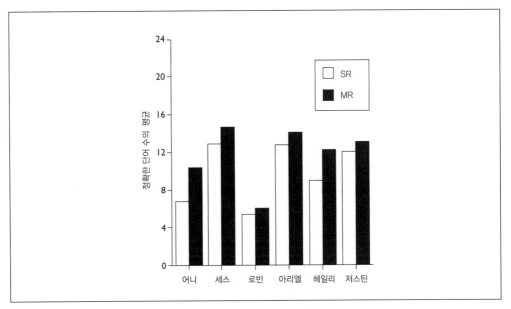

▌ 그림 13.7 ▌ 오류 수정의 단일반응반복(SR)과 다중반응반복(MR) 방법을 적용하는 동안에 회기당 정확하게 읽은 단어 수의 평균. 중다기초선설계와 다중교대설계를 병합한 것이다. (출처 : Worsdell et al., 2005)

막대그래프의 장점은 결과 해석이 매우 용이한 방식으로 자료가 제시된다는 점이다. 해당 단계 내에서 수행의 평균이 산출되고 평균은 막대의 높이로 표시된다. 자료 평가를 하는 데 있어서, 막대그래프는 시각적 분석(평균의 변화)을 위해 사용되는 특징 중 하나를 제시한다. 단계에서의 수행의 변동, 경향, 지속시간에 관한 정보는 일반적으로 생략된다. 그 대가로 자료 제시의 방식을 단순화하는 장점을 가지고 있다고 볼 수 있다. 단일대상연구에서 자료의 해석은 몇 가지 특성(예 : 수준, 평균, 경향에서의 변화)을 아는 것에 달려 있다. 막대그래프가 원자료의 부분을 배제하는 한, 순진무구한 독자에게 원자료에 근거하여 결론에 도달할 수 있는 정보는 적게 제공한다.

막대그래프에서는 자료의 특징이 나타나지 않기 때문에, 일정 기간 변화 패턴에 관한 잘못된 해석을 내리기 쉽다. 예를 들면 결론에 대한 시사점을 가지고 있는 기초선과 중재 단계에서의 경향은 막대그래프에서는 나타나지 않는다. 그림 13.8에 표시된 자료는 이와 관련하여 발생할 수 있는 문제점을 보여준다. 위쪽 왼편의 그래프에서 보면, 단순선 그래프에서 기초선 단계와 중재 단계에서 지속적인 향상이 나타남을 알 수 있다. 향상의 상승 경향이 기초선 단계에서 이미 시작되었기에 중재 단계에서 만들어진 차이가 중재로 인한 것이라고 해석할 수 없다. 위쪽 왼편 그래프를 통해 앞으로의 수행이 기초선과 같이 상승할 것임을 예측할 수 있

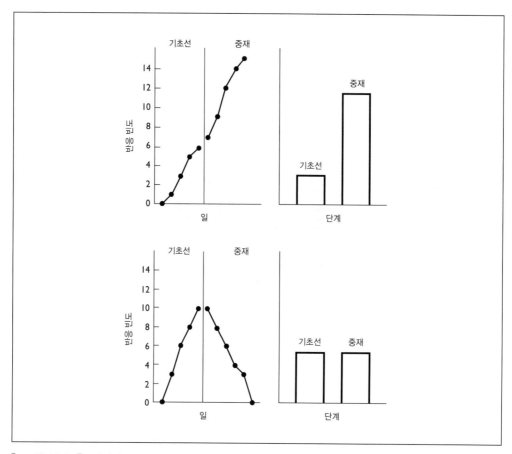

▌그림 13.8 ▌ 가상의 AB 설계 자료. 동일한 자료를 단순선 그래프(왼쪽)와 막대그래프(오른쪽)로 나타낸 것이다. 위쪽의 막대그래프는 행동에서 큰 변화가 나타났음을 시사하지만, 위쪽 왼편의 단순선 그래프는 변화의 경향이 기초선 단계에서 시작해서 중재 단계 동안에 지속되었음을 시사한다. 아래쪽 왼편의 단순선 그래프에서는 중재로 인한 현저한 변화의 예를 보여주지만 아래쪽 오른편의 막대그래프는 기초선과 중재 단계에서 변화가 없음을 보여준다.

음이 분명하다. 중재 단계에서의 자료는 기초선 추정과 일치하기에, 종속변인의 변화가 중재 효과에 의한 것이라는 결론을 내릴 수 없다. 동일한 자료를 막대그래프로 표시한 것이 위쪽 오른편의 그래프이다. 그래프를 보면 중재 효과가 매우 컸음을 시사한다. 막대그래프는 평균으로 표시된다. 평균에서의 차이는 전체적인 경향의 단순한 결과만을 제시한다. 경향을 파악하기 위해서는 단순선 그래프로 제시되어야 한다.

그림 13.8의 아래쪽 그래프에서 자료는 기초선 동안에는 행동이 증가하고(예 : 점차 나빠진다는 의미) 중재가 적용되면서 경향이 변화하는 것을 보여준다. 단순선 그래프는 중재가 변화의 방향을 바꾸었음을 시사한다. 반면에, 막대그래프에서는 두 단계의 평균이 거의 똑같다.

동일한 자료를 다른 방식으로 표시한 아래쪽 왼편과 오른편 그래프를 비교해보면 막대그래프가 잘못 사용될 수 있음을 알 수 있다. 자료가 한 도시의 1년간 범죄율에 대한 것이라고 가정해보자. 아래쪽 왼편 그래프는 기초선 단계에서 점점 더 나빠지고(범죄율이 증가하고) 있으나 중재 단계 동안에는 좋아지고(범죄율이 감소하고) 있음을 보여준다. 중재 요소로 범죄 감소를 주장하는 새로운 시장의 업무 관행과 정책이 될 수 있다. 재선을 위한 선거운동을 할 때, 시장은 자신이 시장이 되기 전에는 증가하던 범죄율이 시장에 취임한 후에는 완전히 역전되어 감소함을 나타내는 아래쪽 왼편 그래프를 활용할 것이다. 그러나 반대편 경쟁자는 자료가 다르게 묘사되는 아래쪽 오른편 막대그래프를 사용할 것이다. 막대그래프상으로는 범죄율의 평균은 전혀 변화가 없는 것으로 보인다. 재선을 노리는 시장은 아래쪽 왼편으로 묘사된 그래프를 가리키면서 "제가 이 도시를 위해서 한 일을 보십시요."라고 말하고, 반대편 경쟁자는 아래쪽 오른편으로 그려진 그래프를 가리키면서 "네, 저는 어떠한 변화도 볼 수가 없네요."라고 말한다. 두 그래프 모두 정확하게 그려진 것이다. 그러나 각각의 그래프가 얼마나 많은 정보를 보여주는지 그리고 정보를 어떻게 나타내고 있는지에서 차이가 있다. 막대그래프가 틀린 것이 아니다. 그러나 불완전한 자료가 문제인 것이다(특히 정치적으로 악용될 수도 있다). (시장 선거운동의 방법론을 잘 아는 경쟁자는 AB 설계의 내적 타당도 문제를 제시하고 타당도를 위협하는 다른 가설들이 모든 효과를 어떻게 설명할 수 있는지를 강조할 것이다. 그는 선거에서 지더라도 방법론 학자들의 칭송을 받을 것이다).

막대그래프는 자료를 단순화하는 데 유용하다. 이러한 단순화의 특성 때문에 막대그래프가 사용된다. 기초선 단계에서 변동성(variability)과 안정성(stability)의 변화와 시각적 분석의 기준에 관해 잘 모르는 연구자들이 많다. 일반인들은 이에 관해 전혀 알지 못한다. 일반인들에게 정보를 제시할 때, 많은 상세한 내용(경향, 수준에서의 변화)이 빠진 정보는 당장에는 정확하다는 장점을 갖는다. 요컨대 막대그래프는 연구 분야뿐만 아니라 정보를 대략적으로 의사소통하는 데 사용된다. 이 장에서는 시각적 분석의 기준을 적용할 수 있도록 지속적인 자료를 그래프로 표시하는 것의 중요성을 강조하고 있다. 이러한 맥락에서, 막대그래프는 매일의 수행에 대한 정보를 제공하는 방식으로 그려진 자료에 도움이 되는 보완적인 자료로 활용될 수 있다. 연구자는 매일의 수행을 나타내는 단순선 그래프(예 : 중다기초선설계)로 자료를 제시한 후에 단계의 평균을 막대그래프로 제시하여 중재 효과를 요약하기도 한다. 예를 들면 아동기 외상후 스트레스성 증후에 대한 처치를 제공하는 프로젝트에서, 4명의 아동을 대상으로 대상자간 중다기초선설계를 적용하여 인지행동치료(cognitive behavior therapy)의 효과를 알아보았다(Feather & Ronan, 2006). 중재의 영향을 보여주기 위해 일반적인 단일대상연구 설계의 방식으로 자료를 제시하였다. 연구에서, 세 번의 유지 기간(중재 종료 후 3개월, 6개월, 12개월)에도 평가가 이루어졌다. 연구자들은 또한 4명의 대상의 기초선, 중재, 유지 단계에서의 평균 점수를 막대그래프로 요약 제시하였다. 이와 같이 다른 방식으로 자료를 함께 제시하는 것은 최상의 자료 제시라 할 수 있다. 단일대상연구 설계를 위한 구체적이고 지속적인 평가는 시각적 분석을 위해 필요한 정보를 제공하고, 막대그래프는 요약(최종 결론 문장)에 관심이 있는 사람들에게 간략한 정보를 제공한다.

그래프의 비중립성

자료 제시 및 분석에 관한 오해는 자료와 통계가 거짓말을 한다는 매우 냉소적인 관점이다. 앞선 예에서 언급한 바와 같이 단순선 그래프 또는 막대그래프 사용에 따라 범죄율이 증가했다거나 변화가 없었다는 다른 결론을 이끌 수 있는 것과 같이 자료가 잘못 표현될 수 있는 것이 사실이다. 일반적으로, 개인 연구를 통한 자료는 불완전하며 단지 부분적인 정보만을 나타낸다. 그래프로 나타내는 문제와는 별개로, 어떠한 단일한 연구나 다양한 연구 대상, 종속변인에 대한 다양한 측정, 다양한 중재 상황에 적용될 수 있는 연구결과를 제시하지는 못한다. 과학 분야에서 이러한 잘못된 표현을 예방하기 위해 연구결과를 반복 검증하고 새로운 대상, 측정, 상황으로 연구를 확대한다. 어떠한 경우에도 하나의 연구에서 관련된 모든 영역을 평가할 수는 없다. 비록 더 많은 발표원, 연구자, 연구기금 지원 기관들이 연구결과의 재분석을 할 수 있도록 연구 내에 모든 자료가 제시되어 이용 가능하기를 바라지만, 엄청난 자료를 가지고 있더라도 연구자는 모든 자료(예 : 개별 대상자의 정보, 매일의 수행에 대한 정보 등)를 제시할 수는 없다. 그래서 우리는 모든 자료가 제시되는 경우는 거의 없다는 생각으로 집필을 시작하였다. 자료 제시에 영향을 미칠 수 있을 뿐만 아니라 과도한 정보로 인한 단순한 생략 이상의 것이 있을 수 있음을 감안해야 한다. 자료 요약과 관련하여, 여기서는 자료를 나타내고 이를 근거로 어떻게 결론을 이끌어내는지에 관한 최대한의 정보를 제공하고자 한다. 정보 생략으로 인해 왜곡이 생길 가능성이 있다. 단일대상연구에서, 적어도 시각적 분석을 위한 기준을 평가할 수 있도록 모든 자료가 이용 가능해야 한다.

자료를 제시할 때 또 다른 고려사항은, 다른 연구자에게 정보를 제시하고자 한다면 자료의 복잡한 특징들을 빠짐없이 제시해야 한다는 점이다. 연구자들을 위해서는 시각적 분석과 통계 분석이 가능한 자료가 제공되어야 하지만 일반 독자들을 위해서는 요약된 기술 통계가 제시되어야 한다. 예를 들면 문제행동으로 인해 특수학급에 배치된 6~8세의 품행장애 학생 8명

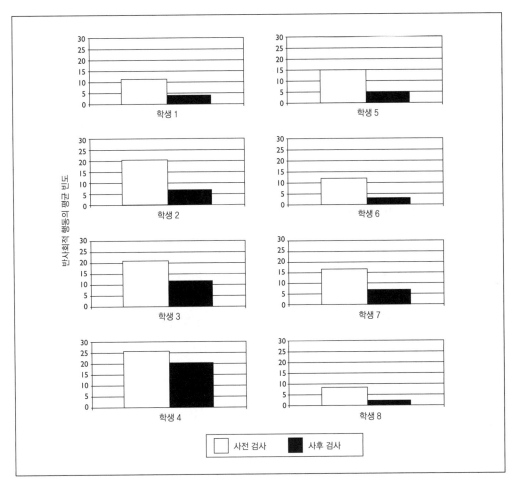

▌ 그림 13.9 ▌ 중재 전과 후(중재 없이 교실에서의 일반화 회기 동안)에 반사회적 행동의 평균 빈도를 나타낸 것. 중재의 영향은 대상자간 중다기초선설계에서 별도로 확인되었다. (출처 : Ducharme et al., 2008)

을 대상으로 이루어진 연구(Ducharme et al., 2008)에서 다른 사람과의 상호작용 중재를 개별적으로 시행하였다. 대상자간 중다기초선설계가 적용되었고, 연구결과 의미 있는 변화가 나타났다(이에 해당하는 보다 구체적인 자료는 그림 10.6에 제시된 중다기초선 그래프 참조). 이 연구의 독자들(예 : 부모, 교사, 학교행정가 등)에게는 그림 13.9에 제시된 막대그래프가 이해에 도움이 될 것이다. 제시된 그래프를 보자. 중재가 연구대상 모두에게 도움이 되었는가? 반사회적 행동이 감소했는가? 그림 13.9에 제시된 바와 같이, 연구자는 중재 전과 후에 자연적인 놀이 상황에서 보이는 반사회적 행동을 평가하였고 자료를 개별 대상별로 막대그래프로 제시하였다. 자료는 매우 간단하다. 사전과 사후에 차이가 나타났다. 여기서 우리는 중재가 변화를 이끌었는지 여부 또는 많은 자료(수준, 경향 등)의 생략이 이 자료를 왜곡하는지 여부에 관심을 가질 필요는 없다. 이러한 모든 관심은 단순선 그래프에서 다루어졌다. 보충 자료로서 막대그래프는 매우 유용하고 명료성을 더할 수 있다.

　자료의 목적은 독자가 평가를 할 수 있도록 가능한 모든 정보를 제공하는 것이다. 그래프 제시와 시각적 분석을 통해 독자는 기준을 적용해보거나 연구자가 기준을 어떻게 적용하였는지를 알 수 있다. 또한 자료는 주된 결과를 의사소통할 수 있게 하는 것을 목적으로 한다. 목적에 따라 동일한 자료가 다르게 제시될 수 있다.

시각적 분석을 위한 기술적 보조

앞서 언급한 바와 같이, 시각적 분석에 따른 추론은 단일대상연구의 몇 가지 특성에 근거한다. 일반적으로, 단순선 그래프는 일정 시간 동안의 해당 단계 자료를 나타낸다. 신뢰할 수 있는 중재 효과를 추정하는 쉬운 방법으로 단계 간에 평균, 수준, 경향에서의 변화와 조건이 바뀔 때 나타나는 변화의 속도를 평가하는 것을 들 수 있다. 이러한 특성을 판별하기 위해 그리고 연구 결과에 대해 보다 온전하고 명확하게 의사소통하기 위해 단순선 그래프에 보다 많은 정보를 표시할 수 있다.

평균의 변화

시각적 분석이 용이하도록 단순선 그래프에 추가로 쉽게 나타낼 수 있는 정보는 평균을 나타내는 것이다. 매일의 수행에 대한 자료가 일반적인 방식으로 표시된다. 각 단계의 평균은 단계 내에서 수평선으로 표시된다. 각 단계에서 수평선 또는 이와 같은 방식으로 평균을 표시하면, 다른 조건에서의 전반적인 효과를 쉽게 비교할 수 있다. 즉 간략한 요약문을 제공한다.

　예를 들면 한 연구에서 3명의 학습장애 초등학생(만 7세)을 대상으로 읽기 지도 프로그램의 효과를 검증하기 위해 중다기초선설계를 사용였다(Gilbert, Williams, & McLaughlin, 1996). 중재는 대상자와 단어에 대한 토론, 표음 규칙(음성) 지도, 연습으로 구성되었다. 학생들은 4분 동안 읽기를 하였다. 분당 정확하게 읽은 단어의 수가 평가되었다. 프로그램의 효과는 그림 13.10에 제시되어 있다. 학생별로 단계 내에서 분당 정확하게 읽은 단어 수의 평균이 수평선으로 표시되어 있다. 이는 간단하면서도 도움이 되는 추가 방법이다.

　또 다른 예는 앞서 언급된 예보다 중재 효과를 훨씬 덜 명확하게 보여준다. 이 연구에서는 미식축구팀과 리그에 참가한 남학생들(만 9~10세)의 수행을 향상시키기 위해 피드백을 제공하였다(Komaki & Barnett, 1977). 연구 목적은 팀에서 선발된 후위와 중앙 포지션 구성원들

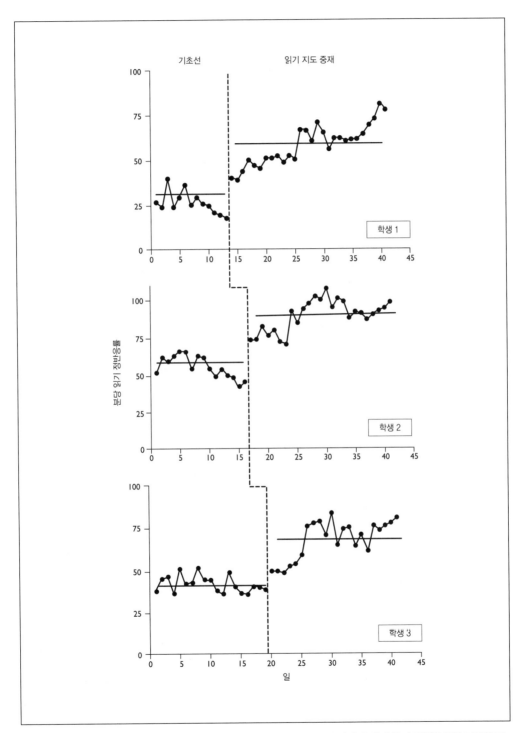

┃ 그림 13.10 ┃ 대상자간 중다기초선설계를 적용하여 기초선과 중재 단계 동안의 읽기 정반응률을 나타낸 것. 각 단계 내 수평선은 평균을 나타낸다. (출처 : Gilbert, Williams, & McLaughlin, 1996)

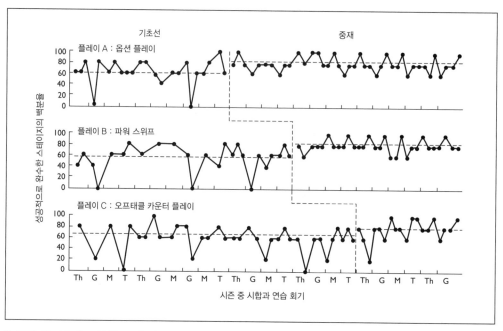

┃ 그림 13.11 ┃ 미식축구 연습(M=월요일, T=화요일, Th=목요일)과 시합(G=game) 상황 동안 플레이 A, B, C를 성공적으로 완수한 스테이지의 백분율. 각 자료점은 하나의 플레이 수행을 나타낸다. (출처 : Komaki & Barnett, 1977)

의 플레이 수행을 향상시키기 위한 것이었다. 각 선수들이 맡은 플레이를 수행했는지 측정하기 위해 매 경기 후에 체크리스트에 따라 선수들의 행동을 기록하였다. 경기 후 피드백 단계에서, 코치는 올바른 수행과 올바르지 않은 수행을 지적하였다. 코치의 피드백은 다양한 시합 간 중다기초선설계로 나타냈다. 그림 13.11에 제시된 바와 같이 선수들의 수행은 중재 단계에서 향상을 보였다. 그림에서 단계별 평균이 수평선으로 표시되었다. 이 경우 중재 효과가 매우 크지 않기 때문에 평균이 특히 유용하다. 기초선 단계에서 중재 단계로의 수준 또는 경향의 변화는 분명하지 않다. 중재 실행과 연계된 속도의 효과 또한 분명하지 않다. 그래프에 표시된 평균은 단계 간의 미미한 변화를 보이지만, 평균이 제시되지 않았다면 어떠한 변화가 일어났는지는 결코 명확하지 않았을 것이다.

그래프에 평균을 표시하는 것은 다른 그래프보다 단순선 그래프에서 더 많은 정보를 전달하기에 용이한 수단이다. 근본적으로 평균을 표시하는 것은 단순선 그래프와 막대그래프의 장점을 겸비한다. 막대그래프를 사용하는 대신에 선 그래프에 평균을 표시하는 장점은 평균을 해석하면서 매일의 수행이 설명될 수 있다는 것이다.

변동성 측정의 표시

자료의 변동성은 평균 또는 경향의 변화를 평가하는 데 중요하다. 변동성은 그 자체로는 시각적 분석을 위한 기준 중 하나는 아니다. 단일대상연구 설계를 사용한 연구자가 연구결과를 보고할 때, 그래프에 표시를 하지 않더라도 일반적으로 단계 간의 평균을 본문 내에서 언급한다. 반면에, 평균에 관한 변동성은 거의 다루고 있지 않다. 그러나 평균을 통해 단계 간에 서로의 평균에서 벗어난 정도를 부분적으로 헤아릴 수 있다. 단계간 평균의 변화는 단순히 수치상의 차이가 아니다. 예를 들어 기초선 평균이 20이고 중재 단계의 평균이 24일 때 어떻게 해석할 것인가? 기초선 자료가 모두 20이고 중재 단계의 모든 자료가 24라면, 이는 엄청나게 차이가 나는 것이다(또한 비중복 비율도 매우 높다고 할 수 있다). 회기별 자료의 변동(오르내림)이 있다면, 변동성과 관련하여 단계 간의 비교를 하여 평균의 위치에 대한 부가적인 기술이 있으면 매우 유용하다.

이와 관련하여 단일대상연구와 집단연구에 유용한 영향을 미치는 연구의 실제는 다양한 측정을 표시하는 것이다. 단일대상연구 설계에서, 다른 선택으로 평균에 대한 ±1표준편차 또는 범위(가장 높은 점수와 가장 낮은 점수)가 주로 사용된다. 유용하면서도 많은 연구에서 사용되는 측정 중 하나는 단계 평균의 **표준오차**를 반영하는 오차막대를 사용하는 것이다.[4]

이것을 어떻게 수행하며 우리가 얻을 수 있는 것이 무엇인지를 보여주는 한 가지 예를 들어 보고자 한다. 표 13.1은 ABAB 설계를 적용한 연구의 첫 번째 AB 단계의 자료이다. 기초선 단계가 7일이고 중재 단계가 8일이었다. 이 자료를 가지고 우리는 자료의 그래프에서 사용될 다양성의 측정을 계산할 수 있다. 우선, 우리는 표에 제시된 바와 같이 각 단계의 평균과 표준편차를 산출하였다. 그다음으로, 표준편차를 활용하여 표 하단에 제시된 공식에 따라 평균의 표준오차를 구하였다. 오차막대는 평균의 ±1표준오차이다.

AB단계의 자료가 그림 13.12에 제시되어 있다. 각 단계의 평균이 상단의 단순선 그래프에서는 수평선으로, 하단의 막대그래프에서는 막대의 높이로 표시되어 있다. 그래프로 제시된

---

4) 평균의 표준오차는 **평균의 표집 분포에서의 표준편차**를 의미한다. 한 연구에서의 또는 실험의 한 단계에서 산출된 평균으로 모집단의 실제 평균을 예측한다. 가상의 표본으로 한 조건(예 : 기초선)에서 다양한 시간에 수행을 사정하며 연구를 수행하는 상황을 생각해보자. 연구 수행을 위한 시간적 제한이 없다고 가정하자. 연구 수행을 할 때마다, 기초선 6일간의 자료를 수집한다. 기초선 6일의 자료를 표집하는 각 경우 또는 각 연구에서 평균을 구할 수 있다. 이러한 평균들은 평균의 표집 분포를 형성한다. 즉 각 평균이 하나의 자료점인 것이다. 이러한 평균들의 평균 또는 전체 평균은 '실제' 또는 모집단의 평균(μ)이다. 표집되는 모든 평균이 동일하지 않고 다소 다를 수 있다. 평균의 표준오차는 평균의 표집 분포의 표준편차이며, 표준오차는 각 표본들의 평균들이 모집단의 평균으로부터 얼마나 벗어나 있는지를 알려준다. 단일대상연구에서 평균의 표준오차는 모집단 평균이 놓여 있을 가능성이 있는 신뢰구간을 산출하는 데 도움이 된다.

▌ 표 13.1 ▌ 특정 행동이 발생한 백분율 또는 빈도에 대한 AB단계(기초선, 중재)의 자료(세로로 적힌 숫자는 기초선과 중재 일의 자료임)

	기초선	중재
	16	16
	12	18
	13	19
	17	20
	14	18
	13	21
	14	21
		20
관찰 일수	7	8
단계의 평균 점수	14.14	19.13
표준편차(s)	1.77	1.73
표준오차(se)	.67	.61

- 표준편차(s) =

$$s = \sqrt{\frac{\sum_{i=1}^{N}(x_i - \overline{x})^2}{N-1}}$$

(막대가 상단에 그려진) x : 평균값

N : 표본의 크기

x_i : 각 자료의 값

Σ : 합산하라는 표시

- 표준오차(se) = sd

$$SE_{\overline{x}} = \frac{s}{\sqrt{n}}$$

s : 표본의 표준편차

n : 표본의 크기(항목의 수)

결과는 중재 단계에서 수행이 향상되었음을 보여주고 있다. 하단의 막대그래프에 평균의 표준오차가 오차 막대로 표시되었다. 오차 막대의 높이는 점수 범위에 따른 1표준오차를 나타낸다. 이 범위는 상대적으로 좁고 점수의 변동에 관한 유용한 정보를 제공한다. 여기서 우리는

┃ 그림 13.12 ┃ 단순선 그래프(상단) 또는 막대그래프(하단)로 표시된 AB단계의 가상 자료. 단순선 그래프에 표시된 수평선은 평균을 나타낸다. 막대그래프에서 막대의 높이는 평균을 의미한다. 막대그래프에서 상하로 선이 그려진 세로선은 평균에서의 ±1표준오차의 오차 막대를 나타낸다.

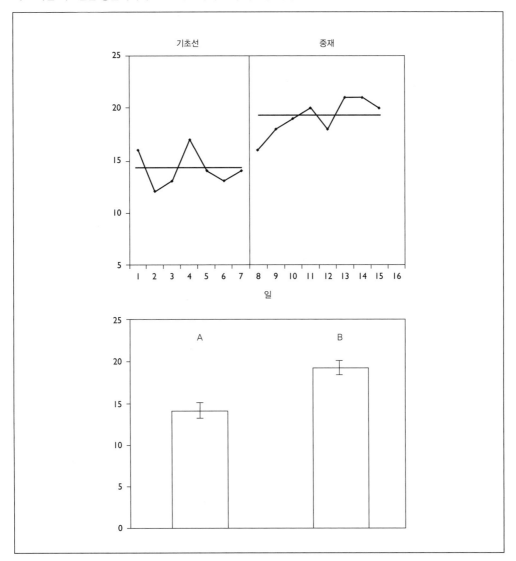

한 단계의 평균이 다른 단계의 범위(평균의 ±1표준오차)에 가깝지 않음을 알 수 있다. 개별 자료점이 기초선과 중재 단계에서 매우 많이 중복되는지에 관해서는 막대그래프를 통해서는 알 수가 없다. 오차 막대의 간격이 좁다는 것은 단계 내에서 자료점이 서로 가까이 근접해 있어서 변동성이 크지 않음을 시사하는 것이다.

이것이 어떠한 방식으로 우리에게 어떻게 도움이 되는가? 첫째로, 범위는 변동성의 평가를 표준화하는 데 도움이 된다. 자료가 다양할 수 있다. 그래서 시각적 분석만으로는 정확하게 또는 일반적인 방식으로는 변동성을 파악할 수 없다. 물론 그래프상에서 변동성의 모습은 그래프 세로좌표의 범위에 따라 달라질 수 있다. 점수의 범위가 25~45일 때 그래프의 세로좌표 범위가 20~50인 그래프에서보다 0~200인 그래프에 표시될 때 자료점의 변동성이 적은 것으로 보일 수 있다. 오차 막대는 객관적이고 쉽게 해석할 수 있는 계량측도(metric)를 제공한다.

둘째로, 오차 막대가 시각적 분석과 통계적 분석의 가교 역할을 할 수 있기 때문에 오차 막대를 사용하는 것이 많은 독자의 이해를 도울 수 있다. 양적 연구 방법에 익숙한 독자들은 오차 막대가 모집단의 실제 평균이 특정한 범위 내에 있을 가능성을 전달하기 위해 사용되는 통계분석 중 하나인 신뢰 구간(confidence intervals)과 유사하다는 것을 즉각적으로 알아볼 수 있다.[5]

패턴의 명확성을 위한 자료 제시

앞서 논의된 지표들(indices)은 단계 내에서 자료의 변동을 의사소통하는 표준화된 방식을 제공하는 다양성 파악의 수단(예 : 표준편차, 표준오차, 신뢰 구간)이다. 자료에서 나타날 수 있고 그래프와 관련한 또 다른 문제가 있다. 자료의 과도한 변동성이 그것이다. '과도한 변동성 (excessive variability)'에 대한 표준 정의는 없다. 개념 전달을 위해, 점수를 반영하는 단계 내의 자료가 매일매일 다르고 가장 낮은 점수부터 가장 높은 점수(예 : 0~100%) 또는 적어도 이용 가능한 점수의 모든 범위를 보인다고 가정해보자. 예를 들면 어떠한 중재가 개입되지도 않았는데 기초선 수행이 행동에 대한 총 관찰 간격의 10%에서 90%로 변동을 보인다면, 예외 없이 연구자는 변동성의 근거를 찾고자 할 것이고 가능하면 이를 통제하고자 할 것이다(통제하는

---

5) 신뢰 구간(CIs)은 모집단의 정확한(실제) 평균이 놓여 있을 수 있는 점수의 범위를 제공하며, 유의성 검정을 위해 사용된 z값(예 : $p=.05$에서 $z=1.96$, $p=.01$에서 $z=2.58$)이 상한과 하한 CI를 나타내는 데 사용되기 때문에 유의성의 통계적 검정을 통해 얻어진 정보를 포함하고 있다. 신뢰 구간 산출 공식은 다음과 같다.

$$CIs = m \pm z_a s_m$$

m = 평균 점수(예 : 단일대상연구 설계에서 해당 단계의 평균)
z_a = 신뢰 수준에 따른, 정상분포곡선에서의 z값(예 : $p=.05$에서 $z=1.96$, $p=.01$에서 $z=2.58$)
s_m = 측정의 표준오차. 평균의 표본 분포의 표준편차를 산출하거나 표준편차를 N의 제곱근으로 나누어 산출한다($s_m=s/\sqrt{N}$).

공식에서 언급한 바와 같이, 이 값을 얻기 위해 평균의 표준오차(오차 막대를 계산 시 사용하는 것과 같음)와 z값(예 : 1.96)을 곱한다. 그런 다음 평균에 이 값을 더하여 신뢰 구간의 상한값을 산출하고 평균에서 이 값을 빼서 신뢰 구간의 하한값을 산출한다. 이는 오차 막대 계산을 위해 사용되는 절차와 같다. 오차 막대는 평균에서 ±1표준오차이다. 나는 CIs를 구할 때 평균에서 아래 위로 1.96(또는 2.58) 표준오차를 사용한다. 통계적 유의성을 판정하기 위해 통계적 검정(예 : t검정 또는 F검정)이 사용될 때 z값인 1.96(또는 2.58)이 유의 수준($p=.05$ 또는 $p=.01$)을 반영하기 때문에 이 수치가 사용된다.

것과 관련한 내용은 다음 장에서 다루게 될 것이다). 그러나 과도한 변동성을 통제할 수 없거나 시도조차 하기 어려운 경우에, 자료를 제시하기 위해 사용되기도 하는 도식화(그래프로 나타내기)의 선택 사양이 있다. 도식화의 해결책 그 자체로는 변동성을 줄이지 못하지만 자료에서 나타나는 변동성의 모습은 줄일 수 있다.

매일의 자료 대신에 시간대의 구역에 따라 자료를 표시하게 되면 그날그날의 변동성의 모습을 줄일 수 있다. 예를 들면 매일 수집된 자료가 매일 표시될 필요는 없다. 자료는 연이은 날에 걸쳐서 시간대의 구역으로 종합되어 각 구역의 평균이 그려질 수 있다. 하나의 평균 자료점은 이틀 이상의 날을 대표하며 이렇게 표시된 자료는 보다 안정성을 보이게 된다. 그림 13.13은 한 단계에서 과도한 변동성을 보이는 매일의 수행을 나타내는 가상의 자료(상단에 제시된 그래프)이다. 중간에 제시된 그래프는 동일한 자료를 이틀의 평균을 단위로 나타낸 것으로, 수행에서의 변동이 크게 줄어들어 보다 더 안정된 자료의 모습을 보인다. 하단에 제시된 그래프는 연속된 5일간의 수행 평균을 하나의 자료점으로 나타낸 것으로 변동성의 모습이 훨씬 더 줄었다.

단일대상연구 설계에서, 그림 13.13에 제시된 방식으로 연속적인 자료점이 종합 제시될 수 있다. 일반적으로 구역 내에 포함된 날의 수가 클수록 그래프상에 나타나는 변동성은 낮아진다. 물론 구역의 크기가 결정되면, 수집된 모든 자료는 일관된 방식으로 결정된 형식에 따라 표시된다. 종합하여 평균으로 표시하는 절차는 자료의 변동성의 모습에만 영향을 미친다는 것에 주목해야 한다. 변동성의 모습이 바뀌면 단계에 걸쳐 평균, 수준, 경향의 변화는 원자료가 제시될 때보다 더 쉽게 파악될 수 있다.

몇 가지 주목할 점이 있다. 첫째, 자료점을 구역으로 종합하는 것은 단계별로 그래프에 표시되는 자료점의 수를 줄일 수 있다. 10일간 기초선 자료를 수집하고 5일간의 자료를 평균으로 하여 5일 단위 구역으로 표시를 하면 단지 2개의 자료점만이 기초선 단계에 표시될 것이다. 자료가 매우 안정적이라면, 이러한 적은 자료점은 뒤이은 단계에서 수행을 예측하는 데 충분한 근거가 되지 못할 수 있다. (그러나 자료가 매우 안정적이라면 굳이 5일 단위 구역으로 하여 평균으로 자료점을 표시할 필요가 없을 것이다.) 이러한 방식으로 자료를 구역화하면 자료점의 수가 줄어들어 매일의 자료를 자료점으로 제시하는 것보다 연구결과의 자료가 현저히 안정적일 수 있다. 그래서 자료점이 줄어드는 것은 집합된 날들로부터 얻어진 평균에 근거한 자료점의 안정성(stability)에 의해 보상될 수 있다.

둘째, 자료를 구역화하는 것은 자료점의 수를 줄일 수 있지만 연속 자료 수집의 주요 목적을 약화시킬 수 있다. 예를 들면 한 연구에서는 정신병원에 입원한 한 남성의 공격행동의 빈

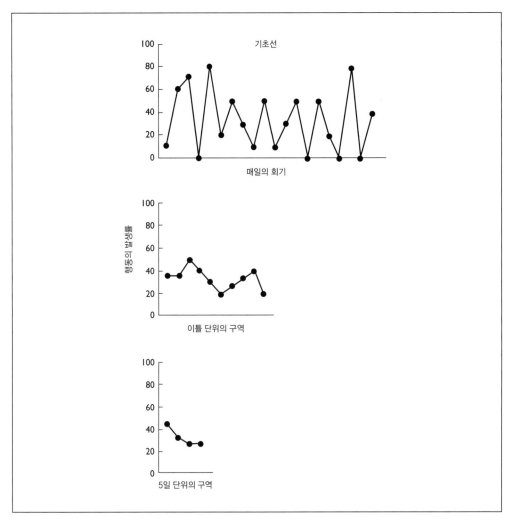

▌ 그림 13.13 ▌ 단일대상연구 설계 중 한 단계의 가상 자료. 상단에 제시된 그래프는 매일의 자료에 근거하여 자료점이 표시된 것이다. 중간에 위치한 그래프는 동일한 자료를 이틀 단위의 구역으로 표시한 것이다. 하단의 그래프는 동일한 자료를 5일 단위 구역으로 나타낸 것이다. 이는 변동성의 모습이 구역으로 자료를 표시함으로써 감소할 수 있음을 보여준다.

도 감소를 연구하였다(Bisconer, Green, Mallon-Czajka, & Johnson, 2006). 대상자는 많은 정신병의 증후를 포함하여 다수의 정신의학진단 기준에 부합하였다. 중재 프로그램으로 대상이 적절하고 비공격적인 행동을 일정 시간 보이면 정신병동 간호사에 의한 칭찬과 강화제 보상이 매일 주어졌다. 연구결과가 그림 13.14에 제시되어 있다. 기초선 기간은 3개월 동안 지속되었다. 자료점은 3개월 단위로 집합되어 평균으로 표시되었다. 이는 3개월 단위 구역으로 평균을 산출한 자료만 제시된 것이다. 그림 13.14에서 x축의 첫 번째 란에 표시된 자료점만이 기초

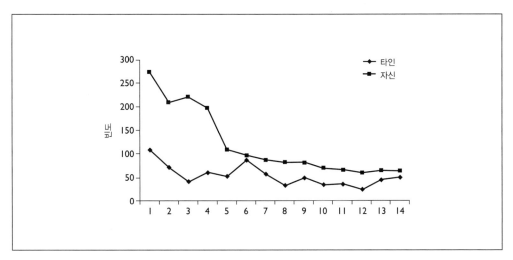

■ **그림 13.14** ■ 기초선(첫 번째 자료점)과 중재 기간 중에 병원 병동에서 보인 신체 공격행동의 수. 단일대상 연구 설계 중 한 단계의 가상 자료이다. 각 자료점(1~14)은 3개월 단위 구역에 따른 매일의 공격행동의 평균 점수를 나타낸다. 1개의 기초선 자료점은 3개월간 관찰 자료의 평균이다. (출처 : Bisconer et al., 2006)

선의 자료이다. 1개의 자료점만으로는 단계 내에서 사정하고자 하는 주된 이유(즉 기술, 예측, 평가)의 좋은 근거가 되지 못한다. 1개의 자료점만으로는 원자료가 경향을 가지고 있다고 하더라도 파악할 수가 없으며, 자료 평가 기준를 적용하기 위해 좋은 그림을 얻을 수 없다. 이 중재 프로그램이 효과적이었을까? 자신과 타인에 대한 공격성에서 변화가 있었다고는 말할 수 있다. 이 연구에서 자료가 이용 가능하지만 집합하여 평균으로 자료점을 제시하였기에 애매함을 야기한다. 달마다 자료점을 기초선에 표시하였다면 적어도 3개의 자료점이 제시되고 유사한 방식으로 중재 단계의 자료가 제시되었으면 괜찮았을 것이다. 자료를 집합화하여 기초선 단계에 대해 하나의 자료점을 제시하게 되면 자료의 핵심 특성이 불명확해진다.

셋째, 구역으로 표시된 실제 자료는 매일의 수행을 왜곡할 수 있다. 구역으로 표시하기보다 매일 자료를 표시하는 것이 본질적으로 우세하거나 보다 더 현실적인 것은 아니다. 그러나 매일의 관찰에서 나타나는 분명한 자료의 변동성은 의미 있거나 중요하거나 흥미로운 수행의 특성을 나타낸다. 이러한 변동성을 감추는 것은 당연히 중요한 정보를 혼란스럽게 만들 수 있다. 예를 들면 교실에서 과잉행동을 보이는 아동이 매일의 수행에서 현저한 차이를 보일 수 있다. 어떤 날에는 아동이 매우 높은 수준의 과잉행동과 부적절한 행동을 보이는 반면에, 다른 날에는 학급에서 또래와의 유사한 수준에서 기능 수행을 보일 수 있다. 행동에서의 변동성이 중요할 수 있다. 아동의 전반적인 수행이 며칠 사이에 현저하게 비일관적(변동성)이면 이는 중재를 고안하는 데 고려해야 하는 특성이다. 예를 들면 과잉행동 대신에 일반행동을 보이는 날을 판별하여 이에 영향을 미치는 것이 무엇인지를 파악하여 이러한 요인이 아동을 돕는데 이용될 수 있다.

수준의 변화

시각적 분석에 관한 정보의 또 다른 근거는 단계에 걸쳐서 수준의 변화를 살펴보는 것이다. 수준의 변화는 실험 조건이 바뀌는 각 지점(예 : A단계에서 B단계, 또는 B단계에서 A단계)에서 자료의 변화 또는 중단을 의미한다. 일반적으로 이러한 변화는 한 단계의 마지막 자료점에서 다음 단계의 첫 번째 자료점에서의 차이를 나타낸다. (비율 형태로 수준의 변화를 기술하는 기법 중 하나는 경향을 산출하는 이분분할기법의 부분으로 고안된 것으로 다음 장에서 설명될 것이다.)

연구자는 수준 변화를 단순히 기술하는 것(describing)에 그치지 않고 그 이상에 관심이 있을 것이다. 문제는 단순히 한 단계의 마지막 회기로부터 다른 단계의 첫 회기에의 수행 변화가 있다는 것이 아니다. 수행은 일반적으로 매일 다양하며, 수행이 이틀간 연이어 동일한 수준으로 나타나지 않을 수 있다. 조건이 변화되면, 주된 관심은 수준의 변화가 예측되었던 수행의 변동 그 이상인지에 있다. 즉 이는 수행에서 일반적인 변동성이 나타날 것으로 기대된 것에서 벗어날 만큼 수행에서 큰 변화가 있었느냐에 관심이 주어진다는 것이다.

수준에서의 변화를 평가하는 것(evaluation)은 변화를 기술하는 것과는 다르다. 앞서 언급된 변동성의 측정은 이와 관련하여 유용한 정보를 제공할 수 있다. 수행이 이전 단계로부터 변동성의 표시된 범위 내에 또는 범위 밖에 있는지를 판단할 수 있다. 확고한 의사결정의 지침은 없다. 그러나 변동성에 관한 변화(예 : ±1 또는 ±2표준편차)를 살펴보는 것은 변화가 분명하지 않을 때 수준의 변화에 관한 판단을 하는 데 도움이 된다.

경향의 변화

경향의 변화를 추측하는 것은 단지 한 단계 내에서 자료를 살펴보는 것에 의존해서는 안 된다. 다시 말해서 자료점을 살펴보고 기울기의 각을 나타내는 선을 그려보는 작업으로 인해 비체계적이라고 말할 수도 있다. 기초선의 경향이 수평(기울기가 없음)이거나 단계에 걸쳐서 급격히 상승하거나 하향하면, 기술적 보조가 필요하지 않을 수 있다. 그러나 각 단계 내에서 경향을 쉽게 나타낼 수 있는 방법이 있다. 표준화된 방식으로 계산되는 경향선은 연구 설계의 논리(예 : 기술, 예측, 평가)에 맞는 절차이다. 경향선을 통해 단계에 걸쳐서 경향의 변화 정도를 알아볼 수 있다.

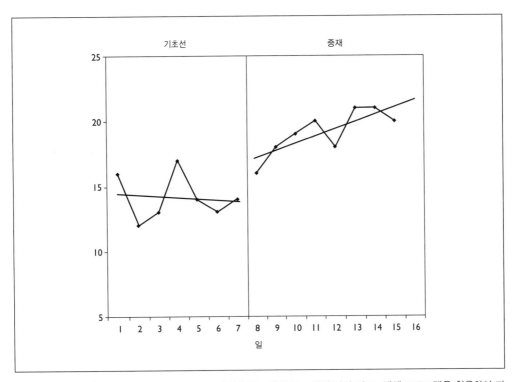

┃ 그림 13.15 ┃ 두 단계(A, B)의 자료를 통해 산출된 경향선이 그려진 가상 자료. 엑셀 프로그램을 활용하여 자료 입력을 하고 단순선 그래프로 자료를 도표화하였다. 각 단계 내 자료에 선형 기울기로 경향선을 산출하였다.

각 단계별 숫자가 입력된 데이터베이스로부터 그래프로 바꿀 수 있는 스프레드시트(spread-sheet)를 사용하는 것은 매우 용이한 시각적 보조가 된다(예 : Carr & Burkholder, 1998). 예를 들면 ABAB 설계를 적용한 경우에 종속변인의 측정 자료(예 : 발생률 또는 빈도)를 날마다 부여하는 번호에 입력한 후에 단순선 그래프로 자료를 나타낼 수 있다. 데이터베이스 프로그램에서, 연구자는 단계 내의 자료에 음영을 넣고 경향선 또는 회귀선 계산을 클릭한다. 그림 13.15는 ABAB 설계에서 첫 번째 두 단계의 가상 자료이다. 연구자와 독자가 경향의 변화를 알기 쉽도록 각 단계별로 따로 경향선이 계산되었다. 많은 선택이 있다. 가장 간단한 방법은 데이터베이스 프로그램을 통해 쉽게 이용 가능한 선형 회귀(linear regression)이다. 선형 회귀선은 그림 13.15에 제시된 것과 같은 일련의 자료점에 적합하다. 선형 회귀선은 가능한 한 자료점들에 가까이 오도록 개별 자료점을 관통하여 그려진다. 설계 내 기초선과 중재 각각의 단계 내 자료에 대해 별개선이 그려진다. 그림에서 설명된 바와 같이, 각 단계 내에서 경향은 쉽게

나타나며 단계 간의 경향이 비교될 수 있다.[6]

3명의 여성(28세, 43세, 44세)을 대상으로 한 연구(Billette, Guay, & Marchand, 2008)에서 제시된 경향선을 예를 들어 살펴보자. 대상자들이 증상에 의해 얼마나 많이 방해를 받는지를 측정하여 0(전혀 방해받지 않음)에서 100(매우 방해받음)까지의 비율로 나타냈다. 중재로 인지행동치료(cognitive behavior therapy, CBT)가 개별적으로 22~27회기, 회기당 60~90분간 적용되었다. 처치 내에 많은 요소가 포함되었다(예 : 정신적 외상과 성폭행에 관한 심리교육, 불안관리 기법, 인지적 재구조화). 처치에 배우자가 보다 더 지원할 수 있도록 배우자인 남편들을 대상으로 한 처치 회기도 제공되었다.

그림 13.16은 앞서 언급한 연구의 결과이다. 첫 번째 단계는 기초선이고, 두 번째 단계는 CBT 단계이다. 대상자간 중다기초선설계가 적용되었다. 세 번째 대상자의 중재가 종료된 지 3개월 후에 모든 대상에 대해 추후검사가 이루어졌다. 대상별로 매일의 자료는 변동을 거듭하였다. 이 그림에는 나타나 있지 않지만, 대상 모두 평균의 변화를 보였다. 예를 들면 대상자 1의 기초선, 중재, 추후 단계에서의 평균은 54.5, 19.6, 9.5였다. 개별 대상자들에 대한 각 단계 내 경향을 특징짓기 위해 시각적 보조로 회귀 기울기(경향선)가 사용되었다. 과도한 변동성 때문에 경향선은 설명과 함께 시각적으로 도움이 된다. 중재 단계에서의 기울기가 기초선 단계에서의 기울기와 달랐다. 추후 단계에서 증후가 매우 낮게 나타났기 때문에 이 단계의 기울기는 유용한 정보를 제공하지 않는다. 경향선은 매우 유용하다. 또한 중재의 역할로 보아, 연구자들은 보다 쉽게 영향을 받는 문제에 대한 어떤 조치가 달라지면, 시간이 흐르면서 종속변인의 급격한 변화보다는 점진적인 변화를 기대한다.

자료의 경향을 평가하는 많은 기법이 있다. 예를 들면 단일대상연구에서 경향을 설명하는 한 가지 기법은 이분분할기법(split-middle technique)이다(White, 1972, 1974). 이 기법은 각 단계 내에서 경향에 대한 분석을 가능하게 하고 단계 간의 경향을 비교할 수 있게 한다. 이 기법은 행동의 비율(빈도/시간)을 평가하는 맥락에서 개발되었다. 또 다른 접근은 시계열 분석(time-series analyses)을 사용하는 것이다. 이는 단계 간에 어떠한 변화가 있는지를 결정하는 데 자료의 경향을 포함하는 통계적 자료 평가 방법이다(Box, Jenkins, & Reinsel, 1994)(관련 논의와 보기는 부록 참조). 단일대상연구에서 자료를 그래프로 나타내면서 각 단계 내에 경향을

---

6) 선형 회귀를 사용한 문제가 이 책의 부록에 언급되어 있다. 간략히 말하면, 단일대상연구 설계 자료의 특성[소위 연속의존성(serial dependence)이라 함]은 한 날로부터 다음 날까지 자료점과 오차항이 상호 관련될 수 있다는 점[소위 자기상관(autocorrelation)이라 함]이다. 이러한 특성은 단일대상 자료의 시각적 분석과 통계적 평가에 다소 유의한 영향을 미친다. 선형 회귀는 자료 내의 복잡한 관계를 무시할 수 있고 이러한 관계가 없다고 가정할 수 있다.

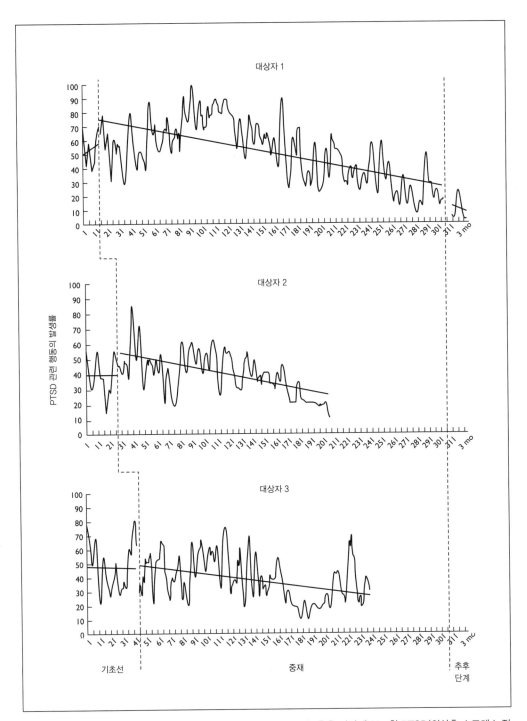

┃ 그림 13.16 ┃ 대상자들이 매일 자기점검을 통해 기초선, 중재, 추후 기간에 보고한 PTSD(외상후 스트레스 장애) 관련 행동 발생률. 중재로 인지행동치료가 시행되었고 중다기초선설계가 적용되었다. (출처 : Billette, Guay, & Marchand, 2008)

표시하는 경우는 드물다. 또한 이러한 정보를 제공하는 지배적인 한 가지 방법은 없다.

변화의 속도

시각적 분석의 또 다른 기준은 실험 조건에서의 변화와 수행에서의 변화 간의 지연시간(latency)과 관련이 있다. 중재가 적용되거나 철회된 후에 수행에서 상대적으로 급격한 변화는 해당 중재가 변화를 이끌었는지를 결정하는 데 기여한다. 자료의 기술적 특징으로서 변화의 속도를 구체화하는 데 어려운 점 중 하나는 변화를 규정하는 것이다. 행동은 일반적으로 매일 변화한다. 그러나 이러한 변화가 일반적인 변동성을 대표한다. 이러한 일반적인 변동성으로부터 벗어난 것이 어느 시점인지 자신 있게 확인할 수 있는가?

실험 조건이 변화되면, 수행의 변화가 분명한 시점을 객관적으로 판별하기가 어려울 수 있다. 기준에 대한 합의 없이는 변화를 규정하는 시점이 매우 주관적일 수 있다. 수행의 변동성에 대한 표시가 하나의 지침이 될 수 있다. 연구자는 변화의 양이 기초선 자료의 변동성의 범위를 초과하는 중재의 한 시점을 알 수 있다. 즉 중재 단계의 초반에 기초선의 평균 범위를 벗어났는지를 알아보기 위해 연구자는 기초선 평균의 상하로 변동성의 오차 막대(그래프상의 오차를 나타내는 선)를 살펴볼 수 있다. 다시 말하면, 시각적 분석에 따라 결정하는 객관적인 기준은 없다.

변화의 속도는 수준과 기울기 변화의 결합된 기능을 하기 때문에 구체적으로 명시하기 어려운 개념이다. 수준과 기울기에서의 현저한 변화는 일반적으로 급속한 변화를 반영한다. 예를 들면 기초선 단계에서 안정적인 비율을 보이고 어떠한 경향도 보이지 않는다. 중재가 적용되고 수준에서 50%포인트 변화를 보이고, 변화가 급격히 발생함과 매일 행동의 변화 비율이 현저함을 나타내는 가파른 상승 경향을 보일 수 있다.

총평

자료 제시와 더불어 제공되는 기술적 보조에 관한 표준화된 실제는 없다. 물론, 단일대상연구와 비교집단연구에서 다루는 실제(practice)가 방법론적 원리보다는 학술발행처의 정책에 의해 때때로 영향을 받기도 한다. 그러나 연구결과에 대한 독자의 이해를 높이고 용이하게 하기 위해서는 전반적인 목적을 고려하는 것이 유용하다. 연구자는 목적에 부합하도록 독자에게 어떠한 정보를 제공할 수 있는지에 의문을 갖는다. 연구자는 독자의 한 사람이며, 특정 대상자 내에서 또한 많은 대상자들 간의 미묘한 차이를 이해하는 데 이용 가능할 만큼 많은 양상을 알기를 원할 것이다. 다른 독자들(또래, 전문지식이 없는 독자)은 이러한 미묘한 차이에는 관심이 적을 수 있다. 무엇이 시각적 분석을 위한 기준의 적용을 도울 것인지를 고려해야 한다. 신뢰할 수 있는 변화인지를 결정하는 데 무엇이 도움이 될 것인가(예 : 시각적 분석 또는 통계적 기준에 의해)? 고려해야 할 다른 독자들(다른 연구자, 교사)도 있으며, 서로에게 제시해야 할 것에 관한 다른 결정이 내려져야 한다. 일상생활에서 사람들은 시각적 분석을 위한 기준에 관해 매우 많이 이야기하지 않는다. 일상생활에서 사람들은 중재가 효과적이었는지, 수행이 향상되었는지를 알기 원한다.

추가적인 정보는 지나치게 너무 많거나 불필요한 정보일 수 있다. 예를 들면 앞서 언급한 예 중에서 그림 13.10에서 평균이 단계 전체에 걸쳐서 표시되었다. 결과가 매우 분명하기에 굳이 평균에 대한 정보가 표시될 필요가 없었다. 다른 예로 그림 13.11에서 수행의 변화와 시각적 분석의 기준이 분명하지 않기 때문에 평균을 표시하는 것이 도움이 되었다. 간단히 말하면, 자료 평가 기준의 적용에 도움을 주는 것이 목적임을 명심해야 한다는 것이다. 보다 일반적으로, 독자가 평가를 하는 데 도움이 되는 것은 물론 독자가 누구냐에 따라 다양할 수 있지만 결과를 이해하는 것이 중요하다. 나는 매일 자료점에 대한 분석을 돋보이게 할 수 있는 일부의 보조를 강조한다.

요약 및 결론

이 장에서는 시각적 분석의 적용을 용이하게 하기 위해 자료를 그래프로 나타내는 기본적인 선택에 관해 논의하였다. 단순선 그래프, 누적 그래프, 막대그래프를 간략히 살펴보았다. 사실상 단일대상연구에서 모든 그래프는 이러한 세 가지 유형 또는 이들의 조합으로 나타낸다. 이용 가능한 선택과 조합 중에서, 단순선 그래프가 보편적으로 많이 사용된다.

자료 평가에 관해 앞서 제12장에서 논의한 바와 같이, 시각적 분석은 단순히 표시된 자료를 살펴보는 것 그 이상이며, 자료가 신뢰할 수 있는 효과를 반영하는지 여부를 독단적으로 결정하는 것 그 이상이다. 평균, 수준, 경향에서의 변화와 변화의 속도를 포함하여 자료의 일부 특징이 조사되어야 한다. 이러한 자료의 일부 특징에 대한 조사를 용이하게 하기 위해 단순한 그래프 그리기 절차에 포함될 수 있는 기술적 보조를 이용할 수 있다. 이 장에서는 시각적 분석을 용이하게 하는 일부 보조로서 평균 표시하기, 수준에서의 변화를 나타내는 비율 계산하기, 경향 표시하기에 관해 살펴보았다.

이 장과 이전의 장에서 자료 평가 방법에 대해 상세히 설명하였다. 이 장에서 다룬 통계적 보조는 자료를 표현하는 보조 역할이다. 통계적 평가는 한마디로 설명할 수 없다. 효과 또는 변화의 신뢰도(실험의 기준)에 관해 추정하기 위해 중요한 검사가 사용된다. 통계적 분석은 이 책의 부록에서 다루어진다.

14
| CHAPTER |

단일대상설계의 평가 : 도전과제, 제한점, 방향

단일대상연구 설계와 관련된 쟁점과 잠재적 문제점들에 대해 이전 장들에서 알아보았다. 이 장에서는 자료의 경향성과 변동성, 단계의 기간, 단계 변경을 위한 기준과 관련하여 보다 일반적인 쟁점, 우려사항, 제한점들에 관해 살펴보고자 한다. 또한 단일대상연구 설계에서 다루어지거나 다루어질 수 없는 연구문제의 범위, 설계 적용을 통해 얻게 되는 연구결과의 일반성, 효과의 반복성에 관해서도 살펴보고자 한다. 이 장과 다음 장에서 단일대상연구와 관련한 쟁점을 중심으로 주로 다루지만, 일부 쟁점은 집단연구에서 더 많이 다루어질 수 있다.

방법론적 문제 및 방해요인

전통적으로, 중재 대상이 연구에 참여하기 전에 중재 대상 및 기간에 관한 대부분의 사항이 결정될 수 있도록 연구 설계가 사전에 계획된다. 단일대상연구에서는 설계에 관한 많은 중요한 결정이 자료가 수집될 때 이루어진다. 예를 들면 기초선 단계의 기간을 (기초선 단계의 자료 수집을 얼마 동안 해야 하는지를) 결정하는 것과 중재를 제시하거나 중재를 철회 및 종료해야 하는 시기를 설정하는 것이 자료 수집과 더불어 이루어진다. 중재 효과에 관한 추론은 단계 내와 단계 간에 자료의 패턴에 의해 결정된다. 자료의 패턴은 연구 설계에서 만들어진 결정을 확정한다.

일반적으로 단일대상설계에서는 기초선 단계로 시작하여 중재 단계로 이어진다. 기초선과 중재 단계 간에 수행을 비교하여 중재를 평가한다. 이러한 평가를 용이하게 하기 위해, 연구자는 한 단계에서 다른 단계로의 변화가 기존의 경향 또는 자료의 변동 때문이라기보다는 중재로 인한 것임을 확신해야 한다. 설계의 기본적인 쟁점은 자료의 해석을 최대한 명확하게 하기 위하여 언제 단계를 바꾸어야 하는지, 즉 기초선에서 중재 단계로 변경해야 하는 시점을 결정하는 것이다.

단계를 변경하는 것에 대해 폭넓게 합의된 규칙은 없다. 그러나 중재 효과의 평가는 단계 간에 변화가 얼마나 분명한지에 달려 있기 때문에 연구 설계에서 조건이 변화될 때의 자료점이 매우 중요하다는 점에 대해서는 일반적인 합의가 되어 있다. 일반적으로 경험에 바탕을 둔 규칙은 자료가 안정적일 때 조건(단계)을 변경하는 것이다. 앞서 언급한 바와 같이, 안정성(stability)은 경향이 나타나지 않고 수행에서 상대적으로 변동성(variability)이 적은 것을 의미한다. 단계 내에서의 경향과 과도한 변동성, 특히 기초선 단계에서의 경향과 과도한 변동성은 중재 효과를 평가하는 데 방해가 될 수 있다. 앞 장에서 경향과 변동성에 대해 살펴보았지만, 앞서 언급된 논의를 기반으로 하여 일어날 수 있는 문제를 살펴보고 중재 효과에 대한 추론을 쉽게 이끌어낼 수 있는 다양한 해결책을 다루는 것이 중요하다.

자료의 경향

앞서 언급한 바와 같이, 기초선 단계에서 경향(trend)이 나타나지 않거나 중재에서 기대되는 경향과 반대 방향의 경향을 보일 때 중재 효과에 대한 결론을 이끄는 것이 매우 용이하다. 기초선 자료가 중재를 통해 기대되는 결과와 동일한 방향의 경향을 보일 경우 적어도 연구 설계의 관점에서 문제가 될 수 있다. 수행이 기초선 단계에서 이미 향상되고 있다면 중재 단계에서의 수준과 경향에서의 변화를 찾기가 더 어렵다.

나타나는 경향(예 : 연속적으로 이틀간 행동이 증가를 보이는 것)이 실제적인 경향인지를 판단하기 위해서는 자료의 패턴이 안정적으로 여겨질 수 있는 정도로 기초선 단계를 길게 지속해야 할 것이다. 물론, 많은 임상 현장에서는 중재를 가능한 한 빨리 시작해야 하는 외부 압력이 있다. 그래서 보다 많은 기초선 자료를 수집하는 것은 사치라고 여겨질 수 있다. 연구자는 기초선에서 이루고자 하는 것이 무엇인지를 이해하는 것도 중요하지만, 중재에 대한 요구를 가진 대상자 및 가족, 또는 현재 중재를 운영하고 연구 기금을 제공하며 앞으로의 중재 프로그램을 운영할 프로그램 운영자에게 기초선의 의미를 전달하고 공감을 불러 일으키는 것 또한 중요하다. 또한 문제(예 : 대학 기숙사에서의 음주, 학급에서의 위험행동)가 즉각적인 중재를 필요로 할 수 있다. 이러한 행동은 기초선 단계에서 행동의 변화가 다소 나타난다 하더라도 중재가 적용되어야 하는 문제 행동이다. 기초선 자료의 안정성 확보를 위한 기초선 기간의 연장이 어려울 경우 다른 선택을 고려해볼 수 있다.

첫째로, 기초선 기간의 수행에서 향상의 경향이 나타나더라도 중재를 실행할 수 있다. ABAB(이 경우에는 BABA 설계에 해당함)를 적용할 때 윤리적 또는 실제적 쟁점을 고려한다면, A단계는 적극적인 중재로 구성될 수 있다. 이 단계에서 중재는 기초선 수준으로 수행을 되돌리기 위한 것이 아니라 행동의 방향과 경향을 적극적으로 변화시키기 위해 고안된 중재이다. 이 연구에서는 중재 단계(B)가 먼저 적용되고 그다음 단계(A)로 중재 단계에서의 수행의 방향과 반대로 행동의 방향을 바꾸기 위한 다른 어떤 중재가 시행된다. 예를 들면 한 연구에서 정신병 환자가 '비합리적인 말'을 한 것에 대해 정신병원 직원이 의도치 않게 관심(사회적 강화)을 제공한 것을 확인하고 이에 대한 행동중재 기법을 적용하였다(Ayllon & Haughton, 1964). 대상 환자는 자신의 망상에 대해 말을 하거나 분명하지 않은 외적 지시 대상이 없는 다른 말들을 하였다. 직원은 대상 환자에게 도움과 편안함을 주려는 동정심을 가지고 있었기에 관심을 준 것이다. 연구자는 직원의 관심이 대상자의 비합리적인 말에 실제적으로 영향을 미쳤는지 또는 그러한 말은 정신장애의 통제할 수 없는 표현인지에 대해 의구심을 갖게 되었다.

대상 환자의 말에 대한 기초선 관찰을 한 후에 중재 단계가 시작되었다. 중재는 대상 환자의 합리적인 말에 직원이 관심을 제공하는 강화였다. 대상자가 보다 일반적인 말을 할 때마다 직원은 즉각적인 관심을 제공하고 비합리적인 말은 무시하였다. 그다음으로 반전 단계가 적용되었다. 연구자는 반전 단계에서 모든 관심을 철회하였다. 대신에, 반전 단계 동안 중재 단계에서 초점이 되었던 행동과는 다른 행동인 비합리적인 모든 말에 대해 관심이 제공되었다. 반전 단계 동안에, 표적행동(합리적인 말) 외에 다른 모든 행동에 대해 강화가 주어졌다. 이는 차별강화 중에서 타행동 차별강화(differential reinforcement of other behavior)에 해당된다. 이러한 과정은 수행의 방향(즉 경향)을 빠르게 변경한다는 이점이 있다. ABAB 설계에서 행동에 대한 중재 효과가 쉽게 분명해질 수 있다. 일반적으로 수행의 방향을 바꿀 수 있는 다른 절차는 중재 방향과 같은 경향을 보이는 초기 기초선 수행에 의해 발생하는 모호성을 줄이는 데 도움이 될 수 있다. 물론 이러한 설계의 변용은 어디까지나 방법론적으로 그럴듯해보이는 것이지 임상적으로는 지지를 받지 못할 수도 있다. 이는 대상자의 행동을 더 나쁘게 만들 수 있는 특정 조건이 포함되어 있기 때문이다.

자료의 초기 기초선 경향에서 나타나는 모호성을 줄이기 위한 또 다른 대안은 그러한 경향이 중재 효과에 관한 결론을 도출하는 데 미치는 영향이 거의 없거나 전혀 없을 수 있는 설계의 변용을 선택하는 것이다. 예를 들면 중다기초선설계는 기초선에서의 초기 경향에 의해 일반적으로 방해받지 않는다. 모든 기초선(행동, 대상, 상황)이 중재의 방향과 같은 경향을 보이지는 않을 것이다. 중재는 상대적으로 안정적인 행동에 대해 적용될 수 있다. 경향을 보이는 행동에 대해서는 기초선 조건이 지속적으로 적용된다. 중재 경향과 같은 방향의 기초선 수행을 보이는 행동에 대해 중재를 해야 할 필요가 있다면, 이 설계는 중재 효과에 대한 추론을 이끄는 데 방해가 되지 않을 수도 있다. 중재 효과에 대한 결론은 중다기초선설계에서의 모든 행동 또는 기초선 간의 자료 패턴에 근거하여 도달하게 된다. 기초선의 수, 중재 효과의 크기, 시각적 분석을 위한 기준의 도달 정도에 따라, 하나 또는 2개의 기초선 간에 변화의 모호성이 전반적인 결론을 도출하는 데 방해가 되지 않을 수 있다.

마찬가지로, 교대중재설계에서도 중재 효과에 관한 추론을 이끄는 데 중재 경향과 같은 방향의 기초선 경향이 일반적으로 영향을 미치지 않는다. 이 설계에서는 동일한 단계에서 시행된 다른 조건의 효과에 근거하여 결론이 도출된다. 자료점에서 전반적인 경향이 있다 하더라도 교대 중재의 차별적 효과가 판별될 수 있다. 교대 중재 간에 차이가 발생했는지를 알아보는 것이 이 설계의 초점으로 이는 자료점의 전반적인 경향에 의해 방해받지 않는다. 교대중재설계의 중재 단계에서 포함된 조건 중 하나가 기초선과 동일한 수행을 보인다면, 연구자는 중재가 지속된 기초선 조건하에서 동시에 획득된 수행을 능가하는지를 직접적으로 평가할 수 있다. 기준변동설계에서 중재의 효과 판별은 경향에 의해 방해받지 않는다. 이 설계는 계단식으로 변동되는 기준에 수행이 도달했는지 여부를 평가한다. 기초선 단계에서 수행이 향상되더라도, 중재에 의한 통제는 기준 수준을 설계 전반에 나타난 수행과의 비교를 통해 평가될 수 있으며, 앞선 장들에서 언급한 바와 같이 필요한 경우에는 기준에서의 양방향 변화를 통해 평가될 수 있다.

기초선에서 나타나는 초기 경향을 다루는 또 다른 대안은 기초선 수행과 비교하여 중재의 효과를 평가하는 통계적 기법을 사용하는 것이다. 그래프에 관한 장에서 논의된 바와 같이, 경향선을 그리는 것과 같이 초기 기초선의 경향을 설명하고 경향선을 그리는 기법은, 기초선에서 초기 경향이 중재 단계의 경향과 유사한지를 시각적으로 파악하는 데 도움이 될 수 있다. 또한 통계적 기법(예 : 시계열 분석)은 기초선의 초기 경향이 지속될 경우에, 중재가 그 경향선의 위쪽과 아래쪽으로 신뢰할 만한 변화를 보이는지를 평가할 수 있다. 이것은 시각적 분석을 통해 파악할 수 없는 경향의 판별(부록 참조)을 포함하여 다양한 문제를 해결하는 보다 복잡한 해결 방법이다.

일반적으로, 기초선의 초기 경향이 중재 효과에 관한 추론에 반드시 지장을 주는 것은 아니다. 중재 효과에 관한 모호성을 줄이거나 없애기 위해 다양한 설계의 변용과 자료 평가 기법이 사용될 수 있다. 연구자는 기초선의 초기 경향이 분명하게 나타날 경우에 중재 효과 해석의 모호성을 줄이기 위한 대안 중 하나를 염두에 두는 것이 중요하다. 설계의 변용 또는 특별한 자료 평가 기법의 적용 없이는 기초선 기간 동안에 중재 방향으로의 경향 또는 기초선 단계로의 복귀는 분명한 중재의 효과를 얻는 데 부정적인 영향을 미칠 수 있다.

변동성

특정 단계 내에서와 모든 단계에서 상대적으로 자료점의 변동성이 적을 경우에 중재 효과에 대한 평가가 용이할 수 있다. 매일의 변동이 크면 클수록 효과 검증을 위해 요구되는 행동 변화가 더 커질 것이다. 자료의 큰 변동이 중재에 대한 평가를 항상 어렵게 만드는 것은 아니다. 예를 들면 때때로 기초선 수행이 평균값을 기준으로 큰 변동을 보일 수 있다. 중재가 실행되면, 수행의 평균이 변화할 뿐만 아니라 변동성이 현저하게 줄어들 것이다. 그래서 평균에서의 변화와 변동성의 감소가 나타나면 중재 효과가 매우 분명해진다. 기초선과 중재 조건의 수행에서 모두 상대적으로 큰 변동을 보이면 중재 평가가 어려워진다. 이전 장에서 우리는 중재 자료를 구역화하고 각 구역의 평균을 표시하는 것과 같은 방법으로 과도한 변동성의 출현을 줄이는 것에 관한 그래프 제시의 선택에 대해 논의하였다. 이 장에서는 과도한 변동성을 이해하고 통제하거나 줄이는 보다 기본적인 과제에 관해 살펴보고자 한다.

자료의 변동성은 사실상 모든 상황에서 일반적인 행동의 특성이다. 짐작컨대, 변동성은 우리의 기능 수행에 영향을 미치는 모든 종류의 요인에 기인한다. 중재 효과에 대한 추론을 이끌거나 자료의 명확한 패턴을 얻는 데 방해가 되는 과도한 변동성이 나타나면 관련 요인을 판별해야 한다. 자료의 과도한 변동성은 행동에 대한 실험 통제의 부재를 나타내며 수행에 영향을 미치는 요인에 대한 이해의 부족함을 보여준다(Sidman, 1960).

기초선 수행에서 변동이 심하게 나타나면 변동성에 영향을 미치는 여러 요인이 판별될 수 있다. 첫째로, 자료에 정확하게 반영되지는 않지만, 대상자는 수행에서의 변동성 없이 비교적 지속적으로 수행하고 있을 수 있다. 이러한 일관성을 가리는 한 가지 요인은 관찰 방법에 있다. 관찰자가 비일관적으로 기록을 하거나 행동에 대한 조작적 정의에 맞지 않게 시행한 기록의 정도가 수행의 변동성에 영향을 미칠 수 있다. 관찰자간 일치도와 회기 중간중간에 신중한 점검을 통해 관찰자의 잘못된 관찰 기록을 줄일 수 있다.

둘째로, 관찰이 이루어지는 조건이 수행의 변동성에 영향을 미칠 수 있다. 과도한 변동성은 관찰이 이루어지는 전반적인 조건에 대한 보다 큰 표준화가 요구됨을 암시한다. 관찰 상황에서 관찰자의 출현, 관찰이 이루어지는 시간대, 관찰 시간 이전에 일어난 사건, 관찰 시간 이후에 예측되는 일과가 대상자의 수행 변동성에 영향을 미칠 수 있다. 이런 다른 영향들은 매일 달라지는 '중재'가 되는 것이다(예 : 학급 내에 방해행동이 심한 또 다른 아동, 수행에서의 변동성을 일으키거나 실험 통제하는 일주일 중 특정일의 정기적인 과제, 쉬는 시간 전후의 활동). 일반적으로, 매일 자연스럽게 달라지는 이러한 요인들은 무시될 수 있고 기초선 관찰 시 여전히 비교적 낮은 변동성을 보일 수 있다. 반면에, 변동성이 과도하면 연구자는 이후에 표준화될 수 있는 상황적 특성을 밝혀내고자 할 것이다.

표준화(standardization)는 매일의 상황을 보다 동질적으로 만들어서 변동성에 영향을 미치는 요인들을 감소시킬 수 있다. 이러한 제안에 반대하는 이유는 '실제(realistic)' 상황에서의 행동을 관찰하고자 하기 때문이다. 그렇기에 변동성과 자연적인 환경이 변경되거나 관리되어서는 안 된다는 것이다. 이러한 염려가 모든 종류의 맥락(예 : 곡 연주를 위해 음악가들을 훈련하는 맥락, 운항법을 배우는 비행기 조종사를 지도하는 맥락, 육상선수로서 기술 개발을 하는 맥락)에 대한 우려는 아니다. 각각의 맥락에서, 통제된 조건에서의 수행과 연습은 초기 학습 과정의 한 부분이다. 우리의 목표는 자연적인 환경에서의 바람직한 행동을 기르는 것이다. 그러나 이 목표는 초기 관찰 및 훈련 단계에서는 모든 조건(예 : 연주자 — 청중, 압박, 곡 전체)에 부합되지 않을 수 있다. 초기 목표는 행동을 사정하는 것이고 그런 다음 우리가 행동을 바꿀 수 있는지를 파악한다. 보다 많은 요인이 변동성에 영향을 미칠 수 있는 다른 상황으로 새롭게 습득된 기술을 확장하는 것은 초기 입증이 선행되어야 한다(Kazdin, 2001 참조). 변동성이 과도할 경우, 변동성에 영향을 미치는 요인이 해당 환경에 있는지를 살펴보아야 한다. 분명히, 매일 변화하는 일부 요인(예 : 대상자의 식단, 기후)이 다른 것(예 : 동일한 교실에 또래의 출현, 관찰이 이루어지는 동안 동일하거나 유사한 활동의 시행)에 비해 쉽게 통제되지 못할 수 있다.

이유가 무엇이든지, 앞서 언급된 절차가 분석된 이후에도 행동은 매우 변동될 수 있다. 사실상 중재 프로그램의 목표는 평균의 비율을 변화시키기보다는 대상자의 수행 변동성을 변화시키는 것이다. 즉 이는 기준변동설계에 관한 장에서 언급한 바와 같이 범위 내에서 행동 강화를 통해 수행을 보다 더 지속시키는 것이다. 변동성이 상대적으로 여전히 크면, 원인이 되는 것이 무엇인지를 판별하기 위해 중재를 연기해야 하지만 연기할 수 없는 경우가 있을 수 있다. 이 경우, 연구자는 이전 장에서 언급되었던 (1) 구역으로 자료점을 표시하거나, (2) 각 단계 내의 평균 수행을 그래프로 나타내거나, (3) 자료의 패턴을 명확하게 하고 자료의 평가를 용이하게 하는 데 도움이 되도록 단계 내에 경향선을 추가하는 것과 같은 보조적인 방법을 사용할 수 있다.

변동성이 중재 효과를 평가하는 데 방해가 될 수 있는지 여부는 중재로 인한 변화 유형에 의해 또한 그러한 변화를 반영하는 측정의 민감도(예 : 천장효과 또는 바닥효과가 없는 것)에 의해 부분적으로 결정된다. 수행에서의 현저한 변화가 단계 간에 평균, 수준, 경향의 동시 변화와 변화의 빠른 지연시간으로 인해 매우 분명해질 수 있다. 그래서 중재 효과에 대한 결론을 이끄는 데 방해가 될 정도의 변동성은 중재에 의한 종속변수의 변화의 크기와 유형에 기능을 한다. 요점은 비교적 큰 변동성이 있는 경우 체계적인 변화가 일어났음을 추론하기 위해서는 보다 강력한 중재 효과가 나타나야 한다는 점이다.

단계의 기간

단일대상연구에서 중요한 쟁점은 설계 내에 모든 단계가 끝나는 데 걸리는 기간을 결정하는 것이다. 단계의 기간은 일반적으로 중재 시행에 앞서서 구체화되지 않는다. 그 이유는 연구자가 자료를 조사하고 수행에 관한 예측을 하기에 정보가 충분히 확실한지를 결정해야 하기 때문이다. 기초선 단계에서 과도한 변동성 또는 경향이 나타나거나 중재 단계에서 처치 효과가 잠정적이거나 약하거나 늦게 나타날 경우에는 보다 단계를 길게 시행해야 할 것이다.

흔한 방법론상의 문제는 분명한 패턴이 나타나기 전에 단계를 변경하는 것이다. 예를 들어 대부분의 자료는 기초선 기간 동안에 명확한 패턴을 나타낼 수 있다. 그러나 며칠 동안 비교적 안정적인 기초선 수행 이후에, 1~2개의 자료점이 이전의 모든 자료점보다 높거나 낮을 수 있다. 이때 즉각적으로 생기는 질문은 기초선에서 경향이 나타났는지, 변동성을 위협하는 것 중에 하나가 자료를 설명할 수 있는지, 또는 자료점이 단순히 비체계적인 변동성의 일부인지에 관한 것이다. 단계를 변경하지 않고 조건을 지속하는 것에 신중해야 한다. 하루 내지 이틀 더 자료가 경향을 보이지 않으면 계획된 중재가 적용될 수 있다. 적은 추가 자료점만으로도 최근에 만들어진 경향이 없다는 것에 대한 신뢰를 증가시키고 이후에 이루어질 중재에 대한 평가를 보다 용이하게 할 수 있다.

때때로 연구자는 중재를 통해 예측되는 변화의 방향과는 반대되는 극단의 자료점을 기초선에서 얻을 수도 있다. 이러한 극단의 자료는 경향이 있다 하더라도 중재 효과와 반대 방향임을 시사한다고 해석될 수 있다. 연구자는 단계의 예측되는 효과와는 반대 방향으로 이전 단계에서 극단의 자료점이 표시되면 단계를 변경할 수 있다. 그러나 한 방향으로의 극단의 점수는 소위 **통계적 회귀**(statistical regression, 제2장 참조)라는 특징인, 평균의 방향으로 되돌아가는 점수가 뒤이어 나타날 수 있다.

회귀의 가능성을 경계하는 것이 중요하다. 하나의 극단 점수가 나타났을 때 바로 단계를 변경하는 것은 현명하지 못한 판단이 될 수 있다. 그렇게 단계를 변경하는 것이 회귀의 기회가 될 수 있다. 수행에서의 이러한 즉각적인 '향상(improvement)'(수준에서의 변화)은 사실상 회귀에 의한 것으로 설명될 수 있을지 모르지만, 한 조건에서 다른 조건으로 변경한 결과로 해석될 수도 있다. 새로운 단계에서 자료 수집이 지속적으로 이루어지면, 물론 연구자는 중재가 행동에 효과적이었는지를 살펴볼 수 있다. 그러나 수준 또는 평균에서의 변화가 단계에 걸쳐서 조사되면, 극단의 점수를 나타내는 자료점에서 단계를 변경하는 것이 연구결과에 대한 편향된 추론을 이끌 수 있다.

일반적으로, 단일대상연구 설계에서 단계는 자료의 패턴이 비교적 명확할 때까지 지속되어야 한다. 이는 단계가 항상 길어야 한다는 의미는 아니다. 예를 들어 ABAB 설계의 제2기초선 또는 반전 단계가 하루 또는 이틀 정도로 매우 짧은 경우도 있다(예 : Kodak, Grow, & Northrup, 2004; Stricker, Miltenberger, Garlinghouse, Deaver, & Anderson, 2001). 각 단계의 기간이 짧은 것은 해당 단계 내에서 그리고 인접한 단계와 비교하여 자료점의 명료성(clarity)에 의해 부분적으로 결정된다.

제안된 필요한 자료점의 수가 실제적인 지침으로서 유용하다. 최소한 3~5일(회기)이 일반적인 규칙으로서 유용하다. 그러나 제안의 기저를 이루고 있는 원리들을 전달하는 것이, 다시 말해 수행을 예측하고 수행에 대한 예측을 검증하기 위한 명확한 기초를 제공하는 것이 훨씬 더 중요하다. 간단한 규칙은 많은 문제를 가지고 있다. 어떤 단계는 다른 단계보다 더 긴 기간을 필요로 할 수 있다. 예를 들면 ABAB 설계에서 두 번째 기초선 단계보다 첫 번째 기초선 단계의 기간을 다소 길게 잡는 것이 일반적으로 중요하다. 제1기초선은 자료의 경향과 변동성에 관한 첫 번째 정보를 제공하고 뒤이은 모든 단계에 대한 참조점으로서의 역할을 한다. 따라서 성급히 단계를 변경하거나 짧은 회기 동안만 자료점만을 모아서는 안 된다.

엄격한 실제보다도 방법론적 실제의 목표를 명심하는 것이 항상 중요하다. 따라서 기초선 단계가 짧으면서도 타당한 사례가 있을 수도 있다. 예를 들면 9세 아스퍼거 증후군 남자 아동에게 자전거 타기를 지도하기 위해 고안된 프로그램에서, 자전거 타기를 포함한 다양한 움직임에 관한 자료가 수집되었다(Cameron, Shapiro, & Ainsleigh, 2005). 제1기초선 단계는 아동이 자전거를 타지 못한다는 것을 확인(점수가 0점이었다)하는 1회기로 구성되었다. 또한 아동은 기초선 단계에서 자전거 타기 과제에 대해 극단적인 정서적 반응을 보였다. 기준변동설계가 적용되었고, 자료는 자전거 타기 기술 개발에 대한 명확한 패턴을 보였다. 이로 인해 기초선 단계에서 1회기 자료만 제시된 것이 잘된 경우라 할 수 있다. 그러나 하나의 자료점보다는 2개의 자료점이 좋고(두 번째 자료점을 통해 기초선 단계의 변동성을 살펴볼 수 있기 때문에), 2개의 자료점보다는 3개의 자료점이 훨씬 좋다(경향을 추론할 수 있기 때문에). 그러나 행동의 수행이 영(0)이고 모든 관련인들이 이를 확신할 때는(예 : 부모 또는 교사가 "아동은 이것을 할 수 없어요, 결코 이것을 한 적이 없어요, 조만간 당신이 무언가를 하지 않는 이상 아동은 결코 할 수 없을 거예요."라고 말한다), 하나의 자료만으로도 충분하다. 보다 일반적으로, 중다기초선설계는 기초선 단계의 기간을 짧게 잡을 수 있다(예 : 하나 또는 소수의 회기). 이는 이 설계에서 입증의 강도가 어떠한 단일한 단계에 의해 결정되는 것도 아니고, 가장 먼저 중재가 적용되는 대상자 한 명(또는 한 가지 행동, 한 가지 상황)의 기초선은 짧고 뒤이어 중재가 적용되는 대상자들의 기초선은 보다 더 길 수 있다. 단일대상연구에서 실험 단계의 지속 기간에 관한 규칙을 구체적으로 명시하기 어렵다. 또한 구체화되더라도 중요한 조건 없이 이를 타당화하기는 어렵다.

각 단계의 기간 외에도, 연구자는 연구에서 단계의 자료 수집 기간(예 : 각 단계에서 10일간의 자료 수집)이 동일하거나 거의 동일해야 하는지에 관해 가끔 묻는다. 바라건대 이 시점에서 이 책을 읽는 독자들은 분명히 '아니요'라고 답할 것이다. 동일한 자료 수집 기간을 갖는 것에 대한 문제 제기의 원리는 타당하다. 그렇기에 '아니요'라는 대답이 타당함을 보여주기 전에, 단계에서 동일한 자료 수집 기간을 갖는 이유를 살펴볼 필요가 있다. 첫째로, 동일한 자료 수집 기간을 갖는 것은 특정 기간(예 : 일주일 또는 한 달)에 성숙 또는 주기적 영향이 수행의 특정한 패턴을 이끌 수 있다는 관점에 근거한다. 예를 들어 상황(예 : 학급, 회사의 기업 활동)이 매일 또는 매주의 고정된 일과를 가지고 있다면, 연구자는 각 단계가 아주 많은 일과를 포함하고 있기 때문에 중재와 관련 없는 사건이 거의 모든 단계에서 지속되거나 각 단계에서 동일하여 한 단계에 자료를 한쪽으로 치우치게 하지 않는다는 확신을 갖기 원할 것이다. 근본적으로 연구자는 조건, 즉 일과가 기초선과 중재 단계에서 비교적 일관되게 지속된다는 것을 확신하기를 원할 것이다. 이는 타당한 이유이다.

둘째로, 연구자는 연구결과를 평가하기 위해 통계적 분석을 사용하고자 할 것이다. 여러 차례의 관찰이 이루어지고 관찰이 단계별로 동일한 수만큼 이루어지면 통계적 분석은 보다 더 효과적이다(즉 차이가 어디에서 나타났는지를 찾아낼 수 있다). 따라서 이러한 이유로 단계에서 동일한 지속 기간을 계획하는 것일 수 있다. 마지막으로, 기초선과 중재 단계가 얼마 동안 지속될 것인지라는 타당한 의문을 납득시킴으로써 다른 사람과 프로그램에 관해 의사소통을 용이하게 할 수 있다. 집단 연구에서와 같이 예정되고 계획된 방식의 명확한 답이 주어질 때 연구자의 불안이 감소할 수 있다.

앞서 언급한 이유로 모든 단계에서 같거나 거의 동일한 기간의 자료 수집이 편리하더라도, 가능하면 이에 수긍하지 말고 저항해볼 것을 권한다. 그 이유는 단일대상연구의 논리와 관계가 있고 기본이 되기 때문이다. 우리는 단일대상설계의 예측성을 기술하고 예측하고 검증하는 데 도움이 되는 자료를 얻는 것에 관심이 있다. 각 단계에서 동일한 자료 수집 기간은 명쾌하지도 않고 중요하지도 않으며 심지어 방해가 될 수 있다. 단계의 동일한 기간은 반드시 설계를 확고하게 만들지 않는다. 사실상, 단계의 기간이 우선적인 고려사항이라면, 자료 수집 기준 일수의 경과 여부에 따라 조건을 변경 또는 유지하게 되어 중재 효과의 모호성이 나타날 수 있다.

일반적으로 단계의 기간은 명확한 자료의 패턴이 분명한지에 대한 연구자의 관점에 근거하여 연구자의 판단에 의해서 결정된다. 물론 단계의 기간을 제한하는 실제적인 고려사항(예 : 학년 말)이 운용될 수도 있다. 설계의 관점에서 보면, 자료의 패턴이 단계 변경에 대한 결정을 좌우해야 한다. 자료의 패턴을 통해 해당 단계의 자료 수집을 하는 전반적인 목표, 즉 수행을 적절히 기술하고, 조건이 변경되지 않을 경우에 이후의 수행을 예측하며, 이전 단계의 예측을 검증하고자 하는 목표가 이루어질 수 있다.

단계 변경을 위한 기준

단계 변경과 관련하여 현재 합의된 객관적인 판단 규칙은 없다. 단계의 기간은 자료의 안정성에 달려 있다. 일반적으로 특정 단계에서의 수행의 안정성(stability)은 자료의 두 가지 특징, 즉 경향(trend)과 변동성(variability)에 의해 규정될 수 있다. 단계 변경을 위한 기준 또는 판단 규칙은 이러한 매개변수를 일반적으로 설명할 필요가 있다. 하나의 기준은 해당 단계에서 연속적인 얼마간의 회기(또는 날)에서 자료가 사전에 지정된 평균 범위 내에 있는지(예 : 평균에 대한 ±1~1.5표준편차)에 관한 자료의 안정성을 판별하는 것이다. 이 방법을 통해 자료가 반복해서 체계적인 증가 또는 감소(즉 경향 관련)를 보이지 않음과 특정 범위 내(즉 변동성 관련)에 있음을 확인할 수 있다. 지정된 기준에 부합하면, 단계를 종료하고 다음 조건을 제시할 수 있다. 확실한 방해요인은 표준편차를 합리적으로 산출하기 위해서는 한 단계 내에서 어느 정도의 관찰이 축적되어야 한다는 것이다. 단계의 초기 및 회기 내에서 어느 정도의 관찰만으로도 평균과 표준편차의 현저한 변화를 확인할 수도 있다.

또 다른 기준은 연이은 회기(또는 날)의 많은 자료가 특정 범위 내에 있는지를 요구하는 것이다. 예를 들어 ABAB 설계를 적용한 연구에서, 연구자는 연속 3회기의 자료가 해당 단계의 모든 이전 회기 자료의 평균 10% 범위 내에 해당하면 한 단계에서 다른 단계로 변경을 하였다 (Wilson, Robertson, Herlong, & Haynes, 1979). 해당 단계의 평균을 구하기 위해 누적 평균이 지속적으로 산출되었다. 다시 말하면, 각각의 연속된 회기(날)의 자료가 단계의 이전 모든 회기(날)의 자료에 더해져서 새로운 평균이 산출된 것이다. 3회기 연속적으로 평균의 10% 범위 내에 자료점이 있으면 단계가 변경되었다. 하나의 단일한 규칙 또는 지침은 없다. 어떤 경우에는 연속 2회기 평균의 20% 범위 내로 명시할 수도 있다. 이러한 규칙 또는 지침의 이점은 판단 기준을 명확하게 한다는 것이다. 이는 과학적 연구에서 중요한 가치이기도 하다.

조건(또는 단계)의 변경 시기를 결정하기 위한 기준을 정하는 것이 좋다. 기준이 사전에 정해지면, 조건 변경으로 인해 자료 변동이 나타날 기회가 줄어들 수 있다. 일반적으로, 사전에 정해진 기준은 설계 내에서 주관적인 의사결정을 줄여줄 수 있다. 대부분의 연구자들이 설계 관련 의사결정이 사전에 이루어지는 집단연구에 관한 훈련을 받는다. 사전에 의사결정이 이루어지면, 연구를 수행하는 동안 대충 그때그때 봐 가면서 내리는 의사결정보다 중재 효과에 대한 추론의 편향에 영향을 덜 받게 된다. 단계 변경의 기준을 설정하는 것은 잠재적 편향을 방지한다. 그러나 사전에 기준을 정하는 데는 위험요인이 있다. 해당 단계에서 수행의 변화가 적으면 기준에 부합하기 어렵게 된다. 행동이 오락가락할 수도 있다. 즉 행동의 수행이 특정 값 사이를 오락가락할 수도 있다. 수행의 변동을 보이는 대상자에 대해 사전에 기준을 정하기는 어렵다. 대상자의 수행이 사전에 명시된 범위에 들 때까지 기다리려면, 연구자는 같은 연구에 평생을 투자해야 할 것이다(Sidman, 1960, p. 260).

연구 대상이 여러 명일 때 문제가 나타날 수 있다. 예를 들면 대상자간(또는 행동간, 상황간) 중다기초선설계에서, 대상자간에 기초선 자료가 매우 다를 수 있으며, 단계 변경 시기를 결정하기 위한 단일한 기준에 모든 대상자의 수행이 쉽게 부합되지 못할 수 있다. 게다가 모든 방법론적 별들이 가지런히 놓일 때(변동성이 없고 경향이 없으며 경향이 나타나자마자 지속될 가능성이 없는 것)까지 기다리는 것은 대부분의 임상 현장에서 실제적인 방해요인을 유발하고 중재가 지연되며 실행 가능성이 없어질 것이다(역주 : 자료점이 가지런히 놓일 때까지 기다리는 것은 마치 하늘의 별들이 나란히 놓일 때까지 기다리는 것처럼 가능성이 거의 없음을 비유로 원저자가 별이라는 표현을 한 것임). 우리는 타당한 결론을 이끌기 위해 별들을 가 지런히 놓을 필요가 없다.

기준을 정하는 목적은 단계 변경 전에 안정성에 대한 객관적인 정의를 갖고자 하는 것이다. 사전에 정해진 특정 기준에 부합하는 것보다 자료의 안정성이 중요하다. 뒤이은 단계에서의 수행을 예측하기 위해 안정성이 확보되어야 한다. 수행에 대한 예측은 한 단계부터 다음 단계 까지 이러한 예측으로부터 벗어나는 것을 찾기 위한 근거가 된다. 자료의 패턴이 이후의 수행 을 예측하는 데 매우 분명하고 적절한 근거인 경우에도 단계 변경을 위한 기준이 부합되지 않 을 수도 있다. 보다 간단한 말하면, 기준의 구체화는 하나의 목적에 대한 수단이다. 즉 단계 변경 기준은 안정성을 규정하는 것이지, 그 자체로 중요한 것은 아니다. 자료점이 단계 변경 기준 내에는 아니지만 가까이 놓일 수 있고, 중재를 통한 진보가 지연될 수 있다. 일반적인 경 우, 특히 임상 상황에서, 적용된 설계 내에서 단계 변경을 위한 두 가지 이상의 기준 또는 규칙 을 명시하는 것이 중요할 것이다. 그중에서 하나의 기준에 자료가 부합하면 단계를 변경할 수 있다. 보다 융통성 있는 기준 또는 몇 개의 기준을 명시하는 것이 몇 개의 자료점으로 인해 단 계 변경이 지속적으로 지연될 가능성을 줄일 수 있다. ('나는 1년 이상의 기초선 단계가 이루 어져야 한다고 생각한다'라고 말하고 싶은 독자라면, 앞서 언급한 내용을 시행할 필요가 없음 을 잘 알 것이다.)

앞서 언급한 것은 자료의 안정성을 규정하거나 단계를 변경하기 위한 객관적인 기준을 사 용하는 것에 대해 반대하는 의도로 말한 것이 아니다. 단일대상설계를 사용하는 대부분의 연 구자들은 단계 변경을 위한 또는 단계 기간에 대한 상세한 기준을 적용하지 않는다. 객관적인 기준의 이점이 단계 변경의 지연 또는 각 단계 내 자료의 기술, 예측, 검증에 부합하는 것에 의 해 보상되는지는 분명하지 않다. 일반적인 전략으로서, 만약 자료 패턴이 기준 적용을 다소 방해하여 연구 설계의 논리가 위태롭다면, 기준을 융통성 있게 설정하고 기준을 포기할 수 있 는 가능성을 열어 놓는 것이 바람직할 수 있다.

일반적인 쟁점 및 제한점

여기서 논의되는 방법론적 쟁점은 단일대상연구를 시행하는 동안 발생하는 고려사항이다. 단 일대상연구의 방법론과 제한점이 보다 일반적인 관점에서 조사될 수 있을 것이다. 여기서는 단일대상연구에 적용되는 주된 쟁점과 제한점에 관해 살펴보고자 한다.

▎ **표 14.1** ▎ 효과적인 중재 개발 및 판별 전략

중재 전략	연구문제
중재 패키지 전략	중재가 변화를 만들거나 이끌었는가?
분해 전략	어떤 구성요소가 종속변인의 변화를 위해 필요하고, 충분하며, 촉진적인가?
매개 전략	처치 내에서의 어떤 변화가(일부 변수의 변형이) 특정 처치의 효과를 증대시키는가?
구성 전략	중재의 성과를 강화하기 위해 어떤 구성요소 또는 다른 중재가 추가될 수 있는가?
성과 비교 전략	어떤 중재가 특정 연구문제와 모집단에게 보다 더 또는 가장 효과적인가?
중재-조절변수 전략	중재의 효과가 어떤 대상자, 중재자, 상황, 맥락, 또는 다른 특성에 의존하는가?
중재-매개변수/기제 전략	어떤 과정, 매개변수, 기제, 방법이 중재 효과가 나타나는 것을 어느 정도 설명하는가? 다시 말하면, 종속변인의 변화가 나타난 이유는 무엇인가?

주 ✹ 중재는 변화를 이루기 위해 고안된 어떠한 프로그램(교육적, 예방적, 심리사회적, 의학적 처치)도 될 수 있다.

중재 성과 관련 연구문제의 범위

단일대상설계는 다양한 중재의 효과를 평가하기 위해 주로 응용연구 분야에서 사용되고 있다. 일반적으로 교육, 임상, 지역사회, 기타 실제 상황의 맥락에서 특정 문제를 개선하거나 수행을 향상하기 위한 중재가 고안된다. 개인 또는 집단의 기능 수행에 미치는 중재의 영향에 그 초점이 있다. 이러한 유형의 연구는 성과에 중점을 두기에 성과연구(outcome research)라고도 한다.

몇 가지 다른 유형의 성과 관련 연구문제가 응용연구 분야에서 기술될 수 있다. 연구문제는 특정 중재가 적용되는 분야(예 : 특수교육, 심리치료 등)에서 또한 중재가 영향을 미치는 행동 또는 기능 수행의 영역(예 : 학업수행, 불안 증상 등)에서 다양하다. 다양한 중재 및 평가 전략에 따라 다른 연구문제가 기술된다. 효과적인 중재를 개발하고 판별하는 주된 전략이 표 14.1에 간략히 제시되어 있다. 표 14.1에서 보는 바와 같이, 전략은 특정 중재의 성과에 관한 연구문제와 행동 변화에 영향을 미치는 방식에 관한 연구문제를 제기한다. 집단연구와 단일대상연구는 이러한 연구문제를 어떻게 설정하느냐 또는 어떤 경우에는 얼마나 잘 설정하느냐에 따라 다양하다. 단일대상설계의 강점과 제한점은 이러한 연구문제에 대한 자세한 설명을 통해 전달될 수 있다.

중재 패키지 평가하기. 대부분의 단일대상연구는 특정 중재(프로그램, 처치)와 중재가 없는 것

(기초선)을 비교하는 **중재 패키지 전략**(intervention package strategy)에 해당한다. 중재 패키지는 일반적으로 다양한 구성요소를 가지고 있다. 예를 들면 행동 변화를 위해 행동 중재는 교수, 시범, 피드백, 직접 강화를 자주 포함한다. 평가를 목적으로 할 때 중재 패키지는 중재 패키지 전체가 평가의 대상이 된다. 기본적인 연구문제는 중재가 변화를 이끌었으며 그러한 변화가 신뢰할 만한지에 있다. 이 책 전반에서 다루고 있는 연구 설계의 대다수의 예는 중재 패키지 전략을 이용한 것이다.

일반적으로 단일대상설계는 중재 패키지와 그 효과를 평가하는 데 매우 적절하다. 이것이 핵심적인 강점이다. 보건, 교육, 서비스 분야에서는 식이요법, 학업 기능 수행, 양육, 심리치료, 노인 보호, 예방, 신체 및 심리 질병 또는 문제 등과 같은 것에 초점을 둔 중재가 지배적이다. 또한 다양한 대리인(가족 서비스, 교육), 조직, 전문가들은 효과가 기대되는 프로그램을 가지고 있다. 예를 들면 다양한 유형의 사회, 정서, 행동, 심리 문제를 가지고 있는 아동 및 청소년을 위한 중재를 제공하는 수많은 프로그램이 있다(http://www.wildernessprograms.org/Programs.html 참조). 아쉬운 점은 이러한 프로그램들이 사람들에게 도움이 되는지를 판별하기 위한 엄격한 평가가 부족하다(심지어는 엄격하지 않은 평가조차도 부족하다)는 점이다.

평가가 부족한 많은 이유 중 하나는 우리의 선택이 제한되어 있다고 알고 있는 것이다. 훈련을 받은 대부분의 사람들은 무선할당비교군임상연구(randomized controlled clinical trial), 즉 비교집단연구가 필요하다고 알고 있다. 학급, 학교, 지역교육청, 주정부에서 시행되고 있는 많은 프로그램의 평가가 실현 가능성이 적고 너무 많은 비용이 든다고 여긴다. 이에 대한 대안으로 평가가 아닌 대규모의 통제집단연구라고 생각할 수 있다.

단일대상설계는 중재 패키지 관련 연구문제에 매우 적합하며, 여러 집단이 필요하지 않다. 집단연구설계에서 자주 포함되는 부적당한 통제 집단(처치를 하지 않는 통제 집단)이 없이도 이러한 연구문제를 다룰 수 있다. 게다가 지속적인 자료 수집을 통해 변화가 나타나는지를 살펴보고 만약 그렇지 않다면 필요에 따라 중재를 변경할 수도 있다. 집단연구를 적용하여 프로그램을 평가할 때는, 중재가 끝나고 중재의 소소한 효과에 관해 무언가를 더 할 수 없을 때까지는 연구의 성과를 알 수 없다. 실생활에서 프로그램과 관련하여, 우리는 프로그램이 올바른 방향으로 가고 있는지 또는 새롭거나 다르거나 수정된 중재가 필요한지를 파악할 수 있도록 피드백 자료를 받기 원한다. 예를 들어 학교에서 이루어지는 과학 축제에 학생의 참여를 돕기 위해 고안된 중재(B)를 생각해보자. 학급 간 또는 학년 수준 간 중다기초선 설계를 적용하여 중재를 평가할 수 있다. 우리는 중재가 전혀 효과적이기 않아서 중재 C로 변경해야 하고 현재 중재를 받고 있는 상황을 모든 기초선 상황으로 사용할 수 있음을 바로 알 수 있다. 작은 단위 또는 제한된 범위에서의 중재 실행 또한 단일대상설계의 장점이다.

중재 구성요소 평가하기. 강점 및 제한점을 공유하고 있는 세 가지 전략을 하나로 묶어서 중재로 사용한다고 가정하자. 표 14.1에서 제시된 바와 같이 분해, 매개, 구성 전략은 변화에 영향을 미치는 중재의 양상을 분석하고자 한다는 점에서 서로 유사하다. 그러한 방식으로, 각각의 전략이 중재를 보다 효과적으로 만들 수 있는지에 관한 조사가 이루어질 수 있다. 전략의 상대적 영향을 알아보기 위해 동일한 대상자에게 중재의 변인들이 제시된다.

분해 전략(dismantling strategy)은 중재 패키지를 다른 조건, 즉 패키지에서 일부 요소가 빠진 조건과 비교하고자 하는 것이다. 집단연구로 예를 들면 초등학생을 위한 특수교육 교육과정, 학생들의 학습에 대한 주간 평가, 학생의 수행에 대한 교사의 피드백 제공을 구성요소로 하는 중재 패키지를 평가하고자 한다. 분해 전략에서, 연구자는 한 집단에게는 전체 패키지를, 다른 한 집단에는 교사의 피드백을 제외한 패키지를 제공하고 그 영향을 알아볼 수 있다.

매개 전략(parametric strategy)은 성과에 영향을 미치는지를 판단하기 위해 특정 한 개의 차원을 변경하여 동일한 중재의 변형들을 비교하고자 하는 것이다. 예를 들면 한 연구에 일주일에 세 번씩 운동하는 중재가 건강(예 : 심박수, 혈압, 기분 등)에 미치는 영향을 평가하고자 한다. 매개 전략에서, 연구자는 일주일에 세 번 운동하는 것과 일주일에 여섯 번 운동하는 것과 같은 변형들을 비교할 수 있다.

구성 전략(constructive strategy)에서는 일반적으로 이미 효과가 있는 것으로 알려진 중재 패키지를 평가한다. 연구문제는 효과가 검증된 중재에 새로운 것을 추가한 것이 종속변인의 변화를 가져오는지에 관한 것이다. 예를 들면 직장암이 미국에서 세 번째로 가장 일반적인 암이고 암 관련 사망 원인 중에 두 번째로 높은 암이다. 처치를 위해 승인된 약이 두 종류가 있다. 이 약들이 세포에 다소 다르게 영향을 미친다. 그래서 약 중에서 한 가지, 아바스틴(Avastin)만을 투약하는 것과 다른 약(엘비툭스, Erbitux)을 추가하여 투약(아바스틴+엘비툭스)하는 통제된 시도를 하였다. 두 가지 약을 함께 투약한 처치가 암을 악화시켰고 부작용 또한 더 많이 일으켰다(Mayer, 2009). 보다 많은 것이 항상 더 좋은 것은 아니지만 때때로 더 좋을 때도 있다. 구성 전략은 이를 알아보는 방식이다.

단일대상설계는 이러한 모든 세 가지 전략과 관련한 연구문제를 탐구할 수 있다. 서로 다른 중재를 비교하거나 중재의 변형들을 비교하는 것에 관해서는 중다처치설계에 관한 제9장에서 살펴보았다. 그러나 방법론적 견지에서, 중다처치 간섭(multiple-treatment interference)의 문제가 있다. 즉 중재 또는 구성요소 중에서 두 가지 이상의 변형이 동일한 대상자에게 제공된다면, 중재의 순서 또는 중재의 이전 변형이 뒤이은 처치의 효과에 영향을 미칠 수 있기 때문에 연구자는 어떤 중재가 더 효과적인지 또는 덜 효과적인지를 실제로 판단할 수가 없다. 예를 들어 구성 전략에서 연구자는 피드백, 칭찬, 처벌이라는 세 가지 중재를 결합하여 더 효과적인지를 알고자 한다. 연구자는 먼저 피드백 단계로 시작하고 그다음 두 번째 단계로 칭찬을 추가하고 마지막 단계로 처벌을 추가한다. 어떠한 효과 또는 효과의 결여는 이러한 중재의 순서에 기인할 수 있다. 중재의 순서라 함은 중재가 첫 번째 소개되고 두 번째로 소개되는 것과 같이 점진적으로 소개되는 것을 말한다. 비교집단연구에서, 별개의 집단이 다양하게 조합된 중재를 받게 되기에 중다처치 간섭의 가능성이 통제될 수 있다. 그러나 단일대상연구에서는, 중재 효과가 설계 내에서 중재의 순서에 따라 상호작용하기 때문에 연이은 단계로 주어진 중재를 평가하는 확실한 방법이 없다.

이러한 문제에 대한 하나의 해결책은 다른 대상자에게 다른 순서로 두 가지 이상의 중재 조건을 시행하는 것이다. 두 가지 중재를 비교할 경우, 연구 대상으로 최소한 둘이 필요하다. 각연구 대상은 서로 다른 순서로 대안적 중재를 받을 수 있다. 예를 들면 2명 이상의 대상자에게 ABCBC와 ACBCB 설계를 적용할 수 있다. 모든 대상이 순서와 상관없이 중재에 지속적으로 반응한다면(예 : 중재 C가 중재 B보다 항상 더 효과적이었다), 중재가 제시되는 순서의 효과, 즉 중다처치 간섭이 유의미하게 통제될 수 있다. 만약 다른 순서로 다른 조건을 제시한 것이 비일관된 효과를 산출한다면, 많은 모호성이 나타난다. 두 대상자가 중재를 받았던 순서의 기능으로서 중재에 다르게 반응한다면, 연구자는 이러한 반응이 각 사람이 받은 중재의 순서 때문인지 아니면 특정 사람의 특성 때문인지를 판단할 수가 없다. 처치의 특정 순서의 조합이 특정 대상자의 특성과 상호작용하지 않음을 확신하기 위해, 중재와 순서의 가능한 상호작용(차별적 효과)이 여러 대상자에게서 평가되어야만 한다. 만약 중재, 순서, 대상자 각각의 효과와 이 세 가지의 상호작용 효과를 분리하기 위한 분석을 시행하지 않는다면, 소수의 대상자 사이에서 중재의 순서를 단순히 변경한다고 해도 순서 문제를 피할 수 없다. 이러한 논의를 위해, 두 가지 중재(중재 B와 중재 C)가 있고 연구자가 2명 이상의 대상자에게 중재의 순서를 달리하여 제시한다고 가정을 해보자. 두 가지 이상의 중재가 있다면, 순서 효과의 간섭을 받지 않는 결론을 도출하기 위해 모든 가능한 순서를 포함한 다른 조건들의 균형을 맞추는 것이 단일대상연구에서는 어렵다.

이러한 방법론적 고려사항은 연구자가 단일대상연구에서 중재를 추가(즉 연구자가 구성전략을 사용하는 것)할 때 고려해야 할 사항에 의해 완화될 수 있다. 하나 이상 중재 또는 변형이 바람직한 변화를 이루기 위해 필요할 수도 있다. 중재가 보통의 효과를 내고 대상자가 중재를 통해 미미한 변화를 보였다면, 연구자는 그다음으로 무엇을 해야 할까? 그 답은 중재를 약간 수정하는 것이다. 연구자는 새로운 구성요소를 추가하거나(구성 전략), 처치의 일부 양상을 변경하거나(매개 전략), 또는 중재 효과를 방해하는 것으로 여겨지는 일부 구성요소를 제거할 수 있다(분해 전략). 응용 분야에서, 연구자는 중다처치 간섭으로 인해 자료를 잘못 해석할 위험보다 중재가 영향을 미친다는 것에 보다 더 큰 우선순위를 둘 수 있다.

하나 이상의 중재가 동일한 대상에게 주어진다면 어떤 상황에서건 중다처치 간섭이 통제되지 않아서 이러한 중다처치 간섭이 타당도에 위협이 된다. 그러나 소수의 사람들만 그 위협을 이해하는 것 같다. 또한 연구자와 상황이 직면하는 실제의 도전과제와 관련하여 중다처치 간섭에는 관심이 없는 것 같다. 개인의 수행을 변화시키기 위해, 우선순위에 있어서 중다처치 간섭에 관한 염려는 뒷전으로 밀리게 된다. 그러나 우리는 타당도의 위협을 무시해서는 안 된다. 우리는 많은 사람들에게 확장될 수 있는 중재를 원한다. 또한 이러한 중재가 그 자체만으로 작용을 하는지 아니면 중재와 함께 또는 그 전에 제공되는 일부 다른 구성요소들을 필요로 하는지를 알고자 한다.

응용 상황에서, 중요한 도전은 즉각적으로 영향을 미치는 중재를 개발하는 것이다. 이러한 맥락에서 중다처치 간섭에 관한 염려는 매우 낮은 우선순위에 있게 된다. 따라서 영향의 극대화를 위해 이러한 구성요소에 근거한 전략들이 필요하기 때문에, 단일대상설계는 효과적인 중재를 개발하는 데 상당히 유용하다. 그러나 중다처치 간섭이 통제되지 않으면 중재의 효과가 분명하지 않을 가능성이 여전히 남아 있다. 중다처치 간섭이 중재의 순서 또는 중재보다 앞서 제시된 중재가 차이를 만들 수 있는 가능성을 반영할 수 있다. 차이를 만들 수 있다는 사실이 언제나 차이가 나타날 것임을 의미하지는 않는다.

다른 중재 비교하기. 분해, 매개, 구성 전략의 하나로서 중재의 변형을 평가하는 연구문제는 비교 전략(comparative strategy)으로 확장된다. 비교 전략은 둘 이상의 다른 중재의 상대적 효과를 조사한다. 대부분의 단일대상연구 설계에서, 앞서 언급한 중다처치 간섭 효과에 의해 다른 중재의 비교기 에메헤긴다. 앞에서 비교 전략과 그 전략의 관심사에 대해 다루었지만, 나는 비교 전략을 별도로 언급하고자 한다. 연구자들은 "어떤 중재가 더 좋거나 가장 좋은가?"라는 질문에 예민하게 관심이 있기 때문에 비교 전략을 따로 기술하는 것이다. 또한 나는 단일대상연구가 다른 처치를 비교하는 데 적용할 수 있는 설계를 가지고 있기 때문에 이를 언급하고자 하는 것이다.

다요소 및 교대중재설계는 동일한 단계에서 그러나 다른 또는 지속적으로 변화하는 자극 조건하에서 두 가지 이상의 중재 또는 중재 변형을 평가할 수 있는 대안을 제공한다. 이러한 설계는 연속적인 단계에서 다른 조건을 제시하는 것과 연계된 순서 효과(sequence effects)를 해결할 수 있다. 그러나 이 설계에 관한 장에서 언급했듯이 한 가지 이상의 중재 적용에 따른 효과인 중다처치 간섭이 결과에 영향을 미칠 가능성이 있다. 중재가 다른 중재와 나란히 제시되면, 다른 대상자에게 전적으로 해당 중재만을 적용했을 때 얻을 수 있는 효과와는 다른 효과를 보일 수 있다.

전반적으로, 단일대상연구에서 다른 중재를 평가하는 것은 모호성을 가져올 수 있다. 하나의 중재가 뒤이은 모든 중재에 미치는 가능한 영향은 ABAB 설계, 중다기초선설계, 기준변동설계에서 나타난다. 마찬가지로, 나란히 제시되는 두 가지 이상의 중재가 둘 중 어느 하나의 처치가 미치는 효과에 영향을 줄 가능성은 중다중재설계의 잠재적 문제다. 이러한 모호성으로 인해 연구자는 분해, 매개, 구성, 또는 비교 전략에 적합한 연구문제를 생성하여 그 답을 찾고자 하는 것을 포기하지 못한다. 중요한 관심에 관한 실제적인 논쟁이 있고 이용 가능한 전략들 중에서 보다 좋은 것 또는 최상의 전략에 관한 견해를 가지고 응용 상황에서 단일대상연구가 자주 적용된다. 예를 들면 특수학급에서 학생들의 읽기 능력을 향상시키고, 숙제 완성도를 높이며 보다 높은 성취를 이루기 위해 두 가지 실행 가능한 중재를 평가하는 것이 가치가 있을 수 있다. 어떤 연구자는 실제적으로는 문제가 있지만 무작위통제집단 비교시행을 할 수 있다. 다른 연구자는 실행 가능성과 비용 문제로 인해 어떠한 것도 시행하지 못할 수 있다. 대안으로, 또 다른 연구자는 보다 간단하고 비용이 적게 드는 중재를 우선적으로 단일대상설계를 통해 검증하고, 그런 다음에 첫 번째 중재가 목표를 달성하지 못하면 더 복잡하고 보다 비용이 드는 중재를 추가할 수 있다.

중다처치 간섭은 연구결과가 두 가지 이상의 중재를 받은 다른 사람들에게만 적용될 수 있다는 것을 의미한다. 즉 연구 대상에게 제시된 설계와 같은 방식으로 나란히 시행된(예 : 교대중재설계) 두 가지 중재를 받은 사람들에게만 적용될 수 있다는 의미다. 이는 응용 현장에서 절실히 요구되는 과제보다는 우선순위가 낮을 수 있다. 응용과제의 예로, 어떤 처치가 재소자들이 서로 칼로 찌르는 것을 멈추게 할 것인지, 내가 어떻게 특수교육대상 학생들을 읽게 할 수 있는지, 우리가 명절 식사 시간에 친척들이 음식을 버리는 것을 어떻게 멈추게 할 수 있는지를 들 수 있다. 나에게 보다 효과적이거나 최상의 효과를 가진 중재가 언제든 주어진다면, 나는 중다처치 간섭의 검증에 대해 염려할 것이다.

중재 효과에 영향을 미치는 변수 검토하기. 중재 조절변수 전략(intervention moderator strategy)은 중재의 효과에 영향을 미치는 대상자의 특성 또는 다른 요인들에 관한 연구문제를 다룬다. 조절변수(moderator)는 연구의 관심이 주어진 두 가지 변수(즉 독립변수와 종속변수)의 관계에 영향을 미치는 변수이다. 즉 중재와 수행 또는 성과 간의 관계는 일부 다른 특성의 기능에 따라 다양하다. 중재가 여학생보다 남학생에게 효과적이라면, 대상의 성별이 조절변수가 된다. 이는 중재 효과와 어떻게든 관련이 있는 것이다. 조절변수는 종종 대상자의 특성(예 : 연령, 성별, 문화적 배경)이 된다. 그러나 조절변수는 상황 또는 맥락의 어떤 특성(예 : 학급, 교실 크기)이 될 수도 있으며 심지어는 성과에 대한 효과를 가지고 있는 중재의 특성(예 : 프로그램의 기간, 부모 또는 치료사와 같은 중재자)이 될 수도 있다.

처치(예 : 의학, 심리학), 교육, 재활, 중재를 계획하는 여러 분야에 도움이 되는 매우 안전한 진술문이 있기 때문에 조절변수는 상당히 중요하다. 진술문은 "중재가 효과적이지만 모든 사람에게 그 효과가 작용할 가능성은 낮다."는 것이다. 이 진술문을 염두에 두는 것이 중요하다. 잘 알려진 예를 들면 두통에 대한 아스피린, 암에 대한 화학요법(chemotherapy), 당뇨병에 대한 인슐린 점검과 주사가 모든 사람에게 효과적이지는 않다. 어떤 중재는 다른 중재에 비해 보다 많은 사람들에게 작용한다. 그러나 과학적 과제는 처치가 모든 사람에게 효과적인 것은 아니라는 사실이 과연 그러한지에 초점을 두어 효과적이지 않은 대상을 파악하고 그 이유를 알아내는 것이다. 조절변수에 대한 연구가 그 시작인 것이다.

일상생활에서 일반적인 자녀 양육은 조절변수에 대한 논쟁을 불러일으킨다. 두 자녀 이상을 둔 가정이면, 부모 또는 가족은 조절변수의 놀라운 단계를 어느 순간에든 거친다. 우리는 자녀들을 동등하게(예 : 같은 집, 같은 기회, 자녀 양육의 같은 약점 등) 키웠다. 그런데 왜 자녀들은 그렇게 다른 것일까? 방법론적으로 잘 아는 부모에게는 그러한 질문이 사실상 다음과 비슷할 것이다 — 나의 자녀 양육 중재는 우리 자녀들에게 거의 동일하였다. 그러나 성과(휴일에 나에게 친절한 정도)는 매우 달랐다. 그렇다면 무엇이 조절변수였을까?[1]

---

1) 부모가 2명 이상의 자녀를 양육하는 방식에서 분명한 유사점이 있지만, 또한 중요한 차이점이 있다. 같은 가정에서 자라는 형제(예 : 3세와 6세)가 잉태되고 태어날 때 부모의 생물학적 건강 상태, 자라날 때 부모의 자녀 양육의 실제, 가족의 사회경제적 지위에서의 차이, 둘째가 태어날 때 형제에게 미치는 영향을 포함하여 다소 다른 요인의 영향을 받을 수 있다. 형제 간의 그러한 차이가 존재한다는 것에 당신이 잠시 동안 의심을 한다면, 나는 나의 플래시 사진 이론(flash-photo theory)을 언급할 수 있을 것이다. 대부분의 가정에서 첫 아이의 사진이 둘째 아이의 사진보다 훨씬 더 많다. 첫째 아이에 대한 이정표(예 : 숨쉬기, 기기, 걷기)는 우주가 생성되는 빅뱅(big bang)과 같이 다루어진다. 자녀가 없었던 부부에게 첫 아이는 빅뱅인 것이다. 많은 가정에서 둘째 아이는 여러모로 다소 작은 빅뱅이다. 이러한 차별적 반응은 초기 아동기의 사진 기록에서도 명확히 나타난다. 그러한 차별적인 사진 기록은 필연적으로 좋거나 나쁘지 않은 환경(예 : 부모가 두 자녀에게 보다 더 편안하고 두 자녀와 함께 바쁘게 지낸다)이지만 형제의 차이를 만들 수 있는 환경에서의 부모와 자녀 간의 관계와 관련하여 보다 큰 쟁점을 반영한다. 비록 가정생활과 부모의 양육태도가 똑같다 하더라도, 형제는 생물학적으로 차이

연구로 예를 들면 폐경기 여성에게 폐경기에 감소되는 여성호르몬의 일종인 에스트로겐 (estrogen)을 규칙적으로 투여하였다. 호르몬의 감소는 많은 증상(예 : 일과성 열감, 안면 홍조, 식은땀, 축축한 느낌, 불규칙한 심장박동, 짜증/과민함, 기분의 두드러진 변화, 갑작스러운 눈물, 수면 곤란, 불안, 두려움, 집중 곤란)이 나타나는 데 영향을 미친다. 증상에 관한 초기 연구에서 나타난 경고는 에스트로겐 대체 치료를 받은 여성이 심장마비의 위험이 보다 높다는 것이었다. 자료에 대한 추가 분석에서 처치와 성과 간의 관계가 연령에 의해 조절될 수 있다고 지적되었다. 50~59세 연령의 여성이 70~79세 연령의 여성에 비해 심장마비의 위험이 낮게 나타났다(Manson et al., 2007). 조절변수를 이해하고 조절변수가 어떻게 작용하는지를 이해하는 것이 처치의 개선을 필요로 하고 처치로부터 이득을 볼 가능성이 낮거나 어떤 다른 중재에 대한 별다른 효과를 경험할 가능성이 낮은 대상을 알려줄 수 있다.

보다 일반적으로, 중재연구에서도 조절변수가 나타날 수 있다. 일반적인 연구 상황에서 우리는 50명에게 동일한 처치 및 교육적 중재를 제공한다. 연구자는 30명은 매우 잘 반응하고, 10명은 잘 반응하고 10명은 전혀 변화가 없는 것 같다고 말한다. 연구자는 어깨를 으쓱하지 않고 "좋아, 연구 결과가 대체로 좋다."라고 말하지 않는다. 대신에 연구자는 다른 반응이 있는 이유와 중재가 효과적이었던 대상에 관해 이해하기를 원한다. 궁극적으로, 이러한 이해는 전혀 변화가 없었거나 변화가 적었던 사람들을 위한 처치를 개선할 수 있다.

중재연구에서는 조절변수에 대한 관심이 많다. 가장 두드러진 관심 분야는 민족성과 문화의 역할이다. 예를 들어 증거 기반의 심리치료 맥락에서, 대부분의 연구들은 유럽의 백인 표본에 근거하고 있다. 그렇기는 하지만, 실증적으로 평가가 이루어지면 많은 연구결과들이 다른 민족과 문화 집단(예 : 미국 흑인, 라틴 아메리카인)에도 유사한 효과를 보인다(즉 일반화된다)(예 : Miranda et al., 2005). 그러나 민족성과 문화는 차이를 만든다. 즉 성과의 효과를 조절한다. 예를 들면 성인을 위한 심리치료가 해당 대상자의 모국어로 제공되거나 대상자가 속한 비주류 집단을 위해 특별히 고안된 것이라면 더 효과적일 수 있다(Griner & Smith, 2006). 처치 서비스 제공에 있어서 민족성과 문화의 중요한 역할은 이 장에서 다루는 영역 밖의 사안이다(Kazdin, 2008a 참조). 그러나 쟁점은 조절변수가 사소한 추가 부분이 아니라는 점이다. 처치의 효과를 높이는 몇 가지 다른 경로가 있다. 하나는 보다 강력한 중재를 개발하는 것이

가 있기에 동일한 영향(예 : 안아주기, 소리 지르기, 수업, 또래 등)에 대해 다르게 반응할 수 있다. 요컨대 물리 및 사회적 환경이 사실상 다르고 주어진 환경의 영향이 형제들에게 미치는 영향 또한 다르기 때문에 실제로 형제는 동일한 환경에서 자라지 않는다(예 : Bouchard, Lykken, McGue, Segal, & Tellegen, 1990; Dunn & Plomin, 1990; Plomin, McClearn, McGuffin, & DeFries, 2000).

다. 또 다른 것은 보다 나은 대상 분류를 하는 것이다. 즉 효과를 볼 것 같은 대상자에게 중재를 적용하는 것이다. 후자에 언급한 전략을 적용하려면 조절변수에 대한 이해가 필요하다.

중재 조절변수 전략은 일부 다른 변수들(일반적으로 대상자 특성)이 기능을 하여 중재가 더 효과적인지 또는 덜 효과적인지를 판별한다. 집단연구에서 이러한 연구문제에 접근하는 일반적인 방식은 연령, 민족성, 진단, 사회경제적 지위, 장애 정도 또는 처치에 관련하여 나타나는 다른 차원과 같은 변수에 따라 집단이 구성된 상태에서 처치의 효과가 대상자의 유형과 상호작용하는지(대상자의 유형에 의해 조절되는지)를 조사하는 자료분석(예 : 요인설계, 다원배치 분산분석, 중다회귀분석)과 더불어 대규모 연구를 시행하는 것이다.

단일대상연구는 처치 효과와 상호작용할 수 있는 대상자의 특성에 대한 질문을 일반적으로 제기하지 않는다. 소수의 대상자로 연구가 이루어지고 처치에 대한 대상자의 반응이 다르게 나타난다면, 처치 또는 대상자의 특성이 기능을 하여 처치의 효과가 달라진 것인지를 연구자가 판단하는 체계적인 방법이 없다. 예를 들면 한 연구에서, 4명의 지적장애 청소년을 대상으로 단어 목록을 개발(예 : 단어 정의하기)하기 위한 중재를 적용하였다(Riesen, McDonnell, Johnson, Polychronis, & Jameson, 2003). 대상자들의 심리 및 신체적 특성이 다양하였다. 지적장애 판별 기준 중 하나인 IQ 70 이하라는 특징만 모든 대상자가 공통적으로 가지고 있었다. 대상자들은 교실에서 두 가지 중재를 받았다. 중재는 대상자들이 단어의 정의를 학습 및 연습하는 것을 돕기 위한 교수를 제공하고 용암(fading)하는 두 가지 다른 방식으로 구성되었다. 교대중재설계가 적용되었다. 2명의 대상자에게는 하나의 중재가 더 효과적이었다. 다른 2명의 대상자에게는 다른 중재가 더 효과적이었다. 대상자들이 중재에 다르게 반응한 이유를 밝히거나 또는 다른 중재보다 한 중재에 반응하는 것과 상관관계가 있는 대상자의 특성을 밝히는 분석이 작은 표본을 통해서는 이루어질 수 없다.

단일대상연구에서 이와 관련한 많은 다른 예를 찾아볼 수 있다 — 어떤 중재가 어떤 대상자에게 더 효과적이고 또 다른 중재가 다른 대상자들에게 더 효과적이었다는 예, 대상자들이 주어진 중재에 다르게 반응하거나 전혀 반응을 하지 않은 예, 소수 또는 대다수의 대상자들이 예측된 수행 패턴을 보였지만 1명 또는 소수는 그렇지 않았다는 예(예 : Ardoin et al., 2007; Park et al., 2005). 이러한 연구결과는 놀라운 것이 아니다. 우리가 심리학에서 배웠던 개인 간 차이가 있다는 광범위한 결론을 지지하는 것이다. 단일대상연구에서 쟁점은 개인 간 차이가 있을 때, 어떤 대상자들(예 : 중재에 반응하는 대상)은 연령이 보다 높은지, 보다 지적 기능 수행이 높은지, 키가 더 큰지, 장애 정도가 보다 경도인지 등과 같이, 어떤 요인이 성과를 조절할 수 있는지를 검사 또는 평가하는 쉬운 방식이 없다는 것이다. 연구자는 짐작할 수는 있다.

그러나 소수의 대상자에 대해서는 자료 중심의 해석이 가능하지 않다. 집단연구에서는 대상자의 규모가 크고 누가 다른 중재에 반응할 것인지에 대한 선험적(priori) 가설을 검증할 수 있기 때문에 조절변수를 탐색할 수 있다.

일반적으로 조절변수의 검사 및 평가는 단일대상연구의 약점이다. 그러나 이것이 단일대상연구를 방해하지는 않는다. 단일대상연구를 위해 선정된 중재는 강력하고 많은 대상자에게로 일반성을 갖고 있다. 그렇기는 하지만, 최상의 처치에 대해서조차도 모든 사람이 다 반응을 하는 것은 아니기 때문에 조절변수는 모든 중재, 의학, 심리학, 교육, 부모 등에 내재된 중요한 연구문제이다. 중재에 반응을 하지 않는 대상을 먼저 이해하고 그 이유를 이해하는 것이 바람직하다. 이유를 이해하면 이유에 관하여 무언가를 할 수 있게 된다.

매개변수와 기제 검토하기 : 일반적으로 철저히 검토되지 않음. 중재-매개변수/기제 전략(intervention-mediator/mechanism)은 앞서 표 14.1에 제시된 바와 같이 (1) 변화가 일어난 이유, (2) 변화를 일으킨 기제, (3) 중재가 이루어진 특정한 과정에 관한 질문의 답을 찾는 것이다. 매개변수, 기제, 조절변수 및 원인의 개념을 정확히 밝히기는 쉽지 않다. 때로는 전문가들의 글에서도 모순되게 정의되고 있다. 이러한 논의를 용이하게 하는 관련 핵심 개념이 표 14.2에 제시되어 있다. 나는 '매개변수(mediator)'와 '기제(mechanism)'를 여기에서는 함께 분류하고자 한다. 이는 변화가 어떻게 일어났는지를 설명하는 과정을 단일대상연구와 집단연구에서 어떻게 다루는지에 관해 논의를 하는 데 이 두 가지 개념을 구분하는 것이 그리 중요하지 않기 때문이다.

단일대상설계와 집단연구 설계는 중재와 성과 간에 인과관계를 보여줄 수 있다. 인과관계는 효과가 어떻게 발생했는지 또는 발생한 이유가 무엇인지, 즉 특정한 이유 또는 근본적인 과정을 규명하지는 않는다. 원인(cause)은 작용기제(mechanism of action)와 쉽게 구별된다. 원인과 작용기제를 구별하는 예로 흡연과 폐암을 들 수 있다. 오랜 시간 동안 인간 및 동물을 대상으로 한 많은 종단 및 횡단연구들을 통해서, 흡연과 폐암 사이의 인과관계가 규명되고 있다. 여기서 인과관계 역할(causal role)이라 함은 흡연이 암의 원인이 될 수 있다는 것을 의미한다. 반면에 흡연이 암을 일으키는 유일한 원인이라거나 흡연이 예외 없이 암을 일으킨다는 것을 의미하지는 않는다. 인과관계를 규명하는 것이 폐암을 일으키는 기제를 자동적으로 설명하지 않는다. 흡연과 관련하여 명확하게 무엇이 암을 일으킨 것인지, 그러한 방식을 따르는 단계는 무엇인지, 기제는 흡연을 통해서 정상세포를 암세포로 변형시키는 배열에서 무슨 일이 있어나는지를 기술함으로써 밝혀지고 있다(Denissenko, Pao, Tang, & Pfeifer, 1996). 흡연에서의 화학적 발견(벤조피렌, benzo[a]pyrene)은 유전자 DNA 서열의 특정 부분에서 유전적 돌

┃ 표 14.2 ┃   핵심어와 개념

- **원인(cause)** : 성과 또는 변화를 이끌고 이에 원인이 되는 변수 또는 중재

- **매개변수(mediator)** : 독립변수와 종속변수 사이에서 두 변수를 연계하여, 독립변수와 종속변수 간의 관계에 대
  해 (통계적으로) 설명할 수 있는 매개변수(intervening variable). 변화를 이루어내는 것이 어떻게 변화가 일어났
  는지에 대한 그 과정을 필연적으로 설명하지는 않을 수 있다. 또한 매개변수는 하나 또는 그 이상의 다른 변수에
  대한 대체일 수도 있다. 또는 변화의 기제를 설명하고자 반드시 의도된 것은 아닌 일반적인 구인일 수도 있다. 매
  개변수는 가능한 기제를 알려주는 안내 역할을 한다. 그러나 필연적 기제를 알려주지는 못한다.

- **기제(mechanism)** : 효과를 위한 기초(basis), 즉 종속변인의 변화에 책임이 있는 과정 또는 과정에서 일어난
  일, 변화가 일어난 이유를 설명하는 과정 또는 변화가 어떻게 일어났는지를 설명하는 과정

- **조절변수(moderator)** : 독립변수와 종속변수 간에 관계의 방향 또는 크기에 영향을 미치는 특성. 예를 들면 변수
  x와 y 간에 관계가 남자와 여자에 따라 다르다면, 성별이 그 관계에서 조절변수이다. 조절변수는 매개변수 및 기
  제와 관련이 있다. 이는 매개변수와 기제가 독립변수가 종속변수에 영향을 미칠 때 다른 과정이 포함될 수 있음(例)
  남성 또는 여성)을 시사하기 때문이다.

위의 개념에 대한 논의를 위해 다양한 출처를 참고할 수 있다(例 Campbell & Stanley, 1963; Kazdin, 2007; Kraemer, Stice, Kazdin, Offord, & Kupfer, 2001; Kraemer, Wilson, Fairburn, & Agras, 2002).

연변이를 유발한다. 이는 폐암세포로 인한 손상에서도 동일하게 나타난다. 이러한 연구결과
는 흡연이 분자 수준에서 어떻게 암을 일으키는지를 정확하게 전달한다.

작용기제가 생물학적인 것만은 아니다. 예를 들면 인지치료는 심리치료 분야에서 성인들
의 우울증에 대해 확실하게 규명되고 연구된 치료이다(Hollon & Beck, 2004). 무선할당 비교
군 연구(ramdomized controlled trials)들에서 반복해서 인지치료가 효과적임(즉 변화의 원인)을
나타내고 있다. (1) 그 처치가 왜 효과적인지, (2) 처치가 어떻게 작용하는지, (3) 무엇이 매개변
수로서 독립변수의 효과를 종속변수에 전달하였는지, (4) 변화의 기제는 무엇인지에 대해서는
분명하지 않다. 그러한 변화에 대한 설명으로 처치가 이루어지는 동안에 나타나는 특정한 인
지 과정에서의 변화가 제시되고 있다. 집단연구는 이러한 해석을 의식하여 엄밀히 조사한다.
이는 추정되는 인지 과정에서 변화 없이도 처치의 효과가 나타난다는 것(즉 처치가 작용을 한
것)을 우리가 현재 알고 있기 때문이다(도전을 한다)(Kazdin, 2007 참조). 간단히 말하면, 처치
는 분명하게 작용한다. 그러나 처치가 어떻게 작용하는지는 분명하지 않다.

응용 상황에서 단일대상연구는 변화의 원인, 특히 차이를 만드는 중재 패키지를 판별하는
것과 관련하여 이루어진다. 이러한 연구에서는 변화가 어떻게 일어났는지를 설명하는 과정을
의미하는 기제를 이해하는 데는 큰 관심이 없다. 그러나 단일대상설계에서 사용된 많은 중재
들이 학습(예 : 강화, 연습, 습득, 소거 등)에 기초하고 있으며, 동물과 사람을 대상으로 한 연

구에서 이러한 중재들이 가져오는 분자 및 신경의 변화를 조사한다(예 : Brembs, Lorenzetti, Reyes, Baxter, & Byrne, 2002; Pagnoni, Zink, Montague, & Bern, 2002). 이러한 많은 노력은 개인을 대상으로 한 많은 연구들에 근거한다(예 : 소수의 개인을 대상으로 한 신경촬영법 연구에서). 1명 또는 소수를 대상으로 한 단일대상설계가 기제를 평가할 수 없는 것은 아니다. 사실상, 앞서 언급한 바와 같이(제10장 참조), 기제의 연구는 실제로 단일대상연구와 방법론적으로 매우 중요한 특징(예 : 지속적인 평가)을 적용한 연구를 필요로 한다. 그러나 기제의 연구가 응용 상황에서 단일대상연구의 우선순위는 아니다.

중재연구에서 매개변수의 연구에 대한 관심이 증대되고 있다. 매개변수는 기제와 같은 것은 아니지만 변화가 어떻게 나타났는지를 설명하기 시작하는 핵심 구인(constructs)을 판별하는 중요한 시작점이 될 수는 있다. 기제는 이러한 구인들이 어떻게 작용하는지를 정확히 보여주는 분석의 보다 구체적이고 특정한 수준이 될 수 있다(표 14.2). 매개변수의 연구에서는 (1) 매개변수가 무엇인지 가설을 설정하고, (2) 중재가 적용되고 있는 동안에 매개변수를 파악하며, (3) 관심 분야(예 : 증상, 문제행동 등)에서의 성과 또는 변화를 평가하고, (4) 매개변수에서의 변화와 성과에서의 변화 간에 관련성을 입증한다. 이러한 연구가 단일대상설계를 통해서도 이루어질 수 있지만, 집단연구 설계에서 이에 대한 관심이 크게 이루어지고 있다. 이는 집단연구 맥락에서 매개변수 관련 주제에 대한 관심이 증대되고 매개변수에 대한 평가와 검증을 위한 통계적 기법을 적용하기에 유리하기 때문이라 할 수 있다(예 : Baron & Kenny, 1986; Kenny, Kashy, & Bolger, 1998; Kraemer, Kiernan, Essex, & Kupfer, 2008; MacKinnon, 2008).

총평. 중재 관련 연구문제의 범위와 관련한 단일대상연구에 대한 논의는 강점과 약점 또는 타당도를 위협하는 요인을 단지 기술하는 것보다 넓은 수준에서 도움이 된다. 어떠한 연구 설계든 그것은 연구자가 연구문제에 대한 답을 찾거나 가설을 설정 및 검증하는 도구일 뿐이다. 때때로 한 사람이 한 분야의 문헌을 읽고, 좀 더 쉽거나 연구 목적과 관련하여 보다 좋을 수 있는 선택을 전혀 고려하지 않고 거의 기계적으로 하나의 설계에 고착되어 관심을 가질 수 있다. 중재 전략에 따라서, 우리 연구자들은 연구를 통해 이루고자 하는 것에 민감할 수 있고 어떤 설계(단일대상설계 또는 집단연구 설계)를 시행할지와 중재 전략 내에 있는 변수들이 연구 목적에 최상으로 적합한지 또는 그렇지 않은지에 민감할 수 있다.

중재 맥락(교육, 재활, 치료, 상담, 보건, 예방)에는 사람들을 돕기 위해 고안된 많은 프로그램이 있다. 프로그램의 초점, 중재, 전문성이 무엇이든 간에 다음의 일반적인 세 가지 특징을 가지고 있다.

1. 중재는 철저히 의도된다.
2. 중재는 체계적으로 평가되지 않는다.
3. 중재는 실제적으로 도움이 됨을 나타내는 분명한 증거를 가지고 있지 않다.

대부분의 맥락(예 : 학교, 교도소, 정신질환 환자를 위한 주간 병원치료 프로그램)에서 중재는 한정된 자료원, 실행 가능성의 제한, 시간적 제약 등의 이유로 집단연구에서 쉽게 평가될 수 없다. 단일대상설계가 자체의 제한점을 가지고 있기는 하지만 응용 상황에서 프로그램을 평가하는 데 보다 더 많은 실행 가능성을 가지고 있다. 중재 패키지 전략만으로도 단일대상연구가 다른 사람의 행동을 변화시키고자 하는 사람들(예 : 교사, 치료사, 상담가, 사회복지사, 군사전략가, 의사)을 위한 점진적인 훈련 프로그램의 일부임을 보장하는 확실하고 타당한 이유가 될 수 있을 것이다.

연구결과의 일반성
단일대상연구. 단일대상연구에 대한 주된 반대 이유는 연구결과가 연구 대상이 아닌 다른 사람에게 일반화되지 않을 수 있다는 것이다. 소수를 대상(예 : 연구 대상 1명에게 ABAB 설계가 적용되거나 연구 대상 3명에게 대상자간 중다기초선설계 적용)으로 연구가 이루어지지만, 연구결과가 세상의 다른 사람들에게 적용되는지를 우리가 어떻게 알 수 있는가? 이러한 반대 이유는 몇 가지 중요한 쟁점을 불러일으킨다. 초기에는, 개별 수행의 법칙을 발견하려는 실험적 철학에 단일대상연구가 적합하지 않았다(Kazdin, 1978). 집단보다 개인의 수행에 영향을 미치는 변수를 조사하는 방법론적 유산이 있다. 그래서 연구의 관심이 개인을 이해하는 데 있었고, 단일대상연구는 수행과 변수 간의 관계가 개인에게 특유하지 않을 것이라는 가정에 근거하였다. 이런 이유로 단일대상연구조차도 일반화할 수 있는 관계를 발견하는 것에 궁극적 목적을 두게 되었다. 이와 관련한 특별한 원리는 없다. 천문학은 행성, 은하계, 혜성을 연구하는 것과 관련이 있다. 이집트 학자는 개별 무덤과 피라미드를 발견하고 검토하는 데 열심이다. 유전학자는 질병의 패턴을 밝히는 방식으로 개별 가족을 자세히 설명하는 데 집중한다. 대부분의 과학에서 이와 같다. 개인을 대상으로 한 연구도 독특하고 일반화될 수 있는 정보를 자주 드러내 보이기에, 독특성과 일반성 모두의 정교화에 대한 이해가 필요하다.

단일대상설계(방법론으로서)와 행동분석(학습 기반의 중재가 행동을 변화시키기 위해 일반적으로 사용되는 실험 및 응용의 실제 분야로서) 간의 차이에 관해 이 책의 앞부분에서 언급했다. 행동분석에서 단일대상설계를 필요로 하기 때문에 이 둘은 공통부문을 가지고 있다. 그러나 이 둘의 차이점이 여기에서는 중요하다. 실험실 또는 실제 상황에서의 초기 행동분석은 많은 사람들에게 일반화되는 변수와 개인 내에서 현저한 변화를 이끄는 중재를 판별하는 것에 초점이 있었다. 실제로, 초기 실험연구(강화계획에 관한 연구)에서 행동의 변화가 다양한 종(예 : 사람, 비둘기, 쥐, 원숭이)에 어떻게 일반화되는지(매우 유사한지)를 증명하였다(Kazdin, 1978). 그래서 일반성(generality)이 쟁점이 아니었다.

응용연구에서, 중재(예 : 강화의 변형)는 매우 확실한 효과를 가지고 있다. 단일대상설계를 사용하는 연구자는 수행에서 극적인 변화를 일으키는 중재를 찾아야 한다. 극적인 효과를 가져오는 중재는 통계적 유의성의 기준에 부합하여 미미한 효과를 보인 중재에 비해 다른 대상들에게 더 일반화될 수 있을 것이다. 실제로는 일부 특정한 집단연구에서 통계적으로 유의한 차이가 우연성(chance)에 근거하여 얻어졌을 가능성이 있다. 연구결과는 다른 유형의 대상자들에게는 말할 것도 없고 연구를 반복하려고 시도한 다른 연구에서 일반화되지 못할 수도 있다.

방법론으로서 단일대상설계는 더 일반화될 수 있다거나 덜 일반화될 수 있는 효과를 본질적으로 이끌지 않는다. 중재의 유형이 일반적으로 조사된 것이기 때문에 단일대상연구를 통해 얻어진 결과는 일반화 가능성이 매우 높을 수도 있다. 단일대상설계를 적용한 많은 선행연구들을 보면, 다른 설계를 통해 얻은 연구결과보다 단일대상설계를 통해 얻은 결과가 일반화 가능성이 더 높거나 낮다는 견해를 지지하는 어떠한 증거도 없다. 그렇기에 대상자 1명에게서 나타난 변화가 대상자 100명의 변화를 대표할 수 있는지를 우려하는 자연적인 반응을 잠재우지는 못한다.

단일대상설계의 문제는 연구결과가 대상자간에 일반성이 부족하다는 것이 아니다. 문제는 연구결과의 일반성을 좌우하는 차원을 평가하는 방법론에 있어서 본질적인 큰 어려움이 있다는 것이다. 중재-조절변수 전략에서 언급한 바와 같이, 단일대상설계는 중재와 대상자간의 상호작용을, 즉 중재가 대상자의 특정한 특성에 대해 처치가 차별적으로 효과적인지를 쉽게 다룰 수 없다. 종속변수에 미치는 독립변수(중재)의 효과를 조절하는 조절변수(대상자의 특성)가 있기 때문에, 중재의 이러한 차별적 효과에 대한 지적은 일반성(즉 효과가 일반화되는 대상자의 특성)에도 적용된다.

집단연구. 단일대상연구를 통해 얻은 결과의 일반성은 집단연구와 관련하여 자주 논의된다. 집단연구에서는 단일대상연구에 비해 대상자 수가 많다. 분명히 보다 더 일반화 가능한 연구

결과를 가져와야 한다. 실제로는 집단연구가 일반화 가능한 결과 또는 단일대상연구보다 상대적으로 더 일반화 가능한 결과를 필연적으로 산출하는 것이 아님을 다음 네 가지 이유를 들어 설명할 수 있다.

첫째로, 연구자는 집단연구가 많은 대상을 포함한다는 사실만으로 안심을 한다. 안타깝게도 연구결과가 분석되는 방식(일반적으로 집단간에 평균을 비교)으로는, 우리는 집단 내에 얼마나 많은 개인들이 어떤 중요한 변화를 보였는지(응용의 중요성)를 알 수 없다. 결과는 집단의 평균 수행에 근거하여 평가된다. 예를 들면 20명의 환자로 구성된 처치를 받은 한 집단이 처치를 받지 않은 20명의 다른 집단에 비해 보다 큰 변화를 보인다면, 이 연구결과만으로는 일반성에 관한 정보를 알 수 없다. 집단 분석만으로는 처치를 받은 집단 내 구성원 중에서 얼마나 많은 사람들이 중요한 면에서 영향을 받았는지(예 : 큰 변화를 보였는지)를 알 수 없다. 또한 집단 내 구성원들 중에서 매우 적은 변화가, 설사 어느 누구도 실제로 뚜렷한 방식으로 변화하지 않았다고 할지라도 처치를 뒷받침하는 집단의 유의한 효과를 이끌었을 가능성도 있다. 간단히 말하면, 차이를 만드는 방식에서 얼마나 많이 변화되었는지를, 즉 집단의 평균이 집단 구성원 개인을 대표하는 정도(extent)를 우리는 알지 못한다. 집단연구결과의 일반성에 관한 모호성은 집단연구가 본유적으로 갖고 있는 특징은 아니다. 그러나 연구자는 개별 대상자의 자료를 살펴보지 않을 뿐만 아니라 주어진 처치 조건 내에서 대상자들 사이에 효과의 일반성을 추론할 수 있는 집단 자료도 거의 살펴보지 않는다. 특별히 개인 자료가 집단연구에서 조사된다면, 대부분의 경우에서 알 수 있는 것보다 많은 연구결과의 일반성 관련 정보를 알 수 있을 것이다.

둘째로, 연구자로서 우리는 우리 집단 내에 인종 및 문화가 다른 다양한 개인을 포함하도록 일부 연구기금 지원기관으로부터 요구를 받기도 한다. 만약 다양한 대상자가 포함된다면 어떠한 연구결과든지 보다 더 일반화될 수 있을 것이라는 견해를 연구자가 자신도 모르게 갖게 될 수도 있다. 이는 일반성의 내용을 잘 아는 견해는 아니다. 그저 보다 더 다양한 대상자를 포함시키는 것만으로는 일반성이 확립되거나, 검증되거나, 입증되지 않는다. 일반적으로, 일반성을 검증하는 연구에서, 즉 변동성, 인종, 또는 신원이 중재의 조절변수로서의 역할을 하는지에 대한 연구에서 다양한 집단을 구성하는 인원수가 충분하지 않은 경우가 있다. 그래서 집단연구에서 다양한 표본을 포함하는 것만으로는 연구결과가 대상자의 특성 전체에 걸쳐서 더 일반화될 수 있을 것임을 의미하지 않는다. 일반성은 연구 내에서 검증될 수도 있다 — 각 집단이 유사하게 반응하는가? 만약 그렇다면, 우리는 다른 집단 사이에서 연구결과의 일반성을 밝힐 수 있다. 그러나 이러한 검증은 연구비 지원기관에서 요구되지 않으며, 연구자에 의해서도 거의 보고되지 않는다. 요컨대, 다양한 대상을 포함시키는 것만으로 연구결과의 일반성을 자동적으로 높이지는 않는다.

셋째로, 집단연구에서 대상자들이 대규모의 모집단에서 무선적인 방식으로 표집되는 경우는 극히 드물다. 집단연구는 대상자들을 집단에 무선할당(random assignment)한다. 그러나 모집단(예 : 모든 대학생, 국가의 다양한 분야의 사람들)으로부터 대상자를 표집할 때는 무선선정(random selection)을 하지 않는다. 무선선정이 이루어졌다 하더라도 무선할당이 효과의 일반성에 특별히 관련이 있는 것은 아니다. 특정 나라에서 무선 표집이 이루어진 연구에서 예외가 있을 수 있다. 예를 들면 유행병 연구에서는 모집단을 대표하는 것을 목적으로 하여 국민 전체에서 개인을 무선적으로 표집한다. 때때로 연구들은 무선선정을 하지 않더라도 다양한 많은 지역에서 표집을 한다. 중다지역중재연구(multi-site intervention studies)는 목적을 가지고 여러 지역(예 : 국가 내 소수 지역)에서 연구를 실행한다. 심리 및 교육 연구들은 사례에 대한 무선선정 또는 다양한 지역으로부터의 무선선정을 거의 사용하지 않는다. 그래서 집단연구의 일반성이 문제시될 수도 있다.

마지막으로, 집단연구는 대상 선정을 위한 포함 및 제외 기준을 자주 신중하게 사용한다. 예를 들면 우울증에 대한 중재의 효과를 검증하고자 할 때, 우울증을 가진 모든 사람이 대상자로 참여하지는 않는다. 우울증은 아동기, 청소년기, 성인기에도 나타난다. 집단은 연령별로 제한되어 선정될 수 있다(예 : 20~45세의 성인들만을 선정). 우울증을 보이는 많은 사람들은 다른 정신장애를 가지고 있다. 그래서 우울증 성인들은 서로 매우 다를 수 있다(연구자는 이런 이질성을 배제하고자 하여 예를 들면 다른 정신장애를 가지고 있지 않고 주요 우울증만을 가지고 있는 경우만을 대상자로 선정한다). 또한 우리는 계획하고 있는 10회기의 처치에 모두 참여할 수 있는 대상자를 원한다(예 : 연구자는 교통수단을 가지고 있는 사람만을 선정한다. 집을 떠날 수 없거나 병원에 입원해야 할 정도로 심각한 우울 증상을 보이는 사람은 제외한다. 어떤 우울증 환자는 자살 충동을 느낀다. 우리는 이들을 바로 제외하고 즉각적인 치료에 의뢰한다. 이러한 예는 집단연구에서 대상자를 선별하는 과정을 보여준다. 대상자 특성의 범위가 크면 클수록 연구에서의 변동성도 커지기 때문 실제로 그렇게 하는 것이 현명하다. 연구 대상이 다양하면 이는 중재 효과의 입증을 훨씬 더 어렵게 만들 수 있다(Kazdin, 2003). 일반적으로 다양한 상황(예 : 학교, 병원, 다른 상황)과 목적(예 : 교육, 처치, 예방)을 위한 집단연구는 매우 신중하게 대상자를 선정하고 의도적으로 많은 사람들을 제외한다. 중재 효과에 대한 확실한 검증을 제공하기 위해 방법론적으로 신중을 기하지만, 이러한 실제는 일반화될 수 있는 연구결과를 얻는 길이 아니다. 이는 집단연구에 대한 비판이 아니다. 이는 집단연구가 일반화될 수 있는 결과 또는 다른 연구(예 : 단일대상연구 또는 질적연구)를 통해 얻는 결과보다 더 일반화될 수 있는 결과를 이끈다는 검토되지 않은 관점에 대한 비판이다.

이러한 상황으로부터 벗어나는 방법으로 집단연구 결과의 일반성이 비록 드물기는 하지만 앞서 언급한 중재-조절변수 전략에 의해 평가된다. 중재가 일부 대상자 변수에 대해 차별적으로 효과적이었는지를 평가하기 위해 연구 대상 내 하위 집단의 수행이 조사되지는 않는다. 1명 또는 소수를 연구 대상으로 하는 단일대상연구에서는 효과의 일반성, 즉 효과가 있는 대상과 효과가 없는 대상에 대한 설명을 하는 데 도움이 되는 특성(조절변수)을 평가하는 즉각적인 가능성은 없다. 그래서 집단연구는 단일대상연구에서 할 수 있는 것보다 연구결과의 일반성을 더 밝힐 수 있다. 중재와 대상자의 상호작용을 조사하는 요인설계 또는 중다회기분석과 같은 다른 분석이 다양한 대상자의 모집단에 대한 처치의 적용 가능성 관련 정보를 제공할 수 있다. 또한 중재 집단에 많은 수의 대상자를 포함하고 연구자가 집단연구를 수행하면서 집단 평균에 의해 대표되는 변화의 패턴을 보여주는 대상자의 비율을 언급할 수 있다. 그러나 어떠한 연구에서든 대상자들이 모집단에서 무선적으로 선정되지 않기 때문에, 그 비율이 모집단 내에 연구결과가 적용될 수 있는 사람들의 그럴듯한 추정치로서 사용될 수는 없다.

반복성

반복성(replication)은 중재 효과를 반복하는 것, 반복연구를 의미하며, 두 가지 면에서 단일대상연구의 핵심적인 개념이라 할 수 있다. 첫째는 단일대상설계의 논리와 관련이 있으며, 별개의 기초선 간에(예 : 중다기초선설계의 변형) 다른 단계(예 : ABAB)의 자료를 수집하는 기능을 기술하고 예측하며 검증한다. 중재의 영향은 정해진 입증 내에서 반복적으로 검증되고, 또 다른 방식으로 효과가 반복된다고 말할 수 있을 것이다(Horner et al., 2005). 이러한 점에서 반복성은 입증의 명확성과 설계에 중심이 된다.

반복성의 두 번째 양상은 대상 및 조건에 대한 중재 효과의 일반성 평가를 포함하며, 이는 여기서 이루어지는 논의의 기초를 제공한다. 연구결과의 일반성과 관련하여, 반복성은 모든 연구에서 중요 요소이다. 반복성은 하나의 연구에서 언어진 결과가 성과에 영향을 미칠 수 있는 것으로 생각되는 다양한 상황, 행동, 측정, 연구자, 다른 변수로 확장되는 정도를 조사하는 것이다. 반복성 시도 방식은 크게 직접적 또는 정확한 반복성과 체계적 또는 거의 정확한 반복성으로 구분된다(Sidman, 1960). **직접적 반복성**(direct replication)은 실험이 원래 시행되었던 것과 같이 정확히 동일하게 실험을 반복하는 시도를 의미한다. 이상적으로 말하면, 반복 실험과 원조 실험이 조건과 절차(예 : 상황, 측정, 중재, 설계)에서 똑같다는 것이다. **체계적 반복성**

(systematic replication)은 특징을 체계적으로 다양하게 하면서 실험을 반복하는 것을 의미한다. 반복의 조건과 절차는 원조 실험의 조건 및 절차와 거의 비슷하게 의도적으로 계획된다.

직접적 반복성과 체계적 반복성은 연속선상에서 양극단으로 볼 수 있다. 스펙트럼에서 직접적인 부분의 극단에 있는 반복성은 가능한 한 원조 절차와 똑같은 절차를 따른다. 이는 연구자가 원조 연구를 시행하는 가장 쉬운 방법이다. 그러면 연구자는 모든 절차에의 접근, 원조 연구에서 표집한 모집단에의 접근, 또한 실험 절차(예 : 중재자와 대상자의 과제, 모든 교수, 자료 수집, 신뢰도 분석 절차)의 미묘한 차이에의 접근을 완료하여 원조 연구와 최대한 유사하게 만들 수 있다. 그러나 원조 연구의 연구자가 시행한다 하더라도 정확하게 동일한 반복성은 가능하지 않다. 실험의 반복은 시간상 다른 시점에서 검사를 받는 새로운 대상자에게 적용하여 이루어져야 하고 다른 중재자에 의해 이루어져야 하기 때문에, 가능할 것 같은 모든 것이 다른 결과를 이끌 수 있다. 그러므로 모든 반복성에서는 필연적으로 일부 요인이 다소 달라질 수 있다. 쟁점은 반복 연구가 원조 연구로부터 어느 정도 다른지에 있다.

직접적 또는 체계적 반복성은 다른 방식으로 지식을 추가한다. 원조 실험의 조건과 매우 유사한 반복성은 원조 연구의 결과가 신뢰할 수 있으며 우연, 특정한 인위적인 것, 또는 특정 시간의 특성에 의해 발생한 결과가 아니라는 신뢰를 높일 수 있다. 원조 조건으로부터 벗어나는 반복성은 연구결과가 보다 넓은 범위의 조건에 걸쳐서 이루어질 수 있음을 시사한다. 근본적으로, 원조 실험의 조건으로부터의 반복성의 일탈이 크면 클수록, 연구결과의 일반성은 더 커진다.

직접적 또는 체계적 반복성에 대한 연구결과에서 중재가 새로운 대상자의 행동 또는 다른 영역에 영향을 미치는 것으로 나타나면, 연구결과의 일반성이 입증되는 것이다. 연구결과의 일반성 정도는 대상자 특성(예 : 연령, 인종)의 기능이고 응용 또는 임상의 초점이며 반복성 연구에 포함된 다른 조건이다. 특별히 체계적 반복성 연구에서, 연구는 원조 실험에서 출발하는 것과 더불어 하나 또는 소수의 차원만을 다양하게 하는 것이 유용하다. 반복성 시도의 결과가 원조 실험과 다르게 나타나면, 실험 간에 한정된 차이점을 가지고 있는 것이 결과의 차이에 대한 가능한 이유를 보다 쉽게 판별하는 데 바람직하다. 만약 원조 실험과 반복성 실험 간에 많은 차이가 있다면, 연구결과에서의 차이는 폭넓은 추후 실험 없이는 쉽게 파악될 수 없는 많은 요인들에 기인한 것일 수 있다.

대상자간에 연구결과가 비일관되게 나타나는 반복성의 시도에서 단일대상연구의 제한점이 발생한다. 예를 들면 중재의 효과가 직접적 반복성 시도에서 일부 대상자들에 대해서 평가될 수 있다. 연구결과는 일관성이 없고 혼합되어 나타날 수 있다. 즉 일부 대상자들은 명확한 변화를 보이는 반면에, 다른 대상자들은 그렇지 않을 수 있다. 사실상 모든 대상자들이 같은 방식으로 반응한다고는 어느 누구도 기대하지 않기 때문에, 직접적 또는 체계적 반복성이든 상관없이 반복성 시도는 일관성 없는 결과를 가져올 가능성이 있다. 우리는 모든 사람이 심지어 잘 알려져 있고 잘 연구되며 효과적인 처치(예 : 두통에 아스피린, 암에 대한 화학요법, 불안에 대한 노출치료, 우울증에 대한 방법론 책 읽기)에 대해서도 모든 대상자들이 반응을 하는 것이 아님을 중재 연구결과를 통해서도 알 수 있다. 중재에 반응하지 않는 일부 사람들은 예외 없이 항상 있고, 단일대상연구든 집단연구든 무엇에서든지 연구결과가 모든 사람에게 항상 일반화되지는 않는다.

비일관적인 효과의 문제는 연구결과가 대상자간에 일반화되지 않는 이유와 어떤 대상에게 일반화되지 않는지에 대해서도 이해하는 것이다. 단일대상연구의 잠재적인 제한점이 여기에 있다. 반복성 시도에서 일부 대상자들이 중재에 반응을 보이지 않으면, 연구자는 일반성 결여의 이유를 짐작해보아야 한다. 일반성 결여에 대한 이유를 판별하는 체계적이거나 형식적인 방식이 단일대상연구에 없다. 이는 앞서 중재 효과의 조절변수 평가에서 언급했던 문제이다. 다수의 연구 대상에 대해 시행되는 집단연구에서는 중재에 잘 반응을 하거나 잘 반응하지 않는 대상자의 특성을 평가하는 분석이 가능하다. 집단연구에서는, 연구자가 하위 집단을 구성하거나 대상자들을 어떤 특성(예 : 장애 정도, 사회적 기술 수준, 인지적 수준 등)에 따라 구별하고 그러한 변수의 영향을 평가할 수 있다. 이러한 방식으로 집단연구에서는 중재가 효과적이거나 그렇지 않은 개인의 특성을 판별할 수 있다. 중재 효과가 모든 사람에게 일반화되지 않는 것은 분명하다. 그러나 그러한 변수가 판별되면, 연구자는 일반화되지 않는 이유에 관한 보다 구체적인 가설을 검증할 수 있다.

단일대상설계에서도 일반성과 반복성이 보다 체계적으로 평가될 수 있다. 이론상으로는, 다른 상황에서 볼 수 있는 사례에 대한 자료를 수집하는 연구자, 교육자, 임상가는 대상자(또는 다른) 변수(예 : 연령, 역기능의 정도)뿐만 아니라 행동 변화의 목록을 만들거나 부호로 처리할 수 있다. 여러 사례와 연구가 축적되면, 그러한 정보는 변수를 조절하기 위해 분석될 수 있는 사료 은행(data bank)이 될 수 있다. 심리치료 맥락에서는, 체계적인 자료가 처치에서 볼 수 있는 개별 클라이언트에 대해 수집되는 드문 예가 있다(예 : Clement, 2008). 하위 집단과 개별 대상자에 대한 처치 효과를 기술하고 처치 성과의 조절변수를 판별하기 위해 누적 자료가 사용되었다. 자료의 누적을 통해 대규모 연구와 많은 연구자에 의해서 이러한 동일한 개념이 형성되면, 효과의 일반성에 초점이 주어질 수 있다.

총평

단일대상설계가 적합한 연구문제들이 많다. 중재 패키지 연구문제는 일반적인 관심 중 하나이며, 연구방법론과 연구자 훈련에서 단일대상설계가 특별하게 자리매김하는 데 역할을 하고 있다. 일상생활(예 : 교육, 의료, 법 집행)에서 집단을 대상으로 한 가장 주된 프로그램은 다양한 이유(예 : 비용, 필요한 표본의 크기, 통제/비교 집단의 이용 가능성)로 무선할당비교군연구(RCT)의 주제가 될 수 없다. 마찬가지로, 개인을 위해 고안된 중재(예 : 심리치료, 특수교육, 1명을 목표로 계획된 재활 프로그램)는 집단연구 설계로 평가될 수 없다. 선택은 RCT이거나 체계적인 평가가 없는 것(예 : 일화 사례 연구)일 수 있다. 그러나 이는 시간 및 비용 문제로 인해 부적절하며, 우리 연구자들이 잠재적으로 낭비적이고 비효과적인 중재를 시행하게 할 수 있기 때문에 훨씬 더 부적절하다. 우리 모두(우리의 자녀들, 우리의 친척들)는 일련의 평가되지 않는 선의의 일화적인 입증되지 않은 사례 연구에서 연구 대상자들이다. 진실험이든 준실험이든, 단일대상연구 방법은 프로그램이 작용한 듯 보이거나 그때는 좋은 아이디어였다는 일화적 주장에 대한 대안을 제공한다. 중재 패키지 평가와 관련하여, 단일대상연구 방법은 매우 확실하고 집단연구보다 평가를 위한 선택으로서 더 실행 가능하다.

　단일대상연구 결과의 일반성은 연구 관련 관심사로 자주 언급된다. 한두 가지 사례만이 연구에 포함된다면 당연히 그럴 것이다. 보다 많은 사람들이 연구에 포함되면 중재 효과는 더 일반화될 수 있어야 한다는 사실에 안심을 하고 있음에도 불구하고 일반성은 집단연구에서도 극복되지 않는 문제이다. 집단연구에서는 어떠한 개인이 어떻게 반응하는지에 관한 것과 얼마나 많은 개인들이 반응을 하며 어느 정도 반응하는지에 관한 평가가 좀처럼 시행되지 않고 있다. 단일대상연구에서는 쉽게 이루어지지는 않는 조절변수에 대한 평가가 연구결과의 일반성을 조사하는 하나의 방식이 될 수 있다. 연구결과의 일반성을 평가하는 또 다른 방식은 연구결과가 차후의 검증에서 반복될 수 있는지를 조사하는 것이다.

　연구결과의 신뢰도를 확인하고 다양한 조건(대상, 연구자)으로의 일반성을 평가하는 과학에서, 반복성은 중요하다. 우리는 다양한 조건에 영향력이 있는 중재들을 판별하기 원한다. 중재가 조건에 따라 영향력이 없으면, 우리는 중재의 제한점과 조절변수를 알고자 한다. 많은 연구와 많은 다양한 연구방법이 필요하다. 수십 년간의 연구와 관심이 이루어졌지만, 단일대상연구, 집단연구, 준실험 연구를 통해 얻어진 연구결과가 다양한 대상과 새로운 조건으로 더 일반화되거나 덜 일반화된다는 분명한 증거는 사실상 없다.

향후 방향 및 기회

단일대상설계는 새로운 상황, 모집단, 전문분야 또는 학문분야로 지속적으로 확장되며 사용될 것이다. 많은 다른 상황에서의 평가에 대한 요구와 '작용한 것'을 판별하기 위한 새로운 사회적 관심 및 압력은 단일대상설계에 대한 요구를 증대시킨다. 그러면서도, 단일대상설계가 연구자 훈련에 일반적으로 포함되지는 않는다. 양적연구 관련 훈련의 양상은 단일대상 방법을 사용하는 것을 방해할 수 있다. 예를 들면 앞서 언급한 바와 같이, RCT는 중재연구를 위한 '금본위 제도(gold standard)'[2]로 언급된다. 그 관점은 보다 암묵적이고 극단적인 견해로, 즉 유일한 기준이고 그밖에 다른 것은 황철광(색깔 때문에 자주 금과 혼동되는 물질, fool's gold)이라는 견해로 발전하고 있는 듯하다. 연구 설계에서 어떤 단일한 방법 또는 접근을 여전히 신봉하며 의존하기에는 위험요소가 있다. 그렇기는 하지만, 단일대상 방법론을 연구방법의 주류에 통합시키는 보다 나은 방법이 있을까? 여기에서는 두 가지 기회가 강조된다.

무선할당 : 방법론의 유익함과 전통적 가치

연구방법론자들 사이에서 거의 틀림없이 무선할당(randomization)이 가장 중요한 개념이라는 것에는 의심할 여지가 없다. 무선할당의 개념과 사용은 연구를 넘어서서 우리의 삶에 스며들어 있다. 나는 파티에 초대할 사람을 결정하거나, 매년 12월에 신년인사카드를 보낼 사람을 내 전화번호부에서 선정하거나, 특정한 날에 식사 주문을 결정하는 것과 같은 것에 대해 무선할당을 사용한다. 무선할당을 사용하는 것이 단일대상연구를 연구방법 주류의 의견과 훈련에의 통합으로 확대할 수 있을 것이다.

무선할당이 일반적으로 단일대상설계의 일부는 아니다. 또한 사실상 단일대상설계에서 무선할당은 매우 많이 사용되지는 않는다. 예외적으로, 중다처치설계에서 대상자에게 처치 제공 순서를 정하는 방법에서 사용된다. 이러한 적용도 다소 드물고 동일한 대상자에게 중다처치를 제시하는 단지 하나의 방식을 나타낼 뿐이다. 그렇기는 하지만, 무선할당은 단일대상연구에서 보다 더 큰 위치를 차지하고, 연구 설계의 특징을 향상시키며, 연구 설계가 집단연구(양적연구)에 익숙한 연구자들에게 어떻게 보이고 수용되는지를 개선할 수 있다.

단일대상설계는 다른 조건, 일반적으로 기초선과 중재 조건(A와 B단계)을 비교한다. 이 설

---

2) 역주 : 통화의 가치를 금의 가치에 연계해 같은 가치의 관계를 유지하는 제도. 원저자는 RCT가 마치 중재연구를 위한 기준이 되는 것으로 여겨, RCT와 중재연구의 관계가 같은 가치의 관계임을 비유한 것임. RCT가 아닌 설계는 마치 황철광으로 취급하는 매우 편향된 견해로 봄.

계에 무선할당이 다양한 방식으로 통합될 수 있다. 사실상 지난 40여 년간 무선할당이 단일대
상연구에서도 지지되고 있다(예 : Edgington, 1969; Edgington & Onghena, 2007; Kratochwill
& Levin, 출판 중; Onghena, 1994). 가장 최근 연구에서, Kratochwill과 Levin(출판 중)은 무선
할당이 사용될 수 있는 많은 다른 방식을 언급하고 있다. 집단연구에서, 일반적으로 무선할당
은 대상자가 조건에 어떻게 할당되는지를 의미한다. 단일대상연구에서는, 중재 또는 조건을
전달하는 순서를 정하는 것과 같이 연구의 다른 요소에 영향을 미치기 위해 무선할당이 사용
될 수 있다. 예를 들면 어떤 조건(예 : A, B, 혹은 A, B, C)이 시행되는 날이 무작위로 결정될
수 있다. 또한 여러 날의 기초선 이후에 중재가 실행되거나 시작되는 시점이 무작위로 결정될
수 있다. 중다기초선설계에서, 언제 그리고 누구에게(대상자간 중다기초선설계의 경우 기초
선이 선택되는 대상) 중재가 제공될지 또한 무작위로 결정될 수 있다.

　무선할당에서는 대상자에게 제시되는 조건을 매일 변경(예 : ABBAAABBABBAA)할 필요가
없다. 조건 적용 일/회기의 구역(block)이 무작위로 할당될 수 있다. 예를 들면 특정 조건에서
3일간의 자료 평균을 의미하는 3일의 구역을 가정해보자. 구역 1은 기초선 조건일 수 있다. 구
역 2는 해당 조건의 3일간의 지속적인 각 구역의 평균으로 표시되는 중재 조건일 수 있다. 난
수표를 통해 결정된 것과 같이 구역이 무작위로 할당될 수 있다. 연구결과는 다음과 같이 제
시될 수 있다ー3일의 구역 단위로 총 6개의 구역자료 112122. 이를 나타내는 보다 더 익숙한
방식은 AABABB 설계일 수 있다. 각 구역은 조건 내 3일의 자료를 포함한다. 그래서 조건 변
경에 대한 일부 실제적 쟁점과 방해요인을 피해 갈 수 있다. 또한 각 구역이 자주 똑같이 나타
나도록 무선할당이 제한될 수 있다.

　단일대상설계의 특징으로서 무선할당을 고려해야 하는 이유는 무엇인가? 첫째로, 무선할
당은 결론을 강화한다. 연구 설계의 목적은 중재가 종속변수의 변화를 설명할 수 있는 것 외
에 다른 영향의 개연성을 줄이거나 없애는 것이다. 그러한 영향은 타당도를 위협한다. 이는
무선할당을 사용하더라도 단일대상연구의 타당도에 영향을 미칠 수 있다. 그러나 무선할당은
연구를 강화한다.

　둘째로, 무선할당은 단일대상설계의 신뢰성과 채택을 증가시킬 수 있다. 무선할당은 진실
험의 결정적 특징이다(예 : Campbell & Stanley, 1963; Cook & Campbell, 1979). 무선할당은
타당해 보이지 않는 위협요인을 타당하게 만드는 데 도움이 될 수 있다. 이 책의 관점은 단일
대상설계가 진실험이라는 것이다. 예를 들면 ABABABAB와 같이 많은 단계가 있는 ABAB 설
계에서는 방법론의 기준이 명백히 부합된다. 행동이 변화된다면, 인과관계의 입증과 타당도
위협요인의 배제가 매우 명확하게 나타나는 것이다. 나는 단일대상연구 설계의 이러한 명확

성이 집단간에 통계적으로 유의미한 차이를 보여주는 RCT의 명확성을 능가한다고 생각한다. 그렇기는 하지만, 단일대상연구에 무선할당을 추가하는 것은 타당도를 위협하는 요인을 판별하는 데 도움이 된다.

마지막으로, 어떤 조건이 할당되거나 중재가 언제 소개될지에 대한 무선할당은 단일대상연구에 적용될 수 있는 통계적 검증의 범위를 증가시킨다. 단일대상설계에서의 몇 가지 통계적 검증은 간단하지 않고, 연구는 통계적 검증의 사용과 산출(부록 참조)을 둘러싼 많은 모호성을 판별한다. 무선할당은, 단일대상연구에서 여전히 개발되고 있는 검증보다 잘 알려지고 많이 이루어진 검증을 포함하여, 통계적 평가를 위한 다양한 선택을 가능하게 한다(예 : Edgington & Onghena, 2007; Onghena, 1994; Todman & Dugard, 2001).

나는 단일대상연구에서 무선할당이 많이 채택될 것으로는 기대하지 않는다. 대상자 내에서 중재를 변경하는 능력은 응용 상황(학교, 병원)에서 시행하기에는 그리 쉽지 않다. 게다가 무작위 또는 빠르게 변경하는 것은 중재의 영향력(효과)에 영향을 미칠 수 있다(예 : 어떤 조건이 효과적인지를 구별하는 데 방해요인이 대상자에게 있으면 중재 효과를 희석시킬 수 있다). 또한 설계 내에서의 유연성(flexibility)이 단계 변경 시기를 결정하기 위한 단일대상연구의 핵심적인 부분이다. 무선할당은 단일대상연구에서 더 많이 사용될 수 있고, 이에 따른 장점이 있을 수 있다(Kratochwill & Levin, 출판 중 참조). 주요 장점은 설계가 보다 널리 수용될 수 있다는 점이다. 그래서 중재의 영향에 대한 경험적/실험적 기초가 없이 프로그램이 사용되고 있는 많은 상황에서 보다 나은 평가와 빈번한 평가를 이끌 수 있다.

연구결과의 통합

많은 분야에서 연구가 급격히 증가하고 있다. 특정 주제에 관한 많은 연구들을 유지하고 통합하기 쉽지 않다. 수십 년 전에, 연구자는 문헌을 읽고 모든 이용 가능한 연구들을 면밀히 살피면서 선행문헌을 읽거나 고찰하고 지식, 제한점 등에 관한 결론을 도출하였다. 이러한 연구를 질적 고찰이라고 하였고 여전히 많은 학술지에 문헌 고찰 연구가 게재되고 있다. 확실한 돌파구는 양적 고찰, 특히 메타분석에 근거한 고찰을 추가하는 것이있다. (개별연구가 하나의 주장 또는 다른 주장을 지지하는지에 관한 분석 또는 연구에 대한, 마치 선수의 실적을 상세히 기록한 시합집계표 같이, 요약분석표 제시와 다른 선택도 있었다.)

메타분석(meta-analyses)은 많은 연구들을 살펴보고 종합하는 일련의 절차를 적용하는 것이다. 각 연구의 결과를 효과크기(effect size)라는 보편적인 측정 기준으로 바꾸어 연구들을 결합할 수 있다(추후 논의를 위해 부록을 참조하기 바란다). 특정 주제에 대해 2, 10, 또는 100편의 연구가 선정되고 연구의 성과를 측정하는 데 연구들이 다소 또는 상당히 다른 측정 방법을 사용했더라도 효과크기로 전환될 수 있다. 효과크기로 전환이 되면 연구들의 결과가 결합될 수 있다. 그러면 연구자는 (1) 많은 연구로부터의 결과에 관한 결론을 도출하고, (2) 연구결과의 강점을 수량화하며, (3) 개별 연구에서는 묻지 않았던 질문을 심지어 묻고 답할 수 있다(예 : 자기보고 측정이 직접 관찰에 의한 것과 다른 결과를 가져오는가? 무선할당이 결과에서 차이를 만드는가?).

많은 연구들을 양적으로 통합하는 과정에서 단일대상연구는 주로 제외되어 왔다. 그 이유는 단일대상설계의 결과들을 효과크기와 같은 측정 기준으로 전환하는 확실한 방식이 없기 때문이다. 최근 들어 효과크기를 측정하는 점수 방식이 제안되고 있다. 단일대상연구의 효과크기를 산출하기 위해 대략 40여 가지의 다른 방식이 소개되고 있다(Swaminathan et al., 2008). 이로 인해 "무엇이 여기에서 문제인가?"라는 의문이 들 수 있다. 제12장에서 자료 평가에 대해 논의한 바와 같이, 단일대상연구의 자료는 동일한 대상에 대해 반복해서 관찰하여 자료를 수집하기 때문에 특별한 특징(연속 의존성, serial dependence)을 가지고 있다. 또한 단일대상설계는 상대적으로 짧은 단계와 중재의 효과가 반복되는 많은 기회들(예 : ABAB 설계 또는 대상 · 행동 · 상황 간 중다기초선설계에서 단계 간 변화)로 인해 그와 같은 특징을 갖는다. 이러한 순수효과(net effect)와 다른 고려사항들은 효과크기와 효과크기의 계산 및 해석이 결코 간단하지 않음을 의미한다. 몇 가지 비교 및 연구에 근거하면(부록 참조), 단일대상연구에서 폭넓게 사용되는 것으로 나타난 효과크기의 방법이 없다. 몇 가지 쟁점이 해결되어야 한다. 연구자들은 주제에 관해 연구를 하고 추후의 발전을 통해 수용 가능한 대안이 만들어질 것이라는 희망을 가질 수 있다.

단일대상연구들의 통합은 매우 중요하다. 많은 연구들이 도외시되고 있다. 중요하게도, 현상을 연구하기 위해 사용되는 방법론은 결론에 때때로 영향을 미친다. 우리는 다른 방법(여기서 방법이라 함은 평가, 실험 설계, 자료 분석을 의미)에 의존하는 어떠한 양적 고찰 연구를 포함하여 그것을 알기를 원한다. 무선할당과 마찬가지로, 효과크기 측정의 사용은 단일대상연구의 수용과 통합을 궁극적으로 용이하게 할 것이다.

요약 및 결론

단일대상설계에서, 중재의 효과에 관한 명확한 결론을 도출하는 것과 관련하여 몇 가지 문제점이 나타날 수 있다. 각 설계에서 나타나는 공통의 주요 문제는 특별히 기초선 단계 기간 동안에 자료의 경향 및 변동성에 의해 도입되는 모호성과 관련이 있다. 수행 관련 상승의 기초선 경향은 다양한 방식으로 다루어질 수 있다. 오랜 기간 동안의 지속적인 관찰을 포함하거나, 경향의 방향을 바꾸는 절차(예 : 중재 단계의 초점이 되는 행동의 반대 행동을 짧은 기간 동안에 적극적으로 조성하는 것)를 사용하거나, 기초선 단계의 경향이 상관없는 설계를 선정하거나, 초기 경향을 고려하는 통계적 기법을 사용할 수 있다.

수행에서의 **과도한 변동성**은 중재 효과를 방해할 수 있다. 변동성의 출현은 매일의 수행을 표시하기보다는 연속적인 자료점을 구역화하고 구역화한 날의 자료점 평균을 표시함으로써 개선될 수 있다. 물론 항상 실행 가능하지는 않지만 평가 절차의 특성(예 : 낮은 관찰자 간 신뢰도) 또는 상황(예 : 환경자극, 활동, 사람의 변경)과 같이 변동성에 영향을 미치는 요인을 찾는 것이 바람직할 수 있다.

단일대상연구에 대한 주요 쟁점은 단계의 기간을 결정하는 것이다. 이는 경향 및 변동성 관련 문제점들을 아우르는 쟁점이다. 관찰의 명확성과 유용성이 인접한 단계에서의 자료 패턴의 기능을 하기 때문에, 한 단계 내에서 필요한 최소한의 자료점 수에 관한 엄격한 규칙을 정하기는 어렵다. 언제 단계를 변경할지를 결정하기 위해 객관적인 기준이 때때로 구체화되기도 한다. 그러한 기준은 단계 변경에 관한 결정에 개입될 수 있는 주관성을 줄여주는 강점이 있다. 그러나 단일대상설계는 자료가 무엇을 나타내며 자료가 수행에 관한 예측을 얼마나 잘 기술하고 예측하며 검증하는지에 관한 결정에 의존한다. 이러한 기준은 미리 정해진 기준이 아닌 자료에 근거한 결정을 필요로 한다.

또 다른 쟁점은 단일대상연구에 의해 쉽게 밝혀질 수 있는 중재 효과에 관한 연구문제의 범위이다. 연구의 기초가 되는 많은 중재 성과에 관한 연구문제 중에서, 단일대상설계는 **중재 패키지 전략**에 매우 적합하다. 이는 전반적인 중재의 효과를 조사하고 처치가 제공되지 않는 중재, 즉 기초선과 이를 비교하는 것이다. 분해, 매개, 구성 및 비교 중재 전략은 하나 이상의 중재가 동일한 대상자에게 적용되어야 하기 때문에 잠재적인 문제를 일으킬 수 있다. 중다처치 간섭의 가능성 및 효과는 다른 중재의 상대적 장점 또는 동일한 중재의 변형에서의 상대적 장점에 관한 모호성을 이끌 수 있다. **중재-조절변수 전략**과 **중재-매개변수/기제 전략**은 중재와 상호작용하거나 중재에 의한 변화를 이끈 대상자와 이유를 정확하게 설명하는 특성에 초점을 둔다. 이 전략들은 집단연구에서 평가된다. 단일대상연구에서는 집단연구에서만큼 쉽게 조절변수를 판별할 수 없다. 단일대상연구와 집단연구 모두 매개변수를 판별할 수 있다. 그러나 앞서 언급한 바와 같이, 대부분의 작업이 집단연구에서 과도하게 이루어지기에 단일대상연구 설계에 대해서도 통계적 기법에서의 진보와 관심이 조성되어야 한다.

단일대상연구를 통해 나타난 연구결과의 일반성 또한 쟁점이다. 1~2명의 대상자만이 한 번에 연구된다는 사실에 관한 우려가 종종 있다. 이는 다른 대상 또는 보다 큰 집단으로 연구결과가 확장될 수 있는 정도에 관해 의문을 불러일으킨다. 단일대상연구의 결과가 집단연구의 결과에 비해 덜 일반화될 수 있다는 증거는 실제로 없다. 사실상 단일대상연구에서 이루어지는 중재의 유형 때문에, 단일대상연구의 결과가 집단연구의 결과에 비해 더 일반화될 수 있는 경우가 종종 있다. 논쟁의 소지가 있지만, 이는 일반성이 단일대상연구 또는 집단연구라는 방법론의 기능으로서 자동적으로 보다 더 좋다고 말할 수 없음을 시사한다. 연구결과를 덜 일반화될 수 있게 만드는 1명의 대상자 사용을 포함하여 연구 설계에 고유한 것은 없다. 연구에 많은 사람이 포함된다고 하여 집단연구결과의 일반성이 자주 사실일 것으로 추정되고 있다. 이러한 추정은 집단연구의 자료분석 방법에 따라 쉽게 도전을 받는다. 집단연구는 개인의 변화 정도를 거의 살펴보지 않으며 전체 집단에 대한 평균의 변화만을 나타낸다. 또한 집단연구에서 어떻게 대상이 선정되었는지(예 : 비무작위 선정, 추가의 제외 및 포함 기준)에 따라 연구결과의 일반성에 제한이 될 수 있다.

단일대상연구에서 일반성이 문제가 되는 영역은 일반성에 영향을 미치는 변수 또는 대상자의 특성, 즉 조절변수의 조사이다. 단일대상연구에서는 처치와 대상자 특성 간의 상호작용을 평가하는 것이 어렵다. 집단연구에 특히 잘 적용되는 통계적 분석(예 : 요인설계, 중다회귀분석)이 그러한 질문에 보다 더 적절하고 연구결과의 일반성 또는 외적 타당도를 직접적으로 밝혀줄 수 있다. 모든 연구에서, 일반성은 대상자, 상황, 기능 수행 영역(예 : 학업수행, 임상 문제), 연구 관심의 다른 차원에 대한 중재 효과의 반복성을 통해서 보다 더 잘 확인된다. 이를 이룰 수 있는 방식을 설명하기 위해 앞서 직접적 반복성과 체계적 반복성이 논의되었다.

마지막으로, 이 장에서는 무선할당과 많은 연구들의 양적통합(메타분석과 효과크기)에 관해 살펴보았다. 이는 양적 연구에서 핵심이 되는 두 가지 주제로, 단일대상연구에서도 그러한 역할을 할 수 있다. 이러한 개념, 절차, 실제를 통합하였을 때의 장점 또한 논의되었다.

15
| CHAPTER |

요약 :
단일대상연구를 보는 바른 관점

이 책의 초반부에서 강조된 바와 같이, 기초 및 응용연구 분야에서 결론을 이끌어내는 근거로서 개별 연구 대상이 연구 역사 전반에 걸쳐서 사용되어 왔다. 최근 들어 단일대상연구 설계가 명확한 실험방법으로서 발전이 이루어지고 있다. 앞에서 살펴본 다양한 단일대상연구 설계들은 타당도를 위협하는 요인을 제거하거나 위협적이지 않게 만드는 대안적 방식을 제시한다. 이러한 설계들은 진실험(true experiment)이 되고 과학 영역에서 정확한 방법론을 나타낸다.

이 장에서는 이러한 설계들이 보다 광범위하게 적용될 수 있는 중요 특징들을 명확히 하는 바른 관점을 제공하고자 한다. 연구에 대한 다른 접근들의 맥락에서 설계를 고려하는 것이 중요하다. 다른 방법론은 특정 현상에 대한 분석의 서로 다른 수준 및 유형을 포함한다. 단일대상설계는 연구 설계 전통 중 하나이며 다른 맥락(집단연구, 질적연구)과 연계하여 살펴볼 수 있다. 이러한 관점은 단일한 방법론 및 전통이 본유적으로 제한을 가지고 있는 이유를 기술하며, 우리 앞에 놓인 많은 중요한 연구문제 및 도전을 다룰 때 이용 가능한 모든 방법을 활용하는 것이 얼마나 가치 있는지를 설명한다.

단일대상연구의 특징

단일대상설계는 심리학 분야에서 특정한 조사 영역 또는 실질적인 초점과 밀접한 관련이 있다. 그 초점은 행동의 실험 및 응용 분석으로, 단일대상 실험의 방법론을 포함할 뿐만 아니라 조작적 조건형성(operant conditioning)을 강조하는 개념 및 연구의 초점이다. 단일대상설계는 교육학, 임상심리학, 정신의학, 약학, 경영학, 상담학, 사회복지학, 법률 집행 및 교정 등 많은 분야로 확장되고 있다. 이러한 많은 분야의 공통된 특징은 인간의 기능 수행의 일부 양상에 영향을 미치는 중재를 개발하는 데 관심이 있다는 것이다. 단일대상설계가 대두된 이후로 중재 범위가 개념 및 연구의 초점을 넘어서 확대되고 있다.

다양한 연구 분야 및 학문으로 방법론의 확장에도 불구하고, 단일대상설계와 관련하여 실험실 및 응용 상황에서 행동 분석과 조작적 조건형성에 대한 초점이 제한적이라는 견해들이 있다. 이는 충분히 이해할 수 있는 견해이다. 수십 년간 수천 편의 연구에서 방법(단일대상)과 실체(조작적 조건형성)가 짝을 지어 이루어졌기 때문에 그렇게 생각할 수 있다. 기초 및 응용 분야에서의 탁월한 연구가 단일대상설계를 활용하여 조건형성시키는 것에 주안점을 두어 지속적으로 이루어지고 있다.[1] 그러나 이러한 연합(pairing)은 단일대상설계가 사용될 수 있는 많은 맥락으로의 확장을 방해한다. 단일대상설계의 본질을 밝히는 결정적인 핵심 특징을 살펴보고 단일대상설계와 자주 연계되는 특징들로부터 이러한 핵심 특징들을 구별하는 것이 바람직하다.

단일대상설계의 핵심 특징

단일대상설계의 핵심 특징은 본질을 밝히는 결정적인 구성요소라 할 수 있다. 단일대상설계를 판별하는 핵심적인 특징으로 두 가지를 들 수 있다. 첫째로, 단일대상설계는 반복적으로 지속적 평가(continuous assessment)를 요구한다. 단계 내에서 측정이 반복해서 이루어진다. 지속적 평가는 중재 효과에 관한 결론을 도출하는 데 근거가 된다. 다른 조건하에서 여러 자료점을 수

---

1) 이 분야에서 학술논문을 발행하는 저명한 학술지는 *Journal of the Experimental Analysis of Behavior*와 *Journal of Applied Behavior Analysis*이다. 단일대상연구를 지지하는 전문가단체로는 미국심리학회(American Psychological Association)의 25분과회(Division 25)와 행동분석발전협회(Society for the Advancement of Behavior Analysis, SABA)가 대표적으로 적극적인 활동을 하고 있다.

집함으로써 수행의 패턴을 알아볼 수 있다. 내가 이 책의 서두에서 언급한 바와 같이, 단일대상연구방법과 집단연구방법을 구별하는 데 도움이 되는 방식으로 기억해야 하는 것은 단일대상설계에서는 많은 회기에 걸쳐서 소수 연구 대상의 수행에 대한 자료를 평가하고 비교집단연구에서는 소수의 회기에(주로 사전과 사후) 다수의 연구대상의 수행에 대한 자료를 평가하는 것이다. 이는 규칙이라기보다는 단지 기억을 돕는 특징으로, 물론 예외도 있다.

둘째로, **중재 효과가 동일한 대상자 내에서 반복된다.**[2] 연구 대상 자신이 통제 집단으로 기능을 하며 일정 기간 동안에 이루어진 다른 조건 간에 나타난 연구 대상의 수행이 비교된다. 물론 중재 효과가 반복되는 정확한 방식에서 단일대상설계 유형에 따라 다르지만, 각 설계 유형은 일정 기간 지속적 평가를 시행하며 다른 조건하에서의 연구대상의 행동 및 수행에 대한 평가를 한다. 중재의 반복성(replication) 또는 대상 내 연구(within-subject study)는 설계의 논리와 요구를 다룬다. 즉 단계 간에 수행을 기술하고 예측하며 그 예측을 평가한다.

이러한 두 가지 특징은 연구 설계의 기초이며 연구 설계가 타당도의 위협이 되는 요인을 어떻게 제거하고 독립변인과 종속변인 간의 기능적 관계를 어떻게 입증하며 지식의 기초를 설정하는지를 설명한다. 그러나 이 방법론의 핵심 구성요소는 숫자상으로는 적다.

단일대상설계의 관련 특징

단일대상설계를 판별하는 핵심적인 특징은 아니지만 몇 가지 관련 특징이 있다. 단일대상설계와 그 설계의 적용 가능성에 대한 오해를 없애기 위해 이러한 특징들을 여기에서 간략히 언급하고자 한다.

하나 또는 소수의 연구 대상에 초점. 아마도 단일대상설계에서 중요한 것으로 보일 수 있는 특징 중 하나는 하나 또는 소수의 연구 대상을 초점으로 한다는 것이다. 어쨌든, 단일대상설계는 '소수를 대상으로 하는 연구', '1명을 대상으로 하는 연구', 또는 이 책에서 언급한 '단일대상설계'로 자주 불린다. 연구 설계가 개별 대상자의 행동을 일정 기간 집중적으로 연구하기 위해 개발된 것은 분명한 사실이나. 그러나 하나 또는 소수의 연구 대상에 대한 조사가 이 연구 설계 방법론의 핵심 또는 중요 특징은 아니다. 단일대상설계는 실험 방식의 특정한 유형을 나타내는 것이다.

---

2) 동일한 대상자 내에서 중재 효과의 반복성이 대상자간 중다기초선설계에서는 예외다. 이 경우, 대상자는 자신이 통제 집단의 기능을 하면서, 각 대상자가 별도의 AB 설계를 나타내어 중재 효과의 반복성은 대상자간에서 확인된다.

　　단일대상설계에서 연구 대상의 수는 다소 임의적이다. 소위 단일대상연구는 어떠한 설계 유형(예 : ABAB)에서 전체 집단을 하나의 연구 대상으로 다루거나 행동(예 : 재활용 분리수 거하기, 안전벨트 매기, 기한 내에 세금 납부하기 등)에 참여하는 대상자들의 수를 성과에 대한 측정으로 하여 연구 대상 한 집단(예 : 지역사회 내 한 집단, 시 · 도 내 한 집단)을 사용할 수도 있다. 또한 단일대상연구는 설계의 한 유형에서 몇 개의 다른 집단을 연구 대상으로 사용할 수 있다(예 : 학급간 중다기초선설계, 학교간 중다기초선설계, 가족간 중다기초선설계, 또는 지역사회간 중다기초선설계). 단일대상설계에서는 다양한 학교, 학급, 학생들을 연구대 상으로 하여 중재 효과가 평가되며 수백, 수천 심지어는 백만 이상의 대상자들을 포함한 실제 또는 잠재적 대상자들에 대해서도 중재를 평가할 수 있다(예 : Cox et al., 2000 ; Fournier et al., 2004 ; McSweeney, 1978 ; Parsons, Schepis, Reid, McCarn, & Green, 1987 ; Schnelle et al., 1978). 어떤 연구에서는 대상자의 수가 정확히 제시되지 않는 경우도 있다. 예를 들면 한 연구에서 법 준수(정지신호에서 멈추기)에 대한 점검을 하기 위해 여러 날 동안 법 준수 사건(멈추기)의 기회를 계산하였다. 여기에서는 얼마나 많은 다른 대상자들이 또는 얼마나 같은 대상자들이 포함되었는지는 알 수 없다. 즉 단일대상연구는 1명 또는 소수가 연구 대상으로 일반적으로 참여하지만, 이것이 단일대상설계의 중요한 특징은 아니다.

외현행동에 초점. 단일대상연구의 또 다른 특징은 외현행동(overt behavior)에 대한 중재의 영향을 평가한다는 것이다. 단일대상연구의 자료는 수행에 대한 직접 관찰을 통해 수집되기도 한다. 단일대상연구와 외현행동에 대한 평가를 연합하는 것은 역사적 관점에서 보면 쉽게 이해할 수 있다. 단일대상연구는 유기체의 **행동**에 관한 연구에서 발전된 것이다(예 : Skinner, 1938). 실험연구에서 행동은 외현 수행으로 정의되었고 반응의 비율(예 : 레버를 누른 시간의 수) 또는 빈도로 측정되었다. 다른 실험 조작과의 관계에서 합법성과 다른 종(인간과 인간이 아닌 종) 간의 유사성이 이러한 실험적 패러다임에서 쉽게 나타났다.

　　단일대상설계는 방법론과 연계하여 외현행동에 대한 평가가 지속적으로 이루어지고 있는 임상 상황(예 : 학교, 병원, 양로원)으로 확장되었다. 그러나 단일대상연구 설계는 외현행동에만 국한되지는 않는다. 방법론은 지속적 평가를 요구하며, 이러한 요구에 부합하기 위한 자료를 얻을 수 있는 측정이 이루어질 수 있다. 외현 수행에 대한 측정 이외의 다른 것을 단일대상 조사에서 찾아볼 수 있다. 예를 들면 일부 단일대상연구에서는 자기보고와 정신생리학적 측정을 포함하고 있다(예 : Glenn & Dallery, 2007 ; Twohig et al., 2007 ; Warnes & Allen, 2005). 또한 사람이 자기 자신, 자신의 기분, 자신의 삶을 통제하는 자신의 능력을 어떻게 느끼는지가 단일대상설계에서 평가될 수 있다. 자기보고 측정이 일정 기간 동안 지속적으로 시행되면 유용하지 않거나 타당하지 않다고 여겼다. 이러한 생각은 클라이언트 또는 치료사가 작성하는 자기보고 측정이 체계적으로 잘 개발되면서 사라지고 있다(예 : Lambert et al., 1996). 또한 제한된 기간 동안(예 : 지난 24시간)에 일어난 것에 대한 매우 구체적인 질문을 하여 자기보고 측정의 자료를 수집하는 것이 많은 연구에서 가치가 있는 것으로 입증되고 있다(예 : Chamberlain & Reid, 1987 ; Peterson et al., 2002). 어쨌든, 외현 행동에 대한 평가는 단일대상연구의 중요 특징은 아니다. 또한 이 설계에서는 일정 기간 지속적 평가를 요구하는 것이지 특정한 평가 방법(예 : 직접 관찰) 하나만을 사용하지는 않는다.

시각적 분석의 사용. 단일대상설계의 중심으로 보여질 수 있는 연구의 또 다른 특징은 통계적 분석보다 시각적 분석(visual inspection)을 통해 자료를 평가하는 것이다. 일정 기간 지속적 평가의 주된 목적은 다른 조건 내에서 수행의 안정적 패턴으로 기능하는 자료에서의 변화를 파악하고자 하는 것이다. 응용 상황에서 자주 사용될 수 있도록 단일대상설계의 제안자들은 방법론의 중요 특징으로서 시각적 분석에 대한 강력한 사례를 만들었다(Baer, 1977). 이 경우는 강력한 효과를 가진 중재를 입증하기 위해 효과가 약한 중재를 걸러내는 것에 근거하였다. 의심할 여지없이 많은 지지자들은 시각적 분석을 '중요' 특징의 범주로 볼 것이다. 그러나 단일대상연구와 자료의 시각적 분석 간에 필연적인 연관성이 있는 것은 아니다.

단일대상설계는 중재 효과를 평가하고 타당도에 위협이 되는 요인을 제거하도록 실험 상황을 배열하는 방식이다. 상황이 어떻게 배열되어야 하는지(실험 설계)와 결과로 나타난 정보를 어떻게 평가하는지(자료 분석) 사이에는 고정되거나 필연적인 관계는 없다. 통계적 분석이 단일대상연구에서도 적용되고 있다. 시각적 분석이 단일대상연구에 대한 자료 평가에서 주된 방법으로 지속적으로 사용되고 있지만, 이는 단일대상연구에서 반드시 이루어져야 하는 필수적인 자료 분석 방식은 아니다.

심리적 또는 행동적 중재. 단일대상설계를 판별하는 핵심 특징은 아니지만 관련이 있는 또 다른 특징으로는 단일대상설계가 심리학, 특히 학습심리학(조작적 조건형성)에서 파생된 중재를 조사하기 위해 사용된다는 것이다. 앞서 언급한 바와 같이, 조작적 조건형성과 단일대상설계는 함께 발전되었기에, 조작적 조건형성의 실질적인 내용이 단일대상설계의 평가적 기법과 불가분하게 밀접한 관계가 있었다(이 장의 첫 번째 주석을 참조하기 바란다). 그렇기는 하지만, 단일대상설계와 조작적 조건형성 기법 간에 필연적인 연관성은 없다.

조작적 조건형성으로부터 도출된 중재뿐만 아니라 조작적 조건형성의 중심이 아닌 임상심리학, 의학, 약학, 사회심리학 등의 분야로부터 파생된 많은 다른 유형의 중재들이 단일대상연구에 포함되고 있다. 이와 관련한 많은 사례들이 이 책 전반에 걸쳐서 소개되었다. 단일대상설계가 기능 수행의 일부 측면을 변화시키는 것을 목적으로 하는 모든 상황과 사실상 관련이 있기 때문에 이 설계의 폭넓은 적용 가능성을 강조하는 것이 중요하다. 예를 들면 기후변화를 완화하고 적응하기 위한 지속 가능한 환경적 실천을 촉진하는 데 열렬한 관심이 있다. 중재는 지구온난화의 위기에 대한 대중의 시각을 바꾸고, 관련 교육을 하며, 태도를 바꾸고, 경제 및 의사결정에 영향을 주며 사회정책의 변화를 이루기 위한 직접적인 많은 시도와 더불어 많은 분야에서 이루어진다(Kazdin, 2009). 실증적 평가가 요구되는 중재의 영역은 매우 넓다. 그렇기에 그러한 분야에 단일대상설계의 적용이 매우 유용할 수 있다. 단일대상설계는 조작적 조건형성의 지식을 거의 바탕으로 하지 않거나 관련이 매우 적은 다른 학문 분야의 중재와도 연합하여 사용될 수 있다.

총평

단일대상설계의 유용성과 제한점에 대한 많은 논쟁은 이 설계의 핵심이 아닌 특징에 초점을 두고 있다. 예를 들면 단일대상설계에 대한 대부분의 반대 이유는 자료 평가의 비통계적 방법 사용, 1명 또는 2명의 연구 대상만을 사용, 외현행동에 대한 평가로의 제한에 초점을 두고 있다. 이러한 특징이 단일대상연구 방법론의 일부지만 핵심 특징은 아니다. 단일대상설계는 이러한 특징들 없이도 사용될 수 있다. 나는 이러한 비핵심적인 특징들이 포기되는 것을 옹호하는 입장은 아니다. 그 반대이다. 우리 지식의 기초는 현재 우리가 사용하고 있는 보다 더 광범위한 연구 방법으로 도출되는 지식에 의해서 더욱더 강화된다. 핵심적 특징과 비핵심적 특징으로 인해 우리의 접근들, 우리가 연구하고 있는 영역(개별 기능 수행)들, 또한 우리가 평가를 소개할 수 있는 상황들이 크게 확장될 수 있다. 집단연구에 익숙한 연구자들이 비핵심적인 특징 중 하나를 쉽게 판별할 수 있고 단일대상설계의 전체 방법론을 유용하지 않거나 엄격하지 않거나 과학적이지 않은 것으로 여길 수 있기 때문에, 나는 비핵심적인 특징으로 언급한 것이다. 예를 들면 중재 효과의 신뢰성 여부를 결정하기 위해 통계적 분석을 단일대상설계에서 정례적으로 사용하지 않는 것이 과학적 이단으로 여겨질 수 있고, 연구 자체가 방법론상의 오점으로 간주될 수 있다. 그러나 단일대상설계를 사용한다고 하여 통계적 분석이나 여기서 비핵심적인 특징으로 언급한 다른 양상 대신에 시각적 분석을 자동적으로 사용하는 것은 아니다. 나는 핵심적 요소와 비핵심적 요소를 포함한 패키지의 사용을 권장한다. 그러나 그렇게 하지 않는다고 하여 연구자가 방법론을 탐구하는 것을 방해하지는 않을 것이다.

　단일대상연구를 반대하는 연구자들의 또 다른 근거는 연구의 개념적 초점 및 영역과 방법론과의 연계에 있다. 심리학에서, 조작적 조건형성(개념적 영역)과 행동 분석(단일대상연구 방법을 포함하여 평가에 대한 접근)은 인간과 동물의 행동에 미치는 영향의 범위를 정교하게 발전시켜 오고 있다. 조작적 조건형성은 기능 수행에 미치는 환경적 영향(예 : 자극, 후속결과)의 역할을 지나치게 강조한다. 그 모델을 정확히 표현하는 문구 중 하나는 우리의 행동이 사회 및 물리적 환경 내에 있는 후속자극에 의해 선택된다는 것이다. 그 입장이 '환경과 후속자극만이 중요하고 그밖의 것은 중요하지 않다'는 것은 결코 아니었다. 그러나 조작적 조건형성의 관점(예 : Skinner, 1953a)으로부터 옮겨져서 인간의 행동, 문화, 정부와 법률 등의 다양한 영역으로 설명하기 위한 관점으로 이동하는 데 조작적 조건형성을 구별하는 것은 쉬운 일이었다. 예전에는 조작적 조건형성이 '급진적인 행동주의'로 불렸다. 이는 조작적 조건형성이 행동에 대한 핵심적인 영향으로서 환경적 선행자극과 후속자극에 과도하게 초점을 두었기 때문이다. 인지적 과정(예 : 사고, 신념, 귀인, 지각), 정서(예 : 기분, 감정), 개인의 특성(예 : 성격, 기질), 생물학적 기초(예 : 뇌와 유전)가 행동에 미치는 영향에 대해서는 거의 초점을 두지 않거나 강조가 이루어지지 않았다. 예외에 관한 주변적인 것에 대해 의견이 분분할 수도 있다. 그러나 이것은 예외이고 예외로 분명하게 간주되었다. 기초 및 응용 분야에서 조작적 조건형성이 만연한 반면에, 조작적 조건형성이 기능 수행의 다른 영역들을 너무 강력하게 부정한다는 견해로 인해 부분적으로는 조작적 조건형성이 구분되었다. 보다 최근 들어 인지적 과정, 정서, 개인 특성 등과 같은 다른 영향에 관해 많은 관심이 주어지고, 더불어 이러한 영향들 간의 통합(예 : 인지와 신경과학)에도 관심이 주어졌다(예 : Timberlake, Schaal, & Steinmetz, 2005 ; White, McCarthy, & Fantino, 1989). 그렇기는 하지만 인지, 정서, 개인 특성, 생물학적 특성에 대한 초기 관심의 결여로 인해 주류 심리학 분야에 많은 기여를 한 조작적 조건형성의 통합의 제한과 고립이 나타났다고 볼 수 있다. 순수효과(net effect)는 인간의 기능 수행에 대한 '급진적' 접근의 거부가 어떤 특정한 개념적 견해에 대해 필연적 연관성을 가지고 있지 않은 방법론의 가치를 감소시킨다는 것이다. 단지 특정한 이론적 입장에 대한 역사적 반감 때문에 연구자가 잠재적으로 광범위한 유용성을 가지고 있는 방법론을 멀리하는 것은 안타까운 일이 될 수 있다. (매우 한정된 이전의 정의 때문에 이론적 입장의 배제를 한탄하는 또 다른 책이 있다. 이 이론적 입장은 거의 지도되지 않고 있는 매우 효과적인 중재 접근을 만들어내고 있다.)

단일대상설계의 특별한 강점

평가

우리의 세계는 사람들을 돕기 위해 고안된 프로그램 및 중재들로 가득 차 있다. 예를 들면 특수학교, 학급, 교사는 항상 학생들에게 영향을 미치는 획기적인 중재 또는 변수들을 개발한다. 학교(초등학교에서 대학교에 이르기까지)에서, 학업 수행과 관련 활동에 참여(예 : 운동 활동 또는 자원봉사 활동에 참여하기)를 향상시키고 다른 활동에의 참여(예 : 몸에 해로운 음식 먹기, 알코올 남용하기, 다른 사람을 괴롭히거나 공격하기)는 감소시키기 위해 중재가 사용된다. 병원에서 중재는 환자가 병원에 있는 동안에 의료과실을 줄이고 질병의 확산을 감소시키는 안전한 실제를 증가시키는 것을 목표로 한다. 회사에서 중재는 건강(운동 프로그램을 통해), 생산성, 안전, 사기 고취를 위해 고안된다. 사실상 모든 상황에서 매일의 핵심적인 면은 목적을 가진 중재를 포함한다. 일상생활에서 법 준수(예 : 속도 준수, 안전벨트 착용)를 개선하고 광범위한 사회적 목적(예 : 지속 가능한 환경을 조장하는 방식으로 행동하기, 쓰레기 버리지 않기)에 대한 우리의 지원을 향상시키기 위해 중재가 적용되고 있다. 변함없이 새로운 중재(프로그램, 계획, 노력, 시도)가 이러한 상황과 다른 맥락에서 목표를 개선하기 위해 고안된다. 이 중재들이 어떠한 영향을 가지고 있는가? 그리고 중재가 의도된 방향으로 영향을 미치는가, 아니면 사람들을 더 나쁘게 만드는가? 프로그램 개발자나 소비자가 믿고 있는 것에 대한 일화기록만으로는 이러한 질문에 대한 적절하게 답을 제공할 수 없다. 사실상 보다 체계적인 자료가 필요하다.

집단연구에서 사전과 사후 검사를 통해 프로그램의 효과를 평가하는 것, 개인을 조건에 무선할당(예 : 중재를 시행하지 않는 통제 집단에 할당하는 것을 포함)하는 것, 또한 전통적인 집단연구의 다른 특징들(예 : 포함 및 제외 기준을 언급하는 것, 규모가 큰 표본을 사용하는 것)은 실행 가능성이 그리 높지 않다. 준실험 단일대상설계를 포함하여 단일대상설계는 실행 가능한 대안을 제시한다. A단계와 B단계에 걸쳐서(예 : AB설계) 수집된 지속적인 자료는 다른 학생들 간에, 병원 간에, 조직 내 부서 간에 걸쳐서 수집될 수 있다. 물론 각 개인, 단위, 상황이 중재를 동시에 받지 않도록 중재(B단계)의 실행에서 시차를 둘 수 있다. 이것이 중다기초선 설계가 되는 것이다. 소수의 연구대상에 대해 많은 관찰이 이루어진다는 이 설계의 핵심 특징은 영향을 평가하는 데 매우 도움이 될 수 있다. 즉 변화가 있었는지와 중재가 그러한 변화를 설명할 수 있는지를 평가하는 데 도움이 될 수 있다. 대부분의 상황에서는 연구대상자로서 역할을 할 수 있는 집단이 항상 있다. 즉 그 집단은 마치 개인인 것처럼 평가될 수 있다. 전체로서 집단의 수행이 자료점으로 표시된다(예 : 숙제를 완수한 해당 학교 학생들의 백분율, 재활용 분리수거를 하는 가족 또는 가정의 수). 다시 말하면, 단일대상설계는 우리가 하는 것을 평가할 수 있는 보다 광범위한 기회를 제공한다.

중재 적용 시 지속적 피드백

단일대상연구는 프로그램이 시행되고 있는 동안에 자료에 대한 지속적 피드백과 유연한 의사결정이라는 분명한 장점을 가지고 있다. 집단연구에서는 중재가 사전에 계획되고 계획한 대로 시행된다. 중재 시행이 완료되면 처치의 효과가 평가된다(사후 검사). 이는 연구로서는 타당하지만, 중재를 받는 사람들에 대해서는 그렇지 않다. 단일대상설계에서는 중재가 적용되고 있는 동안에도 그 영향을 평가할 수 있다. 중재가 변화를 이루어 가고 있는지, 또한 그러한 변화가 연구자가 바라는 수준으로 나타나고 있는지를 평가할 수 있다. 중재가 시행되고 있는 동안에도 성과를 개선하기 위한 결정을 할 수 있다. 중재 단계에서의 지속적 평가를 통해 중재에 대한 책임을 지고 있는 교사, 의사 또는 다른 사람들뿐만 아니라 클라이언트(중재를 통해 이득을 얻고자 하는 개인 또는 집단)는 설계에 익숙해질 수 있다. 어떠한 중재가 작용을 하지 않거나 충분히 잘 작용하지 않으면, 사후 검사에서 썩 좋지 않거나 전혀 영향이 없는 것을 확인하기 위해 기다리지 않고 연구자는 중재를 변화시키고 변화가 즉각적으로 나타나는지를 지속적으로 평가할 수 있다.

6명의 6~7세 남자아동과 여자아동을 대상으로 권총을 가지고 놀지 않도록 훈련하는 것을 목표로 한 연구를 예로 들어 보자(Miltenberger et al., 2004). 물론 연구에서는 실제 작동하는 권총이 아닌 고장 난 권총이 사용되었다. 아동이 가정과 학교에서 권총과 함께 혼자 남겨진 상황에서 평가가 이루어졌다. 장면을 비디오로 녹화하여 각 아동이 적절한 행동에 참여한 정도를 0~3점(0점은 총을 만지는 행동, 3점은 총을 만지지 않고 교실 또는 방을 떠나서 성인에게 총에 대해서 말하는 행동) 척도로 기록하였다. 대상자간 중다기초선설계가 적용되었다. 행동기술 훈련 프로그램이 사용되었다. 프로그램에서는 교수, 시범, 시연, 피드백이 제공되었으며 중재는 가정 또는 학교 대신에 모의 훈련 상황에서 이루어졌다. 짧은 회기만에 3명이 아동의 행동 변화에서 중재가 매우 효과적이었던 것으로 나타났다. 훈련의 효과는 가정 또는 학교로 일반화되었다.

그림 15.1에서 보는 바와 같이, 대상자간 중다기초선설계에 따른 그래프의 자료는 6명의 대상자 중에서 3명(나이젤, 브리짓, 네드)이 긍정적으로 반응하였음을 보여준다. 이는 중재 전에는 나타나지 않았던 변화가 중재가 적용되면서 나타났음을 보여준다. 또한 중재가 시행되고 3

명의 대상자는 중재에 반응하지 않았다. 그래서 두 번째 중재가 적용되었다. 두 번째 중재에서는 보다 집중적인 연습 및 시연 훈련이 추가되었고 중재는 학교 상황에서 이루어졌다. 그림 15.1에서 보는 바와 같이 3명 중 2명(리키, 티나)이 강화된 두 번째 중재에 잘 반응하였다. 두

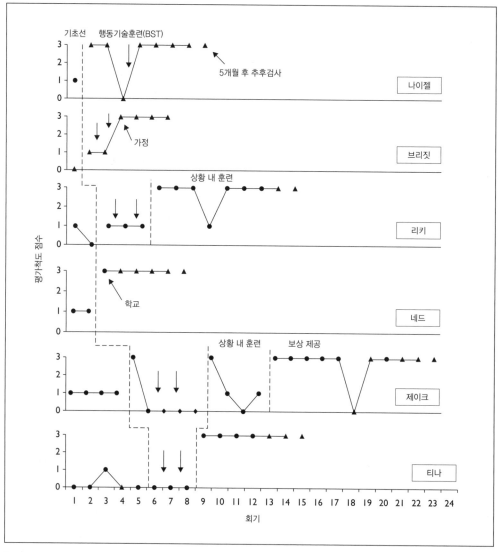

┃ 그림 15.1 ┃ 6명의 대상자간 중다기초선설계를 적용한 그래프로, 대상자의 행동을 녹화한 자료에서 도출된 평가척도 점수가 제시되어 있다. 첫 번째 중재인 행동기술훈련(behavioral skills training, BST)은 대상자 3명(나이젤, 브리짓, 네드)에게 효과적이었다. 두 번째 중재인 상황에서의 훈련(In Situ Training)은 첫 번째 중재에 반응하지 않았던 3명 중에서 2명(리키, 티나)에게 효과적이었다. 마지막으로, 보상 중재가 추가되었고 이 중재는 이전의 중재에 대해 반응하지 않았던 대상자(제이크)의 행동 변화에 효과적이었다. 모든 대상자가 5개월 이후에 가정에서 이루어진 유지검사에서 행동 변화의 유지를 보였다. (출처 : Mitenberger et al., 2004)

번째 중재에도 반응을 보이지 않은 제이크의 행동을 변화시키기 위해 세 번째 중재가 적용되었다. 세 번째 중재에서 제이크는 바람직한 행동을 시연한 것에 대해 보상을 받았다. 제이크는 적절한 행동에 참여하는 기준에 도달하였다. 5개월 후에 이루어진 추후검사에서 대상자들은 적절한 행동이 가정에서 유지된 것으로 나타났다.

이러한 입증은 여러모로 단일대상설계의 매우 특별한 강점을 나타낸다. 중재가 시행되고 평가되었다. 결정은 자료에 근거하여 이루어졌다. 바람직한 성과를 이루기 위해 새로운 중재가 추가되었다. 집단연구에서의 사전 검사와 사후 검사 자료는 첫 번째 중재(행동기술 프로그램)가 작용하였다는 것(중재가 적용되지 않은 통제 조건과의 비교를 통해 통계적으로 유의한 차이를 확인)을 보여줄 수 있을 것이다. 그러나 대상자의 유의한 비율이 바람직한 성과에서 변화를 보이지 않았을 수도 있음을 우리는 알고 있다.

앞서 언급된 내용 외에도, 단일대상설계에서는 중재의 점진적 또는 소규모 시행이 가능하다. 하나 또는 소수의 사례를 가지고, 연구자는 중재를 시행하고 이 중재가 효과적인지를 예비연구의 방식으로 살펴볼 수 있다. 연구자는 전체 학급, 학교, 또는 다른 대규모 상황에 중재를 적용하기 전에 필요한 경우 소규모 상황에서 중재를 적용해보고 중재를 수정 및 보완할 수 있다. 그렇지 않으면, 중재가 완벽하게 변화될 수 있을까? 강력한 중재 효과가 하나 또는 소수의 대상자들에 대한 소규모 적용에서 나타나면, 이는 중재 효과가 모든 대상자 또는 기초선으로 확대될 수 있음을 반드시 의미하는 것은 아니다. 그러나 한두 명의 개인에 대해 한 단계 간에(ABAB에서) 또는 하나의 기초선 간에(대상자간, 상황간, 행동간 중다기초선설계에서) 핵심은 소규모로 우선 시작하는 것이 연구자에게 도움이 된다는 점이다. 이를 통해 연구자는 처치의 영향을 미리 볼 수 있고 중재 실행을 완전히 익힐 수 있으며 중재 효과와 관련이 있는 일부 실제적인 쟁점을 숙달할 수 있다.

일반성 검사 : 중재의 확장

내가 앞 장에서 언급한 조절변수(moderator)는 중재의 효과성에 영향을 미치는 변인이다(역주 : 조절변수는 독립변수인 중재가 종속변수에 미치는 효과를 독립변수와 종속변수 중간에서 조절하는 변수로, 조절변수에 의해 중재의 효과가 달라질 수 있다). 조절변수는 사실상 중재 효과의 방향(예 : 일부 대상자는 더 좋아지거나 나빠진다) 또는 그 방향의 규모(예 : 일부 대상자는 약간 좋아지고, 다른 대상자는 매우 많이 좋아진다)에 영향을 미칠 수 있다. 비교연구에서는 하위 집단(예 : 민족별, 성별, 특성의 정도별, 특성의 지속기간별)이 자료 분석에서 판별될 수 있으며 하위 집단별로 다르게 반응하는지를 분석할 수 있기 때문에 조절변수에 대한 평가가 잘 이루어질 수 있다. 조절변수는 연구결과의 일반성에 영향을 미치는 변수로도 언급된다 ― 연구결과가 모든 대상, 조건, 맥락, 상황으로 일반화되는가? 단일대상설계에서도 일반성을 연구하는 중요한 방식이 있다.

첫째로, 집단으로부터의 연구결과를 개인에게로 일반화하는 데는 항상 문제가 있을 수 있다. 예를 들면 집단연구는 개인의 수행보다는 집단 평균에 주안점을 두고 있다. 우리는 처치가 전반적으로 효과적이었음을 알 수는 있다. 하지만 과연 그 연구결과가 어떤 특정한 개인에게도 해당되거나 일반화될 수 있는가? 예를 들면 특수교육 분야에서 개발된 증거 기반(evidence-based)의 중재가 특정 집단에 효과적일 수 있다. 매우 다른 맥락에 있는 아동에게 도움을 주고자 하는 데 관심이 있다. 중재가 얼마나 잘 개발되었는지 상관없이, 이 중재가 특정 개인에게 작용할 것임을 결코 보장할 수는 없다. 지속적 평가와 단일대상 실험 또는 준실험 설계의 사용을 통해, 중재를 개인에게 적용하여 집단으로부터 도출된 연구결과를 개인으로 일반화할 수 있는지에 대한 일반성을 검증하는 평가가 이루어질 수 있다.

둘째로, 연구결과가 집단연구 또는 단일대상설계를 통해서 도출되었든지, 연구결과는 특정 집단(예 : 특정 연령, 특정 민족)에 제한될 수밖에 없다. 연구자가 다른 집단을 포함한 대규모의 연구를 할 수도 있으나, 이는 사실상 실행이 매우 어렵다. 예를 들면 증거 기반의 심리치료가 미국에서 다양한 민족 집단을 대상으로는 거의 평가되지 않았다.[3] 각각의 민족 집단을 포함하고 광범위한 임상 문제에 대한 이용 가능한 처치를 평가하기 위해 필요한 집단연구를 시행하는 것은 불가능하다(Kazdin, 2008a). 대안적으로, 연구자는 선행연구에서 입증된 집단에 포함되지 않은 다른 새로운 집단을 대상으로 집단설계 또는 단일대상설계로 중재를 적용하여 중재 효과가 유사한지를 알아볼 수 있다. 단일대상설계는 연구결과의 일반성 검증을 위해 소규모의 확장만으로 이러한 목적을 이룰 수 있는 실행 가능한 수단 중 하나가 될 수 있다. 조사(프로브)(probes)로서 일반성 검증을 위해 단일대상설계를 사용한다면, 연구 내에서 일반성 검증을 위한 평가가 이루어져야 한다. 우리는 연구로부터 도출된 결과가 다른 집단으로 어떻게 확장되는지에 대해 알기를 원한다.

셋째로, 조건 간에 일반성이 매우 중요하다. 개인 또는 집단 어떠한 것에 주안점이 있든지 상관없이, 우리는 어떤 상황(예 : 가정 상황, 군대 상황)에서 이루어진 변화가 다른 상황(예 : 학교, 음악 수업, 전쟁터)으로 확장되는지를 알고자 한다. 그와 같은 연구문제에 대해 평가의 부

---

3) 북아메리카(캐나다, 멕시코, 미국)에 수백의 민족 및 문화 집단이 있으며 지구 전체에는 이보다 더 많은 수백의 다양한 집단이 있다(www.infoplease.com/ipa/A0855617.html).

분으로서 조사(프로브)를 사용하는 것이 단일대상설계의 또 다른 장점 중 하나다. 조사(프로브), 또는 가끔의 간헐적 평가는 지속적으로 자료를 보완할 수 있고, 변화가 다른 상황 및 맥락으로 확장되는지 또는 어떤 다른 중재가 다른 상황에서 필요할 수 있는지에 관한 정보를 제공할 수 있다.

앞 장에서 언급한 바와 같이, 단일대상연구에서 조절변수의 효과를 분석하기는 어렵다. 그러나 다른 대상 및 조건으로 중재를 확장하여 중재의 효과가 분명하게 지속되는지를 평가하는 것은 단일대상설계를 통해 쉽게 시행할 수 있다. 실제로, 대상(예 : 1명 또는 소수의 개인) 간에 중재의 점진적 확장을 진행하기에 매우 용이한 방식이다. 단일대상설계를 통한 일반성 검증은 집단연구에서 이루어질 수 있는 다른 검증에 대한 대체라거나 보다 더 좋다는 것은 아니다. 대신에, 단일대상설계가 일반성을 평가할 수 있는 선택기회를 제공하고 맥락의 범위를 넓혀 준다는 것이다.

개인에 대한 관심

앞서 언급된 특별한 강점은 우리가 알 수 있는 것(예 : 프로그램의 효과)과 우리가 일반성을 검증할 수 있는 방법에 관한 방법론적이고 실질적인 쟁점을 다루는 것이었다. 나는 특별한 강점을 하나 더 추가하고자 한다. 이는 단일대상설계는 우리의 일상생활의 우선순위, 다른 사람에 대한 관심, 공감을 포함한다는 점이다. 단일대상설계가 집단(예 : 교실 또는 학교에서, 큰 지역사회)을 어떻게 평가하는지에 관해 앞서 언급했다. 그러나 여기서 우리는 다시 개인에게 초점을 돌려보고자 한다. 단일대상설계의 독특한 강점은 특정한 대상에 대한 중재의 영향과 그로 인한 변화를 평가하는 방식을 제공한다는 점이다. 많은 사람들이 삶 가운데 경험하고 있거나 경험하게 될 매우 중요한 것들에 관한 것이다. 우리의 일상생활을 이끄는 많은 문제들과 관련하여, 우리는 개인에 관한 것에 많은 관심을 가지고 있다. 집단 자료에 관해 우리가 개인적이며 지적으로 질문해보는 것에 관심을 가질 수 있다. 예를 들면 우리가 새로운 처치에 관해 소식을 들었을 때 다음과 같은 질문을 해볼 수 있다—그것이 효과가 있을까?, 처치를 통한 변화가 실제 변화와 연계될까? 또는 하나는 숭재 '선'과 '후'로 표시되는 두 모델을 보여주면 '임상실험에서 입증되었다'(무선할당 비교군 연구를 의미하는 것이 아님)고 말하는 유인상술의 TV 광고 중 하나일까?

개인에 관한 주안점을 강조하는 데 도움이 되는 집단연구 방법을 통해 임상 실무(예 : 심리학, 의학)에서 많은 발전이 분명히 이루어졌다. 우리의 일상생활에서 주된 관심은 집단 자료에 관한 것이 아니라 우리 자신, 우리가 사랑하는 사람, 친구들과 같은 개인에 관한 일들이다.

예를 들면 나는 정기 신체검사를 받는다. 이는 쉽게 방법론적 소동으로 이어진다. (나는 강한 약을 먹고 진정하는 데 도움이 되는 대기실에서 개인 트레이너와 함께 있다.) 내 주치의는 예약시간이 조금 지나서 방으로 들어온다. 우리는 다음과 같은 대화를 주고 받는다.

> 주치의 : 당신은 … (여기에 독자가 선호하는 심각한 장애명을 넣어본다. 내 주치의는 암, 심장질환, 당뇨병과 같은 몇 가지를 바꾸어 말한다)을 가지고 있지 않다고 확신하기 위해서는 아마도 약 5년간 의료검진을 받아야 합니다.
>
> 나 : 그 말은 심각하다는 뜻이군요. 내가 지금 검사를 받아야 한다는 말이군요.
>
> 주치의 : 당신이 가진 문제의 비율이 지금은 연령에 비해 매우 낮고 몇 년 동안은 대부분의 사람들에게서 나타나지 않기 때문에 자료상(주치의가 의미하는 것은 집단 자료)으로 당신은 의료검진이 필요하지 않다고 보입니다.
>
> 나 : 일반적으로 말하면, 내가 질병의 초기 상태에 있는 집단 사례 중 하나일 수 있다는 말인가요?
>
> 주치의 : 네, 물론입니다. 그러나 가능성은 별로 없습니다.
>
> 나 : 나는 검사를 받았으면 합니다. 대집단에서 나타난 것이 나에게 나타나지 않을 수도 있으니까요. 또한, 검사가 아프지 않고(나는 의료겁쟁이다) 검사를 통한 정보는 나의 개인적인 우선순위 중 하나(살아 있는 것)를 도울 수 있을 겁니다.
>
> 주치의 : 음~, 당신은 검사를 받지 않아도 괜찮을 것입니다. 그러나 앞으로 3~4년이 매우 중요합니다. 제가 다음 진료 예약이 있습니다. 별일 없으시면, 다음번 검진때 이에 대해 계속해서 이야기를 나누어보지요.

매우 관련이 있는 예는 아니지만, 눈치 빠른 독자라면 내가 집단 자료에 이의를 제기하고 싶은 것을 자제했음을 알아차렸을 것이다. 내가 갖고 있는 방법론적 전문 소견에 따라 말했다면, 아마도 다음과 같았을 것이다 ―"연구결과가 반복검증되었는지, 어떤 민족 및 문화 집단이 포함되었는지, 어떤 조절변수가 있었는지, 연구결과가 통계검정에 근거한 것인지, 실패율, 즉 나와 비슷한 연령대 사람들 중에서 문제를 발견해내지 못하여 죽은 사람들의 비율은 정확히 어떻게 되는지" 등. (나는 중다 질문의 간섭을 줄이고자 순서를 다양하게 한다. 다른 질문들과 다양하게 결합하여 이러한 각각의 질문을 적어도 두 번 이상 묻는다.)

핵심으로 돌아가면, 나(바라기는 독자)는 집단 자료를 존중한다. 나의 가장 친한 친구는 심지어 그러한 자료를 수집한다. 그러나 이러한 자료는 내가 연구에서의 사례 중 하나이며 초기 의료검사를 받아서 이득을 본 사람이 될 수 있는지에 관해 나에게 말해주지는 않는다. 단일대상설계가 나의 문제를 해결할 수는 없다. 그리고 내 주치의는 집단연구에 대해 매우 잘 훈련된 사람이다. 그러나 내 이야기에서 전달하고자 하는 핵심이 있다. 중요한 질문(삶과 죽음에 대한 질문), 항상 그렇지는 않지만 자주 개인에 관한 것이다. 이러한 핵심을 전달하는 보다 더 나은 예를 살펴보자.

전이성 암의 예후는 좋지 않다. 당연히 그러한 암을 가진 사람들은 우울증, 스트레스, 불안 등 삶의 질과 만족을 떨어뜨리는 관련 문제들을 경험하다가 결국에는 암 처치를 수용한다. 우울을 관리하는 데 도움이 되고 고통을 덜어줄 수 있는 중재가 주목할 만할 것이다. 이 예에서는 적어도 한 군데(예 : 간, 뼈, 폐, 뇌) 이상으로 전이된 유방암 여성 환자들(42~66세)을 대상으로 인지행동치료가 제공되었다(Levesque et al., 2004). 중재 목표는 우울증을 줄이고 부정적 사고(예 : 죽음에 관한 생각) 또는 너무 긍정적인 사고(예 : 치료되기를 믿는 것)가 아닌 자신의 상황에 대한 낙관적인 그러나 실제적인 태도를 개발하는 것이었다. 8명의 대상자들은 매주 중재회기에 참여하였고 세 번의 추후 모임을 가졌다. 우울증, 자살성향, 불안, 삶의 질을 평가하는 많은 측정이 이루어졌다. 여기에서는 우울증에 대한 두 가지 측정 결과만을 제시하고자 한다. 먼저 대략 2시간 정도의 면담을 통해 임상가에 의해 이루어진 우울증 측정(해밀턴 우울증 평가척도에 대한 구조화된 면담 지침서 활용)에 대한 집단 자료가 그림 15.2에 제시되어 있다. 임상자는 연구의 절차 및 목적에 대해 알지 못했다. 임상가의 편견 없는 평가를 위해 블라인드 검사를 시행한 것이다. 그래프에 제시된 각각의 막대는 처치 전, 중, 후, 또한 2회의 사후 검사에서 사례들의 평균을 나타낸다. 집단 자료는 처치 단계 전반에 걸쳐서 임상가에 의해 이루어진 우울증에 대한 평가 측정에서 변화가 있었음을 보여준다.

내가 환자 중 한 사람 또는 환자의 친척이었다면, 집단 자료에는 거의 관심이 없었을 것이다. 우리는 개인에 대한 중재 효과를 알기 원한다. 질직 임싱 보호(Quality clinical care)는 개인에 대한 중재 효과에 의존한다. 우울증의 또 다른 표준화된 측정(병원 불안 및 우울 척도)에 대한 개별 자료가 그림 15.3에 제시되어 있다. 이 척도는 신체적 질병(예 : 신체적 질병의 지속으로 인해 혼란이 유발될 수 있는 신체 관련 항목은 제외됨)을 가진 환자들의 우울증을 평가하기 위해 특별히 고안된 것이다. 그림 15.3은 처치가 완료된 4명의 대상자들의 자료를 보여준다(대상자 3의 경우 의학적 합병증으로 인해 대상에서 제외되었다). 중다기초선설계가 적용되었다.

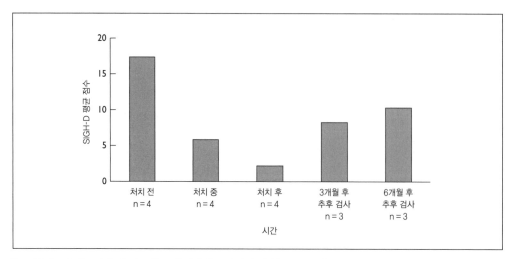

┃ 그림 15.2 ┃ 처지 전, 중, 후, 2회의 추후검사에서 면담(해밀턴 우울증 평가척도에 대한 구조화된 면담 지침서, The Structured Interview Guide for the Hamilton Depression Rating Scale, SIGH-D)을 통해 측정된 집단(사례 수는 4명임. 처치를 완료한 사례 수)의 평균 우울 점수이다. 추후검사 결과가 처치 기간 동안(처치 중과 후) 검사결과보다 높게 나타났으나 기초선 기간보다는 낮게 나타났다. (출처 : Levesque et al., 2004)

초점은 시각적 분석을 위한 기준이 아니다. 우리는 개별 대상자의 자료가 중재의 효과와 중재 후에도 중재 효과가 유지된 추후검사 결과를 보여줌을 알 수 있다. 중재 후에, 일부 대상자의 우울증이 측정 가능한 가장 낮은 점수로까지 감소하였다. 이러한 개별 자료는 중재에 반응을 하지 않아서 이후에 보다 더 관심을 필요로 하는 대상자를 파악하는 기초 자료로서 중요하다.

개인에 대한 중재 효과에 관한 체계적인 정보를 제공하기 위해서는 단일대상 방법, 실험, 준실험이 매우 많이 필요하다. 임상적 판단은 도움이 되는 데 필요한 자료를 제공하는 과제에 달려 있지 않다. 중재를 판별하고 평가하는 것을 중요시하는 집단연구 단독으로는 다음과 같은 것을 제공하지 않는다 — (1) 지속적인 방식으로 개인을 평가하는 데 도움이 되고, (2) 중재의 효과를 도표로 나타내며, (3) 우리가 하고 있는 것을 지속해야 하는지 아니면 다른 것을 시도해야 하는지를 판단하는 데 도움이 되는 적절한 도구 제공. 단일대상연구 설계는 이러한 것을 제공할 수 있는 강점을 가지고 있다.

이해를 위한 필수적인 다양한 접근

단일대상설계와 그 기여는 두 가지 광범위한 맥락에 그 설계가 놓일 때 보다 더 잘 나타날 수 있다. 하나는 사회적 연구 분석의 다양한 수준이고 다른 하나는 집단연구와 질적연구를 포함

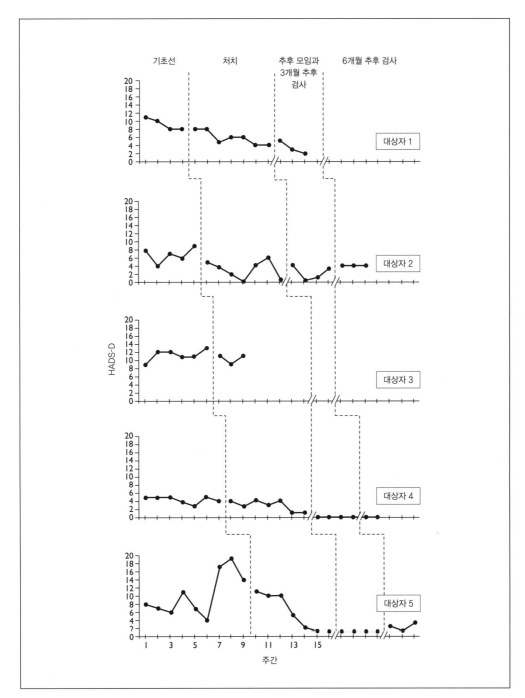

▌ 그림 15.3 ▌ 우울증에 대해 환자가 작성한 평가척도[병원 불안 및 우울 척도 중에서 우울 항목에 대한 측정 (Hospital Anxiety and Depression Scale, HADS-D)]에서의 주간 점수이다. 처치 단계에서는 인지행동치료가 적용되었다. 중재 종료 3개월 후에 추후 회기가 제공되었고 추후검사에서는 중재가 제공되지 않았다. (대상자 3의 경우에는 의료합병증으로 인해 대상에서 제외되었다.) (출처 : Levesque et al., 2004)

하는 다양한 방법론이다.

분석의 수준

분석의 수준은 조사의 규모라 할 수 있다. 예를 들면 학습연구에서, 연구자는 두뇌에서의 개인의 신경세포 또는 분자의 변화에 주안점을 둘 수 있다. 이와는 반대되는 다른 극단에서, 연구자는 대상자가 읽은 자료에 대한 기억 질문을 통해 학습 관련 연구를 수행할 수 있다. 이 두 가지 분석의 수준은 모두 학습에 초점을 두고 있지만, 절차의 초점이 상당히 다르다.

연구자는 수준의 개념을 확대하여 다른 방법론에 대한 요구와 역할을 알 수 있다. 인간과 동물의 기능 수행에 대한 연구와 관련하여, 많은 질문들이 개별 대상자 또는 개별 사례의 수준에 대한 관심에 있다. 단일대상설계는 1명 이상의 개인에게서 변화가 나타나는지 또한 어떤 것이 효과적인지에 관한 질문에 답을 할 수 있다. 이는 매우 중요하다! 예를 들면 심리치료 맥락에서 여러 증거 기반 처치가 밝혀지고 있다. 이는 실험연구를 통해 강하게 지지된 심리사회적 중재들이다. 불안에 대한 노출치료, 우울에 대한 인지치료, 아동의 행동 문제에 대한 부모 관리훈련이 대표적인 세 가지 예이다(Nathan & Gorman, 2007; Weisz & Kazdin, 2010 참조). 개별 환자에 대한 임상 실제에서 증거 기반의 처치가 사용되고 있다고 가정해보자. 처치가 특정 환자에게 도움이 될 것인가? 효과적인 중재가 의학에서든 심리학에서든 항상 작용을 하는 것은 아니기 때문에 우리는 실제로 처치가 특정 환자에게 도움이 될지를 알 수가 없다. 우리는 치료사에게 처치가 작용을 할지에 대한 치료사의 견해를 물어볼 수 있을까? 우리는 그럴 수 있다. 하지만 연구는 우리가 얻고자 하는 정보의 신뢰(믿을 수 있는지)에 관한 것은 아니다. 인지적 처리 과정과 지각이 우리로 하여금 자주 잘못된 판단을 하게 한다. 사실상, 치료사가 환자에 대한 자신의 처치의 영향을 평가하는 데 부정확한 경우가 종종 있다(Love, Koob, & Hill, 2007). 개별 대상자에게서 변화가 나타났는지를 평가할 수 있는 방법을 알고 있는 것이 도움이 될 것이다. 그러면 임상보호의 질이 크게 향상될 수 있다(Borckardt et al., 2008; Kazdin, 2008b). 단일대상 실험 및 준실험은 그러한 방법론을 제공하며 서비스 전달에 대단한 기여를 할 수 있다. 단일대상설계의 기여는 개별 클라이언트에 대한 중재의 효과를 평가하는 수단을 제공한다는 점이다.

둘째로, 우리가 관심을 가지고 있는 많은 연구들의 질문은 집단의 수준에 대한 것일 수 있다. 실제로도 그러하다. 집단연구에서, 한 집단이 다른 집단과 비교된다. 집단연구의 기여는 다른 변수(예 : 처치를 조절하는 대상자의 특징)의 별개 효과와 결합 효과를 조사하는 것이다. 대규모의 표본과 하위 집단의 묘사(범주적 변수로서) 또는 일부 특성의 범위(차원적 변수로서)

가 집단연구에서 요구되는 것이다. 또한 중재의 평가(예 : 매개전략, 분해전략, 성과비교전략)는 중다처치 간섭 없이 처치변수들을 검증할 수 있기 때문에 집단연구에 잘 맞는다.

중재연구의 한 부분이 아니면서 우리가 가지고 있는 질문들도 집단 수준의 초점을 요구할 수 있다. 예를 들면 우리는 우리가 중재를 하지 않을 때 발생하는 문제, 성공, 성과에 기여하는 요인에 관해 알기를 원한다. 신체 및 성적 학대를 받은 아동들 또는 정신 및 신체 문제를 경험한 아동들 중에서 문제가 없는 것으로 나타난 아동들의 특성은 무엇인가? 청소년이 매우 위험한 행동(예 : 음주운전, 무방비한 성관계, 흡연)에 참여할 가능성을 감소시키기 위해 초기 아동기에 시행할 수 있는 것은 무엇인가? 신체건강(예 : 감기의 시작, 건강 문제로 출근하지 못한 일수)과 정신건강(예 : 스트레스, 적응)의 관계는 어떠한가? 이러한 질문들은 집단연구를 필요로 한다. 또한 우리는 변인 간의 관계(예 : 상관관계)의 강점을 평가하기 원한다. 이 또한 집단연구를 필요로 한다.

셋째로, 우리가 관심을 가지고 있는 많은 질문들은 개인들의 집단인 연구 대상 그 이상이며 실제로 연구들의 무리(집단)와 관련이 있다. 예를 들면 교육, 심리학, 의학 분야에서 중재 효과에 관한 질문들은 많은 다른 집단연구들을 조사하고 결합하여 통상적으로 다루어진다. 메타분석(meta-analysis)[4]은 개별 연구들을 종합하여 분석하고 특징짓고 결합하는 단위로서 개별 연구(연구 대상자 대신)에 의지하고 이러한 분석문헌(선행연구)들에 근거하여 결론을 도출하는 연구의 접근이다. 이러한 질문들은 새로운 결론을 이끌 수 있는지를 알아보기 위해 선행연구들을 분석하는 것에 초점을 둔다. 개별 연구에서는 다루어지지 않았거나 다루어질 수 없는 질문들이 메타분석에 포함된다.

앞서 언급된 연구를 위한 분석의 각각의 수준들은 중요한 쟁점에 주안점을 둔다. 분석의 다른 수준들은 제외하고 한 수준만을 지지하여 설득력 있게 주장하기는 어렵다. 그렇게 하는 것은 의미가 없다. 이용 가능한 광범위한 도구를 사용하면 본질의 비밀을 알아내고 중요한 문제를 다루는 전략을 개발하는 데 이익이 될 수 있을 것이다. 분석의 다른 수준과 연계된 평가, 실험설계, 또한 자료 분석 전략이 우리의 범위를 확장시킨다.

다양한 방법론

단일대상연구 설계의 기여를 이해하는 또 다른 방식은 세 가지 연구 전통을 언급하는 것이다.

---

4) 메타분석을 잘 모르는 독자라면, 많은 관련 우수한 자료들이 이용 가능하기에 이를 찾아보면 도움이 될 것이다(Cooper, Hedges, & Valentine, 2009; Hunter & Schmidt, 2004).

첫째로, 가장 익숙한 것은 집단연구이다. 이는 사회과학과 생물과학 분야에서 학생과 연구자들이 주로 훈련을 받는 연구이다. 집단연구는 집단, 영가설검증, 통계적 검증을 포함하며 **양적연구**(quantitative research)라고도 한다. 둘째로, 이 책의 말미에서 굳이 추가로 상세히 말할 필요가 없는 **단일대상연구**(single-case research)이다. 이러한 유형의 연구에서는 집단이 필수적이지 않고, 동일한 방식으로 영가설을 검증하지 않으며 통계적 검증이 요구되지 않는다. 또한 이는 사회과학 또는 생물과학 분야의 훈련 과정에 거의 포함이 되지 않으며 양적 연구의 전통에서는 벗어난다.

셋째로, 집단연구 또는 단일대상연구보다 훨씬 더 집약적으로 개인과 인간의 경험을 연구하는 체계적이고 반복 가능하며 엄격한 방식을 구성하는 **질적연구**(qualitative research)이다. 방법론 면에서 질적연구는 소수의 대상자들을 주로 다루며, 긴 서술식 묘사와 더불어 대상자들의 경험을 매우 상세하게 평가하고, 내용을 평가하기 위해 특별한 소프트웨어와 통계적 기법을 사용하거나 사용하지 않을 수도 있다.[5] 질적 방법은 이 장에서 언급하는 범위를 넘어서는 것으로, 현상을 연구하는 또 다른 방법론적 접근이다. 질적 방법은 현상을 인간 경험의 많은 측면을 나타내는 방식으로 살펴본다. 집단비교의 양적연구는 이러한 방식을 피하도록 부분적으로 고안되었다. 질적 방법에는 심도 있는 평가, 주관적 관점, 개인이 자신의 상황 및 맥락에서 어떻게 표현(지각하고 느끼는 것)하고 반응하는지에 관한 것 등이 포함된다. 예를 들면 질적연구는 처치를 받은 사람들의 경험을 살펴볼 수 있고 처치를 받은 사람들과 파트너의 삶에서 영향을 받은 주제와 관련된 방식을 살펴볼 수 있다. 독자가 잘 알고 있는 바와 같이, 질적연구 방법은 사회과학 분야에서 연구 방법 훈련 시 거의 다루어지지 않고 있다.

사회과학 분야에서 압도적인 연구는 주로 양적연구인 집단연구이다. 중재(처치, 예방, 서비스)연구일 경우, 무선할당 비교군 연구(randomized controlled trial, RCT)가 양적연구의 전형으로 여겨지고 있다. 전형적으로, RCT에는 사전-사후 검사, 다양한 측정, 처치 시행에 대한 엄격한 통제, 또한 실제로 존재하는 효과의 판별 가능성을 극대화할 수 있도록 유지하거나 통제하는 것이 포함된다(Kazdin, 2003). 어린이를 양육하는 것과 같이, 양적연구와 RCT는 의학, 교육학, 상담학, 심리학, 재활 등 많은 분야에서 엄청난 성과를 이끌어냈다. 교육학과 심리치료 분야에서 증거 기반 중재의 발전은 이러한 연구 방법을 통해 이루어진 대표적인 예이다.

양적연구가 지배적이고 양적연구에 대한 독점적인 의존은 우리의 지식을 제한한다. 한 연

---

5) '질적(qualitative)'이라는 용어가 비체계적인 사례 또는 일화를 의미하는 것으로 때때로 잘못 사용된다는 점을 짚고 넘어가는 것이 중요하다. 질적 방법은 과학의 필요한 것을 충족시킨다. 질적 방법은 체계적이고 반복 가능하며 누적된다(Berg, 2001; Denzin & Lincoln, 2005 참조).

구로부터의 관점과 성과는 우리가 사용하는 방법에 의해 매우 많은 영향을 받는다. (1) 분석의 수준(개인, 집단, 문헌), (2) 사용되는 측정의 유형, (3) 측정이 이루어지는(예 : 사전과 사후에 자기보고, 지속적으로 평가되는 행동 측정, 면밀한 서술) 경우의 수, (4) 다른 방법론에 핵심적이거나 상관이 있는 특징들이, 현상의 다른 측면들을 나타낸다. 하나의 방법론이 다른 것보다 더 나은 방법론이라 여기지 않고 다양한 방법론을 수용하는 관점이 중요하다. 예를 들면 통계적 유의성 검증이 시각적 분석보다 더 낫다는 주장을 하는 것은 어렵다. 자료를 평가하는데 이러한 두 가지 수단 모두 주관적이고 다소 임의적인 것으로 단지 방식이 다를 뿐이다. 두가지 방법 모두 신중히 다루어져야 하며 어느 하나가 신봉되어서는 안 된다(부록 참조). 또한 연구자가 기준이 충족되기를 바란 두 가지 방법 모두에서 기준이 부합되지 않을 경우 연구자가 당혹해할 수 있는 해학적 특징을 두 가지 방법 모두 가지고 있다. 차이가 있는지 또는 중재가 효과적이었는지를 결정하기 위해 통계적 검증이 사용되는 양적연구에서 익숙한 예를 찾아볼 수 있다. 많은 논문에서, "연구결과는 통계적 유의성에 근접하였다고 하거나, 거의 통계적으로 유의하다고 하거나, 유의성에 대한 경향이 있다"는 것과 같은 언급을 쉽게 찾아볼 수 있다. 이러한 용어는 양적연구 내에서 영가설을 검증하고 통계적 유의성을 적용하는 규칙에서 적절한 용어가 아니다.

과학의 다른 분야들을 살펴보면, 현상을 조사할 때 다양한 방식을 적용하는 것의 중요성이 강조되고 있음을 알 수 있다. 일례로, 대부분의 독자들은 허블 우주 망원경(Hubble Space Telescope)을 알고 있을 것이다. 이 망원경은 우주에 관한 놀랄 만한 엄청난 정보를 제공한다. 허블 망원경은 지구 궤도를 돌면서 다른 빛(가시광선, 적외선, 감마선, 엑스선)으로 우주를 보는 4개의 관측 망원경 중 하나이다(www.stsci.edu/science/goods). 각각의 빛은 독특한 정보와 다른 선에 의해 제공되는 정보에 대한 보완적인 정보를 산출한다. 우주에서 동일한 사물 또는 지점을 관측하더라도 무엇을 평가하는지가 다르기 때문에 전적으로 다른 그림을 산출한다. 연구 방법론 또한 정보 산출에 영향을 미칠 수 있다. 렌즈에 보여지는 것을 통해 방법론이라는 렌즈의 기능으로서 현상은 다양할 수 있다. 예를 들면 우리는 집단비교의 양적연구를 통한 특정 현상에 대한 결과가 설계 유형(예 : 횡단연구 대 종단연구, 대상자간 연구 대 대상자내 연구)의 기능으로서 다양할 수 있음을 알고 있다(예 : Chassin et al., 1986; Grice & Hunter, 1964). 연구 결과들은 모두 실제적이고 진실하다. 단지 주제에 대한 다른 측면을 전달하는 것이다. 우주에 대한 우리의 견해는 우리가 우주를 볼 수 있는 방식을 확장함으로 인해 엄청나게 성장하고 있다. 양적연구, 단일대상연구, 질적연구를 인정하고 사용하는 방법론적 통합 및 확장이 동일한 이익을 가져올 것이다.

마무리 의견

독자가 연구자라면, 독자가 받은 훈련(물론 나도 주로 양적연구에 관한 훈련을 받았었다)과 대립되는 단일대상설계의 몇 가지 특징이 이 책에 기술되어 있음을 알 것이다. 나는 단일대상 연구 방법의 평가를 보다 더 일반적으로 이룰 수 있는 연구 수행의 시도를 강조하였다. 우리 는 대충 하는 관찰보다 더 현상을 명확히 이해하고 추론을 이끌기 위해 연구를 하고 있다. 명 확한 결론을 도출할 때 나타나는 문제들은 편견과 가상실제(artifact)의 다양한 근거로서 글이 나 문서로 나타난다. 이 책의 초반부에서 강조된 타당도를 위협하는 것은 결론 도출의 잘못을 이끌 수 있는 편견과 가상실제의 주된 근거를 나타낸다. 연구의 목적은 애매성의 모든 근거를 방지하고 타당한(명확한, 검증 가능한, 반복 가능한) 추론을 가능하게 할 프로젝트를 고안하 는 것이다.

집단연구 설계, 단일대상설계, 질적연구 설계 모두 편견과 가상실제의 다양한 근거를 배제 할 수 있다. 가장 엄격한 형식으로, 세 가지 모든 설계는 인과 관계를 입증할 수 있다. 안타깝 게도 연구 설계에 대한 우리의 훈련이 일반적으로 제한되어 있기에, 우리는 각각의 설계로부 터 손쉽게 이끌어낼 수 없다. 단일대상설계의 사례에서 안타까운 결과 중 하나는 좀처럼 평가 되지 않는 선의의 중재에서 우리가 살고 있다는 것이다. 이러한 맥락에서 단일대상설계가 사 용되더라도, 보다 많은 프로그램에 대해서 단일대상설계를 통해 우리가 하고 있는 것이 도움 이 되고 있는지 여부를 조사할 수 있을 것이다. 그러나 단일대상설계는 프로그램 평가가 전부 가 아니다. 이 설계를 통해 기초든 응용이든 과학에 관심이 있는 연구자들은 자신이 쌓아 온 연구 자료를 크게 확장시킬 수 있다.

자신의 과제에서 단일대상설계를 고려해보라. 매우 효과적일 것이라고 여기는 중재에 대해 단일대상설계를 적용해보라. 자료가 지속적 측정의 근거를 제공한다는 피드백이 중재를 평가 하는 훌륭한 방식일 뿐만 아니라 중재가 시행되고 있는 중에 바람직한 효과가 나타났는지 또 한 중재가 변화될 수 있는지에 관한 의사결정을 하는 매우 좋은 방식이다. 이 책의 목적은 단 일대상연구에 관해 자세히 설명하고 그 설계의 선택, 유용성 및 제한점을 기술하는 것이다. 사용하고 있는 다른 설계와 평가 방법을 보완해주는 단일대상연구를 탐구해보기 바란다.

단일대상설계를 위한 통계적 분석 : 쟁점 및 해설

자료의 평가는 변화가 믿을 만한 것인지 그리고 자료의 우연한 변동 때문일 가능성은 없는지에 대한 추론을 끌어내는 데 초점을 맞춘다. 실험적 설계는 많은 부분 중재가 변화의 원인으로 규명될 수 있는지를 결정하지만, 자료 평가 방법은 변화 자체에 대한 결정을 내린다는 부담을 처리한다. 제12장에서 논의되었던 것처럼 시각적 검사는 단일대상설계의 자료 평가에 있어 지배적인 방법이었고, 지금도 그렇다. 정말로, 시각적 검사에의 의존은 1978년부터 2003년까지의 연구들 중 대략 90%의 특징이 된 것으로 추정되고 있고, 시간이 흐르면서 뚜렷한 변화가 없었다(Parker & Hagan-Burke, 2007b 참조). 이는 동일한 기간 동안 통계적 검정의 활용에 대한 관심이 증가해 왔고 검정 자체에 진전이 있었다는 것이다.

이 부록에는 네 가지 목적이 있다. 첫째, 단일대상 자료에서 통계적 검정을 수행하기 위한 맥락이 논의될 것이다. 이 맥락에는 시각적 검사에 대한 우려가 포함되지만 우려에만 머물러 있지는 않을 것이다. 시각적 검사에 대한 연구와 시각적 검사가 적용되는 방법, 그리고 단일대상연구를 위한 새로운 통계적 분석에 대한 상술 등이 지난 몇십 년 동안 연구에서 병행하는 방향이다. 각각의 것들이 단일대상연구에서의 자료 평가에 대해 불러일으키는 중심적인 쟁점들과 딜레마로 인해, 그러한 방향들 각각을 강조하는 것은 중요한 일이다.

둘째, 이 부록은 통계적 평가의 활용을 좌우하는 단일대상 자료들에 대해 특별한 것이 무엇인지 분명하게 하고, 뿐만 아니라 통계적 평가에 도전을 제공할 것이다. 자료의 특성들과 단일대상 자료 평가를 위한 특정 통계적 검정들에는 놀랄 만한 것들이 포함되어 있다. 단일대상 연구에 활용된 통계적 검정들은 대학원 수준에서 그리고 집단간 연구 전통에서 교수된 보통의 검정들과는 다르다. 검정들이 친숙한 경우(예 : t 그리고 F)에는 이제 막 등장하는 몇몇 새로운 고려사항들과 쟁점들이 존재한다. 통계적 분석은 몇몇 '새로운' 검정들 이상이다. 자료와 설계는 다루는 것이 중요한 도전을 통계적 평가에 제시한다.

셋째, 이 부록은 단일대상을 위한 통계적 검정들을 열거하고 더 두드러지게 사용되는 검정들 중 한 가지에 대해 설명을 제공할 것이다. 이 책의 초판에서 사용 가능한 몇몇 검정이 제시되었고 설명되었다. 여기에는 전통적인 t 검정과 F 검정, 시계열분석, 임의 검정, 서열 검정(test of ranks), 그리고 반분법(split-middle technique) 등이 포함되었다. 그 책 이후로 더 많은 검정과 이 검정들 중 몇몇의 변형들이 개발되었다. 어떤 한 가지 검정이 통계적 검정을 사용하는 사람들의 마음을 사로잡거나 방법 부분을 차지하지 못했다. 또한 최근의 연구들은 서로 다른 검정들의 강점과 다양한 결과, 그리고 요구 조건들을 비교함으로써 사용 가능한 검정들을 더 분석적으로 평가하기 시작하였다. 이러한 진전의 범위를 감안하여 이 부록은 통계적 평가 및 그 결과를 설명하고 강조할 수 있을 뿐이다. 이제 개별적인 통계기법들과 다양한 옵션의 상대적 가치들을 상술할 많은 자원들이 존재한다.[1]

마지막으로, 아마도 이 부록의 가장 중심적인 목적과 가능한 기여는 단일대상설계에서 자료 평가를 하는 것의 현황과 딜레마일 것이다. 명확한 장점 및 한계를 포함하여, 시각적 검사 및 통계적 평가가 지닌 중대한 고려사항들이 존재한다. 한 가지 혹은 두 가지 분석 유형들 모두를 사용하기 위한 결정에 대해 연구자들을 안내하도록 고려사항들이 제시될 것이다.

배경과 맥락

시각적 검사 : 적용 및 적용 가능성

시각적 검사가 단일대상설계들을 평가하는 주요 방법으로 남아 있다고 말하는 것이 사실이지

---

[1] 단일대상설계를 위한 통계적 검정을 논의하는 책이 여러 권 있다(예 : Edgington & Onghena, 2007; Franklin, Allison, & Gorman, 1997; Satake, Maxwell, & Jagaroo, 2008). 다른 검정들을 제시하거나 여러 검정을 비교하는 몇 편의 논문이 이 부록 전반에 걸쳐 참고될 것이다.

만, 지난 20~30년간 많은 영향이 이 방법을 더욱더 철저하게 검토하도록 했다. 이 철저한 검토는 구체적으로 이 방법의 적용 가능성 및 이 방법을 사용하는 근거에 초점을 맞춰 왔다. 첫째, 몇몇 연구(예 : Franklin et al., 1997; Matyas & Greenwood, 1990; Park et al., 1990)는 시각적 검사의 준거들이 믿을 만하게 적용되기 어려울 수 있음을 보여주었다. 이상적인 자료 패턴이나 이에 아주 근접한 패턴에서 시각적 검사를 위한 모든 준거(예 : 산술평균, 기울기, 수준, 지연시간 준거)는 충족되고 있고, 기초선(예 : ABAB 설계의 B단계, 혹은 중다기초선설계의 초기 기초선)은 안정적이며(예 : 적은 변동성, 경향 없음), 그리고 단계에서 단계의 기준점(예 : ABAB)은 중복되지 않는다. 이러한 패턴은 우려를 불러일으키지 않으며, 평가를 하는 사람들은 커다란 효과를 확인할 수 있다(Knapp, 1983; Matyas & Greenwood, 1990). 일단 이상적인 자료 패턴에서 벗어나기 시작하면, 중재의 영향을 평가하도록 두 사람 이상의 평가자들에게 요청할 때 모순이 나타난다. 단일대상설계에 대한 경험이 적거나 없는 측정자들이나 평가자들(예 : 대학생들)은 물론 훈련을 받고 있는 사람들이나 단일대상설계에 직접적인 경험을 갖춘 전문 평가자들 사이에서도 자료를 판단하는 데 있어서의 불확실성이 반복되었다(Brossart, Parker, Olson, & Mahadevan, 2006; Harbst et al., 1991; Park et al., 1990 참조). 평가자들을 훈련시켜 자료를 판단하는 데 있어서의 불확실성을 극복할 수 있을 것인가? 나중에 언급될 이유들로 인해, 훈련은 도움이 될 수 있지만 문제를 없애지는 못한다(예 : Fisher et al., 2003; Harbst et al., 1991; Skiba et al., 1989). 어쨌든 적지만 쌓여 가는 문헌들과 함께 시간이 가면서, 시각적 검사 준거들을 활용한 자료들에 대해 판단을 내리는 것이 믿을 만한 것이 아닐 수 있다는 인식은 증가해 가고 있다.

둘째, 시각적 검사의 활용을 위한 주요 근거 또한 도전을 받아 왔다. 응용연구에서의 자료 평가 방법은 부분적으로 커다란 효과만이 믿을 만한 것으로 간주되어야 한다는 관점에 근거하고 있다(Parsonson & Baer, 1978, 1992). 응용 상황에서 여러 설계의 개발 및 사용 초기, 시각적 검사의 이러한 여과 측면은 하나의 강점으로 보였다. 그 목적은 단일대상설계들을 행동변화 기법 개발의 일부로 사용하는 데 있었다. 뭔가 부족하고 약한 효과, 그리고 기타 이와 같은 효과는 관심의 대상이 아니었고 인정되지 않았다. 이는 집단간 연구가 비교 대상으로 사용될 때 쉽게 이해된다. 집단간 연구에서 목적은 집단들 사이의 통계적으로 의미 있는 차이를 보여주는 데 있다. 하지만 그러한 차이는 척도들이나 결과에 대한 별로 크지 않은 변화로도 얻을 수 있다. 정말로 통계적 의미는 많은 부분 표본 크기의 함수이다. 즉 어떤 연구에서의 집단들은 언제나 어느 정도는 다를 것이다. 표본 크기가 크면 클수록 차이가 통계적 의미를 갖게 될 가능성은 높아진다.

단일대상연구는 차이를 발견하는 것은 '진정한' 차이, 즉 신뢰도를 위한 실험적 준거(어떤 경향이나 우연한 변동으로 인한 것이 아닌 진정한 차이)와 적용 준거(어떤 실용적이거나 교육적인, 혹은 치료적 목적이 달성된)를 충족하는 차이여야 한다는 개념으로 시작되었다. 그 근거는 원칙적으로 쉽게 옹호할 수 있는 것이다. 실제로, 상황은 약간 다르다. 단일대상연구 설계에 대한 출판물을 경험적으로 분석해본 결과 큰 중재 효과(예 : 어떤 연구의 경우 25% 이상)는 완전히 환상에 불과한 것이 아니라 하더라도, 사실상 크지 않았고 논란의 여지가 있는 것이라는 점을 보여주었다(Glass, 1997; Parker et al., 2006). 구체적인 비율이 중요한 것은 아니며 논란의 대상이 된다. 그러나 더 광범위한 주장은 그것이 아닐 수 있다. 즉 시각적 검사를 사용하기 위한 근거 및 보잘것없는 효과를 걸러낸다는 장점은 많은 경우에서 준거들이 어떻게 사용되는지가 아니다.

셋째, 큰 효과를 탐색한다는 근거는 지난 10여 년 동안 더욱 분명해진 또 다른 관심사항이다. 많은 이유로 적은 효과나 변화는 매우 중요할 수 있다(Kazdin, 2001). 거의 틀림없이, 우리는 변화들이 몇몇 엄격한 기준을 통과했든 그렇지 않든 믿을 만한 변화에 대해서 알고 싶어 한다. 적은 효과가 더 나은 이해로 이어질 수 있고, 더 나은 이해는 큰 효과를 산출할 수 있는 더 효과적인 중재들로 가는 새로운 탄탄대로가 된다. 게다가 큰 중재 효과는 사실상 자료 속에 숨겨져 적은 효과를 보일 수 있다. 만약 조정자 변수(예 : 인종, 연령)가 작용한다면, 그 안에서 효과는 강하고 약한 효과거나 심지어 하위 집단에 반대방향으로 작용하는 효과일 수 있기 때문에 전반적인 효과는 약해 보일 것이다. 만일 어떤 단일대상 증명이 약한 효과를 보였다면, 이는 보편적인 결과가 아닐 수 있다. 즉 다른 집단에 대하여 그리고 다른 맥락에서는 그 효과가 클 수도 있다. 초기에 약하지만 믿을 만한 효과를 걸러내거나 배제하는 것은 불필요하며 과학 및 기술에는 잠재적으로 해로운 것이다.[2) 이 점에 대하여 마지막으로, 우리는 약한 중재들을 특히 이 중재들이 비용이 적게 들고 널리 적용될 수 있다면, 우리의 자료에 매우 넣고 싶다. 약한 처치들(예 : 금연운동, 아동학대 감소를 위한 TV 광고 등)을 대규모로 적용하는 것은

---

2) 작은 효과의 중요성은 설명하기 쉽다. 예를 들어 화석연료를 대체할 연료를 찾는 데 있어 햇빛은 실현되지 않은 효과를 지니고 있는 것으로 여겨져 왔다. 햇빛을 전기로 변환하는 능력은 그 효과가 매우 작았다. 다시 말해서 확실했지만 작았다. 즉 효율성이 15% 정도일 뿐이었다. 다른 말로 하자면, 햇빛을 에너지로 바꾸는 것은 에너지를 생산하는 데 드는 비용을 고려해볼 때 거의 가치가 없는 일이다. 그러나 이 햇빛을 어떤 규모의 에너지로 변환하는 것이 가능했다는 사실은, 화석연료의 대안적 에너지에 대한 옵션들을 찾는 데 있어서의 원칙을 검정하는 것으로서 중요한 것이었다. 최근에는 매우 작은 효과가 더 많이 연구됨에 따라, 이제는 이러한 변환이 커다란 효과를 갖게 되도록 개선이 이루어졌다(효율성이 거의 40%). 즉 어느 정도의 효율성을 갖추고 햇빛을 전기로 변환하는 능력은 초기에 보였던 것과는 매우 다르게 되었다. 기초 연구 및 응용 모두에 있어 큰 효과만을 규명했던 자료 평가를 위해 여과장치를 사용하는 것은 발전에 해가 되었을 것이다.

중요한 효과를 보일 수 있다(Kazdin, 2008a).

넷째, 시각적 발견을 교묘히 피해 나가지만 자료에 대한 판단에 많은 영향을 줄 수 있는 특징들이 단일대상 자료에 존재한다. 이러한 특징 중 한 가지는 연속적 종속(serial dependence)라고 일컬어지며, 이는 일정 기간 동안의 연속적 관찰로부터 나온 경우별 자료들(1일, 2일)이 서로 상관관계를 갖고 있을 수 있다는 사실을 말한다. 나는 이것이 통계적 평가에 적합하기 때문에 나중에 더 자세하게 설명하려 한다. 나는 자료가 연속적으로 종속되어 있는지는 그저 그래프를 보는 것으로 항상 '발견될' 수는 없다는 점에 주목하기 위해 여기서 연속적 종속을 언급하는 것이다. 그러나 연속적 종속은 중재의 효과에 대한 판단에 영향을 미칠 수 있다(Jones et al., 1978; Matyas & Greenwood, 1990).

단일대상 자료의 관련된 특징은 후속단계에 대한 평가를 모호하게 하는 경미한 경향의 가능성이다. 기초선의 경향이 장본인일 가능성이 높다. 다시, 자료의 이상적인 패턴(예 : 단계에 따른 경향의 급격한 변화)에서 쟁점은 아직 나타나지 않고 있다. 하지만 출판된 연구들로부터 우리는 많은 연구들이 기초선에서 향상의 방향으로 경향을 보이고 있음(Parker et al., 2006)을 알게 되었다. 이 경향은 단순한 일직선이 아니기 때문에 시각적으로 쉽게 관찰될 수 없는 것일 수 있다. 작은 변화, 임의적인 영향, 그리고 관찰자(시각적 검사)에게 체계적인 경향이 없다는 것을 암시하는 주기 등이 있을 수 있다. 그러나 경향은 양화될 수(견본으로 만들어질 수) 있으며 해당 자료를 특징짓는 것으로 보일 수 있다. 짧게 말해서, 우리는 단일대상 자료의 특성, 단일대상연구들로부터 나온 많은 결과들의 패턴, 그리고 시각적 검사를 제한하는, 단계 전반에 걸쳐 발생했던 것의 지각 및 시각화에 대한 제약 등이 있다는 것을 배웠다. 많은 경우에서, 시각화 및 시각적 검사를 위해 준거들을 적용하는 것은 중재 효과가 확실한 것인지를 결정하는 과제에 달려 있는 것이 아닐 수 있다.

내가 강조했던 이러한 고려사항들은 시각적 검사에 도전하게 한다. 자료의 평가는 단지 한 손에는 그래프로 처리된 자료들을 그리고 다른 손에는 준거 목록을 쥔 채 양손을 함께 합침으로써 결론을 끌어내는 문제가 아닌 것이다. 극명한 중재 효과의 부족과 자료의 통합하기 어려운 미묘한 점들(연속적 종속)이 시각적으로 발생하여 시각적 검사 적용의 신뢰도를 저하시킨다. 시각화 및 자료의 그래프 처리는 단일대상연구에서 탐색되지 않았던 다양한 옵션을 포함하고 있다. 옵션 중 몇 가지에는 자료의 비선형 평활화(nonlinear smoothing)에 근거한 자료 제시 방식, 변형 제공, 그리고 기준점들 사이에서 패턴과 주기, 그리고 잡음(noise)과 특이점(outlier) 등을 발견하는 방법 등이 포함된다(예 : Clarke, Fokoue, & Zhang, 2009; Cleveland, 1993, 1994; Velleman, 1980). 옵션 중 많은 부분은 Euclid로 하여금 직업을 바꾸게 만들 수 있었을 수학적 기반을 지니고 있다. 그러나 자료를 그래프로 표현하는 그리고 기본 속성을 이해하고 드러내는 서로 다른 많은 방식을 탐색할 수 있게 하는 사용자 친화적인 그래프 소프트웨어 패키지들이 있다(예 : www.datadesk.com, www.wavemetrics.com). 자료 제시 옵션들은 논의의 범위를 벗어난다. 나는 단일대상연구에서 시각적 검사가 아직 해당 자료를 평가하는 더 믿을 만한 방식들을 효과적으로 제공할 수 있는 그래프 및 변형 옵션들을 이용하지 않았기 때문에 그 옵션들을 언급하는 것이다.

　단일대상연구 내에서의 시각적 검사에 대한 지속적인 연구는 이 자료 평가 방법에 대한 의존도를 감소시키지는 않았다. 시각적 검사의 불확실성과 관련된 쟁점들로부터 많은 연구자들은 몇몇 대안이 필요하다는 결론을 내렸다. 내가 이전에 언급했던, 계속 연구되지 않은 대안들은 자료를 그래프로 표현하고, 모형을 만들며, 제시하기 위한 많은 옵션들이다. 계속 연구되어 왔던 옵션은 단일대상을 위한 통계적 검정의 활용이다.

통계적 분석

시각적 검사의 준거들을 확실하게 적용하는 것에 대한 관심은 더 많은 것을 통계적 분석으로 돌리기 위한 유일한 자극은 아니다. 다른 새로이 전개된 사건들이 통계의 증가된 활용을 위한 기초를 닦고 있다. 첫째, 단일대상설계들은 행동연구의 범주 이상으로 확장되었고, 그것이 통계적 검정의 활용과 직접적으로 관련된 어떤 변화로 이어졌다. 이 설계들은 이 설계들을 눈에 띄게 만든 영역(응용행동분석)이 막 나타나기 시작한 1960년대 후반에는 한두 개의 학회지 및 학문 영역으로 제한되어 있었다. 현재, 많은 학회지들이 많은 학문 영역들(교육학, 학교심리학, 임상심리학, 재활, 작업치료, 여가치료, 내과, 정신의학, 사회복지 등)에 반영된 단일대상연구를 출판하고 있다. 이 방법론의 새로운 영역으로의 확장은 이 방법론의 다른 측면들로의 확장으로도 이어졌다.

　나는 사정과 실험 설계, 그리고 자료 평가 등 세 가지 광범위한 요소들로 구성된 것으로 연구 방법론을 고려하는 것이 유용할 것이라고 언급하였다. 전통적으로 이 요소들은 매우 밀접하게 얽혀 있다. 단일대상 방법론에는 행동의 직접적인 관찰을 의미하는 사정과 물론 단일대상설계를 의미하는 실험 설계, 그리고 시각적 검사를 의미하는 자료 평가 등이 포함되어 있다. 하지만 이 설계를 다른 영역들로 확장하는 것은 내가 앞 장들에서 설명했던 것처럼 형식(예 : 행동 측정뿐 아니라 자기보고, 임상의들의 등급평가 등) 및 사정 영역들(예 : 인지적 처리과정, 불안의 경험)에 관하여 사정을 확대하는 것으로 이어졌다. 이 확대에는 자발적으로 통계적 검정의 활용을 고려하는 것, 그리고 시각적 검사의 활용을 위한 다소 모호한 의사결정

지침들을 어느 정도 불편해하는 것 등이 포함된다. 또한 어떤 연구자들에게 있어 단일대상설계들의 유용성은 부분적으로 반드시 행동사정(목적이 아닐 수 있는)이나 시각적 검사(대다수 연구자들이 받은 훈련을 위반하는)를 택할 필요는 없음으로부터 발생한다.

둘째, 집단간 연구의 통계적 평가 내에서 변화는 시각적 검사의 평가에 영향을 미쳤다. 집단간 연구에서 통계적 의미의 검정 개발 시초부터 제한점들에 대한 우려가 있었다. 통계적 의미는 표본 크기에 달려 있고, 2항 결정(binary decision)을 제공하며, 효과의 크기나 강도에 대해 아무것도 알려주지 않는다. 사실상 효과가 있을 때 효과가 없다고(통계적으로 의미가 없는) 쉽게 결론내릴 수 있다(2종 오류라고 함). 수십 년에 걸쳐 이어졌지만 최근에 영향력을 발휘하고 있는 것은 통계적 의미가 효과의 크기에 대한 어떤 척도로 대체되지 못한다면, 최소한 보완되어야 한다는 관점이다(Kirk, 1996). 효과가 얼마나 큰지는 효과가 통계적으로 의미 있는지 그렇지 않은지와 구분될 수 있다. 효과크기는 흔히 옹호되는 효과의 크기에 대한 척도였고 통계적 의미와 동일한 문제들을 겪지 않는다. 대부분 집단간 중재연구를 출판하고 있는 많은 학회지들은 결과에 효과크기 척도가 포함되도록 권장하거나 요구하고 있다.[3]

이와 관련된 새로운 사건은 메타분석의 확산이다. 메타분석은 주어진 주제에 대한 경험적 연구들을, 그 결과(예 : 결과척도에 대한 변화, 집단간 차이)를 일반적인 계량(효과크기)으로 번역함으로써 검토하고 통합하는 한 가지 방식이다. 이는 검토자(메타분석가)로 하여금 주어진 영역에서의 결과에 대한 결론을 이끌어낼 수 있게 하고 효과의 강도를 양화할 수 있게 한다. 게다가 메타분석에 포함된 개별적인 연구들 중 어떤 것에서 다루어지지 않았던, 메타분석을 위해 합쳐진 많은 연구들로부터 나온 자료들에 대하여 질문을 할 수 있다. 그러므로 메타분석으로부터 새로운 결과가 나타날 수도 있는 것이다. 중재연구에 관여된 집단간 연구자들은 학회지나 학문 영역에 따라 효과크기 정보를 제공하도록 권장받거나 요구받는다. 연구자들이 그 정보를 제공하지 않을 때조차 효과크기는 종종 원 논문에 있는 다른 통계들(예 : 산술평균, 다양한 척도의 표준편차)로부터 얻을 수 있다. 이 정보는 메타분석을 위해 사용된다.

단일대상설계를 사용하는 상황과 시각적 검사의 활용을 대조해보라. 연구별 시각적 검사는 많은 연구들을 통합하고 조합하는 혹은 커다란 통합된 데이터베이스에 근거하여 새로운 질문을 하는 체계적인 방식을 제공하지 않는다. 연구들을 조합하는 어떤 형식적인, 반복 가능한 방식 없이는 많은 단일대상연구는 무시되거나 통합하기 어려운 것으로 간주된다. 수년간, 많

---

3) 효과크기는 다양한 방식으로 측정될 수 있다. 효과크기를 사용하는 이점과 효과크기가 측정되고 계산될 수 있는 대안적 방식들은 몇몇 문헌에서 논의되고 있다(예 : Kazdin, 2003; Kirk, 1996; Schmidt, 1996; Wilkinson and Task Force on Statistical Inference, 1999). 현 논의는 효과크기의 특정 지표 활용에 의존하지 않는다.

은 연구자들이 단일대상설계를 위한 효과크기 척도를 제안하였다(예 : Busse, Kratochwill, & Elliott, 1995; Kromrey & Foster-Johnson, 1996; White et al., 1989). 사실, 최근의 검토결과는 단일대상연구에 대해 효과크기를 측정하기 위한 40개 이상의 서로 다른 접근방식들이 제안되었음에 주목하였다(Swaminathan et al., 2008). 그 어떤 것도 널리 채택되지 않았으며 최근에서야 대안들 중 몇 가지가 신중하게 평가되고 비교되었다(예 : Manolov & Solanas, 2008a; Parker & Brossart, 2003; Parker & Hagan-Burke, 2007b). 간략하게 말해서, 단일대상설계에서 효과크기를 계산하도록 추천된, 쉽게 사용할 수 있고 전성기를 맞이할 준비가 된 방법은 없다는 것이다. 효과크기를 계산하는 분명하고 널리 사용되는 방식이 없다는 것은 단일대상연구들로부터 나온 결과들을 축적하고 조합하기 위한 능력과 단일대상연구들과 집단간 연구들로부터 나온 결과들의 통합을 제한하는 것이다. 이는 또한 통계적 검정을 사용하는 데 대한 현재의 관심과 많이 관련되어 있는 배경이기도 하다.

　마지막으로, 점점 더 많은 연구들이 단일대상 자료들을 분석하기 위해 때때로 시각적 검사와 함께 통계적 검정을 사용하고 있다(예 : Bradshaw, 2003; Feather & Ronan, 2006; Levesque et al., 2004; Molloy, 1990; Quesnel, Savard, Simard, Ivers, & Morin, 2003). 또한 단일대상을 위한 새로운 통계적 검정을 제시하거나, 출판된 연구들로부터 나온 이전 자료들을 다시 분석하는, 혹은 분석을 설명하기 위해 새로운 자료를 제시하는 많은 논문들이 나타났다. 이 논문들 중 몇 가지는 여러 가지 단일대상 통계적 검정을 비교하고 있다(예 : Brossart et al., 2006; Parker & Brossart, 2003; Parker & Hagan-Burke, 2007a, 2007b). 여전히 시각적 검사가 압도적으로 우세한 상황에서 통계적 평가는 진행 중이었다.

　통계적 검정의 사용에 관한 두 가지 요약점이 강조되어야 한다. 첫째, 그러한 검정들은 단일대상 실험의 결과를 평가하는 데 있어 대안이거나 보완방법을 대표하는 것이다. 둘째, 통계적 평가는 비록 많은 서로 다른 연구들이 모두 동일한 통계적 검정을 사용하지 않는다 하더라도 이러한 연구들로부터 나온 지식들을 축적할 수 있게 해준다. 많은 문헌들을 보고 양적인 기반을 지닌 결론들을 끌어냄으로써 집단간 연구에서 엄청난 성취가 이루어졌다. 결론에 도달하고 그러한 일련의 자료들로부터 새로운 질문들을 제기하고 답하기 위해 시각적 검정을 사용하는 연구들을 조합하는 것은 아직 단일대상연구에서 나타나지 않고 있다. 시각적 검사로 나온 결과들은, 그 결과들이 효과크기가 집단간 연구에서 허용했던 방식으로 통합될 수 없다면, 광범위한 과학 공동체로부터 지속적으로 무시될 위험에 처해 있다. 단순히 현재 사용되고 있는 효과크기 추정치를 쓰고 이를 단일대상연구에 적용하는 것은 해결책이 아니다. 단일대상 사정 및 자료의 특성들(예 : 지속적인 사정, 기준점 개수의 영향, 아래에서 논의될 연속적 종속)은 보통의 공식을 직접적으로 적용할 수 없게 만든다(Shadish, Rindskopf, & Hedges, 2008).

단일대상 자료의 연속적 종속

통계적 분석을 위한 맥락은 단일대상 자료의 속성과 관계가 있다. 단일대상 자료는 동일 대상을 상대로 한 일정 기간 동안의 연속적 관찰에 근거하고 있다. 이는 집단간 연구에서처럼 많은 대상들로부터 수집된 한두 번의 관찰들과는 다른 자료의 특성으로 귀결된다. 이 차이는 어떤 통계들이 적용될 수 있고 통계들이 어떻게 적용될 수 있는지에 영향을 미친다.

단일대상연구에서의 통계적 평가에 대한 시작점은 연속적 종속이라 불리는 구조적 특성에 대한 인식이다. 연속적 종속은 일련의 연속적 관찰에서 기준점들의 서로 간 관계를 일컫는다. 종속은 기준점에서의 오차들(오류)은 경우 간 상관관계가 있다(혹은 있을 수 있다)는 사실을 반영하고 있다. 종속은 자료들이 일정 기간 동안 상관관계를 보이는지 평가함으로써 측정되고, 이는 서로 다른 방식들로 이루어질 수 있다. 통상적인 방법은 서로 인접한 기준점들을 짝짓고(1일과 2일, 2일과 3일, 3일과 4일 등) 상관계수를 계산함으로써 자료의 상관관계를 보여주는 것이다. 이 상관관계는 자기상관(autocorrelation)으로 일컬어지는 것이며 연속적 종속의 척도가 된다. 1일과 2일, 2일과 3일 등을 연관시키는 것은 상관관계를 계산하는 한 가지 방법일 뿐이다. 자료와 연속적 종속이 어떻게 작동하는지를 이해하기 위해, 기준점들과 그 기준점들 사이의 서로 다른 시간의 양(시차라 불린다)의 관계를 계산할 수 있다. 예를 들어 2일 시차를 두고 1일과 3일, 2일과 4일, 3일과 5일 등을 연관시킬 수 있을 것이다. 여기서의 요점은 단지 인접한 기준점들을 고려함으로써 전달되고 있지만 많은 서로 다른 시차들(1일, 2일, 3일 등)은 연쇄들을 완전하게 묘사할 수 있다. 서로 다른 시차들은 단지 서로 인접한 기준점들(1일 시차)을 연관시킴으로써 주기와 같은, 반복적일 수는 있지만 포함될 수는 없는 자료의 특성들을 알아낼 수 있다.

자기상관이란 무엇인가? 자기상관은 상관관계이고 −1.00에서 +1.00까지 표시될 수 있다. 자료에서 경향은 자기상관이 존재하는 것을 의미하는 경향이 있지만, 나는 이전에 자료에 있는 모든 경향이 시각적으로 발견될 수는 없다고 말한 적이 있다(Parker et al., 2006). 자기상관은 0보다 클 수도 있고 작을 수도 있다. 통계적으로 의미 있는 자기상관은 자료에 연속적 종속이 있는지 정의하기 위해 사용될 수 있다.[4]

---

4) 연속적 종속에 대한 결정을 내리기 위해 통계적으로 의미 있는 상관관계에 의존하는 것은 위험하다. 상관관계의 의미

두 가지 이유에서 연속적 종속은 알아두는 것이 중요하다. 첫째, 연속적 종속의 존재는 우리 대다수가 친숙한 통계 기법들의 단순한 적용을 불가능하게 한다. 예를 들어 전통적인 t검정과 F검정은 훈련 초기에 우리가 배웠던 몇 가지 전제(예 : 집단의 분산의 동질성, 정규 분포된 자료, 오류항들의 독립성)을 갖게 한다. 우리는 또한 자료 분석이 '강건'[robust, 라틴어 robustus(강하고 단단한)에서 유래하였고, 오크나무를 위한 단어에서 파생됨]하다는 것도 배웠다. 비록 우리 중 몇몇이 그것이 의미하는 바를 알고 있다 하더라도, 우리는 그 전제들을 위반하는 것이 큰 문제가 아니라는 것을, 그리고 여기저기서 통계적 전제들을 가볍게 위반한다고 해서 체포되는 것이 아니라는 것을 알고 있다. 더욱이 전제들 중 몇 가지에 대해 전제가 위반된다면 사용할 수 있는 속임수들(예 : 자료 변형)이 있다. 다른 말로 하자면, 우리는 전제들이 있지만, 비록 그 전제들이 위반된다 하더라도 문제가 아니라는 것을 재빨리 배웠다는 것이다. 이 모든 것에는 예외가 있다. 즉 관찰의 오류항들(오차들)은 상관관계가 없다는 전제이다. 이 전제를 위반하는 것은 차이를 만들어내고 전통적인 t검정과 F검정의 적절한 사용을 불가능하게 만든다. 만약 자기상관이 0보다 크다면, 통계적 검정의 일부로 사용되는 표준오차(즉 통계를 위한 오류항이나 분모)는 원래 그래야 하는 것보다 작아지고, 결과(t검정 혹은 F검정)는 더 커지거나 양(+)의 각도로 편향된다. 즉 더 많은 1종 오류가 발생할 것이다(즉 통계적으로 의미가 없을 때 통계적으로 의미가 있는 효과를 보임). 만일 자기상관이 0보다 작다면, 표준오차는 더 커지고, 전반적인 t검정 혹은 F검정은 원래 그래야 하는 것보다 작아진다. 이는 더 많은 2종 오류들로 이어질 것이다(즉 실제로 효과가 있을 때 의미 있는 효과가 없는 것으로 보임).

둘째 그리고 관련된 이유는, 만약 연속적 종속이 자료에 존재한다면, 분석은 그 연속적 종속을 고려할 필요가 있다. 종속은 근본적인 자료에 어떤 경향이나 패턴을 반영한다. 그것은 단순한 선형 경향이 아닐 수 있지만, 어떤 경향은 임의적인 효과에 의해 어쩌면 갑자기 거칠게 움직일 수 있고 서로 다른 시차들 전반에 걸쳐 발견될 뿐이다. 자료 분석 기법은 종속을 설명하고, 어떤 대단히 중요하지만 알아차리기 힘들 수 있는 패턴 위에서 중재 효과가 명백한지 파악할 필요가 있다. 내가 이전에 언급했듯, 시각 및 시각적 조사는 그 과제에 적합하지 않다.

는 관찰 횟수(자유도)에 많이 의존한다. 만약 자기상관을 계산하기 위해 사용할 수 있는 관찰 횟수가 적다면(예 : 10일간의 기초선), 그 결과로 발생한 상관관계가 통계적으로 의미가 없을 가능성이 매우 높다. 이 연쇄에서 연속적 종속은 분명하게 드러날 수 있지만(만일 그 연쇄가 계속된다면), 제한된 관찰 횟수는 얻어진 상관관계가 의미를 갖지 못하게 만들 수 있다. 자기상관은 오차를 가지고 계산되며, 이는 몇몇 통계적 검정으로 수행된다. 이 논의에서 나는 오차보다는 원자료의 자기 상관에 초점을 맞추고 있다. 원자료의 자기상관은 오차에서의 종속을 반영할 가능성이 매우 높다.

비록 분명한 규칙으로 시작하는 것이 유용하다 하더라도, 그 대신 중요한 경고들이 존재한다. 모두 시계열 자료들이 자기상관을 보이는 것은 아니다. 이는 경험적인 문제로 이것을 검정할 필요가 있다. 여기서 어려운 점은 단일대상설계들이 종종 상관관계를 계산하고 자료의 기초가 되는 모형을 이해할 만큼 충분히 긴 기초선을 포함하지 않는다는 것이다(Matyas & Greenwood, 1997). 많은 다른 학문 영역들[예 : 기후 변화, 경제학, 수목학(나무 연구)]에서의 연속적 자료(시계열 자료라고도 불리는)는 사실상 연쇄의 구조를 이해하기 위해 허용되는 거대한 자료 세트를 갖는다. 단일대상연구에서는 중재 단계가 패턴을 바꿀 수 있는 새로운 영향을 도입하기 때문에, 대개 자기상관을 계산하기 위해 기초선 자료에 의존하고자 한다.

얼마 전, 비록 추정치는 출판된 연구들의 단일대상 자료 세트들 중 대략 10~80%까지 다양했다 하더라도, 단일대상 자료들이 연속적 종속을 보일 것 같은 정도가 논란의 대상이었다(Matyas & Greenwood, 1991 ; Sideridis & Greenwood, 1997 참조). 그와 같은 변동성은 여기에 자기상관의 계산 방법과 연구에 포함된, 결론에 영향을 줄 수 있는 단계의 길이 등과 같은 다른 쟁점들이 있음을 보여주고 있다. 몇몇 연구들 이후 현재 의견은 연속적 종속은 존재할 가능성이 높으며 자료를 평가할 때 고려되어야 한다는 것이다. 간략하게 강조되었던 것처럼, 그렇게 하는 것은 단순하지 않은 통계적 기법들을 필요로 한다. 특별한 관심의 대상이었던 것은 아마도 연속적 종속이 시각적 검사 및 자료의 통계적 평가 모두에 영향을 미친다는 점일 것이다.

단일대상연구를 위한 통계적 검정

시각적 검사 준거들은 우리들에게 산술평균에 있어서의 변화(단계들 전반에 걸친), 경향, 수준의 변화(단계별 수행의 불연속성), 그리고 변화의 지연시간 등을 포함하여 우리가 발견하고자 하는 여러 유형의 변화들을 의식하게 한다. 단일대상 자료의 특성들(예 : 연속적 종속)과 짧은 단계의 가능성(얼마 되지 않는 기준점들)은 우리들에게 조정되어야 하는 특징들을 의식하게 한다. 단일 통계적 검정이나 이 준거들 및 특성들을 만족스러울 만큼 조정할 수 있는 통계적 검정군을 규명하는 것은 아직 나타나지 않고 있다. 집단간 연구에서는 t와 F, 그리고 이와 관련된, 연구에 획일성을 가져다주었던(사실 현 상태에 만족함) 모든 최소제곱 통계적 분석 검정들이 지배적이었다. 이러한 일이 가까운 미래에 단일대상연구에서 발생할 것 같지는 않다.

많은 검정들 표집

지난 수십 년 동안 단일대상에 대한 통계적 검정이 어마어마하게 확장되어 왔다. 표 A.1은 이점을 보여줄 몇몇 검정들을 열거하고 있다. 검정은 정확히 해당 검정들이 자료의 어떤 측면을 평가하는지(예 : 산술평균의 변화, 경향), 그 검정들이 연속적 종속을 어떻게 다루는지, 혹은 다루는지 그렇지 않은지, 그리고 그 검정들이 각 단계 내에 충분한 자료를 제공하는 장기간의 단계 없이도 적용될 수 있는지 등에 따라 다르다.

최근의 연구는 단일대상을 위한 통계적 검정에서 끊임없는 변화와 진전을 보여주고 있다. 이 검정들 중 많은 부분의 강점과 제한점들은 면밀히 조사되기 시작했을 뿐이다. 서로 다른 조건들 전반에 걸쳐 검정들을 적용함으로써 검정들을 평가하는 문헌이 등장했다. 통계가 어떻게 여러 자료 패턴들 아래서(중재 효과의 강점) 그리고 자료의 다양한 특성들(연속적 종속, 장기간 대 단기간 단계들)로 수행되는지에 대한 평가를 가능하게 하도록 종종 가설적 자료들이 생성된다. 출판된 연구들에서 자료들을 가져올 때, 때때로 AB단계만이 평가된다. 몇몇 연구들은 동일한 자료 세트들에 대해 여러 가지 통계적 검정들을 비교하고 있다(예 : Brossart et al., 2006; Campbell, 2004; Lall & Levin, 2004; Manolov & Solanas, 2008a; Parker & Brossart, 2003; Parker et al., 2005). 예를 들어 동일한 자료에 적용된 5개의 서로 다른 통계적 검정에 대한 한 가지 뛰어난 평가에서 연구자들은 서로 다른 방법들의 결과는 분명한 지침을 세우지 못하게 할 만큼 다양하다는 결론을 내렸다(Brossart et al., 2006). 서로 다른 통계적 검정들은 자료의 서로 다른 특성들(예 : 산술평균, 경향, 해당 단계의 최종 기준점)을 강조하고 있으며, 자기상관에 대한 민감성이라는 측면에서 각기 다르다. 주목해야 할 중요한 점은 중재 효과 및 자기상관의 크기에 있어서의 가변성과 단계의 지속기간, 그리고 서로 다른 설계들 등을 고려해보면, 어떤 한 가지 방법도 모든 조건 아래서 적합한 것으로 나타날 수 없다는 것이다. 이는 적극적인 연구의 영역이며 아마도 그 연구로부터 분석에 대한 어떤 하위부류들이 나타나게 될 것이다. 그러나 어떤 검정들을 사용할 것이며 그 검정들을 언제 사용할 것인지에 대한 분명한 지침을 지금 이 책에서 끌어내는 것은 쉽지 않은 일이다.

지난 수십 년 동안 진전이 있었고 최근에는 그 문제들을 분명히 하는 데 있어 진전이 이루어졌다. 또한 우리가 배웠던 것들 중에는 전통적인 t와 F검정이 연속적 종속으로 인해 잘못 해석될 수 있다는 것도 있지만, 뿐만 아니라 다른 검정들(임의 검정, 서열 검정, 반분법)도 영향을 받을 수 있다는 것도 있다. 간략하게 말해서, 이 책을 처음 쓴 이후, 연구는 단일대상 자료의 특성을 상술해 왔고, 연속적 종속의 영향 범위를 명확하게 하였으며, 시각적 검사의 목적을 더 확실하게 성취하기 위해 대안적인 자료 분석 전략들을 평가하기 시작하였다. 급증하는 연구들은 어떤 검정들을 사용할 것이며 그 검정들을 언제 사용할 것인지에 관한 지침들을 생성하는 데 도움이 되지 않았다. 오히려 이 책은 현재 사용 가능한 방법들 중 어떤 한 가지에 의

▌ 표 A.1 ▌ 단일대상설계들에 사용 가능한 선별된 통계적 검정

이름	자원
이항검정	White & Haring, 1980
C 통계	Jones, 2003; Satake eta l., 2008; Tryon, 1982
임상결과 지수	Parker & Hagan-Burke, 2007a
전통적인 t, F, 그리고 X(카이)^2 검정	집단간 연구에 대한 사실상 모든 책; satake et al., 2008
이중 부트스트랩법	McKnight, McKean, & Huitema, 2000
최종처치일 기법	White et al., 1989
로지스틱 회귀	Brossert et al., 2008
평균 기초선 축약/증분(각각 행동의 감소 및 증가에 대하여)	Lundervold & Bourland, 1988
평균-유일/ 평균-합 경향 모형	Allison & Gorman, 1993; Center, Skiba, & Casey, 1985-1986; Faith, Allison, & Gorman, 1997
각각 행동의 감소 및 증가에 대한 0% 점수(혹은 100%)	Scotti, Evans, Meyer, & Walker, 1991
비중복 비율 기준점	Busk & Serlin, 1992; Ma, 2006; Mastropieri & Scruggs, 1985-86; Wolery et al., 2008
임의 검정	Edgington & Onghena, 2007; Lall & Levin, 2004; Levin & Wampold, 1999
R_n 서열 검정	Revusky, 1967
반분법	Fisher, Kelly, & Lomas, 2003; White, 1972, 1974
시계열 분석	Borckardt et al., 2008; Box et al., 1994; Glass et al., 1975; Hartmann et al., 1980
경향 분석 효과크기	Faith et al., 1997; Gorsuch, 1983

주 ✱ 이 목록은 종합적인 것으로 의도된 것은 아니다. 표에 있는 몇 가지 항목들은 개별적인 검정들이 아니라 여러 변형들을 지니고 있는 검정들이다. 하나 이상의 인용이 제공된 경우에는 해당 검정에 대한 여러 변형이 발견될 수 있다. 가능한 경우, 나는 반드시 특정 분석이 규명되거나 추천된 첫 번째 출처를 확인하기보다는, 최근의 참고문헌 혹은 쉽게 이용할 수 있는 참고문헌을 제공하려고 하였다. 표에 있는 몇 가지 검정은 그 검정들이 집단 자료 및 집단간 연구에서 사용되었기 때문에 친숙할 것이다. 그러한 검정들을 여기에 포함시킨 것은 그 검정들이 연구 대상 개개인에 적용되었음을 의미한다. 몇 가지 논문에서 여러 검정으로부터 나온 결과와 변화를 발견하는 데 있어 그 검정들의 민감성이 서로 다른 조건 아래서 비교되고 있다(Brossart et al., 2006; J. M. Campbell, 2004; Lall & Levin, 2004; Manolov & Solanas, 2008a; Parker & Brossart, 2003; Parker et al., 2005 참조).

존하는 것을 경고하고 있다.

시계열 분석 : 해설

사용 가능한 검정들 중 많은 부분들이 여전히 평가를 받고 있고, 새로운 변형들이 나타나고 있다. 따라서 나는 분석의 세부사항들 및 그 변형들이 제공되는 다른 출처들을 독자들에게 언급했다(표 A.1 참조). 한 가지 예외로 나는 여러 가지 이유에서 시계열 분석을 강조하고 있다. 첫째, 단일대상 자료에 대한 시계열 분석의 변형들이 수십 년 동안 사용되었고 계속해서 사용되고 있다(예 : Borckardt et al., 2008; Levesque et al., 2004; McSweeny, 1978; Savard et al., 1998; Schnelle, Kirchner, McNees, & Lawler, 1975). 따라서 단일대상을 위한 많은 통계적 검정들이 이제야 제안되고 평가되는 반면, 시계열 분석은 관심 있는 연구자들에 의해 조언받을 수 있는 문헌을 가지고 두각을 나타내고 있다. 둘째, 이 방법은 다른 학문 영역에서도 사용되었으며, 따라서 단일대상연구라는 특별한 용도 이상으로 개발되고 있다. 셋째, 통계 소프트웨어 패키지들(예 : SPSS, SAS, Systat, Statistica, Stata)이 시계열 분석을 포함하고 있으므로 쉽게 사용할 수 있다. 마지막으로, 시계열 분석은 연속적 종속을 자료에서 직접적으로 다루고 있으며 그 영향을 조정하고 있다.

설명. 시계열 분석은 연구 대상 개인이나 집단에 대한 별개의 단계들에서 일정 기간 동안 자료를 비교한다(Box & Jenkins, 1976; Box et al., 1994; Glass, Willson, & Gottman, 1975; Hartmann et al., 1980; Jones, Vaught & Weinrott, 1977). 이 분석은 한 단계에서 다음 단계까지 수준 및 경향에 통계적으로 의미 있는 변화가 있는지 그렇지 않은지 조사한다. 그러므로 변화는 A단계에서 B단계까지다. 이 분석은 단계들 전반에 걸쳐 조건들에 있어서의 변화가 있는 단일대상설계들에 적용될 수 있다. 어떤 설계의 첫 두 단계들만이 아닌 모든 단계가 조사 대상이 된다. 예를 들어 ABAB 설계에서 서로 인접한 단계들 각각에 대해 별개의 비교가 이루어질 수 있다(예 : A_1B_1, A_2B_2, B_1A_2). 중다기초선설계에서 기초선(A)과 처치(B) 단계는 서로 다른 반응들이나 사람들, 혹은 상황들 전반에 걸쳐 실행될 수 있다.

시계열 분석은 물론 시각적 검사를 통한 자료의 평가를 가능케 하는 예를 생각해보라. 연구는 비전이성 유방암으로 치료받고 있는 여성들의 불면증을 위한 인지행동치료(CBT)의 효과에 초점을 맞추고 있다(Quesnel et al., 2003). 수면장애는 암의 영향과 연계된 많은 심리적 문제 중 하나이고 환자들의 30~50%가 겪고 있다. 환자들은 만약 방사선치료나 화학요법을 마쳤고 만성 불면증(chronic insomnia disorder)의 진단준거를 충족한다면(*International Classifica-*

tion of Diseases 혹은 *Diagnostic and Statistical Manual of Mental Disorders*의 준거에 의해) 연구에 참여하였다. 임상 면담, 자기보고식 일기 및 질문지, 그리고 수면 연구실에서 평가된 잠의 전기생리학(수면다원검사) 등을 비롯하여 여러 사정 방법을 포함한 몇 가지 척도들이 사용되었다. 중재는 8주간의 집단 회기(회기당 대략 90분 정도)에 수행된 인지행동치료로 구성되었다. 인지행동치료에는 몇 가지 요소(불면증에 대한 자극 통제, 대응하기 전략, 역기능적 사고 재구조화하기)가 포함되었다. 치료 전, 치료 후, 그리고 매 추수 사정에서 일련의 광범위한 척도들이 완성되었다. 수면에 대한 전기생리학적 척도가 치료 전, 치료 후, 그리고 6개월 후의 추수연구에서 입수되었다.

그림 A.1은 참가자들이 적은 수면일기로 구성된 연속 척도들 중 하나를 기록한 것이다. 이 척도는 수면의 몇 가지 특성(예 : 알코올이나 약 복용, 취침시간, 각성의 지속기간, 그리고 기타)을 보고하기 위해 사용되었다. 그림에서도 분명히 드러나듯, 인지행동치료는 참가자간 중 다기초선설계에서 도입되었다. 이 시각적 검사를 통한 결과는 처치의 도입이 비록 참가자 6과 7에게는 효과가 덜 분명하지만, 총 각성시간의 감소와 관련되어 있음을 시사하고 있다. 처치에 반응을 보인 환자들에게 있어서의 개선사항은 추수연구 기간에 유지되는 것으로 보인다는 것을 알 수 있다.

시계열 분석은 AB(기초선, 처치)단계들 전반에 걸쳐 참가자 개개인에 대해 변화의 통계적 의미를 평가하고 있다. 이 분석은 이것이 연속적 종속을 고려하고 있고, 비록 효과가 작다 하더라도 믿을 만한 중재 효과를 발견할 수 있으며, 수준 및 기울기에서의 변화를 평가하기 때문에 선택되었다. 표 A.2는 그림 A.1에 그래프화된 자료들에 상응하는 정보를 재현하고 있다. 현재의 목적을 위해 수준이나 기울기의 변화가 통계적으로 의미가 있는지 여부를 알려주는 마지막 두 칸을 생각해보라. 연구 참가자 8명 모두에게서 수준이나 기울기는 처치가 도입되었을 때 상당한 변화를 보였다. 통계적 분석은 믿을 만한 처치 효과가 있었음을 보여주고 있다. 효과의 복잡성(어떤 참가자들에게는 수준 그리고 다른 참가자들에게는 기울기)은 시각적 검사와 구분하기 어려운 정보를 제공하고 있다. 우울 및 신체적 피로에 있어서의 감소 및 향상된 인지 기능을 보여준 몇 가지 다른 분식들이 완수되었다(그리고 여기서 논의되지는 않았다). 측정되었지만 중재의 일부는 아닌, 연구기간 동안 수면제를 사용했던 참가자들은 인지행동치료를 받는 동안 수면제를 끊었다. 처치 후에 그리고 6개월 후의 추수연구에서 수면 연구실에서 측정된 전기생리학적 척도는 각성시간의 상당한 감소와 수면 효율성(침대에 누워 있는 시간에서 수면시간의 비율)의 증가를 보여주었다.

시계열 분석은 기초선 및 중재 단계들 모두에서 연구 참가자 중 일부에게 많은 변동성이 있

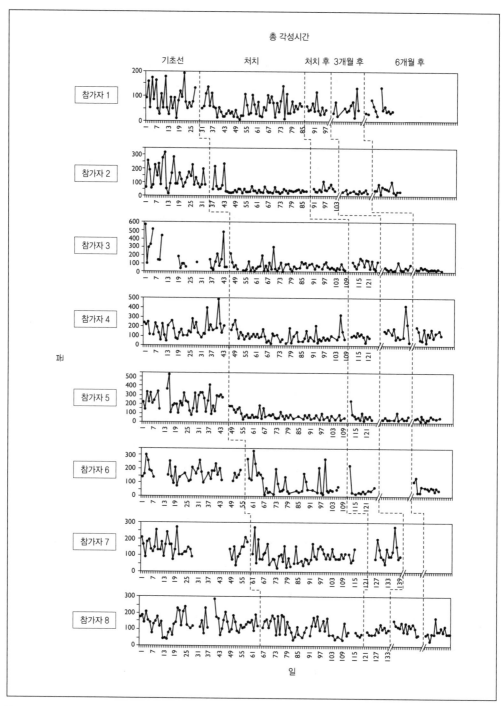

┃ 그림 A.1 ┃ 처치를 마친 8명의 참가자들 개개인이 작성한 수면 일기를 바탕으로 얻어진 일간 총 각성시간. 자료가 없는 부분(예 : 참가자 7의 기초선)은 그날들에 대한 일기가 없음을 의미한다. 처치는 대상자간 중다기초선설계에 도입된 인지행동치료였다. (출처 : Quesnel et al., 2003)

었던 자료들을 평가하는 데 매우 도움이 된다. 또한 자료에 있어 있을 수 있는 경향 및 자기상관 등은 이 분석에 의해 본보기가 되었고 처리되었다. 시각적 검사로 쉽게 발견할 수 있든 그렇지 않든, 기초선에서의 어떤 경향은 A단계에서 B단계로의 변화를 평가하는 데 쉽게 통합될 수 있었다. 아마도 시각적 검사가 어쩌면 효과가 가장 분명했던 환자들 중 연구 참가자 2번과 3번, 그리고 5번에 대해 변화를 알아차릴 수 있었다고 주장할 수도 있을 것이다. 여기에서 조차 눈에 보이지 않는 자기상관과 단순히 올라가거나 내려가는 직선이 아닌 경향을 처리하기 위해 어떤 통계가 필요하다. 기초선 처치들은 이 분석에서 본보기가 될 필요가 있다. '본보기가 된다'는 것은, 기초선에서의 어떤 자료 패턴을 가장 잘 묘사하는 알고리즘이 필요하다는 것을 의미한다. 이는 중재가 상당한 변화를 반영하는지 그렇지 않은지를 결정하기 위해 요구되는 것이다. 이것이 시각적 검사가 성취할 수 있는 것보다 더 많은 것이다.

중요한 고려사항. 이 분석은 연구자에게 어떤 특정 경우에 시계열 분석의 유용성에 영향을 미칠 수 있는 어떤 요구를 한다. 우선, 이 설계는 충분한 수의 기준점을 갖는 것에 의존한다. 기준점들은 자료에서 연속적 종속의 존재 및 패턴을 결정하기 위해 그리고 자료에 대한 적절한 시계열 분석 모형을 끌어내기 위해 필요하다. 각각의 단계 내에서 필요한 기준점의 실제 수

┃ **표 A.2** ┃ 참가자 8명에게 있어 척도들 중 한 가지(총 각성 시간)에 대한 시계열 분석 결과 요약

변수 및 연구 참가자	자유도	특이점	R^2(%)	수준(t검정)	기울기(t검정)
총 각성시간					
1	85	4	42.6	−2.44 *	0.30
2	92	5	73.6	−5.95 **	0.23
3	87	5	77.2	−5.20 **	1.34
4	112	3	59.2	1.48	−4.31 **
5	114	2	73.0	−0.48	−7.44 **
6	97	5	75.4	−0.23	−5.45 **
7	100	2	42.9	−5.64 **	1.17
8	114	1	40.5	1.35	−3.45 **

주 ✽ * p < .05, **p < .01 (출처 : Quesnel et al., 2003)

는 논란의 대상이 되어 왔고, 추정치는 20에서 100에 이른다(예 : Box & Jenkins, 1970; Glass et al., 1975; Hartmann et al., 1980; Jones et al., 1977). 적은 수의 관찰이 요구되는 시계열 분석의 여러 변형이 사용되어 왔다. 예를 들어 어떤 변형에서는 기초선 및 중재 단계들 전반에 걸쳐 총합 최소 10~16번의 관찰(예 : 각 단계에서 5~8번의 관찰)이 요구된다(Borckardt et al., 2008). 따라서 더 짧은 단계 지속기간은 이 분석의 적용을 불가능하게 하지 않았다.

많은 단일대상 실험들에서 단계들은 비교적 짧다. 예를 들어 어떤 ABAB 설계에서, 행동을 기초선 수준으로 되돌리는 것과 연계된 문제들 때문에 두 번째 A단계는 비교적 짧을 것이다. 이와 유사하게, 중다기초선설계에서는 어떤 행동들(사람들 혹은 상황들)에 대한 초기 기초선 단계들은 짧을 수 있어서 중재가 매우 긴 시간 동안 철회되지 않을 것이다. 이러한 상황들에서 너무 적은 기준점들이 시계열 분석의 적용을 불가능하게 할 수 있다.

두 번째 그리고 관련된 요구는, 시계열은 어떤 공식에 숫자들을 넣는 문제가 아니다. 모형 개발하기와 모형 추정, 그리고 자료에 대하여 모형 검정하기 등을 포함하는, 자료에 관해 수행되는(컴퓨터 프로그램으로) 단계들이 있다. 이 단계들 내에는 자기상관의 패턴을 어떻게 가장 잘 서술할 수 있는지, 어떤 매개변수의 추정치가 자료에 대한 모형의 적합성을 극대화하는 데 필요한지, 해당 모형이 어떻게 자기상관을 방지했거나 처리했는지 혹은 제거했는지 일단 추정했던 것 등과 같은 과제들이 들어 있다. 이러한 것들이 일단 완료되면, 이 분석은 중재와 연계된 수준 및 기울기에서의 변화들을 검정할 수 있다. 이전의 요점으로 돌아와서, 이 분석에 많은 기준점이 추천되는 한 가지 이유는, 이 초기 단계들을 실행하고 자료에 맞는 모형 및 매개변수의 타당한 추정치를 제공하는 데 있다. 이 매우 피상적인 서술로부터 시계열 분석들에 대해 이해해야 할 것들이 많이 있음을 알 수 있다. 여러 가지 모형이 사용 가능하다. 비록 소프트웨어가 자료 입력을 가능하게 한다 하더라도 최종 결과 및 모형의 선택으로 가는 길을 따라 단계들을 이해하는 것은 중요한 일이다. 프로그램 내에 디폴트 옵션을 수용하느냐 그렇지 않느냐의 함수에 따라 결과는 각기 다를 수 있다. 만약 연구자가 충분한 정보를 갖고 있지 않다면 의미 혹은 의미의 부족은 쉽게 연구자의 디폴트가 될 수 있다.

시계열 분석들은 시각적 검사를 위한 이상적인 자료 요구 조건들 및 준거들이 충족되지 않았을 때 특히 유용하다. 기초선의 치료적 방향에 경향이 존재할 때나 변동성이 클 때, 혹은 처치 효과가 신속하지도 뚜렷하지도 않을 때 시계열 분석은 특히 유용하다. 또한 이 분석은 연구자가 수준이나 경향에 있어서의 변화에 대한 결론을 이끌어내는 데 관심이 있을 때에도 특히 유용하다. 이전에 검토했듯이, 많은 자료들이 경향이 일단 단순히 올라가거나 내려가는 직선 이상으로 이동한다면, 경향은 시각적 검사에 의해 쉽게 발견되지 않는다는 점을 시사하고 있다.

시계열 분석은 하나의 옵션을 대표하지만 나는 이것이 단일대상에 대한 자료 평가의 만병 통치약이라고 말하고자 하는 것은 아니다. 여러 가지 경고들 가운데 하나는 시계열은 하나의 분석이 아니고 오히려 옵션군이며, 거기에 문제가 있다는 것이다. 이 분석을 행하는 데 있어, 대다수의 설계들이나 자료 세트들 전반에 걸쳐 광범위하게 적용될 수 있는 것으로 추천될 수 있는 단 한 가지 방법이 있는 것은 아니다. 여러 가지 옵션 및 결정(예 : 자료의 모형을 만드는 방법)이 존재하고 이러한 것들은 서로 다른 결과를 산출할 것이다. 이미 출판된, 많은 예들의 사용 가능성은 이 옵션들 중 일부에 대한 구체적인 설명을 제공할 수 있다.

통계적 검정 활용에 있어서의 장애물

많은 옵션, 적은 지침

몇 가지 옵션이 통계적 분석을 위해 사용 가능하며, 분석에 관심이 있는 연구자는 선택권을 가지고 있다. 비록 단일대상연구의 통계적 분석들에 대한 더 많은 분석과 더 많은 보고서를 사용할 수 있게 되었다 하더라도, 단일대상설계들을 사용하는 사람들 사이에서 그것들 중 어떤 것을 취하기 위한 커다란 움직임이 없음에 주목하는 것이 중요하다. 그 이유를 설명하는 일은 어렵지 않다. 첫째, 단일대상을 위한 통계를 단순한 방식으로 설명하고 통계의 적용 방법을 보여주는, 사용 가능한 자료들이 거의 없다. 내가 열거했던(표 A.1) 분석들 중 일부는 단일대상 자료를 가지고 분석을 사용하는 방법을 보여주는 한두 가지의 참고문헌을 가지고 있을 뿐이다. 그렇다, 분명하게 서술되고 설명되고 있는 검정들의 일부에 대한 예외가 있다. 이미 언급된 임의 검정과 시계열 분석은 두 가지 예이다. 표에 열거된 많은 다른 검정들에 대해 지침을 제공하는 몇 가지 연구가 존재한다(비록 그러한 지침 없이도 절차들이 적용하기에 전혀 복잡하지 않기는 하더라도). 그렇기는 하지만 특히 집단간 연구에서 더 일반적으로 사용되는 다른 통계들을 위해 사용 가능한 것에 대한 배경과 비교하여 고려될 때, 많은 자원들이 필요하다. 집단간 연구자들을 위해 인기 있는 통계 패키지들(예 : SPSS, SAS)은 자료 평가를 위한 여러 가지 기법을 포함하고 있고, 지속적으로 개정되며, 경험적 연구를 하는 많은 교수진, 박사 후 연구원들, 그리고 대학원생들을 위한 원스톱 쇼핑으로 쓰인다. 소프트웨어 패키지들은 그 적용 범위의 포괄성 및 사용의 용이성에서 경쟁한다. 단일대상연구의 경우 소프트웨어는 특정 검정들을 다루기 위해 사용할 수 있지만, 더 친숙한 통계 패키지들이 제공하는 적용 범위 및 사용의 용이성과는 관계가 없다.

둘째, 단일대상 통계 검정과 그 적용은 단순하지 않다. 서로 다른 많은 검정들이 있고 하나의 검정(예 : 임의, 시계열 분석) 내에 서로 다른 많은 형태가 존재한다. 부분적으로 어떤 검정이 선택되는지가 커다란 차이를 만들 수 있기 때문에 옵션들은 위협적이다. 서로 다른 통계적 검정들이 동일한 단일대상 자료를 평가하기 위해 사용될 때 매우 다른 결론에 도달할 수 있다(예 : Nourbakhsh & Ottenbacher, 1994; Parker & Brossart, 2003). 비록 '동일한' 검정이 사용되지만 서로 다른 가정을 하거나 자료의 약간 다른 특징들에 초점을 맞춘다 하더라도, 결과는 매우 다를 수 있다(예 : Lall & Levin, 2004; Manolov & Solanas, 2008a, 2008b). 때때로 한 단계의 관찰 횟수나 자기상관의 정도와 같은 자료 세트의 외견상 미묘한 차이가 결론에 편견이 있을 것 같은(예 : 1종 오류) 정도를 결정하고 특정 단일대상 통계를 문제의 소지가 있게 혹은 부적절하게 만든다(Sierra, Solanas, & Quera, 2005). 그러한 쟁점들은 이제야 상술되고 있지만, 통계적 검정을 선택하는 데 있어 지침을 찾는 사람에게 내가 더 도움이 될 수 없음이 안타깝다.

제12장에서 언급된, 시각적 검사에 대한 반대들 중 한 가지는 그 방법이 너무 주관적이라는 것이었다. 그 주장이 말하는 것처럼, 통계적 검정들은 자료를 평가하는 더 객관적인 방식을 제공한다. 이것이 분명한 사실인 한 가지 방법이 있다. 대부분 일단 통계적 검정이 선택되면, 그 결과(통계적 의미에 대한 판단 규칙)는 시각적 검사보다 더 객관적(예 : 자동적)이다. 하지만 이 부록에서 강조된 연구가 보여주는 것처럼, 어떤 통계적 검정이 선택되는지가 엄청나게 큰 차이를 만들어내고 중재의 영향에 대하여 다양한 그리고 반대되는 결론으로 이어질 수 있다.

관련된 이유로는, 특정 설계들에 특정 검정들을 연결시키는 것은 단순하지 않다는 것이다. 단일대상에 대한 통계적 분석들을 상술했던 연구들은 보통 AB단계들을 해당 통계가 무엇을 하고 있고 그것이 어떻게 작용하는지 설명하기 위한 전형적인 예로 사용한다. 때때로 수백 개에 이르는 많은 그래프들이 컴퓨터에 의해 만들어져 자료의 다양한 특성을 체계적으로 포함할 수 있게 해준다. 다양한 통계가 어떻게 작동하는지, 여러 가지 크기의 자기상관이 어떻게 결론에 영향을 주는지, 그리고 서로 다른 통계적 검정들이 어떻게 서로를 비교하는지 이해하는 것은 중요한 일이다. 그러나 그 와중에서 우리는 ABAB 설계, 기준변경설계, 그리고 중다기초선설계인 단일대상설계들을 하고, 하위 단계(예 : 준거를 반복적으로 바꿀 때)나 많은 서로 다른 기초선(예 : 행동 간, 대상 간, 그리고 상황 간 중다기초선)을 두며, 그리고 첫 중재(B)보다 더 강력한 효과를 볼 수 있는지 알기 위해 또 다른 중재(C)를 도입한다. 현 시점에서 단일대상설계를 위한 통계라는 이제 막 나타나고 있는 분야에는 설계들과 통계적 검정들을 연결해주기 위한 분명한 지침들은 존재하지 않는다. 자료 분석의 AB단계 방법은 사용되고 있는 설계 적용에 자동적으로 연결되거나 전이되지 않는다. 예를 들어 세 가지 행동 간 중다기초선

설계는 단지 B를 시차를 두고 적용한 3개의 AB 설계인가? 각각의 AB를 따로따로 평가하고 있는가? 그것은 이 설계가 보여주려 한 것이 아니다. 또한 자료의 상관관계(자기상관)는 단지 한 기초선 자료의 내부에 있는 것이 아니다. 만약 이것이 (동일인에 대한) 세 가지(혹은 그 이상) 행동 간 중다 기초선이거나 세 가지(혹은 그 이상) 상황에서 한 사람의 한 가지 행동이라면, 모든 기초선이 어떤 관계를 갖고 있을 가능성이 있는가? 다중 자기상관이 있는가? 혹은 어쩌면 커피 전문점에서 빗대어 물을 수 있다. 우리가 걱정해야 할 '더블 자기상관 라테 그란데'가 있나요?' 단일대상설계들로부터 나온 실제 자료 세트들에 관하여 이러한 질문들이 부각되므로, 수면안대를 하고 있는 동안에는 매우 어두운 방에 있는 시야가 좁은 시각적 검사가 그리 나쁘지 않아 보이기 시작한다.

마지막으로, 단일대상 자료를 분석하기 위해 사용될 수 있는 더 비밀스러운 통계 주제는 차치하고, 단일대상연구 방법에는 훈련 기회가 거의 없다. 교육학, 심리학, 상담, 학교심리학, 작업 및 물리치료, 그리고 그러한 설계들이 적용되는 다른 영역들에서의 대학원 수준의 훈련 프로그램들은 단일대상연구 설계들의 과정을 적극적으로 가르치는 것은 고사하고, 이 설계들을 언급조차 하지 않을 것 같다. 학생들이 연구로의 진로를 준비하는 데 있어 어려움은 그들이 양적인, 영가설 검정 연구 방법, 즉 과학의 만국공통어에 능숙하고 유창함을 보장하는 것이다. 이는 집단간 설계들과 자료 분석 기법들을 의미한다. 양적 전통 내에서 가르칠 것이 매우 많다. 학생들을 경쟁력 있게 준비시키기 위하여 진행 중인 진전들(예 : 고찰적 분석, 성장 곡선, 위계적 선형 모델링, 구조방정식 모델링, 도구변수 기법, 경향점수 대응, 잠재 전이 분석)은 끊임없이 규범에 추가되어야 한다. 이미 요구되고 있는 과정들의 범위를 고려해본다면, 다른 전통들(단일대상 실험 설계, 질적 연구)에서 훈련할 시간이 얼마 없다.

통계적 검정의 사용을 지지하는 내 이전 주장들 중 한 가지는, 시각적 검사의 요구 조건들을 충족하지 못한 단일대상설계들에 있어서의 믿을 만한 효과를 규명해내라는 것이었다. 나는 작지만 믿을 만한 효과는 여러 가지 이유로 중요한 것일 수 있다고 주장한다. 시각적 검사에 대한 연구로부터 우리는 중재 효과가 그렇게 강하지 않을 때 판단들이 종종 일치하지 않음을 알고 있다. 단일대상설계들을 위한 통계가 눈에 띄게 더 잘할 수 있는지는 분명치 않다. 통계적 분석들은 종종 표본크기(예 : 관찰 횟수)가 중요한 검정력과 같은 문제들을 제기하며 차이를 발견하는 것은 중재 효과 이상의 많은 요소들의 함수이다. 시각적 검사로 쉽게 합의될 수 있는 더 작은 효과를 발견하기 위해 노력할 때, 단일대상의 통계적 검정들이 얼마나 더 잘할 것인가? 이에 대한 답을 하기 위해 충분한 연구가 이루어지지 않았지만, 효과크기가 매우 크지 않다면(> 2.0) 몇몇 통계적 검정들은 그리 유용하지 않거나 충분한 통계적 검정력을 지니지 못할 것이라고 암시하는 소수의 연구들(예 : Ferron & Sentovich, 2002 ; Manolov & Sola-nas, 2009)로부터 어쩌면 그 답을 미리 볼 수 있을 것이다.[5] 그것은 예외거나 모든 종류의 다른 조건들에 국한되는 것일 수 있지만, 우리는 여전히 우리를 안내할 실용적인 조언으로 귀결될 수 있는 기본 연구를 필요로 하고 있다.

권고사항

수년 전 단일대상설계들을 위한 통계적 검정을 평가하는 데 있어 나는 가능할 때마다 시계열 분석을 사용할 것을 권장했다(Kazdin, 1976, 1984). 입장의 변화는 최소한 사고에 진전이 있었다는 착각을 의미하기 때문에, 나는 지금 동일한 권고를 하지 않으려고 많은 노력을 했다. 또한 사실상, 그 이후 단일대상설계들을 위한 통계적 검정은 유별나게 활발한 연구 영역이 되었다. 나는 우리의 옵션들을 이해하고 상술하기 위해 진짜 그리고 모의 단일대상 자료를 평가하는 대안적 검정들을 비교하는 많은 연구들을 언급했다. 지금, 적어도 내가 읽어본 것들에서는 추천할 만한 통계적 분석이 분명하게 나타나지 않았다. 정말로, 이 책의 첫 판에서 제시한 나의 초기 추천들 중 일부(예 : 서열 검정, 임의 검정)는 시간이 지남에 따라 연속적 종속의 영향을 받는 것으로 나타났고, 따라서 더 많은 주의사항들을 제기하고 있다. 시계열 분석은 다른 분석들보다 더 잘 이해되고 사용되는 매우 타당한 옵션이다. 이러한 이유로, 정보를 알아내고 비교할 어떤 문헌이 있다. 또한 이전에 암 환자들을 예로 제공된 설명에서 분명히 드러난 것처럼, 이 분석은 실제 자료를 가지고, 실제 설계에서, 그리고 실제 임상 문제들을 대상으로 사용될 수 있다. 쉽게 제공될 수 있는 다른, 그와 같은 응용이 존재한다(예 : Levesque et al., 2004 ; Savard et al., 1998). 그것들 모두에 의하면, 내가 언급했던 것처럼 시계열 분석들은 자료에 맞추기 위한 모형 및 매개변수들의 추정과 변화를 평가할 검정들을 만들기 위한 이 자료의 사용을 포함하여 여러 단계를 요구한다. 컴퓨터가 온갖 추정치와 표들을 토해낼 때 그 속에서 무슨 일이 벌어지는지 그리고 이 분석이 그 안에 있는 자료들과 옵션들이 갖고 있는 제한점에 비추어 좋은 검정인지 그렇지 않은지 이해하기 위해 시간을 들여야 할 필요가 있다. 감히 말하건대, 옵션들 중 가장 적절한 것을 결정하기 위해 그 옵션들에 필요한 어떤 시각적 검

---

5) 효과크기 2.0은 매우 큰 것으로 간주된다. 맥락에서 효과크기를 평가하기 위해, 임의적이지만 여전히 일반적으로 사용되는 지침들은 작은 효과크기, 중간 효과크기, 큰 효과크기를 각각 0.2, 0.5, 그리고 0.8 정도로 언급하고 있다(Cohen, 1988). 집단간 연구에서 효과크기는 표준편차 단위로 표현된 중재 집단과 통제 집단간의 차이임을 상기해보라. 하나의 기준으로, 무처치와 비교할 때 성인들을 위한 정신요법은 대략 0.7의 효과크기를 산출하는데, 이는 이 집단들의 분산이 표준편차 단위로 이 분산의 산술평균을 이만큼 멀리 떨어져 있음을 의미하는 것이다.

사가 있다.

단일대상 자료로부터의 중재 효과가 명확하지 않을 때 시각적 검사 준거들을 적용하는 것은 믿을 만한 것이 못 될 수 있다는 점을 우리는 알고 있다. 우리는 또한 단일대상 자료가 연속적으로 종속될 가능성이 있으며 이것이 시각적 검사와 통계적 평가 모두를 오도할 수 있다는 것도 알고 있다. 특별히, 시각적 검사를 평가할 때 기준점들에 의해 형성된 상향 혹은 하향 직선이 없다면 경향은 특히 발견하기 어렵다. 이러한 고려사항들을 염두에 두고 설계가 허용할 때 자료를 평가하는 한 가지 이상의 수단, 즉 시각적 검사와 통계적 분석 모두, 그리고 옵션으로 사용할 수 있다면 시계열 분석도 사용하는 것에 신중해야 할 것이다.

내가 상술하지 않았던 절충 입장이 있다. 아마도 시각적 검사는 단일대상 자료를 평가하는 주요 방법으로 남아 있게 될 것이지만, 통계적 보조도구들은 자료의 평가를 용이하게 한다. 이 보조도구들은 결과의 신뢰도를 검정하기 위한 독립된 방법으로서 작용하는 통계적 검정이 아니다. 오히려, 이 보조도구들은 더 믿을 만한 방식으로 시각적 검사를 적용하는 데 도움이 될 것이다. 예를 들어 시각적 검사는 복잡한 경향을 규명하고 중재를 평가함에 있어 경향들을 고려하는 데 특히 약하다(Fisch, 2001 참조). 아마도 우리는 경향들을 표시한 혹은 시각적으로 감춰진 경향들을 더 명확하게 만드는 대안적 방식들을 사용한 시각적 검사를 도울 기법들을 제공할 수 있을 것이다. 시각적 검사를 돕는다는 목적으로 경향들을 계산하고 평가하는 많은 서로 다른 방법들이 사용 가능하다. 현 시점에서 몇 가지 응용이 시각적 검사의 신뢰도를 향상시키는 데 도움이 되었지만(W. W. Fisher et al., 2003), 다른 응용들은 그렇지 않았다(예 : Borckardt, Murphy, Nash, & Shaw, 2004). 새로운 방법들이 계속해서 탐색되고 좋은 결실(예 : Parker et al., 2006)을 볼 수 있지만, 우리들을 절충 입장으로 안내하도록 사용할 수 있는 확실한 권고는 아직 없다. 시각적 보조도구는 그들만의 장점이 있으나 변화의 신뢰도를 평가하는 분석들을 대신할 수는 없다.

결론

단일대상설계들을 위한 통계적 평가의 전 영역은 지난 10여 년간 점점 많은 주목을 받아 왔다. 이 통계적 검정들의 사용과 그 검정들이 야기하는 문제들에 대한 논의, 그리고 대안적인 통계 기법들의 개발을 위한 제안들은 앞으로 훨씬 더 증가할 가능성이 높다. 우리는 구체적 권고 방법에 있어 제공될 수 있는 것이 거의 없기 때문에 그러한 작업이 필요요할 것이다.

주요 의미라는 쟁점은 통계를 설계에 맞추고 있다. 어떤 연구를 위한 통계적 검정들은 어떻게, 언제, 누구에게, 그리고 얼마 동안 중재가 적용되어야 하는지에 관하여 설계에 특별한 요구 조건들을 부과할 것이다. 인간이 아닌 일반 동물들을 대상으로 하는 기본적인 실험실 연구에서 설계들의 요구 조건들은 실험이 어떻게 마련되고 수행되는지에 커다란 영향을 미칠 수 있다. 많은 단일대상설계들이 사용되는 응용 환경(예 : 교실에서)에서 실질적인 제약들은 종종 반전 단계나 몇몇 기초선 중 하나에서 장기간 동안 처치의 철회 등과 같은 다양한, 설계의 요구 조건들을 실행하기 어렵게 만든다. 이 부록에서 언급된 통계적 검정들 중 일부는 또한 확장된 단계의 포함(시계열 분석)이나 임의로 교대되는 처치와 무처치 조건들(임의 검정) 등과 같은 설계 요구 조건들을 특별하게 만들기도 한다. 설계에 의해 혹은 통계적 평가기법들에 의해 부과되는 이러한 요구 조건들 및 다른 요구 조건들이 실행될 수 있는지에 관하여 단일대상연구가 시작되기 훨씬 전에 결정이 내려져야 한다.

이 부록은 단일대상연구에서 자료를 평가하기 위한 여러 가지 고려사항을 언급하고 있다. 시각적 검사나 통계적 분석의 맹목적 채택, 그리고 다른 방법 대신 어떤 특정 방법에 대한 너무 강한 선호 등은 내가 생각하기에, 현 자료에 비추어볼 때 정당화하기 어렵다. 각각의 광범위한 방법은 여러 가지 장점과 단점을 지니고 있으며, 이러한 장단점들은 많은 다른 조건들 아래서 달라진다. 우리는 우리를 안내하고 우리 학생들을 가르치기 위한 단순한 규칙들을 좋아한다. 우리에게는 아마도 두 가지가 있을 것이다 — (1) 자료를 평가하는 데 있어 한 가지 이상의 수단을 생각해보라. 그리고 (2) 시각적 검사 및 통계적 분석에 관하여 '이것 혹은 저것'이라는 입장을 취하지 말라. '이것 혹은 저것'은 철학에서는 잘 작용하지만(Kirkegaard, 1843), 과학에서는 현명한 태도가 아닐 것이다.

| 참고문헌 |

Achenbach, T. M. (1991). *Manual for the Child Behavior Checklist/4–18 and 1991 Profile.* Burlington: University of Vermont.

Achenbach, T. M. (2006). As others see us: Clinical and research implications of cross-informant correlations for psychopathology. *Current Directions in Psychological Science, 15,* 94–98.

Ahearn, W. H., Clark, K. M., MacDonald, R. P. F., & Chung, B. I. (2007). Assessing and treating vocal stereotypy in children with autism. *Journal of Applied Behavior Analysis, 40,* 263–275.

Aldwin, C. M., & Gilmer, D. F. (2004). *Health, illness and optimal aging: Biological and psychosocial perspectives.* Thousand Oaks, CA: Sage Publications.

Allen, K. D., & Evans, J. H. (2001). Exposure-based treatment to control excessive blood glucose monitoring. *Journal of Applied Behavior Analysis, 34,* 497–500.

Allison, D. B., & Gorman, B. S. (1993). Calculating effect sizes for meta-analysis: The case of the single case. *Behaviour Research Therapy, 31,* 621–631.

Allport, G. W. (1961). *Pattern and growth in personality.* New York: Holt, Rinehart & Winston.

American Psychiatric Association. (1994). *Diagnostic and statistical manual of mental disorders* (4th ed.). Washington, DC: American Psychiatric Association.

American Psychological Association. (2005). *Policy statement on evidence-based practice in psychology.* Washington, DC: American Psychological Association.

Ardoin, S. P., McCall, M., & Klubnik, C. (2007). Promoting generalization of oral reading fluency: Providing drill versus practice opportunities. *Journal of Behavioral Education, 16,* 55–70.

Ary, D., Covalt, W. C., & Suen, H. K. (1990). Graphic comparisons of interobserver agreement indices. *Journal of Psychopathology and Behavioral Assessment, 12,* 151–156.

Athens, E. S., Vollmer, T. R., & Pipkin, C. C. S. P. (2007). Shaping academic task engagement with percentile schedules. *Journal of Applied Behavior Analysis, 40,* 475–488.

Austin, J., & Carr, J. E. (Eds.). (2000). *Handbook of applied behavior analysis.* Reno, NV: Context Press.

Austin, J., Hackett, S., Gravina, N., & Lebbon, A. (2006). The effects of prompting and feedback on drivers' stopping at stop signs. *Journal of Applied Behavior Analysis, 39,* 117–121.

Ayllon, T. (1963). Intensive treatment of psychotic behavior by stimulus satiation and food reinforcement. *Behaviour Research and Therapy, 1,* 53–61.

Ayllon, T., & Haughton, E. (1964). Modification of symptomatic verbal behavior of mental patients. *Behaviour Research and Therapy, 2*, 87–97.

Ayllon, T., & Michael, J. (1959). The psychiatric nurse as a behavioral engineer. *Journal of the Experimental Analysis of Behavior, 2*, 323–334.

Ayllon, T., & Roberts, M. D. (1974). Eliminating discipline problems by strengthening academic performance. *Journal of Applied Behavior Analysis, 7*, 71–76.

Azrin, N. H., Hontos, P. T., & Besalel-Azrin, V. (1979). Elimination of enuresis without a conditioning apparatus: An extension by office instruction of the child and parents. *Behavior Therapy, 10*, 14–19.

Azrin, N. H., & Peterson, A. L. (1990). Treatment of Tourette's syndrome by habit reversal: A waiting-list control group. *Behavior Therapy, 21*, 305–318.

Baer, D. M. (1977). Perhaps it would be better not to know everything. *Journal of Applied Behavior Analysis, 10*, 167–172.

Baer, D. M., Wolf, M. M., & Risley, T. R. (1968). Some current dimensions of applied behavior analysis. *Journal of Applied Behavior Analysis, 1*, 91–97.

Baer, D. M., Wolf, M. M., & Risley, T. R. (1987). Some still-current dimensions of applied behavior analysis. *Journal of Applied Behavior Analysis, 20*, 313–328.

Bargh, J. A., & Morsella, E. (2008). The unconscious mind. *Perspectives on Psychological Science, 3*, 73–79.

Barlow, D. H., & Hayes, S. C. (1979). Alternating treatments design: One strategy for comparing the effects of two treatments in a single subject. *Journal of Applied Behavior Analysis, 12*, 199–210.

Baron, R. M., & Kenny, D. A. (1986). The moderator-mediator variable distinction in social psychological research: Conceptual, strategic, and statistical considerations. *Journal of Personality and Social Psychology, 51*, 1173–1182.

Barton, E. E., Reichow, B., & Wolery, M. (2007). Guidelines for graphing data with Microsoft PowerPoint™. *Journal of Early Intervention, 29*, 320–336.

Basoglu, M., Salcioglu, E., & Livanou, M. (2007). A randomized controlled study of single-session behavioural treatment of earthquake-related Posttraumatic stress Disorder using an earthquake simulator. *Psychological Medicine, 37*, 203–214.

Basoglu, M., Salcioglu, E., & Livanou, M. (2009). Single-case experimental studies of a self-help manual for traumatic stress in earthquake survivors. *Journal of Behavior Therapy and Experimental Psychiatry, 40*, 50–58.

Basoglu, M., Salcioglu, E., Livanou, M., Kalender, D., & Acar, G. (2005). Single-session behavioral treatment of earthquake-related Posttraumatic Stress Disorder: A randomized waiting list controlled trial. *Journal of Traumatic Stress, 18*, 1–11.

Battro, A. M. (2001). *Half a brain is enough: The story of Nico.* Cambridge, UK: Cambridge University Press.

Bearman, P. S., & Bruckner, H. (2005). After the promise: The STD consequences of adolescent virginity pledges. *Journal of Adolescent Health, 36*, 271–278.

Berg, B. L. (2001). *Qualitative research methods for the social sciences* (4th ed.). Needham Heights, MA: Allyn & Bacon.

Bijou, S. W. (1955). A systematic approach to an experimental analysis of young children. *Child Development, 26*, 161–168.

Bijou, S. W. (1957). Patterns of reinforcement and resistance to extinction in young children. *Child Development, 28*, 47–54.

Billette, V., Guay, S., & Marchand, A. (2008). Posttraumatic stress disorder and social support in female victims of sexual assault: The impact of spousal involvement on the efficacy of cognitive-behavioral therapy. *Behavior Modification, 32*, 876–896.

Bisconer, S. W., Green, M., Mallon-Czajka, J., & Johnson, J. S. (2006). Managing aggression in a psychiatric hospital using a behavioural plan: A case study. *Journal of Psychiatric and Mental Health Nursing, 13,* 515–521.

Bjorklund, D. F. (Ed.). (2000). *False-memory creation in children and adults: Theory, research, and implications.* Mahwah, NJ: Lawrence Erlbaum Associates.

Blanton, H., & Jaccard, J. (2006). Arbitrary metrics in psychology. *American Psychologist, 61,* 27–41.

Bolgar, H. (1965). The case study method. In B. B. Wolman (Ed.), *Handbook of clinical psychology.* New York: McGraw-Hill.

Borckardt, J. J., Murphy, M. D., Nash, M. R., & Shaw, D. (2004). An empirical examination of visual analysis procedures for clinical practice evaluation. *Journal of Social Service Research, 30,* 55–73.

Borckardt, J. J., Nash, M. R., Murphy, M. D., Moore, M., Shaw, D., & O'Neil, P. (2008). Clinical practice as natural laboratory for psychotherapy research: A guide to case-based time-series analysis. *American Psychologist, 63,* 77–95.

Boring, E. G. (1957). *A history of experimental psychology* (2nd ed). New York: Appleton-Century-Crofts.

Bouchard, T. J., Jr., Lykken, D. T., McGue, M., Segal, N. L., & Tellegen, A. (1990). Sources of human psychological differences: The Minnesota study of twins reared apart. *Science, 250,* 223–228.

Box, G. E. P., & Jenkins, G. M. (1970). *Time-series analysis: Forecasting and control.* San Francisco: Holden-Day.

Box, G. E. P., & Jenkins, G. (1976). *Time-series analysis: Forecasting and control* (Rev. ed.). San Francisco: Holden-Day.

Box, G. E. P., Jenkins, G. M., & Reinsel, G. C. (1994). *Time-series analysis: Forecasting and control* (3rd ed.). Englewood Cliffs, NJ: Prentice-Hall.

Bradshaw, W. (2003). Use of single-system research to evaluate the effectiveness of cognitive-behavioural treatment of schizophrenia. *British Journal of Social Work, 33,* 885–899.

Brainerd, C. J., & Reyna, V. F. (2005). *The science of false memory.* New York: Oxford University Press.

Brembs, B., Lorenzetti, F. D., Reyes, F. D., Baxter, D. A., & Byrne, J. H. (2002). Operant reward learning in *Aplysia*: Neuronal correlates and mechanisms. *Science, 296,* 1706–1709.

Breuer, J., & Freud, S. (1957). *Studies in hysteria.* New York: Basic Books.

Broemeling, L. D. (2009) *Bayesian methods for measures of agreement.* Boca Raton, FL: Chapman & Hall/Taylor & Francis.

Brooks, A., Todd, A. W., Tofflemoyer, S., & Horner, R. H. (2003). Use of functional assessment and a self-management system to increase academic engagement and work completion. *Journal of Positive Behavior Interventions, 5,* 144–152.

Brossart, D. F., Meythaler, J. M., Parker, R. I., McNamara, J., & Elliott, T. R. (2008). Advanced regression methods for single-case designs: Studying propranolol in the treatment for agitation associated with traumatic brain injury. *Journal of Rehabilitation Psychology, 53,* 357–369.

Brossart, D. F., Parker, R. I., Olson, E. A., & Mahadevan, L. (2006). The relationship between visual analysis and five statistical analyses in a simple AB single-case research design. *Behavior Modification, 30,* 531–563.

Browning, R. M. (1967). A same-subject design for simultaneous comparison of three reinforcement contingencies. *Behaviour Research and Therapy, 5,* 237–243.

Brunswik, E. (1955). Representative design and probabilistic theory in a functional psychology. *Psychological Review, 62,* 193–217.

Busk, P., & Serlin, R. (1992). Meta-analysis for single-participant research. In T. R. Kratochwill & J. R. Levin (Eds.), *Single-case research design and analysis: New directions for psychology and education.* Mahwah, NJ: Lawrence Erlbaum.

Busse, R. T., Kratochwill, T. R., & Elliott, S. N. (1995). Meta-analysis for single-case consultation outcomes: Applications to research and practice. *Journal of School Psychology, 33*, 269–285.

Calder, A. J., Keane, J., Manes, F., Antoun, N., & Young, A. W. (2000). Impaired recognition and experience of disgust following brain injury. *Nature Neuroscience, 3*, 1077–1078.

Cameron, M. J., Shapiro, R. L., & Ainsleigh, S. A. (2005). Bicycle riding: Pedaling made possible through positive behavioral interventions. *Journal of Positive Behavior Interventions, 7*, 153–158.

Campbell, D. T., & Stanley, J. C. (1963). Experimental and quasi-experimental designs for research and teaching. In N. L. Gage (Ed.), *Handbook of research on teaching*. Chicago: Rand McNally.

Campbell, J. M. (2004). Statistical comparison of four effect sizes for single-subject designs. *Behavior Modification, 28*, 234–246.

Carr, J. E., & Burkholder, E. O. (1998). Creating single-subject design graphs with Microsoft Excel™. *Journal of Applied Behavior Analysis, 31*, 245–251.

Carter, N., Holmström, A., Simpanen, M., & Melin, L. (1988). Theft reduction in a grocery store through product identification and graphing of losses for employees. *Journal of Applied Behavior Analysis, 21*, 385–389.

Caspi, A., McClay, J., Moffitt, T. E., Mill, J., Martin, J., Craig, I., Taylor, A., & Poulton, R. (2002). Role of genotype in the cycle of violence in maltreated children. *Science, 297*, 851–854.

Centers for Disease Control and Prevention. (2009). Reduced hospitalizations for acute myocardial infarction after implementation of a smoke-free ordinance—City of Pueblo, Colorado, 2002–2006. *Morbidity and Mortality Weekly Report, 57* (51), 1373–1377.

Center, B. A., Skiba, R. J., & Casey, A. (1985–1986). A methodology for the quantitative synthesis of intra-subject design research. *Journal of Special Education, 19*, 387–400.

Chaddock, R. E. (1925). *Principles and methods of statistics*. Boston: Houghton Mifflin.

Chamberlain, P., & Reid, J. B. (1987). Parent observation and report of child symptoms. *Behavioral Assessment, 9*, 97–109.

Chambless, D. L., & Ollendick, T. H. (2001). Empirically supported psychological interventions: Controversies and evidence. *Annual Review of Psychology, 52*, 685–716.

Chassan, J. B. (1967). *Research design in clinical psychology and psychiatry*. New York: Appleton-Century-Crofts.

Chassin, L., Presson, C. C., Sherman, S. J., Montello, D., & McGrew, J. (1986). Changes in peer and parent influence during adolescence: Longitudinal versus cross-sectional perspectives on smoking initiation. *Developmental Psychology, 22*, 327–334.

Clarke, B., Fokoue, E., & Zhang, H. H. (2009). *Principles and theory of data mining and machine learning*. New York: Springer.

Clayton, M., Helms, B., & Simpson, C. (2006). Active prompting to decrease cell phone use and increase seat belt use while driving. *Journal of Applied Behavior Analysis, 39*, 341–349.

Clement, P. W. (2007). Story of "Hope": Successful treatment of obsessive-compulsive disorder. *Pragmatic Case Studies in Psychotherapy, 3*, 1–36. (online at http://hdl.rutgers.edu/1782.1/pcsp_journal)

Clement, P. W. (2008). Outcomes from 40 years of psychotherapy in a private practice. *American Journal of Psychotherapy, 62*, 215–239.

Cleveland, W. S. (1993). *Visualizing data*. Summit, NJ: Hobart Press.

Cleveland, W. S. (1994). *The elements of graphing data*. Summit, NJ: Hobart Press.

Cohen, J. (1965). Some statistical issues in psychological research. In B. B. Wolman (Ed.), *Handbook of clinical psychology*. New York: McGraw-Hill.

Cohen, J. (1988). *Statistical power analysis for the behavioral sciences* (2nd ed.). Hillsdale, NJ: Erlbaum.

Cook, T. D., & Campbell, D. T. (Eds.). (1979). *Quasi-experimentation: Design and analysis issues for field settings*. Chicago: Rand-McNally.

Cooper, H., Hedges, L. V., & Valentine, J. C. (Eds.). (2009). *The handbook of research synthesis and meta-analysis*. New York: Russell Sage Foundation.

Cooper, J. O., Heron, T. E., & Heward, W. L. (2007). *Applied behavior analysis* (2nd ed.). Upper Saddle River, NJ: Pearson Education.

Cox, B. S., Cox, A. B., & Cox, D. J. (2000). Motivating signage prompts safety belt use among drivers exiting senior communities. *Journal of Applied Behavior Analysis, 33*, 635–638.

Cunningham, C. E., Bremner, R., & Boyle, M. (1995). Large group community-based parenting programs for families of preschoolers at risk for disruptive behaviour disorders: Utilization, cost effectiveness, and outcome. *Journal of Child Psychology and Psychiatry, 36*, 1141–1159.

Cunningham, T. R., & Austin, J. (2007). Using goal setting, task clarification, and feedback to increase the use of the hands-free technique by hospital operating room staff. *Journal of Applied Behavior Analysis, 40*, 673–677.

Dapcich-Miura, E., & Hovell, M. F. (1979). Contingency management of adherence to a complex medical regimen in an elderly heart patient. *Behavior Therapy, 10*, 193–201.

Davis, M., Myers, K. M., Chhatwal, J., & Ressler, K. J. (2006). Pharmacological treatments that facilitate extinction of fear: Relevance to psychotherapy. *NeuroRx, 3*, 82–96.

Dawes, R. M. (1994). *House of cards: Psychology and psychotherapy built on myth*. New York: Free Press.

De Los Reyes, A., & Kazdin, A. E. (2005). Informant discrepancies in the assessment of childhood psychopathology: A critical review, theoretical framework, and recommendations for further study. *Psychological Bulletin, 131*, 483–509.

DeMaster, B., Reid, J., & Twentyman, C. (1977). The effects of different amounts of feedback on observers' reliability. *Behavior Therapy, 8*, 317–329.

Denissenko, M. F., Pao, A., Tang, M., & Pfeifer, G. P. (1996). Preferential formation of benzo[*a*]pyrene adducts at lung cancer mutational hotspots in *P*53. *Science, 274*, 430–432.

Denzin, N. K., & Lincoln, Y. S. (Eds.). (2005). *The SAGE handbook of qualitative research* (3rd ed.). Thousand Oaks, CA: Sage.

DeProspero, A., & Cohen, S. (1979). Inconsistent visual analysis of intrasubject data. *Journal of Applied Behavior Analysis, 12*, 573–579.

DiGennaro, F. D., Martens, B. K., & Kleinmann, A. E. (2007). A comparison of performance feedback procedures on teachers' treatment implantation integrity and students' inappropriate behavior in special education classrooms. *Journal of Applied Behavior Analysis, 40*, 447–461.

Dishion, T. J., McCord, J., & Poulin, F. (1999). When interventions harm: Peer groups and problem behavior. *American Psychologist, 54*, 755–764.

Dittmer, C. G. (1926). *Introduction to social statistics*. Chicago: Shaw.

Dodge, K. A., Dishion, T. J., & Lansford, J. E. (Eds.). (2006). *Deviant peer influences in programs for youth: Problems and solutions*. New York: Guilford.

Doss, A. J., & Weisz, J. R. (2006). Syndrome co-occurrence and treatment outcomes in youth mental health clinics. *Journal of Consulting and Clinical Psychology, 74*, 416–425.

Drebing, C. E., Van Ormer, E. A., Krebs, C., Rosenheck, R., Rounsaville, B., Herz, L., & Penk, W. (2005). The impact of enhanced incentives for dually diagnosed veterans. *Journal of Applied Behavior Analysis, 38*, 359–372.

Ducharme, J. M., Folino, A., & DeRosie, J. (2008). Errorless acquiescence training:

A potential "keystone" approach to building peer interaction skills in children with severe problem behavior. *Behavior Modification, 32,* 39–60.

Dukes, W. F. (1965). N = 1. *Psychological Bulletin, 64,* 74–79.

Dunn, J., & Plomin, R. (1990). *Separate lives: Why siblings are so different.* New York: Basic Books.

Edgington, E. S. (1969). *Statistical inference: The distribution free approach.* New York: McGraw Hill.

Edgington, E. S. (1996). Randomized single-subject experimental designs. *Behaviour Research and Therapy, 34,* 567–574.

Edgington, E. S., & Onghena, P. (2007). *Randomization tests* (4th ed.). Boca Raton, FL: Chapman & Hall/CRC.

Engleman, S., Haddox, P., & Bruner, E. (1983). *Teach your child to read in 100 easy lessons.* New York: Simon & Schuster.

Facon, B., Sahiri, S., & Rivière, V. (2008). A controlled single-case treatment of severe long-term selective mutism in a child with mental retardation. *Behavior Therapy, 39,* 313–321.

Faith, M. S., Gorman, B. G., & Allison, D. B. (1997). Meta-analytic evaluations of single-case designs. In D. B. Allison, B. Gorman, & R. Franklin (Eds.), *Methods for the design and analysis of single-case research.* Hillsdale, NJ: Lawrence Erlbaum.

Farrimond, S. J., & Leland, L. S., Jr. (2006). Increasing donations to supermarket food-bank bins using proximal prompts. *Journal of Applied Behavior Analysis, 39,* 249–251.

Favell, J. E., McGimsey, J. F., & Jones, M. L. (1980). Rapid eating in the retarded: Reduction by nonaversive procedures. *Behavior Modification, 4,* 481–492.

Feather, J. S., & Ronan, K. R. (2006). Trauma-focused cognitive-behavioural therapy for abused children with posttraumatic stress disorder. *New Zealand Journal of Psychology, 35,* 132–145.

Feehan, M., McGee, R., Stanton, W., & Silva, P. A. (1990). A 6-year follow-up of childhood enuresis: Prevalence in adolescence and consequences for mental health. *Journal of Paediatrics and Child Health, 26,* 75–79.

Feldman, R. A., Caplinger, T. E., & Wodarski, J. S. (1983). *The St. Louis conundrum: The effective treatment of antisocial youths.* Englewood Cliffs, NJ: Prentice-Hall.

Ferritor, D. E., Buckholdt, D., Hamblin, R. L., & Smith, L. (1972). The noneffects of contingent reinforcement for attending behavior on work accomplished. *Journal of Applied Behavior Analysis, 5,* 7–17.

Ferron, J., & Sentovich, C. (2002). Statistical power of randomization tests used with multiple-baseline designs. *Journal of Experimental Education, 70,* 165–178.

Ferster, C. B. (1961). Positive reinforcement and behavioral deficits in autistic children. *Child Development, 32,* 437–456.

Ferster, C. B., & Skinner, B. F. (1957). *Schedules of reinforcement.* New York: Appleton-Century-Crofts.

Fiore, M. C., Bailey, W. C., Cohen, S. J., Dorfman, S. F., Goldstein, H. G., Gritz, E. R., et al. (2000). *Treating tobacco use and dependence: Clinical practice guideline.* Rockville, MD: U.S. Department of Health and Human Services, Public Health Service.

Fisch, G. S. (2001). Evaluating data from behavioral analysis: Visual inspection or statistical models? *Behavioural Processes, 54,* 137–154.

Fisher, R. A. (1925). *Statistical methods for research workers.* Edinburgh, UK: Oliver & Boyd.

Fisher, W. W., Kelley, M. E., & Lomas, J. E. (2003). Visual aids and structured criteria for improving visual inspection and interpretation of single-case designs. *Journal of Applied Behavior Analysis, 36,* 387–406.

Fishman, C. (2006). How many light bulbs does it take to change the world? One. And you're looking at it. *Fast Company, 1008* (September), p. 74.

Flood, W. A., & Wilder, D. A. (2004). The use of differential reinforcement and fading to increase time away from a caregiver in a child with separation anxiety disorder. *Education and Treatment of Children, 27,* 1–8.

Foley, D., Wormley, B., Silberg, J., Maes, H., Hewitt, J., Eaves, L., & Riley, B. (2004). Childhood adversity, MAOA genotype, and risk for conduct disorder. *Archives of General Psychiatry, 61,* 738–744.

Foster, S. L., & Mash, E. J. (1999). Assessing social validity in clinical treatment research: Issues and procedures. *Journal of Consulting and Clinical Psychology, 67,* 308–319.

Fournier, A. K., Ehrhart, I. J., Glindemann, K. E., & Geller, E. S. (2004). Intervening to decrease alcohol abuse at university parties: Differential reinforcement of intoxication level. *Behavior Modification, 28,* 167–181.

Franklin, R. D., Allison, D. B., & Gorman, B. S. (Eds.). (1997). *Design and analysis of single-case research.* Mahwah, NJ: Lawrence Erlbaum Associates.

Franklin, R. D., Gorman, B. S., Beasley, T. M., & Allison, D. B. (1997). Graphical display and visual analysis. In R. D. Franklin, D. B. Allison, & B. S. Gorman (Eds.), *Design and analysis of single-case research.* Mahwah, NJ: Lawrence Erlbaum Associates.

Freedman, B. J., Rosenthal, L., Donahoe, C. P., Schlundt, D. G., & McFall, R. (1978). A social-behavioral analysis of skills deficits in delinquent and nondelinquent adolescent boys. *Journal of Consulting and Clinical Psychology, 46,* 1448–1462.

Freud, S. (1933). *New introductory lectures in psychoanalysis.* New York: Norton.

Friedman, J., & Axelrod, S. (1973). *The use of a changing-criterion procedure to reduce the frequency of smoking behavior.* Unpublished manuscript, Temple University.

Gabbard, G. O., Lazar, S. G., Hornberger, J., & Spiegel, D. (1997). The economic impact of psychotherapy: A review. *American Journal of Psychiatry, 154,* 147–155.

Garb, H. N. (2005). Clinical judgment and decision making. *Annual Review of Clinical Psychology, 1,* 67–89.

Gilbert, J. P., Light, R. J., & Mosteller, F. (1975). Assessing social interventions: An empirical base for policy. In C. A. Bennett & A. A. Lumsdaine (Eds.), *Evaluation and experiment: Some critical issues in assessing social programs.* New York: Academic Press.

Gilbert, L. M., Williams, R. L., & McLaughlin, T. F. (1996). Use of assisted reading to increase correct reading rates and decrease error rates of students with learning disabilities. *Journal of Applied Behavior Analysis, 29,* 255–257.

Gilovich, T., Griffin, D., & Kahneman, D. (2002). *Heuristics and biases: The psychology of intuitive judgment.* Cambridge, UK: Cambridge University Press.

Girolami, P. A., Boscoe, J. H., & Roscoe, N. (2007). Decreasing expulsions by a child with a feeding disorder: Using a brush to present and re-present food. *Journal of Applied Behavior Analysis, 40,* 749–753.

Glass, G. V. (1997). *Interrupted time series quasi-experiments: Complementary methods for research in education* (2nd ed.). Washington, DC: American Educational Research Association.

Glass, G. V., Willson, V. L., & Gottman, J. M. (1975). *Design and analysis of time-series experiments.* Boulder: Colorado Associated University Press.

Glenn, I. M., & Dallery, J. (2007). Effects of internet-based voucher reinforcement and a transdermal nicotine patch on cigarette smoking. *Journal of Applied Behavior Analysis, 40,* 1–13.

Goldiamond, I. (1962). The maintenance of ongoing fluent verbal behavior and stuttering. *Journal of Mathetics, 1,* 57–95.

Gore, A. (2006). *An inconvenient truth: The planetary emergency of global warming and what we can do about it.* New York: Rodale.

Gorsuch, R. L. (1983). Three methods for analyzing limited time-series (N of 1) data. *Behavioral Assessment, 5,* 141–154.

Greenberg, P. E., Sisitsky, T., Kessler, R. C., Finkelstein, S. N., Berndt, E. R., Davidson, J. R. T., Ballenger, J. C., & Fyer, A. J. (1999). The economic burden of anxiety disorders in the 1990s. *Journal of Clinical Psychiatry, 60,* 427–435.

Grice, C. R., & Hunter, J. J. (1964). Stimulus intensity effects depend upon the type of experimental design. *Psychological Review, 71,* 247–256.

Griner, D., & Smith, T. B. (2006). Culturally adapted mental health interventions: A meta-analytic review. *Psychotherapy: Theory, Research, Practice, Training, 43,* 531–548.

Grissom, T., Ward, P., Martin, B., & Leenders, N. Y. J. M. (2005). Physical activity in physical education. *Family Community Health, 28,* 125–129.

Gross, A., Miltenberger, R., Knudson, P., Bosch, A., & Breitwieser, C. B. (2007). Preliminary evaluation of a parent training program to prevent gun play. *Journal of Applied Behavior Analysis, 40,* 691–695.

Hains, A. H., & Baer, D. M. (1989). Interaction effects in multielement designs: nevitable, desirable, and ignorable. *Journal of Applied Behavior Analysis, 22,* 57–69.

Hall, S. S., Maynes, N. P., & Reiss, A. L. (2009). Using percentile schedules to increase eye contact in children with Fragile X syndrome. *Journal of Applied Behavior Analysis, 42,* 171–176.

Hanley, G. P., Heal, N. A., Tiger, J. H., & Ingvarsson, E. T. (2007). Evaluation of a classwide teaching program for developing preschool life skills. *Journal of Applied Behavior Analysis, 40,* 277–300.

Harbst, K. B., Ottenbacher, K. J., & Harris, S. R. (1991). Interrater reliability of therapists' judgments of graphed data. *Physical Therapy, 71,* 107–115.

Harris, V. W., & Sherman, J. A. (1974). Homework assignments, consequences, and classroom performance in social

studies and mathematics. *Journal of Applied Behavior Analysis, 7,* 505–519.

Hartmann, D. P. (1982). Assessing the dependability of observational data. In D. P. Hartmann (Ed.), *New directions for the methodology of behavioral sciences: Using observers to study behavior.* San Francisco: Jossey-Bass.

Hartmann, D. P., Barrios, B. A., & Wood, D. D. (2004). Principles of behavioral observation. In S. N. Haynes & E. M. Hieby (Eds.), *Comprehensive handbook of psychological assessment (Vol. 3, Behavioral assessment).* New York: John Wiley & Sons.

Hartmann, D. P., Gottman, J. M., Jones, R. R., Gardner, W., Kazdin, A. E., & Vaught, R. (1980). Interrupted time-series analysis and its application to behavioral data. *Journal of Applied Behavior Analysis, 13,* 543–559.

Hasler, B. P., Mehl, M. R., Bootzin, R. R., & Vazire, S. (2008). Preliminary evidence of diurnal rhythms in everyday behaviors associated with positive affect. *Journal of Research in Personality, 42,* 1537–1546.

Hassin, R. R., Ferguson, M. J., Shidlovski, D., & Gross, T. (2007). Subliminal exposure to national flags affects political thought and behavior. *Proceedings of the National Academy of Sciences, 104,* 19757–19761.

Hassin, R., Uleman, J., & Bargh, J. (Eds.). (2005). *The new unconscious.* New York: Oxford University Press.

Hawkins, R. P., & Dobes, R. W. (1977). Behavioral definitions in applied behavior analysis: Explicit or implicit. In B. C. Etzel, J. M. LeBlane, & D. M. Baer (Eds.), *New developments in behavioral research: Theory, methods, and applications. In honor of Sidney W. Bijou.* Hillsdale, NJ: Lawrence Erlbaum Associates.

Henry, G. T. (1995). *Graphing data: Techniques for display and analysis.* Thousand Oaks, CA: Sage Publications.

Hersen, M., & Barlow, D. H. (1976). *Single-case experimental designs: Strategies for studying behavior change.* New York: Pergamon.

Hetzroni, O. E., Quist, R. W., & Lloyd, L. L. (2002). Translucency and complexity: Effects on blissymbol learning using computer and teacher presentations. *Language, Speech, and Hearing Services in Schools, 33*, 291–303.

Himle, M. B., Chang, S., Woods, D. W., Pearlman, A., Buzzella, B., Bunaciu, L., & Piacentini, J. C. (2006). Establishing the feasibility of direct observation in the assessment of tics in children with chronic tic disorders. *Journal of Applied Behavior Analysis, 39*, 429–440.

Hofmann, S. G., Meuret, A. E., Smits, J. A., Simon, N. M., Pollack, M. H., Eisenmenger, K., Shiekh, M., & Otto, M. W. (2006). Augmentation of exposure therapy with D-cycloserine for social anxiety disorder. *Archives of General Psychiatry, 63*, 298–304.

Hollon, S. D., & Beck, A. T. (2004). Cognitive and cognitive behavioral therapies. In M. J. Lambert (Ed.), *Bergin and Garfield's handbook of psychotherapy and behavior change* (5th ed.). New York: Wiley & Sons.

Honekopp, J. (2006). Once more: Is beauty in the eye of the beholder? Relative contributions of private and shared taste to judgments of facial attractiveness. *Journal of Experimental Psychology: Human Perception and Performance, 32*, 199–209.

Horner, R. H., Carr, E. G., Halle, J., McGee, G., Odom, S., & Wolery, M. (2005). The use of single-subject research to identify evidence-based practice in special education. *Exceptional Children, 71*, 165–179.

Hsu, L. M. (1989). Random sampling, randomization, and equivalence of contrasted groups in psychotherapy outcome research. *Journal of Consulting and Clinical Psychology, 57*, 131–137.

Hughes, C. A. O., & Carter, M. (2002). Toys and materials as setting events for the social interaction of preschool children with special needs. *Educational Psychology, 22*, 429–444.

Hughes, M. A., Alberto, P. A., & Fredrick, L. L. (2006). Self-operated auditory prompting systems as a function-based intervention in public community settings. *Journal of Positive Behavior Interventions, 8*, 230–243.

Humm, S. P., Blampied, N. M., & Liberty, K. A. (2005). Effects of parent-administered, home-based, high-probability request sequences on compliance by children with developmental disabilities. *Child and Family Behavior Therapy, 27*, 327–345.

Hunsley, J. (2007). Addressing key challenges in evidence-based practice in psychology. *Professional Psychology: Research and Practice, 38*, 113–121.

Hunter, J. E., & Schmidt, F. L. (2004). *Methods of meta-analysis: Correcting error and bias in research findings* (2nd ed.). Thousand Oaks, CA: Sage Publications

Ingram, K., Lewis-Palmer, T., & Sugai, G. (2005). Function-based intervention planning: Comparing the effectiveness of FBA function-based and non-function based intervention plans. *Journal of Positive Behavior Interventions, 7*, 224–236.

Institute of Medicine. (2001). *Crossing the quality chasm: A new health system for the 21st century*. Washington, DC: National Academy Press.

Iwata, B. A., Kahng, S. W., Wallace, M. D., & Lindberg, J. S. (2000). The functional analysis model of behavioral assessment. In J. Austin & J. E. Carr (Eds.), *Handbook of applied behavior analysis*. Reno, NV: Context Press.

Jacobson, N. S., & Revenstorf, D. (1988). Statistics for assessing the clinical significance of psychotherapy techniques: Issues, problems, and new developments. *Behavioral Assessment, 10*, 133–145.

Jacobson, N. S., Roberts, L. J., Berns, S. B., & McGlinchey, J. (1999). Methods for defining and determining the clinical significance of treatment effects in mental health research: Current status, new applications, and future directions. *Journal of Consulting and Clinical Psychology, 67*, 300–307.

Jaffee, S. R., Caspi, A., Moffitt, T. E., Dodge, K., Rutter, M., Taylor, A., & Tully, L. (2005). Nature × nurture: Genetic vulnerabilities interact with physical maltreatment to promote behavior problems. *Development and Psychopathology, 17,* 67–84.

Jason, L. A., & Brackshaw, E. (1999). Access to TV contingent on physical activity: Effects on reducing TV-viewing and body-weight. *Journal of Behavior Therapy and Experimental Psychiatry, 30,* 145–151.

Johnson, B. M., Miltenberger, R. G., Egemo-Helm, K., Jostad, C. M., Flessner, C., & Gatheridge, B. (2005). Evaluation of behavioral skills training for teaching abduction-prevention skills to young children. *Journal of Applied Behavior Analysis, 38,* 67–78.

Jones, M. C. (1924a). A laboratory study of fear: The case of Peter. *Pedagogical Seminary and Journal of Genetic Psychology, 31,* 308–315.

Jones, M. C. (1924b). The elimination of children's fears. *Journal of Experimental Psychology, 7,* 382–390.

Jones, R. R., Vaught, R. S., & Weinrott, M. (1977). Time-series analysis in operant research. *Journal of Applied Behavior Analysis, 10,* 151–166.

Jones, R. R., Weinrott, M. R., & Vaught, R. S. (1978). Effects of serial dependency on the agreement between visual and statistical inference. *Journal of Applied Behavior Analysis, 11,* 277–283.

Jones, W. P. (2003). Single-case time series with Bayesian analysis: A practitioner's guide. *Measurement and Education in Counseling and Development, 36,* 28–39.

Kazdin, A. E. (1976). Statistical analysis for single-case experimental designs. In M. Hersen & D. H. Barlow, *Single-case experimental designs: Strategies for studying behavior change.* Elmsford, NY: Pergamon.

Kazdin, A. E. (1977a). Artifact, bias, and complexity of assessment. The ABC's of reliability. *Journal of Applied Behavior Analysis, 10,* 141–150.

Kazdin, A. E. (1977b). Assessing the clinical or applied significance of behavior change through social validation. *Behavior Modification, 1,* 427–452.

Kazdin, A. E. (1977c). *The token economy: A review and evaluation.* New York: Plenum.

Kazdin, A. E. (1978). *History of behavior modification: Experimental foundations of contemporary research.* Baltimore: University Park Press.

Kazdin, A. E. (1981). Drawing valid inferences from case studies. *Journal of Consulting and Clinical Psychology, 49,* 183–192.

Kazdin, A. E. (1982). Symptom substitution, generalization, and response covariation: Implications for psychotherapy outcome. *Psychological Bulletin, 91,* 349–365.

Kazdin, A. E. (1984). Statistical analyses for single-case experimental designs. In D. H. Barlow & M. Hersen, *Single-case experimental designs: Strategies for studying behavior change* (2nd ed.). Elmsford, NY: Pergamon.

Kazdin, A. E. (1994). Informant variability in the assessment of childhood depression. In W. M. Reynolds & H. Johnston (Eds.), *Handbook of depression in children and adolescents.* New York: Plenum.

Kazdin, A. E. (2001). *Behavior modification in applied settings* (6th ed.). Long Grove, IL: Waveland Press.

Kazdin, A. E. (2003). *Research design in clinical psychology* (4th ed). Boston: Allyn & Bacon.

Kazdin, A. E. (2006). Arbitrary metrics: Implications for identifying evidence-based treatments. *American Psychologist, 61,* 42–49.

Kazdin, A. E. (2007). Mediators and mechanisms of change in psychotherapy research. *Annual Review of Clinical Psychology, 3,* 1–27.

Kazdin, A. E. (2008a). Evidence-based treatments and delivery of psychological services: Shifting our emphases to increase impact. *Psychological Services, 5,* 201–215.

Kazdin, A. E. (2008b). Evidence-based treatment and practice: New opportunities to bridge clinical research and practice, enhance the knowledge base, and improve patient care. *American Psychologist, 63,* 146–159.

Kazdin, A. E. (2009). Psychological science's contributions to a sustainable environment: Extending our reach to a grand challenge of society. *American Psychologist, 64,* 339–356.

Kazdin, A. E., & Bass, D. (1989). Power to detect differences between alternative treatments in comparative psychotherapy outcome research. *Journal of Consulting and Clinical Psychology, 57,* 138–147.

Kazdin, A. E., & Geesey, S. (1977). Simultaneous-treatment design comparisons of the effects of earning reinforcers for one's peers versus for oneself. *Behavior Therapy, 8,* 682–693.

Kazdin, A. E., & Hartmann, D. P. (1978). The simultaneous-treatment design. *Behavior Therapy, 9,* 912–922.

Kazdin, A. E., & Mascitelli, S. (1980). The opportunity to earn oneself off a token system as a reinforcer for attentive behavior. *Behavior Therapy, 11,* 68–78.

Kazdin, A. E., & Polster, R. (1973). Intermittent token reinforcement and response maintenance in extinction. *Behavior Therapy, 4,* 386–391.

Kazdin, A. E., Siegel, T., & Bass, D. (1992). Cognitive problem-solving skills training and parent management training in the treatment of antisocial behavior in children. *Journal of Consulting and Clinical Psychology, 60,* 733–747.

Kazdin, A. E., & Wassell, G. (2000). Therapeutic changes in children, parents, and families resulting from treatment of children with conduct problems. *Journal of the American Academy of Child and Adolescent Psychiatry, 39,* 414–420.

Kazdin, A. E., & Whitley, M. K. (2006). Comorbidity, case complexity, and effects of evidence-based treatment for children referred for disruptive behavior. *Journal of Consulting and Clinical Psychology, 74,* 455–467.

Kendall, P. C., & Grove, W. M. (1988). Normative comparisons in therapy outcome. *Behavioral Assessment, 10,* 147–158.

Kennedy, C. H. (2002). The maintenance of behavior change as an indicator of social validity. *Behavior Modification, 26,* 627–647.

Kenny, D. A., Kashy, D. A., & Bolger, N. (1998). Data analysis in social psychology. In D. Gilbert, S. T. Fiske, & G. Lindzey (Eds.), *Handbook of social psychology* (4th ed., Vol. 1).

Kent, R. N., & Foster, S. L. (1977). Direct observational procedures: Methodological issues in naturalistic settings. In A. R. Ciminero, K. S. Calhoun, & H. E. Adams (Eds.), *Handbook of behavioral assessment.* New York: Wiley.

Kierkegaard, S. (1843) *Either/or: A fragment of life.* Copenhagen: University Bookshop Reitzel. (Translated 1944, H. Milford, Oxford University Press)

Kim-Cohen, J., Caspi, A., Taylor, A., Williams, B., Newcombe, R., Craig, I. W., & Moffitt, T. E. (2006). MAOA, maltreatment, and gene–environment interaction predicting children's mental health: New evidence and a meta-analysis. *Molecular Psychiatry, 11,* 903–913.

Kirk, R. E. (1996). Practical significance: A concept whose time has come. *Educational and Psychological Measurement, 56,* 746–759.

Knapp, T. J. (1983). Behavior analysts' visual appraisal of behavior change in graphic display. *Behavioral Assessment, 5,* 155–164.

Kodak, T., Grow, L., & Northrup, J. (2004). Functional analysis and treatment of elopement for a child with Attention-Deficit-Hyperactivity Disorder. *Journal of Applied Behavior Analysis, 37,* 229–232.

Koegel, R. L., & Koegel, L. K. (2006). *Pivotal response treatments for autism: Communication, social, and academic development.* Baltimore: Brookes Publishing Company.

Komaki, J., & Barnett, F. T. (1977). A behavioral approach to coaching football: Improving the play execution of the offensive backfield on a youth football team. *Journal of Applied Behavior Analysis, 10,* 657–664.

Korchin, S. J. (1976). *Modern clinical psychology.* New York: Basic Books.

Kosslyn, S. M. (2006). *Graph design for the eye and mind.* New York: Oxford University Press.

Kraemer, H. C., Kiernan, M., Essex, M., & Kupfer, D. J. (2008). How and why criteria defining moderators and mediators differ between the Baron & Kenny and MacArthur approaches. *Health Psychology, 27* (Suppl.) S101–S108.

Kraemer, H. C., Stice, E., Kazdin, A. E., Offord, D. R, & Kupfer, D. J. (2001). How do risk factors work together? Mediators, moderators, independent, overlapping, and proxy-risk factors. *American Journal of Psychiatry, 158,* 848–856.

Kraemer, H. C., Wilson, G. T., Fairburn, C. G., & Agras, W. S. (2002). Mediators and moderators of treatment effects in randomized clinical trials. *Archives of General Psychiatry, 59,* 877–883.

Kratochwill, T. R. (2006). Evidence-based interventions and practices in school psychology: The scientific basis of the profession. In R. F. Subotnik & H. J. Walberg (Eds.), *The scientific basis of educational productivity.* Charlotte, NC: Information Age Publishing.

Kratochwill, T. R., Hoagwood, K. E., Frank, J. L., Levitt, J. M., Olin, S., Romanelli, L. H., & Saka, N. (2009). Evidence-based interventions and practices in school psychology: Challenges and opportunities. In T. B. Gutkin & C. R. Reynolds (Eds.), *The handbook of school psychology* (4th ed.). New York: John Wiley & Sons.

Kratochwill, T. R., & Levin, J. R. (in press). Enhancing the scientific credibility of single-case intervention research: Randomization to the rescue. *Psychological Methods.*

Kromrey, J. D., & Foster-Johnson, L. (1996). Determining the efficacy of intervention: The use of effect sizes for data analysis in single-subject research. *The Journal of Experimental Education, 65,* 73–93.

Kushner, M. G., Kim, S. W., Donahue, C., Thuras, P., Adson, D., Kotlyar, M., cCabe, J., Peterson, J., & Foa, E. B. (2007). D-cycloserine augmented exposure therapy for Obsessive-Compulsive Disorder. *Biological Psychiatry, 62,* 835–838.

Lall, V. F., & Levin, J. R. (2004). An empirical investigation of the statistical properties of generalized single-case randomization tests. *Journal of School Psychology, 42,* 61–86.

Lambert, M. J., Hansen, N. B., & Finch, A. E. (2001). Client-focused research: Using client outcome data to enhance treatment effects. *Journal of Consulting and Clinical Psychology, 69,* 159–172.

Lambert, M. J., Hansen, N. B., Umphress, V., Lunnen, K., Okiishi, J., Burlingame, G., Huefner, J. C., & Reisinger, C. W. (1996). *Administration and scoring manual for the Outcome Questionnaire (OQ 45.2).* Wilmington, DE: American Professional Credentialing Services.

Lambert, M. J., Vermeersch, D. A., Brown, G. S., & Burlingame, G. M. (2004). *Administration and scoring manual for the OQ-30.2.* Orem, UT: American Professional Credentialing Services.

Lambert, M. J., Whipple, J. L., Hawkins, E. J., Vermeersch, D. A., Nielsen, S. L., & Smart, D. W. (2003). Is it time for clinicians to routinely track patient outcome? A meta-analysis. *Clinical Psychology: Science and Practice, 10,* 288–301.

Levesque, M., Savard, J., Simard, S., Gauthier, J. G., & Ivers, H. (2004). Efficacy of cognitive therapy for depression among women with metastatic cancer: A single-case experimental study. *Journal of Behavior Therapy and Experimental Psychiatry, 35,* 287–305.

Levin, J. R., & Wampold, B. E. (1999). Generalized single-case randomization tests: Flexible analyses for a variety of situations. *School Psychology Quarterly, 14,* 59–93.

Lewin, L. M., & Wakefield, J. A., Jr. (1979). Percentage agreement and phi: A conversion table. *Journal of Applied Behavior Analysis, 12*, 299–301.

Lewinsohn, P. M., Clarke, G. N., Hops, H., & Andrews, J. (1990). Cognitive-behavioral treatment for depressed adolescents. *Behavior Therapy, 21*, 385–401.

Lindsley, O. R. (1956). Operant conditioning methods applied to research in chronic schizophrenia. *Psychiatric Research Reports, 5*, 118–139.

Lindsley, O. R. (1960). Characteristics of the behavior of chronic psychotics as revealed by free-operant conditioning methods. *Diseases of the Nervous System* (Monograph Supplement), *21*, 66–78.

Lipsey, M. W. (1996). Theory as method: Small theories of treatments. In L. Sechrest & A. G. Scott (Eds.), *New directions in program evaluation: Understanding causes and generalizing about them* (Serial No. 57). New York: Jossey-Bass.

Lochman, J. E. (2010). Anger control training for aggressive youth. In J. R. Weisz & A. E. Kazdin (Eds.), *Evidence-based psychotherapies for children and adolescents* (2nd ed.). New York: Guilford.

Love, S. M., Koob, J. J., & Hill, L. E. (2007). Meeting the challenges of evidence-based practice: Can mental health therapists evaluate their practice? *Brief Treatment and Crisis Intervention, 7*, 184–193.

Luiselli, J. K. (2000). Cueing, demand fading, and positive reinforcement to establish self-feeding and oral consumption in a child with chronic food refusal. *Behavior Modification, 24*, 348–358.

Luiselli, J. K., Reed, F. D. D., Christian, W. P., Markowski, A., Rue, H. C., St. Amand, C., & Ryan, C. J. (2009). Effects of an informational brochure, lottery-based financial incentive, and public posting on absenteeism of direct-care human service employees. *Behavior Modification, 33*, 175–181.

Lumley, V. A., Miltenberger, R. G., Long, E. S., Rapp, J. T., & Roberts, J. A. (1998). Evaluation of a sexual abuse prevention program for adults with mental retardation. *Journal of Applied Behavior Analysis, 31*, 91–101.

Lundervold, D., & Bourland, G. (1988). Quantitative analysis of treatment of aggression, self-injury, and property destruction. *Behavior Modification, 12*, 591–617.

Ma, H. (2006). An alternative method for quantitative synthesis of single-subject researches: Percentage of data points exceeding the median. *Behavior Modification, 30*, 598–617.

MacKinnon, D. P. (2008). *Introduction to statistical mediation analysis*. Mahwah, NJ: Erlbaum.

Macmillan, M. (2002). *An odd kind of fame: Stories of Phineas Gage*. Boston: MIT Press.

Manolov, R., & Solanas, A. (2008a). Comparing N = 1 effect size indices in presence of autocorrelation. *Behavior Modification, 32*, 860–875.

Manolov, R., & Solanas, A. (2008b). Randomization tests for ABAB designs: Comparing data-division-specific and common distributions. *Psicothema, 20*, 297–303.

Manolov, R., & Solanas, A. (2009). Problems of the randomization tests for AB designs. *Psicologica, 30*, 137–154.

Manson, J. E., Allison, M. A., Rossouw, J. E., Carr, J. J., Langer, R. D., Hsia J., et al. (2007). Estrogen therapy and coronary-artery calcification. *New England Journal of Medicine, 356*, 2591–2602.

Marholin, D. H., Steinman, W. M., McInnis, E. T., & Heads, T. B. (1975). The effect of a teacher's presence on the classroom behavior of conduct-problem children. *Journal of Abnormal Child Psychology, 3*, 11–25.

Martin, J. E., & Sachs, D. A. (1973). The effects of a self-control weight loss program on an obese woman. *Journal of Behavior Therapy and Experimental Psychiatry, 4*, 155–159.

Mastropieri, M. A., & Scruggs, T. E. (1985–86). Early intervention for socially withdrawn children. *The Journal of Special Education, 19*, 429–441.

Matt, G. E. (1989). Decision rules for selecting effect sizes in meta-analysis: A review and reanalysis of psychotherapy outcome studies. *Psychological Bulletin, 105*, 106–115.

Matt, G. E., & Navarro, A. M. (1997). What meta-analyses have and have not taught us about psychotherapy effects: A review and future directions. *Clinical Psychology Review, 17*, 1–32.

Matyas, T. A., & Greenwood, K. M. (1990). Visual analysis of single-case time series: Effects of variability, serial dependence, and magnitude of intervention effects. *Journal of Applied Behavior Analysis, 23*, 341–351.

Matyas, T. A., & Greenwood, K. M. (1991). Problems in the estimation of autocorrelation in brief time series and some implications for behavioral data. *Behavioral Assessment, 13*, 137–157.

Matyas, T. A., & Greenwood, K. M. (1997). Serial dependency in single-case time series. In R. D. Franklin, D. B. Allison, & B. S. Gorman (Eds.), *Design and analysis of single-case research.* Mahwah, NJ: Lawrence Erlbaum Associates.

Mayer, R. J. (2009). Targeted therapy for advanced colorectal cancer—More is not always better. *New England Journal of Medicine, 360*, 623–625.

McCollough, D., Weber, K., Derby, K. M., & McLaughlin, T. F. (2008). The effects of *Teach Your Child to Read in 100 Easy Lessons* on the acquisition and generalization of reading skills with a primary student with ADHD and PI. *Child and Family Behavior Therapy, 30*, 61–68.

McCurdy, M., Skinner, C. H., Grantham, K., Watson, T. S., & Hindman, P. M. (2001). Increasing on-task behavior in an elementary student during mathematics seatwork by interspersing additional brief problems. *School Psychology Review, 30*, 23–32.

McDougall, D. (2005). The range-bound changing criterion design. *Behavioral Interventions, 20*, 129–137.

McDougall, D. (2006). The distributed criterion design. *Journal of Behavioral Education, 15*, 237–247.

McDougall, D., Hawkins, J., Brady, M., & Jenkins, A. (2006). Recent innovations in the changing criterion design: Implications for research and practice in special education. *Journal of Special Education, 40*, 2–15.

McIntyre, L. L., Gresham, F. M., DiGennaro, F. D., & Reed, D. D. (2007). Treatment integrity of school-based interventions with children in the *Journal of Applied Behavior Analysis* 1991–2005. *Journal of Applied Behavior Analysis, 40*, 659–672.

McKnight, S., McKean, J. W., & Huitema, B. E. (2000). A double bootstrapping method to analyze linear models with autoregressive error terms. *Psychological Methods, 5*, 87–101.

McSweeney, A. J. (1978). Effects of response cost on the behavior of a million persons: Charging for directory assistance in Cincinnati. *Journal of Applied Behavior Analysis, 11*, 47–51.

Mellalieu, S. D., Hanton, S., & O'Brien, M. (2006). The effects of goal setting on rugby performance. *Journal of Applied Behavior Analysis, 39*, 257–261.

Michael, J. (1974). Statistical inference for individual organism research: Mixed blessing or curse? *Journal of Applied Behavior Analysis, 7*, 647–653.

Milrod, B., Busch, F., Leon, A. C., Aronson, A., Roiphe, J., Rudden, M., Singer, M., Shapiro, T., Goldman, H., Richter, D., & Shear, M. K. (2001). A pilot open trial of brief psychodynamic psychotherapy for panic disorder. *Journal of Psychotherapy Practice and Research, 10*, 239–245.

Miltenberger, R. G., Flessner, C., Gatheridge, B., Johnson, B., Satterlund, M., & Egemo, K. (2004). Evaluation of behavioral skills training to prevent gun play in children.

Journal of Applied Behavior Analysis, 37, 513–516.

Miranda, J., Bernal, G., Lau, A. S., Kohn, L., Hwang, W. C., & LaFromboise, T. (2005). State of the science on psychosocial interventions for ethnic minorities. *Annual Review of Clinical Psychology, 1,* 113–143.

Molloy, G. N. (1990). An illustrative case for the value of individual analysis following a between-group experimental design. *Behaviour Change, 7,* 172–178.

Moore, K., Delaney, J. A., & Dixon, M. R. (2007). Using indices of happiness to examine the influence of environmental enhancements for nursing home residents with Alzheimer's disease. *Journal of Applied Behavior Analysis, 40,* 541–544.

Moran, D. J., & Hirschbine, B. (2002). Constructing single-subject reversal design graphs using Microsoft Excel⁻: A comprehensive tutorial. *The Behavioral Analyst Today, 3,* 62–70.

Mrazek, P. J., & Haggerty, R. J. (Eds.). (1994). *Reducing risks for mental disorders: Frontiers of preventive intervention research.* Washington, DC: National Academy Press.

MTA Cooperative Group. (1999a). A 14-month randomized clinical trial of treatment strategies for attention-deficit/hyperactivity disorder. *Archives of General Psychiatry, 56,* 1073–1086.

MTA Cooperative Group. (1999b). Moderators and mediators of treatment response for children with attention-deficit/hyperactivity disorder. *Archives of General Psychiatry, 56,* 1088–1096.

Mueller, M. M., Moore, J., Doggett, R. A., & Tingstrom, D. (2000). The effectiveness of contingency specific and contingency nonspecific prompts in controlling bathroom graffiti. *Journal of Applied Behavior Analysis, 33,* 89–92.

Musser, E. H., Bray, M. A., Kehle, T. J., & Jenson, W. R. (2001). Reducing disruptive behaviors in students with serious emotional disturbance. *School Psychology Review, 30,* 294–304.

Nathan, P. E., & Gorman, J. M. (Eds.). (2007). *A guide to treatments that work.* New York: Oxford University Press.

National Institute of Mental Health. (2008). The numbers count: Mental disorders in America. http://www.nimh.nih.gov/health/publications/the-numbers-count-mental-disorders-in-america/index.shtml

Nezu, A. M., & Perri, M. G. (1989). Social problem-solving therapy for unipolar depression: An initial dismantling investigation. *Journal of Consulting and Clinical Psychology, 57,* 408–413.

Normand, M. P., & Bailey, J. S. (2006). The effects of celeration lines on visual data analysis. *Behavior Modification, 39,* 295–314.

Nourbakhsh, M. R., & Ottenbacher, K. J. (1994). The statistical analysis of single-subject data: A comparative examination. *Physical Therapy, 74,* 80–88.

Nutter, D., & Reid, D. H. (1978). Teaching retarded women a clothing selection skill using community norms. *Journal of Applied Behavior Analysis, 11,* 475–487.

O'Brien, F., & Azrin, N. H. (1972). Developing proper mealtime behaviors of the institutionalized retarded. *Journal of Applied Behavior Analysis, 5,* 389–399.

O'Callaghan, P. M., Allen, K. D., Powell, S., & Salama, F. (2006). The efficacy of noncontingent escape for decreasing children's disruptive behavior during restorative dental treatment. *Journal of Applied Behavior Analysis, 39,* 161–171.

O'Donohue, W., Plaud, J. J., & Hecker, J. E. (1992). The possible function of positive reinforcement in home-bound agoraphobia: A case study. *Journal of Behavior Therapy and Experimental Psychiatry, 23,* 303–312.

O'Leary, K. D., Kent, R. N., & Kanowitz, J. (1975). Shaping data collection congruent with experimental hypotheses. *Journal of Applied Behavior Analysis, 8,* 43–51.

Ollendick, T. H., Shapiro, E. S., & Barrett, R. P. (1981). Reducing stereotypic behaviors: An analysis of treatment procedures using an alternating-treatments design. *Behavior Therapy, 12*, 570–577.

Onghena, P. (1994). *The power of randomization tests for single-case designs.* Leuven, Belgium: Katholieke Universiteit Leuven.

Pagnoni, G., Zink, C. F., Montague, P. R., & Berns, G. S. (2002). Activity in human ventral striatum locked to errors of reward prediction. *Nature Neuroscience, 5*, 97–98.

Park., H., Marascuilo, L., & Gaylord-Ross, R. (1990). Visual inspection and statistical analysis of single-case designs. *Journal of Experimental Education, 58*, 311–320.

Park, S., Singer, G. H. S., & Gibson, M. (2005). The functional effect of teacher positive and neutral affect on task performance of students with significant disabilities. *Journal of Positive Behavior Interventions, 7*, 237–246.

Parker, R. I., & Brossart, D. F. (2003). Evaluating single-case research data: A comparison of seven statistical methods. *Behavior Therapy, 34*, 189–211.

Parker, R. I., Brossart, D. F., Callicott, K. J., Long, J. R., Garcia de Alba, R., Baugh, F. G., & Sullivan, J. R. (2005). Effect sizes in single-case research: How large is large? *School Psychology Review, 34*, 116–132.

Parker, R. I., Cryer, J., & Byrns, G. (2006). Controlling baseline trend in single-case research. *School Psychology Quarterly, 21*, 418–443.

Parker, R. I., & Hagan-Burke, S. (2007a). Single-case research results as clinical outcomes. *Journal of School Psychology, 45*, 637–653.

Parker, R. I., & Hagan-Burke, S. (2007b). Useful effect size interpretations for single-case research. *Behavior Therapy, 38*, 95–105.

Parsons, M. B., Schepis, M. M., Reid, D. H., McCarn, J. E., & Green, C. W. (1987). Expanding the impact of behavioral staff management: A large-scale, long-term application in schools serving severely handicapped students. *Journal of Applied Behavior Analysis, 20*, 139–150.

Parsonson, B. S., & Baer, D. M. (1978). The analysis and presentation of graphic data. In T. R. Kratochwill (Ed.), *Single-subject research: Strategies for evaluating change.* New York: Academic Press.

Parsonson, B. S., & Baer, D. M. (1992). The visual analysis of data and current research into the stimuli controlling it. In T. R. Kratochwill & J. R. Levin (Eds.), *Single-subject research design and analysis.* Hillsdale, NJ: Lawrence Erlbaum Associates.

Pasiali, V. (2004). The use of prescriptive therapeutic songs in a home-based environment to promote social skills acquisition by children with autism: Three case studies. *Music Therapy Perspectives, 22*, 11–22.

Patel, M. R., Piazza, C. C., Layer, S. A., Coleman, R., & Swartzwelder, D. M. (2005). A systematic evaluation of food textures to decrease packing and increase oral intake in children with pediatric feeding disorders. *Journal of Applied Behavior Analysis, 38*, 89–100.

Patten, S. B. (2006). A major depression prognosis calculator based on episode duration. *Clinical Practice and Epidemiology in Mental Health, 2.* http://www.cpementalhealth.com/content/pdf/ 1745-0179-2-13.pdf

Perepletchikova, F., & Kazdin, A. E. (2005). Treatment integrity and therapeutic change: Issues and research recommendations. *Clinical Psychology: Science and Practice, 12*, 365–383.

Peterson, L., Tremblay, G., Ewigman, B., & Popkey, C. (2002). The Parental Daily Diary: A sensitive measure of the process of change in a child maltreatment prevention program. *Behavior Modification, 26*, 594–604.

Phaneuf, L., & McIntyre, L. L. (2007). Effects of individualized video feedback combined with group parent training on inappropriate maternal behavior. *Journal of Applied Behavior Analysis, 40*, 737–741.

Plomin, R., McClearn, G. E., McGuffin, P., & Defries, J. C. (2000). *Behavioral genetics* (4th ed). New York: W. H. Freeman.

Pluck, M., Ghafari, E., Glynn, T., & McNaughton, S. (1984). Teacher and parent modeling of recreational reading. *New Zealand Journal of Educational Studies, 19,* 114–123.

Pohl, R. F. (Ed.). (2004). *Cognitive illusions: A handbook on fallacies and biases in thinking, judgment, and memory.* New York: Psychology Press.

Porritt, M., Burt, A., & Poling, A. (2006). Increasing fiction writers' productivity through an Internet based intervention. *Journal of Applied Behavior Analysis, 39,* 393–397.

Price, D. D., Finniss, D. G., & Benedetti, B. (2008). A comprehensive review of the placebo effect: Recent advances and current thought. *Annual Review of Psychology, 59,* 565–590.

Prince, M. (1905). *The dissociation of a personality.* New York: Longmans, Green.

Quesnel, C., Savard, J., Simard, S., Ivers, H., & Morin, C. M. (2003). Efficacy of cognitive-behavioral therapy for insomnia in women treated for nonmetastatic breast cancer. *Journal of Consulting and Clinical Psychology, 71,* 189–200.

Reeve, S. A., Reeve, K. F., Townsend, D. B., & Poulson, C. L. (2007). Establishing a generalized repertoire of helping behavior in children with autism. *Journal of Applied Behavior Analysis, 40,* 123–136.

Reinhartsen, D. R., Garfinkle, A. N., & Wolery, M. (2002). Engagement with toys in two-year-old children with autism: Teacher selection and child choice. *Journal of the Association for Persons with Severe Handicaps, 27,* 175–187.

Reitman, D., Murphy, M. A., Hupp, S. D. A., & O'Callaghan, P. M. (2004). Behavior change and perceptions of change: Evaluating the effectiveness of a token economy. *Child and Family Behavior Therapy, 26,* 17–36.

Ressler, K. J., Rothbaum, B. O., Tannenbaum, L., Anderson, P., Graap, K., Zimand, E.,

Hodges, L., & Davis, M. (2004). Cognitive enhancers as adjuncts to psychotherapy: Use of D-cycloserine in phobic individuals to facilitate extinction of fear. *Archives of General Psychiatry, 61,* 1136–1144.

Revusky, S. H. (1967). Some statistical treatments compatible with individual organism methodology. *Journal of the Experimental Analysis of Behavior, 10,* 319–330.

Reyes, J. R., Vollmer, T. R., Sloman, K. N., Hall, A., Reed, R., Jansen, G., et al. (2006). Assessment of deviant arousal in adult male sex offenders with developmental disabilities. *Journal of Applied Behavior Analysis, 39,* 173–188.

Ricciardi, J. N., Luiselli, J. K., & Camare, M. (2006). Shaping approach responses as intervention for specific phobia in a child with autism. *Journal of Applied Behavior Analysis, 39,* 445–448.

Rice, V. H., & Stead, L. F. (2008). Nursing interventions for smoking cessation. *Cochrane Database of Systematic Reviews,* Issue 1 (Art. No. CD001188).

Riesen, T., McDonnell, J., Johnson, J. W., Polychronis, S., & Jameson, M. (2003). A comparison of constant time delay and simultaneous prompting within embedded instruction in general education classes with students with moderate to severe disabilities. *Journal of Behavioral Education, 12,* 241–259.

Riley-Tillman, T. C., & Burns, M. K. (2009). *Evaluating educational interventions: Single-case design for measuring response to intervention.* New York: Guilford Press.

Risley, T. R. (1970). Behavior modification: An experimental-therapeutic endeavor. In L. A. Hamerlynck, P. O. Davidson, & L. E. Acker (Eds.), *Behavior modification and ideal mental health services.* Calgary, Alberta: University of Calgary Press.

Robinson, P. W., & Foster, D. F. (1979). *Experimental psychology: A small-N approach.* New York: Harper & Row.

Roediger, H. L., III, & McDermott, K. B. (2000). Distortions of memory. In E.

Tulving & F. I. M. Craik (Eds.), *The Oxford handbook of memory*. New York: Oxford University Press.

Rosales-Ruiz, J., & Baer, D. M. (1997). Behavioral cusps: A developmental and pragmatic concept for behavior analysis. *Journal of Applied Behavior Analysis, 30,* 533–544.

Rosenbaum, J. E. (2009). Patient teenagers? A comparison of the sexual behavior of virginity pledgers and matched nonpledgers. *Pediatrics, 123,* e110–e120.

Rosenthal, R., & Rosnow, R. L. (2007). *Essentials of behavioral research: Methods and data analysis* (3rd ed.). Boston: McGraw-Hill.

Rusch, F. R., & Kazdin, A. E. (1981). Toward a methodology of withdrawal designs for the assessment of response maintenance. *Journal of Applied Behavior Analysis, 14,* 131–140.

Rutter, M., Yule, W., & Graham, P. (1973). Enuresis and behavioural deviance: Some epidemiological considerations. In I. Kolvin, R. MacKeith, & S. R. Meadow (Eds.), *Bladder control and enuresis: Clinics in developmental medicine* (Vol. 48/49). London: Heinemann/SIMP.

Ryan, C. S., & Hemmes, N. S. (2005). Effects of the contingency for homework submission on homework submission and quiz performance in a college course. *Journal of Applied Behavior Analysis, 38,* 79–88.

Satake, E., Maxwell, D. L., & Jagaroo, V. (2008). *Handbook of statistical methods: Single subject design.* San Diego, CA: Plural Publishing.

Savard, J., Labege, B., Gauthier, J. G., Fournier, J., Bourchard, S., Barit, J., & Bergeron, M. (1998). Combination of Fluoxetine and cognitive therapy for the treatment of major depression among people with HIV infection: A time-series analysis investigation. *Cognitive Therapy and Research, 22,* 21–46.

Scherrer, M. D., & Wilder, D. A. (2008). Training to increase safe tray carrying among cocktail servers. *Journal of Applied Behavior Analysis, 41,* 131–135.

Schmidt, F. L. (1996). Statistical significance testing and cumulative knowledge in psychology: Implications for training of researchers. *Psychological Methods, 1,* 115–129.

Schnelle, J. F., Kirchner, R. E., Macrae, J. W., McNees, M. P., Eck, R. H., Snodgrass, S., et al. (1978). Police evaluation research: An experimental and cost-benefit analysis of a helicopter patrol in high-crime area. *Journal of Applied Behavior Analysis, 11,* 11–21.

Schnelle, J. F., Kirchner, R. E., McNees, M. P., & Lawler, J. M. (1975). Social evaluation research: The evaluation of two police patrolling strategies. *Journal of Applied Behavior Analysis, 8,* 353–365.

Schwartz, I. S., & Baer, D. M. (1991). Social validity assessments: Is current practice state of the art? *Journal of Applied Behavior Analysis, 24,* 189–204.

Scotti, J. R., Evans, I. M., Meyer, L. H., & Walker, P. (1991). A meta-analysis of intervention research with problem behavior: Treatment validity and standards of practice. *American Journal on Mental Retardation, 96,* 233–256.

Sechrest, L., Stewart, M., Stickle, T. R., & Sidani, S. (1996). *Effective and persuasive case studies.* Cambridge, MA: Human Services Research Institute.

Shabani, D. B., & Fisher, W. W. (2006). Stimulus fading and differential reinforcement for the treatment of needle phobia in a youth with autism. *Journal of Applied Behavior Analysis, 39,* 449–452.

Shadish, W. R., Cook, T. D., & Campbell, D. T. (2002). *Experimental and quasi-experimental designs for generalized causal inference.* Boston: Houghton Mifflin.

Shadish, W. R., & Ragsdale, K. (1996). Random versus nonrandom assignment in controlled experiments. Do you get the same answer? *Journal of Consulting and Clinical Psychology, 64,* 1290–1305.

Shadish, W. R., Rindskopf, D. M., & Hedges, L. V. (2008). The state of the science in the meta-analysis of single-case experimental designs. *Evidence-Based Communication Assessment and Intervention, 3,* 188–196.

Shapiro, E. S., Kazdin, A. E., & McGonigle, J. J. (1982). Multiple-treatment interference in the simultaneous- or alternating-treatments design. *Behavioral Assessment, 4,* 105–115.

Shapiro, M. B. (1961a). A method of measuring psychological changes specific to the individual psychiatric patient. *British Journal of Medical Psychology, 34,* 151–155.

Shapiro, M. B. (1961b). The single case in fundamental clinical psychological research. *British Journal of Medical Psychology, 34,* 255–262.

Shapiro, M. B., & Ravenette, T. (1959). A preliminary experiment of paranoid delusions. *Journal of Mental Science, 105,* 295–312.

Shoukri, M. M. (2005). *Measures of interobserver agreement.* Boca Raton, FL: Taylor & Francis.

Sideridis, G. D., & Greenwood, C. R. (1997). Is human behavior autocorrelated? An empirical analysis. *Journal of Behavioral Education, 7,* 273–293.

Sidman, M. (1960). *Tactics of scientific research.* New York: Basic Books.

Sierra, V., Solanas, A., & Quera, V. (2005). Randomization tests for systematic single-case designs are not always appropriate. *Journal of Experimental Education, 73,* 140–160.

Simon, G. E., Manning, W. G., Katzelnick, D. J., Pearson, S. D., Henk, H. J., & Helstad, C. P. (2001). Cost-effectiveness of systematic depression treatment of high utilizers of general medical care. *Archives of General Psychiatry, 58,* 181–187.

Skiba, R., Deno, S., Marston, D., & Casey, A. (1989). Influence of trend estimation and subject familiarity on practitioners' judgments of intervention effectiveness. *Journal of Special Education, 22,* 433–446.

Skinner, B. F. (1938). *The behavior of organisms.* New York: Appleton-Century-Crofts.

Skinner, B. F. (1953a). *Science and human behavior.* New York: Free Press.

Skinner, B. F. (1953b). Some contributions of an experimental analysis of behavior to psychology as a whole. *American Psychologist, 8,* 69–78.

Skinner, B. F. (1956). A case history in scientific method. *American Psychologist, 11,* 221–233.

Skinner, C. H., Skinner, A. L., & Armstrong, K. J. (2000). Analysis of a client-staff developed shaping program to enhance reading persistence in an adult diagnosed with schizophrenia. *Psychiatric Rehabilitation, 24,* 52–57.

Spirrison, C. L., & Mauney, L. T. (1994). Acceptability bias: The effects of treatment acceptability on visual analysis of graphed data. *Journal of Psychopathology and Behavioral Assessment, 16,* 85–94.

Staats, A. W., Staats, C. K., Schutz, R. E., & Wolf, M. (1962). The conditioning of textual responses using "extrinsic" reinforcers. *Journal of the Experimental Analysis of Behavior, 5,* 33–40.

Stead, L. F., Bergson, G., & Lancaster, T. (2008). Physician advice for smoking cessation. *Cochrane Database of Systematic Reviews,* Issue 2 (Art. No. CD000165).

Stewart, K. K., Carr, J. E., Brandt, C. W., & McHenry, M. M. (2007). An evaluation of the conservative dual-criterion method for teaching university students to visually inspect AB-design graphs. *Journal of Applied Behavior Analysis, 40,* 713–718.

Stricker, J. M., Miltenberger, R. G., Garlinghouse, M. A., Deaver, C. M., & Anderson, C. A. (2001). Evaluation of an awareness enhancement device for the treatment of thumb sucking in children. *Journal of Applied Behavior Analysis, 37,* 229–232.

Sundberg, M. L., Endicott, K., & Eigenheer, P. (2000). Using intraverbal prompts to establish tacts for children with autism. *The Analysis of Verbal Behavior, 17,* 89–104.

Swaminathan, H., Horner, R. H., Sugai, G., Smolkowski, L., Hedges, L., & Spaulding, S. A. (2008). Application of generalized least squares regression to measure effect size in single-case research: A technical report (Institute of Education Sciences Technical Report). Washington, DC U.S. Department of Education.

Swanson, J. M., Arnold, L. E., Vitiello, B., Abikoff, H. B., Wells, K. C., Pelham, W. E., et al. (2002). Response to commentary on the Multimodal Treatment Study of ADHD (MTA): Mining the meaning of the MTA. *Journal of Abnormal Child Psychology, 30,* 327–332.

Swoboda, C., Kratochwill, T. R., & Levin, J. R. (2009). *Conservative Dual-Criterion (CDC) method for single-case research: A guide for visual analysis of AB, ABAB, and multiple-baseline designs.* Madison: University of Wisconsin-Madison.

Tarbox, R. S. F., Wallace, M. D., Penrod, B., & Tarbox, J. (2007). Effects of three-step prompting on compliance with caregiver requests. *Journal of Applied Behavior Analysis, 40,* 703–706.

Thigpen, C. H., & Cleckley, H. M. (1954). A case of multiple personality. *Journal of Abnormal and Social Psychology, 49,* 135–151.

Thigpen, C. H., & Cleckley, H. M. (1957). *The three faces of Eve.* New York: McGraw-Hill.

Thornberry, T. P., & Krohn, M. D. (2000). The self-report method for measuring delinquency. In D. Duffee (Ed.), *Measurement and analysis of crime and justice: Criminal justice 2000* (Vol. 4). Washington, DC: National Institute of Justice.

Tiger, J. H., Bouxsein, K. J., & Fisher, W. W. (2007). Treating excessively slow responding of a young man with Asperger syndrome using differential reinforcement of short response latencies. *Journal of Applied Behavior Analysis, 40,* 559–563.

Timberlake, W., Schaal, D. W., & Steinmetz, J. E. (Eds.). (2005). Relating behavior and neuroscience: Introduction and synopsis. *Journal of the Experimental Analysis of Behavior, 84,* 305–311.

Todd, P. M., Penke, L., Fasolo, B., & Lenton, A. P. (2007). Different cognitive processes underlie human mate choices and mate preferences. *Proceedings of the National Academy of Sciences, 104,* 15011–15016.

Todman, J. B., & Dugard, P. (2001). *Single-case and small-n experimental designs: A practical guide to randomization tests.* Mahwah, NJ: Lawrence Erlbaum Associates.

Tryon, W. W. (1982). A simplified time-series analysis for evaluating treatment interventions. *Journal of Applied Behavior Analysis, 15,* 423–429.

Tufte, E. R. (2001). *The visual display of quantitative information* (2nd ed.). Cheshire, CT: Graphics Press.

Twohig, M. P., Shoenberger, D., & Hayes, S. C. (2007). A preliminary investigation of acceptance and commitment therapy as a treatment for marijuana dependence in adults. *Journal of Applied Behavior Analysis, 40,* 619–632.

Ullmann, L. P., & Krasner, L. A. (Eds.). (1965). *Case studies in behavior modification.* New York: Holt, Rinehart & Winston.

Ulman, J. D., & Sulzer-Azaroff, B. (1975). Multielement baseline design in educational research. In E. Ramp & G. Semb (Eds.), *Behavior analysis: Areas of research and application.* Englewood Cliffs, NJ: Prentice-Hall.

Van Houten, R., Malenfant, J. E. L., Zhao, N., Ko, B., & Van Houten, J. (2005). Evaluation of two methods of prompting drivers to use specific exits on conflicts between vehicles at the critical exit. *Journal of Applied Behavior Analysis, 38,* 289–302.

Van Houten, R., & Retting, R. A. (2001). Increasing motorist compliance and caution at stop signs. *Journal of Applied Behavior Analysis, 34,* 185–193.

Van Houten, R., Van Houten, J., & Malenfant, J. E. L. (2007). Impact of a comprehensive safety program on bicycle helmet use among middle-school children. *Journal of Applied Behavior Analysis, 40,* 239–247.

Velleman, P. F. (1980). Definition and comparison of robust nonlinear data smoothing algorithms. *Journal of the American Statistical Association, 75,* 609–615.

Vlaeyen, J. W. S., de Jong, J. R., Onghena, P., Kerckhoffs-Hanssen, M., & Kole-Snijders, A. M. J. (2002). Can pain-related fear be reduced? The application of cognitive-behavioral exposure in vivo. *Pain Research Management, 7,* 144–153.

Wacker, D., McMahon, C., Steege, M., Berg, W., Sasso, G., & Melloy, K. (1990). Applications of a sequential alternating treatments design. *Journal of Applied Behavior Analysis, 23,* 333–339.

Wampold, B. E. (2001). *The great psychotherapy debate: Models, methods, and findings.* Mahwah, NJ: Lawrence Erlbaum Associates.

Wannamethee, S. G., & Sharper, A. G. (1999). Type of alcoholic drink and risk of major coronary heart disease events and all-cause mortality. *American Journal of Public Health, 89,* 685–690.

Warnes, E., & Allen, K. D. (2005). Biofeedback treatment of paradoxical vocal fold motion and respiratory distress in an adolescent girl. *Journal of Applied Behavior Analysis, 38,* 529–532.

Washington, K., Deitz, J. C., White, O. R., & Schwartz, I. S. (2002). The effects of a contoured foam seat on postural alignment and upper-extremity function in infants with neuromotor impairments. *Physical Therapy, 82,* 1064–1076.

Watson, J. B., & Rayner, R. (1920). Conditioned emotional reactions. *Journal of Experimental Psychology, 3,* 1–14.

Watson, R. I. (1951) *The clinical method in psychology.* New York: Harper.

Watson, T. S., Meeks, C., Dufrene, B., & Lindsay, C. (2002). Sibling thumb sucking: Effects of treatment for targeted and untargeted siblings. *Behavior Modification, 26,* 412–423.

Wehby, J. H., & Hollahan, M. S. (2000). Effects of high-probability requests on latency to initiate academic tasks. *Journal of Applied Behavior Analysis, 33,* 259–262.

Weiss, B., Caron, A., Ball, S., Tapp, J., Johnson, M., & Weisz, J. R. (2005). Iatrogenic effects of group treatment for antisocial youth. *Journal of Consulting and Clinical Psychology, 73,* 1036–1044.

Weisz, J. R., & Kazdin, A. E. (Eds.). (2010). *Evidence-based psychotherapies for children and adolescents* (2nd ed.). New York: Guilford Press.

Weisz, J. R., Weiss, B., Han, S. S., Granger, D. A., & Morton, T. (1995). Effects of psychotherapy with children and adolescents revisited: A meta-analysis of treatment outcome studies. *Psychological Bulletin, 117,* 450–468.

Westen, D., Novotny, C. M., & Thompson-Brenne, H. (2004). The empirical status of empirically supported psychotherapies: Assumptions, findings, and reporting in controlled clinical trials. *Psychological Bulletin, 130,* 631–663.

Whalen, C., Schreibman, L., & Ingersoll, B. (2006). The collateral effects of joint attention training on social initiations, positive affect, imitation, and spontaneous speech for young children with autism. *Journal of Autism and Developmental Disorders, 36,* 655–664.

White, K. G., McCarthy, D., & Fantino, E. (Eds.). (1989). Cognition and behavior analysis. *Journal of the Experimental Analysis of Behavior, 52,* 197–198.

White, O. R. (1972). *A manual for the calculation and use of the median slope—A technique of progress estimation and prediction in the single case.* Eugene: Regional Resource Center for Handicapped Children, University of Oregon.

White, O. R. (1974). *The "split middle": A "quickie" method of trend estimation.* University of Washington, Experimental Education Unit, Child Development and Mental Retardation Center.

White, O. R., & Haring, N. G. (1980). *Exceptional teaching* (2nd ed.). Columbus, OH: Merrill.

Wiesman, D. W. (2006). The effects of performance feedback and social reinforcement on up-selling at fast-food restaurants. *Journal of Organizational Behavior Management, 26,* 1–18.

Wilder, D. A., Atwell, J., & Wine, B. (2006). The effects of varying levels of treatment integrity on child compliance during treatment with a three-step prompting procedure. *Journal of Applied Behavior Analysis, 39,* 369–373.

Wilhelm, S., Buhlmann, U., Tolin, D. F., Meunier, S. A., Pearlson, G. D., Reese, H. E., Cannistraro, P., Jenike, M. A., & Rauch, S. L. (2008). Augmentation of behavior therapy with D-cycloserine for obsessive-compulsive disorder. *American Journal of Psychiatry, 165,* 335–341.

Wilkinson, L., and the Task Force on Statistical Inference. (1999). Statistical methods in psychology journals: Guidelines and explanations. *American Psychologist, 54,* 594–604.

Wilkinson, L., Wills, D., Rope, D., Norton, A., & Dubbs, R. (2005). *The grammar of graphics.* Chicago: SPSS Inc.

Wilson, D. D., Robertson, S. J., Herlong, L. H., & Haynes, S. N. (1979). Vicarious effects of time-out in the modification of aggression in the classroom. *Behavior Modification, 3,* 97–111.

Wolery, M., Busick, M., Reichow, B., & Barton, E. E. (2008). Comparison of overlap methods for quantitatively synthesizing single-subject data. *Journal of Special Education.* (Online document: 101177/0022466908328009).

Wolf, M. M. (1978). Social validity: The case for subjective measurement or how applied behavior analysis is finding its heart. *Journal of Applied Behavior Analysis, 11,* 203–214.

Wong, S. E., Terranova, M. D., Bowen, L., Zarate, R., Massey, H. K., & Liberman, R. P. (1987). Providing independent recreational activities to reduce stereotypic vocalizations in chronic schizophrenics. *Journal of Applied Behavior Analysis, 20,* 77–82.

Worsdell, A. S., Iwata, B. A., Dozier, C. L., Johnson, A. D., Neidert, P. L., & Thomason, J. L. (2005). Analysis of response repetition as an error-correction strategy during sight-word reading. *Journal of Applied Behavior Analysis, 38,* 511–527.

Wright, K. M., & Miltenberger, R. G. (1987). Awareness training in the treatment of head and facial tics. *Journal of Behavior Therapy and Experimental Psychiatry, 18,* 269–274.

Yasui, M., & Dishion, T. J. (2008). Direct observation of family management: Validity and reliability as a function of coder ethnicity and training. *Behavior Therapy, 39,* 336–347.

Zilboorg, G., & Henry, G. (1941). *A history of medical psychology.* New York: Norton.

| 찾아보기 |

Alan E. Kazdin은 예일대학교 심리학과 아동정신의학의 John M. Musser 교수이자, 아동과 가족을 위한 외래 처치 서비스를 제공하는 예일 양육센터 및 아동품행센터의 소장이다. 그는 2008년 미국 심리학협회(American Psychological Association) 의장이었다. 노스웨스턴대학교에서 임상심리학으로 박사학위를 받았고, 예일대학교에 오기 전에는 펜실베이니아 주립대학교와 피츠버그 의과대학의 교수로 지냈다. 1989년에 그는 예일대학교로 옮겼는데, 여기서 그는 심리학과장, 예일 의과대학에 있는 예일 아동연구센터의 소장이자 의장, 그리고 예일 뉴헤이븐 병원의 아동 정신의학 서비스의 관리자를 역임했다.

Kazdin은 자격 있는 임상심리학자이면서 미국 전문심리위원회(ABPP)의 전문가이고, 과학진보협회, 미국 심리학협회(APA), 그리고 심리과학협회의 회원이다. 그의 명예를 높여주는 수상 실적도 화려하다. Research Scientist Career, NIMH에서 수상한 MERIT 상, 임상심리학에서 이룩한 성공적인 과학적 업적과 임상아동심리학(APA)에 제공한 전문적인 기여로 받은 상, 개인으로서는 걸출한 연구 업적(행동인지치료협회), 유명한 자원봉사 상(ABPP), 정신병리학 이해(정신병리학 연구를 위한 단체)에 대한 평생 기여로 받은 Joseph Zubin 상, 심리학(APA, 코네티컷 심리학협회)에 대한 평생 기여로 받은 상 등이 있다. 그는 또한 *Journal of Consulting and Clinical Psychology, Psychological Assessment, Behavior Therapy, Clinical Psychology: Science and Practice, and Current Directions in Psychological Science*와 같은 여러 전문 잡지에서 편집장을 맡아 왔다.

Kazdin은 현재 대학원생과 학부생을 가르치고 지도하고, 아동과 청소년들의 반항적이고 공격적이며 반사회적인 행동을 치료하는 임상연구 프로그램을 운영한다. 그는 무려 650개가 넘는 논문, (책의) 장, 그리고 책을 집필하고 교정해 왔다. 그가 집필한 45권의 책은 방법론과 연구 설계, 아동 청소년 심리요법, 육아와 자녀 양육, 아동 품행문제 등을 주로 다룬다. 그가 옥스퍼드대학교 출판사를 통해 출판한 책들에는 *Psychotherapy for Children and Adolescents: Directions for Research and Practice*(2000), The Encyclopedia of Psychology (Vols. 1–8)(2000), Parent *Management Training: Treatment for Oppositional, Aggressive, and Antisocial Behavior in Children and Adolescents*(2005; Reprinted 2009) 등이 있다.